浦口年鉴

2021

南京市浦口区地方志编纂委员会办公室 编

PUKOU YEARBOOK

方志出版社

图书在版编目（CIP）数据

浦口年鉴．2021／南京市浦口区地方志编纂委员会办公室编．——北京：方志出版社，2021.10

ISBN 978-7-5144-4917-4

Ⅰ．①浦… Ⅱ．①南… Ⅲ．①区（城市）—南京—2021—年鉴 Ⅳ．①Z525.34

中国版本图书馆 CIP 数据核字（2021）第 254594 号

浦口年鉴（2021）

编　　者：南京市浦口区地方志编纂委员会办公室
责任编辑：范　静

出 版 者：方志出版社
地址　北京市朝阳区潘家园东里 9 号（国家方志馆 4 层）
邮编　100021
网址　http://www.fzph.org
发　　行：方志出版社图书经销中心
电话（010）67110500
经　　销：各地新华书店
印　　刷：南京四彩印刷有限公司

开　　本：889 × 1194　1/16
印　　张：27.75
字　　数：1056 千字
版　　次：2021 年 10 月第 1 版　2021 年 10 月第 1 次印刷
印　　数：0001 ~ 1000 册

ISBN 978-7-5144-4917-4　定价：180.00 元

主审人名单

（按主审类目先后为序）

汤　亮　王　颖　朱孝桂　谈晓红　柯华龙　滕远升　郭秀瑾
杨　璞　薛嵘嵘　翟　羽　丁朝龙　夏海红　马连明　叶恒春
王长春　徐立新　周　倩　梁　珺　宋　璐　郭仁静　祁凤英
张　晟　聂济松　张建刚　高　峰　何　明　章　明　吕华吾
蒋晓文　潘广武　雍定芳　周　红　王晓峰　刘明珠　龚惠龙
张雅婷　沈利萍　沙　莎　刘昕琦　徐　晗　房　鹏　周维维
雍晓峰　石　磊　刘惠珍　张　捷　李秀梅　李国庆　陈秋实
朱天一　张　创　秦慧东　陈　旸　徐　侃　李羽斌　王　军
朱晓艳　陈霄雷　吴海滨　杨　蕾　杨杜娟　王　瑾　李清强
张珈珂　谢翔宇　李勇志　诸发琴　王　炜　朱怀雷　呙荣昌
秦　杰　沙其凤　周志鹏　雍晓云　雍永荣　许业宏　王德强
王　平　汪　峰　王亚鸣　史莉玲　聂传蓉　钱国江　陈绍翊
陈海洋　林　敏　胡成丽　郑海鸥　陈秀丽　郑小萍　刘　颢
姚　迪　吴春雨　吴芳芳　沈晓玥　张体前　曹晓峰　荀　英
陈　健　朱远莉

编 辑 说 明

一、《浦口年鉴》是南京市浦口区地方志编纂委员会办公室编纂的年度资料性文献。其前身为创刊于1996年的《江浦年鉴》，自2003年起更名为《浦口年鉴》。本卷为第26卷。

二、《浦口年鉴》以马克思列宁主义、毛泽东思想、邓小平理论、“三个代表”重要思想、科学发展观、习近平新时代中国特色社会主义思想为指导，坚持辩证唯物主义和历史唯物主义的立场、观点和方法，旨在准确、科学、权威、系统地记载浦口区自然、政治、经济、文化、社会等方面情况，为各级领导决策提供参考和依据，为社会各界提供资讯，是了解浦口、研究浦口、建设浦口的重要窗口，也为续修区志积累史料。

三、《浦口年鉴》2021卷记载2020年度浦口区经济社会发展基本情况以及大事要事。部分条目在记述时涉及2020年前的情况，为方便查阅和了解事物的完整性，仍予简略记述。

四、《浦口年鉴》2021卷记述的地域范围以2020年浦口行政区为界，即浦口区行政区划中剔除顶山、泰山、沿江、盘城4个江北新区直管区的区域。如涉及区域与上述不同的，另行注明，或以相关的原文件为准。

五、全书主体部分文体以记述文为主，辅以说明文。采用类目体编辑法，主体内容设类目、分目、条目3个层次，部分分目下设副分目，以条目为基本记述单元。《浦口年鉴》2021卷设专记、大事记、江北明珠、党政·群团、法治、军事、城乡建设、基础设施、经贸合作、经济管理、制造业、都市农业、房地产业、金融业、商贸服务业、休闲旅游、科学技术、教育、文化、卫生健康、新冠肺炎疫情防控、体育、生态环境、社会生活、应急管理、街场概览、人物·荣誉、附录、索引29个类目及有关图照。

六、“人物·荣誉”类目中，“新闻人物”收录在区内外有一定影响以及具有时代特征的人物；“逝世人物”收录曾担任过浦口区（县）级以上职务的领导干部和离休干部。

七、根据农业生产的实际情况，该年鉴少部分内容采用“亩”作计量单位。

八、全书所载资料由浦口区各部、委、办、局、街道、企事业单位等专人撰写，并经领导人（主审人）审阅。统计资料由区统计局提供。由于统计口径不一定相同，一些单位提供的数据会与统计局提供的数据不一致，引用时请注意。

九、为便于读者查阅，卷首有目录和大事记，卷末有索引，全书信息资料可通过目录、大事记、索引三个检索渠道查找。

2020 浦口数字

综合

土地面积 715 平方千米

户籍总人口 33.99 万人

乡村人口 19.12 万人

街道 5 个

居（村）民委员会 76 个

地区生产总值 443.57 亿元

第一产业增加值 45.63 亿元

第二产业增加值 136.24 亿元

第三产业增加值 261.7 亿元

三次产业结构比重 10.3 ： 30.7 ： 59

农业

农业总产值 75.51 亿元

粮食总产量 30765 吨

油料总产量 1778 吨

瓜果总产量 6169 吨

生猪出栏数 61627 头

家禽出栏数 131.64 万羽

水产品产量 19980 吨

工业、建筑业

规模以上工业企业 182 家

规模以上工业总产值 293.19 亿元

规模以上工业主营业务收入 286.8 亿元

规模以上工业利税 39.34 亿元

建筑业总承包企业 175 家

固定资产投资

全社会固定资产投资 579.87 亿元

工业投资 85.55 亿元

房地产开发投资 259.51 亿元

交通、贸易和旅游业

公路总里程 969 千米

客运量 3187.15 万人次

社会消费品零售总额 137.64 亿元

旅游总收入 45.02 亿元

旅游接待量 797.93 万人次

对外经济

实际利用外资 32010 万美元

外贸进出口总额 132.9 亿元

财政、金融

一般公共预算收入 70.12 亿元

一般公共预算支出 79.83 亿元

金融机构年末存款余额 2718.94 亿元

金融机构年末贷款余额 2059.93 亿元

科学技术和教育

高新技术企业 179 家

市级以上众创空间、科技孵化器 13 家

市级以上企业工程技术研究中心 42 家

普通中学 20 所，在校学生 11594 人

小学 19 所，在校学生 19405 人

幼儿园 33 所，在园儿童 11281 人

中职学校 1 所，在校学生 3770 人

文化、卫生和体育

文化馆 1 个

公共图书馆 1 个，总藏量 43.18 万册

医疗卫生机构 135 个，编制床位 1751 张，卫生人员 3282 人

社区卫生服务中心省级标准化建设达标率 100%

社区卫生服务站达标率 100%

万人拥有晨晚练健身站（点）7 个以上

万人拥有社会体育指导员 56 人

环境保护

空气质量优良天数 310 天

年平均水质优良比例 100%

土壤安全利用率 100%

林木覆盖率 42.7%

人民生活

从业人员年平均工资 11.94 万元

全体居民人均可支配收入 51099 元

城镇居民人均可支配收入 62498.1 元

城镇居民人均消费支出 36606 元

农村居民人均可支配收入 30060.6 元

农民居民人均消费支出 20419 元

劳动和社会保障

新增城镇就业 18412 人

城镇失业人员再就业 5129 人

援助困难人员就业 668 人

新增大学生就业 9307 人

低保对象 1639 户 2279 人，发放低保金 2281 万元

困难残疾人领取两项补贴 6692 人，发放金额 3515 万元

养老机构 10 家，养老床位 2227 张

AAA 级以上社区居家养老服务中心 32 家，老年人助餐点 40 个

浦口新貌

（滕宏飞　摄）

百里老山

（郭华林 摄）

7月，华天科技（南京）集成电路先进封测产业基地一期工程投产 （邵斯捷 提供）

12月，台积电（南京）有限公司12英寸晶圆厂与设计服务中心一期项目竣工 （邵斯捷 提供）

12 月，南京依维柯汽车有限公司 F1 发动机生产线研发和生产设备更新项目竣工　　（邵斯捷　提供）

高端交通装备南京锦湖轮胎有限公司　　（邵斯捷　提供）

4月，浦口高新区伊诺光点创梦基地获国家众创空间备案　（吴庆乐　提供）

10月，浦口区获批国家民用无人驾驶航空试验区　（吴庆乐　提供）

11月20—21日，2020中国农业农村科技发展高峰论坛暨中国现代农业发展论坛在南京国家农创园举办
（袁贡娇　提供）

12月18—19日，首届全国功能农业发展大会暨南京国家农创园功能农业产业招商推介会在南京国家农创园举办。功能稻米科技示范基地获国家粮食产业技术创新中心授牌
（袁贡娇　提供）

2020 年，完成珠江路、文德西路出新改造工程。图为出新后的珠江路 （杨旻 提供）

2020 年，浦口区完成农村人居环境整治工作。图为入选第三批江苏省传统村落的汤泉街道瓦殿村周庄、关口章 （周俊凯 提供）

2020 年，完成长江岸线整治任务，“十里造船带”蝶变为“春江十里风光带”（杨旻　提供）

12 月 28 日，滁河浦口段获评江苏省 2020 年度生态河道建设示范样板。图为滁河湿地风光

（樊丛丛　摄）

6 月 1 日，浦云路大桥建成通车　　（滕宏飞　摄）

12 月 24 日，南京江心洲大桥（南京长江五桥）通车　　（滕宏飞　摄）

8 月 7 日，浦口区农产品区域公用品牌“浦食浦味”发布。图为黎家营实体店　　（钟倩　提供）

12 月 25 日，永宁青虾获国家农产品地理标志产品证书。图为永宁青虾　　（朱婷婷　提供）

6月24—26日，区政府在市民中心举办端午浦口夜市集活动，促进消费市场复苏升温　（滕宏飞　摄）

6月18日，浦口区被认定为第二批省级全域旅游示范区。图为不老村的周末　（姚时信　摄）

10 月 25 日，2020 南京浦口女子半程马拉松在南京雨发生态旅游区鸣枪开跑　　　　（张闽　提供）

2020 年，浦口区新开工建设保障房 73.27 万平方米，竣工 84.9 万平方米。图为当年竣工的余家湾保障房项目　　　　（康居集团　提供）

9 月 1 日，南京市游府西街小学浦口分校开办　（张鹏　提供）

9 月 1 日，金陵中学浦口分校开办

9 月 18 日，南京市中医院浦口分院被江苏省中医药管理局确认为三级中医医院，这是江北地区首家三级中医医院、浦口区首家三级医院 （郭华林　摄）

（张鹏　提供）

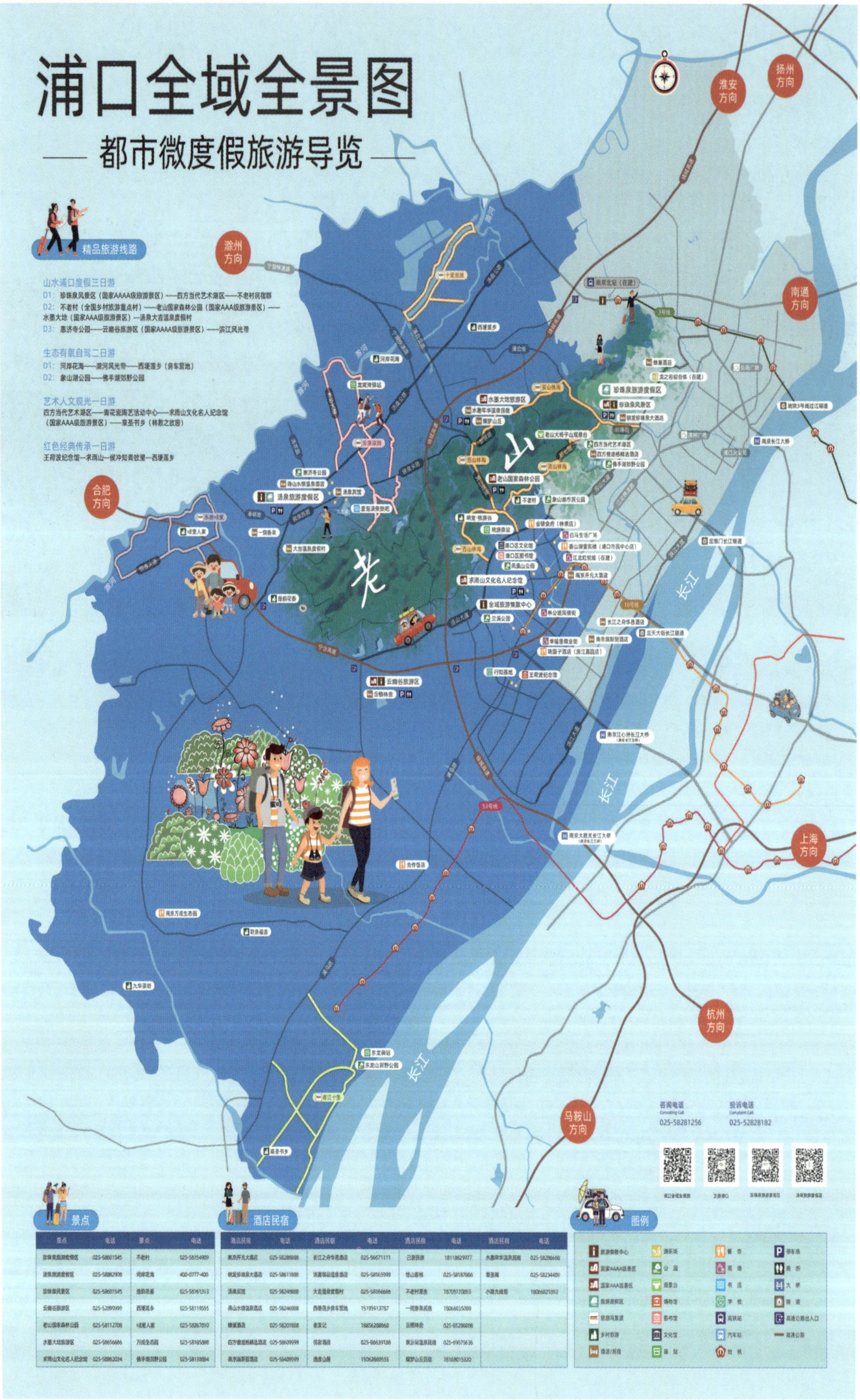

（刘芳芳 提供）

浦口区全域旅游导览图

珍珠泉

（刘芳芳 提供）

夏日九龙湖　　（洪刚　摄）

霞映佛手湖　　（滕宏飞　摄）

秋日的老山层林尽染　　（滕宏飞　摄）

惠济寺千年古银杏　　（郭华林　摄）

不老村　　（林琨　摄）

楚韵花香　　（滕宏飞　摄）

岠里人家　　（滕宏飞　摄）

大埝人家　　（滕宏飞　摄）

文化旅游：林散之纪念馆　　（李莉　摄）

体育旅游：骑行花海　　（滕宏飞　摄）

生态旅游：绿水湾湿地　　（童迎春　摄）

康养旅游：汤泉温泉　　（蒋南阳　提供）

张圩葵花朵朵园　　（刘芳芳　提供）

响堂桃源谷　　（顾军　摄）

西埂莲乡　　（刘芳芳　提供）

花田笑脸　　（滕宏飞　摄）

芝兰云朵民宿　（马文媛　提供）

蝶梦山丘飞行民宿　（朱婷婷　提供）

小隐汤泉民宿　　（蒋南阳　提供）

云栖林舍民宿　　（蒋南阳　提供）

老友记民宿 （刘芳芳 提供）

逸度山居民宿 （刘芳芳 提供）

目　　录

专题图片

专　　记

大事记

江北明珠

党政·群团

法　　治

军　事

城乡建设

基础设施

经贸合作

经济管理

制造业

商贸服务业

休闲旅游

科学技术

教　育

文　化

卫生健康

新冠肺炎疫情防控

体　育

生态环境

社会生活

应急管理

街场概览

人物·荣誉

附　录

索　引

专　　记

“十三五”时期浦口区经济社会发展回顾

“十三五”时期是浦口现代产业体系初具规模、城乡发展格局逐步形成、生态环境品质显著改善、民生服务短板加速补齐的五年。五年间，国家级江北新区、长三角区域一体化、中国(江苏)自由贸易试验区等国家重大区域战略相继在浦口落地，浦口从发展的边缘走到发展的前沿。与此同时，错综复杂的宏观环境、各种不确定、不稳定因素交汇叠加，也给浦口发展带来极大挑战，尤其是2017年南京江北新区管理体制调整，浦口的土地面积、人口规模、经济总量大幅减少，产业结构、城乡结构极大改变。浦口全区上下积极应对形势变化，在新起点上翻篇归零、二次创业，坚持以新思想指导新实践、以新理念推动新发展，立足“江北明珠”发展定位，持续推进“四个主题年”“四场主攻仗”，较好完成“十三五”规划确定的各项目标任务。

管理体制调整以来，浦口地区生产总值从2017年的317.6亿元增长到2020年的443.57亿元，年均可比价增速达6.58%；一般公共预算收入从38亿元增长到70.12亿元，三年接近翻番，年均增速达22.7%；全社会固定资产投资完成额从481亿元增长到580亿元，年均增速达6.4%；全体居民人均可支配收入从39898元增长到51099元，年均增速达8.6%，其中农村居民人均可支配收入增速高于城镇居民人均可支配收入1个百分点。在市对区高质量考核中从末位奋起直追，实现连续大幅度进位，2019年，在省对区高质量发展监测评价中，位列全省63个郊区第二，获评推进高质量发展先进区。

产业能级显著跃升。台积电等3个百亿级项目建成投产，龙之谷等3个百亿级项目加快建设，累计落户274个产业类项目，总投资3500亿元，68个项目正式竣工，形成集成电路、高端交通装备、文旅健康三大主导产业。集成电路产业基本从零基础起步，集聚企业260余家，初步形成设计以凯鼎电子、制造以台积电、封测以华天科技、配套以空气化工等重点企业为代表的全产业链闭环，营收从2017年的2.6亿元提升至2020年的110亿元，以占全市3%的地区生产总值比重支撑起全市30%以上的集成电路产业份额。高端交通装备产业集聚依维柯、锦湖等企业76家，产值从2017年的17.6亿元提升至2020年的64亿元，实现三年两番。文旅健康产业加速发展，创成省级全域旅游示范区、省级汤泉旅游度假区，成为全市唯一同时拥有2个省级旅游度假区和2个AAAA级景区的板块，2020年产值突破110亿元。商贸服务业补短板成效明显，金盛田商业广场、江北虹悦城相继落地。现代农业发展水平稳居全省第一方阵，获评全国县域数字农业农村发展水平先进区。2020年，全区三次产业结构为10.3∶30.7∶59，工业比重较2017年提升6.1个百分点，规模工业总产值达271亿元。

创新活力显著增强。在全市率先探索政府投资基金引导科技创新、产业发展模式，组建区创投公司，成立基金管理公司，设立新兴产业母基金及16支股权投资基金，总规模超200亿元。初步建成公共服务平台、公共技术平台、公共交流平台、公共创新平台“四平台”，成立澳大利亚墨尔本等3个海外协同创新中心。在全市率先开展跨区域校地融合创新实践，与重庆大学共建研究(生)院、与电子科技大学共建成果转化中心，中科院微电子所、南大、南航等一批高端资源要素汇聚浦口。累计市级备案新型研发机构11家。培育独角兽企业3家、瞪羚企业16家，高新技术企业数较2017年增长5倍以上。国家级创新载体、国家创新人才均实现零的突破。获评国家知识产权强县工程试点区、省产学研产业协同创新基地。

园区实力显著提升。围绕主导产业发展，推进三大园区平台提质增效。开发区综合实力在91家省级开发区中排名第二,超越8个国家级开发区,获评省集成电路先进制造业基地、省新型工业化产业示范基地。高新区发展指数从全市末位进入中游,两项创新名城建设核心指标进入全市第一方阵,获评全国首批民用无人驾驶航空试验区、全市唯一省创业投资综合服务基地。首个国家级农业产业科技创新中心(农创园)成功落户,引入10个院士团队,建成全国唯一的农业集群式院士创新基地,在全国“五个科创中心”(江苏南京、山西太谷、四川成都、广东广州、湖北武汉5个国家现代农业产业科技创新中心)处于领先地位。

城乡面貌显著改善。完成中心城区控制性详细规划全覆盖和全区镇村布局规划编制,推进“一城一区一片一链”(由浦口区委四届六次全会提出,一城,即“活力江浦”;一区,即“智造桥林”;一片,即“魅力老山”;一链,即沿山沿河“景观项链”)建设,累计投入1780亿元,实施928个城建城管项目,基本实现城镇棚户区(危旧房)改造、生活污水处理、厕所革命等全覆盖,天然气管网实现街街通。山南片区、山北片区分别形成“三纵四横”(三纵指宁合高速、绕城高速、浦口大道,四横指沿山大道、312国道、浦乌路、浦滨路)“两纵两横”(两纵指宁滁快速通道、104国道,两横指汤盘公路、宁淮高速)路网格局,主要功能板块、旅游景点实现干线路网全覆盖。江浦老城实施有机更新,完成65个老旧小区更新改造,长达15年之久的一条巷等历史遗留地案彻底清零,拆围还绿,文德路、凤凰大街等17条道路改造完成,沿街风貌焕然一新。城南新中心对接新区核心区建设标准,正式启动“城市新客厅”建设。桥林新城拉开智造产业片区、滨江风光片区新框架,推进地铁小镇开发建设。汤泉、永宁、星甸新市镇建设有序开展,完成省市区级新市镇项目57个。全面完成农村人居环境整治,建立“四个一”(“一张清单”“一支队伍”“一把尺子”“一套机制”)长效管理机制,累计创建示范村38个、特色村15个、宜居村37个,不老村、水墨大埝等村庄获评12项“国字头”“省字头”殊荣。老山线、长江线等5条乡村精品旅游线路竣工,实现全区美丽乡村、主要景点串珠成链。获评省“四好农村路”示范区,成为全省首批列入国家数字乡村试点地区。

生态环境显著提优。污染防治攻坚战成效明显,93个中央、省级环保督察交办件全部整改到位。深入践行“长江大保护”,两年时间完成47项长江岸线专项整治任务,存在近20年之久的桥林“十里造船带”退出历史舞台。创新“河长+民间河长+志愿者”河道管理模式,入江支流水质全面达标,全域基本消除劣Ⅴ类水体,通过“两部”城市黑臭水体整治环境保护专项检查,地表水环境质量位居全省第一。强化治超治限、扬尘管控、油烟治理,$PM_{2.5}$年均浓度保持全市最优,重度及以上污染天数比率较“十二五”末下降25%以上。垃圾分类实现村组全覆盖。散乱污企业整治、化工企业关停提升全部完成。林木覆盖率位居全省第一。获评首批省级生态文明示范区。

民生福祉显著增进。农村低收入人口和经济薄弱村全部脱贫摘帽。建成保障性住房558万平方米,下大力气解决桥林片区超期过渡问题。金陵中学、苏杰、南艺附中等6所优质名校(分校)落户浦口,实现全域小学集团化办学,获评省学前教育改革发展示范区,行知基地获评全国中小学生研学实践教育营地,江浦高级中学被国务院授予全国民族团结进步模范集体。推进“院府合作”,省人民医院浦口分院正式挂牌运营,7个优质专科整建制入驻。区中医院挂牌南京市中医院浦口分院,创成江北首家三级中医院。十四大类55项基本公共卫生服务项目实现全覆盖。在全市率先将职工医疗、工伤、生育三险业务经办权限下放至街道,形成15分钟社保经办服务圈。有效防控新冠肺炎疫情。在全市率先实现养老机构医养融合全覆盖,打造省级“医养融合养老康复”示范基地。文化浦口云品牌全省第一,人均拥有公共文体设施面积全市第一。“林散之·江苏书法作品双年展”永久落户浦口。举办“三赛一节”等国际国内高级别赛事。

城市新貌　　(滕宏飞　摄)

综合改革显著深化。完成党政机构改革、园区去行政化改革、街道集成改革。以供给侧结构性为主线,推动“三去一降一补”(去产能、去库存、去杠杆,降成本,补短板)任务落地见效。深化放管服改革,“拿地即开工”审批模式成为省级样板,建设项目施工许可评价连续两年获省通报表扬,金融生态环境综合排名稳居全省前三,获评省简政放权、创业创新环境评价综合先进地区。落实“先解决问题再说”工作机制,政务服务效能和便民服务水平有效提升。农村土地承包经营制度改革通过省市验收,农村集体产权制度改革代表南京通过农业农村部验收。推动农村殡葬改革,促进移风易俗,完成“住宅式”墓地专项整治,在全市率先实现街道级公益性骨灰纪念堂全覆盖。以大联勤网格化模式统揽社会治理,发布省级地方标准。以新乡贤促进“三治融合”,坚持发展“枫桥经验”实现矛盾不上交试点工作获得司法部通报表彰。组建政府法律顾问团,实现社区法律顾问全覆盖。全面推进新时代文明实践省级试点,在星甸率先启动全国首个新时代文明实践小镇建设。获评首批省级食品安全示范区、全国法治县(市、区)创建活动先进单位、全国维护职工合法权益先进区。

浦口区“十三五”经济社会发展主要指标完成情况一览表

表 1

指标分类	序号	指标名称	“十三五”目标	2020 年实绩	是否达预期
综合经济类	1	地区生产总值	年均增速≥15%	443.57 亿元,年均可比价增速 6.58%	低于预期
	2	一般公共预算收入	年均增速≥12%	70.12 亿元,年均增速 22.7%	达到预期
	3	社会消费品零售总额	年均增速≥12%	137.6 亿元,年均增速 4.68%	低于预期
	4	全社会固定资产投资	年均增速≥12%	580 亿元,年均增速 6.4%	低于预期
转型升级类	5	高新技术产业产值占规上工业总产值比重	55%	66.15% *	达到预期
	6	科技成果产业化率	≥20%	—	—
	7	新引进“创业南京”各类人才	累计 200 人	200 人	达到预期
	8	每万名劳动力中研发人员数	130 人	—	—
	9	全社会研发(R&D)投入占 GDP 比重	>3.1%	—	—
	10	战略性新兴产业产值	年均增速>20%	120 亿元,年均增速 39%	达到预期
生态环保类	11	单位 GDP 用水量下降	≥25%	44%	达到预期
	12	煤炭消费总量	达到上级要求	16.3 万吨	达到预期
	13	主要污染物排放强度	达到上级要求	达到省市目标	达到预期
	14	主要水体水质达标率	>85%	86%	达到预期
	15	城镇建成区绿化覆盖率	≥45%	48%	达到预期
	16	城镇污水处理率	≥90%	98%	达到预期
	17	林木覆盖率	≥37%	42.6%	达到预期
	18	城市垃圾无害化处理率	100%	100%	达到预期
社会民生类	19	全体居民人均可支配收入	高于经济增速	51099 元,年均增速 8.6%	达到预期
		农村居民人均可支配收入	高于城镇 1 个百分点以上	高于城镇 1 个百分点	达到预期
	20	常住人口城镇化率	≥72%	65.06%	低于预期
	21	累计新增城镇就业人数	≥10 万人	累计 10.26 万人	达到预期
	22	累计培育自主创业者(培育大学生创业)	累计 4000 人(1500 人)	累计 4919 人(1216 人)	基本达到预期
	23	符合条件的外来务工人员随迁子女在公办学校就读比例	100%	100%	达到预期
	24	城镇保障性住房常住人口覆盖率	≥20%	32%	达到预期
	25	食品安全检测	≥每千人 4 批次	每千人 6 批次	达到预期
	26	每千名老人拥有机构养老床位数	45 张	46 张	达到预期
	27	每万人拥有公共文化设施面积	≥2000 平方米	3605 平方米	达到预期
	28	城市居民公共交通出行分担率	≥30%	29%	基本达到预期
	29	城乡基本养老、医疗、失业保险覆盖率	≥99%	99%	达到预期

注:标“ * ”数据为 2019 年完成值

（发改委）

脱贫致富奔小康·浦口答卷

一、全区脱贫致富奔小康任务完成情况

截至2020年11月,全区有建档立卡低收入农户3822户8466人、经济薄弱村(欠发达村)15个。“十三五”以来,浦口区深入实施中央及省、市关于打赢脱贫攻坚战的决策部署,落实脱贫致富奔小康行动。截至2018年底,全区100%低收入农户实现脱贫、100%经济薄弱村(欠发达村)成功摘帽,星甸街道集中连片欠发达地区整体面貌明显改善。其中,低收入农户脱贫路径主要包括:“三个靶向”就业创业帮扶脱贫3244人,占比38.3%;政策保障兜底1724人,占比20.3%;产业帮扶脱贫336人,占比3.97%;资产收益脱贫1351人,占比15.9%;入股分红带动脱贫187人,占比2.2%;低收入项目区带动脱贫27人,占比0.3%;医疗救助缓解支出脱贫8913人次;教育补助脱贫3679人次(各政策间人员有重叠)。经济薄弱村(欠发达村)脱贫方式包括:物业经济增收脱贫15个、低收入项目区带动脱贫6个、党费项目带动脱贫5个、结对挂钩单位帮扶带动脱贫15个(各政策间村、社区有重叠)。

自2019年开始,全区扶贫开发工作坚持巩固脱贫成效,建立动态监测预警机制,经持续的管理核查,无一起返贫现象。

二、建档立卡低收入农户脱贫情况

(一)基本情况

2016年初,按照精准识别标准,浦口区坚持“公开、公正、透明”原则,不省一个环节、不落一个步骤,保证程序严谨、结果准确。以家庭人均年可支配收入低于9000元为标准,经过农户申请、村民评议、街道审核、区街村三级公示、区级确认等程序,确定建档立卡低收入农户3822户。截至2020年10月底,低收入农户中死亡757人。剩余人员中,健康人员3303名,占比42.85%;长期慢性病2161名,占比28.03%;残疾人1534名,占比19.9%;患大病711名,占比9.22%。病残人员总占比近60%。

(二)坚持精准施策,稳定实现“两不愁三保障”

在2016年出台纲领性文件《关于开展结对帮扶活动推进精准扶贫工作的通知》基础上,为从源头上促进脱贫、防止返贫,2018年,研究出台《浦口区建档立卡低收入农户脱贫攻坚政策清单》和《浦口区关于进一步促进建档立卡低收入农户自助互助的指导意见》,创新建立低收入农户脱贫“六项机制”,涵盖“两不愁三保障”。深化就业创业政策。对有劳动能力低收入人口,实施“三个靶向”就业创业帮扶政策,动员低收入人口参与农村人居环境整治、大联勤、秸秆禁烧、保洁保安等公益性岗位,对积极自主外出就业且未享受靶向资金帮扶的给予一次性6000元就业奖励,“十三五”累计惠及3244人,发放资金1946.4万元,占总人数的38%。深化综合保障政策。对失劳失能低收入人口,区农业农村局联合民政系统按月排查,确保符合条件人员“应进必进”。截至2020年10月,全区建档立卡低收入农户中纳入低保保障1019户1475人,纳入低保边缘35户67人,纳入特困供养187人,纳入残疾人两项补贴1037人,纳入困境儿童12人。对持有三级、四级残疾人证且家庭生活困难的具有浦口区户籍低收入残疾人,每年补充给予一次性1500~2000元临时救助,“十三五”累计救助452户,发放资金81.1万元,占总户数的11.83%。深化健康扶贫政策。针对因病致贫低收入农户,在全面落实全市统一的“困难人员参加城乡居民医疗保险享受财政全额补助,大病保险起付标准降低至1万元,各报销费用段报销比例提高5个百分点”政策基础上,进一步完善多重医疗保障制度。浦口区创新实施自费补充保险,对低收入人口大病住院自费部分进行零起付线分级累计报销,累计结算6400人次,赔付1021.64万元;每年设立500万元急重病灾救助资金,对低收入人口门诊及住院剩余自费部分再救助,2016年以来累计救助2513人次,补助资金1985.24万元,为低收入人口构建“居民医保+大病保险+医疗救助+慈善慰问+自费补充保险+急重病灾”六位一体的医疗保障“安全网”。深化教育救助政策。针对幼儿园至高中、中专阶段的低收入家庭在校生,实施教育费用全额减免政策,并按照幼儿园1200元/年、小学1500元/年、初高中2000元/年给予生活补助。截至2020年春季,累计减免补助学生3264人次483.36万元。区扶贫办每年对就读于全日制普通高校、高等职业学校、高等专科学校等高等教育阶段学生给予学费与住宿费最高1万元补助。截至2020年11月,累计救助415人次285.74万元。深化危房改造政策。针对居住条件差的低收入农户,落实危房改造政策,2016年以来累计涉及102户低收入农户危房改造工作,基本实现自愿基础上的农村低收入农户家庭存量危房全改造。深化资产收益扶贫。针对有闲置资产资源的低收入农户,进一步拓宽增收渠道。帮助小农户对接农民专业合作社、农业龙头企业、种植大户,通过土地流转、保底分红等方式,增加资产性收入。深化保险扶贫政策。2016~2019年,每年投入约60万元专项保险资金,为所有低收入农户办理种植养殖、意外伤害及家庭财产等保险,提高低收入农户风险抵御能力。探索生猪代养增收。2019年底,将推进恢复生猪生产与脱贫攻坚相结合,采取农户出资购置猪

苗、委托公司代养销售的方式，探索实施低收入农户生猪代养增收工作，并向参与代养试点的8户低收入农户发放5.31万元的养殖收益，户均纯收益2700元。

（三）坚持党建引领，凝聚脱贫攻坚合力

2016年出台《关于开展结对帮扶活动推进精准扶贫工作的通知》，构建政府主导、社会参与、群众配合、上下联动、齐抓共管的“大扶贫格局”。加大扶贫开发投入力度。2016年以来，共争取市财政扶贫开发专项资金6066.2万元、区级配套资金6587.5万元，机关部门和各街道投入各类帮扶财物约3177万元。强化扶贫队伍建设。区委先后选派有思想、有本领、有担当的52名干部担任经济薄弱村（欠发达村）第一书记，5个市级经济薄弱村全部配备正处级干部。强化党员干部结对帮扶。组织开展“万名党员干部帮万户”活动，明确每年给予每户低收入农户不少于1000元的钱物慰问标准，全区4000余名机关党员干部参与结对，2016年以来累计帮扶资金约1754万元。

三、经济薄弱村（欠发达村）摘帽情况

（一）基本情况

2016年初，经市级统一核定，按照倒排10%与村级年度稳定性收入低于100万元的标准，浦口区共有15个市级经济薄弱村（欠发达村），其中5个为经济薄弱村、10个为经济欠发达村，普遍存在基础差、底子薄、财力小、资源缺乏等问题。

（二）坚持结对帮扶，助推经济薄弱村（欠发达村）规划发展

针对15个村经济力量薄弱、发展路径窄等问题，建立结对帮扶机制。由68个区级机关单位、34家驻区企事业单位与村（社区）一一挂钩，在做好村情民意调查研究基础上，科学帮助结对村编制村级规划和帮扶方案，通过资源开发、完善基础设施、产业培育、农产品直销、技能培训、吸纳就业等形式参与扶贫开发。建立包村工作机制。2020年初，为进一步巩固脱贫成果，帮助经济薄弱村（欠发达村）理清发展思路、找准发展出路，强化村级造血功能，提升村集体经济实力，浦口区出台《关于建立领导干部包村制度的通知》，由19名区领导带领38家区级部门一对一进行包村。截至11月，共帮扶建设6个产业项目、8个基础设施项目，对11条道路进行提档升级，引入注册企业8家，涉及总资金约1.18亿元，将持续增强村级发展后劲。

（三）坚持产业带动，提升经济薄弱村（欠发达村）村级能力

因地制宜选择发展项目，采取“一村一策”帮助提升经济薄弱村（欠发达村）发展后劲，不断壮大村集体经济。扶持发展物业经济。采取“统一规划、统一购置、统一出租、产权收益归村”的形式，投资4800万元，为15个市级经济薄弱村（欠发达村）统一购置康居集团128平方米的门面房并签订返租协议。自2016年起按每村每年收益租金20万元，连续10年，推动帮扶工作由“输血保生存”向“造血促发展”转变。发展特色农业项目。各街道结合实际突出高效、特色两大关键，把当地产业优势有效转化为富民优势，重点打造后圩水产养殖、西埂莲乡莲藕、赭洛山茶叶、永宁青虾等特色品牌。三是建设低收入项目区。2017年以来，区财政累计投入698万元，围绕特色农产品、高档苗木、有机茶叶等特色产业，共建设6个经济薄弱村（欠发达村）低收入项目区。四是落实党费扶贫项目。2018年以来，累计申报落实市级党费补助项目资金330万元，为星甸片区5个经济薄弱村（欠发达村）购买街道门面房10间，村均稳定增收6万元/年。

四、星甸街道集中连片欠发达地区推进情况

2016年初，根据市级统一部署，认定浦口区星甸街道为全市集中连片欠发达地区之一。针对星甸街道集中连片欠发达地区整体滞后的现状，为促进片区整体发展，2016年以来，在市级片区关键工程项目资金支持下，浦口区先后投资261.39万元，建成王村村5.33公顷高效农业大棚项目；投资248.29万元，建成九华村基础设施项目；投资511.33万元，建设装机容量1000千瓦的村集体用房分布式光伏项目，项目将持续25年产生稳定收益；投资206.5万元，为双山村购置雅居乐二期113.86平米门面房1间。

五、探索建立解决相对贫困长效机制情况

浦口区在2018年底全面脱贫基础上不断探索，强化政策创新，在创新组织方式、发展模式、社会帮扶等方面，初步形成一些有效做法。

创新领导体制方面，出台纲领性文件《关于开展结对帮扶活动推进精准扶贫工作的通知》，健全“区统筹负责、街道落实、村组联动”的工作机制。由于全区扶贫措施得力、操作性强，被省农村工作领导小组评为2016年江苏省农业农村政策创新成果奖。“十三五”期间，浦口区获省级扶贫办系统先进工作者2人、省级农工办系统先进工作者1人、市级脱贫攻坚先进个人4人、先进集体3个。

组织方式方面，出台《浦口区关于促进建档立卡低收入农户自助互助的指导意见》，创新改进帮扶方式，通过以奖代补、劳务补助等方式鼓励农户立足自身实现脱贫，营造“人人参与、人人经历、人人享有”的社会氛围，激发长效脱贫的内生动力。

发展模式方面，采取“统一规划、统一购置、统一出租、产权收益归村”的形式，为经济薄弱村（欠发达村）统一购置康居集团128平米门面房并签订返租协议，并由专业团队统一打造营商环境，产权量化到村、收益稳定归村；老虎桥社区探索“以贫扶贫”的创新脱贫之路，由部分身体较健康、独立生活起居的低收入农户帮助部分生活不便的低收入农户，通过居家养老服务为前者争取资金补助，为后者解决实际生活困难。

社会帮扶方面，为生猪养殖条件不达标的低收入农户开展生猪代养帮扶工作，选定南京晟泰沅农牧发展有限公司为低收入农户集中代养生猪，扣除养殖成本后农户获取纯利润；由扶贫协会、慈善中心联合组织实施“扶贫救助百万工程”，开展助学、助医、助特（特殊学校）、助残（残疾人康复中心）、助创（创业）“五助”工作。（南京市浦口区扶贫开发工作领导小组）

浦口区新冠肺炎疫情防控工作纪要

新冠肺炎疫情既是一次危机,也是一次大考。面对来势汹汹的新冠肺炎疫情,浦口区委、区政府全面贯彻中央、省、市重要指示精神,科学研判形势,沉着应对挑战,精准高效施策,全面打响疫情防控阻击战,统筹推进经济社会发展各项工作,以慎终如始、迎难而上的良好精神状态,奋力夺取疫情防控和经济社会发展双胜利。

一、统筹部署、联防联控,全面汇成防疫合力

加强领导,树立"战时观"。自1月21日以来,浦口区提前研判疫情发展趋势,及时成立区新冠肺炎疫情防控指挥部,制定《浦口区新冠肺炎疫情防控工作方案》,根据疫情防控形势需要和防控重点变化,及时调整完善防控工作组织架构,建立完善"一办九组+N个专项组"的防控组织体系,区委、区政府主要领导亲自挂帅、靠前指挥,9位区领导担任职能组组长,进一步明确各部门、各职能组职责,全区"一盘棋"统筹推进防控工作。在接到援鄂医疗任务后,全区38名医护人员一夜成军,白衣执甲,第一时间迅速集结分批驰援武汉,奋战2个多月,圆满实现"打胜战、零感染"的援助目标。其中3人获南京"最美医护工作者"称号,4人获省人社局、省卫健委"记功"奖励,33名女性医务人员获市妇联、市卫健委"南京市三八红旗手"称号。全区各级党组织和党员干部充分发挥先锋模范作用,以身作则、深入一线,区级机关抽调445名骨干力量,投入社区疫情防控中。发布《致全区统一战线各界人士的倡议书》,号召全区统一战线各界人士积极行动,履行社会责任,参与疫情防控,充分发挥统一战线基层组织的重要作用。

联防联控,筑牢"防疫墙"。针对区域过境主通道连接安徽及苏北等地现状,1月25日起,在区内高速、国省道、县乡道建立交通检查点,调配交通、公安、社区、卫健人员1.8万人次24小时驻守全区重要交通卡口,加强人员监测管理,做到逢车必检、逢人必查,第一时间做好人员隔离、转运,累计检查车辆29万辆、体温检测62万人次,坚决守住疫情防控交通防线。采用"点线面"结合的方法,组织发动楼栋长、志愿者等力量进一步发挥群防群治作用,通过"四包一"、智能监控等方式,严格落实重点疫区人员隔离管控,全区累计医学观察8300余人。同时,严格按照国家、省市防控工作要求和诊疗规范,完善预检分诊和发热门诊设置,严格按照"四早"(早发现、早报告、早隔离、早治疗)要求全力做好人员防治。加强病例采样、流调、排查、监测和管理,实施全链条追踪排查,精准查找传染源和密切接触者,做到程序严密、无缝衔接。全区发热门诊累计接诊8081人,留观93人,开展流调178人,规范转运、跟踪、管理出院病例6人和无症状感染者3人,有效处置1起聚集性疫情。科学规范设置各类集中隔离场所17个,落细落实重点人群健康管控,有效控制重点传染源。结合爱国卫生月活动,统筹推进城乡环境卫生整治,重点督查、整改、落实疫情防控中发现的环境卫生管理薄弱环节和长期存在的老、大、难问题,确保环卫保洁、场所消毒、市容秩序等各项工作有效开展。

合理调配,保障"物资库"。成立采购专班,主动对接采购线索和渠道,指派专人负责联系企业、对接货源、跟踪进程、盘点入库,保证采购工作平稳有序开展。累计采购各类口罩116万副、各类防护服46万套、消杀用品4万升。采取"集中采购、定点代销、原价分配、限价销售、线上预约"模式,督促各医疗定点机构、医保定点药房、商超积极组织货源,满足群众防护需求。全区零售药店、商超共计投放各类口罩74万副、消毒液1万余瓶、医用酒精2万余瓶。加强对全区重点商超、农贸市场生活必需品供应和库存情况监测,确保市场运营有序,保障群众生活"菜篮子"。按规范要求,接受辖区爱心企业、爱心人士、社会团体及个人的物资捐赠,共接受企业、社会团体和个人捐赠的价值2826万余元防疫物资,区红十字会、慈善总会累计接受捐款943.01万元。

二、广泛宣传、全面覆盖,高效营造防疫氛围

加强宣传,汇聚共识。聚焦联防联控创新举措、先进事迹、暖心故事、"防疫+"等内容,形成系列深度报道。利用短视频、长图、动态海报等新技术新形式,策划制作原创新媒体产品200余条。发挥融媒体中心"强信心、聚民心、暖人心"作用,全方位报道区委、区政府疫情防控工作,开设"抗击新冠肺炎 守护平安浦口""一手抓防控、一手抓发展"等专栏,聚焦百姓身边英雄,讲述真实动人的浦口故事,利用各类新媒体平台发布相关稿件超5000条。

深化宣教,抓好引导。针对机关事业单位、学校托幼机构、工业企业、农村(社区)、餐饮服务、公共场所、农贸市场7类场所,印发《致浦口区居民一封信》《新型冠状病毒感染的肺炎防治知识读本》等宣传材料百万余份,普及科学防控知识,提高群众防护意识,引导群众正确理性看待疫情。通过创意海报、电子屏、"小喇叭"巡逻队等形式,向辖区群众普及防疫注意事项、提供温馨提示,累计发布各类公益广告22万次,组织大喇叭移动宣传车6万余辆次、开展喇叭广播1万余次。

选树典型,模范引领。广泛宣传全区疫情防控期间涌现出的工作经验、先进典型和感人事迹,累计发布疫情防控简报100期,其中专刊32期,展示广大党员干部勇于担当、乐于奉献的精神风貌和时代风采。发挥新时代文明实践中

心站所在防控疫情中的作用,精准对接基层期盼、贴身服务群众需求,累计发动组织志愿者8万余人次,开展社区排查、卫生防疫、交通路政等防疫工作。

三、精准发力、有序推进,统筹抓好防疫发展

精准施策,助力企业复工复产。开通运输通行证办理绿色通道,“点对点”开通通勤公交专线,服务保障各类生产、经营企业复工复产,满足企业生产、春耕备耕物资及鲜活农产品的运输需求。印发《企业复工操作流程》等指导性文件,规范企业复工防疫措施。主动帮助企业解决防疫物资筹备、物流配送、用工短缺、原材料供应等问题,促进企业逐步达产增产。组建健康指导员、健康体察员和健康宣讲员“三员”队伍,结合各类企业复工需要,针对性开展健康指导和核酸检测。截至5月15日,全区1145家工业企业、生产性服务企业、重点商贸流通企业全面复工,规上工业企业复工率100%,185个工程项目,已经复工180个(含省市重大项目19个)。

靶向发力,有序推进复课复学。根据疫情发展趋势,制定《浦口区教育系统防疫工作网格化管理工作方案》,采取“一日一报、一报两表”机制,全面摸排师生假日期间行动轨迹和健康情况。按照“高校主责、市区结合、属地为主、卫健指导、多方参与”的工作原则,卫健、教育、公安、社区和志愿者组成“五大员”防疫班子,进驻学校现场办公,对南京审计大学、江苏卫生健康职业学院等区内高校复学防控工作开展督查验收。按照“分批次、错峰开学”的要求,成立专项验收评估组逐校逐园验收评估,成立健康护学岗,及时解决师生健康问题,对托幼机构开展专项检查,做好防控专业指导。全区37所中、小学按期开学,南京审计大学、江苏卫生健康职业学院组织学生分批次报道,各特教学校、幼儿园等教育机构按照防疫要求做好开学准备。

严抓督查,排查防控风险盲点。组建专业督导队伍,根据疫情防控不同阶段情况,“四不两直”(不发通知、不打招呼、不听汇报、不用陪同接待,直奔基层、直插现场)开展督查工作。以社区管理、小区防控为切入点,坚持问题导向,建立问题清单,对账销号,及时整改;重点关注企业工地复工、经营户复业、学校复学三个“关键节点”,加强风险排查,堵住“三复”防控漏洞。先后出动1575人次,深入街道社区、居民小区、交通卡口、隔离场所、养老机构、公共场所、企业工地开展督导检查1936处(次)。

(卫健委)

附:

2020年浦口区新冠肺炎疫情防控大事记

1月21日,区委、区政府召开全区新冠肺炎疫情防控第一次会议。区委、区政府主要领导,各部委办局主要负责人以及卫健系统各医疗单位负责人参加。会议根据中央、省、市要求,对新冠肺炎疫情防控工作作出一系列部署和安排。

自1月21日区委、区政府召开全区第一次新冠肺炎疫情防控大会以后,江苏省人民医院浦口分院、南京市中医院浦口分院各设立一个发热门诊。

1月22日,浦口区政府出台《浦口区新型冠状病毒感染的肺炎疫情防控工作方案(试行)》,成立浦口区新型冠状病毒感染的肺炎防控工作指挥部,区长任指挥长。

1月23日起,小区封闭管理,对区外人员特别是武汉、北京等高中风险地区到浦口人员实施隔离管理,全区设立17个集中隔离场所。

1月24日,全区各影院、所有旅游景区,包括乡村旅游、美丽乡村点、旅游饭店、民宿等陆续关停。

1月25日,江苏省人民医院浦口分院护师张方园、侯红艳率先赴武汉进行医疗援助。

1月25日至2月23日,交通管控组在三桥高旺出口、G347浦乌路乌江点、S127宁滁快速西葛点、G104国道苏皖省界点共设4个交通检查点,街道、社区(村)自选点设置33个,共设置37个交通检查点。

1月27日,南京市中医院浦口分院主管护师吴燕赴武汉进行医疗援助。

是日,区委决定建立区委常委挂钩督导疫情防控工作制度,区委书记、区长负责全区面上情况指挥

2月2日,区疾控中心流行病调查人员对怎样更好完善流调报告进行讨论

(疾控中心 提供)

调度，区委常委分别挂钩联系一个板块。

1月下旬开始，区卫健委组织专业人员对区、街两级防疫人员进行疫情防控相关知识培训。

2月1日，区政府出台《关于选派区级机关党员干部支援街场一线疫情防控工作方案》，首批445名区级机关干部下沉基层助力抗疫。

2月2日，《南京市浦口区新型冠状病毒感染的肺炎疫情防控工作机制方案》出台。区委应对新冠肺炎疫情工作领导小组在区委常委会领导下开展工作，区委书记任组长；区新冠肺炎疫情联防联控指挥部在领导小组领导下开展工作，区长任指挥长。指挥部下设办公室(综合信息组)、疫情控制组、医疗救治组、物资保障与市场秩序组、社会和社区防控组、交通管控组、农业农村组、新闻宣传组、督查调度组9个工作组。另根据工作需要成立学校专项组、企业专项组、建筑工地专项组、军地联合专项组、机关专项组5个专项工作组。形成“一办九组+N个专项工作组”的组织架构。

2月4日，根据南京市新型冠状病毒感染的肺炎联防联控工作指挥部关于加强医疗机构新型冠状病毒感染的肺炎疫情防控工作的通告(第7号)，浦口地区各类门诊部、诊所(含中医、中西医结合)全面停诊。

2月7日，江苏省人民医院浦口分院护师张方园被第一批江苏援湖北医疗队临时党支部吸收为中共预备党员。

2月9日，浦口区34名医护人员随第三批江苏援湖北医疗队启程出征，与南京市组建的医疗队前往武汉。

2月11日，江苏企业复工的第二天，台积电(南京)有限公司复工，成为全区复工复产第一家。

截至2月11日，浦口区264个成型小区(物业小区128个、零散楼栋136个)全部实施封闭管理。

2月13日，江苏省人民医院浦口分院基建科科长王洪兵随江苏第五批医疗队驰援武汉，参与全省医疗队伍的物资管理和后勤保障。

2月19日，省卫健委主要领导到浦口区调研疫情防控工作，对浦口区复工复产企业严格规范做好防控、与毗邻地区开展联防联控、医疗救治、防控措施到位等给予充分肯定。

截至2月19日，全区37家区级以上农业龙头企业全部开工，开工率100%。

截至2月20日，浦口区规上企业、高新技术企业在全市最快实现100%复工。

2月20日，大润发超市一楼购物中心恢复正常营业。

2月20日起，文旅行业逐步放开11家开放式景区和景点的室外区域以及体育场。

2月21日，区卫健委主要负责人主持召开全区卫健系统门诊复诊工作会，要求在全市保持疫情防控“一级响应”总体不变的情况下，巩固全区疫情防控成果，科学规范、有序高效地做好医疗机构恢复诊疗服务工作。

3月4日，江苏省人民医院浦口分院副主任医师唐顺广、护师张方园被市委宣传部、市卫健委授予南京“最美医护工作者”称号。

3月6日，江苏省人民医院浦口分院护师马苗、住院医师李小龙获省人社厅联合省卫健委给予的援湖北一线医务人员“记功”奖励。

3月16日起，浦口区儿童计划免疫门诊开通疫苗预约接种通道，浦口区预防接种网上预约功能上线，居民可通过“健康浦口”公众号进行预约接种。

3月17日，历经50余天，江苏省人民医院浦口分院护师张方园、侯红艳和南京市中医院浦口分院主管护师吴燕3名医务人员返回浦口。

3月19日，求雨山文化名人

2月15日，永宁街道社区卫生服务中心医务人员在苏皖交界西葛卡点驻守测温 (永宁街道社区卫生服务中心 提供)

纪念馆室外区域恢复开放。

3月21日，区文化馆部分恢复开放。

3月22日，区图书馆恢复开放。

3月23日，江苏省人民医院浦口分院副主任医师唐顺广和主管护师储怡鑫获省人社厅和省卫健委“记功”奖励，这是两部门对支援湖北医护人员的第二次联合奖励。

3月24日，区内KTV恢复开放。

3月30日，区内首批16所学校(2所高中、13所初中、1所职业高中)复学。至9月1日，全区74所中小学、幼儿园(包括2所驻地高校)全部复学。

3月31日，浦口区援鄂医疗队经过52天的奋力战斗，圆满完成任务。其所在的南京二队共收治重症患者88例，实现“患者零死亡，医务人员零感染”目标。抵达隔离场所后，浦口区委、区政府举行欢迎仪式，区政府主要领导主持，区人大主要领导为援鄂医疗队捐赠慰问，区委主要领导出席仪式并致辞。

4月1日，浦口区启动第32个“爱国卫生月”活动，以“共建卫生家园，共享健康佳节”为主题，开展冬春季爱国卫生运动，全力打造干净、整洁的卫生环境，切断病毒传播途径，保障人民群众身体健康，筑牢疫情防控“安全线”。

4月2日，区委常委会暨区委应对疫情工作领导小组召开会议(第一次会议)。会议传达学习习近平总书记在二十国集体领导人应对新冠肺炎特别峰会上的重要讲话精神，听取区疫情防控工作机制学校专项组工作情况汇报，面对当前新冠肺炎疫情在世界范围快速蔓延，境外输入风险急剧增加的情况，要求各级各部门要始终坚持思想不松、机制不变、队伍不散，抓紧抓实抓细疫情防控各项措施，重点抓好“防与放、外与内、稳与进”三方面的统筹，不断巩固和拓展疫情防控成果。

4月21日，浦口区召开全区卫生健康事业高质量发展推进会，要求围绕“健康浦口建设”，强化重大疾病防控、职业病防治、卫生应急工作，优化基本公共卫生服务，守好公共安全防线。

4月26日，区委组织部、区委宣传部、团区委、区青年联合会对疫情期间浦口区各条战线上的“防疫先进青年集体和个人”进行表彰。授予江苏省人民医院浦口分院援鄂医疗队“防疫先进青年集体”称号；江苏省人民医院浦口分院护师张方园、侯红艳、主治医师王宏俊和南京市中医院浦口分院主管护师吴燕获“防疫先进青年”称号。

4月29日，区常委会暨区委应对疫情工作领导小组召开会议(第二次会议)，听取全区涉外联防联控指挥部工作情况汇报、全区食品安全工作情况汇报，研究并原则同意《关于深化改革加强食品安全工作的实施意见(讨论稿)》。会议指出要按照中央和省市委要求，在重点环节、重点人员、重点单位守好疫情防控关口，慎终如始抓牢疫情防控各项工作，守牢安全线、工作防线、责任底线“三条线”，落实好食品安全属地监管责任，切实把食品安全这一重大民生工程抓实抓好。

5月12日，区卫健委举办“向疫而行，天使有爱”浦口区“5·12”护士节暨抗疫微故事分享会，表彰12位优秀护士长、46位优秀护士。

5月15日，区委常委会暨区委应对疫情工作领导小组召开会议(第三次会议)，听取全区常态化疫情防控、复学复课相关工作情况汇报。要求全区上下要按照中央和省市委要求，在抓好经济社会发展的同时，制度化、常态化抓好疫情防控工作，防止反弹，重点做好“制度化推进、协同化服务、清单化落实”三方面工作，推动经济健康发展。

5月25日，浦口区首台方舱CT(即移动CT扫描单元)在江苏省人民医院浦口分院投入使用。通过智能化操作，方舱CT可以实现无接触操作和远程阅片，降低医务人员被感染风险。

5月27日，区委常委会暨区委应对疫情工作领导小组召开会议(第四次会议)，要求全区各级各部门要更好地发挥主观能动性，做好“六稳”工作，落实“六保”任务，推进浦口区高质量发展。

5月以来，区卫健委多次召开专门会议进行安排部署，为2020年中高考保驾护航，确保疫情防控常态化下中高考各项工作安全、平稳、有序实施。

6月23日，区委常委会暨区委应对疫情工作领导小组召开会议(第五次会议)，听取全区农贸市场及食品流通、储运环节疫情防控措施落实情况汇报。要求做好精细化疫情防控。农贸市场领域要精细化管控。相关部门、各板块要全环节、全链条梳理排查食品安全风险隐患，严把食品输入关、生产关、运输储存关和销售加工关，全面落实重点场所人员排查防护，守护好群众食品安全和生命安全。各项活动要精细化筹办。开发区、高新区要强化主体责任，卫健委要全程把控，逐条对照落实市组委会下发的疫情防控工作要求，在办好南京创新周各项活动的同时确保不出问题。重点场所要精细化防控。各责任主体要围绕南京市第18号通告明确的具体要求，逐条对照落实,全面开展细微排查,严防交叉感染、聚集感染现象发生。重点人员要精细化管理。对北京中高风险地区到宁、湖北和武汉到宁、境外到宁人员,按照上级最新管控要求,规范化、精准化做好核酸检测、血清抗体检测、隔离留观等各项工作,不能出现漏管、脱管现象。

6月24日,区疾控中心PCR(基因扩增)实验室投入使用。该实验室为南京市首家具有核酸检测资质的区级疾控单位核酸检测实验室,填补浦口区新冠肺炎病毒检测空白。

7月4日,区委常委会暨区委应对疫情工作领导小组召开会议(第六次会议),听取区疫情防控工作指挥部办公室工作情况汇报。要求做好常态化疫情防控,抓好涉外企业员工,抓好重点地区到宁返宁人员防控,抓好重点场所常态化防控,抓好发热门诊、医疗机构院感防控,抓好中考、高考的防疫组织,确保万无一失。

7月22日,市卫健委主要领导调研浦口集中隔离场所及核酸检测工作。对浦口区高质量做好入境人员集中隔离、重点人群管理以及落实"应检尽检"等工作给予高度认可。

7月24日起,全区各影院陆续恢复营业。

8月18日,区卫健委举行庆祝2020年"中国医师节"活动暨第二届"浦口好医生"故事会享会。10名医生被确定为第二届"浦口好医生",受到表彰。

8月19日,区疾控中心医生庄树林在南京市庆祝2020年"中国医师节"大会上被授予"人民满意的卫生健康工作者"称号。

9月12日,区委常委会暨区委应对疫情工作领导小组召开会议(第七次会议),听取全区疫情防控常态化工作情况汇报,研究并原则同意《关于完善重大疫情防控体制机制健全公共卫生应急管理体系的实施意见(讨论稿)》。要求全区上下要把思想和行动统一到习近平总书记在全国抗击新冠肺炎疫情表彰大会上的重要讲话精神上来,准确把握当前形势任务的复杂性和艰巨性,坚决克服麻痹思想与侥幸心理,落实落细常态化疫情防控各项举措,切实巩固好战疫成果,高度重视秋冬季节疫情防控工作,强化"外防输入"。

9月28日,区疾控中心、省人民医院浦口分院、市中医院浦口分院取得核酸检测资质。

10月16日,为切实做好秋冬新冠肺炎疫情防控工作,区卫健委组织开展2020年浦口区新冠肺炎疫情处置演练。

11月20日,江苏省人民医院浦口分院获台积电(南京)有限公司捐赠负压救护车1辆。负压救护车的配备补齐医院医疗资源短板,具有便利特殊疾病的抢救、降低医务人员交叉感染等医疗价值。

11月23日,浦口区成立院感防控专班。专班设立3个督导组,分别为江苏省人民医院浦口分院组、南京市中医院浦口分院组、区卫生监督所组。

11月25日,省委、省政府表彰全省抗击新冠肺炎疫情先进个人、先进集体,江苏省人民医院浦口分院护师张方园、副主任医师马大文、南京市公安局浦口分局桥林派出所四级警长齐向毅3人被表彰为先进个人,区卫健委获先进集体表彰。

11月底,在区防控督查组的基础上设立疫情防控专项督查专班,由区纪委、政府办、组织部、卫健委四部门联合牵头,并抽调区交运局、市监局、民政局、教育局等相关人员共14人组成,驻点办公,每周召开工作会议,全面开展督导检查。

12月7日,浦口区新冠肺炎疫情防控指挥部组织开展2020年浦口区新冠肺炎疫情应急处置演练。

12月21日,南京市中医院浦口分院开始新冠疫苗(北京科兴)接种第一针,公安干警是接种第一人。

2021年1月8日,南京市委、市政府表彰全市抗击新冠肺炎疫情先进个人和先进集体,浦口区侯红艳等22人被授予"南京市抗击新冠肺炎疫情先进个人"称号,浦口区江浦街道等6家单位被授予"南京市抗击新冠肺炎疫情先进集体"称号。

(刘颖奇)

·文稿编辑 徐 源 王孜孜·

大事记

1 月

3—5 日 浦口区政协四届四次会议召开。审议通过政协四届四次会议议程、工作报告和提案工作情况报告；表彰2019年度先进委组、优秀委员、优秀提案和先进承办单位等；公布2019年度优秀调研文章和优秀社情民意信息名单；通过《中国人民政治协商会议南京市浦口区第四届委员会第四次会议决议》。

4—6 日 浦口区四届人大四次会议召开。会议听取、审议和通过浦口区人民政府工作报告、浦口区2019年国民经济和社会发展计划执行情况及2020年计划（草案）报告、浦口区2019年财政预算执行情况和2020年财政预算（草案）的报告。

7 日 星甸街道后圩村获“全国乡村治理示范村”称号。

10 日 南京国家农创园江苏智慧农业技术有限公司研发的“水产集约化养殖精准测控关键技术与装备”成果获国家科学技术进步奖二等奖。

12 日 区行政审批局公布“最美政务人”评选结果，檀仔娟等70人获评浦口区2019年“最美政务人”。

13 日 浦口区第四届“美善浦口人”表彰暨故事分享会在浦口文化中心举行。

△ 永宁街道获评2020年度省特粮特经特色产业小镇。

20 日 浦口区“不忘初心、牢记使命”主题教育总结大会召开，学习贯彻习近平总书记在中央主题教育总结大会上的重要讲话精神，总结浦口区主题教育成效及经验启示，巩固拓展主题教育成果，加强“不忘初心、牢记使命”制度建设。

23 日 区委召开常委会议，传达学习习近平总书记对新冠肺炎疫情重要指示精神以及省委、市委常委会《关于做好新型冠状病毒感染的肺炎疫情防控工作的紧急通知》精神，听取全区疫情防控、安全生产专项整治行动第一阶段工作情况汇报，组织1.8万名干部和志愿者日夜奋战在基层一线，用不到1个月时间实现本土确诊病例“零增长”。

25 日 省人民医院浦口分院2名护师张方园、侯红艳随首批江苏援湖北医疗队开赴武汉，成为浦口区率先驰援武汉的抗疫先行者。

2 月

1 日 区委常委会暨区委应对疫情工作领导小组召开会议，对全区疫情防控工作进行研究部署，明确要加强进口冷链食品安全监管，保障全区人民健康平安。

7 日 区新冠肺炎防控工作指挥部召开工作会议，传达学习市委相关会议精神，坚持人民至上、生命至上，就全区防疫常态化工作作出部署。出台应对疫情促进中小微企业稳定发展若干措施，减免企业社保费用5.3亿元，发放扶持资金近6000万元。

9 日 省人民医院浦口分院34名医护人员组成援鄂医疗队驰援武汉。

11 日 台积电（南京）有限公司成为全区企业复工复产第一家。

12 日 区委召开应对疫情工作领导小组会议，部署浦口区企业复工复产疫情防控工作。

19 日 区委常委会暨区委应对疫情工作领导小组召开会议，分析研判经济运行形势，部署优化疫情防控措施、加快复工达产有关工作。

20 日 37家区级以上农业龙头企业全部开工，规上企业、高新技术企业在全市最快实现100%复工。

21 日 南京市举办2020年重点招商项目“云签约”仪式，浦口区以在线“屏对屏”“云签约”方式，签约招商项目10个，总投资145亿元。

27 日 区领导调度重大项目工作会议召开，统筹兼顾两手抓，推进重大项目加快复工达产。

△ 区委召开深化改革会议。

△ 区委召开全区安全稳定调度会。

29 日 全区做精城区主攻仗工作调度会召开。

3 月

3 日 全区投资促进工作领导小组会暨创新名城调度会、做强园区主攻仗工作推进会召开。

5 日 金基集团慈善关爱基金成立暨共抗疫情爱心捐赠仪式在浦口区举行。

6 日 省人民医院浦口分院援鄂医务人员马苗、李小龙被省人社厅、省卫健委联合记功一次。

8 日 浦口区一手抓疫情防控、一手抓复工复产，集中开工项目22个，总投资268亿元，涵盖集成电路、高端交通装备、现代物流、新能源新材料、高新技术等产业领域。

9日　浦口开发区紫峰研创中心C区项目开工。占地面积4.33公顷,总建筑面积11万平方米,总投资6.4亿元,重点打造具有集聚效应的先进集成电路生产基地,是浦口区首个通过告知承诺形式办理施工许可证的项目。

13日　全区投资促进大会召开。

14日　安徽省滁州市委、市政府党政代表团到浦口区,对接会商重点合作事项,贯彻落实国家长三角一体化发展规划纲要、加快推进滁宁跨界一体化发展示范区建设。

15日　区商务局、区市场监管局在金盛田广场联合开展以"放心出门,安心消费"为主题的"3·15"消费促进活动。

19日　2020年浦口区金融支持实体企业发展银企对接会在南京国家农创园举行。设立产业基金24支,总规模226亿元,银企对接授信额度560亿元。

△省生态环境厅公布2019年1—12月江苏省县(市、区)地表水环境质量状况,浦口区排名全省第二。

20日　星甸街道被市委、市政府表彰为2019年度实施乡村振兴战略郊区街镇高质量发展街镇。

△江浦街道获现代服务业主导型街镇综合奖。

23日　浦口区召开省委巡视反馈意见整改落实工作领导小组会议。

△省人社厅、省卫健委联合发布对支援湖北医务人员第二次联合奖励决定,给予150名支援湖北一线医务人员"记功"奖励,浦口区支援武汉医务工作者唐顺广、储怡鑫获奖励。

25日　浦口区召开农村工作会议。贯彻落实中央和省委、市委农村工作会议精神,总结2019年工作,部署2020年"三农"工作,印发《关于抓好"三农"重点工作 高水平全面建成小康的实施意见》的通知,确保高质量完成全年各项目标任务。

27日　全区打好污染防治攻坚战暨河长制工作大会召开。

28日　浦口区求雨山MCN项目集中签约。14个项目入驻园区,总投资22.3亿元。

31日　浦口区援鄂医务人员完成任务,乘坐专机安全返回南京。

4月

1日　浦口高新区召开改革推进大会,南京高新区(浦口园)同时揭牌,来自生根国澳大利亚的9个国际合作项目"云签约"落户。

2日　区委、区政府召开打好精准脱贫攻坚战工作会议,学习贯彻习近平总书记关于脱贫攻坚重要指示精神,落实中央、省、市脱贫攻坚相关会议要求,对做好2020年工作、巩固提升脱贫攻坚成果进行动员部署。

9日　区委召开全面深化改革会议。

11日　全市战疫情、扩内需、稳增长"四新"行动动员发布会召开,发布新基建、新消费、新产业、新都市四个行动计划,提出新基建要全面加速发力。浦口区委、区政府举行"风起城南·江山之间"浦口区城南中心土地宣传推介会,推出系列基建项目,高标准打造城南中心。

17日　安徽和县党政代表团到浦口区对接浦口—和县跨界一体化发展工作。加强生态保护、推进产业合作、加快交通建设,合力推动两地合作向更深层次、更广领域、更高水平迈进。

21日　浦口区金融支持"四新"行动计划暨浦口与工商银行战略合作启动会在南京国家农创园举行。

△江苏省首家老兵人力资源超市开业试运行。

22日　以"决胜小康,读书追梦"为主题的"4·23"世界读书日暨第五届"阅读悦美"书香浦口读书节在凤凰山公园启动。

23日　浦口区纪委召开四届五次全体会议,落实十九届中纪委四次全会、十三届省纪委五次全会、十四届市纪委五次全会部署,总结工作、分析形势,部署2020年全区党风廉政建设和反腐败工作任务。

24日　2020首届南京老山国际文化旅游节暨云音乐节在不老村开幕。以"山水浦口 诗画田园"为主题,推出54个特色主题活动、16条主题旅游线路、10余种旅游形式。

26日　陕西省镇安县代表团到浦口区考察,两地召开"浦口·镇安"苏陕扶贫协作2020年联席会议,共同贯彻落实中央新一轮东西部扶贫协作相关会议、指示和批示精神,明确2020年扶贫协作任务。

△浦口佳格天地、深农智能、农信互联3家南京国家农创园入驻企业入选2019人工智能农业服务商排行榜。

27日　浦口区被评为江苏省2019年推进高质量发展先进县(市、区)。

29日　区委常委会暨区委应对疫情工作领导小组召开会议,审议通过《浦口经济开发区管理体制机制改革方案(讨论稿)》《关于深化改革加强食品安全工作的实施意见(讨论稿)》《2020年浦口—南谯跨界一体化发展示范区建设工作要点(讨论稿)》。

5月

1日　2020中国南京美食节浦口分会场暨水墨大埝第二届青年文化艺术节活动在水墨大埝景区启动。

6日　浦口区大桥中学政教处副主任、英语教师钱夕洋、江苏省人民医院浦口分院呼吸与危重症医学科护士薛颖获"南京青年五四奖章",江苏省人民医院浦口分院援鄂医疗队获"南京青年五四奖章集体"称号。

12日　江苏省宁伊消费扶贫协作签约仪式在浦口区求雨山文化艺术长廊举行。

15日　区委常委会暨区委应对疫情工作领导小组召开会议,审议通过《关于抓好"三农"重点工作 高水平全面建成小康的实施意见》《关于优化开发园区管理运行机制实施方案》讨论稿,决定成立区委创新委员会。

16日　省委依法治省办公布深化法治江苏建设工作监测评价结果,浦口区在全省县(市、区)中排名第一。

18日　南京国家农创园举行"奋进两周年 聚力再跨越"招商签约大会,20个具有引领性、带动性、示范性的项目与南京国家农创园签订合作协议。

△Plug and Play中国·南京国家农创园农业创新生态座谈会在南京国家农创园召开。

△南京一德康复医院开诊。

19日　全区打好防范化解重大金融风险攻坚战指挥部第一次全体(扩

大)会议召开。

20日 由南京市文联主办,浦口区委宣传部、浦口区文联承办的"奋进中的南京"主题文艺创作采风启动仪式在南京国家农创园举行。

△ 浦口区举行"浦口开发区—江苏开放大学战略合作"签约仪式。

22日 南京高新区(浦口园)一家企业获得全市首张"交地即发证"不动产权证书,标志着浦口区不动产登记"交地即发证"服务措施落地。

23日 浦口区2020年文旅产业招商推介会在四方当代艺术湖区开幕。浦口国际文化交流研学基地揭牌;浦口区与北京轻麓文化投资有限公司、江苏稻草熊影业有限公司等签约合作项目13个,总签约金额19.62亿元;老山中部板块、珍珠泉板块、汤泉板块、长江板块、城南中心板块、滁河板块六大文旅重点板块招商项目48个,总投资近200亿元。

25日 江苏省人民医院浦口分院方舱CT投入使用。

28日 "党旗高扬'双胜'有我"——第五届"新华红"思享会暨江苏党建联盟单位走进浦口活动在浦口高新区科技创新总部大厦举行。

30日 浦口区举行2020年全区科技创新大会暨创新周系列活动启动仪式。41个科技项目举行云签约仪式,总投资额632亿元,涵盖集成电路、高端装备制造、人工智能、现代农业等行业领域。

是月 奇柯南京全球商品总部基地项目开工。

6 月

1日 浦云路大桥通车。

2日 区委召开做特景区主攻仗调度会,研究老山板块各主体有关工作。环老山体育旅游景区获评全国精品景区。

12日 2020南京创新周分会场——中国(南京)人工智能创新发展高峰论坛暨颐高人工智能港(南京)启动仪式在浦口区举行。以馨机器人、无极芯动、升新高科等8个人工智能项目签约落户南京颐高人工智能港。

13日 浦口区赴安徽省滁州市南谯区考察对接浦口—南谯跨界一体化发展工作。

18日 南京首家5G短视频+直播基地——求雨·MCN直播空间揭牌运营。

19日 南京市"全面小康百家谈"首站活动走进浦口区,在水墨大埝风景区启动。

20日 南京首家红色档案展示教育室在浦口区档案馆建成开放。

21日 "最美花园 西埂莲乡"——南京浦口第二届莲文化节暨灯光节在永宁街道西埂莲乡举行。

22日 浦口—南谯合作产业园区签约。

23日 区委常委会暨区委应对疫情工作领导小组召开会议,传达学习习近平总书记在中非团结抗疫特别峰会上的重要讲话精神,落实落地全区农贸市场及食品流通、储运环节疫情防控措施。

△ 区委召开全面深化改革会议。

24日 2020南京创新周集成电路地标产业峰会在浦口区举办。

△ 浦口区疾病预防控制中心PCR实验室投入使用。这是南京市首家具有核酸检测资质的区级疾控单位,填补浦口区新冠肺炎病毒检测空白。

25日 由南京市政府和墨尔本市政府联合主办、浦口区政府承办的T20南京—墨尔本智慧城市与科技高端论坛开幕。

26日 汤泉街道滴水珠村、永宁街道青山村入选江苏省"美丽家园"示范点名录。

27日 浦口区星甸别墅式万头生猪饲养场竣工投产。建筑面积1.5万平方米,总投资1亿元,打造生产集约化、自动化、智能化、标准化生态健康养殖园区。

是月 浦口区入选第二批省级全域旅游示范区,南京汤泉旅游度假区被省政府批复为省级旅游度假区。

7 月

3日 浦口区与南京地铁集团有限公司签订合作共建协议,双方联合开发桥林新城地铁小镇。

△ 区委政法委与新华日报社南京分社签署战略合作协议。

4日 浦口区委全面依法治区委员会第三次会议召开。

6日 长江南京段水位连续6天超历史最高值,浦口区组织17万人次连续1个月奋战在长江、滁河抗洪一线,动用机械设备1.2万台次,处置险情330多处,转移群众620余人,取得防汛抗洪斗争胜利。

7日 区政府与天邦食品股份有限公司签订战略合作协议,标志着双方战略合作全面展开。

8日 浦口区首家院士协同创新中心——江苏结构优化与智能安全产业院士协同创新中心揭牌仪式在浦口开发区低碳谷举行。

18日 华天科技(南京)集成电路先进封测产业基地(一期)竣工投产仪式在浦口开发区举行。

20日 江苏省见义勇为基金会举行第四届"绿叶奖"江苏最美见义勇为环卫工(送报工、送奶工)颁奖典礼,浦口区城管局浦诚环卫公司环卫工韩云、浦口城建集团下属南京恒清环境工程有限公司环卫工乔明华获绿叶奖。

22日 南京高新区(浦口园)与余艾冰院士团队签约,余艾冰院士领衔的流程工业智能化研究院项目落地浦口。

8 月

1日 区委四届九次全体会议召开。全会总结上半年工作,部署下半年任务,对做好常态化疫情防控、推动经济社会发展和建设"都市圈最美花园"作出安排,动员全区发扬拼搏精神、凝聚奋进力量、勇挑时代重担,践行新发展理念,努力完成全年目标任务,确保打赢高水平全面建成小康社会和"十三五"规划收官战、夺取疫情防控和经济社会发展"双胜利",谱写高质量建设"江北明珠"新篇章。

7日 浦口区农产品区域公用品牌发布会在南京国家农创园举行,"浦食浦味"农产品区域公用品牌亮相。

11日 江苏省第四批拟备案试点众创社区名单公示,南京浦口集成电路众创社区和南京浦口现代农业众创社区入选。

11—12日　第四届江苏省农村创业创新项目创意大赛在徐州市举行总决赛,浦口区江苏阿农物联网有限公司苏婷凤的"让数字农业服务于中国7亿农民"以91.24分的成绩获初创组一等奖,南京简诺种植专业合作社张思洋的"变废为宝,黑水虻助力乡村振兴"以89.63分的成绩获成长组三等奖。

17日　汤泉街道获"国家级卫生乡镇"称号。

17—20日　"中国工程科技论坛——农业机器人工程科技论坛"暨智慧农业与智能装备成果技术交流大会在南京国家农创园开幕,10位院士、相关业界专家和企业精英围绕世界农业机器人技术研发、应用与产业化等问题开展学术研讨。

18日　2020年南京·浦口地标产业推介会在深圳市举行。13个亿元以上项目签约,总投资超100亿元,其中10亿元以上项目3个,涵盖集成电路、人工智能、5G信息等领域。

△浦口区举办"弘扬抗疫精神,护佑人民健康"——庆祝2020年中国医师节暨第二届"浦口好医生"故事分享会,表彰援鄂援京援疆好医生、第二届浦口好医生、区级优秀医务管理工作者。

△浦口区完成40千米农村公路提档升级和65千米农村道路绿化提升,被省政府授予"'四好农村路'省级示范县"称号。

19日　在2019中国文化和旅游总评榜颁奖典礼上,南京珍珠泉风景区获"2019中国特色研学旅游目的地"称号。

22—23日　2020"千寿钓具"快乐垂钓公开赛(CCF)江苏南京站在浦口区西埂莲乡休闲渔业区举办。

24日　2020集成电路产业技术研讨会在浦口区举行。国内外优秀集成电路创业团队及公司、行业专家教授及知名投资机构代表、集成电路产业相关企业代表出席,共同探讨产业发展机遇和路径。

27日　南京国家农创园入园企业农芯(南京)智慧农业研究院有限公司、南京高新区(浦口园)入园企业中奕智创医疗科技有限公司获批新建省级院士工作站。

28日　浦口区集成电路数据中心产业园项目在区政务服务大厅一次性取得土地证、建设用地规划许可证、建设工程规划许可证、建设工程施工许可证,标志着浦口区工业项目"拿地即开工"进入常态化运行模式。

是月　草圣书乡获评江苏省华侨文化交流基地。

9　月

1日　南京市游府西街小学浦口分校、金陵中学浦口分校开学。

4日　"2020年乡村振兴'她'力量·长三角民宿女主人赋能行动"启动仪式在南京国家农创园举行。来自江苏、上海、浙江、安徽三省一市的民宿女主人齐聚一堂,共商长三角巾帼民宿一体化发展,共话民宿经济赋能乡村产业振兴。

10日　江苏集创原子团簇科技研究院团队完成原子团簇新装备研制。

11日　永宁街道大埝社区入选江苏省乡村旅游重点村。

12日　区委常委会暨区委应对疫情工作领导小组召开会议,审议通过《关于完善重大疫情防控体制机制健全公共卫生应急管理体系的实施意见》《关于优化升级"创业浦口"人才计划的实施细则》《浦口区中青年拔尖人才选拔培养实施办法(修订)》(讨论稿)。

16日　省人民医院浦口分院三期工程开工。项目总投资31.6亿元,总建筑面积24.5万平方米,建成后将新增病区24个、床位1080张。

18日　2020南京·金洽会珍珠泉旅游度假区专场招商推介会开幕。珍珠泉旅游度假区、老山景区管办与上海华昌集团、蜗牛(北京)景区管理有限公司等行业龙头企业分批签约合作项目10个,总金额100亿元。现场发布重点板块招商项目13个,总投资额176亿元。

△2020年中国算力峰会在浦口区举办。苏州科诺机器人有限责任公司、曙光信息产业股份有限公司、上海掌御信息科技有限公司等16家企业与南京高新区(浦口园)签署战略合作协议,总投资39.8亿元。

△江苏省中医药管理局确认南京市浦口区中医医院为三级中医医院,这是江北地区首家三级中医医院。

19日　全区教育大会在金陵中学浦口分校召开,大会动员全区上下蓄积力量、勇毅前行,创建"江北明珠"现代化教育强区。

21日　举办2020南京金洽会·浦口集成电路重大项目集中签约仪式,集中签约项目46个,总投资173.6亿元。

25—27日　中国农民丰收节南京市浦口区分会场活动暨"南京峨里·九峰田园"第三届金秋水产丰收节在浦口区现代农业展览馆(星甸街道后圩村)举行。该届丰收节以"同庆丰收、共迎小康"为主题,与毗邻安徽省2市5镇共办节庆,落实长三角区域一体化发展战略。

26日　浦口区举办全域旅游精品线路竣工暨特色田园乡村建设开工仪式。建成老山线、长江线、滁河线、峨里线、苗园线5条乡村旅游精品线路,全长约120千米。开工建设江浦"响堂静谷"、永宁"圩美共兴"、星甸"茶里大地"、汤泉"花径泉野"、桥林"江上草堂"5个特色田园乡村项目。

28日　南京银行科教创新园二期项目奠基仪式在浦口高新区举行。

30日　浦口区召开创建国家全域旅游示范区、国家级旅游度假区工作动员大会。

△江苏省休闲旅游农业100条精品线路名单公布,浦口区春夏踏青赏花品荷二日游名列其中。

10　月

3—4日　2020亚洲户外运动节在水墨大埝景区举办。

12日　桥林街道林蒲社区江坂组入选江苏省传统村落名录。

23日　浦口区入选国家数字乡村试点地区。

25日　2020南京浦口女子半程马拉松鸣枪开跑,2000余名选手参赛。

△宁滁教育一体化"校长论坛"主题交流活动在南京市游府西街小学浦口分校举办。

是月　江苏省江浦高级中学被国务院授予"全国民族团结进步模范集体"称号,副校长朱远富被省政府授予"全省民族团结进步模范个人"称号。

△ 中国民用航空局公布首批13个民用无人驾驶航空试验基地(试验区),浦口区高新区创成省创业投资综合服务基地、首批国家民用无人驾驶航空试验区。

11 月

1日 第七次全国人口普查入户登记填报工作启动。

3日 “问道 问策 问效”新时代文明实践与志愿服务研讨会在星甸街道举办,来自全国的基层代表和专家学者通过案例分享、交流对话、系统研究,推动新时代文明实践工作以更高站位、更优思路、更实举措落地生根、开花结果。

5日 南京高新区(浦口园)8个重点项目集中开工,涉及无人机、大数据、5G芯片、量子通信等领域,总投资72.9亿元。

△ 浦口区创建国家级县域节水型社会项目通过省南水北调办公室专家组评估验收。

7日 浦口区政府与DXC(惠普企业服务集团)签署战略合作协议,总投资超100亿元,在南京高新区(浦口园)建设南京国际软件质量总部基地项目。

12日 江苏南京、安徽滁州两地全国、省、市、区人大代表到浦口联合调研。

△ 南京高新区(浦口园)获“2020年江苏省创业投资综合服务基地”称号,成为南京市唯一一家获此称号的机构。

13日 市医疗保障局与浦口区政府签署打造南京医用耗材国际博览馆战略合作协议。

14—15日 2020全国山地自行车锦标赛暨全国青年山地自行车锦标赛在水墨大埝举办。

16日 浦口区集成电路产业发展推进大会在南京国家农创园举行,对浦口发展壮大集成电路产业进行专题动员和总体部署。

19日 电子科技大学科学技术发展研究院与区科技局签订科技合作协议。

20日 浦口开发区获批江苏省集成电路产业(南京)产学研协同创新基地。

20—21日 2020中国农业农村科技发展高峰论坛暨中国现代农业发展论坛发布会在浦口举行。发布“十三五”农业科技标志性成果,新引进赵其国等院士团队3个和史记生物等农业科技项目150个。

△ 南京国家农创园部省市联席会议第一次会议在浦口召开。会议决定建立南京国家农创园部省市领导人联席会议制度,明确农创园功能定位、规划设计和建设内容,统筹推进农创园建设发展。

24日 浦口区档案馆创成全国示范数字档案馆。

25日 桥林街道福音社区获评“2020中国最美村镇”生态宜居成就奖。

26日 江苏省政府投资基金园区行启动仪式暨省乡村振兴投资基金——农业机械装备专场路演在浦口区举行,一批南京国家农创园基金项目现场签约。

△ 江苏省抗击新冠肺炎疫情表彰大会在南京举行。江苏省人民医院浦口分院心血管内科护理总带教张方园,呼吸与危重症医学科副主任、副主任医师马大文,浦口区公安分局桥林派出所四级警长齐向毅获先进个人称号,浦口区卫健委被表彰为全省抗击新冠肺炎疫情先进集体。

27日 2020中国(南京)低空智联网建设与无人机系统创新高峰论坛在浦口举办,南京民用无人驾驶航空试验区揭牌。

△ 首批融媒体创新工作室入驻浦口区融媒体中心揭牌暨签约仪式在浦口区融媒体中心举行。

30日 浦口区首届“最美退役军人”颁奖晚会在浦口文化中心举行,表彰在平凡岗位上做出不平凡贡献的10名退役军人。

12 月

6日 浦邑名家——梁立志“彩墨江南”中国画展在求雨山文化名人纪念馆开展。

10日 浦口区引进首所艺术院校——南京艺术学院附属中等艺术学校项目启动。

△ 江苏浦桥玉剑茶叶股份有限公司牵头的江苏浦桥玉剑茶叶产业化联合体入选江苏省农业产业化联合体名录。

14日 星甸街道通过国家级卫生街道考核评估。

16日 由浦口区政府协办的2020第二届宁墨“元创大赛”创客峰会暨数字经济高端论坛在南京举办。

18日 浦口区与国家功能农业科技创新联盟共同为国家功能农业科技创新联盟智慧功能农业协同创新中心揭牌,南京国家农创园被授牌国家粮食产业(功能稻米)技术创新中心科技示范区。

18—19日 首届全国功能农业发展大会暨南京国家农创园功能农业产业招商推介会在南京国家农创园举办。150余名国内外院士、专家、学者、地方政府官员及企业家代表参会。大会以“硒资源变硒产业 创新驱动乡村振兴”为主题,共同商计功能农业发展大局,携手共绘功能农业发展蓝图。

24日 南京江心洲长江大桥通车。

25日 永宁青虾成为浦口区首个全国农产品地理标志产品。

28日 区委四届十次全体会议召开。全会总结全年工作,研究部署“十四五”和2021年工作,审议区委关于制定国民经济和社会发展第十四个五年规划和2035年远景目标的建议,动员全区上下进一步解放思想、凝心聚力,创新实干、拼搏奋进,围绕高质量建设“江北明珠”,持续打造“地标性产业高地、都市圈最美花园”,高水平完成“十四五”开局目标,在社会主义现代化建设新征程上迈出坚实步伐。

30日 中国科学院院士、南京大学教授郑有炓,南京大学微电子学院院长施毅,南京大学电子科学与工程学院副院长刘斌、陆海一行到浦口区开展“院士专家企业行”活动,为浦口区集成电路产业把脉支招。

31日 浦口区农村低收入人口和经济薄弱村全部脱贫摘帽。城乡居民基本养老、基本医疗、失业保险覆盖率均为99%以上。

·文稿编辑 杨万友 王孜孜·

江北明珠

自然地理

【区位面积】 浦口区位于南京市西北部、长江北岸,与建邺区、雨花台区、江宁区隔江相望,北部、西部分别与六合区及安徽省来安县、滁州市、全椒县、和县毗邻。面积715平方千米,占南京市总面积的10.85%。

【地质地貌】 境内地质基础为震旦系变质岩;各时代地层均有发育,但仅有震旦系上统地层出露较好,结构清楚。地貌形态丰富,集低山、丘陵、平原、岗地、大江、大河于一体。区域属宁、镇、扬丘陵山地西北边缘地带,地势中部高、南北低。老山山脉由东向西横亘中部,制高点大刺山海拔442.1米;山地两侧为岗、塝、冲相间的波状岗地;临江、沿滁为低平的沙洲平原、河谷平原,平原标高5~7.5米。土壤种类多样,水稻土、潮土、黄棕壤土分别占61.71%、29.7%、8.17%。(朱军玲)

【气候】 2020年,全区年平均气温16.7℃,比常年偏高0.9℃;全年高温日数(≥35℃)10天。年极端最高气温37.3℃(2天/8月),年极端最低气温-10.3℃(12月31日)。

年累计降水量1477.9毫米,较常年异常偏多近3成;年降水日数(≥0.1毫米)142天,暴雨日数(≥50毫米)6天;日最大降水量80.2毫米(7月18日)。全区降水偏多,1月、6月月降水量均是常年同期2倍多,7月月降水量较常年同期偏多近9成。降雪天气日数9天,最大雪深8厘米(1月9日)。大风天气日数3天。年日照总时数1826.4小时,与常年值相比偏少59.1小时。

2020年全区入梅偏早,出梅偏晚,梅雨期偏长。6月10日入梅,比常年(6月18日)偏早8天;7月21日出梅,较常年(7月10日)偏晚11天;梅雨期41天,较常年(23天)偏多18天,列1960年有气象记录以来第4位(1991年60天、1974年43天、1980年42天、1999年和2020年41天)。梅雨期间,雨量分布不均匀,浦口站累计降水量702.7毫米,是常年(267.9毫米)的2.6倍,为建站(1960年)以来历史第二位。区域站梅雨期累计降水量628.1(永宁街道站)~998毫米(桥林乌江站)。

年日照总时数1826.4小时。除1月、6月、7月、11月外,其余月份日照时数均高于常年值。1月份出现持续阴雨寡照天气,月日照数较常年偏少70.8小时。

上年度初霜日为2019年11月19日,终霜日为2020年3月14日。2020年度初霜日为11月30日。年内无霜期日数260天。

2020年浦口区主要气象要素情况一览表

表2

月份	平均气温(℃)	平均最高气温(℃)	平均最低气温(℃)	降水量(毫米)	有降水日数(天)	日最大降水量(毫米)	日照时数(小时)
1	4.6	7.1	2.6	100.3	20	25.4	52.0
2	8.1	13.2	4.1	41.6	9	13.2	135.7
3	12.3	17.3	7.8	73.4	13	22.5	172.9
4	15.6	21.7	9.9	48.7	7	31.4	225.0
5	22.6	28.1	18.0	48.3	7	36.9	190.9
6	25.5	29.6	22.3	386.4	19	66.7	122.6
7	25.2	28.6	22.9	394.7	21	80.2	68.2
8	29.2	33.5	25.9	194.9	11	63.0	220.3
9	23.5	28.5	20.0	50.2	10	29.3	187.4
10	17.2	21.8	13.7	58.0	9	23.2	163.2
11	12.7	16.9	9.7	61.5	10	19.9	137.7
12	4.1	8.6	0.8	19.9	6	12.4	150.5
全年	16.7	21.2	13.1	1477.9	142	80.2	1826.4

(刘圆 王明江)

2020 年汛期长江下关、滁河晓桥水位特征值一览表

表 3　　　　单位:米

月份	长江下关				滁河晓桥			
	最高水位	日期(时间)	最低水位	日期(时间)	最高水位	日期(时间)	最低水位	日期(时间)
5	5.49	5 月 8 日 9:05	3.88	5 月 16 日 0:45	7.27	5 月 10 日 12:00	6.77	5 月 3 日 8:00
6	7.96	6 月 30 日 17:15	4.03	6 月 1 日 1:00	8.90	6 月 29 日 21:47	6.89	6 月 22 日 8:00
7	10.39	7 月 21 日 10:15	7.63	7 月 2 日 3:00	12.00	7 月 20 日 4:40	7.83	7 月 3 日 5:55
8	9.75	8 月 1 日 9:00	7.99	8 月 31 日 4:05	9.91	8 月 10 日 16:05	7.88	8 月 29 日 3:55
9	8.62	9 月 3 日 9:40	7.09	9 月 17 日 5:15	8.70	9 月 2 日 12:20	7.67	9 月 10 日 9:45

【水文】 2020 年,长江下关汛期最高水位 10.39 米(7 月 21 日),超历史最高水位,最低水位 3.88 米(5 月 16 日);滁河晓桥汛期最高水位 12 米(7 月 20 日),最低水位 6.77 米(5 月 3 日)。

(池昌静)

【自然资源】 土地资源　浦口山富地饶,聚宝藏珍。区境东南部为长江沙洲平原,面积 157 平方千米;西北部为河谷平原,面积约 125 平方千米;平原地区低平坦荡,土壤肥沃;中部为东北—西南走向的老山山脉,总面积约 90 平方千米,山体起伏,植被丰厚;低山与平原之间分布着砂砾丘陵、黄土岗地,总面积 530 平方千米。地貌的多元为土地资源开发利用提供了有利的自然基础。全区土地开发程度较高,农业用地中耕地面积 2.81 万公顷,旱涝保收面积占耕地面积的 75% 以上。实有林地面积 36728 公顷,林木覆盖率 42.55%,位居全省第一。全区后备土地资源少,主要分布于沿江滩涂,还有部分丘陵山地尚未开发利用。

水资源　浦口区水资源较丰富,主要来自地表水、地下水和过境水。长江(浦口段)从驷马山引江水道入江口至长江五桥,流经桥林街道、江浦街道,总长 25.7 千米,面宽水深,万吨巨轮常年通航,是一座天然良港,具有广阔的开发前景。滁河(浦口段)上起陈浅,下至朱家山河,流经星甸街道、汤泉农场、汤泉街道和永宁街道,全长 36.7 千米。

2020 年,全区年降水量 1505.4 毫米(折合降水总量 10.51 亿立方米),全区水资源量 5.6 亿立方米,其中地表水资源量 4.81 亿立方米(折合年径流深 689 毫米),地下水资源量 0.82 亿立方米,重复计算量 0.03 亿立方米。全区过境水量以长江、滁河为主,2020 年,过境客水资源量约 11202 亿立方米,其中长江过境水资源量 11180 亿立方米,滁河过境水资源量 22.71 亿立方米。境内地下水资源较为丰富,水文地质分长江漫滩区、滁河漫滩区、老山岩溶水分布区和丘岗区。根据江苏省水资源第三次调查评价等成果,浦口区多年平均浅层地下水资源量 7825.68 万立方米,可开采量 1623.85 万立方米;地下热水资源水量丰富,水质较好,为开发利用创造有利条件。据 20 世纪 70 年代调查统计,曾有 23 处自溢温泉,常年喷涌温泉水,自溢量 6500 立方米/日;天然冷水泉 10 处,自溢量 1800 立方米/日。由于人类工程活动影响,自然泉眼减少,2020 年有自溢温泉 9 处,仍常年喷涌温泉水,自溢量约 4042 立方米/日;有天然冷水泉 6 处,自溢量 2412 立方米/日。老山一带“甘泉遍布”,仅定山山麓就有珍珠泉、卓锡泉、虎跑泉、琥珀泉等,珍珠泉常年流量 1 万立方米/日,恒温 22℃。

矿产资源　境内矿产资源以沉积的非金属矿产为主,已探明的石灰岩分布于老山(大孤山至二顶山一线)、西山地段,总储量 7.82 亿吨,氧化钙含量高达 55.4%,是生产特种水泥和炼钢熔剂的最佳原料;石英岩矿分布于龙洞山、二顶山一带,总储量 4.14 亿吨,据象山、大马山、狮子岭等开采矿点分析,二氧化硅含量高达 94.4% ~99.6%,是生产玻璃和冶金硅的优质石料。在永宁街道东葛至高丽丘陵地区及桥林兰花、星甸龙山、汤泉滴水珠等地有品种齐全的红砂、黄砂和白砂,储量大、品位高,是建筑用的优质矿产。

生物资源　区内植物起源古老,种类颇多,分 180 科 800 多种,其中木本植物 37 科 330 种,银杏、杜仲、广玉兰、喜树等珍稀品种均有分布,惠济寺 3 株千年古银杏树所结无芯白果,食之甘美,为国内一绝,星甸千亩杜仲林成为国内杜仲培植基地,树脂、树胶、纤维、淀粉、油脂及保健饮料等植物资源具有广阔的开发前景。有“苏中中药库”之称的老山地区,有野生药材 97 科 307 种,其中 165 种为国内重点药材,沙参、丹参、明党参和柴胡等被医界视为上品,多为外商指名求购。野生动物 270 多种,其中香獐、穿山甲、中华虎凤蝶等为国家二级保护动物。

湿地资源　浦口区有湿地面积 9353.33 公顷,其中自然湿地面积 3380 公顷、人工湿地面积 5973.33 公顷。受保护的自然湿地面积 2494.44 公顷,自然湿地保护率 73.8%。长江湿地和滁河湿地是浦口区主要自然湿地资源,长江湿地面积 2080.08 公顷,被列入省级重要湿地名录;滁河湿地面积 381.9 公顷,被列入市级重要湿地名录。人工湿地主要为区内水产养殖场、低洼处的水稻种植区和部分水库、池塘、沟渠。

(朱军玲　王颖聪)

【地方名特产】 浦口素称“鱼米之乡”,经过培植利用的粮、棉、油及林果、桑茶、花卉等优良品种数以百计,其中“赢丰”牌、“滁河湾”牌国家一级无公害大米,“鱼家湾”牌大米,“惠泉”牌不落地大米,“三桥”牌鲜食玉米,“夏绿”牌菜秧,“飘香”牌田藕,“福童”牌、“赭洛山”牌、“狮岭春早”牌、“老山云蕊”牌茶叶,“勤富”牌草莓等畅销市场。人工饲养的“苏农”牌光鸭,“咏香”牌肉鸭,“康宝”牌富锌、富硒鸡蛋,以及“绿浦”牌鳙鱼,“公子州”牌鳜鱼、鳙鱼,盘城观赏鱼,中华绒螯蟹等成为地方名特产品。

(朱军玲)

历史文化

【建置沿革】 今之浦口区系原南京市浦口区和江浦县于2002年4月合并成立的新浦口区。

江浦县于明洪武九年(1376)初建时,其辖域分别隶属于六合、和州、滁州故地。原浦口区在民国16年(1927)以前,则为江浦县所辖区域。因此,记述今之浦口区历史沿革,可溯至江浦建置前的隶属关系。

秦至东汉末年的500多年,地域先后隶属九江郡棠邑县、东城县、建阳县和全椒县。三国时,地域先属魏,后属吴或属魏、吴弃地。两晋时,地域隶属淮南郡乌江县、秦郡尉氏县、顿丘县,并于今泰山街道范围内置宣化镇。南北朝时,于地域西部置怀德县。陈宣帝太建五年(573)五月,吴明彻、程文季攻打北齐,渡江浦、涂水(今滁河),直取秦郡(今六合),"江浦"作为地名载入《南史》。

隋文帝开皇三年(583),以州统县,地域分属和州乌江县、方州六合县、滁州新昌县。开皇八年(588),晋王杨广筑"晋王城"于桃叶山下(今泰山新村一带)。唐、宋、元各代,地域分属和州乌江县、真州六合县、滁州来安县。

明洪武四年(1371),以浦口"扼抗南北,钳制江淮",在今顶山街道南门(原南门镇)和泰山街道东门(原东门镇)一带建浦子口城。洪武九年(1376),析六合孝义乡和和州遵教、怀德、任丰、白马四乡及滁州丰城乡置江浦县,隶属南直隶应天府,县治设在浦子口城内。洪武二十四年(1391),迁县治于旷口山(今江浦街道)。万历八年(1580),知县余乾贞兴筑县治新城。清初,县域隶属江南省江宁府。雍正年间(1723—1735),县境划为五乡,原浦口地区为其东乡地。咸丰年间(1851—1861),太平天国设天浦省,区域属之。光绪末年,始行"市、乡自治"之制,改东乡为浦口市。

民国元年(1912),江苏省行政公署实行省、县二级制,县域直属于省。民国3年(1914),改行省、道、县三级制,县域属金陵道。民国16年(1927),国民政府迁都南京,废道,区域复属于省。同年,浦口商埠划属南京市管辖。民国22年(1933),浦口商埠区域建为南京市第八区。民国23—26年(1934—1937),江浦县先后属江苏省第九、第十、第五行政督察区。

抗日战争期间,江浦沦陷后,浦口地区(南京市第八区)复属江浦县。境内县国民政府、中共抗日民主政府并存或交替。抗日战争胜利后,国民政府仍以浦口商埠区域恢复为南京市第八区,江浦县仍属省第五督察区。

1949年4月解放后,江浦县划属安徽省皖北行政公署滁县专署。江浦所属之浦镇、东门镇划归南京市,与南京市第八区合并建为南京市两浦区。1950年,两浦区先后改称第八区、新七区。1953年1月,根据中央人民政府关于调整省、区建制的决定,江浦划回江苏省,隶属扬州专区。1955年8月,新七区定名为浦口区。

1956—1970年,江浦县先后隶属镇江专区、南京市和六合专区。1971年3月,六合专区撤销,复属南京市。2002年4月3日,原浦口区、江浦县合并,成立新的南京市浦口区,区政府驻珠江镇(今江浦街道)。

2015年6月27日,国务院批复设立南京江北新区。2017年8月1日,江北新区管理体制调整,浦口区的沿江、泰山、顶山、盘城4个街道由江北新区党工委、管委会统一托管,为江北新区直管区;浦口行政区下辖江浦、桥林、星甸、汤泉、永宁5个街道,为江北新区共建区和协调区。2018年4月20日,市委常委会集体调研浦口时,提出打造特色鲜明、产业发达、生态宜居、现代开放的"江北明珠"的目标定位,浦口区全面开启"江北明珠"建设新征程。

【人文轶事】 浦口钟灵毓秀,人文荟萃。这里有唐代诗人张籍、宋代爱国词人张孝祥、明代刑部尚书张瑄、定山先生庄昶,这里留下了诗仙李白的传世名作《横江词》,记载了周恩来外祖父万青选任江浦知县时的政绩,更有一代枭雄项羽在此挥泪别姬,流传着项羽和浦口地名的传说,一代草圣林散之在此挥毫泼墨,书写着中国书法史上的不朽丰碑。

菩提达摩,天竺国(今印度)人,在中国传授佛法,是佛教禅宗始祖。梁普通七年(526),达摩与梁武帝萧衍切磋佛法,话不投机,遂由建康(今南京)折获渡江。梁武帝得知达摩离去的消息后深感懊悔,马上派人追赶。追到幕府山中段时,两边山峰突然闭合,一行人被夹在两峰之间。达摩正走到江边,看见有人赶来,就在江边折了一根芦苇投入江中,化作一叶扁舟,飘然过江。后至浦口定山寺驻锡,留下达摩岩、宴坐石、卓锡泉等遗迹。明弘治四年(1491),定山释子八十翁为达摩立画像碑,达摩络腮圆眼,拱手立于渡江苇叶之上,栩栩如生,此碑是中国最早达摩画像碑,比嵩山少林寺祖师碑早120多年。

浦口张氏家族自中唐张籍至宋代后期近500年间,代有名人。出生于燕窠张村(今属桥林街道周营村)的张籍是中唐时代杰出的现实主义诗人,与韩愈、白居易交往甚密。他所作的乐府歌行,揭露当时的社会弊端,反映劳动人民的灾难和痛苦。他的诗与王建齐名,并称"张王乐府",在中国文学史上占有重要地位。韩愈曾说:"张籍学古淡,轩鹤避鸡群"。白居易赞许他"尤工乐府诗,举代少其伦"。王安石认为他的诗"看似寻常最奇崛,成如容易却艰辛"。张籍代表作《秋思》被收入现代人教版、沪教版小学语文课本,"洛阳城里见秋风,欲作家书意万重。复恐匆匆说不尽,行人临发又开封",表达了宦游在外的诗人对家人的深深思念之情;《节妇吟》被法国作曲家罗塞尔谱成曲子演奏,轰动巴黎乐坛。其后,有南宋不辱使命的外交使节张邵、居官廉静自守的诗人张祁、官至江南东路常平荣盐公事的张郯、累官至参知政事的进士张孝伯,更有上承苏轼、下开辛弃疾豪放词派的爱国词人、状元张孝祥,以及"以能书闻天下"的书艺可接力唐人、影响后世的书法革新家张即之等,他们犹如璀璨星子,照亮了浦口历史和文化的天空,至今仍熠熠生辉。

由唐而宋,李白、刘长卿、孟郊、孙觉、秦观、贺铸、王安石等客籍文人学士为浦口山水之美、人文之胜所吸引,先后挟艺莅临,并留有名篇佳作。其中诗仙李白于唐天宝十二年(753)秋,从河南曹州南下宣城,至和州乌江县横江渡口(今属江浦街道西江口社区)时,天气骤变,暴雨陡至,江面上掀起滔天巨浪,诗人有感而作《横江词》六首,留下了"浪打天门石壁开，涛似连山喷雪来”的传世名篇。

周恩来外祖父万青选于清光绪元年至二年（1875—1876）任江浦知县。在任期间，公正廉明，据实断案；旧有科派马草弊政，他申请裁革，并勒石永禁；筑圩代城，保境安民；劝课棉桑，富民衣食；疏浚水渠，便民引用；城内河房沟阻塞不通，他捐廉疏浚；遇灾设厂赈粥，拯救饥民；兴办教育事业，恢复同文书院。光绪元年至十二年，江浦有14任知县，万青选属出类拔萃的一位，《江浦埤乘》唯将其列入“名宦”，并作政绩介绍。

林散之是“诗、书、画”三绝的艺坛大家。他是有才华有抱负的诗人。自选诗稿《江上诗存》收录诗词2202首，所作诗词是他人生轨迹、心路历程、艺术思想、精神感悟和生命智慧的具体体现。所有作品反映的家国情、亲情、友情以及山水情，都是情动于衷，真切感人。抗日战争时期，作《江居暑闷》《今诗19首》等诗词，揭露日本侵略者的罪行和对汉奸卖国的愤慨。他对朋友坦诚相交，对老师一往情深。《江上诗存》数百首酬赠诗中，为好友邵子退写的诗就有50多首；晚年80多岁时还作诗怀念恩师黄宾虹：“秋风不尽师门感，时向锥沙看墨痕。”他是20世纪杰出的书法大家。林散之草书以王羲之为宗，以释怀素为体，以王觉斯为友，以董其昌、祝允明为宾，将绘画中的墨法运用于书法，开创草书艺术新天地。1962年，高二适初次见到林散之为江苏省政协大会堂所书毛泽东七律《长征》巨幅草书时惊呼：“这才叫字，字字精神，耐人寻味”。1972年秋，《人民中国》记者韩翰访得林散之书写的毛泽东词《清平乐·会昌》狂草立轴，请启功、赵朴初、郭沫若过目后，于《人民中国》1973年1月号首页刊出，震动海内外书坛。林散之相继入选“中国20世纪十大杰出书家”“千年中国十大杰出书家”。他是得黄宾虹真传的绘画大家。曾孤身远游，觉胸中有万山蓬勃之气，落笔有吞吐百川之势，得画稿800余幅。画中有黄山云海，有峨嵋蜀道，有江岸涛声，有太湖波涛，有板桥竹影，有李白仙骨，以此印证祖国的山川磅礴和人文历史的厚重。1955年创作的《江浦春修图》，画长237厘米，宽33厘米，再现了1954年靖江、泰兴、江浦3县数万人协作修筑长江堤防的劳动场景，是中华人民共和国成立后国画界最早反映现实生活的名作之一。（刘海东）

政区 人口

【行政区划】 2020年末，浦口行政管理区下辖江浦、桥林、星甸、汤泉、永宁5个街道。有城乡社区76个，其中城市社区50个、农村社区26个。

2020年浦口行政管理区街道（场）及社区居委会、村委会一览表

表4

地区	社区居委会、村委会		
	类别	个数	名　称
江浦街道	居委会	15	人民桥、烈士塔、求雨山、新河、团结、同心、珠江、高旺、白马、华光、巩固、八里、新合、老虎桥、西江口
桥林街道	居委会	11	乌江、林蒲、明因寺、石碛、福音、双垅、西山、滨江、兰花塘、百合、林东
	村委会	9	七联、勤丰、双庙、周营、南驿、林山、茶棚、高汤、刘公
星甸街道	居委会	5	石桥、星兴、万隆、解放桥、石窑
	村委会	9	后圩、十里、汤集、双山、山西、九华、王村、石村、高庙
汤泉街道	居委会	9	金泉、九龙、高华、三泉、泉西、龙华、龙山、龙井、新金
	村委会	5	泉东、陈庄、瓦殿、滴水珠、大黄
永宁街道	居委会	8	西葛、大埝、张圩、侯冲、东葛、高丽、大桥、永宁
	村委会	3	友联、青山、联合
老山林场	居委会	1	岔路口
汤泉农场	居委会	1	汤农

（肖思思）

【人口】 2020年末,浦口行政区居民总户数114710户,户籍总人口397931人,其中城镇人口183107人、乡村人口214824人。全年迁入人口4184人,迁出人口2405人。出生人口2128人,死亡人口1238人,自然增长人口890人。

(陆军)

民族 宗教

【民族】 全区有回族、苗族、壮族等少数民族33个,人口4099人,其中回族2136人,占全区少数民族总人口的52.11%。

【宗教】 全区有佛教、伊斯兰教、道教和基督教四大宗教。经过审批登记的宗教活动场所71处,其中佛教11处、伊斯兰教2处、基督教58处。有佛教协会、伊斯兰教协会和基督教三自爱国运动委员会三个宗教团体。全区信教群众约3.7万人,宗教教职人员107人(不含义工传道人)。

(周业山)

风景名胜

【概况】 浦口南临长江、北枕滁河,中部横亘百里老山。境内旅游资源丰富,自然风光、人文景观与历史遗迹交相辉映,自古就是旅游胜地。“一代草圣、十里温泉、百里老山、千年古银杏、万只白鹭、十万亩国家级森林公园”是对浦口旅游特色的生动概括。区内主要景区、景点有珍珠泉旅游度假区、老山国家森林公园、惠济寺遗址及古银杏、汤泉温泉城、求雨山文化名人纪念馆等。因其集山、泉、林、寺于一体,融旅游、度假、休闲、娱乐于一炉,被誉为“南京的后花园”。

【珍珠泉旅游度假区】 位于定山西南麓,是国家AAAA级旅游度假区。规划面积1400余公顷,以山为主、泉为中心,构成区内景观的基本骨架。芙蓉峰、妙高峰、狮子峰、石人峰、寒云峰、双鸡峰六峰环合,低山丘陵错落有致,峰峦起伏多变,环境幽深;珍珠泉、琥珀泉、情侣泉等大小泉眼30多处,素有“山秀、石美、泉奇”之誉。度假区由定山寺景区、珍珠泉景区、野营度假区、登山游览区、赏泉区、中心游乐区等10个观光游览区、1个度假别墅区及1个综合服务区构成。其中,享有“一泉三景”美誉的珍珠泉为区内最大特色。因该泉源头之水如成串珍珠从石缝中涌起,故名珍珠泉;当游人奋力鼓掌或引吭高歌时,泉中喷珠便越多越疾,如同喜迎嘉宾,又称“喜客泉”;而晴天远眺泉中水珠,又如小雨点在水面跳溅,似晴天细雨,故称“晴雨泉”。此外,在各景区内散布着定山寺遗址、达摩碑、明代摩崖石刻等历史文化遗迹及梅海凝云、镜山湖放排、高尔夫球场、野生动物生态园、森林游泳池、跑马场、万米长城、百米滑道等游览景点和项目。

老山森林公园 (张怀建 摄)

【老山国家森林公园】 位于浦口区中西部腹地,贯穿浦口区东西,东临南京长江大桥,连接浦口高新技术开发区,西接安徽省和县,紧靠滁河,是南京西郊风景区主轴,有“南京绿肺、江北明珠”美誉。公园占地6667公顷,1991年被林业部确定为森林公园,是江苏省最大的国家级森林公园。区域内山峦起伏,古木苍翠,原始森林覆盖率达85%以上。植被属落叶阔叶和常绿阔叶混交林,树种达720多种,林相丰富,尤其在深秋,红、黄、绿、紫,色彩缤纷,层次分明,景色迷人。公园分狮子岭、七佛寺和平坦三大主要景区,拥有龙洞、观音洞、天井洞、白筱岭洞等奇巧、诡异的溶洞景观,兜率寺、张孝祥墓等名胜古迹,以及滑草场、空中自行车、百鸟园等特色项目。登上位于七佛寺景区、海拔326米的老鹰山瞭望塔,可远望长江如练,俯瞰茫茫林海,别有一番情趣。

【汤泉温泉】 位于汤泉街道北。汤泉因有多处天然温泉而得名,是全国闻名的“温泉之乡”。早在南朝时期,刘宋孝武帝刘骏曾到此沐浴,开启名士贤达专程赴此沐浴优游的先河。此后,梁昭明太子萧统,宋代名儒王安石、苏轼、秦少游,明太祖朱元璋等都曾慕名而至,沐体濯足。泉水均出自汤泉山,地层为下石炭纪石灰岩,出露泉源多达23眼,其中流量较大已经利用和为人所称道者,有五柳泉、珍珠泉、菱角池、川堂泉、太子泉、汤湖堰泉和高下村泉。据有关部门测定,温泉水总流量6500立方米/日,泉温一般为35℃~47℃。经国内外专家多次验证,泉水中含钨、镁、钾、钠等30多种化学物质和氡、硫酸氢等气体,可治疗多种皮肤病和运动系统、神经系统疾病,温泉余水还可用做灌溉和水产养殖。

【求雨山文化名人纪念馆】 位于江浦街道西门外的求雨山,是国家三级博物馆、国家AAA级景区。该山为老山余脉,海拔41米,占地20公顷,满山松篁交翠,风光旖旎。1988年,首度于此建造林散之书画陈列室。至1997年,先后建成散木山房、宝砚斋、阅翠楼、墨香阁、

惠济寺与古银杏树 （姚时信 摄）

爱雨轩、白马亭、束筠亭等，并更名为林散之纪念馆。馆中藏林散之书画精品400余件，并陈列其生前用过的部分文具和印章。此后，萧娴纪念馆、高二适纪念馆及胡小石纪念馆先后落成，形成以四大书画名家纪念馆为核心的文化公园。园中景色清幽，人文荟萃，被世人誉为“当代兰亭”，是国内外书画界人士及书画爱好者心驰神往的书法山、文化园。

【定山寺】 位于浦口区狮子峰下，背山面江，是中国禅宗的重要寺院，被誉为“达摩第一道场”和南朝四百八十寺之首，也是中国禅宗发祥地和最初祖庭之一。始建于南朝梁天监二年（503），由梁武帝萧衍在原六合山下为高僧法定而建，敕名“定山寺”。时为江北第一古刹，与江南栖霞寺、鸡鸣寺齐名。六合山也随之更名为定山（六合山因有狮子峰、妙高峰、芙蓉峰、石人峰、寒云峰、双鸡峰六峰环合而得名）。“定山之名，实肇自法定”，今之顶山，系“定”字谐音之讹。定山寺是禅宗始祖菩提达摩于南朝梁普通七年（526）一苇渡江后驻锡之地，达摩修炼传承禅宗之法，面壁修行。现存达摩岩、宴坐石、卓锡泉、一苇渡江碑等重要遗迹。定山寺屡遭战火，屡毁屡建。2012年，该寺开工复建，复建面积约3万平方米，沿中轴线依次为山门、天王殿、大雄宝殿、大禅堂。风格采用唐风建筑，为全木结构，所用木材全部为进口非洲红花梨。

【惠济寺与古银杏树】 位于汤泉街道西北侧惠济寺公园内。寺庙建于南唐，称汤泉禅院。宋初易名惠济院，元祐年间（1086—1094）改院为寺。清道光年间（1821—1850），在此创立英华书院。后书院与寺均毁于咸丰年间（1851—1861）战火。现仅存石柱础9个、“汤泉禅院之碑”残片数块、“英华书院”匾额1方、清代修寺碑1块及3株千年古银杏树。古银杏树不仅枝繁叶茂，姿态各异，而且所结果实皆无苦蕊心，堪称珍品，为银杏树中一绝。现此地已辟为惠济寺公园，园内立有当代草圣林散之所撰《古银杏行》诗碑，诗、序、释文共521字，字态奇逸，气势恢宏，堪为诗书俱佳的代表作。 （朱军玲）

经济社会发展

【经济建设】 2020年，全区实现地区生产总值443.57亿元，按可比价格计算，较上年增长3.6%。其中，第一产业增加值45.63亿元，同比增长1.6%；第二产业增加值136.24亿元，同比增长7.4%；第三产业增加值261.7亿元，同比增长1.9%。三次产业比重为10.3%、30.7%和59%。

完成农林牧渔总产值75.51亿元，同比增长3.8%。其中，农业产值39.2亿元，同比增长1.8%；林业产值5.52亿元，同比增长6.5%；牧业产值4.4亿元，同比增长14.9%；渔业产值20.45亿元，同比增长4.2%；农林牧渔专业及辅助性活动5.94亿元，同比增长5.6%。有工商登记注册农民专业合作社489家，各级示范合作社49家，其中国家级示范社4家、省级示范社9家、市级示范社5家、区级示范社31家。农业龙头企业48家，其中国家级1家、省级3家、市级12家。

139家规上工业企业完成产值293.19亿元，产销衔接良好，产销率98%。全区规上工业企业中产值亿元及以上企业41家，占全区规模企业总数的29.5%，合计完成产值228.14亿元，占全区规上工业产值的84.2%。全区规上工业涉及的23个大类行业中，有15个同比增长，行业增长面65.2%。计算机、通信和其他电子设备制造业，电气机械和器材制造业分别完成产值82.1亿元、20.62亿元，同比增长61%、59.7%。受汽车市场需求回暖、重点企业加大生产的主要影响，汽车制造业完成产值52.21亿元，同比增长16.6%。三大产业合计完成产值154.93亿元，同比增长42.6%，拉动全区工业增长20.4个百分点。全区118家具有资质等级的建筑业企业完成总产值200.92亿元。大盾构工程、雨发建设集团等20家建筑业企业实现建安产值超过亿元。亿元企业实现建筑业总产值183.43亿元，占全部建筑业产值的比重91.3%。

全区实际使用外资32010万美元，同比下降18.6%。新批外资项目备案56家，增资备案14家。外贸进出口总额132.9亿元，同比增长35.3%，其中出口总额91.8亿元、进口总额41.1亿元。

【政治建设】 推进服务政府、责任政府、法治政府和廉洁政府建设。制定政府规范性文件3件，保留38件，失效23件，废止20件。办复人大代表建议73件、政协委员提案123件，办结率、满意率均达100%。履行党风廉政建设“一岗双责”。加大对重大政策措施落实情况和重点领域、重大项目的审计监督力度。全面推行部门联合“双随机一公开”（在监管过程中随机抽取检查对象、随机选派执法检查人员,抽查情况及查处结果及时向社会公开)监管。区本级一般性支出、"三公"经费分别压减10%和20%。启动基层政务公开标准化、规范化工作,全年举办在线访谈、新闻发布会30余次,主动公开政务信息3800余条。

深化园区"去行政化"改革。浦口开发区综合实力超过省内8个国家级开发区,在91个省级开发区中跃居第二。高新区创成省创业投资综合服务基地、首批国家民用无人驾驶航空试验区。开发区、高新区分别与和县乌江新区、南谯经开区共建产业合作示范区。召开南京国家农创园部省市联席会议第一次会议,举办2020中国农业农村科技发展高峰论坛,引进赵其国等3个院士团队和史记生物等农业科技项目150个。推进创建国家级旅游度假区,完成老山、珍珠泉管理机构一体化整合。

"放管服"改革出亮点。创建"心中有浦"政务品牌,工业项目"拿地即开工"审批模式获省市肯定并推广。在全市率先启动企业开办"E链通"(依托开办企业信息一网填报平台,集成办理公司登记注册、公章刻制备案、商业银行开户、税务部门定税种、补录信息、申领发票及社保登记等开办企业各环节业务)和经营场所"E申报"。推进基层整合审批服务"一窗口"改革,实现1330个事项网上办、188个事项家门口办。

打赢疫情防控阻击战。2020年初,新冠肺炎疫情突如其来。浦口区委、区政府坚持人民至上、生命至上,在疫情爆发初期采取果断措施,用不到1个月的时间实现本土确诊病例"零增长"。1.8万名干部群众日夜奋战在基层一线,做好重点地区到浦口人员、入境人员健康管理服务,加强进口冷链食品安全监管,保障全区人民健康平安。坚持"两手抓、两手硬",统筹推进疫情防控和经济社会发展,全力抓好复工复产复业。出台应对疫情促进中小微企业稳定发展的若干措施,累计为企业减免社保费用5.3亿元,发放扶持资金近6000万元。

【文化建设】 现代公共文化服务体系不断完善。完善公共文化基层站点建设,提升八里、九华、石村、山西、金泉等社区(村)综合文化服务中心。建成76家省级标准社区(村)综合文化服务中心、7家24小时图书馆。新改建旅游厕所15座。人均接受文化场馆服务次数4.77次;每万人拥有公共文化设施面积4200平方米,保持全市前列。

各类文化活动丰富多彩。全年开展各类文化活动1539场,其中"情系明珠"等系列惠民文艺演出50场、"雨山问道"等系列书画图文展览44场、"雨山讲堂"系列阅读推广活动51场、主题节庆文化活动202场。加强基层文艺团队建设及文艺精品打造,2020年话剧《王荷波》获南京市艺术基金项目资助资金50万元,电影《达摩》完成人物小传和故事大纲创作,快板《激战"三浦"》获江苏省第十四届"五星工程奖"和"网络最佳人气奖"。

文化市场监管规范有序。组织开展扫黄打非专项行动、境外电视传播秩序专项整治,配合开展文化市场防疫工作、文明城市复查、安全生产等检查1800余家次,校园周边专项检查10次,广场法律宣传活动2次,受理国家、省、市举报工单15件。出动检查人员5000余人次,检查经营场所2400余家次,查缴非法出版物115件,取缔非法境外电视接收点1处,取缔黑电台1处,发放法律宣传折页7000余份。开展行政处罚17起,罚款61.9万元。

旅游产业快速发展。加大全域旅游示范区创建力度,完成省级全域旅游示范区创建。围绕国家A级景区、乡村旅游重点村标准,做好2021年创建计划申报工作。分类推进全域旅游重点项目,建设类项目开工24个。采购1万张浦口旅游联票、1000张老山民宿体验券向市民免费发放。举办首届老山国际文化旅游节暨老山云音乐节,策划四季主题旅游产品、16条主题线路,联动全区各景区举办46项旅游节事,4条精品线路首批入选江苏智慧旅游平台,1条受到江苏省乡村旅游节推介。老山云音乐节开设线上直播间18个,参与量500万人次。开通环老山旅游直通车,城区知名景点发车直达浦口重点景区。全区实现旅游总收入44.3亿元,同比增长16%;实现旅游接待量810.3万人次,同比增长17.7%。

【社会建设】 创业就业提质增效。新增城镇就业18412人、大学生就业9307人、高技能人才695人,城镇登记失业率1.71%。援助困难人员就业759人,培育自主创业者809人,其中大学生自主创业171人,政府补贴性职业培训39639人次。

社会保障体系持续完善。全区城镇职工养老、医疗、失业、工伤、生育五险参保48万人次,完成五项社会保险费征收总额12.69亿元,净增缴费8635人,中断缴费续保4926人,新增参保单位1817户。城乡居民基本养老保险缴费29607人,城乡居民基本医疗保险缴费16万人。推动全民参保扩面,推广实施社保缴费基数全程"不见面"申报,申报单位3576家,申报人数64766人,人均缴费基数5246元。聚焦"两不愁、三保障"扶贫工作目标,完成全区困难人员城乡居民基本医疗保险免费参保9976人次,城乡居民基本养老保险免费参保2144人。6216家企业享受社会保险费减免政策,其中中小微企业5450家、大型企业21家、社会团体151家、个体工商户594家,优惠减免5.78亿元。完成2020年企业退休人员待遇调整,为全区25599名企业退休人员补发2417万元,完成企业退休人员免费健康体检10672人。

社会救助体系不断完善。全区城乡最低生活保障标准提高至945元/月,全区城乡低保1639户2279人。加强临时救助政策落实,全区临时救助1591人次106.57万元。落实残疾人生活补贴和护理补贴"两项补贴"待遇,享受残疾人生活补贴3322人、护理补贴3370人,困境儿童136人。落实全区各类优抚对象抚恤、补助金和义务兵优待、奖励、慰问金发放及优待政策,发放优抚安置资金2141万元,确保优抚对象相关待遇100%兑现。全区有养老机构8家,养老床位3341张,养老护理员持证上岗率100%。

科技实力进一步增强。净增高新技术企业53家,累计177家。有效发明专利拥有量727件,PCT专利申请91件。新增市级备案新型研发机构3家,累计备案11家,获得省级工程技术研究中心立项2家,新认定市级工程技术研究中心4家。2家众创空间获国家众创空间备案,2家众创社区获省科技厅众创社区备案试点,1家众创空间获市级备案。

有众创空间10家、科技企业孵化器4家，其中省级以上众创空间6家、孵化器4家。众创空间面积30301.48平方米，科技企业孵化器89547平方米，在孵企业502家，新增在孵企业114家，新增毕业企业5家，累计毕业企业142家。技术合同登记额16.05亿元。

现代教育资源供给稳步提升。开展名校引进工程，开办金陵中学浦口分校、游府西街小学浦口分校，开办浦口区凤凰幼儿园第二分园等3所幼儿园。启动北花园路规划中小学项目，加快海院西路小学建设，推进桥林人才共有产权房幼儿园等4所幼儿园建设，实施江浦高级中学、浦口中专校、新世纪小学改扩建工程。

医疗健康服务更加精细。14大类55项基本公共卫生服务项目实现全覆盖，完成“两癌”筛查1.2万人，65周岁以上老年人健康体检3.2万人，居民建档31.04万人。做好迎接国家卫生城市复审各项工作，开展农村卫生户厕常态化管理。选拔、培育健康科普讲师团35人、健康生活方式指导员503人，结合疫情防控形势，开展“五进”专题宣讲，全年开展冬春季防疫健康指导1.5万场次，举办新冠肺炎疫情防控培训和讲座325场，累计受益1.2万人次。组建64名专业健康指导员、医学观察员、健康宣讲员，完成企业复工疫情防控卫生学技术指导1474家。

【生态文明建设】 推进长江生态环境突出问题整改，开展长江入河排污口三级排查，核查出长江岸线沿线各类水排口281个，推进省级及以上工业园区污水处理设施专项整治，常态化开展黑臭河、河长制河道及交界断面水质的跟踪监测。完成VOCs治理重点工程4个，4家年汽油销售5000吨以上加油站实施三次油气回收改造。抽检柴油大货车尾气排放达标情况2021辆，开展企业和工地非道路移动机械尾气及油品质量抽测1585台。创建“智慧工地”93家、“差别化管理工地”13家。通过90个点位餐饮业油烟浓度自动监测设备、56个空气质量监测微型站、5个空气质量监测六参数小型站，初步建成覆盖全区的大气污染热点网格实时监测体系。对24个涉重涉危工业企业地块实施土壤状态详查，强化重点企业土壤污染防治主体责任，组织3家危险废物重点监管企业签订《重点行业企业土壤污染防治目标责任书》，实施建设用地土壤污染状况调查报告评审制度，对48个地块的调查报告进行评审，对1家关停企业疑似污染地块开展现场核查，强化污染地块环境监管。

全区$PM_{2.5}$年均浓度值26.2微克/立方米，继续保持全市最优；全年空气质量优良天数310天，优良率达84.7%，比上年上升14%；年平均水质皆在Ⅲ类以上水平，优良比例100%，3条入江支流水质全部达到Ⅲ类水平，地表水环境质量全省第一；土壤安全利用率100%；全年未发生环境安全事故。

2020年浦口区国民经济主要指标一览表

表5

指标名称	计量单位	2020年	指标名称	计量单位	2020年
土地面积	平方千米	715.00	外贸进出口总额	亿元	132.90
总户数	户	114710.00	旅游总收入	亿元	45.02
年末户籍总人口	人	397931	景区旅游接待量	万人次	797.93
乡村人口	人	214824	固定资产投资完成额	亿元	579.87
地区生产总值	亿元	443.57	工业投资	亿元	85.55
第一产业	亿元	45.63	房地产开发投资	亿元	259.51
第二产业	亿元	136.24	一般公共预算收入	亿元	70.12
第三产业	亿元	261.70	一般公共预算支出	亿元	79.83
农业总产值	亿元	75.51	金融机构年末存款余额	亿元	2718.94
粮食总产量	吨	30765.00	储蓄存款	亿元	871.98
油料总产量	吨	1778.00	金融机构年末贷款余额	亿元	2059.93
规模工业总产值	亿元	293.19	全体居民人均可支配收入	元	51099.00
社会消费品零售总额	亿元	137.64	城镇居民人均可支配收入	元	62498.10
实际利用外资	万美元	32010.00	农村居民人均可支配收入	元	30060.60

（统计局）

·文稿编辑 王孜孜·

党政·群团

南京市浦口区委

·重要会议·

【区委四届九次全会】 8月1日举行。全会高举习近平新时代中国特色社会主义思想伟大旗帜,贯彻中共十九大及十九届二中、三中、四中全会精神和中央决策部署,落实省委十三届八次全会、市委十四届十次全会要求,总结上半年工作,部署下半年任务,动员全区上下发扬拼搏精神、凝聚奋进力量、勇挑时代重担,践行新发展理念,努力完成全年目标任务,确保打赢高水平全面建成小康社会和“十三五”规划收官之战,谱写高质量建设“江北明珠”新篇章。全会听取讨论区委常委会工作报告和区政府关于全区“四新”(新基建、新消费、新产业、新都市)行动暨重大项目建设推进情况的报告,审议通过全会决议。全会强调,下半年全区要贯彻习近平总书记“在危机中育新机、于变局中开新局”的重要指示精神,围绕工作目标、收官任务、发展战略、愿景规划,抓好疫情防控、稳住经济运行、增强发展动能、培育产业链条、改善民生福祉、营造安定环境,夺取疫情防控和经济社会发展“双胜利”。

【区委四届十次全会】 12月28日举行。全会高举习近平新时代中国特色社会主义思想伟大旗帜,贯彻中共十九大及十九届二中、三中、四中、五中全会精神,落实习近平总书记视察江苏重要讲话指示精神,按照中央经济工作会议和省委十三届九次全会、市委十四届十一次全会部署,总结全年工作,研究部署“十四五”和2021年工作。审议区委关于制定国民经济和社会发展第十四个五年规划和2035年远景目标的建议,动员全区上下解放思想、凝心聚力、创新实干、拼搏奋进,围绕高质量建设“江北明珠”,持续打造“地标性产业高地、都市圈最美花园”,高水平完成“十四五”开局目标,在社会主义现代化建设新征程上迈出坚实步伐。全会听取讨论区委常委会工作报告和区政府2021年经济指标和重大项目的安排说明,审议通过《中共南京市浦口区委关于深入学习贯彻习近平总书记视察江苏重要讲话指示精神坚决扛起“争当表率、争做示范、走在前列”重大使命的决定》,以及“十四五”规划和2035年远景目标的建议,通报区委常委会2020年度抓党建工作情况,审议通过全会决议。全会认为,2020年,面对新冠肺炎疫情的严重冲击,区委常委会团结带领全区人民,增强“统”的能力、坚守“稳”的基础、保持“进”的姿态、追求“好”的成效,全区主要经济社会建设指标较上年均有不同幅度增长。全会强调,2021年,要坚持以习近平新时代中国特色社会主义思想为指导,结合“十四五”开局之年的年度特点和浦口发展的现实方位,重点抓好保障生命健康,落实疫情防控新要求;激发内生动力,培育经济发展新动能;聚焦地标打造,实现产业发展新突破;突出宜居宜业,丰富最美花园新内涵;坚持共建共享,推动民生幸福新提升;注重标本兼治,开辟治理水平新境界;强化凝心聚力,营造合力攻坚新局面7项工作,以优异成绩迎接中国共产党成立100周年。

(雷雨)

【区委常委会会议】 2020年,区委常委会召开会议17次。

2020年中共南京市浦口区委常委会会议一览表

表6

时间	主 要 议 题
1月6日	传达学习习近平总书记在中共中央政治局专题民主生活会上的重要讲话精神和《中国共产党机构编制工作条例》;听取春节期间节日氛围营造相关工作情况、浦口区2019年对口帮扶镇安县工作情况、2020年市委市政府重点支持各板块有关事项的汇报

续表6

时间	主 要 议 题
1月19日	传达学习习近平总书记在十九届中央纪委四次全会上的重要讲话以及十九届中央纪委第四次全体会议公报精神；传达学习省十三届人大三次会议、省政协十二届三次会议以及市十六届人大三次会议、市政协十四届三次会议精神和全国、省市“扫黄打非”工作会议精神；传达中央、省市“不忘初心、牢记使命”主题教育总结大会精神；学习《中国共产党党校（行政学院）工作条例》；听取区人大常委会、区政府、区政协、区人民法院、区人民检察院党组工作汇报、党校工作情况汇报、全区“不忘初心、牢记使命”主题教育工作情况汇报、2020年区政府一号文件起草情况、《浦口—南谯跨界一体化发展示范区建设工作推进小组名单》情况汇报；研究退役军人事务有关工作
1月23日	传达学习习近平总书记关于新型冠状病毒感染的肺炎疫情作出的重要指示以及江苏省委常委会会议、《省委办公厅、市委办公厅关于做好新型冠状病毒感染的肺炎疫情防控工作的紧急通知》、南京市委常委会会议精神；听取全区疫情防控工作情况、安全生产专项整治行动第一阶段工作情况汇报；部署春节期间安全生产工作
2月27日	传达学习全国、全省、全市宣传部长会议精神以及全市意识形态领域情况通报；研究《中共南京市浦口区委常委会2020年工作要点（讨论稿）》《区委常委会2020年重点工作任务责任分工落实意见（讨论稿）》《南京市浦口区人大常委会2020年工作要点和工作计划（讨论稿）》《政协南京市浦口区委员会2020年度工作要点和重点协商议题、调研视察安排（讨论稿）》以及《中共南京市浦口区委关于新时代加强和改进人民政协工作的实施意见（讨论稿）》
3月13日	通报全市1—2月主要经济指标有关情况；传达学习《中国共产党党内法规制定条例》等3部党内法规主要精神；研究《浦口区优化营商环境18条（讨论稿）》、全区农村工作会议方案、《关于废止、宣布失效和修改部分党内规范性文件的决定（讨论稿）》和《打好防范化解重大金融风险攻坚战实施方案（讨论稿）》
6月3日	传达学习习近平总书记在全国人大、政协“两会”期间参加内蒙古代表团审议、政协经济界委员联组会议、湖北代表团审议、解放军和武警部队代表团审议时的重要讲话精神，以及在中央政治局第二十次集体学习时的重要讲话精神；传达学习十三届全国人大三次会议精神、全国政协十三届三次会议精神
7月25日	传达学习习近平总书记在企业家座谈会上、吉林考察时的重要讲话精神，以及中共中央政治局常务委员会会议精神；传达全省十二、十三批科技镇长团轮换工作电视电话会议精神；研究《浦口区安全生产专项整治三年行动方案》；听取全区上半年经济运行工作情况、防汛工作情况、乡村振兴工作情况汇报，以及《浦口区2020年上半年国民经济和社会发展计划执行情况的报告》《浦口区2019年财政决算（草案）的报告》等4个报告起草情况的汇报
7月30日	传达学习省委十三届八次全会精神；研究区委四届九次全会相关事宜；听取全区防汛工作汇报
8月26日	传达学习习近平总书记在安徽考察时、扎实推进长三角一体化发展座谈会上、经济社会领域专家座谈会上的重要讲话精神，以及关于农村乱占耕地建房问题的重要批示；传达学习中共中央政治局常委、国务院副总理韩正在江苏调研时的讲话精神；传达学习全国、全省关于农村乱占耕地建房问题的电视电话会议精神；听取全区贯彻落实中央《长江三角洲区域一体化发展规划纲要》情况、农村乱占耕地建房问题整治工作情况、文明城市创建近期工作情况、贯彻落实国务院江苏安全生产专项整治督导组“四个清单”细化分解方案制定情况的汇报；研究《浦口区国民经济和社会发展“十四五”规划基本思路（讨论稿）》《浦口区深化教育体制机制改革的实施意见（讨论稿）》《浦口区关于全面深化新时代教师队伍建设改革的实施意见（讨论稿）》《南京国家现代农业产业科技创新中心管理办公室管理体制机制改革实施方案（讨论稿）》
9月27日	传达学习习近平总书记在科学家座谈会上、湖南考察时、基层代表座谈会上、教育文化卫生体育领域专家代表座谈会上的重要讲话精神；听取全区“七五”普法工作情况汇报
10月17日	传达学习习近平总书记在第三次中央新疆工作座谈会上、中央政治局第二十三次集体学习时等重要讲话精神；听取全区疫情防控工作情况汇报；研究《关于实施产业链“链长制”的工作方案（讨论稿）》
11月4日	传达学习中共十九届五中全会精神；传达学习习近平总书记在纪念中国人民志愿军抗美援朝出国作战70周年大会上的重要讲话精神；传达学习全市推进市域社会治理现代化试点工作动员部署会议精神，研究《浦口区落实市创建全国市域社会治理现代化试点合格城市三年行动实施方案（2020—2022年）（讨论稿）》《浦口—和县跨界协同发展合作实施方案（讨论稿）》《浦口区工程建设“拿地即开工”实施方案（讨论稿）》；听取三季度经济运行工作情况、全区公安工作情况汇报
11月17日	传达学习习近平总书记在江苏考察时、全面推动长江经济带发展座谈会上、第三届中国国际进口博览会开幕式上、浦东开发开放30周年庆祝大会上的重要讲话精神，以及关于第七次全国人口普查工作的重要指示精神；听取关于市委、市政府支持浦口区一件大事——南京国家农创园建设发展情况汇报和迎接省检查文明城市创建工作情况汇报；研究《农创园“迎接建党100周年——招商引智”工作方案（讨论稿）》《农创园“迎接建党100周年——载体建设”工作方案（讨论稿）》《2020中国农业农村科技发展高峰论坛暨中国现代农业发展论坛保障方案（讨论稿）》

续表 6

时间	主要议题
11 月 28 日	传达学习习近平总书记在中央全面依法治国工作会议上、全国劳动模范和先进工作者表彰大会上的重要讲话精神；听取全区美丽庭院建设工作情况汇报
12 月 8 日	传达学习习近平总书记在中央政治局第二十五次集体学习时的重要讲话精神和江苏省委书记在省委常委会(扩大)会议上的讲话精神；听取文明城市创建工作情况汇报
12 月 19 日	传达学习习近平总书记在 12 月 3 日中央政治局常务委员会会议上、12 月 8 日党外人士座谈会上的重要讲话精神及 12 月 11 日中央政治局会议精神；传达学习南京市市长调研浦口时的讲话指示精神；听取区人大常委会党组、区政府党组、区政协党组、区人民法院党组、区人民检察院党组工作汇报和 2020 年实施乡村振兴战略工作情况汇报；研究全面从严治党工作
12 月 27 日	传达学习中央经济工作会议精神、省委十三届九次全会精神、市委十四届十一次全会精神；研究区委四届十次全会相关材料和区人大、政协“两会”有关事宜、《政府工作报告》《浦口区国民经济和社会发展第十四个五年规划和二〇三五年远景目标纲要(草案)》《浦口区 2020 年国民经济和社会发展计划执行情况与 2021 年国民经济和社会发展计划(草案)的报告》、新一届区委法律顾问团聘任工作相关事宜和区属国有企业投资监督管理相关制度；听取 2020 年民生实事推进情况和 2021 年民生实事编制情况、全区重点项目编排情况及区 2020 年预算执行情况和 2021 年区级预算编制情况、正式推荐市抗击新冠肺炎疫情先进个人和先进集体情况的汇报

(融媒体中心)

【区委常委会暨区委应对疫情工作领导小组会议】 全年召开 13 次。

2 月 1 日，会议传达学习习近平总书记 1 月 27 日关于坚决打赢疫情防控阻击战的重要指示、《中共中央关于加强党的领导、为打赢疫情防控阻击战提供坚强政治保证的通知》、中央应对疫情工作领导小组会议精神、江苏省和南京市疫情防控工作领导小组电视电话会议精神、市委应对疫情工作领导小组会议精神；听取全区疫情防控工作情况汇报和区防控工作指挥部社区工作组工作情况汇报。

2 月 19 日，会议传达学习上级会议精神，听取全区疫情防控工作汇报，分析研判经济运行形势，部署优化疫情防控措施、加快复工达产有关工作。

3 月 23 日，会议传达学习习近平总书记重要文章《为打赢疫情防控阻击战提供强大科技支撑》、中共中央政治局常委会会议精神，以及省、市有关会议精神；研究区新冠肺炎疫情防控工作机制相关工作情况；听取关于 2020 年软弱后进基层党组织整顿提升有关工作情况汇报。

4 月 2 日，会议传达学习习近平总书记在 20 国集团领导人应对新冠肺炎特别峰会上的重要讲话精神、关于四川凉山森林火灾的重要指示精神、中央政治局会议精神以及南京市有关会议精神；听取区疫情防控工作机制学校专项组工作情况、迎接市安全生产专项整治督导(巡察)工作情况和文化旅游、宗教场所、校园校车、交通运输安全生产专项整治情况等汇报。

4 月 9 日，会议传达学习习近平总书记在浙江考察时的重要讲话精神、中央政治局常委会会议精神以及南京市有关会议精神；听取涉外联防联控指挥部工作情况汇报和 2019 年省高质量发展考核共性指标考核结果通报；研究并原则同意清理规范区级考核、“一票否决”和签订责任状事项清单。

4 月 21 日，会议传达学习习近平总书记重要文章《团结合作是国际社会战胜疫情最有力武器》、中共中央政治局会议精神以及南京市有关会议精神；研究全区“外防输入、内防反弹”相关工作；传达学习省、市纪委全会精神；听取 2019 年全区党风廉政建设和反腐败工作以及区纪委四届五次全会筹备情况的汇报；研究并原则同意“四新”行动方案和《2020 年浦口区推动长江经济带发展工作要点(讨论稿)》；听取区关工委 2019 年度工作情况汇报。

4 月 29 日，会议传达学习习近平总书记在陕西考察时的重要讲话精神、南京市“四新”行动观摩推进暨二季度工作部署会精神、中央及省市政法工作会议精神、江北新区负责人调研浦口区工作座谈会精神；听取全区涉外联防联控指挥部工作情况、全区政法工作情况、全区食品安全情况的汇报；研究并原则同意《浦口经济开发区管理体制机制改革方案(讨论稿)》《关于深化改革加强食品安全工作的实施意见(讨论稿)》《2020 年浦口—南谯跨界一体化发展示范区建设工作要点(讨论稿)》。

5 月 27 日，会议传达学习习近平总书记在中央政治局会议上的重要讲话精神，以及江苏省省长和南京市市委书记在丹阳“5·15”事故专报上批示精神、全省专项整治行动领导小组会议精神和全市集中开展违法违规“小化工”专项整治行动动员会议精神；研究并原则同意《2020 年浦口区对口帮扶对口合作工作要点(讨论稿)》《南京国家农创园 2020 年建设工作推进方案(讨论稿)》。

6 月 12 日，会议传达学习习近平总书记在专家学者座谈会上、宁夏考察时的重要讲话精神；听取区涉外联防联控指挥部工作情况和河(湖)长制工作落实情况的汇报；研究 1—5 月经济运行工作及推进全区“安全生产月”相关工作。

6 月 17 日，会议传达学习习近平总书记关于疫情防控工作的一系列重要指示精神、关于统计工作的重要指示批示精神；听取区疫情防控工作指挥部办公室工作情况、经济运行(统计)工作情况、全区意识形态工作情况、全区防汛工作情况的汇报；研究部署做好常态化疫情防控工作。

6 月 23 日，会议传达学习习近平总书记在中非团结抗疫特别峰会上的重要讲话精神，以及全国、全省党校(行政学院)校(院)长会议、全市党校校长会议精神;听取全区农贸市场及食品流通情况、储运环节疫情防控措施落实情况、区委党校工作情况和关于推选表彰全区优秀共产党员工作情况的汇报;研究并原则同意区委人大工作会议筹备情况和《中共南京市浦口区委关于加强新时代人大工作和建设的意见(讨论稿)》;研究全面从严治党工作。

7月4日,会议传达学习习近平总书记在中央政治局会议、中共中央政治局第二十一次集体学习时的重要讲话精神、关于防汛救灾工作的重要指示精神、2020年全省全域旅游示范区创建工作会议精神、全市"四新"行动项目观摩会精神;听取全区防汛工作情况、区疫情防控工作指挥部办公室工作情况、全区创建省级全域旅游示范区工作情况的汇报;研究并原则同意《浦口区长江流域禁捕退捕实施方案(讨论稿)》《浦口区关于执行〈江苏省贯彻落实国家统计局第6统计督察组督察反馈意见整改方案〉的工作方案(讨论稿)》和南京国家农创园财政管理体制有关事宜。

8月14日,会议传达学习习近平总书记关于"十四五"规划编制工作、制止餐饮浪费行为作出的重要指示精神、在中央政治局会议和党外人士座谈会上的重要讲话精神,以及国家、省、市严防聚集性疫情做好秋冬季防控工作电视电话会议精神;听取全区疫情防控工作情况汇报。

【区委"不忘初心、牢记使命"主题教育总结大会】 1月20日召开。会议学习贯彻习近平总书记在中央主题教育总结大会上的重要讲话精神,传达省、市主题教育总结大会有关要求,全面总结浦口区主题教育取得的成效及经验,并就巩固拓展主题教育成果等制度方面的建设作出部署。市委第四巡回指导组组长、区四套班子党员领导干部和法院院长、检察院检察长出席会议,市委第四巡回指导组成员,全区各街道、区机关各部门(单位)、区委主题教育指导组及办公室主要负责人、巡察组专职组长、"两代表一委员"部分成员参加会议。会议认为,浦口区作为第二批主题教育单位,自2019年启动以来,区委紧扣中央"守初心、担使命,找差距、抓落实"总要求,按照省市委工作部署,高质量完成主题教育各项任务,成果主要体现在学习创新理论取得新成效、党的政治建设实现新加强、强化责任担当展现新作为、服务基层一线取得新成效、党风廉政建设呈现新气象5个方面。会议强调,下一步全区要以巩固深化主题教育成效为新起点,在坚定"两个维护"上体现浦口作为,在贯彻党中央决策部署、履职尽责、日常言行上体现"两个维护",把"两个维护"融入血脉、见诸行动;在落实新思想上体现浦口作为,在"学深""悟透""笃行"上狠下功夫,持续开展"八个深度思考",推动全区上下更好地按规律办事、按规则办事、按民意办事;在推动高质量发展上体现浦口作为,持续用好对标找差工作方法,做到标准要高、措施要实、发展要稳,把初心使命转化为实实在在的发展成效;在彰显为民情怀上体现浦口作为,坚持站在群众立场想问题、作决策、办事情,沉下身子服务群众、换位思考关爱群众、虚心求教尊重群众,确保各项工作顺应民心、符合民意;在加强制度建设上体现浦口作为,建立长效制度、持续完善制度、严格执行制度,以制度保障牢记初心使命;在全面从严治党上体现浦口作为,以刀刃向内的勇气、自我革命的担当,抓实作风建设、夯实基层基础、压实主体责任,把管党治党责任落到实处,不断开创"江北明珠"新局面,向党和人民交上一份满意答卷。市委第四巡回指导组组长发表讲话,与会人员填写主题教育测评表。 (雷雨)

【区委全面深化改革委员会会议】 年内召开会议5次。2月27日,第一次会议审议通过《中共南京市浦口区委关于贯彻落实党的十九届四中全会精神推进区域治理体系和治理能力现代化的实施意见》《区委深改委2020年工作要点》和《关于深化大联勤网格化社会治理的行动方案》。4月9日,第二次会议审议通过《关于深化"大联勤"网格化社会治理工作机制推进基层整合审批服务执法力量的实施方案》《浦口区机关事业单位雇员制用工管理办法(试行)》。6月23日,第三次会议审议通过《浦口区利用资本市场促进股权投资实施办法(试行)》和《政务热线"先解决问题再说"系列配套工作制度》。9月27日,第四次会议审议通过《政协浦口区委员会关于建好用好"委员之家""有事好商量"协商议事室促进政协协商同社会治理相结合的实施意见》;听取国家级知识产权试点园区及新时代文明实践中心省级试点建设推进情况的汇报;听取改革办及农业农村改革、社会治理与司法体制改革、生态文明体制改革3个专项小组工作情况的汇报。11月17日,第五次会议审议通过《新时代浦口产业工人队伍建设改革实施方案》《浦口区残疾人联合会改革实施方案》《浦口区红十字会改革实施方案》。 (郗康)

【全区深化对标找差创新实干推动高质量发展大会】 3月11日,区委、区政府联合召开。区人大常委会、区政协主要领导干部,区委常委、区政府全体领导成员,区人民法院、区人民检察院、区机关相关部门(单位)、区委巡查组主要负责人和区作风监督员代表等参加会议。与会人员观看全区2019年作风建设专题片,听取关于浦口区2019年度综合考核结果通报和全区机关作风建设工作报告。会议强调,2020年面临着统筹推进疫情防控和经济社会发展的特殊背景和特殊任务,全区各部门、各板块要在树立更加强烈的争先意识、强化更加坚定的目标导向、催发更加积极的进位格局、力求更加高效的专项突破、确保更加稳健的发展态势、塑造更加鲜明的品牌特色6个方面下功夫。运用"对标工作法""问题工作法""一线工作法"和"绩效工作法",创新实干,开创"江北明珠"建设新局面。

【全区污染防治攻坚战暨河长制工作大会】 3月27日召开。省生态环境厅第一专员办南京环境监察室主任出席,区四套班子部分领导成员和各街场、区机关有关部门、浦口开发区主要负责人参加会议。各街道党工委、浦口开发区管委会向区委呈送《2020年浦口区打好污染防治攻坚战目标责任书》,区生态环境局、区水务局等5家单位作大会发言,区工信局等17家单位作书面交流。会议总结2019年污染防治工作,部署2020年污染防治任务。强调全区上下要聚焦源头治理,打好蓝天保卫战;聚焦综合施策,打好碧水保卫战;聚焦防治结合，打好净土保卫战；聚焦转型发展，推进长江大保护；聚焦科学管理，推动治理能力再提升。全区各级要扛起责任担当，打赢打好污染防治攻坚战。

【全区精准脱贫攻坚战工作会议】 4月2日，区委、区政府联合召开。区委、区政府部分领导干部和各街道、区机关有关部门负责人参加会议。会议学习贯彻习近平总书记关于脱贫攻坚重要指示精神，通报全区脱贫攻坚检查情况，区交通集团、汤泉街道陈庄村等4家单位作大会发言，区民政局、区社保中心作书面交流。按照中央、省市脱贫攻坚相关会议要求，部署2020年全区脱贫攻坚任务。会议强调，要以更高的精度，推动精准脱贫；以更大的力度，推动稳定脱贫；以更高的强度，推动“造血”脱贫；以更广的维度，推动对口扶贫；以更好的制度，推动长效脱贫。夺取收官之战的全面胜利，实现高水平全面建成小康社会目标。

【区委党建工作领导小组会议】 4月9日召开。会议传达学习《党委(党组)落实全面从严治党主体责任规定》主要精神以及省市委党建工作领导小组会议精神，听取2019年全区党建工作情况汇报，审议通过党建工作领导小组2020年工作要点。会议强调，推动党建工作要把准方向，增强抓党建的政治自觉；要把握重点，提升抓党建的工作成效；要把牢责任，扛起抓党建的使命担当。使党建工作创出新业绩、迈上新台阶。

【区委农村工作领导小组会议】 12月7日召开。会议传达南京市贯彻落实省委一号文件情况督察反馈意见精神和全市乡村振兴推进座谈会会议精神；听取浦口区“关于南京市贯彻落实省委一号文件情况督察反馈意见”整改建议方案及浦口区2020年扶贫和农村人居环境整治提升工作开展情况的汇报；研究整组搬迁过渡农户安置工作。会议就下一步工作提出落实好省委一号文件情况督察反馈意见的整改、谋划好2021年农业农村工作、统筹好征地过渡农户安置3条要求，以农业农村工作的新成效带动农业增效、农民增收。 (雷雨)

·重点工作·

【统筹疫情防控和经济社会发展】 2020年，浦口区委始终把疫情防控作为事关全局的重点工作、不容有失的重要使命和务必扣牢的重大责任，在疫情防控阻击战中反应早、行动快，不同阶段抓不同主要矛盾，取得显著工作成效。疫情初期，迅速进入应急状态，第一时间组建完善指挥运行体系，调配1.8万人24小时驻守各重要交通卡口，通过“四包一”、智能监控等方式抓重点人员隔离管控，区疾控中心成为全市首家具备PCR检测能力的基层疾控机构，全区实现“医护人员零感染，患者零死亡”。在防控形势向好之际推动复工复产，在全省开出第一张应急物资车辆通行证，在全市最快实现规上工业企业、高新技术企业100%复工，高校学生错峰返校、中小学分阶段复学、公共场所有序开放，全区生产生活秩序全面恢复。面对长期与疫情作战的现实，区委一手抓防控举措，“外防输入、内防反弹”，做好常态化、精准化防控；一手促经济回暖，以“四新”行动为重要抓手战疫情、扩内需、稳增长，新基建20个市级项目超额完成，新消费实施重大活动38场，新产业规模突破150亿元，新都市完成投资222亿元，实现疫情防控和经济社会发展两手抓、两手硬、两不误。 (区委办)

【区委巡察工作】 落实省委巡视整改任务，完成两方面51项整改措施。坚持上下联动，开展第九、第十轮常规巡察，涉及24个单位，街道巡察覆盖率100%，部门和村(社区)覆盖率分别95%、58%；与省市同步开展危化品专项巡察，采取“1+4+6+N”模式，压实“牵头单位+重点单位+关联单位+属地单位”协同责任，推动化工行业安全生产。运用巡察成果，推动区委编办探索编外人员管理新路径、区信息中心规范全区信息化项目工程建设全流程管理。四届区委两轮(含危化品专项)巡察后，被巡察单位累计制定整改措施4618条，修订完善制度955项，挽回经济损失1560万元，综合整改率达97%。

(李悦)

·组织工作·

【概况】 2020年，区委组织工作以习近平新时代中国特色社会主义思想为指导，践行新时代党的组织路线，紧扣“江北明珠”建设目标，统筹抓好干部、党员、人才3支队伍建设，对标找差、创新实干，为高质量发展提供组织保障。至年底，区委下设直属党(工)委30个，各党(工)委下辖基层党组织1090个；全区有党组42个。党员23706人。其中，女性6692人，占28.2%；35岁以下5691人，占24%；高中以上文化程度(含高中)17878人，占75.4%。

服务服从于大局，发挥全区基层党组织和党员在防疫防汛中的战斗堡垒作用和先锋模范作用，16591名党员捐款302万元用于疫情防控，571名区机关干部赴防疫防汛一线工作。在中央、省市委下拨党费和区管党费中划拨513万元支持疫情防控和防汛救灾。

【干部培养任用】 新冠肺炎疫情发生后，抽调干部45人参与疫情防控指挥部工作，向5个街道、2个场区疫情防控一线派出机关干部475人；印发《关于在疫情防控阻击战中考察识别干部的通知》，“火线”提拔干部3人。抽调区管干部34人、区级领导干部17人参与防汛一线指挥调度工作，并向上级、下级和外省输送区机关挂职干部和选派干部19人。落实个人事项报告等制度，核查拟提拔干部76人，随机抽查干部51人，指导52个单位开展“一报告两评议”工作。盘活干部队伍资源，集中调整区管干部245人，将任职村(社区)选调生全部纳入“浦口区大学生村官1411计划”管理。

【基层党组织建设】 实施基层党建“书记项目”，将“明珠红网”引领社会治理现代化作为区委书记项目，建立横向“一网格一支部”、纵向“村(社区)党总支部、网格党支部、楼栋党小组(村民小组)、党员示范户”全网格覆盖、全链条贯通的基层治理体系。印发《2020年度浦口区党的建设考核实施方案》，落实书记领办党建项目、基层党建工作、述职评议考核等机制。建立组织生活专项检查制度,组织30个直属党(工)委推磨互查,每季抽查全区10%的基层党组织,在汤泉街道试行的"汤泉·党建红云"智慧党建生态系统被国家版权局登记注册。抓好"两新"领域党建工作,优化非公有制企业77家,设置社会组织党组织18个,配备"两新"党务工作者127人,组建浦口区物业管理服务行业党委。完成1694家非公企业、97个社会组织党组织运行情况摸底排查工作。开发区和高新区智慧党群服务中心、开发区"心有浦·芯聚才"党建阵地入选市级党员教育实境课堂。重点打造区级党建联建示范阵地5个,推广江浦街道"红领联动·共享e家"红色物业品牌,推进明发新城"红色联盟"商圈党建项目,打造"线上蒲公英"志愿服务平台。开展软弱后进基层党组织提升工作,按10%排定软弱后进村(社区)党组织8个,由区委书记牵头,实行分管机关干部定点包干,按"一支一策"方案实施整顿。继续按不低于20万元安排每个村(社区)党组织为民服务专项资金,全年拨付2280万元(含财政1140万元),其中用于各村(社区)疫情防控工作380万元。坚持实施村(社区)党组织书记能力提升工程,举办"明珠头雁"论坛1期。落实扫黑除恶专项斗争、"两委"干部联审、"县乡共管"、村书记"一肩挑"等要求,调整村(社区)书记26人,平均年龄下降2岁,大专以上学历提升3个百分点。

【党员教育管理】 按照高质量发展党员的要求,落实党员发展指标275人,并定期抽查党员发展情况。做好全区国有企业退休党员的属地化管理工作,为107名中央、省市属企业退休党员转办组织关系。建立党内激励帮扶机制,分别为3人和38人向省、市申报党内关爱基金。使用困难党员关爱基金,"七一"慰问困难党员259人。在抗疫一线发展党员5人,评出市级、区级优秀共产党员分别2人和52人。制定《关于深入推进"明珠学堂"全区党员教育培训工作的实施方案》,分5批选派24名党员参加省市各类示范培训,举办党员发展对象、"两新"组织党务工作者、村(社区)党组织负责人专题培训4期,农村党员进党校活动5次,420个基层党组织安排7257名党员参加"党课开课啦"活动,集中轮训村(社区)党组织书记76人,实现党员教育培训全覆盖。拓宽党员教育渠道,与中央党校建立战略合作关系,浦口区基层党建典型案例被编入课程教案。"新华红"党建创新研究院浦口分院挂牌,加入联盟单位10个。《江浦街道:打造"3333"区域化党建工作模式,促进区域经济社会协同发展》在南京电视台播放,《传承红色基因 永葆清正廉洁》入选市级精品党课。江苏先锋、南京党建等党建媒体发表浦口区基层党建经验、做法文章10余篇。 (曾楚翔)

【人才工作】 集聚市级专家(人才)21人,培养本土人才130人。兑现重点人才扶持金、场地租金和生活津贴等3040.81万元。

招才引智 以"创业南京"英才计划为抓手,集聚市科技顶尖专家5人、市创新型企业家5人、市高层次创业人才11人。引进的重庆大学南京研究(生)院、电子科技大学重点团队在全市率先开展跨区域校地融合创新实践。以"百校对接计划"为契机,对接清华大学、中国人民大学等国内知名院校(所),9人到浦口区科技镇长团挂职。紧抓本土人才培育,入选省"三带"人才26人、市中青年拔尖人才8人、市中青年优秀人才14人,评定区中青年拔尖和优秀等人才82人。

人才服务 印发《浦口区疫情防控期间服务人才企业发布八条意见》,兑现省双创计划、创业南京英才计划重点人才扶持资金1814.34万元,减免场地租金或给予场地补贴184.57万元,发放省"333人才计划"、中青年拔尖人才生活津贴30.6万元。举办第三届"浦创杯"两岸青年大学生创业大赛,70余所大学172名大学生团队参赛,6支获奖团队被推荐进入"赢在南京"创业复赛。完成南京浦蓝大气环境研究院有限公司等3家区级企业专家工作室评定,助力南京航浦机械科技有限公司、中铁十四局集团大盾构工程有限公司入选南京市博士后创新实践基地、南京三乐集团有限公司入选优秀省博士后创新实践基地并获批国家级博士站,协助江苏久吾高科技股份有限公司招收博士后2人。组织30人参加"知识分子(人才)'爱国·奋斗·奉献'精神教育"专题培训、参观"我和我的祖国"科学精神主题巡展。

事业单位人事管理 做好事业单位用人招聘工作,与区教育局、区卫健委、区民政局等组织公开招聘7场,为105个事业单位招聘423人,招聘社工106人。按照职称网上申报、评审要求,完成全区中小学(幼儿园)一级教师职称评审工作。 (曾楚翔 姚亮)

【机关党建】 2020年末,区机关工委所属党组织部门41个,其中机关党委4个、党总支部13个、直属党支部24个,党员(含退休党员543人)2254人。

党的组织建设 制发2020年区级机关党建工作要点,压实党组织抓党建工作责任,将夯实基础作为重心工作之一,印制《机关党支部规范化建设工作手册》,明确党支部职责任务、党支部组织设置和选举、党的组织生活、党员发展和教育管理、党风廉政建设、党支部工作台账管理6个方面规范化内容,推动党组织建设标准化。以解决机关党建"灯下黑"问题为目的,运用"互联网+党建"思维,开发"组织生活"App,通过网上台账系统发布任务31个,各基层党组织上报任务完成情况826条,填报组织生活情况1116条。8月,浦口区机关党建线上线下联动模式被中央和国家机关工委评为"互联网+党建"典型案例优秀奖。启动"党建+"创新活动,探索党建与业务工作深度融合工作机制,坚持中心工作联动、政治理论联学、优势资源联享、实践活动联办、党员队伍联建、作风纪律联抓的"六联工作法",破题"两张皮",逐渐形成"心中有浦 一站无忧""浦韵初心——老兵第一课堂""你我之约——浦口税务星"等一批党建服务工作品牌,推动机关党建工作向实处抓。此举受到媒体关注,《新华日报》12月予以专题报道。围绕机关党支部规范化、标准化建设和深化机关党建工作认识,1月16日举办区级机关党组织书记培训班,开展党风廉政建设、意识形态工作专题授课,解读《中国共产党党和国家机关基层组织工作条例》,区级机关各直属党组织、各机关党委、党总支部下属党支部等书记115人参训。

思想政治建设　强化思想引领,推进理论学习,开展“学用新思想”答题竞赛活动,全区累计参加答题54048人次,居全市12个区之首。组织区级机关青年党员、团员开展“青年大学习”活动35期。定期通报各直属党组织“学习强国”学习情况。7月16日,在区委党校举办区级机关科级及以下党员干部培训班,101人参加,学习中共十九届四中全会精神,加深中国特色社会主义制度和国家治理体系优势的认识。制定《区级机关党组部门理论学习中心组巡学旁听工作制度》,每月到区级机关党组织单位指导1次。落实意识形态工作责任制,统筹引导新时代文明实践活动,组织各直属党组织开展“点赞中国之治”主题优秀视频演讲,指导机关各志愿服务队开展爱国卫生运动、文明交通志愿服务。统筹各类文体活动,确保区级机关运动会、“习艺修身”系列培训等健康开展。加强思想政治工作,发挥党员先锋作用,组织475名机关党员编成7个组,分赴基层防疫一线,协助开展排查登记、消毒清洁、卡口巡察等工作,确保中央和省市区委决策部署落到实处。动员机关党员干部5000人次到江浦街道40个居民小区助力整治环境、规范秩序、宣传引导,投身文明城市创建工作。提高政治站位,持之以恒抓好廉政肃纪工作,落实全面从严治党报告制度,上报具体工作任务信息760余条,每周向全体人员编发1条廉政短信,分赴12个党组织单位开展调研指导工作,发放警示教育资料240余份。支持区机关纪监工委独立履职,处理党员违纪问题3起。办理区委第四巡察组政治巡察反馈的意见和建议,针对4方面30个具体问题,制定整改措施73条。至年底,26个问题整改到位,制定完善规章制度20项。

机关作风建设　按照《2020年全区作风提升工作清单》《2020年度市对区作风建设满意度评议工作实施方案》,区级机关工委开展作风建设“持续领先”“嵌入式”服务保障、“中梗阻”问题整治、“宁满意”宣传对接4个专项行动,为干事创业营造良好氛围。组建7个作风监督组,派出60名监督员开展常态化监督,通报30余个单位典型问题20余个。11月11日,在区委党校举办全区机关作风效能提升培训班,84个单位作风建设满意度评议分管负责人、区机关作风建设监督组组长和104名联络员参加。12月16日,启动2020年度市、区两级机关作风建设满意度评议活动,设定群众评议、工作对象评议、市级机关对口评议、区领导评价、区级机关评价、办实事项目考评等评议评价项目,采取填写纸质评议表、网上评议、现场调查、电话调查等方式,召开11场专场评议会,380名基层群众、200名企业代表、120名各界代表(区党代表、人大代表、政协委员、作风建设监督员)参加现场评议,组织1.28万余人次开展网上评议,市对口作风监督组赴2个评议现场监督指导。　　　　　　　　　(袁燕)

【老干部工作】　2020年底,区委老干部局登记在册当地离休干部85人、异地离休干部4人、区(县)四套班子退休干部45人,累计134人,其中享受市(厅)级待遇4人。当地离休干部中,机关单位35人,事业单位19人,企业31人;享受县处级待遇47人,科级待遇38人;党员57人,非党员28人。平均年龄91岁。

老干部政治待遇　面对新冠肺炎疫情防控现实,区委、区政府适时召开老干部情况通报会2次、座谈会2次,听取老干部意见建议,收集社情民意。组织区四套班子退休干部参观浦云路大桥、红色档案馆、格冠农旅项目等浦口网红地标建设。开展考察研学和书画笔会等活动,并在网上召开座谈会,征求意见,引导老干部为建设“江北明珠”、推进浦口高质量跨越式发展建言献策。建设“老干部之家”,投资700万元,升级改造2个老干部活动中心,可用面积由1000平方米扩至约2500平方米,设10余个活动室和教室,增设保健室、呼叫系统及楼梯防护装置等。

老干部生活待遇　做好离退休干部健康体检的组织保障工作,设置个性化套餐,实行医生与老干部一对一服务,安排专家解读体检报告,提出保健建议。努力满足老干部个性化需求,协调解决1名离休干部入住养老院、住院治疗等相关事宜,协调区社保中心举办电子医保卡申领使用培训班2期。与社区卫生服务中心沟通协调,督促与51名离休干部签约的家庭医生提升服务质量。启动离休干部居家养老服务工作。按照离退休干部分布地域现状,实行分片包干责任制,落实“六必访”(重大节日必访、重要生日必访、重病住院必访、高温酷暑必访、遇到困难有需要时必访、临终去世时必访)制度,区政府增拨55万元资金,用于提高离休干部和四套班子退休人员的慰问金额度。全年重大节庆日(含高温)走访慰问老干部195人次,慰问生病住院老干部40人次,协助料理7名逝世老干部事宜。

老干部党组织建设　区离退休干部工委发挥职能作用,协调各街道、部门以“六有一提升”(有党的组织、有领导班子、有工作制度、有组织活动、有作用发挥、有工作保障和提升党组织组织能力)工程为抓手,加强离退休干部党组织建设,全区1306名离退休干部党员累计组建支部45个,较上年新增4个。建立工作联络员队伍,实行横向互动、纵向联动的运作机制,推进“六有一提升”达标创优,至年末,达标党支部24个,累计41个。其中,区发改委机关第四党支部、区市场监管局老干部第一党支部分别被评为全省和全市离退休干部“六有一提升”示范党支部。加强各单位离退休干部党支部的管理、指导、帮建等工作,推动组织生活、学习教育等正常开展。组织中共十九届五中全会精神宣讲1场、离退休干部专题报告会3场、党支部书记业务培训1期、参观见学等活动2次。落实“四时四送”(春节前、端午前、重阳前和高温期间,送上级指示精神和要求、送该市该单位情况、送学习资料和内容、送温暖关怀到家或病床)要求,给予老干部思想、生活关心。

老干部作用发挥　围绕把老干部引导好、组织好、服务好的工作目标,整合涉老工作资源,组织老干部开展“六个助力”(助力新时代党的建设、助力脱贫攻坚、助力乡村振兴、助力社会治理、助力培育时代新人、助力正能量建设)活动,为浦口高质量发展当好参谋长。组织5名老干部参加“浦口区‘明珠先锋’——百名党员口述历史”主题活动,传递党的声音、讲好红色故事。组织老干部以经验优势和特长优势,助力脱贫攻坚、文化振兴、社会治理,助力青少年健康成长,助力生态文明建设。区老年人体育协会主席李传邦被中国老年人协会授予老年人体育贡献奖和“老年体育工作年度风云人物”称号。区关工委常务副主任祁凤英被省委组织部、省委老干部局、省委离退休干部工委授予“全省离退休干部先进个人”称号。

（蒋伯涛）

【第五届“新华红”思享会暨江苏党建联盟单位走进浦口】 5月28日，新华日报社、江苏省委党校、群众杂志社、浦口区委共同主办的“党旗高扬‘双胜’有我”——第五届“新华红”思享会暨江苏党建联盟单位走进浦口活动在高新区科技创新总部大厦举行，中央、江苏省、南京市有关单位领导干部和江苏党建联盟单位相关负责人参加。“新华红‘助力小康 奋斗有我’”全省统一战线短视频创意大赛启动，“新华红”党建创新研究院浦口分院揭牌。新华日报社与苏州市、昆山市、淮安市洪泽区、南京市浦口区融媒体中心举行合作签约仪式，新华日报报业集团与光大银行南京分行签订党建合作协议书。中央党校党建部副教授、党建原理教研室副主任强舸作题为《坚持和加强党的领导，奠定夺取“双胜利”基石》演讲。南京医科大学附属逸夫医院医生、江浦街道同心社区党总支书记、江苏久吾高科技股份有限公司党委书记等6位嘉宾结合本职工作，讲述在医务、警察、基层、企业一线履职敬业、奋力夺取疫情防控和经济发展“双胜利”的故事。区援鄂医疗队集体以表演《感恩有你》的手语舞形式结束活动。

（融媒体中心）

【“明珠头雁”论坛】 7月1日，举办庆祝中国共产党成立99周年“明珠头雁”论坛。区级部分领导干部出席，区委党的建设工作领导小组成员单位主要负责人、各街道党工委书记、组织委员，以及各街场组织人事、村（社区）党组织书记参加。江浦街道新河社区、桥林街道乌江社区、星甸街道解放桥社区、汤泉街道泉西社区、永宁街道侯冲社区5个党组织书记分别结合各自工作实际，分享在疫情防控和复工复产、抓好集体经济、推进“四新”行动等方面的工作经验。邀请省委党校决策咨询中心主任和市委组织部组织二处负责人点评。

（曾楚翔）

·宣传工作·

【概况】 2020年，浦口区贯彻习近平总书记关于宣传思想工作的重要思想和《中国共产党宣传工作条例》，落实举旗帜、聚民心、育新人、兴文化、展形象使命任务，开展各类宣讲（含专题）1150余场，向市级以上媒体和“学习强国”发稿9520余篇。被命名为全国文明村（社区）2个。新增四星级以上农家书屋7个。组建362人“浦网先锋”网评员队伍。评出区级以上道德模范等先进人物42人、南京市优秀文化人才6人。组织“观电影、读经典、享小康”优秀影片展映和“温历史·忆峥嵘”纪念中国人民志愿军抗美援朝70周年观影等活动。

【思想理论建设】 成立学习贯彻中共十九届五中全会精神区委宣讲团，在全体干部群众中开展思想教育理论学习，组织专题宣讲150余场。系统深度策划“浦言朴语”品牌，推动“浦言朴语”基层行活动，开展宣讲1000余场，受众20余万人次。“浦言朴语”宣讲团获评省、市“2019—2020年度理论宣讲先进集体”，4名宣讲员在省、市宣讲比赛中获奖，2个演讲视频获评全市“点赞中国之治”优秀演讲视频。江浦街道、汤泉街道获评“省级党员冬训示范街道”，“打造冬训文明实践‘理论+实战’课堂”获评市级创新项目。“学习强国”应用覆盖率124.8%，列全市各区之首，参与率78%，供稿120余篇。

【重大主题宣传】 围绕区委、区政府中心工作，发挥宣传部门牵头抓总作用，统筹区内外宣传资源、媒体力量，构建多层次宣传格局。向《人民日报》、新华社、中央电视台、《光明日报》《中国青年报》等中央级媒体发稿630余篇、省市级媒体发稿8770余篇。其中，在《新华日报》《南京日报》头版分别刊载6篇、30余篇，头版稿件数量居全市前列。区融媒体中心改革建设首批通过省级验收。“浦口发布”微信、微博在全市各区分列第一、第二。

【网络综合治理】 印发《关于开展2020年网络安全工作责任制落实情况检查的通知》，检查全区党政机关、事业单位和其他互联网站的防御安全18次。印发《浦口区“浦网先锋”工程实施方案》，成立由13名核心网评员、103名骨干网评员、246名基础网评员组成的“浦网先锋”网评员队伍。

【文明风尚建设】 推进全区新时代文明实践中心建设试点工作，累计建有志愿服务项目1058个，新增志愿者63181人，组织各类志愿服务活动3200多场次，覆盖人群近35万人次。打造星甸街道高庙村“民情收发室”、江浦街道新河社区“爱心互助汇”、永宁街道法律服务“吴峰工作室”等新时代文明实践品牌，其中“民情收发室”项目获第五届江苏志愿服务展示交流会铜奖。获评“岗位学雷锋标兵”“最美防疫志愿者”“中国好人”“江苏好人”“感动南京年度人物”“南京好人”27人、第五届“美善浦口人”15人。11月，在星甸街道承办全市新时代文明实践与志愿服务研讨会，中央、省文明办相关负责人及全国试点县（市、区）代表出席，共同观摩全国首个新时代文明实践小镇建设启动仪式。26个村（社区）被评为市文明村，汤泉街道瓦殿社区、星甸街道九华社区被中央文明建设指导委员会命名为“全国文明村”。

【文明城市创建】 制定《2020年浦口区文明城市创建项目化推进工作方案》，结合爱国卫生月行动和农村人居环境整治等工作要求，抓住创建工作的薄弱环节，开展公益广告设置、居民小区管理、交通秩序管理、道路街巷管理、农贸市场管理等专项整治。在国查、省查期间，成立专门工作班子，建立实地考察点责任人体系和迎查应急联络人机制，召开创建日例会30余次、创建周例会7次，向区委常委会汇报文明城市创建工作推进情况3次。组织开展指标培训会7场、全要素模拟测评2次、专项督察70余次，编印督察通报52期、督察专报4期、工作简报50期，累计反馈问题1100余个。社会文明测评指数位列全市郊区第二、全省县市区第十一。

【第四届“美善浦口人”表彰暨故事分享会】 浦口区文明委2019年初开始,经过近一年的初选、投票、审核、公示等环节,评定第四届“美善浦口人”10人。1月13日,在浦口文化中心大剧院举办“美善浦口人”表彰暨故事分享会,省市委宣传部、文明办和区四套班子有关负责人为“美善浦口人”颁奖,并以电视短片和舞台剧的形式,分享其感人事迹。

浦口区第四届“美善浦口人”基本情况一览表

表7

姓　名	性别	出生年月	政治面貌	单位及职务	类型	主　要　事　迹
钱夕洋	女	1983年11月	中共党员	大桥中学政教处副主任	敬业奉献	扎根乡村教育15年,在患上甲腺癌伴淋巴后,仍不离三尺讲台,被称为“铁娘子”。2020年新冠肺炎疫情发生后,她每天与学生们保持联系,并给在武汉的李姓同学寄课本和教辅材料,用视频连线辅导学生学习;主动承担学校防疫宣传工作;力所能及帮助外来务农家庭的贫困学生
方学生	男	1986年12月	中共党员	消防大队珠江中队队长助理	敬业奉献	入伍16年,每次战斗都将个人生死置之度外,参与救援1700次,用实际行动做最美逆行者
周海龙	男	1986年2月	中共党员	公安分局桥林派出所民警	敬业奉献	扎根社区十载,曾经的“吸毒少年”在他的感化教育下回归正常生活。雪天徒手抱病患求医,为抢救群众生命争取宝贵时间
何为萍	女	1977年8月	群众	江浦街道西江口医务室医生	敬业奉献	14年如一日坚守在基层医疗岗位上,为病人除疾祛病、排忧解难,守护社区居民的健康和幸福
滕衍富	男	1948年8月	中共党员	星甸街道高庙村松云组村民	助人为乐	退休20多年,依然活跃在社区工作第一线,为家乡树立良好新风尚出力,做到退休不褪色,不忘初心做奉献
刘泽琴	女	1948年6月	群众	星甸街道山西村山刘组村民	孝老爱亲	18年来无怨无悔照顾植物人儿媳,养育年幼的孙子孙女,用亲情唤醒生命的奇迹
胡敬花	女	1967年12月	群众	星甸街道九华村小刘组村民	孝老爱亲	30年来用羸弱的肩膀扛起一个风雨飘摇的家,丈夫去世后一人侍奉家中3个智障患者,养育膝下一双儿女
倪治珍	男	1937年7月	中共党员	老山林场退休职工	孝老爱亲	十几年如一日照顾因意外成为植物人的老伴,夫妻一世,风雨同舟
王　华	男	1977年5月	群众	桥林街道个体户	诚实守信	从修鞋匠成长为残疾人艺术家,十多年生活艰难坎坷,但他从未放弃
钟城运	女	1995年10月	中共党员	江浦街道滨江馨园小区居民	见义勇为	公益志愿者,一次遇到火灾时,第一时间勇救邻居女孩迅速脱险

(董亮)

1月13日,第四届“美善浦口人”表彰暨故事分享会在浦口文化中心举行　　(宣传部　提供)

【南京市"全面小康百家谈"活动在浦口启动】 6月19日在水墨大埝风景区启动。活动由南京市社科联、南京报业传媒集团主办,浦口区委宣传部、浦口区社科联协办,龙虎网承办,旨在展现南京全面建成小康社会的历程和经验,描绘南京各行各业为实现全面建成小康社会目标而奋勇拼搏的精神。市社科联、社会科学院、南京报业传媒集团、南京日报社、浦口区委、区委宣传部主要负责人参加。区委宣传部介绍决胜全面小康的推进情况,韩岫岚、李陶薇、杨瑞清和顾祖伟作为浦口奔向高水平全面小康的见证者、参与者,分别围绕农业小康、科创小康、教育小康和生态小康,分享成长、成才、成功之路的历程与经验。(郗康)

【新时代文明实践与志愿服务研讨会】 11月3日,由南京市委宣传部、市文明办、浦口区委主办的"问道、问策、问效"新时代文明实践与志愿服务研讨会在浦口区星甸街道举办。中央文明办三局、省委宣传部、省文明办、市委宣传部、市文明办负责人,北京师范大学、上海海洋大学教授等参加。与会人员观看浦口区新时代文明实践工作专题片《新风之路》、参观星甸街道新时代文明实践所、高庙和九华2个村新时代文明实践站,听取上海海洋大学新时代文明实践与志愿服务中心教授张祖平介绍星甸新时代文明实践小镇规划情况,并见证建设启动。江苏省盱眙县、贵州省龙里县、山东省荣成市、安徽省天长市、南京市浦口区5个试点地区分别结合当地实际,分享志愿服务项目案例,并由专家评点,相互研讨,探求文明实践的破解之法。中央文明办在肯定此次研讨会主题选得好、志愿服务瞄得准、人民实践做得实后,强调下阶段工作要提高试点责任意识、坚持思想价值引领、精准服务群众需求、助力乡村振兴和融合基层社会治理,推动新时代文明实践与志愿服务事业健康发展。 (融媒体中心)

·统战工作·

【概况】 区委4月15日召开统战工作暨民族宗教工作领导小组联席会议,部署2020年重点工作,提出强化政治引领、聚焦"四新"、突出基层治理、加强风险防控和队伍建设等要求。举办统战人士理论专题培训班、党外科级干部培训班等20多个班次,参训1200余人。参加全省统战微视频创意大赛,获奖数列各县(市)区第一。挑选200幅统一战线助力小康摄影图片到全区各街道、园区巡展。创新"同心小康"工程、"奋进小康·网来助力"等特色项目,推动各民主党派基层组织、知联会与8个社区结对,开展社区治理及乡村振兴帮扶工作。区侨联在全省率先实现基层侨联组织全覆盖和区级机关部门侨联组织零突破。以点带面增进交往交融,打造"红石榴家园"10个。协助区疫情防控指挥部采购防护服1万套和N95口罩2万副,帮助街道、园区及重点企业采购防疫紧急医药物资30多批次,统战各界人士捐款捐物(折价)3000余万元。11月6日,浦口区草圣书乡文化园被中国侨联命名为中国华侨国际文化交流基地。

【党外代表人士队伍建设】 坚持和完善区委组织部、统战部党外干部工作联席会议制度,推荐优秀党外科级干部18人。制订《浦口区统一战线教育培训工作计划》,组织民主党派和无党派200人次、非公企业230人次、侨台界150人次、民族宗教界115人次及党外干部70人次参加市、区统战知识培训。做好无党派人士身份认定工作,完善党外代表人士网上数据库系统,实行动态、实时管理。

【非公有制经济发展服务】 根据防疫工作整体部署,结合民营企业和港澳台侨资企业复工复产实际,成立企业服务组,开展"送政策、察实情、促服务、暖人心"活动,走访企业200余家;搜集60余条关于复工复产方面建议反馈给相关职能部门;制定《"企业服务年"十项重点任务》,在侨海创新创业联盟打造"扬帆起航·浦就未来"服务品牌,促成天奥医疗等成员企业达成项目合作;台企台商服务联盟的开发区、高新区2个服务站,依托常态化联席会议机制推进困难、问题的解决,协助做好台籍员工返宁、租金减免、员工就餐、应急事项办理等工作;"惠享浦口"平台联合南京广电、市工商联发布浦口餐饮、文旅特色产品30余种,助力30余家企业网络销售产品8000余份;区侨台法律服务中心化解各类侨台资企业与员工劳资纠纷、合同履行中违约赔偿等矛盾280余件。聚焦"四新"行动和"招商突破年"工作要求,制定《区委统战部招商引资工作方案》,开展招商推介活动22场次,提供招商项目信息48条(含10亿元以上项目10条)。其中,8月组织参加南京市工商联和浦口区政府联合举办的"构筑地标性产业高地,建设都市圈最美花园"2020年南京·浦口地标产业(深圳)推介会,现场签约功率半导体设计等1亿元以上项目13个,总投资超100亿元。

【基层民族宗教工作】 制定《区委统战部安全生产工作方案》,每两周召开调度会1次,强化意识形态、宗教活动场所的监管责任。加强宗教领域安全生产督察,抓好宗教活动场所整治,1220处安全隐患全部整改到位。劝散、分流汤泉街道坝西、龙山和江浦街道高旺双塘、钱塘望景等7处私设点。联合公安部门开展"护园行动",约谈在校园周边组织非法宗教活动的11名重点人员,并与其签订具结书。依据全区宗教布局规划,推进城西、桥林、兰花等聚会点和弘德寺、观音寺等场所的拆迁重建工作。启动撤并整合规模较小、信众偏少、安全隐患整治困难的场所,至年末,完全关停5个、处于关闭状态3个。

【浦口区台企台商服务联盟成立】 1月16日,区台办联合教育局、科技局、人社局、应急管理局、市场监管局、生态环境局、税务局和浦口开发区、浦口高新区、台商台胞法律服务团、伊诺光点创梦基地等,成立浦口区台企台商服务联盟,并在台企落户集中的浦口开发区、浦口高新区设立工作站。联盟秉承"服务台商、服务发展、服务基层"宗旨,创新台企台商服务路径,落实国家及省市惠台政策,着力打造"浦口第二故乡"和"最优投资发展地"。

【浦口区与南谯区统战一体化合作协议书签订】 10月21日,南京市浦口区统战部和安徽省滁州市南谯区统战部签订统战一体化合作协议书。旨在建立完善两区统战部门常态化合作机制,推动民主党派、民族宗教、民营经济、侨台工作等领域的交流交往,共同开创信息互通、资源共享、优势互补、合作共赢的新局面,为推进浦口—南谯一体化发展进程贡献统战智慧和力量。

【浦口区新联会获省级先进集体称号】 11月10日,浦口区新联会被江苏省新的社会阶层人士联谊会授予先进集体称号。浦口区新联会坚持布好“三个平台”(实践空间平台:1个主阵地、4个辅阵地、1个实践创新基地;联谊组织平台:1个新联会、4个分会、5个街道、2个园区新联组织;网络工作平台:1个新联阶层人士网格数据库、2个网络工作平台、5个网络文化小屋主题阵地),构建“三种运行模式”(基地发展培育、基地活动开展、“基地+互联网”),强化“四种保障”(组织保障、制度保障、力量保障、经费保障),并通过完善机制、整合资源,带动全区实践基地互动共建,形成浦口区新联会工作特色。发挥“新联之家”在思想引领、阵地建设和活动开展等方面的优势,带动全区新阶层人士抗疫情、防汛情、献爱心、助复工,在服务中心工作方面发挥重要作用。

【浦口区知联会被评为市级先进集体】 12月26日,浦口区党外知识分子联谊会被市联会表彰为2020年度南京党外知识分子联谊会工作先进集体,童金洲、张有琴2位理事会员被表彰为先进个人。区知联会强化政治引领,紧扣“弘扬爱国奋斗精神,建功立业新时代”主题,采取“点线面”融合方式开展主题教育,坚定党外知识分子走中国特色社会主义道路,与党同心同德、同向同行的信心和决心;积极建言献策,围绕经济社会发展大局,开展专题走访调研活动6次,形成意见建议20多条,为区委、区政府决策提供依据;履行社会责任,疫情期间,区知联会引导党外知识分子通过爱心捐赠、志愿服务等形式,凝聚党外知识分子的智慧和力量;防汛期间,区知联会采购防汛物品,慰问防汛人员,展现党外知识分子的责任担当。 (付瑞峰)

·机构编制管理·

【概况】 2020年,浦口区推进实施街道集成改革、雇员用工改革,以及开发园区、综合行政执法等机构编制和行政权力事项的调整。

【街道集成改革】 以推进治理体系、治理能力现代化和“强基层、强队伍、减负担、减成本、提效能”为目标,实施“大联勤”网格化社会治理工作机制与基层整合审批服务执法力量深度融合的街道集成改革,在街道设置党政综合部、党群工作部、民生保障部、城乡建设管理部、发展服务部、农业事务部、综合行政执法局、社会治理综合指挥中心、便民服务中心9个职能机构。5月28日,汤泉街道举行职能机构揭牌仪式,市委编办、区政府、区委组织部、区委编办等相关负责人出席,并要求浦口区其他4个街道31日前机构、人员配备到位,进入实质性运转。7月15日,全区5个街道集成改革通过市评估组验收,市委编办网站将其制作成专题片在“创新管理”模块发布。12月9日,浦口区在全市街镇集成改革总结推进会上作书面交流。

【综合行政执法体制改革】 完成区级交通运输综合行政执法机构组建及人员转隶工作。通过省政府赋权,将8个区级部门157项行政执法事项分两批赋权街道,6月出台《浦口区深化街道综合行政执法体制改革实施方案》,完成第一批87项行政执法事项赋权街道。试行“区属、街用、街管”运作模式,下沉人员编制关系保持原管理体制不变,工作关系、组织关系、日常考核等由街道统一管理和调配。

【行政权力事项调整】 完成288个省设权力事项和519个市设权力事项的调整,在全区继续实施行政权力清单二次审核。将10个部门103项审批服务权赋予街道,建立三级联动网络,实现区、5个街道、74个社区(村)便民服务事项就近办。

【机构设置与职能配置】 按照市委编委批复,浦口开发区、农业科创中心、珍珠泉旅游度假区等管理机构升格为市副局级,内设正处级职能部门14个,增加副局级领导职数4人、处级领导职数16人;核增开发区管委会行政编制5名、珍珠泉管办行政编制2名。促成南京市中医院浦口分院规格调升为副处级,增加副处级职数2人。制定区纪委监委机关、规划和自然资源分局、档案馆、农业综合行政执法大队“三定”规定,完成纪委监委派出机构编制优化、区委创新办机构设置、森林公安体制调整、党员教育中心组建等机构编制事项46个。全年累计调整和使用行政编制114人、事业编制296人。

【编外用工管理】 在全省率先试行雇员制用工,成立雇员制用工领导小组,制定《浦口区机关事业单位雇员制用工管理办法(试行)》,首批招聘7个岗位雇员,平均年龄28.7岁,均为硕士研究生学历,且有相应中、高级专业技术职称。9月29日,召开全体雇员见面会,区委组织部、编办向雇员提出要求,用人单位、雇员代表作表态发言。实施编外人员清理行动计划,年底,编外用工总数下降15%以上,节约财政开支约7000万元。《“员额+雇员”南京市浦口区模式探索编外用工管理新路径》《浦口区规范编外用人管理提升行政效能》分别被《机构编制理论研究动态参考》和《南京快报》刊发。 (孙至)

·政策研究·

【概况】 2020年,区委研究室按照综合文稿、综合调研、综合改革和社科事业“三综一社”主要职能,加强政策理论研究和成果转化工作,组织并推动全区结合实际开展调研,形成调研文章84篇。12月,区社科联获评全省社科联系统先进集体。

【理论研究及成果转化】 紧扣全区工作大局,遴选一批事关浦口发展的重大课题,组织调研,跟踪推进,并做好成果的转化,其中与南京大学城市规划设计研究院合作的“地标性产业高地”“都市圈最美花园”2个课题研究成果融入区委四届九次全会报告中。加强面上调研工作的组织,推动全区各级各单位选择切口小、覆盖面广、群众参与度高的课题开展调查研究,形成调研文章78篇。开展调研月活动,形成《关于我区打造"都市微度假"全域旅游发展模式的思考》等调研文章10余篇,其中5篇获得区委主要负责人批示。借助区社科专家库资源,与市委办公厅、市委研究室、南京社科院、南京工业大学合作开展课题攻关,完成"疫情视角下加强浦口城市安全体系建设的思考"等6个调研课题。强化工作研究,制定《2020年度对标找差推进高质量发展群众满意度评议工作实施方案》,促进问题聚焦、问题消解。

(郁康)

·党校教研·

【概况】 2020年,区委党校贯彻落实《中国共产党党校(行政学院)工作条例》,履行干部培训、思想引领、理论建设和政策咨询等职责。开办各类培训班(含对外培训)110期,培训12440人次。基层送教宣讲155场,受众1.17万人次。发表理论文章4篇。曾军的专题课《铭记革命历史功绩 弘扬"品重柱石"风范》获评全市党校(行政学院)系统第二届精品课,《传承红色基因 永葆清正廉洁》获全省第十五届党员教育作品观摩交流活动一等奖;程楠获南京市第三届"梧桐论语理论宣讲者"称号和"百姓名嘴"三等奖;尹苏入选全市党校系统首批"三个一批"(一批教研新秀、一批社科英才、一批教学名师)人才培养对象。

【教学培训】 聚焦"四新"行动和打造"地标性产业高地""都市圈最美花园"等中心工作,为"江北明珠"高质量发展提供智力支撑。举办新任区管干部、年轻干部和公务员轮训等主体班10期2765人次。其中,公务员轮训以凸显时代性、针对性和实用性为要旨,开设中共十九届五中全会精神、党风廉政建设、公文写作、公务员信用知识等课程,分5期培训700余人;10月27日,年轻干部培训在区委党校开班,以新思想学习为主线,按照习近平总书记关于做好新时代年轻干部工作的重要讲话精神,设置理论学习、党性教育、能力提升、现场调研等专题,37名正科级干部经过为期1个月的培训,达到学有所思、学有所悟、学有所获的教学要求。为满足普通党员进党校理论培训的愿望,区委党校发挥主渠道主阵地作用,筛选课题组织教师备课,并联合街道党工委分18批次组织桥林街道周营村、勤丰村、高汤村和永宁街道青山村、友联村等795名党员进党校脱产学习,好评率100%。拓展社会人才培训工作,与南京市总工会、市房屋安全服务中心、市公路管理站等10家单位联合办班,累计培训约900人次。

9月21日,"红色文化进校园"走进大桥中学 (党校 提供)

【科研咨询】 坚持每月组织集体备课,开展课题研究,完成"新时代文明实践中心基层建设探索与思考——以南京市浦口区为例""推进区县融媒体中心建设的实践与思考——以南京市浦口区为例"2个市委党校立项课题,文章被《金陵瞭望》《中共合肥市委党校学报》采用。新立"乡村振兴背景下加强新型职业农民培育路径研究——以南京市浦口区为例""乡村振兴战略背景下的全域旅游发展研究——以南京市浦口区为例""推进区域治理现代化的经验与对策研究升路径研究——以南京市浦口区为例"3个市委党校课题。结合浦口工作中心和党校教学需要,组织撰写调研论文,其中"加强党校校园文化的建设与认同""以乡村振兴的纵深推进巩固脱贫成果——以南京市浦口区高汤村为例"2篇,分别被《中共太原市委党校学报》《魅力中国》刊发;"加强地方人大监督工作的几点思考"获浦口区人大理论研究特等奖。

【基层宣教】 区委党校选取新思想、中共十九届五中全会精神、全面小康等贴近基层干部群众的宣教课题,开展宣教到基层活动,送教宣讲141场,受众8762人次。其中,抽派6名党员教师参加区委宣讲团,在16个村(社区)、部分机关部门(单位)宣讲中共十九届五中全会精神37场,受众2525人次。党校宣讲团与区委教育工委联合开展"红色文化进校园"活动,向14所学校3000余名师生讲述《南湖红船的故事》《井冈山上人心暖》《弘扬长征精神 追寻金色理想》《勿忘国耻 弘扬抗战精神》《雨花台前祭英魂》等革命历史典故,"学习强国""南京新风""南京国防在线"等平台作宣传报道。

(钱梦佳)

南京市浦口区人大

·重要会议·

【区四届人大四次会议】 1月4—6日在区机关大礼堂召开。应到人大代表248人,实到人大代表238人。会议听取和审议政府工作报告;审查和批准浦口区2019年国民经济和社会发展计划执行情况与2020年国民经济和社会发展计划草案的报告,批准浦口区2020年国民经济和社会发展计划;审查和批准浦口区2019年财政预算执行情况和2020年财政预算草案的报告,批准2020年区级财政预算;听取和审议区人大常委会工作报告、区人民法院工作报告、区人民检察院工作报告;并就上述报告作出6项决议。会议选举南京市浦口区第四届人民代表大会常务委员会副主任1人和区人民检察院检察长;表决通过浦口区四届人大常委会7名增补委员名单以及2个专门委员会组成人员名单;票决产生10个民生重点实事项目。

【区四届人大常委会会议】 3月5日,召开第二十二次会议。传达学习习近平总书记关于新冠肺炎疫情防控工作的重要批示指示精神以及市人大常委会《关于依法防控新冠肺炎疫情 切实保障人民群众生命健康安全的决定》;讨论通过2020年区人大常委会工作要点和工作计划;决定人事任免事项。

5月29日,召开第二十三次会议。传达学习十三届全国人大三次会议精神;听取和审议区政府贯彻落实市人大常委会《关于依法防控新冠肺炎疫情 切实保障人民群众生命健康安全的决定》的工作情况报告以及关于全区农村人居环境整治情况的报告;听取区政府关于《中华人民共和国安全生产法》《南京市安全生产条例》实施情况的报告,并开展专题询问;审议区政府关于2019年环境状况和环保目标完成情况的报告;听取部分市人大代表履职情况的报告;决定人事任免事项。

6月29日,召开第二十四次会议。听取区政府部分组成人员履职情况的报告;决定人事任免事项。

7月30日,召开第二十五次会议。听取和审议区政府关于2020年上半年工作情况的报告;审议区政府关于2020年上半年国民经济和社会发展计划及财政预算执行情况的报告;听取和审议区政府关于2019年区本级财政预算执行和其他财政收支情况的审计工作报告;审查和批准2019年浦口区财政决算;听取和审议区政府关于2019年度全区企业国有资产管理情况的专项报告;审议区政府关于2019年度国有资产管理情况的综合报告;决定人事任免事项。

8月20日,召开第二十六次会议。传达学习习近平总书记关于"十四五"规划编制工作、制止餐饮浪费行为作出的重要指示精神,以及在中央政治局会议上、中央政治局第二十二次集体学习时、党外人士座谈会上的重要讲话精神;决定人事任免事项。

9月18日,召开第二十七次会议。听取《中华人民共和国土壤污染防治法》《中华人民共和国就业促进法》《中华人民共和国野生动物保护法》执行情况的检查报告;听取和审议区政府关于"七五"普法实施情况的报告、区人民法院关于非诉讼纠纷解决机制建设情况的报告、区人民检察院关于服务保障优化营商环境工作情况的报告;决定人事任免事项。

11月30日,召开第二十八次会议。听取和审议区政府关于市下达浦口区重点指标完成情况和重大项目推进情况的报告、关于全区保障房建设情况的报告;听取区政府关于审计意见整改工作情况的报告,并开展专题询问和满意度测评,区审计局、财政局、民政局、商务局、卫健委、康居集团等单位到会应询;审查和批准浦口区2020年财政预算调整方案;决定人事任免事项。

12月25日,召开第二十九次会议。听取区政府关于安全生产"一法一条例"贯彻实施情况的审议意见书落实情况的报告,并开展满意度测评;审议区政府2020年国民经济和社会发展计划以及财政预算完成情况、2021年国民经济和社会发展计划(草案)以及财政预算(草案)的初步方案;听取和审议区政府关于"十三五"规划纲要实施情况、"十四五"规划和2035年远景目标纲要编制情况的报告;听取和审议区政府关于2020年民生实事项目实施情况和2021年民生实事候选项目的报告,并就2020年民生实事项目实施情况开展满意度测评;决定人事任免事项;讨论决定区四届人大五次会议有关事宜。

【区四届人大常委会主任会议】 2月25日,召开第三十七次会议。讨论2020年区人大常委会工作要点和工作计划,决定提交区人大常委会会议审议;研究区四届人大常委会第二十二次会议有关事宜。

4月22日,召开第三十八次会议。听取顶山街道人大工委工作情况报告。

5月21日,召开第三十九次会议。听取区政府《关于全区城市精细化管理工作的审议意见书》落实情况的报告,以及区政府各相关单位2020年重点民生实事项目推进情况的报告;研究区四届人大常委会第二十三次会议有关事项。

6月19日,召开第四十次会议。听取全区民族工作情况的报告;研究决定区四届人大常委会第二十四次会议有关事宜。

7月28日,召开第四十一次会议。听取区政府《关于依法打赢疫情防控阻击战工作情况的审议意见书》和《关于全区农村人居环境整治工作情况的审议意见书》落实情况的报告;听取重点民生实事项目跟踪监督情况的报告;讨论并通过区人大代表"亮身份、进选区、听民意、促发展"主题活动方案;研究并决定区四届人大常委会第二十五次会议有关事宜。

8月28日,召开第四十二次会议。听取国家全域旅游示范区创建暨乡村旅游5条精品线路建设情况的报告。

9月15日,召开第四十三次会议。听取重点民生实事项目跟踪监督情况的报告;研究区四届人大常委会第二十七次会议有关事项。

10月20日,召开第四十四次会议。分别听取区政府办公室、南京江北新区管委会综合部关于区四届人大四次会议代表建议、批评和意见办理情况的报告。

11月27日,召开第四十五次会议。听取区人民法院《关于非诉讼纠纷解决机制建设工作的审议意见书》、区人民检察院《关于服务保障优化营商环境的审议意见书》、区政府《关于国有资产管理情况的审议意见书》《关于"七五"普法工作的审议意见书》落实情况的报告;听取重点民生实事项目推进落实情况的报告;研究区四届人大常委会第二十八次会议有关事项。

12月21日,召开第四十六次会议。研究区四届人大常委会第二十九次会议有关事宜;研究2020年度优秀代表建

议和先进承办单位表彰事宜；听取区四届人大五次会议筹备情况的汇报；讨论区人大常委会工作报告。（尤星煜）

·人大监督·

【专项工作监督】 区人大常委会围绕“六稳六保”和“四新”行动计划，组织视察调研6次，提前介入审查“十四五”规划和2035年远景目标纲要编制情况，并听取区政府报告，提出针对性意见建议10条。按照议题安排，先后听取审议区政府上半年工作情况、国民经济社会发展计划和财政预算执行情况及完成情况、重点指标完成情况和重大项目推进情况、农村人居环境整治情况、保障房建设情况等9项报告。主任会议围绕创建国家全域旅游示范区，听取有关部门关于建设5条乡村精品路线的汇报，针对存在的问题，提出改进意见和建议。其中，关于保障房建设问题，先后召开区重点部门和街道座谈会2次，在审议中就加快破解“人等房”难题提出对策11条；跟踪监督财政资金使用情况，督促审计查出问题的整改，年中年末2次听取政府关于整改效果的报告，专题询问重点部门和单位6个，并组织满意度评议。推进10项民生实事落实，组建10个监督组，建立跟踪监督机制，主任会议每月听取情况汇报1次，每两月编发监督专报1期，组织代表视察调研126次，发现问题86个，提出意见建议62条，并于年终专题听取实事办理情况的报告，开展满意度评议。加强被任命人员的监督，听取5名政府组成人员履职情况报告。

【法律实施监督】 区人大常委会在新冠肺炎疫情防控期间，按照上级人大常委会《关于依法防控新冠肺炎疫情，切实保障人民群众生命健康安全的决定》，组织视察调研，检查《中华人民共和国传染病防治法》和《中华人民共和国野生动物保护法》执行情况，听取审议区政府专项工作报告。聚焦安全生产专项整治，检查《中华人民共和国安全生产法》《南京市安全生产条例》实施情况并听取报告，展开询问和满意度测评，实施刚性监督。关注生态宜居环境改善，紧盯突出环境问题负面清单，听取审议全区环境目标完成情况报告，与全国、省市人大常委会联动检查《中华人民共和国土壤污染法》执行情况，组织人大代表实地察看长江岸线浦口段整治修复状况，要求重点打赢“净土保卫战”。组织检查并听取《中华人民共和国就业促进法》实施情况报告，提出以产业、创业带动更高质量、更加充分就业的建议。推进依法治区工作，检查并听取区政府“七五”普法工作、区人民法院非诉讼纠纷解决机制建设、区人民检察院服务保障优化营商环境等情况的报告，下达审议意见书。依法任免和决定任免浦口区国家工作人员101人次。（尤星煜）

·代表履职·

【人大代表工作】 区人大常委会听取8名市人大代表履职情况的报告。常态化邀请代表列席人大常委会会议、参加视察调研活动。升级改造人大代表接待窗口，推行代表“定时定点”接待群众工作模式。首次组织区人大代表“亮身份、进选区、听民意、促发展”主题活动，搜集基层群众意见建议160余条。组织人大代表讲好人大故事，在省、市人大媒体平台发表信息200余篇（条）。代表联合抗疫、代表主题活动、代表履职风采分别在人民日报新媒体平台、《中国人大》和“学习强国”上报道。组织代表开展人大工作理论研究，形成调研报告36篇、理论研究文章42篇，其中3篇被评为省、市人大系统优秀论文。

【代表建议督办】 区人大常委会运用“联合式”建议督办机制，发挥代表在建议办理中的督促作用，精选20条重点代表建议由区政府领导成员牵头领办，区人大常委会正、副主任领衔督办，召开工作论证会、部门协调会、现场督办会22场次，153条代表建议全部办结，办成率提升至85%。表彰优秀代表建议20件。表彰交运局、农业农村局、城管局、公安分局、规划资源分局、房产局、民政局、行政审批局、消防大队、桥林街道、泰山街道、盘城街道12个先进承办单位。

2020年南京市浦口区人民代表大会优秀代表建议一览表

表8

代表姓名	建议标题
雷　力等3人	关于对江浦街道团结社区西门螺丝桥片区环境脏、乱、差整治的建议
周　娅	关于推进老山景区控制性详细规划尽快落定的建议
嵇金莲	关于进一步落实家庭医生签约服务的建议
张　勇	关于扶持传统企业向高新企业转型的建议
方宽景等4人	关于以江浦街道金珠花苑小区为老旧小区试点小区增设服务用房的建议
雷　斌	关于妥善处理静脉产业区（星甸片区）“刺鼻气味”的建议
荣海涛等3人	关于加强停车资源管理与增加社区集体收入相互融合的建议
杨忠彬	关于进一步完善桥林片区基础教育建设的建议
王存保等2人	关于建立激励机制，助推一村一品特色农业发展的建议
金　涛	关于减少江浦街道象山路学生“上下学”时段道路拥堵的建议
杨庆枫等2人	关于优化浦乌路规划、管理的建议
陈维花	关于加强家庭教育的建议

续表 8

代表姓名	建议标题
朱远刚	关于加强农村弱电管理的建议
王家庆	关于在部分交通要道启用智能信号灯的建议
柴旭升	关于优化停车场规划缓解泰山街道停车难问题的建议
狄　珺	关于加强各类“会员制”消费监管的建议
王立鹏等 2 人	关于加快江北新主城夜间经济布局建设的建议
赵　俊等 2 人	关于加快江北新区幼儿园建设、统筹考虑中小学建设的建议
曾连喜等 2 人	加快汤盘路（板桥至双城段）建设，构建便捷交通网，助推盘城全域旅游
徐海潮	关于在盘城街道建设野外拓展训练营的建议

【宁、滁两地四级人大代表在浦口区联合视察】 11 月 12 日，江苏南京、安徽滁州两市人大常委会联合组织 24 名两地全国、省、市、区人大代表，在浦口区视察南京依维柯汽车有限公司、台积电南京厂、南京集成电路创新馆、浦口开发区科学城等，就共同关心关注的宁滁两地跨界协同发展合作实施情况深入交流，并表示要发挥两地四级人大代表作用，探索联动履职机制，合力推动宁滁跨界一体化发展，在推进长三角一体化发展国家战略中贡献智慧和力量。

（尤星煜）

南京市浦口区政府

· 重要会议 ·

【区政府全体（扩大）会议】 8 月 6 日召开。会议学习传达省委十三届八次全会、市委十四届十次全会、区委四届九次全会以及国务院第三次廉政工作会议、省市政府廉政工作会议精神，总结上半年工作，部署下半年重点任务。会议根据市政府全体（扩大）会议精神，强调下半年全区要聚焦目标抓经济发展，抓好经济运行、项目推进、招商引资，补齐社会消费品零售总额指标短板，用好“金洽会”平台；要精益求精抓城乡建管，做好城市建设管理，加快征迁扫尾进度，改善小区物业管理，减少“12345”工单投诉量，同时落实好长江大保护、大气污染防治和水环境治理各项任务，加快问题整改；要凝心聚力抓民生保障，加快推进民生实事落实，尤其是社区卫生服务中心建设，提升公共服务供给；要一着不让抓安全稳定，做好退水期防汛工作，维护好社会面稳定，落实好安全生产各项责任，尤其是做好高温天气下的事故防范

2020 年南京市浦口区人民政府部分常务会议一览表

表 9

时　间	主要议题
4 月 28 日	审议《浦口区尘肺病防治攻坚行动实施方案》《关于优化开发园区管理运行机制的实施方案》《2020 年浦口—南谯跨界一体化发展示范区建设工作要点》《浦口区政务信息化项目建设管理办法（试行）》，以及成立浦口区应急管理总指挥部等 10 个事项
6 月 23 日	听取全区“六保”任务落实情况、全国人大政协“两会”期间全区信访维稳工作情况的汇报，审议《浦口区关于执行〈江苏省贯彻落实国家统计局第六统计督察组督察反馈意见整改方案〉的工作方案》《浦口区扩内需、促消费、稳增长政策措施》《浦口区主城区停车秩序整治试行方案》，以及建立浦口区“先解决问题再说”配套工作机制、长江流域禁捕退捕工作等 9 个事项
7 月 27 日	审议《浦口区产业用地项目准入规则》《南京市浦口区 2020 年法治政府建设工作计划》《关于加强浦口区“网格＋警格”深度融合工作的实施意见（试行）》，以及 2021 年重大项目编制、各街场园区进程监测评价办法优化调整等 5 个事项
8 月 26 日	听取浦口区国民经济和社会发展“十四五”规划基本思路、贯彻落实国务院江苏安全生产专项整治督导组“四个清单”细化分解方案制定、被征地农民进保工作、退役军人服务保障体系建设等情况汇报，审议《浦口区深化教育体制机制改革的实施意见》《浦口区关于全面深化新时代教师队伍建设改革的实施意见》等 8 个事项
10 月 17 日	审议《老山林区散坟专项整治工作实施方案》《浦口区工程建设“拿地即开工”审批模式实施方案（试行）》《关于实施产业链“链长制”的工作方案》《浦口区文旅集团组建方案》，以及迎接国务院第七次大督察工作等 8 个事项
10 月 24 日	审议《南京市浦口区政府合同管理办法》《浦口区促进集成电路产业高质量发展若干政策》等 4 个事项

续表9

时 间	主 要 议 题
11月16日	研究《浦口区道路交通“路长制”管理工作实施意见》《浦口区安置房处置指导意见》《关于浦口区2020年财政预算调整方案(草案)的报告》,以及全区第七次全国人口普查、区政府规范性文件清理工作等9个事项
12月15日	传达学习防范和惩治统计造假弄虚作假重要文件,听取全区妇女儿童工作情况汇报,审议《南京市浦口区突发事件总体应急预案》《浦口区区属国有企业投资监督管理办法》《浦口区人民政府关于贯彻实施中华人民共和国民法典的意见》,研究国有土地征收住宅产权调换房(期房)处置实施方案、安置房处置资金等有关事宜
12月24日	听取政府工作报告起草、“十四五”规划纲要编制、2020年民生实事推进及2021年民生实事编制、2021年全区重点项目编报、2021年城建重点项目编排等情况汇报,审议《浦口区2020年国民经济和社会发展计划执行情况与2021年国民经济和社会发展计划(草案)的报告》《关于浦口区2020年财政预算执行情况和2021年财政预算(草案)的报告》,研究拨付2020年度农村人居环境整治提升奖补资金、拨付长江岸线专项整治部分项目奖补资金等有关事项

工作;要持之以恒抓廉政建设,强化政治担当,坚持依法行政,落实“一岗双责”,保持清正廉洁。会议就重点任务作出具体部署。

【区政府常务会议】 1—12月,召开常务会议35次,摘录其中9次。 (赵坤)

·重点工作·

【浦口区实施区域协作发展】 南京市浦口区与安徽省滁州市南谯区、马鞍山市和县对接,落实长三角一体化发展和南京都市圈发展规划要求,做好对口帮扶地区的协作发展工作。

浦口区与南谯区跨界一体化发展工作 两区按照跨界一体化发展示范区建设工作推进机制要求,共同印发《浦口—南谯跨界一体化发展示范区建设工作浦口实施方案》《2020年浦口—南谯跨界一体化发展示范区建设工作要点》,分解明确双方的工作目标任务。两区共同成立由区长任组长、常务副区长任副组长的浦口—南谯跨界一体化发展示范区建设工作推进小组,下设办公室,负责定期召集月度例会、编发工作简报、通报情况等工作;各专题小组牵头单位推动小组成员单位开展工作,研究制订各专题领域工作计划,组织推进重点事项落实;区规划资源分局会同南谯区自然资源分局共同组织实施浦口—南谯跨界一体化示范区国土空间规划发展策略研究工作,取得阶段性规划成果。6月22日,浦口高新区与南谯经济开发区签署共建产业合作园区协议书,在南谯设立南谯浦口一体化发展合作共建园区,共同出资的滁州南浦合作开发有限公司注册成立,其中浦口高新区推荐的华瑞微半导体IDM芯片一期项目启动建设。联合开展招商推介活动,借助南京2020年“金洽会”招商契机,在浦口珍珠泉旅游度假区专场招商推介会上推介南谯文旅产业,在浦口高新区2020年中国算力峰会上与南谯区共同对接企业并座谈,共享客商资源,共推营商环境。实行现代农业联动发展,星甸街道与南谯区乌衣镇、十字镇、石杨镇、香泉镇、乌江镇围绕产业联盟等6个领域,初步确定并有序实施“联情田园”等10个共建项目;与五镇联动举办浦口第三届金秋水产丰收节,共同参与集市展销等活动,以节庆方式落实长三角区域一体化发展战略。至年底,浦口区人社、卫健、教育、水务、交运、政法等20个部门分别与南谯区签订合作共建协议书。其中,两地政法委联合制定《2020年浦口—南谯跨界一体化发展示范区社会治理和公共安全合作专题工作组工作要点》;水利(务)部门联合开展滁河两岸堤防岸线管理、水生态修复、退捕禁捕等河长制工作;交运部门同时开展G312国道治超工作,尤其协同治夜超;应急管理部门联合开展防洪应急救援演练;人社部门联合举办招聘会2场,发布招聘岗位1047个,共同举办第三届“浦创杯”两岸青年大学生创业大赛,6个项目获创业资金扶持;教育部门明确两区八校的重点合作项目;卫健部门派出专家施行技术交流指导;文旅部门在浦口象山湖公园联合举办“月满中秋·情浓国庆”文艺演出及夜市集活动,打造最具“都市烟火气”的文化市集,接待游客2.5万人次;社保部门通过“部转移”系统实现企业职工养老保险关系跨省转移接续业务办理。

浦口区与和县跨界协同发展工作 4月17日,浦口区委、区政府接待和县党政代表团,商谈浦口—和县跨界协同发展对接事宜,双方就加强生态保护、推进产业合作、加快交通建设等方面达成共识,印发《浦口—和县跨界协同发展合作实施方案》,成立浦口—和县跨界协同发展合作推进小组,制定《2020年浦口—和县跨界协同发展合作工作要点》。浦口开发区与和县江北乌江新区签署《“伙伴园区”合作框架协议书》,在和县启动产业合作示范区建设,设立浦口产业合作示范区管委会,注册成立安徽浦口产业园管理有限公司,编制示范区的产业规划和国土空间规划,浦口开发区推荐2家企业到示范区洽谈合作。探索建立旅游产业跨界协同发展体制机制,实现两地交通往来无缝对接。两地在生态环保、社会治理、创业就业、文化旅游等方面开展合作共建。

浦口区与对口帮扶地区协作发展 6月8日,浦口区苏陕(浦镇)扶贫协作工作领导小组印发《2020年浦口区对口帮扶对口合作工作要点》,深化组织领导在两地协作中的推动作用。江苏省南京市浦口区、陕西省商洛市镇安县两地党委政府主要负责人互访对接4批次,党政机关、企事业单位、社团组织和各界人士互访51批356人次。浦口区选派的18名“三支人才”(党政人才、企业经营管理人才、专业技术人才)如期赴镇安县上岗。为该县引进企业4家,落户企业新增投资4家,完成投资1.6亿元,带动贫困劳动力就业138人,利益联接1837人。浦口区级财政安排资金800万元,为镇安县新建村级卫生室50个,实现村级卫生室公有化。南京浦口科创投资集团出资1000万元援建的镇安县苏陕协作扶贫产业示范园项目启动建设。构建“电商+实体店+政府采购+爱心礼包”四位一体模式,助力镇安农产品销售总额592万元,直接带动1630名贫困人口持续增收。援助扶贫工厂5家,解决贫困人员在当地就业75人,累计当地就业218人,输送到江苏就业123人、其他地区就业36人,就业总人数较上年增长24.27%。除两地5对镇办、5对村居、8对村企、2对医院、6对学校共建外,动员党政机关、街道、社区、社团组织、企业和爱心人士等力量参与扶贫事业,构建结对“立体网络”,援助资金2854.77万元,增长320.11%。

贯彻落实中央、省、市部署要求,加强与淮安区挂钩帮扶。根据省委组织部《关于做好2020—2021年度省市委帮扶工作队队员选派工作的通知》,选派桥林街道周营村党支部书记作为新一轮帮扶人员。明确挂钩帮扶淮安市淮安区三元村,全年安排财政帮扶资金500万元。围绕产业发展、资产增收、民生保障、基础设施建设四大类,科学编排增收项目,拟定帮扶项目13个,投入资金1046万元,分两年实施。至年底,8个项目完工。（林凯）

【浦口区民生实事项目】 1月6日,区四届人大四次会议票决区政府2020年10项(预选项12项)重点民生实事。

优化教育资源配置 新开办金陵中学分校、游府西街小学分校等中小学、幼儿园5所;新建荣庄路等幼儿园3所;加快推进江浦高级中学、浦口中等专业学校机电实训基地新建及改扩建工程。

提升医疗服务品质 加强院府合作,开工建设省人民医院浦口分院(三期)工程,加快推进市中医院浦口分院儿童中心建设,实施儿童预防接种门诊升级改造,实现区内智慧化门诊全覆盖;推进星甸、永宁、汤泉、桥林、乌江等卫生服务中心异地新建;白马邻里中心公共卫生服务中心年底交付使用;累计建成区级优质示范社区卫生服务站20个;完成农村妇女免费“两癌”筛查1万人。

优化交通出行条件 新辟优化公交线路15条;完成公交站台智能化改造及农村公交站台提档升级各40座;完成宁和城际桥林新城公交场站、城西路换乘枢纽工程建设;打通光明南路等断头路2条;新建康盛路、科新路等城乡道路10条;新增停车泊位2000个。

搭建创业就业平台 举办招聘会60场;新增城镇就业1.35万人、大学生就业6200人、残疾人就业50人;新招高技能人才320人;免费培训新型职业农民1000人。

改善市民居住条件 完成棚户区改造7万平方米、老旧小区出新7个,推进老旧小区电梯安装,实施微整治工程;在部分老旧小区增建机动车位和集中停放、充电一体的规范性非机动车棚,安装高清夜视监控系统;完成43个高层、多层以及零散小区消防隐患整改;新开工保障房50万平方米,竣工50万平方米;新增居民天然气用户8000户,建设中低压管网40千米;加强小区物业管理,开展物业机构信用评级,覆盖80%以上小区物业。

优化养老服务供给 新增AAA级居家养老服务中心5个、老年人助餐点10个;全年接受上门服务的居家老人数占比20%;千名常住老人拥有养老床位45张。

丰富群众文体生活 组织开展各类文化体育活动800场;新建开放式图书馆1座、24小时阅读空间1个;新建公共足球运动场7个、健身步道10千米、社区(村)健身广场5个;为3000名市民免费提供国民体质检测。

实施村居环境整治 完成5个街道231个自然村农村人居环境整治提升工程;建成乡村旅游精品线路5条;完成农村公路提档升级40千米和东门小区巷等背街小巷整治55条。

实施食品放心工程 完成区级食品安全抽检2300批次、农产品质量安全监督抽检60批次;新增绿色食品企业3家、绿色食品产品10个,推进5个绿色优质农产品基地建设;完成2家放心粮油店提档升级工程。

提升城市功能品质 完成高新区文化中心、体育中心主体封顶;建成兰溪公园、荣庄路配建公园2座城市公园;开建新北路、台南路2块城市绿地,打造中心湖片区景观。（融媒体中心）

·政务服务·

【概况】 2020年,浦口区行政审批局办理各类行政审批和服务事项1.8万个,群众综合满意度99.64%。全区办结“12345”工单7.1万件,首办满意率83.91%,综合满意率95.92%。政务服务考核同比上升3个位次,位居全市第三。政务热线考核同比上升7个位次,位居全市区级板块组第四。新增法人市场主体5090家(个),超计划目标的13%。

【行政审批制度改革】 政务服务以品牌为引领,聚力改革创新,多路径激发改革动力。12月,工程建设项目“拿地即开工”审批新模式被省委全面依法治省办公室授予“省法治建设创新奖”。

工程建设项目审批改革 确定“策划先行、并联协同、容缺受理、交地发证、拿地开工”改革思路,制定《浦口区工程建设“拿地即开工”审批模式实施方案(试行)》,融汇运用改革的新方法,突出“拿地前”项目前期策划生成、“拿地中”并行预审推进、“拿地后”容缺快速领证。打破职能部门壁垒,提升跨部门协作审批效率,促使各项改革政策落实。为企业拿地即开工设计13个报建流程和报建内容,审批单位由17个减为3个综合窗口,审批事项由43个压减为11个,报建周期节省60%以上,开工时间缩短4—6个月。8月28日,区行政审批局、规划资源分局在区政务服务大厅为省级重大项目集成电路数据中心同步颁发建设用地规划许可证、建设工程规划许可证、不动产登记证和建筑工程施工许可证,标志着拿地即开工审批模式进入常态化运行新阶段。全年有南京芯聚睿科技、中科等6个工业类项目实现拿地即开工目标。

商事审验制度改革 设置开办企业窗口,推进“E链通”工作,实行“一窗受理、一表填报”流程,累计为438家企业提供“E链通”服务,0.5个工作日办结开办企业审批手续成为常态。制定《浦口区市场主体住所(经营场所)信息申报办法(试行)》,4月初率先在全市启动企业住所(经营场所)线上E申报工作,以江浦街道、浦口开发区、农创园为试点单位,至12月底,受理住所(经营场所)申报信息2065件,办结1684件,收到减少申请材料、提高开办企业率、优化营商环境的效果。

证照分离改革 运用简化的审批程序、优化服务的方式,实现"照后减证"和"准入""准营"同步提速。实行告知承诺,确定公共场所卫生许可、经营劳务派遣业务许可、电影放映单位设立、户外广告设施设置等26个事项实现证照分离改革,施行许可告知承诺制,符合经营许可条件作出承诺并填写《告知承诺书》后,当场核发相关许可证。至年末,发放告知承诺制的施工许可证23张,完成转换和闭环项目9个。审批改为备案,确定诊所开设、养老机构内设医疗机构等取消审批经营许可事项,企业或个人提供的有关备案材料齐全且符合备案要求的,在规定时间内核发相关许可证。改进审批服务,凡不具备实行告知承诺和备案条件的许可事项,就部分事项采取一审一核制,取消层层把关,由科室负责人直接签发许可证;审批医疗机构执业登记,免收建设部门消防意见和环保部门环评意见的材料,施行容缺受理服务。

【行政审批服务效能提升】 制定"放管服"改革措施98项,在全市率先推出"继承不动产登记一件事""就业一件事"等一件事场景34个,其中"就业一件事"工作被《人民日报》、"学习强国"媒体报道。率先在全市探索建筑垃圾处置"一业一证"核发工作,将城管、公安、生态环境等部门的建筑垃圾处置运输准运证、建筑垃圾工程渣土通行证、夜间施工核准许可证,整合为"一表申请、一窗受理、一同核查、一并审批"模式,实现"一证准营"。建立代办工作机制,组建覆盖街道、园区、平台的106人专业代办队伍,变"企业亲自跑"为"政府代替跑",全年预审代办重点事项347个。升级改造24小时智慧服务自助服务厅,配置公安、税务、人社、社保、不动产、国家电网等8个部门(单位)、20个高频办理事项的13台自助服务终端,实现24小时不打烊、零障碍、全时段、全天候便民服务目标。4月启用至年末,为群众自助办理社保卡、营业执照及其他各类事项约6万个。推行"一网通办"和"不见面"审批,全区1330个政务服务事项实现网上咨询、办理和审批,网上可办率99.3%。扩展便民服务渠道,再次下放103个权力事项至街道,并在街道为民服务中心推行"全科"窗口综合服务,可办事项累计150余个。完善区、街、社区三级政务服务体系,实现一区通办事项116个。11月,以"烦事急事困难事,一站服务解您忧"为目标,建立"一站无忧"服务平台,规范值班责任、工作流程,日均接受咨询80余次,解决困难、问题5个。组织浦口区首届政务服务技能竞赛,选派3人参加市政务服务技能竞赛,获团体三等奖、优秀组织奖。

【政务服务热线工作机制建设】 区"12345"政务热线以市政府办公厅"先解决问题再说"机制为工作指南,制定"12345"热线工作规程、10项机制、激励和监督指标考核细则、联合研判、督察督办5项配套制度,规范重大敏感等常诉久诉问题的处置。至年末,办结企业类诉求1884件,首次满意率86.93%,结果满意率95.28%。就商办房、学区划分等6类民生突出问题实行日监测,即派出、跟踪办,并联合有关主管部门、各板块持续发力,累计监测群体集中诉求111起、工单1.02万件,占办结工单的17%。

【公共资源交易】 落实取消政府采购项目投标保证金、实行建设工程银行保函等优惠政策,引入合作银行驻场"零距离"服务,为参与交易的投标人减少办事环节、减轻成本和资金压力。5月中旬,对接市公共资源交易服务中心和区财政局,推进区级国有房产交易服务模块上线运行,累计受理项目63个。围绕交易对象关心的共性和个性问题,变"等上门"为"送上门"服务,走访开发区、高新区、国资集团、城建集团等重点单位10余家,编发《政府采购文件汇编》,开展培训4期,帮助交易主体解决招标难题。至年末,区公共资源交易中心受理项目420个,进场交易标段632个,交易总额253.98亿元。办理量居全市郊区组第二位。 (皇甫亚楠)

【"心中有浦、一站无忧"审批服务品牌打造】 以"心中有浦、一站无忧"为出发点和目标,探索提升审批服务水平的新路径,推进基层整合审批服务力量,方便群众办事。以强化制度保障推进改革,制定《浦口区街道审批服务一窗口工作实施方案》,明确各街道便民服务中心实现办事大厅标准化、办事窗口集中化、窗口队伍一体化和不见面审批10项任务的完成时间节点,做到机构名称、服务事项、申报材料、办事流程、服务标准、管理制度、服务平台"七统一",推动"审批服务一窗口"工作做实做细做优。以强化服务意识形成品牌,在各街道以党建为引领,将"心中有浦"政务服务品牌元素融入街道便民服务中心建设,在区级各政务服务机构同步推行"心中有浦、一站无忧"服务,形成区、街、社区一体化政务服务品牌效应。以强化能力增强改革效能,编发符合街道需求的行政审批及公共服务类经济社会管理权限目录清单103项,并细化面向群众的便利化、情形化、简明版办事指南。针对业务流程中的疑难易错事项,安排四大类23节课程,专题培训街道窗口一线工作人员。 (编办)

【"拿地即开工"审批模式获准推广】 4月29日,江苏省建改办召开工程建设项目审批制度改革专题会议,省发改委、住建厅、自然资源厅、政务办等有关负责人参加。会议听取浦口区"拿地即开工"工程建设项目审批模式情况的汇报,认为浦口区敢于尝试、勇于探索,"拿地即开工"审批做法和经验是南京市对全省"3550"改革、预审代办制以及"模拟审批"改革成果的继承和创新,是落实国务院加强项目前期储备和策划生成要求的重要举措,是对带方案出让土地项目审批流程的进一步深化,也是政府职能从审批向服务转变的重要体现,给全省工程建设审批制度改革树立新样板。省长专门作出批示,"拿地即开工"审批模式被省工程建设项目审批制度改革领导小组吸纳并在全省推广。

(行政审批局)

·信　访·

【概况】 2020年,浦口区进京上访2人,同比下降96%;赴省上访87批179人次,批次、人次同比分别下降5.4%、40%;到市上访54批285人次,批次、人次同比分别下降14.3%、25.4%;区级接访561批2975人次,批次、人次同比分别下降7.7%、3.3%;及时受理率、按期办结率均为100%,群众满意率96%以上。

【信访“三无”区创建】 区委常委会将争创全国信访工作“三无”区列入工作目标,区政府写入工作报告,区委常委会、区政府常务会议分别3次研究信访工作,区政府2次召开安全稳定调度会、1次召开专题调度会,听取信访工作情况汇报,研究突出信访矛盾化解问题。成立由区委、区政府分管负责人牵头的“三无”工作领导小组,建立督察考核机制,实行奖罚制度。区委办、区政府办印发《关于组织开展“一治理两整治”行动,争创信访工作“三无”区的工作方案》,区信访工作联席会议印发配套行动实施方案3个。坚持发挥领导干部包案作用和信访干部主推作用,抓好“一治理两整治”工作,推动信访“三无”区创建。区级领导成员接待信访群众44批68人次,会办24次,推动矛盾化解18件;排查交办信访突出问题32个(含省市交办17个),化解23个;处理上级交办的城乡建设领域突出问题197个,化解178个;开展重复信访、积案化解专项工作,办理国家信访局交办的重复信访案104件,办结42件。创建全国“三无”区工作通过省政府信访局审核。

【信访重大矛盾攻坚】 将信访工作融入社会治理体系,按照“四项机制”(风险研判机制、决策风险评估机制、风险防控协同机制、风险防控责任机制)要求,坚持每月20日为“风险排查日”制度,组织各街场、相关部门开展信息收集和风险研判,排查重大信访矛盾57件,化解36件。区、街两级分别召开联席会议73次、81次,推动化解复杂信访矛盾33件、70件。围绕教育领域矛盾、中脉投资人信访矛盾等重大风险点及全国人大、政协“两会”和中共十九届五中全会等重要节点,区委政法委牵头每日研判累计180余次。在“排风险、建清单、除隐患、保稳定”专项行动中,查出重大风险点6个,其中化解2个、妥善稳控4个。

【人民满意信访干部及满意部门创建】 组织全区信访机关干部“三到基层服务一线”(信访受理到基层、积案化解到基层、业务辅导到基层,服务一线信访工作、服务一线信访干部、服务信访群众)104次,梳理矛盾隐患61件,推动化解47件。举办业务培训6场次,建立“当天信访日报、积案推进周报、信访形式月报”制度,推动责任落实。推动“人民满意窗口”创建向5个街道延伸,街场领导干部“四必约”(对越级访、交办事项、重复投诉、初访四类人员,领导干部必须约访)接待群众累计263批次,就地化解信访矛盾142件。 (李瑞)

南京市浦口区政协

·重要会议·

【区政协四届四次会议】 1月3—5日召开,应到委员237人,实到委员226人。会议审议通过区政协常务委员会工作报告和提案工作报告。全体委员列席区四届人大四次会议,听取和讨论区人民政府工作报告以及其他各项报告;听取南京江北新区政情通报。会议补选政协浦口区第四届委员会秘书长及常务委员8人;表彰2019年度先进委组8个、优秀委员35人、优秀提案12件、先进承办单位6家、优秀社情民意信息12篇、优秀调研文章10篇;通过《中国人民政治协商会议南京市浦口区第四届委员会第四次会议决议》。会议期间收到委员提案167件。

【区政协四届常委会会议】 3月31日,召开第十四次会议。传达学习省政协十二届三次会议和市政协十四届三次会议精神;学习区委《关于新时代加强和改进人民政协工作的实施意见》;听取区政协主席会议关于2020年工作要点和协商议政计划安排的汇报;讨论深化基层协商民主等有关事宜;审议通过《浦口区政协委员“网格化”履职实施办法》和有关人事安排。

7月31日,召开第十五次会议。听取区纪委监委关于民生领域损害群众利益问题集中整治工作情况的通报;围绕“都市圈最美花园”建设,展开协商讨论,就全域旅游提档升级、片区文旅资源整合、破解发展瓶颈和制约要素等提出意见建议;传达学习全国人大、政协“两会”精神;审议通过有关人事事项。

9月30日,召开第十六次会议。传达学习全国地方政协工作经验交流会和全省政协工作经验交流会有关精神;协商讨论完善基层社会矛盾纠纷多元预防调处化解综合机制推进农村振兴工作;听取区委办关于区政协四届四次会议期间专题议政会委员意见建议办理情况的通报;听取南京江北新区管委会综合部和区政府办关于区政协四届四次会议以来提案办理情况的通报。

12月29日,召开第十七次会议。传达学习中共十九届五中全会精神、省政协主席有关讲话及文件精神;听取全区国民经济和社会发展“十四五”规划编制情况通报,并展开协商讨论;听取政协常委述职;研究区政协四届五次会议筹备有关事宜,通过《关于召开政协南京市浦口区第四届委员会第五次会议的决定(草案)》、会议议程(讨论稿)和会议日程(草案)、政协常委会工作报告(讨论稿)和提案工作情况报告(讨论稿)及报告人名单;通过有关人事事项。

【区政协四届主席会议】 2月28日,召开第二十一次会议。通过《政协南京市浦口区委员会2020年度工作要点》《政协南京市浦口区委员会2020年度重点协商议题和调研视察安排》;传达区委常委会研究政协2020年度工作要点和重点协商议题、调研视察安排的有关意见及具体要求;通过区政协四届四次会议提案审查立案情况报告,确定2020年度区政协重点提案;通过各专委会2020年工作计划;听取区政协组织和委员投身抗击新冠肺炎疫情斗争情况的通报;学习习近平总书记在统筹推进疫情防控和经济社会发展工作部署会议上的重要讲话精神；传达省政协主席调研浦口企业疫情防控和复工复产工作的相关情况。

3月31日，召开第二十二次会议。通过区政协四届十四次常委会议议题安排；协商讨论区政协委员“网格化”履职工作及相关制度和有关人事安排，并决定提交区政协四届十四次常委会议审议。

4月29日，召开第二十三次会议。听取区应急管理局、建设局、交运局、消防大队关于全区安全生产工作情况的通报，以及区政协社法委和星甸街道政协工委关于区政协“百名委员走基层”安全生产主题活动开展情况的汇报，并就防范化解重大风险、促进全区安全生产工作展开协商讨论。

7月3日，召开第二十四次会议。听取区发改委、商务局、开发区、高新区、农创园关于全区重大项目建设推进情况的通报，围绕“项目提速年”主题展开协商讨论；审议通过《关于加快永宁东西葛片区发展 进一步推进宁滁一体化发展的建议案》。

7月29日，召开第二十五次会议。听取区政协各专委会关于2020年上半年工作总结和下半年工作计划的汇报；通过区政协四届十五次常委会议议题安排和有关人事事项。

9月21日，召开第二十六次会议。听取区康居集团、房产局关于全区安置房建设管理工作的通报和区政协人资环(城建)委关于专项民主监督评议安置房建设管理工作情况的汇报；通过区政协四届十六次常委会议议程(草案)；听取区政协提案委关于区政协四届四次会议以来提案工作情况的汇报和各委会重点调研课题完成情况的汇报；通过《政协浦口区委员会关于建好用好“委员之家”“有事好商量”协商议事室促进政协协商同社会治理相结合的实施意见》。

10月23日，召开第二十七次会议。围绕打好做美村区主攻仗，开展监督视察，听取区农业农村局、文旅局、城建集团、交通集团关于全区旅游精品线路建设情况的通报和区政协人资环(城建)委专题汇报，并展开协商讨论。

11月27日，召开第二十八次会议。听取区卫健委、人社局、财政局关于全区公共卫生应急体系建设情况的通报和区政协教卫文体(文史)委专题汇报，并展开协商讨论，就疫情后加强公共卫生应急体系建设，为人民群众健康提供保障等提出意见建议。

12月29日，召开第二十九次会议。通过区政协四届十七次常委会议议题安排；审议通过《关于召开政协南京市浦口区第四届委员会第五次会议的决定(草案)》和会议议程(讨论稿)、会议日程(草案)；讨论区政协常委会工作报告(讨论稿)和关于四次会议以来提案工作情况报告(讨论稿)并商定报告人；研究区政协四届五次会议有关筹备工作事宜；通过区政协四届五次会议表彰名单；审议通过有关人事事项。 (高砚涛)

·主要工作·

【协商议政】 区政协按照区委《关于新时代加强和改进人民政协工作的实施意见》，组织1800余人次开展协商议政50余场次。区政协四届四次会议期间，召开浦口高质量发展、南京江北新区营商环境优化、民生实事改善、推进社会治理4场专题议政会，不同界别的政协委员200余人与区委、区政府、南京江北新区管委会领导成员及各相关部门负责人面对面交流，就增强中小微企业发展活力、持续优化区内营商环境、推动金融科技融合创新、助力民营实体经济发展等提出针对性意见建议120余条。5月18日，组织召开“优化企业服务、助力招商发展”协商恳谈会，14名企业家委员、工商联企业家代表结合所在行业和自身经验与体会，围绕拓宽招商思路、优化服务方式、实施精准招商等方面，提出意见建议和招商信息30余条。6月和9月，围绕推进全区农村电商发展、促进知识产权强区相关工作深入基层调研，召开主席专题协商座谈会2次，形成《关于浦口区农村电商发展的思考与对策》和《关于知识产权强区工作的思考与建议》简报专刊，呈送区委、区政府，其中《关于知识产权强区工作的思考与建议》得到区委主要负责人批示；聚焦永宁东、西葛片区及宁滁一体化发展，提交《关于加快永宁东西葛片区发展 进一步推进宁滁一体化发展的建议案》，获区委、区政府主要负责人批示。10月29日，围绕文旅产业可持续发展，举办“共推长三角一体化协作 共促文旅产业高质量发展”主题研讨会，南京大学地理与海洋科学学院章锦河教授现场分享文旅发展之道，南京市浦口区、安徽省滁州市南谯区及马鞍市和县文旅协会、企业从业委员代表结合实际工作建言献策，通过建立三地文旅联席会议机制的倡议书。11月10日，组织召开第三届银企座谈会暨金融服务中小微企业发展对接会，人行浦口支行、南京银行江北新区分行、工行浦口支行、中行南京江北新区分行、南京江北新区经济发展局、浦口区财政局与相关界别政协委员、企业家代表，探讨金融服务中小微企业问题，达成银企互利互惠、合作共赢、促进经济和金融事业共同繁荣发展的共识。围绕垃圾分类处理、职业教育发展、知识产权工作、工业固废处理等重点难点课题共商共议，形成协商报告和社情民意信息并被省市政协采纳，其中吴元杰委员的《关于长江流域禁捕退捕的工作建议》被全国政协采用。

【民主监督】 区政协立足安全示范城市创建，结合“百名委员走基层”活动，加强促进部门监管责任、企业主体责任落实的监督，组织90余名委员深入辖区企业、居民小区、建筑工地实地调研，或明察暗访，了解企业安全生产、小区消防设施配备、工地安全管理等情况，发现安全隐患20余处，提出监督建议近30条，形成《区政协“百名委员走基层”安全生产专项民主监督活动情况综合专报》，呈送区委、区政府并得到批示。就完善基层社会矛盾纠纷多元预防调处化解综合机制、推进乡村振兴战略实施开展协商式监督，听取政法委、法院、检察院、公安分局、司法局工作情况汇报，促成基层一线群众代表与政法工作者务实交流，共商维护社会稳定大计。针对安置房建设管理工作问题，实施以康居集团安置房建设管理情况为重点的民主监督评议，在5个街道各设立1个工作小组，举办情况通报会2次、分场座谈会6次，组织委员赴9个安置小区，通过网络调查、现场拍摄等方式，了解全区安置房建设管理现状和居民满意度、需求度，提出评议意见和建议10余条。

2020 年南京市浦口区政协优秀调研文章一览表

表 10

姓名(单位)	文 章 标 题
政协办	发挥政协制度优势 加强思想政治引领 广泛凝聚各界共识
江浦街道政协工委	关于提升政协调研水平的思考与实践
桥林街道政协工委	浅析习近平总书记关于人民政协工作重要论述的哲学意涵
汤泉街道政协工委	以协商民主助推国家治理体系和治理能力现代化研究
泰山街道政协工委	市区政协参与基层社会治理机制研究
顶山街道政协工委	关于深化区政协和街道工委建设“委员之家”“有事好商量”协商议事室研究
工商联工作组	发挥协商民主独特优势 提升基层社会治理现代化水平
文化工作组	关于新时代加强基层政协网络议政和远程协商建设,推进履职能力提升的思考
郭丽萍	浦口区乡村旅游高质量发展思考
宋姗姗	政协委员履职管理及评价、激励机制研究

2020 年南京市浦口区政协优秀社情民意信息一览表

表 11

姓名(单位)	社情民意信息标题
永宁街道政协工委	关于调整沪陕高速永宁收费站的相关建议
王丽娟	进一步完善农村集体土地承包合同管理的建议
吴元杰	关于长江流域禁捕退捕的工作建议
葛志明	加强体验式安全教育的相关建议
梁东阳	关于完善对社会困难群体兜底扶持的建议
王良柱	关于深化打造“民情收发室”的建议
凌　飞	推动建设全天候政务自助服务区的建议
黄振飞	关于改善市域残疾人就业环境的建议
乐　松	关于严防外卖食品安全隐患的建议
张　玺	关于重视地下工程,避免路面反复开挖的建议

【提案工作】 区政协四届四次会议委员提出提案224件,经审查决定“转、并、撤”40件、立案184件(个人180件、集体4件),评出优秀提案18件。提案工作坚持质量导向,做到全会召开前布置精准选题,会后按标准立案,办理以高质量推进。实行领导干部带头督办机制,选出10件重点提案,其中区委2件、区政府4件、南京江北新区2件、区政协2件,由区级“一把手”督促落实。将提案工作纳入政协全年重点协商议题,全面部署跟踪,定期检查进度,走访办理大户和重点承办单位,开展交办协商、督办协商、跟踪协商、反馈协商,层层压实责任,加强交流互动,共同把关提案办理质量。邀请与议题相关的提案者参加政协常委会议、主席会议、专题协商会议,扩大协商参与面,主动与区委办、政府办以及南京江北新区综合部沟通联系,搭建服务保障工作架构,督促提案落地见效。至年末,解决或正在解决的(A类)142件,占比77.17%;列入计划逐步解决的(B类)40件,占比21.74%;因难解决向委员解释的(C类)2件,占比1.09%。其中,关于解决轨道交通重点产业链难题、高质量发展“四好农村路”、永宁东、西葛片区发展和南京江北新区脑科学产业规划发展等重点提案得到较好落实,“四好农村路”建设质量位居全市各区第一。评出区教育局、公安分局、交运局、城管局、农业农村局、文旅局、卫健委、开发区、康居集团和江浦街道办事处10个先进承办单位。

2020年南京市浦口区政协优秀提案一览表

表12

姓名(单位)	提案标题
永宁街道政协工委	关于加快东西葛片区发展,进一步推进宁滁一体化发展的建议
沿江街道政协工委	关于解决江北片区停车难问题的建议
童金洲	大力发展轨道交通,细分领域,强化浦口区高端交通装备主导产业
袁正法	合理规划并实施公交站亭(牌)提档升级,进行“互联网+”智能化改造,改善市民候车环境
周存荣	加强校企深度合作 实现学校、企业、学生三方共赢
张　力	关于提升园区管理水平,优化营商环境建设的建议
王丽娟	打造农产品品牌、打通地产品牌农产品流通渠道,增加农民收入
丁小和	健全“最后1千米”社区体育健身场地与设施的建议
邵丽萍	关于提升街道社区在和谐小区物业管理中指导作用的建议
陈　莹	关于加快配置江北片区妇幼医疗资源的建议
韩　勇	关于彰显历史文化特色,体系规划建设区域乡村旅游的建议
张来华	加快推进“一村一品”,促进农民增收,提高美丽乡村美誉度的建议
王　维	关于在桥北地区建设绿地公园
吴　瑚	关于多措并举、多方合力,振兴浦口实体经济发展的建议
付斌杰	关于加快全面布局南京江北新区养老规划的建议
唐建亚	发挥“交通+”优势,高质量发展“四好农村路”
孙　健	关于加强我区居民小区充电桩足量建设与规范管理的建议
王大勇	关于推进南京江北新区脑科学相关产业规划与发展的建议

【政协委员工作】 区政协注重提升委员履职能力,分批次组织政协委员800余人次参加全国及省市区政协各类学习培训。定期开展界别座谈、专项视察活动,邀请侨台界代表旁听政协全会。联合欧美同学会等行业协会、群团组织,以界别委员工作室为依托,构成“委组+界别”工作模式,为各界人士发表见解和主张创造条件。落实省市政协“三走进一联系”“两突出一提升”部署,坚持“两融入两服务”(融入基层、融入发展,服务群众、服务企业)、“百名委员走基层”活动。制定“网格化”履职管理办法,鼓励委员深入基层体察民情、汇集民智,收集社情民意信息184篇(条)。发动相关委员参与文史工作,浦口文史第十七辑《名臣廉吏——浦口历史人物集录》出版,约20万字,配图300张。新冠肺炎疫情发生后,贯彻中央及省市区委决策部署,发起“四个一”(发出一封倡议、组织一批捐赠、开展一场走访、深入一线防控)行动,动员和引导政协委员在关键时刻亮身份、扛责任,并数次召开专题会议研究落实,组织16个界别200多名委员投入疫情防控工作,累计捐款374.82万元。印发《关于开展区政协组织专项走访服务活动方案》,成立22个专门工作小组,走访政协委员所在企业70余家,调研复工复产情况,帮助解决突出问题40余个。年终表彰江浦街道政协工委等先进委组6个、优秀委员32人。

【“有事好商量”协商议事】 区政协遵循“叠加开放、共建共享”原则,落实区委“做出特色、取得实效”要求,融合街道、社区(村)党群服务中心和新时代文明实践站(所),与行业协会、界别组织、企事业单位相互衔接,建成“有事好商量”协商议事室16个、委员工作室10个、社区联络点9个,重点打造以江浦街道协商议事室为主阵地、新区“云书房”为分部的全国和省市区四级政协委员“有事好商量”协商议事室,形成内外联通的协商议政格局。9月21日,启动“有事好商量·民生专题协商议事月”活动,浦口区和南京江北新区9个街道协商议事室各组织1场,省政协委员10人、市政协委员16人、区政协委员近200人和基层群众代表、行业专家、党政有关部门负责人和新乡贤、利益相关方面人员等近300人参与,共同围绕“规范管理、提升品质,打造‘三心’(放心、安心、暖心)农贸市场”“创建电商小镇,促进富民增收”“直击民生短板、提升幼儿园办学质量”等民生议题开展协商议事,听取委员、群众代表等各方意见建议,凝聚共识,推动问题更好解决,其中盘城街道政协工委紧扣民生热点,以“尽快明确出资主体,尽早让群众入住安置房”为议题的协商议事活动,作为全市唯一街道类别案例被省政协采用推广。 (高砚涛)

南京市浦口区纪委监委

· 重要会议 ·

【区纪委四届五次全会】 4月23日在区大礼堂召开。区四套班子领导成员、区各部委办局和各街场党政主要负责人、各街场纪(工)委书记、区纪委委员、区监委委员、区纪委监委全体干部参加会议,听取区纪委常委会《一以贯之坚定不移全面从严治党 为高质量建设"江北明珠"全面建成小康社会提供坚强保障》工作报告。全会强调,纪检监察工作要强化学思践悟,落实全面从严治党方针政策;要明确方法路径,为决胜全面建成小康社会、决战脱贫攻坚、夺取疫情防控和经济社会发展"双胜利",以及高质量建设"江北明珠"提供坚强保障;要发扬光荣传统,打牢全面从严治党的坚实基础,强化政治担当,保持韧劲定力,将党风廉政建设和反腐败斗争向纵深推进。会议通过纪委四届五次全会决议。

【全区领导干部警示教育大会】 1月13日,浦口区召开全区领导干部警示教育大会,区四套班子领导成员,区各部委办局、各街场主要负责人出席。会议强调,各级党员干部要提高政治站位,始终坚定理想信念,把清正廉洁作为从政之本,严格约束自己,慎重行使权力;要锤炼过硬党性,把对党忠诚、为党分忧、为党尽职、为民尽责作为根本政治担当,以正视问题的勇气、刀刃向内的自觉深化自我革命,做廉洁自律、廉洁用权、廉洁齐家的模范;要压实政治责任,全面落实习近平总书记关于全面从严治党一系列重要指示精神,狠抓全面从严治党制度的执行,深化标本兼治,推动管党治党责任压实。(李悦)

· 执纪监督 ·

【概况】 2020年,浦口区各纪检监察组织注重抓好干部政治素质和业务能力的提升,组织培训24期479人次。坚守质量生命线,集中清理超期件,起底排查并集中整改2019年审理案,受到省案件质量检查组肯定。运用监督审查业务平台,规范信访举报和线索处置流程,推动全区纪检监察工作高质量发展。运用数据分析技术开展私车公养专项整治项目获全市监督审查技术实战应用精品案例一等奖。

【健全基层监督体系】 顺应监察体制改革,强化系统思维,创新组织架构,打破线索查办各负其责的工作方式,探索"监察员办公室+街道纪工委"一体化办案模式,就发现的问题线索,与街道纪工委共同实行集中管理、集智研判、集体会商,线索查办的成案率明显提高,协同立案数占案件总数的80%。

【严实作风】 以推动安全生产、防疫防汛、文明城市创建、乱占耕地建房整治等为重点任务,开展形式主义、官僚主义专项监督,督促相关单位立行立改问题5个,编发工作提醒函23份。查处安全生产、违规建房等重点领域作风问题21起51人,制发专题通报10期。紧盯关键时间节点和区作风办、"12345"通报的问题,查处享乐奢靡问题21起36人,发出通报11期。强化"一把手"监督,条目式开列主体、监督、领导干部"一岗双责"3份清单,增强第一种形态谈话的警醒力度,派驻机构开展日常谈心谈话402人次,党组织"一把手"谈话占比89.3%。

【执纪追责】 把群众期盼作为监督工作着力点,集中整治民生领域损害群众利益问题。将抗疫监督作为阶段性首要任务,组建督察检查、支援执勤、助力企业复产和调查追责4支队伍,负责督促各项防疫措施落实,维护群众利益。超前、全覆盖走访调研低收入户3822户,分4类归纳为17个问题,通报给全区脱贫会议,并就其反馈的问题,跟踪2次、抽查6次,起底"清零"扶贫领域问题线索15条,以专责监督带动部门监管,形成脱贫攻坚合力。查处未退返垃圾处理费、死人领取民政补贴、未及时清退低保3类问题5人,督促有关单位退返900余户低保户特困户垃圾费。首创食品安全"135X"智慧监管平台,推动快检室建立"筛查—发现—解决—预警"闭环监管机制,相关做法在全市作经验交流。纠正全区7家公立医院医保诊疗管理不规范问题,守护群众"看病钱""救命钱"。开展土地粮食直补、组级资金、栈桥违建专项检查,立案审查调查19人。开展涉黑涉恶犯罪案件"回头看",梳理问题线索1条,深挖彻查涉黑涉恶腐败和"保护伞",就民生领域问题发出通报8期,涉案11起。

【正风反腐】 坚持"严"字主基调,在保底线固化"后墙"、建制度强化执行力、重教育提高觉悟等方面下功夫,营造不敢腐、不能腐、不想腐的政治生态。累计受理信访举报151件次,处置问题线索875件次,立案233件,运用监督执纪"四种形态"处理783人次,信访举报同比下降近七成。延伸案件治本效能,制发纪律检查建议书4份。弥补问题背后的制度建设短板,推动完善制度、机制6项。系统剖析基层微腐败问题,探索制定7项15个村级小微权力运行流程,形成"解决问题、堵塞漏洞、完善制度、执行有效"闭环。发挥案件警示作用,通报曝光典型案例21起,分层分类开展警示教育18场、廉政讲座12场,在中央纪委网站、杂志发表文章3篇,获《中国纪检监察》用刊工作组织奖。(李悦)

民主党派·工商联

【概况】 2020年末,浦口区有民主党派7个,基层组织19个,总人数449人。分别为:中国国民党革命委员会(简称民革)南京市浦口区总支部,辖综合一支部、综合二支部、离退休支部,有党员54人;中国民主同盟(简称民盟)南京市浦口区总支部,辖综合一支部、综合二支部、教育支部、经济支部、煤炭设计院支部,有盟员80人;中国民主建国会(简称民建)南京市浦口区基层委员会,辖综合一支部、综合二支部、综合三支部,有会员72人;中国民主促进会(简称民进)南京市浦口区总支部,辖综合支部、教育联合支部、南京十四中学支部,有会员93人;中国农工民主党(简称农工党),设南京市浦口区综合支部、江浦支部,有党员65人;中国致公党(简称致公党),设南京市浦口区综合支部、南京市高新支部,有党员43人;九三学社南京市浦口区支社,有社员42人。民建浦口区基层委员会被民建省委评为先进集体,沈俊苗被评为先进会员;农工党江浦支部被农工党省委授予先进集体组织称号,陈燕被评为先进党员;民革浦口区离退休支部被民革市委评为先进支部,张茗被评为优秀党务工作者;致公党浦口区综合支部孙仁荣被致公党省委授予优秀党员称号;九三学社浦口区支社被九三学社省委评为社会服务先进集体。

浦口区工商业联合会有会员企业1183家,基层商会、行业商会11个。区青企会和3个基层商会首次进入江苏省"四好"(班子建设好、团结教育好、服务发展好、自律规范好)商会行列,1个行业商会创建为市级"四好"示范商会。167家私营企业参与区内外经济交流活动。区工商联被《中华工商时报》评为构筑非公经济舆论阵地先进单位。

(王莉 吉中连)

【民主党派政治思想建设】 各民主党派分别召开工作座谈会,传达学习习近平总书记在党外人士座谈会上的讲话精神、全国人大、政协"两会"精神及中央、省、市、区重要会议精神,提高思想认识,围绕浦口区经济社会发展重点工作参政议政、建言献策。开展"不忘合作初心,继续携手前进"主题教育活动。其中,民革浦口区总支部联合民革省直南京工业大学总支部、南京信息工程大学总支部等组织交流研讨活动;民建南京市浦口区基层委员会举办法治大讲堂活动,参观自贸区法庭,开展角色扮演法治三方谈;民进浦口区总支部和晓庄学院总支部联合开展爱国主义教育活动,参观南京知青纪念馆,感受知青们为国分忧、艰苦奋斗和执着进取的时代精神;民盟浦口区总支部、农工党江浦支部、致公党浦口区综合支部、九三学社浦口区支社等以召开学习会形式,组织党派成员专题学习全国两会精神及中央和省、市、区委重要会议精神。

【民主党派社会服务活动】 各民主党派基层组织为战胜疫情、促进复工复产建言献策,提出建议22条;捐款20多万元,捐物(价值)300多万元。致公党浦口区综合支部被致公党省委评为抗击新冠肺炎疫情先进集体,民建会员孙良俊被民建省委评为抗击新冠肺炎疫情先进个人。各民主党派基层组织通过爱心捐赠、坚守岗位、志愿服务等形式参与防汛抗洪,其中民建浦口区基层委员会发动会员捐款4万余元购置抗洪物资,驰援江西都昌受灾群众。民革浦口区总支部、农工党江浦支部、九三学社浦口区支社在"六一"节前后,赴乌江学校、大桥中学、永宁小学、永宁中学,为95名困难学生送学习用品和慰问金。民盟浦口区总支部和省属民盟文化一支部联合制作15集系列短片《弟子规》,弘扬中华传统文化。民建浦口区基层委员会二支部、致公党浦口区综合支部在端午、中秋节期间,到南京市社会福利院、桥林敬老院开展慰问活动。农工党浦口区综合支部组织党员开展义务献血。全区民主党派各支部、支社实施"同心小康"工程,与经济基础较薄弱的永宁街道大桥、桥林街道双庙、汤泉街道新金、龙井等8个社区结对,实施"博爱老山"农产品推广、小浆果种植产业联动、"123"模式健康助力等8个项目,为基层社会治理和乡村振兴奉献力量。至年末,累计组织送科技、教育、文化下乡15次,助老助残公益服务20次,公益医疗服务下乡9次,助学100多人,助残助困200多人,引进共建项目1个。各民主党派围绕"企业服务年"、乡村振兴、文旅发展、垃圾分类等议题,组织党派成员走进企业,开展调研活动;运用市、区人大、政协"两会"平台,就民法典草案、"六保"落实情况、农业发展、国家公共卫生应急管理、全面小康社会建设等方面提出意见建议18条。

(王莉)

【工商业联合会工作】 组织队伍建设 按照省市工商联推进"四好"商会建设要求,区工商联坚持把"四好"商会创建作为加强商会组织建设的主要推手,与区民政局共同组织各商会负责人参加相关政策、商会注册登记和年检年审工作培训,推进"四好"商会创建再上台阶。区青企会、星甸街道商会、桥林街道商会、汤泉街道商会被评为江苏省"四好"商会,区工程机械商会创成南京市"四好"示范商会。坚持广泛性和代表性相结合的原则发展会员,吸纳新会员企业152家。按照全国工商联要求,推进会员档案规范化建设,健全完善全部会员企业档案。

会员服务工作 区工商联组织100多家民营企业参加各类政策解读培训会,了解企业的困难和问题,向相关部门反映并寻求解决办法。与区商务局、市场监管局等牵头举办浦口美食节暨水墨大埝第二届青年文化节,组织40多家餐饮企业开展外摆市集、线上促销活动,推荐星甸牛肉、桥林茶干等产品参加"金陵十二件"展销。协调发改委、国资集团等部门,为14家餐饮企业减免房租近150万元。组织驻区紫金农商银行、北京银行、农业银行、浙商银行等银行机构,为20多家会员企业解决融资难问题,北京银行、紫金农商银行向餐饮企业投放贷款近1500万元。联合区委政法委推动建立保护民营企业权益联系协调机制,东晓电气等40家企业参加检察院案件公开审查和护航民企发展检察开放日活动。组织江苏深农智能科技有限公司等5家农创园企业参加南京市民建、工商联界别政协委员主题议政活动,围绕推进农业企业高质量发展座谈交流,就民营企业参与支持三农工作、脱贫攻坚工作提出探索性意见建议。与市工商联、区商务局组织150家民营企业赴深圳参加南京·浦口投资环境推介会。召开相关招商事宜协调会9场,推荐招商项目信息11条。在"万企联万村·共走振兴路"行动中,组织久吾高科、简诺科技等8家企业参与市区联建签约现场会,组织立业变压器、荣达控股等9家企业对接宁淮签约现场会,组织相关街道、社区、商会和企业,在星甸街道联办市区工商联"万企联万村,共走振兴路"签约项目现场推进会。联合区农业农村局、市场监管局等部门,组织近20家餐饮和养殖企业发起江鲜禁售倡议行动,为长江大保护助力。

社会责任履行 在新冠肺炎防疫中,基层商会、行业商会和民营企业开展爱心捐赠行动,130余家会员企业募集资金1514.29万元、防疫物资折价近1200万元。非公经济人士、210多家私营企业为防疫捐款(含物资折价)2714.29万元,帮扶助困捐款194万元,其中立业变压器、先声东元、大唐电子、北京中创为等企业捐资捐物总额达百万元以上。开展"守望相助、共克时艰"活动,基层商会、行业商会和会员企业互帮互助,解决复工复产中的困难和问题,为罗兰克斯轴承、九天高科、钛能科技等企业协调解决防疫口罩6000余副,为企业解决防疫物资4万余件。打造"惠享浦口"会企互助平台,30多家文旅、餐饮等企业实现线下与线上互联,解决营销、宣传、推广等方面的困难,助力企业销售产品1万余份,价值近150万元。全区民营经济人士和民营企业在决胜全面小康中发挥作用,11个基层、行业商会以及常执委和180多家会员企业,开展"百企帮百村""迎春送温暖"等活动,帮扶资金钱物150多万元。成立餐饮行业垃圾分类联盟,助力新都市建设。各街道商会、区青企会、工程机械商会企业家慰问浦口区特殊教育学校残障儿童和教师、双山等社区贫困户和石村敬老院老人,捐助学习用品和其他物资折价20余万元。江苏连恒公司支持汤泉街道新金社区开发6.67公顷小浆果种植特色农业项目。5家会员企业赴陕西省镇安县帮扶对接,其中南京先声东元制药有限公司助销农产品和其他产品价值70多万元;江苏空中英语、东晓电气2家企业分别向渔坪村产业桥捐赠建设资金20万元,慰问贫困家庭10户(含其他村)1万元;区工程机械商会向冷水河村修建产业路捐赠3万元;南京人杰职业培训学校与镇安县工商联签订技能培训框架协议书。 (吉中连)

社会团体

·南京市浦口区总工会·

【概况】 2020年末,浦口区总工会有工会组织652个,会员72571人。8月召开浦口区工会第三次会员代表大会,选举产生浦口区总工会第三届工会委员会。全区工会系统创建全国职工书屋示范点1个。获市重点工程劳动竞赛先进单位(集体)4个、个人1人。在市环卫行业机械化保洁技能竞赛中3人分获一、二、三等奖,代表队获团体第一名。市总工会授予浦诚环境卫生管理有限公司16人"城市美容师"称号,授予区城管局突出贡献奖和优秀组织奖。区总工会获市总工会经费审查规范化考核特等奖、年度审计项目优秀奖。 (彭忠庆)

【职工思想文化建设】 组织职工学习宣传中共十九届四中、五中全会精神。开展优秀职工思想政治工作典型案例征集,举办"携手防疫 共克时艰"劳动法治宣传服务月活动。开展"决胜小康奋斗有我"群众性系列主题教育,举办"劳模工匠进校园、思政老师进企业""传承工匠精神、走访身边劳模暨我身边的小康"等活动。联合区委宣传部、区文明办组织新时代文明实践典型评选工作,评定第一届"浦口区十佳文明职工"10人、2020年度"浦口区文明职工"29人。区特殊教育学校小水滴志愿服务队被命名为南京市优秀职工志愿服务品牌,省人民医院浦口分院志愿服务"健康e站"等被命名为南京市优秀职工志愿服务组织,永宁街道邓纬珊等2人被评为市优秀职工志愿者。浦口开发区总工会创成全国职工书屋示范点,在全市第十六届工人运动会女职工法律知识竞赛及职工器乐大赛中获奖10余次。 (谢宝华)

【工会组织建设】 新建独立工会35家,发展会员2695人。开展区级工人先锋号融合建设,评出区级"工人先锋号"班组(科室)20个。浦口区工会第三次会员代表大会选举产生总工会第三届工会委员会委员39人、经费审查委员会委员和女职工委员会委员各9人。以典型推进工会组织建设,选树区级职工之家(小家)、优秀工会工作者、优秀工会积极分子和规范化建设先进集体与个人各10个(人)。制订《2020年度全区工会干部教育培训计划》《浦口区工会系统工作人员交流实施方案》,通过"送教下基层"、专题培训等形式培训干部650人次,交流工会干部3人。建立基层审计人员专家库,有审计基层工会32家。 (袁学权)

2020年南京市劳动与技能竞赛浦口区工会系统获表彰单位(个人)一览表

表13

荣誉名称		获表彰单位(个人)
市重点工程劳动竞赛先进单位		中铁四局集团有限公司南京分公司
市重点工程劳动竞赛先进集体		中国二十冶集团有限公司南京丝兰湖二期及琼花湖保障房项目部水电班组
		中国四局集团有限公司南京分公司南京市浦口区百合路南延等道路建设工程项目经理部
		南京珍珠泉园林建设有限公司浦口区乡村精品线路——长江线建设工程景观绿化工程项目部
市重点工程劳动竞赛先进个人		南京珍珠泉园林建设有限公司 孙卫东
市环卫行业机械化保洁技能竞赛	一等奖	南京浦诚环境卫生管理有限公司 严 诚
	二等奖	南京浦诚环境卫生管理有限公司 陈 勇
	三等奖	南京浦诚环境卫生管理有限公司 王永洋

(彭忠庆)

【职工权益维护】 拨发新冠肺炎疫情防控、抗洪抢险专项资金143万元,派出10名党员干部组成先锋队,投身抗疫一线。发放工会会员消费券(提货凭证)556.53万元,动员会员出资41万元,采购农产品30吨,支援小微企业复工复产。为困难职工、农民工免费提供工会法律援助320人次,办结职工工伤、劳动报酬、经济补偿等法律援助案件82件,挽回经济损失130万元,其中在区仲裁部门设立的工会法律服务窗口办理法律援助案37件,涉及金额83万元。选树集体协商示范企业80家,发放集体协商要约书520份,为9237名职工增收3548万元。筹集资金39.15万元,开展夏季安康“三送”(送清凉、送法律、送安全)活动,慰问一线职工6000余人。为19名区级建档困难职工发放送温暖资金、生活补助、疫情专项补助等21.66万元,为1名困难工会干部申请大病救助1.5万元,为9名困难学子发放助学款2.75万元,为1名困难职工子女申请爱心救助金5000元,帮助3名困难职工完成“微心愿”。

【职工服务工作】 加强职工互助保障工作,职工互助互济3万人次,参保金额近400万元,理赔2500件,理赔金额近300万元。做好关爱工作,组织60名65岁以下劳模和近700名抗疫一线职工赴外地疗(休)养;为9名劳模办理住院理赔手续,理赔金额近2万元;为4名去世劳模申请并发放遗属慰问金6000元;落实劳模待遇,为符合条件的16名劳模发放荣誉津贴2.88万元。对照“六保”(保居民就业、保基本民生、保市场主体、保粮食能源安全、保产业链和供应链稳定、保基层运转)目标任务,联合南京市总工会、区人社局,发布2期网上就业招聘信息,提供就业岗位近1700个;动员和组织100名困难职工参加全市工会“春季战疫、助力复工”线上招聘活动。为幼儿教育、智能科技研发、餐饮服务和窗帘销售等项目(行业)争取小额贷款500万元。联合或组织职工开展技能竞赛活动5场次,参与近100人次。

(周德清)

·共青团南京市浦口区委·

【概况】 2020年末,浦口区团委有直属团组织27个,下辖各级团组织1094个,其中团委33个、团工委13个、团总支部35个、团支部1013个(含学校毕业生支部106个)。团员14324人,团干部2277人,团区委挂职团干部5人,兼职团干部2人。获市级以上团组织表彰4人。

【基层团组织建设】 建成非公企业团支部329个、社会组织团支部2个、行业团工委2个。推进基层服务型团组织建设,建成青年之家6个,为青年提供文化学习、体育健身、休闲娱乐、婚恋交友、志愿公益、创业就业等服务。利用“青宁家”和网上“云平台”,每月至少安排2个周六时间,开展文明服务、垃圾分类、环境提升、帮扶慰问等志愿活动,激发基层团组织活力。

【青少年思想教育】 加强政治思想教育,举办中共十九届四中全会精神学习宣讲会,邀请区宣讲团成员给110多名团代表和青联委员授课。组织学习习近平新时代中国特色社会主义思想、中共十九届五中全会精神,891个团支部、14210名团员青年参与。组织青年讲师团宣讲11场,受教育团员青年663人次。举办团干部理想信念教育、基础团务辅导等培训班5期,受训210多人次。在乌江学校、高里小学、大桥小学等8所小学举行“一粒种子的旅行”开学第一课暨新生入学仪式,在新浦实验小学、高旺小学、大桥中学、书人实验学校等15所中小学开展“红色文化进校园”主题活动,为3469名中小学学生讲述中国革命故事。抓好学习阵地建设,创建市级青年学习社3个。

【青少年权益维护】 动员和组织团员青年与40名困境青少年结对长期帮扶,与区慈善总会设立“金基”阳光助学项目,遴选15名品学兼优的初中生定向资助到高中毕业。组织各级团组织、青联青商、金融系统青年汇、驻区单位等走访困境青少年445人次,协调解决实际问题126个。为9所偏远农村小学约450名一年级新生赠送开学礼包,费用21.5万元。春节前夕,启动“暖冬行动”,市区两级团委班子领导成员走访慰问浦口区“事实孤儿”,为12名“事实孤儿”送上微心愿礼物、防疫包、爱心联系卡。团区委向194名困境青少年征集微心愿,发放春节慰问金3.6万元。指导基层团组织开展防疫知识宣讲、护眼公益讲座、艺术小课堂、少儿阅读等7项活动14场次,覆盖青少年251人次。开展司

2020年浦口区获省、市团组织表彰的个人一览表

表14

姓名	性别	年龄	政治面貌	工作单位及职务	奖项名称	授予单位
林　玲	女	39	中共党员	江苏省江浦高级中学文昌校区心理教育教师	江苏省优秀心理健康辅导员	省少工委办公室 省少年儿童研究会
林其盛	男	31	中共党员	南京雨发农业科技开发有限公司董事长	江苏好青年	共青团江苏省委
钱夕洋	女	37	中共党员	南京市浦口区大桥中学政教处副主任、英语教师	南京市青年五四奖章	共青团南京市委
薛　颖	女	28	共青团员	江苏省人民医院浦口分院呼吸与危重症科室护士	南京市青年五四奖章	共青团南京市委

注:1. 薛颖为南京市抗疫青年先锋;
2.“市青年五四奖章”为第四届

法救助服务,联合区人民检察院组建未成年人司法社会服务中心,印发《关于构建未成年人检察工作社会支持体系的实施意见(试行)》,与有关社会组织、机关部门和雨发集团公司等联合构建求助机制,建成侵害未成年人刑事案件"一站式"专门办案场所。实施"家庭成长计划",线上开展集体帮教活动,指导青少年学习和就业,向遗弃案件的受害子女所在社区发放司法救助金3000元。和民政局联合组织涉案困境家庭子女暑期夏令营活动3场,40余人次参加。

【青年作用发挥】 新冠肺炎疫情防控期间,发动青联、青商、金融系统青年汇、各团组织力量,协助区发改委等部门拓展医疗物资供应渠道,提供信息36条,号召青年捐款16.24万元。浦口区"青"晨伴读志愿者联盟获"南京市疫情期间表现优秀的青年志愿者""青年志愿服务集体"称号。省人民医院浦口分院援鄂医疗队被评为"南京抗疫青年集体",护士薛颖被评为"南京抗疫青年先锋"。获评浦口区疫情防控先进(优秀)青年集体9个、先进(优秀)青年个人17人。按照助力企业稳发展和"四新"行动工作要求,团区委、区青联走访区街两级非公企业67家,征集问题81个,解决问题79个。推进"共青团助力万企联万村"重点项目实施,区青联委员、青商会副会长任晓毅的南京麦浦园林景观建设工程有限公司和汤泉街道勤丰社区合作建设麦浦农业生态观光园;区青联法律界别主任徐瑞的江苏宁瑞律师事务所和永宁街道侯冲社区合作打造"博爱老山"特色农产品品牌,收益用于扶危助困和"博爱之家"爱国主义基地建设;12月15日,团区委组织2家市青联青商企业参加"青春四进 建功乡村——共青团助力万企联万村洽谈对接会暨村企对接仪式",和汤泉街道三泉社区、星甸街道双山社区签约。防洪防汛期间,发动假期返乡大学生、高考应届考生等参加社区安全隐患排查、河坝河道巡查、受困群众帮扶等工作。联合区城管局、南京审计大学,招募垃圾分类志愿者,200余名青年报名参加入户宣传、知识培训等活动。

【青年投身乡村振兴】 组织基层团组织和团员青年投身乡村振兴实践,参与农村环境整治、垃圾分类宣传、网络安全宣传等志愿活动7461人次,总时长超过76小时。联合区农业农村局共同主办"网聚青力量,助农促消费"直播带货活动,5场直播11小时,12.1万人次观看,订单472份,销售额近3.5万元。为农村电商企业、专业合作社推荐"广电猫猫"电商平台,推动"十里清风""名文大米"、青虾等高品质特色农产品线上线下团购,参加创业大赛,促成供销合作。招募277名在校大学生参加乡村振兴"四进"(进机关、进园区、进企业、进社区)实习,帮驻地青年了解浦口,为地区发展吸引人才。

【浦口区纪念五四运动101周年活动】 4月26日,召开"抗击疫情奔小康 不负韶华绽青春"政企小康座谈会,邀请台积电、久吾高科等7家企业代表,围绕产业发展、创业创新等主题,与区四套班子领导成员座谈交流。开展"青春助力防疫+青年追梦奔小康"系列活动,选树疫情防控加授先进青年集体1个和先进个人3人、疫情防控先进青年集体5个和先进个人10人、疫情防控优秀青年集体3个和优秀个人4人。举办青年"抗疫"小故事云展览,开设"青年大学习"云端口,组织全区团员青年学习党史团史和疫情防控、复工复产、乡村振兴等知识,收听、收看线上云直播"入团第一课"。

2020年浦口区新冠肺炎疫情防控先进、优秀青年集体一览表

表15

序号	单位名称	奖项名称
1	江苏省人民医院浦口分院援鄂医疗队	先进青年集体(加授)
2	浦口区税务局第一税务所青年突击队	先进青年集体
3	南京市浦口区江浦街道同心社区防疫青年突击队	先进青年集体
4	南京市浦口区"青"晨伴读志愿联盟	先进青年集体
5	南京市浦口区城管局浦诚环卫防疫标兵队	先进青年集体
6	南京天奥医疗仪器制造有限公司	先进青年集体
7	南京市浦口公证处	优秀青年集体
8	南京市浦口区汤泉街道金泉社区青年突击队	优秀青年集体
9	南京市浦口区文化馆	优秀青年集体

注:江苏省人民医院浦口分院援鄂医疗队同为南京市抗疫青年集体

2020 年浦口区新冠肺炎疫情防控先进、优秀青年一览表

表 16

姓　名	性别	年龄	政治面貌	工作单位及职务	奖项名称
吴　燕	女	40	群众	南京市中医院浦口分院重症监护室护师	先进青年(加授)
张方园	女	33	中共预备党员	江苏省人民医院浦口分院 ICU 护师	先进青年(加授)
侯红艳	女	32	群众	江苏省人民医院浦口分院呼吸与重症医学科护理组长、护师	先进青年(加授)
王宏俊	男	32	中共党员	江苏省人民医院浦口分院内科党支部宣传委员、呼吸内科主治医师	先进青年
李　钢	男	40	中共党员	浦口区永宁街道青山村党总支部副书记	先进青年
李正卿	男	37	中共党员	南京市公安局浦口分局治安大队副大队长	先进青年
谢永龙	男	36	群众	江苏顺丰速运有限公司投递员	先进青年
施倩倩	女	30	中共党员	浦口区老山林场社会事业科副科长、岔路口社区两委委员	先进青年
郭姣姣	女	32	群众	南京市医疗保障局浦口分局工作人员	先进青年
吴龙洋	男	29	中共党员	浦口区政府办科员	先进青年
李　琪	男	29	群众	浦口区市场监管局星甸分局科员	先进青年
高　磊	男	29	群众	浦口区公路站永宁工区副主任	先进青年
杨　羊	男	29	中共党员	浦口区桥林街道乌江社区社会工作者	先进青年
刘　彪	男	34	中共党员	浦口区发改委团委书记、社会发展科副科长	优秀青年
张继君	男	28	中共党员	浦口区委办科员	优秀青年
陈　阳	女	28	中共党员	北京中创为南京量子通信技术有限公司董事长助理	优秀青年
周宝昇	男	32	中共党员	南京老山药业股份有限公司副总经理	优秀青年

注:3 名“加授”先进青年均为援鄂医疗队成员

(朱晓雪)

·南京市浦口区妇联·

【概况】 2020 年,浦口区妇联组织动员各级妇女组织和广大女性在新冠肺炎疫情防控、“美丽庭院”创建、乡村振兴、防汛防洪、“江北明珠”建设以及浦口高质量发展等重点工作中贡献智慧和力量。全区妇联组织、优秀女性、家庭、岗组、基地获全国、省、市荣誉十大类 363 个。其中,获市级以上表彰的个人 12 人次、集体 6 个。全国及省级最美家庭各 1 个,省级“抗疫最美家庭”“书香家庭”各 1 个,市级、区级最美家庭分别 10 个、70 个。

【妇联组织建设】 根据《浦口区妇联改革实施方案》,将妇联组织网络嵌入社会和妇女之间。24 个区直机关、5 个街道、76 个社区(村)100% 建立妇联组织,在互联网行业协会、女性用户较多的网络平台、自由职业女性等群体和庭院、楼栋、网格新建妇女组织、妇女微家各 10 个。组织妇联干部、常执委常态化走访妇女儿童和家庭。将 174 名专职女性网格员增补为各级妇联执委,向网格化社会治理最小单元注入妇联组织影响力,助力乡村治理现代化。至年末,全区有妇联组织 185 个,三级妇联执委 1346 人。强化妇女政治思想引领工作,与省妇联新媒体中心合作,建设“在你身边”·浦口妇联指尖彩虹工作室,推动“紫色寄翼”江苏女性融媒体创意基地落地,搭建五级妇联支持平台。10 月 16 日,浦口区女性“紫色寄翼”媒体创意基地及“妇女微家”在桥林街道可成科技园开启,用于传达习近平总书记讲话精神,宣传浦口妇联改革成果、各行各业女性携手战疫、“明珠炫彩”巾帼志愿者新时代文明实践等,成为全区妇联交流的网媒桥梁。线上开展“彩虹(母亲)学堂”培训 14 场,助力妇女素养提升。

【女性项目服务】 7 月 15 日,“我助妇儿康·女性心理健康关爱项目”工作站在浦口彩虹女性社会组织服务中心挂牌,助推女性项目服务,为 20 余名女性疏解心理困境。以浦口彩虹女性社会组织服务中心为依托,推进妇联工作社会化、妇儿项目专业化、服务目标精准化,发包区级项目 15 个,督导省妇儿工委项目 1 个,代管街道项目 1 个。助力脱贫攻坚,抓好“宁姐月嫂”上岗稳岗工作,培训女性 116 人,考试合格率及签约率均为 100%。11 月 9 日,围绕长三角、宁滁一体化发展,联合安徽省滁州市妇联开展“我们的节日·七夕”青年联谊活动,与来安县妇联签订一体化合作协议书,牵头组织浦口—来安两地工青妇座谈会;在江浦街道不老村共建“爱情不老”婚恋基地,成为两地青年、职工文体旅游、教育交友、参观考察、公益服务的融合平台,以及双向高素质人才和家庭服务资源对接的创新创业和就业服务载体。

2020 年浦口区妇联获市级以上表彰的个人一览表

表 17

姓名	出生年月	政治面貌	工作单位	奖项名称	授予机关
左　芳	1970 年 10 月	中共党员	南京市浦口区妇女联合会	全国巾帼建功标兵	中华全国妇女联合会
邰青轩	1982 年 2 月	民建会员	南京泽坤文化发展有限公司		
左　芳	1970 年 10 月	中共党员	南京市浦口区妇女联合会	江苏省文化科技卫生“三下乡”先进	中共江苏省委宣传部等 18 个部门
韩岫岚	1963 年 10 月	中共党员	南京岫岚农副土特产品有限公司	江苏省三八红旗手标兵	江苏省妇女联合会
邰青轩	1982 年 2 月	民建会员	南京泽坤文化发展有限公司	江苏省三八红旗手	
葛　梅	1971 年 7 月	中共党员	南京市老山林场	南京市三八红旗手	南京市妇女联合会
佟　莹	1989 年 11 月	中共党员	南京市浦口区农业农村局		
沙戎嵘	1984 年 7 月	中共党员	南京市浦口区财政局		
管　品	1984 年 5 月	中共党员	南京市浦口区人民检察院		
贺　艳	1980 年 5 月	中共党员	南京市浦口区实验学校		
王　芳	1975 年 10 月	群众	南京金富达服饰有限公司		
程　霞	1976 年 8 月	群众	南京中合智广文化传媒有限公司		

2020 年浦口区妇联获市妇联表彰的三八红旗集体一览表

表 18

序号	获奖单位	序号	获奖单位
1	浦口区桥林街道办事处	4	浦口区人民法院未成年及家事审判庭
2	浦口区永宁街道妇女联合会	5	求雨山文化名人纪念馆
3	浦口区江浦街道新河社区	6	浦口区商务局妇女联合会

【妇儿维权工作】 对接司法系统,联合印发《关于进一步强化浦口区婚姻家庭纠纷人民调解工作的实施意见》,建立区、街、社区三级彩虹家事调解室,开展亲职教育、一站式办案、妇女儿童权益联动保护等合作。举办 100 人参加的“网格+妇联”妇女儿童权益维护实务专题讲座,推动妇联工作与网格工作共建、共治、共享,实现一体联动、融合发展。做好“两癌”患病妇女、单亲贫困母亲综合帮扶工作,为 92 名“两癌”患病妇女提供药费补助,为 169 名“两癌”患病妇女提供健康复检,为 9 名单亲贫困母亲及“两癌”患者子女提供教育帮扶;在江浦街道落地单亲低收入母亲综合支持项目 1 个,建成妇女儿童友好空间 1 个。关爱留守、困境儿童身心健康,与江浦街道合办“文明老山行”公益夏令营,参加活动 8 人。

【美丽庭院创建】 组织动员城乡妇女投身“美丽家庭”创建工作,5 个街道 100% 实施美丽庭院社工实践项目,建成四级美丽庭院 2087 家(市级 302 家)、连片示范点 10 个,稳固“明珠炫彩”巾帼志愿队伍 1360 人。汤泉街道滴水珠村、永宁街道青山村被省妇联、省妇女“双学双比”竞赛活动领导小组办公室命名为省级“美丽家园”示范点。

【浦口区妇女儿童工作会议】 12 月 10 日召开,区有关领导干部、各街道及区妇儿工委成员单位分管负责人出席。会议学习中共十九届五中全会精神,传达省、市妇女儿童工作会议工作部署,总结交流“十三五”期间全区妇女儿童工作情况并布置下一阶段重点工作任务。会议要求学习贯彻习近平总书记关于编制“十四五”规划工作重要指示精神和关于妇女儿童工作的重要论述,巩固已有成果,解决突出问题,推进“十三五”规划攻坚达标;编制新一轮妇儿发展规划,应与全区“十四五”规划纲要,特别是与民生、就业、教育、卫生等专项规划对接,构建相互配合、相互支撑的规划体系;分析妇女儿童发展的不平衡不充分问题和妇女儿童新需求新期待,提出政策建议和具体目标;建立完善妇女儿童工作机制,压实工作责任,完善工作制度,发挥妇儿工委作用,努力把促进妇女儿童发展与权益保护的大事办实、难事办好、急事办妥。区教育局、区卫健委、区民政局、江浦街道分别就促进教育公平、妇幼卫生服务体系建设、助推妇女参与基层

9月4日,"2020年乡村振兴'她'力量 长三角民宿女主人赋能行动"在南京国家农创园举办 (郭伟 提供)

管理、妇女儿童"五示范"工作等作经验交流发言。

【"乡村振兴'她'力量 长三角民宿女主人赋能行动"】 9月4日在南京国家农创园启动,江苏、上海、浙江、安徽三省一市妇联干部和民宿女主人近200人出席。该行动旨在凝聚巾帼民宿发展动能,建立"一联盟、一基地、一学院、一智库、一产业、一区域"(江苏省民宿女主人联盟、江苏省民宿女主人联盟示范和孵化基地、南京国家农创园双创学院民宿分院、长三角民宿女主人联盟专家智库、民宿产业、长三角区域)平台,打通民宿研究、孵化、供应全产业链,推动民宿产业变革,助力浦口区全域旅游示范区创建,融入"都市圈最美花园"工作格局,支持和帮助乡村妇女成就出彩人生。(郭伟)

·南京市浦口区科协·

【概况】 2020年,浦口区科协按照《全民科学素质行动计划纲要》和科普工作市对区考核任务要求,结合新冠肺炎疫情防控实际,开展针对性科普宣传工作。区科协被中科协评为科普中国信息员队伍建设区县级优秀组织单位,被省科协评为全国农民科学素质网络知识竞赛江苏赛区——区级优秀组织单位和全国科普日优秀组织单位,郑爱东被中科协评为基层科普人物。区气象局被命名为全国气象科普教育基地。

【科普项目】 推荐优秀科技工作者参加江苏省科协青年科技人才托举工程、第十七届江苏省青年科技奖南京市候选人评选,邵名文当选为江苏省农村专业技术协会理事。组织企业申报市级协会"金桥工程"5项、"双百工程"5项、"讲理想、比贡献"11项、海外智力为宁服务1项。

【科普阵地】 新建中国科协海智计划江苏(南京)高端交通装备创新基地,江苏结构优化与智能安全产业院士协同创新中心在浦口开发区低碳谷揭牌。推进"科普中国"App、科技志愿服务平台建设,全区科普信息员终端用户2330人,月活跃用户1725人,科技志愿者注册677人,通过微信、微博等新媒体分享科普类文章64万篇。推进科普中国乡村e站、社区e站、校园e站建设,命名各类站点增至70个。深挖科普资源,区级科普教育基地4个,通过市级、省级认定各2个,创建科普示范社区、农村科普示范基地各1个。

【科普活动】 综合运用传统媒体与新媒体平台,针对防疫情势,开展科普宣传活动。浦口新闻综合频道、智慧浦口手机台、浦口发布等媒体播放预防视频和防护资讯40余条,运用"科普中国"App和网络科普大屏转发疫情防护信息5万条,发放《江苏科技报》防疫专刊700份,发放预防新冠肺炎疫情科普知识宣传单1万份,发放企业复工复产、学校复学复课挂图550份,定期更新科普画廊内容。在科普周、科普日和科技工作者日等全国性科普活动之际,将食品安全宣传周、近视防控宣传月等融入其中,开展科普活动50余场,发放资料1万余份。举办"平安过大年 红包'鼠'于你""抗击新型肺炎 共筑美好家园""浦口创新再出发"网络竞赛答题活动,30多万人次参与,其中参与"抗击新型肺炎 共筑美好家园"10万余人次。(于李丽)

·南京市浦口区残联·

【概况】 2020年末,浦口区持证残疾人10361人,其中视力残疾1748人、听力残疾739人、言语残疾84人、肢体残疾5361人、智力残疾1125人、精神残疾802人、多重残疾502人。残疾人康复机构1个,即浦口区残疾人康复中心。

【残联组织建设】 按照区残联组织改革方案,设立残联党组,加强党对残疾人工作的领导。发挥"残疾人之家"、残疾人康复机构等社会组织和残疾人专职委员、5个专门协会(聋协、盲协、肢协、智力亲友协会、精神亲友协会)作用,推进残疾人工作重心向基层延伸、向社区倾斜。组建以区残联为主导、街道残联为骨干、社区(村)残协为基础的残疾人组织网络,形成"残疾人工作有人干,残疾人事有人管"的工作格局。摸查残疾人状况和需求,完成调查10261人(入户调查9614人、电话调查647人),占总人数的96.3%;失访399人,其中查无此人31人、搬迁68人、空挂户31人、外出71人、注销(死亡)198人。至年末,全区5个街道有残疾人联合会,74个社区(村)有残疾人协会。区残联领导干部3人;残疾人专职委员80人,其中街道6人。

【残疾人文体服务】 利用"爱耳日""孤独症日""助残日"等时间节点走进街道、社区举办文体活动23场。7月3日,区残联、扶贫协会、慈善中心在区文化馆举办残障人士庆祝建党99周年

“七一”文艺会演,星甸街道太阳花残疾人之家、区特殊教育学校、残疾人康复中心等单位100多名残障人士表演朗诵、手语舞蹈、钢琴伴奏、笛子独奏等10个节目。7月19日,区残联联合五台山浦口健身中心举办趣味运动会暨浦口区全国特奥日活动,5个街道以及区特殊教育学校近60名运动员参加。7月30日,组织20名盲人参加盲人阅读学习活动。5个协会先后组织300人次参加才艺展示、盲人定向行走、参观河岸花海、户外体验等活动。实施残疾人康复体育关爱家庭计划,向200户残疾人家庭免费发放体育器材,为出户困难的残疾人提供康复体育指导。

【“残疾人之家”建设】 围绕“建设标准化、运营常态化、管理规范化、服务个性化”总目标,推进“残疾人之家”建设。新增社区“残疾人之家”9个,14个街道、社区“残疾人之家”起到综合服务、辅助性就业和社会化助残扶持的主阵地作用,实现辅助性就业141人,托养精神、智力、重度肢体残疾人210人,向残疾人及其亲属提供就业及居家就业服务200人次,培训服务残疾人300人次,组织残疾人参与文体活动30余场次。

【残疾人维权工作】 根据新冠肺炎疫情防控实际,开展残疾人维权工作,重点突出残疾人来电来信来访的处理,做到程序到位、解释到位、服务到位,接待、受理来电来访330件次、“12345”工单15件,办结率100%,全区残疾人无进京赴省上访、无非正常上访、无不良事件发生。 (王振兴)

·南京市浦口区关工委·

【概况】 2020年,浦口区关心下一代工作组织面对新冠肺炎疫情影响,坚持团结带领“五老”(老战士、老干部、老教师、老专家、老模范)推进各项工作。新建民营企业关工委12个。开展教育、宣讲、演讲、培训等活动557场(期)次,受益青少年8.73万人次。

【“立德树人”主题教育】 坚持以“爱党爱国、立德立行”为主要内容,区思想道德讲师团自编弘扬中华传统文化、传承乡土文化、诚信伴我行等8个专题讲稿,分赴中小学校开展教育活动401场,受众青少年3万人次。参加“在追梦中赛跑 做时代新人”教育活动,各街道及教育等关工委组织演讲和征文活动,老少同台演讲的《小树林的见证》获省特等奖、市一等奖;全区有38所学校参加网上征文投稿,桥林街道推荐的7篇以“圆梦小康”为题的优秀文稿首批入选江苏健康广播网播放。扩展校外教育辅导站总站(行知基地)立德树人、实践育人、阵地育人功能,区级党史国史教育馆布展结束,即将向全民开放。

【法治教育与结对帮教】 5月底,成立区少年法学院,印发《关于创办浦口区少年法学院的工作意见》,制订中小学法治教育即“学校课堂”教学计划,明确街道分院工作职责。适应新冠肺炎防疫情势,政法系统“五老”在网上主讲《争做抗“疫”守法好少年》普法课及法治宣讲65场次,受教育青少年55970人次。开展社区矫正、严重及一般不良行为、失管缺教未成年人一帮一活动,其中政法系统关工委帮教对象52人。落实区委《关于加强全区青少年关爱工作的意见》,牵头联合团区委、妇联、慈善总会设立浦口区青少年关爱基金,吸引社会资源和公益服务投入关心青少年成长事业。

【育人阵地提升工作】 以“校站结合,携手共建”为目标,依托职能部门选聘在职教师,组织在职教师进站工作,全区74个社区(村)配备到位并开展活动。提升校外辅导站工作品牌影响力,其中教育关工委在街道关工委协同下组织的电子小报连续第5次获全市最佳组织奖,“四个一”(一件科技小发明、一篇小科技论文、一篇小科技读后感、一篇科幻绘画)科技活动获优秀奖,“新春寄语”投稿3.5万篇,列全市第四,获最佳组织奖。策划教育阵地重点活动,组织“颂时代楷模 赞中国精神”老少同台讲好中国故事朗诵比赛81场次,参加青少年360人;“三走进、三寻访”(走进社区、农村、企业,寻访家乡巨变、改革故事、时代好人)活动寻访对象157人,参加青少年396人;撰写朗诵稿162篇,推荐参赛稿67篇。桥林街道双优视频《榜样力量伴我行 美丽乡村我接力》获市一等奖。

【“五老”助力青年创业】 落实全省关工委工作会议要求,发挥区农业技术推广中心、农技讲师团作用,针对性组织创业初期和创业有困难农村青年专业培训10期,参与1066人次;与申报南京市浦口区邵贤豹、陈浩然家庭农场等5个创业基地建立联系制度,适时上门帮扶指导;引导和鼓励“农二代”实施继承父业、科技创业,树立不靠天吃饭的理念,增强创业信心。全区2所农村政科校、4个青年农民创业基地、1个青少年教育基地受市表彰。农口关工委引导农业企业、农民合作社、家庭农场等新型农业经营主体借助电商平台开拓市场。新增各类农产品电子商务网站(店)等电商主体53个,销售额4.3亿元。

【民企关心下一代组织工作】 组建区民企关工委工作指导小组,负责统筹协调民企关工委工作;浦口开发区、浦口高新区有9家民企成立关工委,消除工业园区民企关心下一代工作盲区;江浦街道成立3家民企关工委,累计有民企关工委45家。全区各民企关工委围绕青年职工思想政治教育、法治教育、技能培训、文化娱乐和扶贫济困等开展关爱活动,涌现一批典型,其中南京天奥医疗仪器制造有限公司接到武汉火神山急需物资生产任务,关工委动员青年职工加班加点,两天时间将支援物资送达火神山医院,成为湖北省外第一家捐助医疗防护物资的企业,受到一线医务者好评;江苏润邦集团关工委连续4年开展捐资助学活动,展示出民企勇于承担社会责任的良好形象;大地建设集团科技责任有限公司关工委协助做好青年职工专业培训,在全省、全国行业大比武中屡获大奖。 (吴光洲)

·文稿编辑 杨宇金·

法　　治

政法委及综治

【概况】 2020年，区委政法委牵头推进重大风险防控工作，坚持将风险评估作为重要决策、重点改革、重大项目、重要活动的前置环节，梳理报备“南京市浦口区国有土地上房屋征收补偿补助奖励规定”等决策、政策、工程和大型活动类事项41个。完成江北生活垃圾焚烧发电厂二期项目等稳评项目41个，源头预防化解群众对土地征迁超期安置过渡相关事项不满等涉稳风险点54个。落实每月20日风险排查日和风险监测制度，全区排查处置风险点310个。发挥风险防控“四项机制”作用，围绕重大活动、重要节点，加强信息搜集、研判分析和协同作战，妥善处置学区划分、企业欠薪、商改住矛盾等风险问题。印发《关于进一步发挥网格化社会治理机制优势 全力投入疫情防控阻击战的通知》《政法网格员工作手册》《政法网格员一体化平台操作流程》等文件。大联勤工单办结率99.98%。紧盯长效常治目标，建立信息通报、组织协调、提前介入、审查逮捕起诉等工作机制，增强打击合力。推进“平安护民十项举措”，深化网格化疫情防控工作，加强涉黑涉恶重点刑满释放和社区矫正人员管理服务，创新矛盾纠纷多元化解平台，严厉打击通讯网络诈骗犯罪和涉众型经济犯罪，健全打击传销工作长效机制和精神卫生工作体系，开展保护野生动物专项行动，加强全区应急救援效能建设，加强公交车区域防护隔离设施建设，解决群众反映强烈的突出治安问题。成立区委平安浦口建设领导小组，推进警格网格深度融合，与安徽省滁州市南谯区、马鞍山市和县政法系统探索建立社会治理毗邻联动长效管控机制，完善治安防控体系。推进农村地区监控补盲项目建设，新建一类监控点位1000路。推进90余个成型小区及零散楼栋“平安小区”建设，完成47个封闭式小区、92个开放式小区的智能安防小区建设。全区群众安全感99.04%。推动落实政治督察制度，制发《中共南京市浦口区委政法委员会政治督察实施方案（试行）》，对市公安局浦口分局、区司法局各一个基层派出机构开展首轮政治督察。区委政法委获“2020年度南京市十佳政法单位”称号。

【大联勤网格化治理】 部署大联勤网格员参与疫情防控工作，推行“大数据+网格化+铁脚板”做法，筑牢村（社区）疫情防控“第一道防线”。完善大联勤工作机制，推动流动人口与出租房服务管理、居民小区兜底管理试点及网格化服务管理中心建设等工作，提升网格治理的精细化、精准化水平。推进警网深度融合，依托网格化服务管理中心，健全区、街、社区三级警网联动对接运行体系。发挥南京网格学院浦口分院阵地作用，加强网格员培训。加强工单办理，办理大联勤工单18.96万件，办结18.95万件，办结率99.98%。推进政法网格员队伍建设，全区835名政法网格员全部进网入格开展工作，实现每个网格至少有1名政法网格员的目标，创新成立政法网格员工作室9个，发挥专业优势，深入基层服务群众。总结疫情防控期间全区网格员优秀案例和感人事迹，汇编成册，广泛宣传，提升大联勤品牌影响力。　（宋文冲）

【大联勤系统建设】 完成“12345”、数字城管、网络舆情、医疗卫生、行政审批综合执法一体化平台、智慧旅游、警务综合平台、南京市社会治理一体化平台、“雪亮工程”、巡更系统、大气热点网格、油烟监测、城市感知中心等13个系统接入。部署和运行社会事件人工智能自发现自处置工具，完成网格员日考核、月考核多维度分析报表等功能开发，实现事件自发现、工单自处理、绩效自评估，提升大联勤智能化水平。“自发现”：车载城管取证系统及固定点位视频分析系统运行以来，产生市容违规事件16.91万条，经过人工审核，实际有效违规事件91402条，主要集中在非机动车乱停放、乱堆物料、游摊小贩、暴露垃圾等方面；“自处理”：人工智能特征库搭建部署运行以来，特征值数据入库740万条，可对案件缺失项进行智能填充，对事件进行智能派发，对单人同时段上报处置的事件智能去重判断，办理工单20.37万件，办结20.34万件，办结率99.81%；“自评估”：网格员考核模块对网格员的登录情况、巡更点位达到情况、任务签收、复核、工单上报、信息采集、网格巡查时间等信息进行每日考核，街道考核模块考核各个街道额外工单、重点人员走访率、培训出勤率、网格员参会率、巡查记录检查等16个指标。　（李倩）

【平安小区建设】 2020年，区财政投入812.95万元，打通防控体系建设“最后一米”，提升居民小区整体治安防范水平。采取以奖代补方式推进老旧（次新)居民小区安防设施升级改造，覆盖成型小区及零散楼栋90余个，安装监控探头353个、单元防盗门410个、防爬刺约6.6万米、围墙581米，消除一批问题隐患，提升居民小区治安防控能力，遏制入室盗窃等可防性侵财案件发生，全区入室盗窃同比下降39.9%。

【社会治安重点地区集中整治】 对照《南京市社会治安重点地区和突出治安问题管理办法》认定标准，确定江浦街道万汇城和星甸街道汤集社区福音家园小区2个区级社会治安重点地区，开展群租房安全管理、盗窃非机动车等突出治安问题整治行动，遏制重点地区案件高发易发态势，提升对犯罪分子的震慑力。2个区级社会治安重点地区经集中整治，可防性案件同比分别下降80%、87.5%，治安秩序得到强化，群众安全感不断增强。

【重大风险防范化解】 全区紧扣“四个不发生”(不发生重大安全生产事故、不发生重大群体性事件、不发生重大公共安全事件、不发生重大负面舆情)目标，围绕省委、省政府确定的22个重点领域和市委、市政府加强基层基础工作、防范化解重大风险工作部署要求，规范风险排查、研判、防控、处置全流程，实行动态分级管理，全区5个街道、67个部门实行全覆盖排查、全领域研判、全过程监管，全面推进重大风险防范化解工作，维护全区社会和谐稳定。全年排查基层基础工作风险点310个，化解整改146个，164个在册风险点中，曾引发群访集访、频繁上访等橙色风险点31个，发现隐患苗头的黄色风险点91个，需长期关注暂未发现隐患苗头的蓝色风险点42个，逐一落实化解。

【“四项机制”建设】 区委政法委牵头建立健全风险防控“四项机制”(风险研判机制、决策风险评估机制、风险防控协同机制、风险防控责任机制)，围绕中共十九届五中全会等重要会议、重大活动和12个重点领域，组织开展每日研判，强化不稳定因素的协同化解，全年编报研判专报190期，召开联动会办会、联合答复会55场，推动解决重大风险点6个。完善社会稳定风险评估机制，制定《关于加强责任主体委托第三方机构开展重大决策社会稳定风险评估工作的实施办法(试行)》，印发《社会稳定风险评估工作指南》，加强对稳评各环节、各流程的监督指导，全年完成各类风险评估项目41个，涵盖征地拆迁、政策出台、环保项目、大型活动等领域，保障相关政策、项目的平稳实施。

【扫黑除恶专项斗争】 区扫黑办贯彻落实中央、省市区关于扫黑除恶专项斗争的决策部署，开展“六清”(线索清仓、逃犯清零、案件清结、伞网清除、黑财清底、行业清源)行动，聚焦非法金融专项整治、反通讯网络诈骗宣传，重点推进十大重点行业领域专项整治。全区打掉黑社会性质组织1个、犯罪集团3个、恶势力团伙1个；接收举报线索171条并全部办结，其中办结全国扫黑办“12337”智能化举报平台线索7批7件、中央督导组下交线索1批8件，查封、扣押、冻结涉黑涉恶资产3897万元。公安机关追回9类罪名涉黑涉恶逃犯161人，追回“百日追逃行动”目标逃犯2人。审判机关受理执结涉黑涉恶犯罪财产刑执行案件25件。加强扫黑除恶长效常治机制建设，强化重点行业领域专项整治，制发“三书一函”(监察建议书、司法建议书、检察建议书、公安提示函)59份，制定长效机制文件32个。

(宋文冲)

法治政府建设

【概况】 2020年，收到行政复议申请17件，受理16件，转送1件。审结15件，其中终止12件、维持1件、驳回1件、撤销1件，综合纠错率80%，听证率70%以上。代理区政府行政应诉3件，指导部门应诉14件。办理涉法事务73件，省市区征求意见86件。

【疫情防控保障】 2月，印发《省、市人大常委会〈关于依法防控新型冠状病毒感染肺炎疫情 切实保障人民群众生命健康安全的决定〉对照解读执行清单》，梳理具体职责任务事项13类83项。印发《关于疫情防控期间加强合法性审查工作的通知》，建立疫情防控重点领域文件审查“直通车”机制，对涉及人民群众生命健康、促进民营企业发展等方面的文件和政策措施做到“应审尽审”“快审快结”，确保各责任主体全面依法履行职责。3月，印发《关于推动严格规范公正文明执法 为疫情防控工作提供有力法治保障的措施》，规范在疫情防控和复工复产期间行政执法行为，将疫情防控各项措施落地落细落实。

【法治政府建设】 4月，区政府第69次常务会研究部署法治政府建设“补短板、强弱项”专项活动。印发《开展法治政府建设“补短板、强弱项”专项活动的实施方案》，梳理《浦口区法治政府建设实施方案(2016—2020年)》目标任务147项，梳理汇总各单位专项活动开展情况。6月，向市委依法治市办公室报送《浦口区法治政府建设“补短板、强弱项”专项活动情况报告》。7月，印发《南京市浦口区2020年法治政府建设工作计划》。9月，组织专项活动“回头看”，就落实情况向市委依法治市办公室报送《浦口区法治政府建设“补短板、强弱项”专项活动“回头看”专项督察报告》。12月，根据《浦口区2020年度法治政府建设考核细则》要求，对全区30个部门、5个街道开展法治政府建设工作考核。

【依法行政】 11月，出台《南京市浦口区政府合同管理办法》，重点从合同主体管控、纠纷处理方式、实施效果评估等方面加强政府合同管理，全面把好合同签订实体关、法律关和质量关。举办政府合同管理办法培训班，全区58个单位的合同审查业务科室负责人及具体承办人员参加培训。加强规范性文件管理，审查规范性文件3件，发布3件，向市政府和区人大报备3件，报备率、及时率、规范率均为100%。全面清理区级规范性文件81件，其中保留38件、废止20件、失效23件。

【行政执法监督】 作为全省行政执法“三项制度”(行政执法公示制度、执法全过程记录制度、重大执法决定法制审核制度)试点区，全区行政执法单位落实“三项制度”100%。8月，开展推行行政执法“三项制度”贯彻落实情况评价工作，对全区18个重点行政执法单位和

年底，浦口区法治教育基地建成　　（丁浩然　摄）

5个街道“三项制度”落实情况进行专项督促。9月，制发评查通报，发出执法监督建议书5份。邀请一线法官、资深教授等行政法专家授课，举办行政执法人员素质能力提升培训班3期，参加培训行政执法人员773人。全区830名行政执法（监督）人员信息全部纳入江苏省行政执法监督平台并实现动态同步管理。开展相对集中行政处罚权工作，经两轮征求意见，确定赋权给街道实施行政处罚事项157项及配套行政强制措施11项。对重大行政处罚备案审查，全年收到各单位重大行政处罚备案12件，审查12件。

【全市首家执法资格线上考试试点】 11月，作为全市首家试点区，举办2020年全区行政执法人员资格线上培训考试，81名行政执法人员在网上培训满40课时后首次通过手机答题方式参与考试，创新执法证考试方式，实现“千人千卷”。（周玉娟）

【浦口区法治教育基地建成】 年底建成。浦口区法治教育基地建筑面积605.36平方米，展厅分五大板块，集法治思想传播、法律知识宣传、典型案件展播、一键切换主题为一体，旨在为平安浦口、法治浦口建设提供宣教平台。

（郭亚婷）

公　安

【概况】 2020年，浦口公安分局围绕区委、区政府中心工作和市局“五个现代、十大攻坚提升行动”总体部署，践行“大考之年”标准，做好战疫情、保平安、护稳定、抓改革、促发展各项工作，为“江北明珠”建设和人民群众安居乐业营造平安稳定的社会环境。建立分局警务实战训练中心和派出所训练角，分局实战练兵考核在南京市12家分局中名列前茅，涌现出全国公安机关食药侦大比武团体一等奖民警苏国强，全省练兵考核法制条线团体第一的民警张方正、王万新，警保、档案条线个人第一的民警吴文锦、刘建群等先进典型。浦口区看守所连续11年获评“全国一级看守所”。

【治安管理】 在2020年度全省群众安全感调查中浦口区达99.04%，位居全市第二。破获涉黑涉恶案件175件，抓获犯罪嫌疑人508人，扣押查封冻结黑恶资产3897万元，为期三年的扫黑除恶专项斗争完成，常态化扫黑除恶工作机制建立健全。完成145个智能安防小区和1000路视频监控补盲建设，强化社会面整体防控，入室盗窃等可防性案件同比下降39.9%，扒窃、“两抢”零发案，“智慧巡防”经验做法被《公安部简报》刊发并向全国公安机关推广。创建“红色重点户、橙色关注户、绿色放心户”分类管理机制，坚持常态入户采集和集中清查整治相结合，在册群租房从57户整治到19户。实施烟花爆竹“全域禁放”，排查小化工企业14家、危爆单位60家、易制毒单位82家、消防单位1696家，整改隐患14481处，落实21家涉恐单位、65家寄递网点、78家校园安全管理，全区没有发生重大安全事故。

（陆军）

【智能安防小区建设】 争取区委、区政府支持，投资3540万元分两年推进146个封闭式小区智能安防系统建设，运用大数据、物联网、云计算等前沿技术，根据封闭式商品房小区、拆迁安置小区等不同特点，在居民小区推广人脸识别探头、智慧门禁、车辆识别系统、高清视频监控等感知前端，搭建智慧小区综合管理平台，解决统计实有人口底数难、监管重点人口难、管理流动人口出租屋难等问题，构建信息采集、数据上传、模块研发、研判分析、推送社区民警精准处置的工作闭环，筑牢小区安全防线。至年末，建成智能安防小区145个。

（陆军　李倩）

【交通管理】 国务院督导反馈兰花立交隐患摘牌销号。116家“两客一危一货”企业核查见底。疾驶轰鸣（飙车）专项整治查扣车辆374辆，行政拘留17人。加强农贸市场、背街小巷停车管理，清理“僵尸车”205辆，清理率100%，整改“飞线充电”等隐患1713处。张贴电动自行车反光标识26万张，亮尾率90%。市作风办抽样浦口区骑乘电动车佩戴头盔率90%，位居全市第一。全年发生死亡事故30件，死亡31人，同比分别下降28.6%、26.2%。

【安全保卫】 强化风险排查、落实整体防控，完成女子半马、全国山地自行车赛等安保任务156场次。森林音乐节期间，面对烟花燃放与明星演唱时间交织、很可能出现音乐会现场瞬间人群大流动造成踩踏事故等多重风险隐患,每天组织450名警力工作13小时以上,保障现场1.8万名观众安全有序观看。

【专业化打击改革】 贯彻南京市公安局"十大攻坚提升行动"总体部署,推进"侦查指挥、侦查情报、侦查行动、侦查责任、侦查保障"五大体系系统重塑,组建分局侦查情报指挥中心,剥离相关部门、派出所侦查警力,组建4个警种合成行动队、8个驻所侦查中队以及执法勤务队、预审队、刑事科学技术队、综合保障队,所涉警力由分局侦查情报指挥中心统一调配使用,实行团队化、一体化运转,实现侦查工作从形式合成到实体合成、从信息孤立到情报共享、从单打独斗到兵团作战的转变,提升侦查破案整体效能。全年抓获刑事作案成员1091人,侦破刑事案件1066件,破案率45.7%,位居全市第二。协破连云港东海县"1994·9·4"抢劫杀人案等大要案件。捣毁流窜特大赌博窝点,抓获涉案人员43人,缴获赌资40万元。破获部督"6·29"专案和省厅"2·27"专案。

【服务全区中心工作】 打好疫情防控阻击战。分局全方位筑牢通道、社区、内部防线,核查指令2万条,检查人员24.7万人次,盘查车辆13.1万辆次。完成集中隔离任务67批4149人次,维护隔离点平安有序。创建小区快检系统、企业物资云交付等做法,方便群众生活、企业复产。克服255天全封闭困难,实现看守所"零感染、零事故、零输入"。以最强组织投入抗洪抢险。组建突击队,会同街道等单位化解团结圩、驷马河、石碛河等突发险情,保障群众生命财产安全。完成文明城市创建国查、省查任务。组织交警全员上路,机关民警支援早晚高峰交通执勤和文明养犬巡查,查处交通违法行为15.6万件,劝导不文明行为10.3万人次,检查网吧1065家次,捕捉流浪犬1411条,处罚违规养犬507件。

【特大非法经营假烟案告破】 5月14日,分局经过两个月合成作战,摧毁一销售假冒伪劣香烟的犯罪团伙,抓获犯罪嫌疑人17人,捣毁存放假烟仓库3个,查获利群、炫赫门、南京、黄鹤楼、芙蓉王、云烟、红塔山等假烟1500余条,销售使用的卡片1万余张,涉案价值100余万元。

【飙车专项整治】 6月,在全区范围开展为期一个月的飙车、疾驶轰鸣违法专项整治行动,严打飙车、疾驶轰鸣、非法改装等违法行为,消除安全隐患。查扣汽车、摩托车374辆,处罚非法改装车6起,行政拘留17人,依法将飙车违法较多的老山森林防火道珍七路设置为全天禁止摩托车通行路段。通过严打整治,全区飙车类警情呈现"断崖式"下降。

【特大通信网络诈骗窝点被捣毁】 6月21日,报警人接到一名自称兴业证券业务员的电话。对方加报警人微信并推荐股票交流群,通过利益诱导推荐报警人登录"奥博国际"网站,报警人注册投资80万元后发现被骗。接报后,分局成立专案组开展侦查,8月20日,组织10个抓捕小组同时收网,至湖北武汉抓获嫌疑人71人,捣毁特大通信网络诈骗窝点1个。

【合成服务大联勤App上线】 9月1日,举行合成服务大联勤App启动仪式。借助区大联勤工作体系,建立完善分局合成服务大联勤分中心,创新打造合成服务大联勤App线上便民服务平台,注册用户26.6万人,全年提供服务7550件,处置工单16545件,得到群众一致好评。作为全省"智慧服务"改革亮点参加公安部第十届警博会展览,获评浦口区社会治理创新项目。

【在全市率先推出"警网融合"机制】 9月10日,浦口区"警网融合"推进会暨公安网格联动中心揭牌。分局着眼网格化治理中存在的警格、网格融合不到位问题,在全市率先出台《关于加强浦口区"网格+警格"深度融合工作的实施意见》,推动警格与网格互相融合、互相支撑,提高社会治理水平。8名派出所所长进街道党工委任职;区禁毒办实体化运行;完善打击整治联动机制,实现非法集资、非法传销零发案;推动实行区、街、社区三级交通"路长制",推动成立区停车整治办公室。 (陆军)

检　察

【概况】 2020年,区人民检察院受理审查逮捕案件212件397人,审查起诉案件808件1306人,民事、行政监督案件343件,公益诉讼案件90件,控告申诉案件187件。批捕、起诉生产销售假口罩、诈骗防疫物资等案件8件11人。办理非法集资、非法传销等涉众型经济犯罪63件304人。批捕、起诉破坏环境资源犯罪26件48人。办理危害安全生产犯罪12件15人、严重暴力犯罪17件25人、危害"舌尖安全"犯罪14件35人、妨害社会管理犯罪90件213人、多发性财产犯罪293件435人。对看守所羁押人员开展出入所检查1292人次,对社区矫正人员开展入矫、解矫检察778人次,开展财产刑执行专项监督,摸排线索458件,开展监督17件。准确定性一件中央督导组交办线索案件为"套路贷",以点带面推动全区非法金融活动专项整治。区人民检察院获"南京市扫黑除恶先进集体"称号。

【刑事检察】 发挥刑事诉讼主导作用。重大疑难复杂案件提前介入、引导侦查54件,案件退回补充侦查或自行补充侦查230件,用足用好不起诉权,不起诉犯罪嫌疑人129人,不起诉率同比提高2.95个百分点。办理的张某等38人非法制造、销售"催情水"新型贩卖毒品案、全市首例"恶意别挡他人车辆"危险驾驶案具有示范意义。加强侦查、审判、执行监督。监督公安机关立案2件2人、撤案5件7人、追捕1人、追诉6人、改变定性或增减事实85件、纠正侦查违法行为6件;监督法院审判违法行为1件、抗诉2件、发出再审检察建议2件。

【民事检察和行政检察】 推进各类民事监督。受理民事生效裁判监督案件260件,提请抗诉、提出再审检察建议10件;开展民事执行、民事审判违法情形监督,提出的检察建议分别被法院采纳13件和9件,袁某某等18人虚假劳动人事争议仲裁调解执行监督案入选最高检"民事非诉执行监督"典型案例。强化虚假诉讼监督品牌建设。受理虚假诉讼案件249件，提出再审检察建议7件，为当事人挽回损失500余万元，成功办理全市首例虚假公证执行监督案，全省检察机关虚假诉讼领域深层次违法行为监督工作现场会在区人民检察院召开。

【公益诉讼检察】　聚焦国有财产保护，开展“服刑人员违规领取养老金”专项行动，发出行政公益诉讼诉前检察建议13份，挽回国有财产损失36万元。聚焦长江、滁河流域保护，开展增殖放流等渔业资源修复工作，与安徽省滁州市南谯区、马鞍山市和县等六地检察机关会签滁河流域公益诉讼协作意见，做到分段保护、全段合作。聚焦老山生态保护，针对老山附近路段獐子被撞死事件，督促相关单位设置野生动物保护警示牌50余处。研究制定老山野生动物保护方案，牵头召开生物多样性修复研讨会，开展野生动物栖息地保护专项行动，与全区11家单位会签老山生态环境资源保护协作机制，推动设立老山生态公益保护基地。

【未成年人保护】　办理侵害未成年人犯罪案12件14人，为5名性侵被害人提供心理疏导。联合团区委、区妇联、社会服务机构等打造浦口区未成年人司法社会服务中心，提升全区未成年人保护工作专业化、规范化、社会化水平。探索涉未公益诉讼，督促配齐校园周边交通标志、规范基层医疗服务、加强旅馆治安管理等，加强未成年人保护。落实“一号检察建议”（2018年底，最高人民检察院向教育部首次发出的社会治理创新方面的检察建议书，编号为一号），全体院领导、员额检察官兼任法治副校长，在全区中小学开展巡回宣讲12次。

（郭亚婷）

法　　院

【概况】　2020年，区人民法院新收各类案件13624件，结案14840件，结收案比108.58%，位居南京市区级法院第一位。受理网上立案申请1912件，网络开庭审理案件696件。新收执行案件4306件，执结4442件，执行到位金额4.91亿元，终本案件合格率100%，终本案件恢复用时全市最短。加大强制措施使用力度，拘传219人，搜查234人，罚款49件次，金额34.05万元。加大联合惩戒力度，纳入失信被执行人“黑名单”2429人。做好律师辩护全覆盖工作，241名刑事被告人获得律师援助辩护。在江苏省法院系统第一家一年内同时创成省五星级档案室和省AAAAA级数字档案室。

12月4日，在浦口区实验学校举办“法润校园——模拟法庭进校园”活动

（法院　提供）

【审判体系和审判能力提升】　开展“一读三评”〔解读指标数据，评查裁判文书质量、庭审（听证）质量、发改案件质量〕工作，实行“周调度，月通报”制度。发挥审判委员会、专业法官会议定案的把关作用，确保裁判尺度统一，全年召开审判委员会15次。发挥院长、庭长办案示范作用，院长、庭长办理案件5029件，占全部案件的34.46%，做到放权不放任、监督不缺位。深化案件繁简分流，成立民事诉讼程序繁简分流改革试点工作领导小组，全年审结一审简易程序案件4726件。与安徽省滁州市南谯区人民法院建立司法协作机制，打造优势互补、信息共享、智慧融合的发展共同体。在诉讼服务中心设置自助立案区，在院本部和江浦法庭设立24小时自助立案系统。裁判文书上网16610份，网络庭审直播5328场，观看189万次。在江苏法治报刊登经验做法27篇，中国教育电视台《法治天下》录播节目2档。

【刑事审判】　受理刑事案件873件，办结783件。参与打击治理电信网络新型违法犯罪专项行动，受理非法吸收公众存款罪案件8件14人，诈骗案件108件229人，组织、领导传销活动案件35件197人，生产、销售有毒有害食品案件10件23人。所有涉黑涉恶案件全部清零，专项斗争开展以来，审理涉黑社会性质犯罪集团案件1件10人、涉恶势力犯罪集团案件2件10人、恶势力犯罪团伙案件3件15人，执结涉黑涉恶案件25件，向公安部门移送各类涉嫌犯罪线索233条，向有关单位发送司法建议5条。刑庭获“南京市扫黑除恶专项斗争先进集体”称号。

【民事审判】　审结一审民事案件8170件。依托道路交通事故损害赔偿纠纷网上数据一体化处理平台，调解完成道路交通事故案件485件；审理婚姻、赡养、继承等案件739件，调解撤诉率50.07%；完善劳动争议诉讼仲裁协调机制，审结劳动争议案件637件；审理金融借款、担保、保险、民间借贷等金融案件

1075件;审理消费者权益保护案件1件,案件入选南京法院十大消费者权益保护典型案件;打造“法润校园”司法品牌,上线“浦小法”云端小课堂动画栏目,在“学习强国”App上累计播放2.9万次。新收诉前调解案件3026件,调解成功率33.94%,其中使用“江苏微解纷”平台在线推送调解案件319件,结案227件。整合多方调解力量,选聘特邀调解组织6家、特邀调解员10人,促进矛盾纠纷多元共治。参与网格化治理,2名干警进网格事迹入选南京市政法网格员工作专刊,1篇案例入选2020年度全市政法网格员工作十佳案例,1名法官开展网格化社会治理工作被中央电视台《发现之旅》栏目报道。特色品牌桥大叔婚姻调解工作室调解婚姻家庭案件成功率45%。

【商事审判】 创新企业破产重整工作方法,以“三步重生法”助力3家企业破产重整成功,做法被南京市优化营商环境工作简报刊登。编写区人民法院《破产审判白皮书》,总结五年来破产审判工作实践经验和创新做法,被中国破产法论坛全文转载。完善网络司法拍卖财产处置程序,成交拍品133件,成交金额9.31亿元。推进“执转破”工作,启动南京博郡汽车有限公司等3家被执行企业的“执转破”工作。区人民法院破产金融课题组论文获首届江苏省法学会破产法学研究会二等奖。民二庭获“江苏省法院破产审判工作先进集体”称号。

【涉民生工程案件执结】 6月19日,区人民法院执行局妥善执结一起涉及民生工程案件。原告顶山街道大新村跃进村民小组与被告王某某排除妨害纠纷一案判决生效后,王某某一直未将房屋及土地返还原告,后原告向区人民法院申请执行。执行过程中,承办法官多次前往被执行人住处进行沟通,但被执行人拒不迁出,且放狗威胁执行人员。被执行人所占用的土地涉及南京市建宁西路过江隧道建设,不能及时清空将会严重影响隧道进度。区人民法院执行局会同顶山街道办事处、城管、消防、卫生防疫、公证处等部门强制执行。在将被执行人带离现场后,搬家公司在公证处的公证下,清点、搬离屋内物品,并将土地、房屋清空。法院将案涉土地返还申请执行人。

【破产案件管理系统合作签约】 6月28日,区人民法院与中国银行南京江北新区分行举行破产案件管理系统上线合作协议签约仪式。破产案件管理系统为法院、破产管理人、债权人、债务人和银行搭建线上处理破产事务的数字化工作平台,实现破产案件办理全节点管控、债权人线上表决及结果自动统计、分配方案自动生成及校核、委托评估审计事项全网公开、大数据辅助管理人业绩考核等功能,同时提出“破产金融”新概念,即金融机构研究打造破产金融服务新产品。全面加强对破产案件的质效管理,提升法院对破产案件的审判能力、中介机构对破产案件的管理能力。

【涉环境资源案件执结】 6月30日,区人民法院执行局在老山林场执结一起强制清空并恢复土地原状案件,清除老山生态保护区安全隐患,保护老山生态资源。南京市老山林场申请执行徐某某租赁合同纠纷一案,被执行人徐某某1999年7月租用老山林场土地开采石矿,后因国家出台生态环境保护政策,老山自然保护区内禁止开采石矿,租赁合同依据双方约定应当终止,被执行人徐某某应将承租的林场内土地恢复原状并返还申请执行人。案件判决生效后,被执行人在收到区人民法院发出的执行通知书、限期搬离公告后,始终拒绝履行生效法律文书所确定的义务,且在土地上陆续修建砖木、砖混、简易房屋多间及附属设施。执行过程中,承办法官多次对被执行人谈话、劝说,向其释明法律规定及拒不履行生效判决的法律后果,但被执行人始终拒绝配合。经现场调查,被执行人修建的违章建筑位于老山森林保护区范围,且堆放大量开矿所用的设施设备,其中包含一处30平方米的石英矿炸药库,严重影响老山林区的生态环境且存在重大安全隐患。区人民法院将该案作为重点督办案件,由院领导统一部署协调,执行局长带队指挥,联合区消防、公安、卫生、街道大联勤、社区等各方力量,对被执行人搭建的违章建筑予以彻底拆除,并将土地返还申请执行人老山林场。在公证人员的见证下,执行人员将被执行人的物品集中清点造册并妥善保管,依法保障被执行人的程序权利。

【审判辅助事务中心成立】 7月底,区人民法院在全市率先成立审判辅助事务中心并运行。审判辅助事务中心以司法服务窗口为依托、文书送达工作为抓手,将导诉、立案、信息录入、“12368”热线、文书送达、中间库等部分审判辅助事务工作启动服务外包,缓解区人民法院案多人少的矛盾,破解“送达难”问题。通过做好导诉台的诉讼引导服务、跨域立案服务、“12368”热线服务,提升当事人的司法服务体验感;以法官、案件、当事人为中心,做好诉讼程序保障服务;依托电话录音、电子签收、服务照片、送达回证、送达地址、送达信用、送达报告等一体的智慧司法服务平台,实现诉讼服务为群众、文书送达促审判的服务目标;推动文书送达全流程、可视化、数字化管理,开启“审送分离”智慧送达模式,推动诉讼服务集约化管理和社会化服务。至年末,收案2777件,完成集中送达13462次,案件送达合格率100%,文书送达周期缩短至4天,案件审理周期平均缩短11天。

【民二庭获评“江苏省法院破产审判工作先进集体”】 10月16日,在全省法院破产审判工作先进集体及先进个人评选中,区人民法院民二庭获“江苏省法院破产审判工作先进集体”称号。近几年,区人民法院通过办理破产、清算案件、处理破产事务,促进65家“僵尸企业”有序退出市场,累计化解债务约14.6亿元,安置职工700余人,盘活不动产资源约28万平方米,为区域经济社会持续健康发展提供司法服务和保障。在破产审判过程中,区人民法院实质化创新运行办公室机制;与中国银行江北新区支行合作金融机构破产案件信息平台;以“三步重生法”助力破产重整,重整成功3家企业,化解债务5.7亿元,平均清偿率71.3%,初期投资总额4.15亿元;总结完善先进经验,发布区人民法院《破产审判白皮书(2015—2019)》。

【永宁法庭法律诊所进网格案例获市年度十佳案例】 政法网格员、区人民法院永宁人民法庭潘玉君法官进汤泉街道高华社区网格巡回开庭案例获2020年全市政法网格员工作年度十佳案例。永宁法庭以"法润乡土"法律诊所为载体和平台，让庭审走进社区，用身边发生的真实案例作为普法素材，以案说法、以案普法，推动矛盾纠纷就地化解，丰富法官进网格活动的形式和内容，助力"网格化"服务管理模式发展。永宁法庭通过"法润乡土"诉前调解案件占案件总数的30.3%。中央电视台《发现之旅》栏目公开报道。 （姜颖）

司法行政

【概况】 2020年，全区选定10个项目作为"法治为民十件实事"，邀请区人大代表、政协委员视察评议，"拿地即开工"项目被评为2016—2020年江苏省法治建设创新奖项目。梳理2020年法治浦口建设工作、依法治区重点任务、优化法治化营商环境等专项工作任务清单。在2019年省级法治监测指标评价考核中，浦口区以90.75分的成绩在全省县（市、区）中排名第一。完善各级人民调解组织，全年调解矛盾成功率99.87%。全区在册矫正对象171人，安置帮教对象1187人，未发生涉稳事件或有重大影响的再犯罪事件。妥善解决暂外人员持续三年收监难、核酸检测阳性的刑释人员衔接安置难、两会期间进京访倾向的刑释人员接收处理难等一系列重大风险隐患。推行全流程电子化招投标模式，办理招投标公证350件，涉及标的额119.5亿元。突破疫情对公证案件办理限制，创新推行"当日受理、三日送达"工作机制。全年办理各类公证3600件，同比增长16%。省级后续照管工作先进工作者万明等28人次获省市区三级表彰奖励。

【司法惠民】 全年接听"12348"热线5200人次，办理法律援助案件319件。开展"支部共建律农携手、法律服务乡村振兴"专项活动43场，以常态化法律服务内容提升村居善治能力。帮助农村集体经济合作组织梳理生产经营类法律问题313个，提出风险防范法律建议500余条。6月，建成公共法律服务分中心，研发法律服务、宣传、公证、调解四大类企业全生命周期法律服务产品14个。通过梳理服务内容了解企业需求，定义服务内容解决企业需求，设计服务内容以手册、表单等可视化的手段，助力企业依法经营防范法律风险、降低成本提高经济效益。其中北京市京师（南京）律师事务所报送的"企业全生命周期法律培训服务""财税法商一体化服务产品"分获全省二等奖和优秀奖。浦口区法律援助中心办理涉及农民工讨薪的法律援助案件283件，依法为农民工追讨欠薪1515.72万元，维护农民工群体合法权益。

【普法宣传】 开展"法律六进"（进机关、进乡村、进社区、进学校、进企业、进单位）活动200余场。强化重点对象普法宣传教育，组织非人大任命领导干部参加任前法律考试2期105人；在全区中小学开展"抗疫普法微课堂"活动，受教育中小学生3万余人次；建立小微企业法律服务团，开展送法进企业60余场；开展《中华人民共和国民法典》主题宣讲120余场，受众2万余人次。围绕疫情防控、复产复工等开展网络普法，微博浏览量突破20万次。拓展法治宣传教育阵地载体，侯冲社区成功申报全国民主法治示范社区，浦口区法治宣传教育中心获评江苏省法治文化建设示范点。

【调解组织建设】 完善各级人民调解组织，纵向建立区、街、村（社区）3级调解组织，横向设立医患纠纷、道路交通等6个专业性行业性委员会，重点打造老杜调解工作室等个人调解工作室15个。推进矛盾纠纷多元化解，形成人民调解、行政调解、司法调解、律师调解联动的工作体系。全年成功调解矛盾纠纷5945件，调解成功率99.87%，通过线上平台受理非诉讼纠纷案件336件。

【"立法民意直通车"试点】 落实省司法厅关于在浦口区开展"立法民意直通车"试点工作部署，制发《浦口区打造司法行政"立法民意直通车"试点方案》。在74个村（社区）、5个街道、区政务中心和公共法律服务中心打造三级立法民意征集点。发放立法民意征集表2500余张，接待来电来访110人次，收集立法民意78条。区司法局邀请法律专家经多轮研判，梳理出13条立法民意上报省厅市局。相关工作获省厅领导批示肯定。

【司法所规范化管理】 对全区5个司法所办公场所进行装修和外观形象标识设计，司法所整体设计更加规范标准。机构改革后，在保留原有司法所职能基

普法志愿者戴忠荣向社区群众普法 （司法局 提供）

础上,主动参与党委、政府中心工作。各司法所针对街道合同出具法律意见书605份,参与涉街道应诉案件50例。围绕社会热点开展依法治理,维护社会安全稳定,指导街、村调解组织调处矛盾纠纷4616件,占全区调解量的86.2%。各司法所融入公证业务协办、法律援助代办、仲裁业务联系、立法民意收集、行政复议受理5项业务,加强内部职能整合和外部资源对接,打通服务群众"最后一千米"。指导法律顾问入村服务1800余次,通过"法润民生"微信群线上服务4300余次。资源力量全面下沉,实现队伍建设专业化,各所专编公务员18人、专职社工18人、专职调解员20人,引导74名村居法律顾问、104名政法网格员、889名新乡贤、260名大学生普法志愿者等多元社会力量服务基层。坚持发展新时代"枫桥经验"在浦口生根,一体式访调对接工作获司法部通报表扬。星甸司法所被评定为市级五星级司法所,永宁司法所、桥林司法所、汤泉司法所被评定为市级四星级司法所。

【浦口开发区公共法律服务中心成立】 5月28日挂牌成立。区司法局围绕突显服务经济发展作用、体现服务高端法务能力、促进优质服务资源集聚三个方面,组织专业律师、法律服务工作者、公证员、法律援助工作者,以工作规范化、事项清单化、活动常态化、团队专业化、服务信息化"五化"举措,为园区企业和群众提供公共法律服务,防范和降低法律风险,保护企业投资合法权益,打造最佳营商环境,促进企业健康发展。至年末,参与园区重大决策5次,举办法治培训4场、专项法治宣传3场,提供法律咨询500余人次,对园区中小企业走访与复工指导40多家次,代写法律文书57件,代理园区南京博郡汽车有限公司、南京盛和新能源新科技有限公司员工群体性讨薪法律援助193件。

【浦口区知识产权维权援助分中心成立】 6月23日揭牌成立。通过贯彻落实市委、市政府《南京市优化营商环境政策新100条》,健全知识产权维权援助服务网络,为企业提供维权援助、纠纷协调、专业指导、预警分析和知识产权公证等法律服务业务。至年末,中心接待南京某检测有限公司等投诉咨询12件,成功调解专利代理合同纠纷案件2例,挽回经济损失18.15万元,受理某建设有限公司涉及侵害作品信息网络传播权法律援助8件,办理市知识产权保护中心流转电商专利侵权案件4件,开展专项知识产权类法治宣传8场次。

(杨灿)

仲　裁

【概况】 2020年,受理仲裁案件707件,其中劳动报酬类397件,社会保险类59件,经济补偿、赔偿金类175件,劳动关系类64件,其他类12件。结案707件,结案率100%。裁决370件,调解225件,撤诉76件,其他方式36件,涉案金额2152.88万元。通过申请人主动提出、"12333"平台转入等渠道开展案前调解482件,调解成功444件,调解成功率92%。

【群体性劳动争议调处】 根据群体事件防控机制工作要求,以预防为主,及时介入群体性劳资矛盾的协调处理。与区劳动保障监察机构沟通配合,及时介入处理,化解集体争议。全年协调群体性劳动纠纷4起,置换仲裁调解书110份,涉案标的600余万元。

【基层调解组织】 街道劳动人事争议调解中心建立重点单位联系制度。对辖区内劳动纠纷频发的单位定期主动服务,坚持用工情况掌握在先、劳动纠纷预防在先、积极化解矛盾在先。受理劳动者的劳动争议调解申请,在调解过程中向双方宣传劳动法律法规规定,引导双方理性解决劳动争议。

【仲裁普法宣传】 开展企业劳动保障法律法规培训班1期,参培企业250余家,发放宣传资料400余份。针对企业疫情期间在用工管理和劳动争议预防、化解等方面的问题,给出合理建议和意见,提高企业对劳动法律法规的理解和运用。

(李瑞华)

· 文稿编辑　杨　友 ·

军　事

国防动员

【概况】 2020年，紧跟国防动员体制改革进程，调整完善区国防动员委员会成员及工作机构，规范运行机制。按照战区重点领域潜力专项核查要求，抓好国防动员基础建设。修订政治动员、军事行动、后装保障预案，更新退役军人数据系统。组织民兵情报信息员培训2期60人，提升民兵情报信息员业务能力。做好国防教育、日常战备和征兵等工作。

【国防教育】 建立健全全民国防教育组织机构和工作机制，制订国防教育宣传计划。召开区委常委议军会，调整区国防动员和国防教育委员会领导机构组成人员。组织江浦高级中学、永宁中学、汤泉中学等2000多名学生军训，上国防教育课20次。与区委宣传部、区委党校、区教育局联合开展"红色文化进校园、革命精神代代传"活动。组织区内高校网上国防知识竞赛、国防教育进高校图片巡回展，利用"名家讲坛""道德讲堂"等文化场所，开展国防教育主题网上授课辅导、国防教育"进学校、进社区、进企业、进机关"和"最美现役军人、最美军嫂、最美退役军人"评比活动，开设"微课堂"，组织民兵学习国防法规。宣传双拥、国防教育典型，被南京市委宣传部、南京警备区政治工作处、南京市国防教育委员会办公室联合表彰为组稿先进单位。

【日常战备】 规范街道、学校和企业武装部的"三室一库"〔作战室、作战值班室、战备数据资料室，指挥（物资）器材库〕建设，检查维护区域内26处坑道，研究制定相应管理措施，确保战备设施安全和正常运转。落实战备值班制度，履行值班职责，定期组织战备值班分队演练，利用元旦、春节、"五一"等节日战备时机，逐一组织战备拉动9个街道（含江北新区）民兵应急排，锤炼快速反应能力。

【征兵工作】 以确保"五率"（报名率、上站率、合格率、择优率、退兵率）标准考评排位靠前为目标牵引，聚力抓好征兵工作。开展征兵宣传，做到区级设点宣传社区全覆盖、街道上门宣传适龄青年家庭全覆盖、进校园宣传大中专院校全覆盖、微信建群宣传应征青年全覆盖。针对疫情防控常态化形势，围绕大学毕业生征集工作重点和难点，采取"高校包到班，社区访到户"的方式，精准宣传，精准动员，利用网络"云端"直播课堂向大学生宣讲征兵政策，深入高校征兵调研，提高大学毕业生征集比例。常态化设置征兵体检站，大学毕业生预征对象随到随检。落实疫情防控体检管理，各街道、高校先行组织预征青年核酸检测，应征适龄青年凭核酸检测报告、苏康码、行程码、量体温、全程佩带口罩参加征兵体检。严把体检、政审关，抓好役前训练，坚持廉洁征兵、阳光运作，设立举报电话、信箱42部（个），选派52名廉洁征兵监督员全程参与征兵监督；严格体检和政治考核，选送体检、政治考核"双合格"新兵入伍；完成征兵任务，实现征兵零举报目标。（杨贡斌）

人民武装

【思想政治建设】 2020年，区人武部将深入学习领会习近平新时代中国特色社会主义思想和习近平强军思想、中共十九届五中全会精神作为党委中心组及部机关思想政治建设的重要内容，学好用好《习近平论强军兴军》《习近平强军思想学习纲要》《习近平谈治国理政（第三卷）》等权威读本，坚持党委集体学、领导带头学、个人自觉学、互帮互促学，每人订一份学习计划、建一个学习档案，常效落实每周四晚"理论小夜校"读书学习活动。全年组织6批专武干部、民兵参观王荷波纪念馆、江北新区规划馆、老浦口火车站等，传承红色基因，培育过硬战斗精神。开展"五看五增强"（看党的坚强领导，增强忠诚品质；看巨大制度优势，增强"四个自信"；看人民军队中流砥柱，增强使命担当；看"最美逆行"英勇壮举，增强战斗精神和血性；看全国人民万众一心，增强战"疫"必胜信念）教育活动，讲述一线抗疫人员"为国分忧、为民解难"的爱国主义精神，"义无反顾、逆行而上"的勇于献身精神，"舍小家、为大家"的无私奉献精神，"一方有难、八方支援"的大爱无疆精神，"尽心尽力、忠于职守"的勤勉敬业精神，打好疫情防控阻击战，为人民群众的生命安全和身体健康保驾护航。巩固拓展"不忘初心、牢记使命"主题教育成果，区人武部机关获军职教育2门以上职业教育资格证书27人，发表理论调研文章12篇，撰写学习心得628篇。在市级以上媒体发表稿件234篇（中央级媒体40篇、省级媒体38篇、市级媒体156篇），区人武部被江苏省军区表彰为全面建设先进人武部，被市委宣传部、南京警备区政治工作处、市国防教育委员会办公室联合表彰为组稿先进单位。江浦、星甸2个街道武装部被南京警备区授予“基层武装工作先进单位”称号。区人武部部长吕华吾被中央军委国防动员部表彰为练兵备战先进个人，人武部机关干部、职工和专武干部15人被南京警备区授予先进个人称号。

【安全管理】 树立安全发展理念，建立安全工作组织领导、形势分析、风险评估、应急处置、检查考评等制度，每周组织一次安全大检查，每月召开一次安全形势分析会，每季度组织一次安全和保密工作检查、分析和讲评，每半年组织一次信息保密、消防常识教育和应急处置演练，提高所属人员安全意识和紧急避险、自救互救等安全综合能力素质。加强安全基础建设，改造作战室、兵器室、文印室、宿舍楼和营院，完善内部配套设施，安装门禁系统，新建指挥通信、监控安防系统，实现重要军事目标、关键要害部位视频监控、安全报警全覆盖。每年组织私家车驾驶员集中到驾校复训和考核，签订安全行车责任书。加强网络舆情监控，与地方通信、安全等部门协作配合，建立健全工作会商、联合办公、联合执法和军地互联网安全防范协作机制。组织开展“四反”（反心战、反策反、反渗透、反窃密）教育，实现建部以来无案件、无事故目标。

【后勤综合保障】 围绕现代保障建设目标，完善后装保障需求计划提报、经费物资供应和服务保障运行机制。组织机关营院综合整治，指导区国防教育训练基地靶场维修改造，实行军用物资采购网络化、油料保障和饮食保障社会化。全年组织民兵保障分队专业集训6批次，完成抗洪抢险、森林防火、对口保障分队等军事训练考核、全市民兵抗洪抢险骨干集训等人员协调、训练场地、训练器材、参训人员食宿等全程保障任务。腾出空闲办公室，建成征兵一站式服务机构，开通军职教育网，建成图书室、文体活动室，协调区城建集团出新人武部办公楼外立面，改善机关办公和生活条件。

【双拥共建】 持续开展大联勤活动，打赢脱贫攻坚战，提升双拥共建质量。1月，出动民兵1000余人次、各类扫雪机械及车辆26辆，扫雪除冰保交通。2—6月，出动民兵8000余人次，参与新冠肺炎疫情防控和复工复产，值守路口、检查过往车辆、排查返乡人员、发放宣传资料，协助企业运行正常，坚决打赢疫情防控阻击战。6—7月，出动民兵1000余人次，投入全区河道、水库、涵闸巡逻和险工险段排查，建立军地水情监测、24小时值班等制度，处置险情12处。组织民兵参与大联勤安保执勤、巡逻、创建全国文明城市等活动。协调区有关部门安排随军家属3人、退役士兵2人到合适岗位就业，协调解决军人子女入学难题。组织基层武装部开展“关爱功臣、关爱老兵”走访慰问活动，发放慰问金。机关4名党员干部与永宁街道友联社区4名特困户结成对子，定期帮助他们解决生活困难。组织开展“慈善一日捐”、捐资助学活动，捐款1.6万元。区人武部被市政府、南京警备区联合表彰为创建全国双拥模范城优秀集体。 （杨贡斌）

民兵预备役

【概况】 2020年，坚持从难从严立起打仗标杆，聚焦主责主业，聚力练兵备战，强化党委机关自身训练和民兵分队训练。组织机关全体人员10千米行军拉练、轻武器实弹射击等科目考核，全面提升干部、文员、职工“走、打、吃、住、藏”能力。开展民兵整组，落实民兵思想政治教育，按照年度军事训练计划，组织应急连民兵集中轮训备勤、抗洪抢险民兵骨干集训、民兵营连长集训；组织森林防火实兵实装联合演练，提高森林防火应急指挥、三级联动、军地联合扑救森林火灾的能力。承训全市多名民兵冲锋舟教练员骨干集训和抗洪抢险水上演练。

【民兵整组】 浦口区贯彻中央军委国防动员部、省市民兵调整改革任务部署会议精神，印发《浦口区2020年深化民兵调整改革工作方案》，成立以分管副区长任组长的浦口区民兵调整改革领导小组，召开全区深化民兵调整改革暨民兵整组任务部署会，与各街道签订军令状，与专武干部签订责任书，压实各级责任。根据辖区内高新企业分布情况，精准组织民兵编组，拟制“传统分队依托街道，新质分队依托高新企业”的编组模式，先后走访北斗集团、欣网通信集团、咸享国际应急救援中心等30多家高新企业，对接江北新区开发区、浦口高新区、研创园等5家园区，根据人才结构下达编组任务，建强网络攻防、无人机、高新装备维修等新质民兵编组数量，实现新质分队专业对口，民兵新质力量占比逐年提升。

【民兵思想政治教育】 结合民兵整组，制订下发民兵岗位练兵年度政治思想教育计划，将政治思想教育贯穿军事训练全过程。探索民兵思想政治工作的方法途径，与北斗集团等10多家高新企业开展联建活动，拓展民兵思想政治教育的渠道。依托地方政务网等载体创建民兵政治教育网页、“网上青年民兵之家”，通过民兵微信群、QQ群等定期发送政治教育资料，借助手机短信报知、民兵网络管理等平台组织知识竞赛，拓展教育空间，深化教育效果。倡导熏陶式教育，用设置灯箱、橱窗、LED，张贴英雄画像、宣传图片、励志标语等方式，让民兵在军事文化氛围中接受熏陶；结合入队、升旗、宣誓等仪式，让民兵在仪式活动中接受熏陶；组织参观三浦战役英雄纪念碑、王荷波纪念馆等场所，培育过硬的战斗精神，让民兵在红色革命传承中接受熏陶；强化爱武精武的政治热情和使命担当。结合森林防火、抗洪抢险、备勤训练时机，组织民兵集中学习习近平强军思想和中共十九届五中全会精神及网上政治理论学习考核，利用主流媒体、社会媒体、自媒体、微信公众号、微信群等平台，培养、总结和宣传典型，鼓舞民兵斗志，激发民兵爱军习武和练兵热情。10月23日，各街道武装部组织民兵集体收看“纪念中国人民志愿军抗美援朝出国作战70周年大会”直播，与直播现场一起唱国歌、默哀，聆听习近平总书记重要讲话。会后，组织专题学习和讨论，观看《为了和平》《英雄儿女》等系列专题片，加深民兵对抗美援朝历史的记忆，弘扬伟大抗美援朝精神，激发民兵投身强国强军伟大实践，立足岗位，精武强能，争当新时代优秀民兵。

【民兵军事训练】 修订完善应急行动预案，加大实战化训练力度。坚持以习近平总书记强军思想和开训动员令为指导，聚焦主责主业，聚力练兵备战。1月2—17日，区人武部主官、文职人员全副武装，随南京警备区开展的陌生地域、复杂环境下"实战临机课目综合检验"徒步行军，历时2个多小时，行程10余千米。抵达某训练基地后，随即转入轻武装实弹射击等课目训练考核，年度实战化训练拉开序幕。组织森林防火应急连民兵集中训练15天，采取"学、练、讲、研、考、演"方法，系统学习森林防火业务知识、扑火机具操作与使用等知识。17日，在南京老山森林公园举行森林防火实兵实装演练。6—12月，在区国防教育训练基地组织民兵训练4批次。全年各民兵专业分队所训科目考核成绩均在合格以上，优良率85%以上。12月15日，人武干部、文职人员参加警备区军事理论、战术标图、轻武器实弹射击、体能等考核，取得良好成绩。

【非战争军事行动】 年初，着眼遂行非战争军事行动需要，严密组织应急连民兵集中训练，时刻为抢险救灾备勤。组织森林防火实兵实装联合演练，提高森林防火应急指挥、三级联动、军地联合扑救森林火灾的能力。新冠肺炎疫情暴发后，启动应急响应机制，出动民兵参与坚守高速路口、快速通道、街场入口等防控重点位置120处，检查过往车辆2万辆次；排查返乡人员1万余户3万余人，劝散聚集人群20次，劝返外来人员1600人；发放疫情防控宣传资料3万份，协助企业复工复产、重要场所清洗消毒350余次。发挥民兵党员突击队作用，6名党员专武干部、民兵被南京警备区表彰为抗疫先锋，经验做法被警备区转发。7月7日，浦口区连降大雨，长江、滁河水位持续上涨，区人武部启动民兵抗洪抢险应急预案，组织各街道民兵抗洪抢险分队参与全区江河、堤坝、水库巡逻和险工险段排查。7月15日10时，桥林街道通江河高旺河段出现散浸点，民兵抗洪抢险突击队员迅速投入抢险战斗。灌装砂石14吨，输送砂石袋920个，填埋土坑60立方米，堆叠黄土包2000个。经过4个多小时连续奋战，排除散浸风险，中央电视台新闻直播间报道街道民兵抢险救灾事迹。组织民兵参与大联勤安保执勤、全国文明城市创建等活动，发挥民兵在非战争军事行动中突击队作用。

【军地三级联动森林防火演练】 1月17日，区人武部组建民兵森林防火应急连，探索建立与老山森林消防队、驻区部队某基地、浦口区消防救援大队的三级联动森林防火机制，在南京老山森林公园，组织区民兵森林防火应急连、驻区部队、浦口区消防救援大队300余名官兵，开展森林防火实兵实装应急联合演练，由区人武部部长统一组织指挥。参演队员身穿防火迷彩服，携带扑火器材，投入灭火行动。系统演练扑火机具操作与使用、扑火战术研讨交流、扑火行动组织与指挥、灭火器材装配、灭火弹投掷、风力灭火机和森林消防车灭火等课目，达到预期目标。

【民兵整组检查】 4月24日，南京警备区检查组一行到浦口区检查民兵整组工作。先后到中车南京浦镇车辆有限公司、江北新区顶山街道、浦口区江浦街道，查看人员编组落实、台账资料准备、民兵党组织建设、对口保障任务和预征预储合同及装备落实情况，点验拉动首批组建的4个民兵分队。检查组对区人武部民兵整组工作进度快、人员编组实、党员和退役军人比例高表示肯定。此次民兵整组，区成立以分管副区长为组长的民兵整组工作领导小组，制定《浦口区2020年民兵整组工作实施方案》《浦口区2020年民兵整组工作时间任务表》等，严格按照"七个落实"（人员落实、比例落实、对口保障任务落实、档案落实、点验落实、党组织落实、制度落实），早宣传、早准备、早发动。召开民兵整组工作会议，摸清民兵底数，掌握年龄、性别、健康、特长及流向等情况，确保不漏、不错、不重一人。严格落实责任制度，每名机关干部、文职人员和职工分片包干2个单位，检查督导和汇总通报街道、企业单位和高等院校武装部民兵整组推进情况，发现问题及时整改，确保优先将退伍军人和思想好、身体好、素质高的青年编入民兵队伍。

【民兵冲锋舟教练员集训】 5月24日，南京警备区委托区人武部在浦口区国防教育训练基地开训，高淳、江宁、六合等11个区的民兵冲锋舟教练员参训，为期一周。集训按照"教、学、练、考、演"一体化的方法，邀请生产厂家、民兵冲锋舟"四会"教练员授课，采取理论辅导、

2020浦口区老山森林防火实战化综合演练　　（杨贡斌　提供）

经验交流、示范讲解、水上演练等方式组织实施，严把训练标准，细扣操作动作。31日，全市民兵冲锋舟教练员集结浦口区响堂水库，举行抗洪抢险水上抢险课目实战演练。参训人员顶烈日、战高温，全过程就冲锋舟装备安装调试、编队行进、水上救援、水上越障、搜救落水人员、转运物资等进行强化训练和考核，达到“人人会熟练掌握驾驶技能，个个能独立操作并排除故障”的集训目标。

【“云端”征兵直播进校园】 5月26日至7月26日，浦口区征兵办联合江苏卫生健康职业学院、南京铁道职业技术学院等4所高校，利用网络云直播课堂、微信公众号、校园ERP系统、学生工作交流群、人武部工作网站等线上宣传工具推送国家和省市征兵政策、征兵动态。“云端”征兵直播现场，区征兵办工作人员宣讲征兵政策，在线答疑，播放大学生入伍视频，与大学生零距离网络解答、云讲解、云交流，分享新时代大学生参军入伍、投身军营的感人事迹，鼓励大学毕业生参军报国。征兵期间，网络“云端”直播课堂宣讲征兵政策32场次，全区按市下达指标完成征兵任务。

【民兵应急连轮训备勤练兵】 6月8—14日，区人武部党委聚焦主责主业，聚力练兵备战，按照南京警备区民兵军事训练计划安排，组织应急连民兵在区国防教育训练基地开展为期7天的集中轮训备勤集训。集训采取全封闭式集中管理，训练内容包括政治教育、队列动作、3000米越野、实弹射击、单兵战术基础、警棍盾牌操作使用、手榴弹投掷等课目。集训期间，军政主官一线指导，机关干部、文职人员、职工和街道专武干部全程跟训，严格一日生活制度，既担指挥员、又担教练员和战斗员，在练兵中锤炼打赢本领。参训民兵各课目成绩均在良好以上，优秀率85%以上。李克祥等10名民兵被表彰为实弹射击先进个人，魏东等7名民兵被表彰为手榴弹投掷先进个人，杨珂等27名民兵被表彰为优秀学员。

【预定新兵役前集训】 8月21—30日，区人武部制定《预定新兵役前防控实施细则》，组织南京信息工程大学、南京铁道职业技术学院等4所高校和江北新区、浦口区9个街道预定新兵，在区国防教育训练基地举行役前训练。集训期间，组织核酸检测，查验苏康码，区卫健委选派主检医生2人、护士2人全程跟随保障，并组织复查复检，准确掌握预定新兵思想动态和健康状况。预定新兵役前训练实行全封闭式管理，各类通信工具统一收缴、集中存放，过好一日生活；严格正规训练，抽调退役返乡带兵骨干、训练尖子、精武标兵任教员组成示范班，落实政治教育、条令学习，规范站、坐、蹲、跑、走姿势，开展队列训练、整理内务、紧急集合、体能训练、手榴弹投掷、瞄靶训练等15个课目训练和考核。预定新兵考核成绩均为良好以上，为适应新兵连生活打下基础。

【民兵对口保障分队集训】 12月4日，在浦口区国防教育基地开训，270名对口保障分队民兵参训，邀请现役部队军事训练骨干全程参与组训。严格按照《民兵军事训练大纲》规定，从夯实基础、强化专业2个方面，训实训强民兵各专业保障分队，同时集中落实民兵政治教育。夯实基础，包括单兵战术基础、轻武器射击瞄靶、手榴弹投掷等课目；强化专业，涵盖通信保障、气象保障、工程抢修、伪装防护、防化救援、安全警戒等10余个科目。集训期间，人武部主官全程跟训，一线督导，严格一日生活制度，参训民兵练兵场上比斗志、比作风、比纪律，从严锻炼民兵队伍。 （杨贡斌）

人民防空

【概况】 2020年，浦口区人民防空建设围绕省、市人防办下达的年度目标任务，履行“战时防空、平时服务、应急支援”的任务，做好人防军事斗争准备。深化人防建设与经济建设融合发展，统筹推进疫情防控和复工复产，强化基本指挥所、预备指挥所和机动指挥所标准化管理，制定管理制度，明确目标计划，责任到人，确保常态化，定期与市人防办联调联试，提升日常战备水平。机动指挥所每月进行一次机动训练，每季度进行一次综合拉练。跟踪了解防空袭方案成员单位人员调整变动情况，调整修订区防空袭方案，对区、街道两级指挥班子进行重新调整定位。指导街道完善防空袭方案，做到方案可行管用。完成重要经济目标防护试点任务，指导辖区内重要经济目标单位落实指挥机构和防护力量，编制防空袭方案，完成重要经济目标防护管理数据库，开展日常训练、演练。结合“5·12”防灾减灾日等重要节日，组织辖区机关、社区、学校、企业等干部、群众、职工、学生开展疏散与隐蔽课目演练。12月16日，参加重要经济目标综合防护演习。全年组织各类防空袭演习10次，完成受领任务、预警报知、人防工程平战转换、专业队集结及训练等5个参演科目，参演人员508人。加强辖区警报器维护管理、安全检查和定期鸣放，电声警报器和多媒体警报器维护管理和安全检查2次；制定警报器管理人员登记报备制度，强化多媒体警报器信息发布，指定专人负责，明确职责，规范信息发布权限和流程。完成新增电声警报器的选址、建设任务；完成“9·18”全省防空警报试鸣和“12·13”全国公祭日警报鸣放任务；完成多媒体警报器电子屏运营管理权划转区融媒体中心工作。浦口区人防办被江苏省人防办表彰为2020年度县(市、区)人防工作先进单位；在全市人防目标责任调研工作中，与栖霞区、雨花台区人防办并列第一。

【人防工程维护和监管】 组织开展人防工程安全隐患大排查大整治、年检备案等工作，维护管理、行政执法、人员培训、年检备案到位率100%。将当年竣工验收备案的项目纳入检查，根据安全工作要点，全年组织安全管理情况检查4次、防汛检查1次，整改问题工程12个，整改完成率100%。加强对违规使用人防工程的情况调查，处理投诉举报工单12件，处理案件3件，处罚到位率100%。6月，联合区房产局在区委党校举办人防工程维护管理与安全工作业务培训，区人防办、区房产局相关科室人员，街道、社区人防监管人员和人防工程管理使用单位负责人96人参加培训。培训重点学习落实《江苏省人民防空工程建设使用规定》《江苏省人民防空工程标识技术规定》，普及人防工程的消防安全管理知识，发放《南京市人防工程维护管理检查手册》,并结合实际选取一项工程进行现场教学。全年列入维护管理的人防工程全部年检备案并签订维护管理协议。

【基层人防工作】 2020年,全区有社区人防工作站76个,完成规范建设5个。健全和加强基层人防队伍建设,注重调动和发挥街道人防承上启下的桥梁纽带作用。基层人防工作站利用“9·18”防空警报鸣日等重要节日,开展广场宣传教育活动,宣传人防法律法规,营造全社会关心、参与人防工作的氛围。组织社区抓好人防知识宣传和应急疏散演练,向居民普及防空防灾和自救互救知识,帮助居民掌握应急疏散的程序和方法,提高居民应急避险能力。年初,开展基层人防工作调研,指导基层抓好人防工作,按照人防专项经费使用管理要求,制定相关制度,列出支付项目,规范专项资金使用。4月20日,召开全区基层人防工作会议,制定《2020年浦口区社区人防工作实施意见》,指导街道、社区加强人防工作站规范化管理、人防工程依法监管、人防专业队按标准整组和警报器按规章维护管理工作,规范社区人防工作,提高社区战时防空、平时防灾救灾能力。

【人防宣传教育】 加强人防宣传教育工作探索与研究,建立宣传教育长效机制。定期更新“人防宣传一条街”宣传栏目和内容;结合“5·12”防灾减灾日和“9·18”防空警报试鸣日,突出主题,开展广场、社区宣传教育活动,宣传人防法律法规。建立人防宣传教育互动合作机制,与区融媒体中心沟通,制作人防公益广告和微视频,与宣传部沟通,定期在全区电子屏上播放,提高人防宣传教育实效。12月,在光大水务(南京)有限公司开展人防宣传进企业试点工作,提升人防知识的普及率及覆盖面,增强企业职工的防空防灾意识和自救互救能力。开展中小学人防知识教育,全区24所小学四年级71个班级征订《小学生人防知识读本》3050本,17所初一年级73个班级征订《人防知识》教材2850本、多媒体辅助教材30套,开课班级144个,人防知识开课率100%。全年人防教师培训2次,9月16日在浦口实验学校召开人防知识教学推进和师资培训会,全区各中小学分管领导和人防老师100余人参加;9月23日—25日,组织全区初中18名人防老师参加市人防办组织的集中培训。构建区、街道和社区三级宣教网络,在省市人防和区政务网站报送信息40余条,被市人防办采用33条,被省人防办采用10条,被省、市人防微信公众号采用各7条。人防工程公益广告视频在全省国防人防微视频暨人防公益广告视频征集活动中获优秀奖。

【人防队伍按纲施训】 5月27—29日,组织江浦街道、永宁街道、江浦水厂3家单位专业队骨干参加市人防办在溧水疏散基地组织的集训,重点围绕《人民防空训练与考核大纲》,按照“快速准备、全面准备、实战准备”要求,结合全市重要经济目标的防护建设情况,对重要经济目标防护行动指挥和人防专业队训练组织实施等内容进行培训。6月3—5日,区人防办分管领导、3名指挥通信科干部参加市人防办在溧水疏散基地组织的集中训练,重点围绕人防指挥部演练的组织与实施、人民防空疏散的组织与实施等内容进行培训。9月27—29日,组织全区人防机关干部和基层人防工作骨干在溧水疏散基地开展集中训练,重点围绕《人民防空训练与考核大纲》,就国家安全形势、人防指挥训练的组织与实施、军事识图用图、人民防空专业队训练的组织与实施等课目授课,穿插队列训练和体能训练,主要采取集中动员、专家授课、分班训练、理论讲解和实践操作相结合的方法实施。10月13—15日,组织区信息中心、浦口生态环境局、区卫健委3家单位专业队骨干参加在溧水疏散基地组织的集训,重点围绕《人民防空训练与考核大纲》,按照“快速准备、全面准备、实战准备”要求,结合市重要经济目标的防护建设情况,对重要经济目标防护行动指挥和人防专业队训练组织实施等内容进行培训。

(陈佳美)

·文稿编辑 杨万友·

城乡建设

综　　述

【概况】　“十三五”期间,浦口区城乡面貌显著改变。完成中心城区控制性详细规划全覆盖和全区街村布局规划编制,推进“一城一区一片一链”建设(活力江浦城、智造桥林、魅力老山、沿山沿河景观项链),累计投入1780亿元,基本实现城镇大部分棚户区、危旧房改造、生活污水处理、厕所革命等全覆盖,天然气管网街街通。江浦街道完成老旧小区更新改造65个,完成文德路、凤凰大街等道路改造17条,沿街风貌焕然一新。老山南、北片区分别形成“三纵四横”“两纵两横”路网格局。城南新中心对接江北新区核心区,启动“城市新客厅”建设。桥林新城拉开智能制造产业片区、滨江风光带片区新框架,推进地铁小镇建设。汤泉、永宁、星甸3个街道完成省市级新市镇建设57个。全面开展农村人居环境整治,创建示范村38个、特色村15个、宜居村37个,不老村、水墨大埝等村庄获评12项“国字头”“省字头”殊荣。老山线、长江线等5条乡村精品旅游线路竣工,实现全区美丽乡村、主要景点串珠成链。浦口区获评省“四好农村路”示范区、国家数字乡村试点地区。

(发改委)

2020年,浦口区完成农村人居环境整治提升工作,图为整治后的汤泉街道

(钟倩　提供)

【浦口区国土空间规划(2019—2035年)】　2020年,浦口区以第三次全国国土调查成果为基础,综合考虑规划基期用地现状与空间规划管理需要,参照《江苏省国土空间规划分区与用地分类指南》《江苏省国土空间总体规划基数转换及审定办法》要求,形成基期现状用地底数和底图。通过历史影像图、用地批文、产权登记证书等举证,村庄搬迁协议,采矿许可证等证明材料,梳理找回建设用地。划定“三区三线”(根据城镇空间、农业空间、生态空间三种类型的空间,分别对应划定的城镇开发边界线、永久基本农田保护红线、生态保护红线三条控制线)。根据浦口区发展需求,市区两级联动,在市级双评估基础上,确定城镇开发边界线;依据全国第三次土地调查成果,核实永久基本农田划定现状情况,将集中连片、质量较高的耕地优先划入基本农田;严格落实市级生态保护红线,确保生态红线与基本农田无冲突。

(茆荣娇)

【农村人居环境整治提升】　2020年,浦口区坚持“六专”(专班推进、专业规划、专题培训、专款支持、专项督查、专门考核)推进机制,以全域覆盖、全面整治为标准,统筹推进农村人居环境整治提升各项重点任务。完成241个村庄整治提升任务,累计完成528个村庄综合整治提升;完善道路、公厕、停车场、健身活动广场等配套设施,占全区村庄总数的95%;完成265个村庄污水处理站以及1座运维中心建设,累计完成污水处理站建设532个,实现自然村组生活污水处理设施全覆盖;建立完善长效管理制度,做到垃圾治理、污水处理、厕所革命、村容村貌提升、村庄亮化、长效管护六个全覆盖,清理垃圾25479吨,清理河塘沟渠、排水沟3410处,悬挂张贴宣传横幅标语3414条,村庄环境干净整洁有序,农民群众获得感、幸福感显著增强。

(俞涛)

【国家数字乡村试点区建设】　10月23日,浦口区被选为国家数字乡村试点地区。实施国家数字乡村试点区建设重点项目，到2021年，基本实现乡村农业生产智能化、经营网络化、管理精准化，推进农业资源利用方式转变；乡村数字治理体系基本完善，人居环境有效改善，村务管理阳光便捷；依托浦口地域优势，通过大数据、人工智能等新技术，实现线上农业云游、生态绿色浦口，打造浦口全域休闲农旅新名片。到2022年底前，数字乡村建设明显提升。探索形成全区数字乡村“112253”发展路径，即完成1个目标（全国数字乡村建设试点区目标）；建立1套机构（发挥数字乡村建设领导小组及专办组织协调作用）；建设2个中心（大数据管理中心、分析决策中心）；实行“2端共行”（三农手机端、数字乡村电脑端）；打造5大平台（农业大数据归集共享平台、农产品安全溯源监测平台、农村电商培育平台、数字农业农村服务平台、乡村数字治理平台）；实现3大提升（生产经营智能化提升、管理服务精细化提升、乡村治理数字化水平提升）。 （杨基楼）

2020年浦口区城乡建设部分重点项目一览表

表19 单位：亿元

序号	项目名称	建设地点	建设性质		计划总投资	建设内容及规模	开工时间	竣工（计划竣工）时间	当年完成投资	牵头部门
			续建	新开工						
1	G104南京北段改扩建工程	起于苏皖交界汊河，止于花旗村	√		7.80	实施长约6千米，路基宽32米的路基、路面、桥梁、绿化和交通工程	2015年9月	2021年12月	0.61	交运局
2	桥林中心城区保障房	东至丰子河路，南至浦乌路，西至香樟路，北至百合路	√		30.00	北区建设保障房36.2万平方米，南区建设保障房28.1万平方米	2016年9月	2022年6月	1.00	房产局
3	丰子河路一期	起于塘中路，止于桥林大道	√		34.46	长9.8千米，宽60米，实施路基、路面、排水、绿化等工程	2016年12月	2021年12月	6.00	交运局
4	城西路换乘枢纽	东至巩固路，南至沪陕高速，西至建设路，北至地铁10号线雨山路站	√		6.87	总建筑面积11.5万平方米，包括旅游服务中心、二级集散中心、换乘中心、公交停车场、车辆维保厂，综合配套以及商业配套设施等	2017年2月	2020年12月	4.50	交运局
5	大新9号地	东至吉庆路，南至兴新路，西至定向河路，北至安置房南圩十字河	√		6.75	建设保障房12.88万平方米	2017年4月	2020年12月	0.87	房产局
6	大新8号地	东至珍珠南路，南至兴新路，西至吉庆路，北至安置房南圩十字河	√		7.15	建设保障房13.9万平方米	2017年4月	2020年12月	0.77	房产局
7	百合路南延	起于听莺路，止于桥林大道	√		7.47	长5.9千米，宽35米，实施路基、路面、排水、绿化等工程	2017年9月	2021年12月	0.50	交运局
8	兰桥六期A组团一期保障房	东至听莺路，南至枕河路，西至梨园路，北至浦乌路	√		10.44	建设保障房24.9万平方米	2017年9月	2020年12月	1.75	房产局
9	巩固9号地经济适用房（拆迁安置房）	东至新南路，南至江森路，西至芝麻河，北至园创路	√		13.36	建设保障房24.3万平方米	2017年9月	2021年6月	3.51	房产局
10	兰桥十期保障房（含幼儿园）	东至丰子河路，南至杜英路，西至香樟路，北至龙港路	√		8.75	建设保障房16.6万平方米、幼儿园0.4万平方米	2017年9月	2021年6月	1.00	房产局
11	桥林老城片区综合开发（新型城镇化试点）	东至滨江大道，南至秋江路，西至沿山大道，北至林中路	√		91.81	分为水街片区、姚庄片区、明因寺片区及石碛河两岸，总面积4.34平方千米。拆除老旧小区，通过建筑整治、环境提升及道路、管网等基础设施配套，改善居民居住环境，打造石碛河生态景观廊道	2017年10月	2022年10月	4.94	建设局

续表 19

单位:亿元

序号	项目名称	建设地点	建设性质		计划总投资	建设内容及规模	开工时间	竣工(计划竣工)时间	当年完成投资	牵头部门
			续建	新开工						
12	海峡两岸科工园海科新寓保障房D区	东至台南路,南至海桥路,西至五华路,北至嘉义路	√		5.50	总建筑面积10.6万平方米,包括保障房、基层社区中心	2017年10月	2020年10月	1.00	房产局
13	丝兰湖保障房二期	东至丝兰湖,南至景天路,西至步月路,北至百合路	√		6.50	总建筑面积14.3万平方米,建设8栋18层住宅楼	2017年12月	2021年6月	3.12	房产局
14	琼花湖保障房一期	东至金鼎路,北至紫峰路	√		6.96	总建筑面积15.3万平方米,建设6栋19层住宅楼	2017年12月	2021年6月	3.40	房产局
15	海都嘉园三期	东至海都二期,西至白马路,北至九二小区	√		6.00	建设保障房5万平方米	2018年3月	2020年12月	0.64	房产局
16	桥林产业人才共有产权房	东至秋荫路,南至宁乌公路,西至步月路,北至丹桂路	√		50.00	总建筑面积32.3万平方米,新建人才共有产权房、基层社区中心、幼托及配套设施	2018年3月	2021年6月	5.70	房产局
17	浦欣家园四期(含幼儿园)	东至新马路,南至浦欣三期,西至柳南路,北至浦珠北路	√		11.00	建设保障房21.5万平方米、幼儿园0.6万平方米	2018年9月	2021年12月	1.00	房产局
18	兰溪公园	东至光明路、兰源路,南至台北路,西至礼泉路,北至沿山大道	√		8.82	建设景观绿化、土方、道路工程、景观桥工程、生态护坡、主题公园、园林景观、水体改造工程等	2018年9月	2020年12月	3.30	城管局
19	丁香路南延	起于步月路,止于桥林大道	√		6.12	长5.2千米,宽30米,实施路基、路面、排水、绿化等工程	2018年9月	2021年12月	0.70	交运局
20	兰桥六期A组团二期经济适用房(拆迁安置房)	东至听莺路,南至枕河路,西至梨园路,北至浦乌路	√		10.77	建设保障房14.1万平方米、社区中心1.2万平方米	2018年12月	2022年6月	4.00	房产局
21	巩固12号地经济适用房(拆迁安置房)	东至科新路,南至江淼路,西至新南路,北至园创路	√		10.00	建设保障房18万平方米	2018年12月	2021年12月	1.00	房产局
22	谢营1号地租赁住房	东至宁合快速路,南至花园东路,西至珠泉西路,北至城南河路	√		11.00	建设长租房11.9万平方米	2019年3月	2021年9月	4.44	房产局
23	龙华路地铁站地块拆迁工程	东至烟草仓库边界,南至文德路,西至河滨路,北至公园北路	√		13.80	完成居民353户、商业92户、企业13家拆迁,占地面积4.9万平方米	2019年12月	2020年12月	11.67	拆管中心
24	高华五期	东至木青北路,南至水仙路,西至孙觉路,北至水星大道	√		13.00	建设保障房17.7万平方米	2019年12月	2022年12月	6.06	房产局
25	棉场四期	地块一:府西路以东,冲西路以北;地块二:泉业路以西,侯冲路以南;地块三:泉业路以东,侯冲西路以南;地块四:泉业路以西,生态东路以南	√		10.00	建设保障房15.4万平方米	2019年12月	2022年12月	4.00	房产局

续表 19　　单位:亿元

序号	项目名称	建设地点	建设性质		计划总投资	建设内容及规模	开工时间	竣工(计划竣工)时间	当年完成投资	牵头部门
			续建	新开工						
26	拆管中心地块拆迁工程	东至凤凰台,南至城南河,西至中圣南街,北至文德路	√		7.75	完成居民156户、商业66户、企业8家拆迁,占地面积约1万平方米	2019年12月	2020年12月	6.76	拆管中心
27	高华四期	东至孙觉路,南至水仙路,西至玉带街,北至横二路	√		7.00	建设保障房8.2万平方米	2019年12月	2022年12月	4.15	房产局
28	农村人居环境整治提升——农村生活污水治理项目	江浦、桥林、星甸、汤泉、永宁街道相关村庄		√	9.35	实施江浦、桥林、星甸、汤泉、永宁街道532个村庄生活污水治理	2020年1月	2020年10月	9.35	水务局
29	余家湾二期保障房	地块北侧、东侧临滁河故道沿岸,南侧紧邻余建路		√	7.50	项目位于永宁街道大桥社区余家湾组,占地9.53公顷,安置房总建筑面积16.76万平方米	2020年6月	2022年12月	1.25	房产局
30	虎桥路等工程(浦滨路—滨江大道)	江北新区040片区		√	5.17	智地街、智人街、慧明街、慧音街、新莱街,总长2.1千米,宽16米、24米,建设道路、给水、排水、管线、人行道铺装、交通设施、路灯、绿化等	2020年6月	2022年12月	0.82	交运局
31	高新1号地保障房	东至智天街,南至园特路,西至雨合路,北至虎桥路		√	14.00	建设保障房24.05万平方米	2020年6月	2022年12月	2.06	房产局
32	356省道(西江路—苏皖省界段)拆迁工程	起于西江路,止于苏皖省界		√	5.10	拆迁面积约3万平方米,征地约144公顷	2020年9月	2022年12月	—	拆管中心
33	G347浦乌路(江浦至乌江段)改造工程	起点为宁合高速五里桥互通,终点为浦乌路苏皖界		√	7.60	路线全长24.8千米。五里桥互通至桥林大道段路线全长18千米,拆迁面积7.6万平方米	2020年9月	2023年12月	—	拆管中心
34	沿山大道北延	起于天泉路,止于江星桥线		√	5.89	全长6.5千米,实施道路、桥梁、管综、照明、绿化、交安设施及相关附属配套等工程,街道做好征地拆迁、杆线迁移及矛盾协调工作	2020年9月	2022年12月	0.50	交运局
35	沿山大道(泰工路至浦镇大街段)交通及环境提升一期工程	起自泰工路,止于侯庄互通		√	19.95	配合江北新区做好出新工作	2020年9月	2022年12月	5.00	交运局
36	356省道(西江路—苏皖省界段)工程	起于西江路,止于苏皖省界		√	40.42	全长约20千米,一级公路兼城市快速路标准	2020年9月	2023年12月	2.00	交运局
37	中心城区3号地保障房	东至水杉路,南至桥河北路,西至紫峰路,北至秋江路		√	12.20	建设保障房20.3万平方米	2020年9月	2022年12月	1.00	房产局

(陈佳美)

城 乡 规 划

【镇村布局规划编制】 2020年,浦口区启动乡村振兴空间战略与总体布局规划编制,委托南京大学城市规划设计研究院开展镇村布局规划编制工作,确保在保持村庄特色、人口数量及建设用地规模总量原则不变的前提下,明确细化村庄边界,优先保障规划发展村的建设用地规模,结合乡村旅游发展需要,预留充足用地。1月16日,《南京市浦口区镇村布局规划(2019版)》成果通过专家评审。11月9日,通过市规划资源局审查。11月23日至12月22日,规划成果在浦口区政府网站、微信公众号公示,征询公众意见。12月31日获区政府批复,为后续开展村庄规划建设实施提供支撑。

【精品线路规划编制】 2020年,结合浦口区乡村旅游道路交通体系,综合考虑自然环境、地域特色、美丽乡村资源点,遴选老山线、长江线、岐里线、苗园线、滁河线5条能彰显浦口乡村特色的线路,串联整合特色村庄、景区、景园、资源,策划相应特色主题,并对沿线各类空间单元进行分项指引,重点设计沿线景观环境,形成主题鲜明的特色引领片区。上半年完成5条精品线路规划编制,并移交施工单位。年末,精品线路建设竣工。

【城南中心片区城市设计和控制性详细规划修编】 浦口城南中心片区东至康平路、北至芝麻河、西至长江五桥连接线,以城南河两岸为片区核心,形成“一心双核两片区”(城南河城市生活中心,都市休闲核、商业商务核,南北品质生活高端国际社区、配套完善的高端生活国际社区)空间结构。推进城南中心片区竖向及管线综合规划、景观绿地系统规划和道路交通专项规划3个专项规划编制,旨在打造“浦口未来生活集聚区”,融入江北新区研创园一体化发展,建设集商务、办公、休闲、宜居于一体的“城市新客厅”。片区围绕城南河两岸打造生活中心、文化地标、滨河休闲、品质商务四大主题功能,营造生态水城,丰富城市水岸生活体验,构建浦口文化名片;优化公共设施配套,改善人民生活;建造城市舞台,激活城南片区人气,形成自然与城市景观相融合的文化绿岛;建设5分钟生活圈,“带”言未来生活方式;打造儿童友好型、绿色智慧型、老年友好型城市空间,满足不同人群需求。

【规划验线核实任务完成】 2020年,规划资源分局完成全区建设项目验线36项,房屋建筑318栋,总面积260.2万平方米。完成建设项目正负零复验80项,建筑222栋,总面积364.53万平方米。完成建设项目规划核实40项,建筑460栋,总面积245.5万平方米。

【地下管线建设】 2020年,规划资源分局管线中心完成地下管线动态更新项目316个,更新入库管线5700千米。管线免费供图项目103个,管线长1.02万千米。加强管线规划审批和批后管理,完成管线类审批354项,增长34%;完成管线验灰线项目29个235千米。完成2019—2020年度浦口区永久性测量标志委托保管费发放与维护工作。管线中心吴燕、曹广栋获国家知识产权局颁发的实用新型专利证书;鲁邦勇晋升为高级工程师,聘用在专技七级岗位。

【《浦口—南谯跨界一体化示范区国土空间发展战略研究》规划编制】 2月,《浦口—南谯跨界一体化示范区国土空间发展战略研究》由南京市和滁州市自

2020年浦口区街道、园区及部分村庄规划编制项目一览表

表20

类别	项目名称	编制单位	编制情况
街道、园区规划	《南京市浦口区星甸街道石桥老镇区近期建设地区控制性详细规划》02规划管理单元图则修改	申都设计集团有限公司	完成
	《南京江北新区(NJJBd030单元)控制性详细规划》03、04规划管理单元、《南京江北新区(NJJBd040单元)控制性详细规划》01、04、08、09规划管理单元图则修改	深圳市新城市规划建筑设计股份有限公司	完成
	江北新区NJJBd040单元控制性详细规划01规划管理单元图则修改	江苏华新城市规划市政设计研究院有限公司南京分公司	完成
	江北新区NJJBd020单元控制性详细规划03规划管理单元图则修改	南京市规划设计研究院有限责任公司	完成
村庄规划	浦口区江浦街道村庄规划	南京工业大学建筑设计研究院	完成
	浦口区桥林街道村庄规划	深圳市蕾奥规划设计咨询股份有限公司	完成
	浦口区星甸街道村庄规划	南京城里人城市规划设计有限公司	完成
	浦口区汤泉街道村庄规划	江苏省城镇与乡村规划设计院	完成
	浦口区永宁街道村庄规划	南京长江都市建筑设计股份有限公司	完成

然资源主管部门组织编制。3月，浦口、南谯共同招标，确定由南京市规划设计研究院、中国科学研究院南京地理湖泊研究所共同承担规划编制任务。在对社会经济发展、国土空间规划、保障政策措施研究基础上，形成示范区经济社会发展及保障政策措施、综合交通规划、南谯片区空间规划布局、南谯片区国土规划及生态管控4个专题研究报告。战略研究经现场勘查、初步方案对接、中期方案深化后，8月中旬，通过滁州市规划委员会审议，并进入滁州市部门意见征询阶段。12月17日，南京市规划委员会办公室和滁州市规划委员会联合召开专家评审会，原则同意该规划。（茆荣娇）

新城建设

【概况】 2020年，浦口区加快新城市建设。至年末，市、区级新都市项目全部开工，区级完成计划投资额的105%，市级完成计划投资额的106.2%；市级城市精细化建设管理年度实施任务项目全部开工，完成计划投资额的102%。全区城乡建设重点项目262项（A类226项、B类36项），其中新建项目169项、续建项目93项，计划总投资1124.9亿元。A类项目全部开工，其中竣工133项，当年完成投资200.5亿元，占年计划的105.5%。列入市城建重点项目20项（A类15项、B类5项），A类项目全部开工，其中竣工14项，B类项目全部开工，当年完成投资20.72亿元，占年计划的126%。完成海绵城市建设项目42个，海绵城市建设达标。

【桥林新城建设】 2020年，浦口区加快推进桥林新城建设。桥林老城片区综合开发分为四大片区：水街片区、姚庄片区、明因寺片区及石碛河片区，总面积4.34平方千米，建设内容为拆迁老旧小区房屋面积50.51万平方米，总拆迁户数1821户。2017—2020年，完成拆迁面积约29.11万平方米，拆迁1121户。水杉路、新柳路、石西路竣工通车，总长1.8千米。桥林自来水厂投资4亿元，建筑面积1.4万平方米，一期建设日生产自来水20万吨（规划总规模日生产自来水40万吨）。建设桥林西供水增压站工程，规模为22万立方米/日，总投资3亿元，当年投资8000万元。建设配套供水管网3千米，总投资1亿元。7月3日，浦口区与南京地铁集团有限公司签订桥林新城地铁小镇合作共建协议。桥林地铁小镇规划面积约25平方千米，是江北新主城首个联合开发的地铁小镇，运用TOD模式，开展桥林地铁小镇范围内地铁站点城市设计工作，提升地铁小镇开发品质，提高浦口开发区“产、城、港”融合水平。（陈佳美　沈憧）

【海绵城市工程】 2020年，区建设局制定《关于印发浦口区海绵城市建设管理规定的通知》《浦口区海绵城市建设专项施工及验收要点（试行）》等文件，采取“自上而下、自下而上、上下结合”等措施，推进海绵城市建设。完成海绵城市建设项目42个，达到市级海绵亮点示范作用项目5个，达到区级海绵亮点示范作用项目13个。其中，浦口高新区台南路城市游园绿地海绵建设内容为下沉式绿地、透水铺装，总面积1.75万平方米，总投资1646.88万元，5月竣工。浦口高新区智城路配建学校海绵建设采用滞留池、下凹绿地、植草沟、透水铺装、生态停车位、雨水蓄水池等海绵措施，总面积13.38万平方米，工程总投资620万元，6月竣工。（陈佳美）

【白马邻里中心幕墙工程完工】 8月完工。白马邻里中心占地面积3公顷，建筑面积10万平方米，总投资约5.9亿元。主体工程竣工后，区交通集团实施幕墙工程建设，总投资2835万元，主要建设玻璃幕墙、灯光家幕，安装防雷防电等设施。玻璃幕墙的外观设计让整座建筑物从不同角度呈现出不同的色调，具备环保节能、美观舒适的特点。在幕墙施工中，兼顾建筑的安全性与功能性，既保证幕墙的承载性能，又结合建筑工程需求进行防火、防雷以及相邻结构设计，将幕墙的视觉难点转化成亮点。

（交通集团）

旧城改造

【概况】 2020年，全区完成拆迁居民1189户、企业26家，拆迁房屋面积约21.5万平方米，其中区拆管中心完成国有土地征收居民496户、企业19家，拆迁房屋面积6.14万平方米。各街道在完成年初排定征收任务的同时，完成自干拆迁项目面积28.58万平方米。全区完成房屋征收面积50.08万平方米。全区计划投资14810万元，实施7个老旧小区整治项目，总面积31.8万平方米，实施屋面整治、立面整治、地面景观改造，完善小区配套设施。投资4394.3万元，实施60个民生突出问题微整治工程，涉及面积360万平方米，建设集停放、充电于一体的非机动车停车棚，增建机动车位，安装高清夜视监控设备，补植绿化。完成黄山岭路综合整治提档工程，实现“身处花园，远见老山”效果，提升浦口主城北部门户形象。城南河蓝线景观轴线提升工程重点打造两侧樱花休闲步道，绿道廊架成为浦口居民家门口的亲水休闲空间。实现主城区断头路贯通全覆盖、主城道路慢行系统及市政道路病害整治全覆盖、建成区雨污分流及污水管网全覆盖。完成珠江路、文德西路、建设路老城更新，推进沿街底商业态升级。（邵晓娟　魏星　杨旻）

【牵头起草制定政策文件】 2020年，依据南京市调整国有土地征收货币化奖励政策以及《南京市国有土地征收补偿补助奖励规定》，立足浦口区征收实际，起草拟定《南京市浦口区国有土地上房屋征收补偿奖励规定》，于9月10日起施行。文件对被征收人、直管公房承租人在签约期限内搬迁，放弃申购征收安置房和保障性住房的，给予被征收房屋建筑面积每平方米2000元的签约搬迁奖励；被征收人、直管公房承租人在签约期限内搬迁，其申购征收安置房销售的价格依据市政府相关规定在评估价10%以内优惠基础上，再增加不超过10%的优惠幅度。此外，还增加提前搬迁交房奖励。

【征收资金监管】 2020年，全区征收资金专户收到各用地单位拨入资金22.46亿元、拨出资金25.68亿元。对77个完工项目开展决算审计，对79个未完工项目开展阶段性审计，盘活征收项目沉淀资金，提升资金使用效益，全年完成43个项目成本决算审计，保障审计结算工作开展。

【2020 年超期过渡费审核】 2020 年，区拆管中心加强对全区已拆项目的管理，根据街道申报的 2020 年度超期过渡费明细表，开展中心监管项目超期过渡费审核工作。完成 106 个征收项目、20967 户超期过渡费审核工作，涉及超期过渡费 2.9 亿元，为后期过渡费顺利拨付提供保障，维护被征收人合法权益。

【司法征收保障】 2020 年，在加大征收扫尾商谈频率的同时，启动征收司法强制程序，发挥法律威慑作用。向国有土地遗留户作出征收补偿决定 2 件，另有 3 件在审批中，履行协议决定 1 件，催告书 3 件。涉及房屋征收补偿相关复议 4 件、诉讼 52 件，向区人民法院申请强制执行 3 件，可立即组织司法强制 1 件。加快征收项目扫尾进度，为征收工作提供法律保障。

【重点项目征收工作启动】 1 月 11 日，浦口区江浦街道拆管中心地块、龙华路地铁站地块征收谈判工作启动。拆管中心地块东至凤凰台，南至城南河，西至中圣南街，北至文德路，涉征居民 203 户、企业 8 家，房屋建筑面积 2.1 万平方米；龙华路地铁站地块东至龙华路地铁站，南至文德东路，西至河滨路，北至公园北路，涉征居民 278 户、企业 8 家，房屋建筑面积 3 万平方米。项目涉及“南京市新都市行动”2.4 万平方米全部完成。

【三大片区拆迁扫尾工作】 9 月 27 日起，根据全区拆迁征收百日攻坚部署要求，区拆管中心牵头制定征收工作百日攻坚方案，及时动员部署，对江浦片区、桥林片区、老山片区三大片区扫尾任务量化到周，明确每周完成目标任务。抽调熟悉政策、业务能力强的攻坚能手，现场驻点办公。及时掌握项目征收进度，实行动态一日一报告、数据一日一报送、问题一日一研究、征收一日一调度的工作机制，安排专人定期对各片区征收情况进行梳理，形成征收工作专报，上报区领导、各街场及相关单位，编发专报 23 期。至 12 月 31 日，攻坚扫尾完成三大片区居民 52 户、企业 9 户，拆迁房屋面积 3.3 万平方米，完成扫尾项目清盘 2 个。 （邵晓娟）

【金珠花苑智能化示范小区试点建设】 2020 年，金珠花苑被列为浦口区老旧小区提升改造、智能化示范小区试点。金珠花苑建于 2000 年，位于江浦街道文德西路 12 号，总楼栋数 12 栋，建筑面积 5.6 万平方米，常住人口约 1200 人。2015 年实施小区整治工程。2019 年，区房产局对金珠花苑开展“1 + X 辅导”定点帮扶。金珠花苑智能化示范小区试点建设以智慧平台为总系统，融入物业管理、垃圾分类、民政救助、文体活动、车辆管理、安全生产、社会治安、社区便民服务等子系统，运用物联网技术，强化小区管理。依托各项软件服务和硬件设施的提档升级，实现生活功能性提升、服务能力提升、凝聚力和自治能力提升“三提升”标准。

【海都嘉园基础设施改造工程竣工】 年末竣工。海都嘉园商住楼一二期分别于 2005 年、2009 年交付，三期在建，总建筑面积 16 万平方米，其中已交付 12 万平方米。一二期有住宅楼 36 栋，单元 77 个，住户 881 户，其中出租 106 户，空置 48 户；车库、储藏室 666 间；原有车位 136 个。一二期存在无非机动车充电桩、监控系统失效、机动车位严重不足等问题，被纳入老旧小区改造范围，2019 年 3 月申报，10 月开工。区房产局开展“1 + X 辅导”定点帮扶，筹集资金 320 余万元，增设非机动车充电棚 40 个(约 400 个充电位)、机动车位 274 个、高清夜视监控摄像头 149 个，补植绿化面积 5000 平方米，增加儿童游乐、景观小品等设施，小区基础设施硬件条件明显提升。结合浦口区住宅小区标准化建设、星级创建要求，指导小区管委会、物业企业巩固整治成果，制定专项管理方案，做好机动车位分配，规范非机动车辆停放、充电工作，提升物业服务水平，做好小区长效管理。 （魏星）

乡村建设

【概况】 2020 年，浦口区以实施乡村振兴战略为总抓手，以农村一、二、三产业融合发展为路径，聚焦重点产业、聚集资源要素，发展富民乡村产业，以产业振兴推动乡村全面振兴。推进尹广红家庭农场龙虾加工流水线项目、南京桥丰农业发展有限公司 660 立方米鲜果贮藏冷库项目建设，培育农业龙头企业，新增区级农业龙头企业 5 家，江苏波杜农牧股份有限公司、南京晟泰沅农牧发展有限公司被评为农业产业化市级龙头企业。发展休闲农业，丰富乡村旅游业态，休闲农业综合接待人数 412.04 万人次，实现综合收入 13.84 亿元。 （农业农村局）

【村镇项目建设】 2020 年，新城新市镇项目 1 个，涉及桥林老城片区综合开发(新型城镇化试点)，年度总投资约 4.94 亿元。小城镇建设整治工程项目 8 个，年度总投资 1.86 亿元，建设内容包括道路建设改造、污水管网铺设、景观提档升级等。桥林街道林蒲社区江坂组、星甸街道九华村山滕组、星甸街道后圩村胡岐组、星甸街道王村村王村组、汤泉街道瓦殿村周庄、关口章 5 个村庄被列入省级传统村落名单。

【特色田园乡村及旅游精品线路建设】 2020 年，后圩省级特色田园乡村项目建设竣工，总投资 4000 万元；加快推进九峰山田园综合体 30 个项目建设，总投资 3.24 亿元；建成江浦街道“响堂”、桥林街道“江上草堂”等 5 个省级特色田园乡村，创建 48 个市级美丽乡村宜居村、2 个市级以上“一村一品”示范村。建设乡村旅游精品线路 5 条，分别为老山线、长江线、滁河线、苗圆线和岐里线，由区城建和区交通集团实施建设。计划总投资 6.05 亿元，总长约 120 千米，实施内容包括道路修复、环境整治以及重要节点景观打造。项目于 2019 年 12 月 15 日集中开工，至 2020 年 10 月完成。

（陈佳美）

【农村高质量发展评价】 按照市委农村工作领导小组统一部署，开展 2020 年度浦口区街镇高质量发展评价工作，建立区、街两级工作网络，完成各街道数据报送与区级部门审核上报。在 2020 年度全市实施乡村振兴战略郊区街镇高质量发展评价中，永宁街道获现代农业主导型综合奖，星甸街道获发展奖。

（陈瑛瑛）

【企村联建活动】 2020年,区交通集团落实“万企联万村 共走振兴路”行动,开展企村联建工作,推动集团转型发展与社区振兴同频共振。与江浦街道白马社区、永宁街道东葛社区和侯冲社区、星甸街道双山社区达成协议,围绕白马邻里中心项目、农业无花果种植项目、“绿色银行”项目、旅游大道项目推进互惠互利、又好又快发展,优先选择当地村民从事“绿色银行”苗木田间管理、项目服务等工作,促进村民就业增收;建立互培、互聘、互相交流的人才共育共享机制,共同发掘、培养专业实用人才。集团承建项目31个,在精品线路、西埂莲乡、北沿山大道建设中,通过企村联建行动找准集团与社区的合作点,构建企村联动发展共同体,打造利益共赢共享的良好局面。 (陈恒)

公共事业

·供 水·

【概况】 2020年,南京浦口自来水有限公司下辖水源厂1座、水厂2座(江浦水厂和三岔水厂,其中三岔水厂作为应急备用水厂进行维护)、增压站8座。完成供水量7629.65万吨,超全年任务的15.6%。保障供水质量,按照国家标准,对水源水、过程水、出厂水、管网水、二次供水进行全程跟踪检测,各项水质综合合格率100%。 (李媛媛)

【供水保障能力建设】 2020年,完成桥林水厂一期建设主体工程及配套管网、增压站改建。新建、改建供水管网8千米。与江北新区共同完成江北地区应急水源工程建设。强化供水管网漏损控制,实施老旧管网改造3.3千米,累计改造管线约140千米,城市公共供水管网漏损率约9.61%。做好供水安全、服务和保障工作,组织开展区级供水爆管应急演练,增强应对供水突发抢修事件的反应能力,强化供水综合保障能力。

(李元金)

【“智慧供水”建设】 2020年,浦口区加快推进“智慧供水”建设,完成营业收费系统升级改造,供水服务实现由人工管理向自动化、集约化、智能化管理转变。升级后的营收系统在功能设置、实际操作中更加精细完善,系统将公司本部及下属5家经营部营收业务全部纳入,功能涵盖抄核管理、表具管理、水费缴纳、客户档案管理等子项目,可为管理层、抄表员、收费员等业务人员快速提供信息查询,形成全区自来水营业收费“一张网”管理体系。

【自来水过户与不动产登记线上联动办理】 6月下旬上线。该业务主要基于“我的南京”App的水电气过户集成服务平台,将自来水过户与不动产交易登记实现信息共享、无缝对接。用户只需在不动产交易登记时,根据本人意愿选择在线办理水电气等关联业务,后续通过“我的南京”App,在房产登记交易模块即可轻松办理自来水过户业务,减少“多次跑腿办理、多个窗口排队、提交多项材料”的现象。

【浦口供水呼叫中心成立】 6月30日成立。呼叫中心全面推行一站式服务,为自来水用户提供咨询、报修、投诉、派单、回访、热线实时监控等智能服务,实现从受理界面的相关业务到后台派单、办结等各环节的智能整合。按照多元化服务理念,呼叫中心拓宽服务渠道,全面升级“一机多线、一线一人、多人等待”功能。实时监控线上“浦口供水服务”App、线下7×24小时客服热线受理流程,第一时间优化用水解决方案,为用户提供“放心、省心、贴心”的供水服务。

2020年南京浦口自来水有限公司自来水价格一览表

表21 单位:元/立方米

类 别	阶 梯	用水量	供水价格	污水处理费	水资源费	到户价格
居民一户一表用户	第一阶梯	年用水量≤180立方米	1.79	1.05	0.20	3.04
	第二阶梯	180立方米<年用水量≤300立方米	2.50	1.05	0.20	3.75
	第三阶梯	年用水量>300立方米	4.63	1.05	0.20	5.88
居民合表用户	不执行阶梯价格		1.79	1.05	0.20	3.04
执行居民生活用水价格的非居民用户	不执行阶梯价格		1.94	1.05	0.20	3.19
非居民生活用水			1.97	1.65	0.20	3.82
特种行业用水			2.80	1.80	0.20	4.80

注:1. 居民家庭人口为3人以上的用户,每户每增加1人,各阶梯用水量每年分别增加60立方米,各阶梯到户价格不变;

2. 该自来水到户价格表按浦价发《关于取消城市公用事业附加调整自来水到户价格的通知》执行,执行日期自2017年4月1日起

(李媛媛)

建设中的桥林自来水厂工程　　（滕宏飞　摄）

【供水管道建设改造工程】　实施高新区供水管道建设工程，主要建设内容为：卓溪、兰源、礼泉、华山、台北、澎湖、海峡大道等道路供水管道铺设，总投资5000万元。年末，雨山西路等市政供水管道改造工程完工，总投资1.22亿元，改造供水管道7千米。　（李元金）

【“浦口供水服务”App系统上线】　7月研发上线。该系统是区城建集团自来水公司结合现有信息系统业务数据，利用移动App和大数据分析等先进技术，面向全区自来水用户打造的一款“互联网+”供水服务一体化平台。用户可利用App在线查询缴纳水费、办理报装登记、水表过户、在线报修、违章用水举报、服务咨询等10余项业务。App系统结合用户实际需求，增设水质公示、停水信息发布、政策法规等板块，民生用水更加便利。　（李媛媛）

【桥林自来水厂配套管网建设工程（一期）等3个项目开工】　9月，桥林自来水厂配套管网建设工程（一期）、桥林西供水增压站工程、水资源综合调度中心工程开工。其中，桥林自来水厂配套管网建设工程（一期）总投资1亿元，实施桥林街道规划林西路等供水管道3千米。桥林西供水增压站工程位于规划林西路与百合路交叉口东北角，总投资3亿元，主要建设内容为：新建增压泵房1座、清水池2座，增压站规模为22万立方米/日，近期设备安装9万立方米/日。水资源综合调度中心建设工程总投资3.1亿元，实施康华供水增压站改造工程，建设配电房、泵房、清水池、管理用房、康华供水增压站水资源综合调度中心等。　（李元金）

·供　电·

【概况】　2020年，浦口供电服务中心管辖配网线路225条，总长2215.6千米。其中，电缆长度1216.7千米，电缆化率56.65%；架空线路998.9千米，绝缘化率99.5%。公共变压器3575台，容量165.69万千伏安。用电客户59.85万户，增长5.22%。完成售电量30.23亿千瓦时，增长1.6%。售电收入18.04亿元，下降3.06%。强化运维指标，强停故障64起，下降30.95%，排名全市基层单位第三。配网线路重复故障41起，下降46.75%，排名全市基层单位第三。生产类投诉工单11张，下降78%。年末，浦口供电服务中心有全民员工68人，“三新”（新农村、新电力、新服务）供电服务员工253人。

【疫情防控供电保障】　2020年疫情期间，浦口供电服务中心组织共产党员服务队，突击完成江浦街道巩固6号地集中隔离点送电工作，安装高压电缆约300米、计量装置394套。组织高压用电检查员为鸿运汽车等13家防护用品生产单位提供电力保障。为地方政府提供电力大数据，全年为区发改委提供各行业用电情况日报37份，为区工信局提供规模以上工业企业日用电量数据22份。

【营商环境优化】　2020年，浦口供电服务中心深化改革，创新政企合作，为浦口开发区、浦口高新区提供供电优化服务，对华天科技、中科创新产业园等龙头项目全程提供“1+1”专属服务。配合江北新区中心，做好营商环境评价材料准备工作，代表南京市江北新区参加国家发改委营商环境评价。与滁州市城郊供电公司达成合作协议，创新实现异地收资、跨省缴费新模式，受到企业好评。

【智慧电力市场开拓】　2020年，浦口区建成全省首个智慧用能校园项目——南京工业大学智慧校园，实现校园用电数据实时在线分析、统计和智能控制。实施全省首个生态红线内微电网——老山国家森林公园、江浦街道不老村离网型微电网等示范项目，不老村三期占地4.67公顷，区域客户用电自行投资约200万元。6月，海峡科工园能源站、城西场站屋顶光伏项目开工，预计2021年建成投运。开展智慧线路通道可视化系统试点，引入新型科技手段加强防外破管理，建成后发挥绿色发展示范效应。

【电能表管理】　2020年，浦口供电服务中心完成4万副（全省规模最大）电能表状态评价试点，在全市率先实现非智能表及采集未覆盖“双清零”。在居配项目推行“捷电通”交房服务，交付7个小区用电客户1.1万户。服务江北新区电力互联网工程和省公司高配型精品台区示范项目建设。夯实配网安全基础，安排资金9400万元，对352个配网资本项目老旧设备进行提升改造，项目完工率达95%以上。

2020年浦口区各行业电力供应情况一览表

表22

指标	用户(个)	用电装接容量(千伏安)	用电量(万千瓦时)	
			2020年	2019年
全社会用电总计(供电量)	592256	7591262	302321.63	297245.17
一、全行业用电合计	68365	3126337	192088.06	189989.81
(一)按产业分				
第一产业	4564	120340	1504.46	1733.12
第二产业	2938	841921	105032.30	99740.66
第三产业	60863	2164076	85551.30	88516.03
(二)按行业分				
1.农、林、牧、渔业	4564	120340	2997.14	3194.36
2.工业合计	2210	737675	100604.09	96106.65
3.建筑业	728	104246	4472.25	3684.68
4.交通运输、仓储和邮政业	245	225463	11273.05	12742.85
5.信息传输、计算机服务和软件业	3597	104452	6271.54	5506.72
6.商业、住宿和餐饮业	15645	320215	17801.55	18749.93
7.金融、房地产、商务及居民服务业	36454	1073948	21792.49	23157.18
8.公共事业及管理组织	4922	439998	26875.95	26847.43
二、城乡居民生活用电合计	523891	4464925	110233.57	107255.36
城镇居民	397086	3471896	83288.11	86968.82
乡村居民	126805	993029	26945.46	20286.54

注:1.2019年全社会有监察户的客户受电变压器容量合计177.04万千伏安;
2.2020年全社会有监察户的客户受电变压器容量合计188.3万千伏安 (李秀莲)

·供 气·

【概况】 2020年,全区有燃气企业5家。其中,瓶装液化石油气企业2家,辖150立方米液化气储罐场1座,瓶装液化气供应站点23个。汽车加气企业2家,辖汽车加气站3座。管道天然气企业1家,建成次高压管道34千米、中压管道237千米、庭院管道307千米,天然气组站4座;发展天然气管道用户73438户,其中居民用户73000户、工商用户438户。

【餐饮场所"瓶改管"】 2020年,根据市建委对"瓶改管"工作要求和《区政府办关于印发浦口区餐饮场所瓶装液化气转换管道天然气工作方案通知》精神,中燃公司针对"瓶改管"工作实施第三年计划,优化"瓶改管"工作服务流程,提高服务效率,上门勘查并收集配套资料;工程施工各环节分类别统一材料配置,提高施工效率;挂表通气简化流程,在保证安全前提下快速为用户转换。全区天然气覆盖范围内餐饮户1427户,2020年"瓶改管"目标任务58户,实际完成67户,超额完成15.5%。企事业单位食堂及面积500平方米以下的餐饮场所完成改造67户,总投资16.45万元。

2020年浦口区民用管道天然气价格一览表

表23

阶梯	年用气量(立方米)	销售价格(元/立方米)
第一阶梯	0~300	2.73
第二阶梯	301~600	3.28
第三阶梯	601以上	3.82

注:1.人口超过3人的居民家庭,每户每增加1人,各阶梯用气量每年分别增加100立方米,各阶梯销售价格不变;
2.商业、公共福利(学校)不执行阶梯价格,分别为3.81元/立方米和3.01元/立方米 (陈佳美)

·排　水·

【概况】 2020年,浦口区加强污水处理能力建设,加快污水处理提质增效,出台《浦口区城镇污水处理提质增效精准攻坚"333"行动方案》,完成浦口开发区污水处理厂提标改造、调试运行。推进城镇污水处理提质增效,完成全区7座城镇污水处理厂"一厂一策"方案编制并组织实施,污水处理厂平均进水浓度较2019年提升5%以上。开展"污水处理提质增效达标区"建设,完成雨山西路达标区示范建设,全区基本消除污水直排口及污水管网空白区。完善污水收集系统,完成桥林工业园A标段3千米污水管网建设,完成雨污水管网40千米排查。实施七坝港区环境综合整治工程及七坝路、春藤路污水管预埋工程,实现港口码头所在区域市政污水管网全覆盖。推进城镇污水处理厂尾水资源化利用,珠江污水处理厂再生水利用量6万吨/日,再生水利用率41.1%。加强排水许可"应办尽办",累计办理排水许可895件,落实排水许可批后监管,排水户年度检测抽查率100%。完成226个自然村生活污水处理设施建设并通过完工验收,纳入日常运维,实现全区应治理村庄生活污水处理设施全覆盖,农村生活污水处理设施运行率100%。 (沈憧)

【《浦口区城镇排水设施维护管理考核方案》出台】 3月2日出台。《浦口区城镇排水设施维护管理考核方案》分为考核范围、考核依据、考核原则、考核对象、考核内容、考核方式、考核结果运用7个方面内容,提升城镇排水设施精细化、长效化、标准化管理水平,科学准确评价维护管理绩效,规范合理使用和管理维护经费,确保财政资金发挥最大效益。考核结果纳入全区一体化考核成果。 (李元全)

【绿色能源应用水综合服务项目】 3月,珠江污水处理厂中水厂二期通水运营。浦口区中水供水能力提高至6万吨/日,可服务珠江片区河段、市政绿化补水,并适当扩展至城区消防、道路清洗、工业冷却等方面用水。8月18日,区城建集团下属清源中水利用公司与南京广鑫能源服务有限公司签订中水战略合作协议,双方就研创园绿色能源应用中水综合服务项目达成一致。合作采用中水+蓄能热泵技术,为江北新区研创园企业清洁供能。项目达产后,预计年减排二氧化碳2.4万吨,相当于植树100万棵。 (沈憧)

【江浦街道雨污分流工程竣工】 年末竣工。该工程6月开工,总投资8000万元。范围包括审计署审计干部学院雨污分流工程、17个小区及企业单位雨污分流工程、前两年已实施雨污分流改造区域存量管网改造工程。工程内容包括前期调查工作、切换错接、混接点、改造建筑物单体、构建片区雨污水管道系统、外部管网接管切换。完成现状管网清疏4.55万米、污水管网改造18564米、雨水管网改造3100米。

【桥林工业园区雨污水管网改造工程完工】 12月完工。工程4月开工,总投资6200万元,对听莺路、丹桂路、梨园路雨污水管网进行改造。其中梨园路新建或改造污水管线196米(丹桂路—浦乌公路,管线规格为DN400毫米)、雨水管线712米(兰花路—浦乌公路,管线规格为DN1800毫米);听莺路新建或改造雨水管线1179米(百合路—浦乌公路,管线规格为DN800~1500毫米);丹桂路新建或改造污水管线970米(梨园路—金鼎路,管线规格为DN400毫米)、雨水管线2778米(梨园路—步月路,管线规格为DN600~1200毫米)。 (李元全)

·城市公共交通·

【概况】 2020年,扬子浦口公交客运有限公司运营公交线路68条,运营车辆691辆,完成客运量3187.15万人次,中秋、国庆双节期间共发车次29185次,运送旅客65.6万人次。新辟、优化公交线路15条,其中新辟公交线路1条,线路番号为606路,由江浦客运站南始发,途经龙华路、浦口大道、新浦路、镇南河路、凤滁路、天浦路、浦滨路、万寿路、七里河大街、滨江大道至终点站扬子江新金融示范街区。江北绿航公共自行车公司是浦口交通集团全资子公司,有职工34人,在运营站点160个,其中有桩站点133个、无桩站点27个。截至12月,公司累计售卡68515张,其中实体卡33473张、扫码租车35042张,骑行总量185.12万人次。 (姚莉　陈恒)

【公共自行车服务质量提升】 2020年,为解决市民群众"最后一千米"出行难题,区交通集团公共自行车公司实行"三深化",提升群众满意度。深化安全生产,保障骑行安全。减少储车区存车,实行动态调运,避免车辆占道,影响行人通行。调运频次由日均4次增加至8~10次,完成车辆调运3691辆,储车区车辆收回578辆,完成车辆基础保养678辆,完成23个站点系统故障修复、189个锁桩故障修复、17个站点电力恢复工作。深化爱卫整治,全面美化环境。完成江浦片区站点储车区与停车区的重新划线工作,规范车辆停放管理。日均投入站点人员43人,对江浦、桥林片区126个站点及8400余辆自行车深度巡查保洁600余次。更换老旧破损公益广告,上新公益广告96张。深化为民服务,创新服务方式。举办市民开放日活动,请市民进公司面对面零距离交流,了解市民群众的公共自行车出行需求。立足"12345"群众诉求,围绕珠江小学站点复建诉求,落实解决方案,完成该站点的复建投运工作。

【公共自行车一期老旧站点改造工程完工】 6月15日,区公共自行车一期老旧站点改造工程开工,8月31日完工验收,总投资141.9万元。区交通集团公共自行车公司采取先锁桩、后底板的顺序,在仓库完成锁桩电子元器件更新后至站点更换调试,底板出新采取除旧、清理、补腻子、平整、做漆等一系列工序,完成一期40个老旧站点的更新改造工作。 (陈恒)

城市管理

·综　述·

【概况】 2020年,全区围绕"江北明珠"发展定位,聚焦"都市圈最美花园"

行动要求，抓好防疫防汛、城市精细化管理、老城品质提升、文明城市创建等重点工作，强化城市管理。11月1日，《南京市生活垃圾管理条例》实施，浦口区生活垃圾分类迈入强制分类阶段。完成居民小区撤桶并点260个，建成垃圾分类固定收集点109个，全区垃圾分类集中处理率、生活垃圾回收利用率均达到省市区重点目标任务要求。实现公厕资源共享，新改建城乡公厕39座，加入“厕所开放联盟”公共机构20家。挖掘闲置用地和边角地块，完成珠江路、南庄子、滨江馨园等地公共停车场建设14处，新增停车泊位3000余个。确立“公园城市”理念，完成文昌广场、文德东路2处老旧游园“微更新”改造和珠泉路、珠泉西路道路侧分带提档升级。拆除违建524处、2.3万平方米，治理存量违法建设411处、11.62万平方米。在2020年全市城市治理考核中，浦口区位居新区组前列，其中停车设施、拆违控违、渣土管理、城市照明等专项考核排名新区组第一。南京浦诚环境卫生管理有限公司职工王永洋、严诚被江苏省住建厅、江苏省总工会、江苏省人社厅、江苏省教育厅联合授予“江苏省技术能手”称号，韩云被江苏省见义勇为基金会评为第四届“绿叶奖”江苏最美见义勇为环卫工人。

【城市治理志愿服务】 2020年，浦口区围绕城市治理工作重点，践行“自愿、奉献、友爱、互助、进步”的服务宗旨，动员社会各界力量参与城市治理，打造一批公信度高、带动力强、功能发挥好的志愿服务组织。由区文明办、团区委牵头，统筹协调妇联、工会等群团组织，建立完善各类志愿组织，成立浦口城市治理志愿者之家，依托区级志愿服务平台、浦口城管微信公众号吸纳志愿者加入志愿服务队伍，联合南京审计大学澄园书院等驻区高校，开展志愿服务基地共建，对志愿者进行定点批量招募，至年底，浦口注册志愿者1万余人。加强志愿者分类培训，重点对城市治理政策法规、最新要求组织集中研讨，提升志愿服务人员基本素养和综合能力。浦口城市治理志愿者协会成立“城管蓝”“女子机扫队”“工人先锋号”等特色志愿服务队10余个，形成立体化、多层面的志愿服务队伍网络。《南京市生活垃圾管理条例》出台后，组织志愿服务队学习，深入各小区、广场、单位开展普法宣传，面对面分类引导。全区形成每月5日为浦口城市治理志愿服务日、“大手拉小手、城管进校园”“小手拉大手、学生看城管”等特色志愿服务品牌。平梦等20人被区文明委授予“2020年优秀志愿者”称号。区城管局等10个部门被南京市城市治理志愿者协会授予“优秀志愿服务组织”称号。浦口志愿者协会被南京市城市治理志愿者协会授予志愿者之家建设特别贡献奖，全市仅1个。

9月25日，位于江浦街道文德东路与龙华路路口处文德东路小游园项目完工
（俞峰 摄）

【违规电子屏视觉污染整治】 2020年，全区开展户外违规电子屏专项整治，打造干净、整洁、有序的城市立面环境。依托市容环境网格化巡查，对辖区主次干道及背街小巷沿街店铺逐户排查，宣传《南京市店招标牌设置管理办法》等法律法规，营造人人知晓、人人配合的整治氛围。对存在违规设置电子显示屏的店铺商家进行系统梳理，分路段逐一登记入册，形成专项整治问题菜单。结合区域实际，对破旧或存在安全隐患的电子显示屏，督促及时换新、维护到位。对严重影响市容市貌、违规设置的电子显示设施，逐户下发《责令改正通知书》，责令商家限期自行拆除。对自行拆除有困难的店家，集中组织专业工人、机械设备进行集中助拆，实现问题菜单逐项整改销号，净化立面视觉空间。把好源头审批关，严格审批程序，加强有效监管，提升广告设置水平，实现户外广告“安全、规范、美观”目标。全年集中拆除超期、无审批手续和存在安全隐患的违规电子显示屏450处，面积888平方米。

【“门前三包”】 2020年，浦口区将“门前三包”作为一项基础性工作来抓，扭转“屡整治屡反弹”困境，通过加大宣传力度、强化管控密度、拓展惩戒深度，构建共建、共享、共治氛围。加大宣传力度，以临街门店为重点，组织执法队员逐店走访，利用宣传单、《致广大商户的一封信》等形式宣传“门前三包”的目的意义、内容范围、任务职责及处罚标准，明确店家商户职责，提升知晓率和参与率。按照“一街不漏、一户不丢”原则，配合街道对新增商家店铺“门前三包”责任书及时补签，全区新签、补签“门前三包”责任书2110份，签订率100%，上墙率100%。延时扩面，强化管控。针对门前三包“易回潮、易反复”难题，构建全天候、全方位、多层次的网络化巡控格局。在保证日常管控力量不减基础上，抽调其他专业执法队伍增援，分早、中、晚3个时段对沿街商户、单位“门前三包”责任落实开展街面督查。针对“占道经营、倚门出摊、门前堆放、车辆乱停、违规搭建、户外晾晒、外接水龙头、私设地锁”等“门前三包”乱象进行高压严管、重拳整治,保障“门前三包”做深、做细、做实。建立完善“门前三包”网格化长效管控机制,针对前期巡查存在问题的商铺店家,开展复查整改“回头看”。对后期整改不到位、屡教不改的责任单位,按照相关法律上限处罚标准严厉惩处。对多次规劝无效、拒不履行“门前三包”责任的单位、商户,启动“街道吹哨、部门报到”的联合执法机制,通过采取“一处罚二曝光”、纳入失信系统等综合惩戒措施,强化执法威慑,提升整治效果,走出“整治—回潮—再整治—再回潮”的治理怪圈。全年取缔流动摊点3.8万余起,规范店外经营1.59万余起,清理“牛皮癣”小广告2.9万余处,梳理非机动车停放1.61万余辆。办理“门前三包”类、占道经营类案件1864件,处罚金额18.85万元。

北庄停车场　　（滕宏飞　摄）

【主城区停车管理】 2020年,区城管局创新停车治理模式,推进小区泊位改造,释放停车泊位资源,提高全区停车管理水平。研究制定“一路一档、一小区一档”的停车综合治理工作计划。实施复绿工程,完成南庄、北庄、雨山组、城西地铁C地块整治,取消拆迁围挡2500米,建设临时性绿化地8.5万平方米。改造临时停车场,在老旧小区周边建设公共停车场14个,新增停车泊位3000余个,以老旧小区环境整治为契机,改造小区内部停车泊位,新增停车泊位1100余个,同步推进非机动车停放区域建设改造工程,设置非机动车充电桩,方便居民停放和充电。探索停车资源错时共享,以新浦路为试点,设立夜间临时停车点84个,满足市民夜间停车需求。实行老旧小区、政府行政单位内部停车资源对外开放共享,浦口主城区约有75%的小区共3.2万个专用停车泊位对外开放。加快推进全区智慧停车建设,对主城区628个道路停车泊位进行编码,建立道路泊位数据平台,打造更安全、舒适、便捷、开放的停车环境。

1月9日,环卫工人对路面残雪进行人工清理　　（史安标　摄）

【扫雪防冻保交通】 1月8日下午,接到气象部门最新雪情预警后,区扫雪办下发通知,全区各街道、部门按照有物资、有人员、有设备、有预案、有安排“五有”标准,做好扫雪防冻各项迎战准备。8日18时起,局系统各单位安排三分之一人员落实夜间值班制度,做好突发雪情应对。23时,雪势加大,地面积雪量17.7毫米,积雪深度10厘米,降雪量、积雪深度均为全市之最。区扫雪办第一时间启动三级应急响应,各部门、街道调拨滚雪车、撒布机等扫雪机械,对城区主干道、桥梁立交、上下坡道、城市出入口、高速公路连接线等重点区域进行机械化持续清扫作业。9日凌晨5时,区城管局对公交站台、地铁出入口、人行道等处积雪积冰进行重点清扫,铺设防滑草垫,保障市民早高峰正常出行。区扫雪办督查组加大对全区各街道、部门扫雪保畅通工作督查,对物资储备不足、机械车辆周转有难度的单位,在全区层面统筹协调、条块联动。截至1月9日凌晨6时,全区出动扫雪人员3700余人、除雪作业车辆175辆,铺设草垫1840余条。早高峰期间,全区主要干道积雪有效清除,所有对外干道安全畅通,保障市民正常出行。

【南庄地块综合整治一期工程完工】 4月完工。南庄地块综合整治一期工程3月15日启动,该地块位于城东路与河滨路交叉口,占地面积3.67万平方米。利用闲置土地建设前的“空窗期”,将其改造成临时停车场,新增停车泊位275个,铺植绿化草皮1.2万平方米,更换人行道花岗岩道板750平方米,同时融入智慧城市、海绵城市等理念,在停车场周边配套建设砌筑排水沟,安装路灯、视频监控等公共设施,改善周边环境面貌,释放城市功能空间,提升市民生活宜居度和城市综合承载力。

【“城管+交警+街道”三位一体停车治理新格局形成】 6月初,着眼城市治理新常态,结合全区停车管理工作实际,探索“城管+交警+街道”三位一体停车治理新模式。区政府办印发《浦口主城区停车秩序整治试行方案》,成立浦口区停车秩序联合整治办公室,从区城管局、公安分局、江浦街道各抽调执法人员5人,组建停车秩序整治专项执法小组,以文德路、文德东路、文德西路、龙华路为重点,通过“劝离+处罚+曝光+清拖”等方式,集中开展违停乱象专项治理。至6月末,劝离违停车辆2100余辆,开具违停告知单1131份,利用“南京公安”“曝他”微信公众号曝光违停车辆250余辆。推进公共停车泊位数据联网,对主城区收费道路泊位进行编码管理,将信息数据接入市、区停车智慧管理平台,形成停车信息“一张网”。整合全区监控视频数据资源,自建探头150余路,接入公安及在建工地出入口等视频监控5100余路,为街面停车执法远程监控提供良好硬件基础。在部分背街小巷增设视频探头和停车诱导管理子系统,实现对背街小巷停车问题全时段监管。

【施工围挡整治】 8月,全区集中开展建筑工地围挡专项整治。深入各在建工地施工现场,对破损、凌乱、材质不达标、标识不规范的围挡登记造册,列出任务清单,明确整改措施,形成整治方案。下达《责令整改通知书》,责令施工单位按照高标准整改到位。规范围挡设置标准,印发《浦口区围墙围挡规范设置实施方案》,对工期1个月以上的市政工程,建设单位必须设置高2.5米的钢制围挡;对工期1个月以内的市政工程,建设单位必须设置高1.8米的钢制围挡;对拆迁地块围挡,建设单位加强日常巡查,发现围挡画面破损、脱落等现象及时维护、更换。将施工工地围挡设置情况纳入每月城市治理工作考核,依托网格化管理模式,加强围挡设置事中事后监管,建立“发现、处置、整改、反馈、考核”相结合的巡查机制,问题围挡第一时间发现、第一时间整改。全年查处未取得占挖许可擅自施工26件,罚款18.4万元;查处未按要求设置围挡或围挡管养不到位102件,罚款11.76万元。

（方陈）

【宁和城际S3沿线配套停车设施项目开工】 11月1日开工。宁和城际S3沿线配套停车设施项目位于桥林街道地铁宁和城际S3号线高家冲站、双垅站旁,总建设面积1.6万平方米,建设内容包含停车场、照明、排水及其他配套设施。项目建成后,将提供社会车辆停车位约300个,有效缓解交通出行停车难问题,改善居民出行环境及公共服务质量。

（陈恒）

·“清洁家园”行动·

【概况】 2020年,区城管、卫生防疫等部门启动消杀防疫模式,做好新冠肺炎疫情防控,整治脏、乱、堵和扬尘污染等“城市病”,狠抓“三乱”(乱张贴、乱涂写、乱刻画)治理,联合各街道、物业公司开展自查自纠。对“三乱”违规行为的居民小区物业公司下达《责令改正通知书》457份,清理违规小广告2.9万处,报停号码54个,办结小广告案件268件,罚款7.64万元。

【新型环保渣土车复检】 1月,区城管执法大队开展全区渣土车复检工作,确保新型环保渣土车车况良好,渣土运输管理规范有序。根据南京市老旧渣土车迭代升级要求,全区更新新型环保渣土车390辆,更新率100%,在全市率先完成。召开全区新型环保渣土车复检专题工作会议,布置复检工作任务及标准。全区渣土运输企业逐家逐项对照检查,列出不符合要求的问题清单,填写浦口区企业查验表,确保限期落实整改。此次复检渣土运输企业22家,检查新型环保渣土车576辆,督促整改不符合要求的渣土车65辆。

【消杀防疫模式启动】 1月末,根据区委、区政府《关于做好新型冠状病毒感染的肺炎疫情防控环卫相关工作的紧急通知》精神,全面开启重点部位、重要环节消杀防疫模式,防控疫情扩散蔓延。应对春节期间突增的垃圾量和突发疫情,环卫部门制定应急处置方案,加大环卫力量投入,加密垃圾巡回收集频次,确保日产日清、随满随清。调集环卫车辆80余辆、环卫工人500余人,对主城范围内垃圾桶、垃圾中转站、公厕、作业车辆等环卫设施每日至少消杀3次,合理安排生活垃圾、厨余垃圾收运路线,缩短收运交接时间,做到定时、定点和密闭化收运。防止废弃口罩成为新的污染源,在超市、农贸市场、游园广场、城区主干道等公共场所设置废弃口罩集中收集桶200余个,对废弃口罩实施单独收集、单独运输、单独无害化处置。向一线环卫工人发放医用口罩1万余副、消毒液5000千克,确保一线环卫人员防护措施落实到位。

【飞絮治理】 4—5月,区城管园林部门集中开展飞絮治理,最大限度减少飞絮对市民生产、生活产生的不利影响。邀请园林专家指导,提前在梧桐、杨柳花芽分化前期、初期,通过少量注射悬铃散、“抑花一号”等花芽抑制剂,抑制花芽分化,从根源上减少飞絮产生数量。适量修剪杨柳树雌株,减少树体开花枝条,减少杨柳飞絮来源。每日10:00—16:00飞絮高峰时段,定时用清水喷淋树冠,阻滞杨柳絮扬飞距离,缩短扬飞时间。以“冲、洗、洒、扫、保”五位一体、人机组合作业模式,对主城范围内飞絮易发、多发地段进行深度水洗作业,针对公园、绿道等空间狭小、机械化作业难度较大区域,调用小型移动雾炮车或进行人工湿化。投入962人次、雾炮车182辆次、高压清洗车60辆次、三轮冲洗车300辆次、小型冲洗车342辆次、海德清扫车230辆次、洗扫车242辆次,用水700余吨,对上河街、雨山路、珠泉路、城东路、黄山岭路、狮山路等飘絮路段进行突击洗扫、冲洗作业。

【“三乱”专项整治】 7月,围绕违建治理、小广告乱贴、垃圾分类三项重点工作,开展“三乱”专项整治。制定《浦口区违建分类治理参考指南》,每周定期检查各街道违建治理工作,建立完善区、街道、社区、物业四级巡查网络,采取“步巡+车巡+无人机航拍”全方位巡查,做到违法建设及时发现、及时调查、及时处置。针对违法建设处置难题,建立与规划资源、生态环境、建设、房产等部门定期联席、联动执法配合机制,通过冻结产权交易、暂停预售许可等手段,督促违建主体自拆。联合各街道、物业公司开展“三乱”情况自查自纠,通过追呼、报停号码、上限处罚等手段,严格处罚违规张贴行为。针对无物业的零散小区,督促街道借助网格化巡查,建立长效管控机制。7月,向存在“三乱”违规行为的47个居民小区物业公司下达《责令改正通知书》,清理违规小广告210处,拟报停号码30个,办结小广告案件10件。全年累计清洗主城区范围内道路、广场、街巷、支路护栏1.8万米,花箱、路灯杆等市政设施17445处,清理小广告4184处。强化垃圾分类工作,摸排200多个居民小区垃圾收运情况,对68个小区垃圾分类工作进行专项检查,对43家履职不到位的物业服务企业下发法律文书。 (方陈)

·城市绿化亮化美化·

【概况】 2020年,浦口区做好城市绿化、亮化、美化工作,城市园林绿化实现“处处见景”。在重大节假日期间,督促指导各街场、园区、集团完成主城区建设路、文昌路等27条道路1280余组灯笼悬挂工作,完成沿山大道、黄山岭路、浦乌路部分路段600余组灯笼、中国结、国旗悬挂工作。完成龙华路、文德路、黄山岭路等8条道路58万盆草花更换,对城区主要干道和重要景观节点进行统一装扮。完成文德路金浦广场、龙华路职校广场及亚青广场等4处重要节点主题灯光雕塑提档升级。

【城市园林绿化“处处见景”】 6—12月,实施浦口老城绿化品质提升及市政设施微更新工程,总投资约2000万元,施工内容包括文德东路游园改造,文昌广场品质提升,珠泉路、珠泉西路侧分带改造提档以及主城区重要节点景观提升等。重新平整白云巷、雨山西路2处杂乱绿地,栽植蓝雪花、天蓝鼠尾草、金光菊等花卉、花灌木1000余株。对象山路农贸市场周边退化绿地及黄土裸露区域以绿造荫,增花添彩,铺设草坪300平方米,栽植兰花三七、花叶络石等地被植物250平方米。在上河街广场、象山路、白马路、雨山西路等处栽植藤本植物1000余株,在白马路边坡栽种混色矮生百日菊2700平方米。提档改造街旁游园、道路绿地,完成绿化修剪8800平方米,栽植地被植物灌木2845平方米,铺植草坪1315平方米,栽植草花42平方米。在康安路等路段摆放道路花箱130余组,增强道路舒适感和观赏度,展现城市绿化新面貌。

【路灯综合整治工程】 2020年,浦口区路灯部门坚持高起点规划、高标准设计、高质量建设珠泉路沿线景观路灯,提升道路绿化带内的照明设施。汛期过后,及时检查全区路灯亮化设施,对损坏的路灯灯具、电缆、变压器等及时更换。加大对城南河沿线等易受积水影响、产生漏电地段的巡查检修力度,保证重点路段、重点景观照明设施运行正常。整改路灯灯杆牛皮癣乱张贴、铭牌翘边破损、存在锈迹、灯头灯罩积灰等问题,提高路灯设施完好率和整洁率。巡查发现问题2540处,维修灯具1674盏,检修电缆故障点199处,修复破损灯杆检修盖86个,清除灯杆曲漆及异物489处,补贴缺失灯杆铭牌92个,路灯设施完好率达98%以上。

【城市节日装扮】 1月,浦口区以“情系明珠·幸福浦口年”为主题,运用红灯笼、景观小品、时令草花等元素,对城区主要干道和重要景观节点进行统一装扮,营造整洁优美的城市形象和喜庆祥和的节日气氛。将林散之书法与特色手工相结合,个性化定制和布置新年主题灯笼500余组,悬挂在龙华路、文德路、象山路等沿线。在金浦广场、龙华路地铁广场布置鼠年大吉雕塑、福满临门美术陈设等3处。对龙华路—文德路全线、亚青广场等重要道路、节点的园林景观进行提档修整,补植时令草花55万盆,打造园林微景观,形成多样化、立体化的道路空间景观效果。在文德路金浦广场、龙华路地铁站广场布置以“欢度春节”和鼠年元素为主题的园林小品。提前对城南河全线、龙华路—文德路全线、凤凰大街、凤凰山等节点进行亮化妆点,1月17日前全部亮灯。摸排主城区景观亮化设施,修复更换破损设施,确保全区景观照明设施完好率、亮灯率99%以上。借用户外电子显示屏以及商业广告泊位,发布“喜迎新春”公益宣传广告,增添浓厚节日气氛。 (方陈)

·垃圾分类·

【概况】 2020年,浦口区以《南京市生活垃圾管理条例》出台为契机,健全组织领导和运行机制,成立浦口区垃圾分类工作领导小组,分管区领导亲手抓推进,日巡查、周调度、月考核紧密结合。聚焦分类投放、分类收集、分类运输、分类处置4个环节,完善硬件设施和人员配备,全区260个居民小区撤桶并点工作全部完成,109个集中收集点(一类75个、二类34个)建成并投入使用,建设资金1188万元(一类1043万元、二类145万元)。建成一支专业化的督导队伍,配备604名专职指导员开展桶边分类指引,85名巡查员开展督查。推进生活垃圾减量化、资源化、无害化处理,针对厨余垃圾清运,制定《浦口区餐厨废弃物收运准入机制规范标准文件》,规范厨余垃圾处置流程。至年末,全区垃圾分类集中处理率、生活垃圾回收利用率均达到省市区重点目标任务要求。

【首个大件垃圾破碎设备投入使用】 6月投入使用。区垃圾分类再生资源分拣中心投入196万元,引进首个大件垃圾自动化破碎设备。该设备具有机械自动破碎、磁力筛选分拣金属、输送皮带出料、负压吸尘等功能,适合破碎沙发、木床、办公家具、木材以及各种袋装大型物件等生活垃圾。经过破碎、除尘等工序,“大垃圾”变成“小垃圾”。通过磁力筛

6月,浦口区首个大件垃圾破碎设备投入使用。图为再生资源分拣中心启动大件垃圾自动化机械破拆设备对大件垃圾进行拆解 (金秋月 摄)

选功能,自动把垃圾中的磁性金属和含有磁性金属的物料分拣出来,进入回收再利用链条,其余木料、纺织废料等送至江北垃圾焚烧电厂焚烧处置。至年末,共破碎大件垃圾67.18吨,筛选金属废料1230千克。通过自动破碎模式,解决大件垃圾储存占地面积大、人工拆解用工多、拆解难度大和污染环境等问题,提升垃圾分类中端环节的处置能力。

【生活垃圾强制分类工作开启】 11月1日,《南京市生活垃圾管理条例》实施,南京生活垃圾分类迈入强制分类阶段。浦口区坚持全方位发动与源头性引导相结合,召开垃圾分类新闻发布会8场,开展"浦口垃圾分类大家谈"503场,举办主题活动363场、各类宣讲250场,受教育群众7万余人次。完成垃圾分类注册志愿者2217人,培训3.2万余人次,入户宣传20.9万户。借助户外显示屏、电梯电视、广告宣传栏、社区小喇叭、《致市民的一封信》及新媒体等宣传载体,集中开展《南京市生活垃圾管理条例》普法宣传,实现入户宣传100%、培训指导全覆盖。招募208名专职督导员深入各居民小区,分早、晚2个时间段对居民分类投放开展桶边督导。坚持警示性教育与约束性执法相结合,集中开展垃圾分类专项执法"亮剑行动"。区城管执法大队联合各街场、园区派驻中队,深入各居民小区、餐饮企业、公共机构等重点行业和单位,加大对垃圾分类各环节巡查执法。秉持"警示教育为主、处罚惩戒并举"的原则,对分类不到位、收运不规范等行为责令整改,对反复劝导拒不整改的,综合运用"处罚+曝光"、纳入征信系统等联合惩戒。全年开展专项执法整治370次,办理垃圾分类案件118件,罚款金额6.81万元。 (方陈)

建筑管理

【概况】 2020年,浦口区有建筑企业417家,其中新增79家,增长23.4%。其中,总承包企业175家(特级1家、一级7家、二级20家、三级147家);施工专业承包企业118家,装饰专业承包企业74家,共192家(一级18家、二级105家、三级69家);劳务企业50家。星甸街道有建筑业企业351家,从业人员16255人,实现产值50亿元。永宁街道有建筑企业9家,其中新增3家(南京菡铭消防工程有限公司、南京鹏瑞建设有限公司、南京沐飞建设工程有限公司),实现产值14.52亿元。狠抓建筑企业结构转型,全区在建装配式建筑项目38个,总建筑面积590万平方米,新施工面积302万平方米。"新三板"(预制内外墙板、预制楼梯板、预制楼板)项目28个,总建筑面积241万平方米。通过市级示范项目与示范基地验收。

(潘永梅 朱婷婷 陈佳美)

【建筑工程行业监管】 2020年,建立信用手册年度核验制度,完善企业和从业人员信用信息档案。其中,施工企业新申领年度信用手册19家,年检审核166家;监理企业新申领年度信用手册2家,年检审核12家。推行建筑企业资质动态管理,资质新申办企业29家(省级核准18家、市级核准11家),资质重组企业103家(省级核准39家、市级核准64家,其中新成立企业60家),资质增项企业35家(省级核准11家、市级核准24家),资质升级企业11家,注册地迁入企业21家,迁出企业24家,企业资质注销8家。全区抽查工程项目234个,建筑面积2020.01万平方米;发出整改通知书78份、停工通知书28份,行政处罚24起;开展建筑市场专项检查2次,通报表扬企业8家,通报批评企业10家。

【清欠专项行动】 2020年,浦口区成立清欠专项行动领导小组,形成"群策群力、合力处置"的专项治理工作格局。深入建筑工地开展欠薪线索摸排,督促工地公示欠薪投诉电话,梳理分析"12345"政务热线、信访等反映的工地欠薪问题,及时掌握欠薪动态。坚持线上线下同步处理、重点案件与一般案件分类处理、重点案件领导包干处理等处置机制,及时有效化解矛盾。全年处理清欠投诉案318件,涉及3239人,金额8599.27万元。其中,工程款投诉4件,涉及金额285万元;民工工资投诉314件,涉及金额8314.27万元。行政处罚立案24件,处罚金额428.7万元。

【建筑工程招投标监管】 2020年,区建设局在抓好疫情防控同时,推行网上不见面开标,实施异地远程评标,取消样品评审、现场演示、答辩陈述等环节,加强招投标监管,保障项目招投标有序开展。按照放管服改革要求,调整开标、评标现场监督模式。招投标备案管理逐步从事前审核式备案转向事中事后管理。加强开标、评标等事中事项监督,每天保持1人在现场,加大对代理人员和评标专家行为的监督力度。根据《江苏省工程招标代理机构动态考评管理办法》规定，2020年度招标代理实施信用扣减分处理，累计有效扣减3.7分。结合招投标监督过程中易发的突出问题，优化招投标方法，加强招标投标过程监管，重新制定《招投标投诉处理操作流程》，推进招投标改革。全年完成招投标监管标段412个，交易金额252.52亿元，因疫情影响，比上年减少75.71亿元。

【智慧工地建设】 2020年，浦口区落实南京市《关于进一步规范和加强智慧工地管理的通知》精神，凡在浦口区域范围内建设工期6个月以上的新建、改建、扩建房屋建筑工程，均要安装环保在线监测和视频监控信息系统。全区房屋建筑工程智慧工地符合安装条件的96个，安装率100%；市政基础设施工程智慧工地符合安装条件的6个，安装率100%。

【房屋质量监管】 2020年，区建设局强化工程质量监督工作，做到抓监管、提质量，以高品质城建助力高质量发展。优化巡查工作，完善巡查体系，严格巡查过程，将质量控制资料、工程实体质量、原材料现场封样及工程实体抽测作为巡查重点。开展季度巡查4次，涉及项目32个，巡查面积38.07万平方米，发出《工程质量巡查结果通知书》32份、《工程质量整改通知书》9份、《工程质量停工通知书》1份，约谈记录1份。召开巡查通报整改会议3次，涉及项目建设、施工、监理单位72家。坚持以治理质量通病和工程创优为重点工作，强化工程精细化管理，获得2020中国土木工程詹天佑奖优秀住宅小区金奖项目1个(中建国熙台)，获得省级表彰项目5个(桥北体育中心、建熙花苑7栋、8栋、15栋、18栋)，获评优质结构楼房78栋，获"金陵杯"称号37栋。

2020年浦口区建筑企业获省级以上奖项一览表

表24

奖项名称	获奖工程(成果)名称	获奖企业	获奖时间	颁发部门
国家实用专利	《一种空心楼盖及施工工法》	江苏双楼建设集团有限公司(南京分公司)	2020年3月	国家知识产权局
	《一种民用建筑堵塞排水结构》	江苏双楼建设集团有限公司(南京分公司)	2020年8月	国家知识产权局
	《一种竖向钢筋定位框》	江苏双楼建设集团有限公司(南京分公司)	2020年8月	国家知识产权局
	《一种带有鞋柜的混凝土预制墙板》	江苏双楼建设集团有限公司(南京分公司)	2020年8月	国家知识产权局
	《一种便于清理头发的地漏》	江苏双楼建设集团有限公司(合肥分公司)	2020年8月	国家知识产权局
	《一种便于组合的脚手架单元》	江苏双楼建设集团有限公司(合肥分公司)	2020年8月	国家知识产权局
	《一种可实现温度调节的预制干挂板》	江苏双楼建设集团有限公司(合肥分公司)	2020年8月	国家知识产权局
	《一种透明控温墙体》	江苏双楼建设集团有限公司(合肥分公司)	2020年8月	国家知识产权局
国家级QC成果	《提高不同标号墙柱梁板节点砼施工一次合格率》	江苏双楼建设集团有限公司(南京分公司)	2020年9月	中国建筑业协会
2019年度中国建筑装饰杰出办公空间设计机构	—	南京三惠建设工程股份有限公司	2020年6月	中国建筑装饰协会
国家级办公空间工程类银奖	熊猫通信工业园技改项目二期01号楼装修工程	南京三惠建设工程股份有限公司	2020年9月	中国建筑装饰协会
2020年度全国建筑幕墙行业优秀企业	—	南京三惠建设工程股份有限公司	2020年3月	中国建筑装饰协会幕墙工程分会

续表 24

奖项名称	获奖工程(成果)名称	获奖企业	获奖时间	颁发部门
省级建筑施工标准化星级工地	金域王府二期二标段(43 栋、46 栋、48 栋、55 栋楼及地下车库)	江苏双楼建设集团有限公司(山西分公司)	2020 年 1 月	山西省住房和城乡建设厅
	三星凤凰府二期一标段	江苏双楼建设集团有限公司(山西分公司)	2020 年 1 月	山西省住房和城乡建设厅
	麒麟科创园 3 – 3 地块	江苏双楼建设集团有限公司(南京分公司)	2020 年 7 月	江苏省住房和城乡建设厅
	瑞融佳苑	江苏双楼建设集团有限公司(南京分公司)	2020 年 7 月	江苏省住房和城乡建设厅
	NO. 2018G30 地块	江苏双楼建设集团有限公司(南京分公司)	2020 年 7 月	江苏省住房和城乡建设厅
	中南文锦苑 1 ~ 8 栋	江苏双楼建设集团有限公司(南京分公司)	2020 年 7 月	江苏省住房和城乡建设厅
	NO. 2018G11 地块	江苏双楼建设集团有限公司(南京分公司)	2020 年 12 月	江苏省住房和城乡建设厅
	万创中心	江苏双楼建设集团有限公司(合肥分公司)	2021 年 3 月	安徽省住房和城乡建设厅
省级施工工法	对基坑排水采用沉淀烘干筛选净化分离的工序实现绿色循环利用的施工工法	江苏双楼建设集团有限公司(南京分公司)	2020 年 12 月	江苏省住房和城乡建设厅
	利用钢杆和木块形成钢结构支撑架提高地下室防水性能的稳定性施工工法	江苏双楼建设集团有限公司(南京分公司)	2020 年 12 月	江苏省住房和城乡建设厅
	利用装配式可拆卸连接拉梁提高基坑阳角支护结构整体性的施工工法	江苏双楼建设集团有限公司(南京分公司)	2020 年 12 月	江苏省住房和城乡建设厅
	内填充防火、防水、保温、轻质块体芯模现浇空心楼盖施工工法	江苏双楼建设集团有限公司(南京分公司)	2020 年 12 月	江苏省住房和城乡建设厅
	薄壁不锈钢管环压式连接施工工法	江苏双楼建设集团有限公司(南京分公司)	2020 年 12 月	江苏省住房和城乡建设厅
	周转型可调节适用于多规格矩形框架柱工具式模板紧固件施工工法	江苏双楼建设集团有限公司(南京分公司)	2020 年 12 月	江苏省住房和城乡建设厅
江苏省优质工程“扬子杯”	南京市浦口新城医疗中心建设工程一期主楼 A 及地下车库、主楼 B 及地下车库幕墙工程和一期室内装饰装修工程一标段	南京三惠建设工程股份有限公司	2020 年 4 月	江苏省住房和城乡建设厅
	金雁湖社区服务中心项目 1 栋、2 栋楼及地下室(含人防)	江苏双楼建设集团有限公司(南京分公司)	2021 年 3 月	江苏省住房和城乡建设厅
	西花岗西地块保障房项目 B 地块 05 栋工程	江苏双楼建设集团有限公司(南京分公司)	2021 年 3 月	江苏省住房和城乡建设厅
省级新技术应用(绿色施工)示范工程	江苏特安呐生物医药研发中心工程	江苏双楼建设集团有限公司(南京分公司)	2021 年 4 月	江苏省住房和城乡建设厅
	南京新丽华投资发展有限公司新建科研设计大楼工程	江苏双楼建设集团有限公司(南京分公司)	2021 年 4 月	江苏省住房和城乡建设厅
	新建安博仓储物流项目	江苏双楼建设集团有限公司(南京分公司)	2021 年 4 月	江苏省住房和城乡建设厅
省建筑施工标准化星级工地	秦淮区中牌楼地块保障房项目一期桩基工程	江苏宇翔建设发展集团有限公司	2020 年 7 月	江苏省住房和城乡建设厅

续表 24

奖项名称	获奖工程(成果)名称	获奖企业	获奖时间	颁发部门
省级 QC 成果	东盛华庭二期项目	江苏双楼建设集团有限公司(山西分公司)	2020 年 5 月	山西省建筑业协会
	《提高不同标号墙柱梁板节点砼施工一次合格率》	江苏双楼建设集团有限公司(山西分公司)	2020 年 6 月	江苏省建筑业协会
	《提高屋面圆弧泛水施工合格率》	江苏双楼建设集团有限公司(山西分公司)	2020 年 6 月	江苏省建筑业协会
	《提高蒸压加气砼砌块填充墙施工一次合格率》	江苏双楼建设集团有限公司(南京分公司)	2020 年 6 月	江苏省建筑业协会
江苏省工程建设质量管理小组活动Ⅲ类成果	—	江苏宇翔建设发展集团有限公司	2020 年 6 月	江苏省建筑业协会工程建设质量与技术管理分会
中国长三角优秀石材建设工程建筑外装饰“金石奖”	南京中腾达恒环保科技公司江北国际企业研发园石材幕墙施工工程	南京三惠建设工程股份有限公司	2020 年 8 月	江苏省装饰装修行业协会
	南京化学工业园区研发中心三期项目(科创中心、国际孵化器)石材幕墙工程	南京三惠建设工程股份有限公司	2020 年 8 月	江苏省装饰装修行业协会
2019 年度江苏省装饰装修行业优秀企业	—	南京三惠建设工程股份有限公司	2020 年 8 月	江苏省装饰装修行业协会

(陈佳美)

【南京市第十建筑工程有限公司】 坐落于星甸工业园。公司创建于 1994 年 6 月,拥有房屋建筑工程、市政工程总承包一级资质,地基基础专业承包一级资质,消防、建筑装修装饰专业承包二级资质,机电安装工程、输变电专业承包三级资质,注册资金 3.09 亿元。公司各类施工机械设备配套齐全,具有超高层建筑、群体建筑、大跨度工业厂房、大型公共建筑、市政建设施工、电力设备安装施工、消防设施工程施工及民用住宅、豪华装饰装潢的施工经验和能力。公司下辖数十个分公司,专业技术人员 600 余人。其中,一、二级建造师 80 余人,高级专业技术职称人员 50 余人,形成“高层人才尖端化、中层人才专家化、基层人才职业化”的人才格局。公司发展成为集房屋建筑、市政建设、装修装饰、地基基础、园林建筑、设备租赁、建筑材料生产与销售等多元化经营于一体的大型建筑企业。先后获共创“金陵杯”“琼花杯”“扬子杯”等市级、省级优质工程多项省级文明工地工程 60 余项、市级文明工地工程数百项,连续多年被各级政府与建设主管单位授予省优秀企业、省建筑业最具成长性百强企业、省质量诚信五星级企业等称号。2020 年,公司承接建筑面积 30 万平方米,实现建筑产值 10 亿元、利税 2850 万元。

【南京照宇建筑工程有限公司】 原名江浦县仿古园林建筑队,成立于 1992 年 12 月,1995 年并为南京市第十建筑工程公司仿古园林公司。2001 年 12 月,企业实行产权制度改革,更名为南京照宇建筑工程有限公司(民营企业),注册资金 6180 万元。2007 年,企业升级为房屋建筑工程施工总承包二级、市政公用工程总承包三级、地基与基础工程专业承包三级、建筑装修装饰工程专业承包三级、园林仿古建筑工程专业承包三级、钢结构工程专业承包三级。2012 年 8 月,企业升级为房屋建筑工程施工总承包一级。公司承建有影响和上规模的建筑工程有:江浦县物资投资开发公司商住楼、林散之纪念馆、江浦县新华书店综合楼、德明图书馆、南京工业大学江浦分校教学楼、雨山美地住宅小区、兰桥雅居安置房等,工程项目多数被评为江苏省和南京市建筑施工文明工地,企业被南京市建工系统授予先进集体和优秀企业称号。企业注重科技人才培养,有管理师及以上人员 39 人,其中一级建造师 16 人、二级建造师 16 人、小型项目管理师 7 人。2020 年,公司承建项目 2 个,分别为南京鼎业投资置业集团有限公司、鼎业宜景国际中心项目地基与基础工程、建筑安装工程、附属工程,完成建筑面积 25 万平方米,总造价 6 亿元,实现建筑产值 6 亿元、利税 6000 万元。

(潘永梅)

基础设施

交　通

·综　述·

【概况】 2020年末，浦口区境内公路总里程969千米，公路网密度106.54千米/百平方千米。其中，高速公路64.02千米，一级公路86.8千米，二级公路120.55千米，三级公路164.99千米，四级公路532.64千米。境内航道总里程69.96千米。码头岸线5475米。大中小桥梁246座，16258.56延米。交通科技创新取得新突破，获得国家实用新型专利2项、软件著作权3项，创新成果位居全市交通运输系统前列。局属检测中心获评全市交通运输系统首个国家CNAS(中国合格评定国家认可委员会)认可实验室，“四好农村路”工作综合检查位居全市涉农八区前列，在全市率先完成港口码头水污染防治清单销号任务。获“江苏省‘四好农村路’示范区”“江苏省交通干线沿线环境综合整治五项行动先进单位”“南京市‘安康杯’竞赛优胜单位”“浦口区安全生产先进单位”等省市区级荣誉26项。

2020年，区交通集团承建项目31个，其中区政府1号文项目28个(A类20个、B类4个、C类4个)，新开工项目20个，续建项目8个。完工13个，结转至2021年8个。完成固定资产投资17.4亿元，占比101%。新开工项目中，农村人居环境提升三条精品线路(滁河线、岐里线、苗园线)、宁和城际桥林新城、双垅路、高家冲公交场站、芯城核心区双峰路公交场站项目完工；宁滁公路路面维修工程进行病害处理；后圩大道路基施工；亭子山万寿园配套道路及管线完成能源大道水稳摊铺；旅游大道桥林段完工，石桥段交安设施及景观施工基本完成，驷马山河段及九峰山段路基施工；G31地块项目完成临时围墙砌筑、地勘、试桩施工；235国道南京浦口104国道至宁乌公路段改扩建工程进行工程可行性报告编制。续建项目中，永宁街道食浦线、国余线农村公路提档升级工程、104国道先导段、赭洛山旅游断头公路等项目完工；X204盘乌线红旗桥改造工程全桥贯通；汊河大桥实现右半幅通车，完成左幅新建桥梁桩基施工，进行主跨承台施工；城西换乘枢纽主体完工。交通集团获“南京市精细化管理先进集体”称号。 (姚莉　陈恒)

【“三合一”汽车检测站运营】 1月1日，由碧桂园浦口安置房项目部按照拆一补一方式建设的浦江汽车检测公司营业，地址位于桥林街道兰花塘往板桥汽渡方向，占地面积约1公顷，是全区规模最大、车型全覆盖的“三合一”汽车检测站。检测站按照最新国家标准和行业管理部门要求设计建设，提供机动车年检、环检、综检“一站式”便捷服务，可检车型包括轿车、大中型货车、大中型客车(含以天然气为燃料的客车)、专项作业车等。

【一项省级地方标准获省市场监管局发布】 12月15日，区交运局主导编制的省级地方标准《农村公路提档升级路面绿色技术施工规程》获省市场监管局发布。全省交通工程建设相关单位和从业人员可以通过江苏现行地方标准服务平台获取电子文体参照执行，实现全省范围内推广实施。该项技术规程适用于农村公路路面施工，国省干线公路可参照使用。主要内容包括路基路面扩宽改造、水泥路面“白改黑”、泡沫沥青冷再生、橡胶沥青应力吸收层、成品橡胶沥青等技术的设计、施工及验收标准。自2013年起，区交运局对绿色建设技术在农村公路建设中的应用展开深入研究，相关技术累计在全区农村公路提档升级改造项目中推广应用约636千米，节约工程造价约9568万元，综合减排量达60%。 (姚莉)

·过江通道建设·

【南京地铁4号线二期工程获批】 8月19日，交运部下发《交通运输部关于南京地铁4号线二期过江隧道工程通航条件影响评价的审核意见》，南京地铁4号线二期通航手续获批。南京地铁4号线二期工程东起4号线一期龙江站，西至珍珠泉站，线路长约9.7千米，全线均为地下线，设站6座，平均站间距1.67千米，含换乘站2座，分别与规划11号、15号线换乘。新建翠山路停车场1座，主变利用11号线浦江主变，控制中心利用既有灵山控制中心。4号线初、近、远期均采用B型车、6辆编组，设计时速100千米/小时。该工程是经国家发改委批准，纳入2016—2021年近期建设计划的轨道交通项目，是连接江南主城和江北的重要过江线路。

【南京江心洲长江大桥通车】 12月24日,南京江心洲长江大桥(南京长江五桥)通车。南京江心洲长江大桥位于南京长江大桥上游约13千米、南京大胜关长江大桥(南京长江三桥)下游约5千米处。2017年4月1日开工建设,项目起于浦口区五里桥,以三塔斜拉桥跨越长江主江,在夹江以隧道顺接建邺区青奥轴线,全长10.3千米(主汊跨江大桥4.4千米,夹江隧道1.8千米,浦口、河西新城两岸接线4.1千米),为双向六车道,桥面设计时速100千米/小时,隧道内设计时速80千米/小时。主桥为纵向钻石型、中央双索面三塔斜拉桥,全长1796米,主跨600米。 (浦口发布)

·公路建设与运输·

【概况】 2020年,交通基础设施建设完成投资47.8亿元。其中,牵头实施约50千米干线公路建设,完成投资13.3亿元;城市道路建设里程约60千米,完成投资16.2亿元。桥梁246座,16258.56延米。其中,小桥190座,3082.88延米;中桥41座,1770.24延米;大桥12座,4608.52延米;特大桥3座,6796.92延米。公交线路68条,运营车辆691辆,扬子浦口公交客运有限公司完成客运量3187.15万人次。新辟、优化公交线路15条,其中新辟公交线路1条、优化调整公交线路14条。 (姚莉)

【赭洛山旅游断头公路完工】 3月开工建设。项目位于星甸街道赭洛山,起于五采线,止于山顶平台,长约2.5千米,总投资约3000万元,主要实施道路、标志标线及景观绿化等农路建设,建成后将成为游客上山的重要通道,对完善区域路网结构,加强与外部区域的联系,推动区域生态旅游发展具有重要意义。工程年内完成。 (陈恒)

【浦云路大桥通车】 6月1日通车。浦云路大桥及连接线工程起于城南河路,止于康盛路,全长650米,总投资2亿元。工程2018年9月开工,采用多支点桥梁同步顶升、STC混凝土桥面铺装等创新技术。大桥的通车,起到缓解彩虹桥出行压力、构建城南新中心周边四横五纵城市路网、推动浦口区与南京江北新区紧密融合的作用。 (城建集团)

【旅游公路提档升级工程】 6—7月,石桥、驷马山河、桥林3条旅游公路提档升级工程开工。石桥旅游公路位于星甸街道,起于高绰线与高江线交叉口,止于驷马山河桥,全长约12.8千米,计划总投资4986万元,交安设施及景观施工基本完成;驷马山河旅游公路位于星甸街道,起于驷马山河大桥,途径九王路,止于杨茆路,全长约7.4千米,计划总投资6629万元,正在进行路基施工;桥林旅游公路位于桥林街道,起于汪庄路,止于浦乌路,全长约2.6千米,计划总投资2606万元,年内完工。项目主要实施道路、沿线景观绿化、排水、交安及防护等工程,实现大禹水库、双山人居、深井遗址、王村老街、赵坝水库等优质景观资源串联串通。

【北沿山大道通车】 7月全线贯通,老山北麓再添新等级路。北沿山大道工程西起岔虢路与浦合线平交口,东至104国道与护国路平交口,投资3.12亿元,全长4.9千米,路幅宽12米,采用二级公路设计标准,设计时速40千米/小时。工程是老山北侧连接浦口区与国家级江北新区的交通公路,也是集区域路网加密、老山森林防火、景区生态旅游功能于一体的重要通道。北沿山大道工程建成通车后,可吸引更多游客到老山国家森林公园、南京珍珠泉风景区、水墨大埝美丽乡村等旅游景点观光旅游。 (陈恒)

【获评省级"四好农村路"示范区】 8月,《省政府办公厅关于授予南京市浦口区等2019年"四好农村路"省级示范县称号的通知》下发,浦口区创成省级"四好农村路"示范区。该区坚持路政、超限、养护、路网、应急"五位一体"的管理模式,高质量建设好、管理好、养护好、运营好农村路。把握新时代对公路转型发展新要求,推动路域环境整治工作向纵深开展,全年干线MQI值94.8,支线MQI值90。

【珠宁路新建与滴水线改造工程完工】 9月完工。珠宁路项目位于江浦街道新理想佳园和鑫宁府片区,新建长265米、标准宽度16米的道路,提升道路周边绿化环境,新建人行道及改造铺设洞涵、雨水等地下设施,新建1座港湾式公交站台,总投资1646万元,2019年9月开工建设。滴水线项目位于汤泉街道,起于银泉路(X203),全长2.4千米,实施道路及涵洞改造,增设排水、交安及照明等设施,总投资2500万元,2020年5月开工建设。 (姚莉)

7月,北沿山大道通车,老山北麓再添新等级路 (交通集团 提供)

9月30日，汊河大桥实现右半幅通车　　（交通集团　提供）

【亭子山万寿园配套道路及管线建设（一期）项目开工】　9月开工。亭子山万寿园配套道路及管线建设（一期）项目位于星甸街道万寿园南侧，起于能源大道与现状水泥路交叉口，止于高绰线与现状水泥路交叉口。全长1.87千米，宽7米，双向两车道，总投资1500万元，主要建设道路工程、照明工程、绿化工程及沿线交安设施等，计划2021年7月建设完工。

【汊河大桥实现右半幅通车】　9月30日通车。汊河大桥由江苏省南京市政府、安徽省滁州市政府主导，由南京市浦口区交通建设集团有限公司和滁州市公路管理局共同建设。2017年9月开工建设，起点位于现状汊河大桥安徽省滁州市桥头处，终点位于现状汊河大桥江苏省南京市桥头处，设计为左右两幅，桥梁全长510米，其中江苏省境内282米、安徽省境内228米，桥面宽约32米，设计时速80千米/小时，双向六车道，计划2021年底全面建成通车。汊河大桥右幅桥梁桥面净宽约14米，通车后将以路幅中线为界，左右双向各设置一股3.75米宽的机动车道及一股3米宽的非机动车和行人通道，代替旧汊河大桥及下游临时钢便桥。通过机动车与非机动车车道分流设计，流畅顺接新建104国道，提升通行能力，缓解交通压力。

【食浦线、国余线农村公路提档升级工程完工验收】　12月，永宁街道食浦线、国余线农村公路提档升级工程通过区财政局、区交运局、区审计局、永宁街道等部门验收。工程于2019年7月开工建设，总投资4086万元，主要实施道路、桥梁、交通安全设施及绿化等工程。食浦线起于岔毛线，止于X302浦合线，长约2.7千米，2020年4月30日全线贯通；国余线起于G104京福线，止于余高公路，长约2.2千米，2020年9月30日全线贯通。

【X204盘乌线红旗桥全桥贯通】　12月18日，区政府1号文件重点民生保障项目X204盘乌线红旗桥改造工程全桥贯通。该工程2019年11月开工建设，总投资1.15亿元，建设内容主要包括主桥、引桥、接线。其中，主桥桥身为55+96+55三跨变截面连续箱梁，东、西引桥累计20跨，均为标准PC空心板梁，桥身总长606米，两端接线长0.9千米，路线总长1.5千米。项目起于石乌线，终于X305，是连接江星桥线和浦乌路（S206）的纵向通道，是星甸街道石桥社区、九华社区、王村社区、九华茶坊、赭洛山茶文化园的主要通行道路，也是浦口区旅游公路上跨驷马山分洪道的关键节点。　（陈恒）

·航道建设与运输·

【概况】　2020年，境内航道总里程69.96千米，其中三级航道里程9.43千米（驷马山干渠）、五级航道里程43.43千米（滁河）、六级航道里程4.68千米（城南河）、七级航道里程12.42千米（城南河、高旺河、石碛河）。七坝港区位于长江北岸，规划港口岸线范围由石碛河口上游2.4千米至板桥汽渡下游1.5千米，自上游往下划分为通用、多用途、杂货及通用泊位区。码头岸线5475米，可布置万吨级及以下泊位34个，形成通过能力3330万吨，其中集装箱通过能力30万TEU。浦口区注册水运企业5家，无危化品运输企业，主要从事国内沿海及长江中下游普通货船运输，拥有干散货运输船舶32艘，总载重吨位19.25万吨，年货运周转量约54.75万吨千米。完成辖区5家水运企业年度核查工作，核查合格率100%。

【航道管理维护】　加大辖区等级航道巡航力度，履行航标维护职责，确保不出现因管理缺位新增违章建筑、因管理职责履行不到位而造成的24小时以上断航事故。至年末，开展航道、航标巡航155天次，巡航里程5561千米，通航保证率和航标正常率100%。完成滁河、城南河、驷马山干渠58.46千米航道扫床和航道典型断面测量。对辖区下穿航道和拟建桥梁，按照桥梁通航标准实施通航条件影响评价。

【“三无”船舶整治管理】　联合南京海事局、浦口生态环境局、区水务局等部门及所属街道，定期开展长江浦口段水域巡查执法行动，掌握辖区“三无”船舶动态情况。结合严防水路疫情输入专项整治行动及长江流域禁捕退捕工作要求，把打击“三无”船舶纳入制度化、规范化和常态化管理。配合水上执法部门强化日常监管，开展专项巡查24次，杜绝回潮和反弹现象，维护专项整治成果。　（姚莉）

·行业监管·

【交通运输市场监管】 采取“5+2”形式检查重点路段过境“两客一危”车辆,配合公安、路政等部门做好公路货车超限超载治理。以扬子公交浦口分公司、地铁10号线雨山路出口等路段为重点,突出查处未经许可从事道路客、货运经营,不按核定站点停靠等违法行为。处罚交通运输违法违规案件68件,其中简易程序案件5件、一般程序案件63件,处罚金额15.85万元。

【维修、驾培行业经营规范】 加强维修企业和驾培机构的日常经营和安全生产监管。全年对维修企业日常监督检查及专项检查89家次,出动执法人员178人次,下发整改通知书5份。督促指导2家维修企业完成安全隐患整改。督促一、二类维修企业规范上传汽车维修电子档案数据15373条。引导备案的维修企业与第三方有资质的危废回收单位签订处置协议,督促企业按照环保要求实施危废固废收集、贮存、处置及烤漆房的使用和安全维护。督促驾校执行许可证公示、培训价格报备公示、培训合同签订、教练员培训和教练车、教学管理工作等,检查驾校24家次,出动执法人员48人次。

【路域环境整治】 完成路面灌缝13.8万延米,整修路肩、边坡89.9万平方米,割除高草178万平方米,清理边沟12.6万米,清理集镇段盖板沟7800米,修补路面坑槽4600平方米,维修护栏910米,埋设警示桩300根。干线公路MQI值保持在94.8,优良路率100%。

【联合超限超载治理】 聚焦“快速反应、处置高效、常态长效”总体目标,确保联合治超机制常态化、长效化。与交警、城管联合出动治超执法人员8600人次,检查、检测货运车辆62.8万辆次,依法处罚超限超载、非法改装、抛洒滴漏等违法车辆5108辆,其中超限超载车辆1264辆,卸驳载2.7万吨,整治车容车貌不整洁车辆4218辆,办理大件运输许可案件2000件。建成投用非现场综合执法点7处(G104大桥、G312西葛、G235大桥、G235瓦殿、G346五一、S508双垅、X204石桥)。采集货运车辆信息54289条,浦口交警大队采集其中61条信息并处罚归档。深入18家重点货运源头企业督导检查258次,约谈超限运输企业37家,对34家超限运输企业实施“一超四罚”,并将符合条件的处罚信息录入市区两级信用平台公示。与滁州市、马鞍市和县两地执法人员在G312和G346两条跨省干线公路上统一行动,错时执法,打击部分违法运输车辆利用夜间掩护“偷跑”现象,全年检查货运车辆237辆次,处理超限超载运输车辆25辆次,卸驳载货物414吨。 (姚莉)

水利建设

【概况】 2020年,完成侯家坝中型灌区节水改造配套项目和重点泵站1座、重点塘坝1座、村级小泵站改造3座、小流域治理1个等工程。完成汤泉农场场部河、永宁街道联合村洋河沟等综合整治,农村河道疏浚土方218万立方米。农水工程长效管护、农村生态河道建设、小流域治理在省级绩效考核中被评为优秀,新增市级“水美乡村”3个。完成23座小型水库划界、安全鉴定及2座中型水闸安全鉴定。大堰水库通过省规范化小水库复核,七联水库通过省规范化小水库考核验收。加强河湖管理,完成河道堤防、水库白蚁防治达控复查验收。完成清流河、高旺河、石碛河保护规划初稿并通过专家审查,完成高旺河、石碛河、万寿河管理范围划定并通过区级验收。发布《2020年浦口区水务建设工程质量状况统计分析报告》,水务工程抽检指标总体合格率97.27%,原材料及中间产品、工程实体一次抽检总体合格率分别为96.21%、96.42%。

【侯家坝灌区节水配套改造工程开工】 4月开工。侯家坝灌区位于江北新区西南部,是南京市粮食、农副产品及苗木等经济作物的主要生产基地,总面积5333.33公顷,设计灌溉面积3600公顷。侯家坝灌区节水配套改造项目主要工程内容:整治石碛河河道3090米,改造灌溉站5座(拆建灌溉站4座、新建灌溉站1座),整治塘坝5座,新建农桥4座,配套过路涵23座、排水涵18座、放水涵2座,以及用水量监测设施、灌区信息化配套设施等。总投资3177.44万元,计划2021年4月完工。

【跨界河道管理一体化合作】 7月,南京市浦口区与安徽省滁州市南谯区对接,双方水行政部门签订《浦口—南谯跨界一体化发展水利(务)合作协议书》,强化跨区域河道管理,探索跨界河道一体化合作新模式。双方围绕打造滁河“河畅、水清、岸绿、景美”总目标,建立联合河长制,推进跨界河道共建共治共享、联合防汛抢险等工作,探索毗邻区域跨境河道管理与协同发展。至年底,对口科室、水政监察大队和滁河两岸管护单位建立常态化的工作联系,双方出动执法人员近300人次、船只及车辆40余艘(辆)次,清理滁河沿线灌木、垃圾、水面漂浮物、蒿子圩处渔网、地笼,做到不留盲区、不留死角。据监测数据显示,滁河断面水质达Ⅲ类及以上,水质优良。

【竹叶湖大塘溢洪河临时改线增补工程通过竣工验收】 8月27日通过竣工验收。工程位于桥林街道西山村,坝长约250米,库容11.9万立方米。溢洪河西起竹叶湖大塘,东至石碛河,河道总长5.95千米,宽约5~8米,主要功能是保护下游村庄防洪安全和农田灌溉用水。工程1月12日开工,5月30日完工,总投资489万元。

【滁河省级水利风景区完善工程(景观部分)通过竣工验收】 9月30日通过竣工验收。工程位于汤泉农场七联圩至永宁街道邵兴圩。完善10个景观设计节点(围墙改造、晓桥驿站、入口二节点、复兴桥、丹枫桂香、桥下空间节点、复兴泵站、杉林码头、金陵始祖、邹夏泵站节点)及停车位、行车道等配套设施,提升滁河省级水利风景区的旅游品质和文化内涵,方便市民群众。工程2017年10月29日开工,2018年1月16日完工。

【2019年度农村河道疏浚整治“百村千塘”项目完工】 10月14日通过区级完工验收。浦口区2019年度农村河道疏

浚整治“百村千塘”项目位于永宁街道和汤泉农场，核定工程总概算891.6万元。其中，汤泉农场场部河疏浚整治0.56千米，岸坡建设1.11千米，建设改造配套建筑物，对黑窑2号塘等2座塘坝实施水系连通、疏浚整治、岸坡建设和管护设施建设。永宁街道联合社区主要建设互联组水塘等2座村庄河塘，实施水系连通、疏浚整治、岸坡建设和管护设施建设。工程2020年3月16日开工，8月完工。

【三岔灌区节水配套改造工程完工】10月14日通过完工验收。项目区主要位于星甸街道，2019年10月开工，总投资3326.92万元。灌区土地总面积8333.33公顷，其中陆地面积7666.67公顷、水域面积666.66公顷。设计灌溉面积5333.33公顷，有效灌溉面积3000公顷。项目实施后恢复灌溉面积266.67公顷，改善灌溉面积666.67公顷。主要工程：完成4653米三三干渠整治（清杂清障1162米，钢筋混凝土仿木桩护岸3491米，渠道平台及岸坡铺设生物毯）；整治坝西河3490米（采用钢筋混凝土仿木桩护岸，平台及岸坡铺设生物毯，坝西河右岸堤顶新建1894米长C30混凝土道路）；实施小型配套建筑物更新改造（拆建农桥8座，改造滚水坝2座）；新增用水量监测设施及灌区信息化配套设施等。

【差田泄洪沟水环境提升整治工程完工】11月28日通过完工验收。差田泄洪沟位于江浦街道，地势北高南低，北起横河，南至观桥河，为观桥河一级支流、高叿河二级支流，河道总长2.85千米。差田泄洪沟水环境提升整治工程总投资1133.36万元，9月26日开工建设。差田泄洪沟东岸新建DN300截污管1262米，收集东岸沿河村庄住宅污水，预留污水支管，收集沿岸农村生活污水治理工程的污水处理站尾水，污水主管向南汇入观桥河左岸DN300截污管，输送至观桥河现状污水提升泵站，接入百合路市政污水管网。清淤疏浚差田泄洪沟，消除底泥对水质的影响，清淤河道长约2.85千米，清淤量约5978立方米。保留差田泄洪沟两岸浆砌石挡墙，坡面清杂、清障，改造局部段岸坡，新建自嵌式混凝土挡墙，沿岸自然生态护坡采用松木桩支撑保护，建设生态岸坡，削减面源污染。两岸岸坡改造总长5.69千米。

（李元全）

信息化建设

·综　述·

【概况】2020年，全区信息化建设以“智慧浦口”为重点建设目标，利用“互联网+”技术，推进信息化建设工作，提高信息资源共享和服务水平，提升政府管理水平。投入信息化建设资金3400.63万元，新建项目17个，续建项目14个。完成信息化项目终验25个。完成大联勤、环保大气网格、油烟监测、智能安防小区及市应急管理“181”等平台数据对接。整合29个部门数据资源191个，数据1300余万条，共享数据量200万条。制定浦口区城市治理现代化指挥中心建设方案。举办政务网、协同办公系统、统一资源管理平台等培训，90多个部门（街道）300多人次参加培训。

【政务网络延伸】完成浦口区城南中心开发建设指挥部、人防指挥所、自来水厂等30家单位政务网接入，完成区科技局、区退役军人事务局、区人民法院等8家单位的区政务网和市政务内网移机工作。建成覆盖全区全光化千兆网络715平方千米，政务网接入结点120个，终端接入6000余台。

【云计算中心扩容】建成内外网平台2个，建有服务器29台，处理器872核、内存9TB、存储230TB。完成区委政法委、区委编办、政府办、发改委、公安分局、城管局、文旅局、卫健委、行政审批局、江浦街道等40多家单位100多个应用系统的托管工作。

【协同办公效率提高】做好浦口区办公自动化系统运行维护，为无纸化办公提供支撑。增加领导批示件、督办件等功能，增加“放管服”模块，调整优化手机端会议通知、文件阅办等功能，办公自动化系统更加便捷、高效和安全。该系统服务全区118个部门（含临时机构），用户6565人，发文3.6万件，收文35万件，收发邮件16万封。（李倩）

【新基建行动】响应南京市新基建行动计划，围绕5G基建、大数据中心、工业互联网等七大领域，坚持项目带动、产业互联、面向市场，加快推进新基建项目建设，为全区高质量发展注入新动能。全区新基建及关联产业、关联载体项目55个（含储备项目4个），总投资838.75亿元，当年计划投资109.6亿元。其中，大数据中心建设项目4个，年度计划投资6.5亿元；关联产业项目28个，年度计划投资58.4亿元；关联载体项目19个，年度计划投资58.4亿元。当年实施项目中，市级新基建项目20个，年内全部开工(9个项目竣工或部分竣工)，完成投资占比105.45%。区级新基建项目31个，年内开工22个(6个项目竣工或部分竣工)，开工率71%，完成投资占比93.6%。（林凯）

【5G基站建设】全区完成投资9000余万元，建成5G基站578个，完成全年目标任务的105%，实现全区面上5G信号全覆盖。推进基于5G网络的信息服务在社会生活各领域的广泛应用，以网络建设支撑信息化向纵深推进，以信息化应用带动网络建设，促进建设与应用双向驱动，形成长空科技“5G+无人机”、华控创为“5G+机器人”、金雁湖社区“5G+智慧社区”为代表的5G新应用场景建设。（林凯　刘海浪）

【企业综合信息系统建设】5月，区信息中心配合公安分局，启动企业综合信息系统建设。系统按照“实用、便捷、及时”的建设指导思想，依托全区大联勤综合信息系统，增设企业服务模块，以不见面的线上服务方式加强与企业沟通联系，帮助企业解决困难问题。系统包括企业和员工事项上报、进度查询、信息查阅、预约服务等功能，为工单办理、流转、回复、督办、结案提供服务，实现内容数据化、办理网络化、督办在线化、结果公开化，提高管理效率，增强为企业服务水平。9月上线，至年末办理工单11045件。

【数据共享平台建设】 7月,启动浦口区政务数据共享交换平台建设。平台遵循先进技术标准和规范,包含数据归集、数据治理、数据共享等功能,实现跨区域、跨部门、跨平台的不同应用系统、不同数据库之间的互连互通,扩展性良好的“松耦合”结构的应用和数据集成;通过分布式部署和集中式管理架构,实现各节点之间数据的及时、高效上传下达,信息交换安全、方便、快捷、顺畅,保证数据的一致性和准确性,做到政务信息的一数一源、一源多用,一次采集、多方共享。12月,完成平台验收。

【智慧旅游项目建设】 12月,智慧旅游项目建设完成终验。项目包含行业监管、产业数据分析、应急指挥执法平台、舆情监测、视频监控、旅游项目管理和营销系统等功能。通过大平台建设,实现省、市、区相关涉旅数据的互联互通,实现对多源异构数据的标准化、格式化,同时通过数据挖掘与分析,为全区旅游发展决策提供重要依据。 (李倩)

【中国(南京)人工智能创新发展高峰论坛】 6月12日,2020南京创新周分会场活动——中国(南京)人工智能创新发展高峰论坛暨颐高人工智能港(南京)启动仪式在浦口区举行。以馨机器人、无极芯动、升新高科等8个人工智能项目签约落户南京颐高人工智能港。颐高人工智能港位于南京高新区(浦口园)海峡大道与荣庄路交汇处。项目总投资10亿元,占地4.33公顷,地上总建筑面积11万平方米,拟建设颐高集团苏皖总部、人工智能展厅、公共服务中心、AI众创空间、人工智能科研基地、AI总部基地等业态。项目建成后,将与高校合作组建技术研发中心,作为长三角区域人工智能产业聚集平台,打造国家级众创空间及科技企业孵化器。其间,浦口高新区举办赛事活动10场,发布大咖短视频7个,上线大咖直播间1个,上报展示地标企业4个,签约项目16个。生根初创项目9个,总投资38.65亿元,亿元以上项目8个(含20亿元以上项目1个、10亿元以上项目1个)。基于纳米技术的新型可视化高效常温常压降解甲醛及VOC功能材料、中创为量子自由空间量子通信产品、应用于工业精密加工的超快皮秒激光器3项黑科技项目入选2020南京创新周HIGH科技TOP30。

9月18—19日,2020中国南京算力峰会在浦口区举办 (葛鑫 提供)

【南京首家5G短视频+直播基地落户】 6月18日,由浦口高新区、求雨山文投集团和映鱼文化传媒公司共同打造的南京首家5G短视频+直播基地——求雨·MCN直播空间揭牌运营。该直播空间搭载5G技术,围绕5G时代新零售,对人、货、场核心三要素进行资源匹配和整合,创新5G视听应用新场景,由专业人员提供素人IP打造、直播实践培训、短视频拍摄助力、带货技巧培训、供应链配送等全链条孵化服务。以孵化一批网红品牌、培养一批网红带货达人为目标,通过产业融合,推动浦口各产业链和当地特色产品、新型电商业务转型发展,带动更多的浦口企业“触网”发展。活动当天,求雨·MCN直播空间入驻的企业在全平台(包含抖音、快手、私域流量、社群等)直播总成交额1亿元,货物涉及三农特产、书画、美食、数码、美妆、服饰、房产七大类,订单量37万单,直播线下基地加各地分会场主播直播间累计观看人员450万人次。

【2020中国南京算力峰会】 9月18—19日,以“新算力,新基建,新经济”为主题的2020中国南京算力峰会在浦口区举办。浦口区和中国大数据与智能计算产业联盟签约。苏州科诺机器人有限责任公司、曙光信息产业股份有限公司、上海掌御信息科技有限公司等16家企业与南京高新区(浦口园)签署战略合作协议,总投资39.8亿元。峰会特邀国内外专家学者和中国大数据与智能计算产业联盟相关企业代表,围绕“精准医疗和人工智能”等主题,通过“线上+线下”模式,共同探讨、相互交流,挖掘数字经济领域新热点。至年末,会上签约项目全部入驻园区。

【浦口区获批国家民用无人驾驶航空试验区】 10月下旬,中国民用航空局公布首批13个国家民用无人驾驶航空试验基地(试验区),位于浦口区的民用无人驾驶航空试验基地(试验区)获批,为全省唯一一家。民用无人驾驶航空试验区是中国民航局促进国家无人机产业发展的重要部署。获批成功后,浦口区将打造特色化、差异化、规模化的无人机产业体系,搭建产业集聚平台、创新应用中心、人才培养基地和产品质检中心,旨在创建国内首个创新应用型5G无人机基地和联通5G创新泛低空测试基地,构建以南京为中心、覆盖江苏、辐射华东的无人机全产业链,在全国形成试点示范效应并发挥引领带动作用。

【长江首座5G江面空域覆盖基站建设】 10月底,浦口区在长江上建设首座5G江面空域覆盖基站,标志着南京市江面网络通信迈入5G时代。基站由浦口区政府主导,南京联通联合浦口高新区长空科技、大翼航空等无人机相关企业共同打造。基站服务覆盖半径最高可达300米,最大接入人数500余人,实现对长江汇兴隆洲服务区、周边水面及空域的5G网络覆盖，为长江过往船舶提供大带宽、低时延和广连接的5G网络服务。项目同时可实现水面救援、离岸补给、远程维修、江面污染源监控、长江生态大保护等功能，建立跨越5G通信、低空无人机、电子商务、应急救援、环境保障等多行业领域的融合创新服务平台。

【2020中国(南京)低空智联网建设与无人机系统创新高峰论坛】 11月27日在浦口举办。南京民用无人驾驶航空试验区揭牌。浦口区政府与南京航空航天大学、中国联通江苏分公司签署5G泛在低空测试基地共建战略合作协议。网络通信和安全紫金山实验室与江苏南京民用无人机试飞运行基地签署5G技术在无人机领域应用战略合作协议。论坛特邀国内无人机系统领先企业、权威机构、卓越领袖和前沿专家，关注和探讨产业发展现状、热门话题。 （葛鑫）

·中国电信浦口分公司·

【概况】 2020年，中国电信浦口分公司中圣街营业厅获评江苏电信行业“放心消费、满意服务”示范营业厅，孙堂杰获中国电信江苏公司“疫情防控工作优秀共产党员”称号。

【智慧民生建设】 完成南京集成电路大学智慧课堂、智能会议系统等智能化系统搭建；完成顶山街道、沿江街道高空抛物监测、智能烟感监测等智慧小区建设；参与江北新区公安分局雪亮工程智能监控布局，建设云上顶山、漫步泰山高空瞭望社会面监控系统；参与珍珠泉管委会智能安防、人脸识别等项目建设。疫情期间，推出免费流量，助力浦口区贫困儿童停课不停学，完成江浦街道、江浦高级中学疫情防控体温热成像搭建；协助南京医科大学第四附属医院开发智慧病房系统；天翼看家助力顶山等街道疫情防控工作。参与江浦等街道103个小区电瓶车智能充电桩建设。参与垃圾分类、水务检测等民生项目建设。

【网络能力提升】 光网提质抓短板，改善电信宽带用户体验，解决光衰造成的用户宽带降速问题，开展光衰不达标用户主动性派单，疑难区域割接光衰达标率由96.14%提升至97.13%。推进移动网深度覆盖，满足党政部门、校园、公众客户等对5G网络的需求，建设5G基站与室内分布系统，开通5G基站236个，开通5G有源室分设备271台，实现江浦街道全覆盖，桥林、星甸、汤泉、永宁4个街道重点地区和道路连续覆盖。

【重大活动保障】 快速响应前端通信保障需求，完成浦口区中考、高考、江北新区五周年系列活动、第六届南京森林音乐节、龙湖天街开工、江北新区5G+智慧马拉松赛事等政府类、赛事类、考试类通信保障20次，保障天数42天，出动保障人员180人次。 （黄益民）

·中国移动浦口分公司·

【概况】 2020年，江苏移动浦口分公司投入5G网络覆盖建设资金1000多万元，基本实现辖区党政军机关、重点集团、交通枢纽、核心商圈等区域覆盖。无重大投诉、安全生产事故。浦口分公司获评南京移动公司先进集体、先进分工会。

【通信保障】 提供云视讯高清视频会议系统60套，部署软终端1200台，保障区、街及相关部门视频会议520余场次。提供“和对讲”设备40余台，方便相关单位内部沟通。为街道社区中心和企业提供云MAS系统账户118套，为相关单位各类消息及时通知到位、提高工作效率提供便利条件。提供“线上居民健康调查”小程序开发服务，助力疫情期间政府职能部门的远程会议和远程防疫指挥。

【社会服务】 为15名家庭困难小学生提供爱心助学宽带。投入500多万元用于村(社区)农村信息化建设，实现农村宽带建设和无线网络全覆盖。助力浦口区产业信息化发展，承接的江苏省人民医院浦口分院互联网医院项目、浦口区全域旅游信息化项目、浦口区旅游大数据项目等一批信息化建设项目完工。

（周慧兰）

·中国联通浦口区分公司·

【概况】 2020年，中国联通浦口区分公司启动4G补盲专项工程，实现居民小区深度覆盖和各类楼宇地下室、电梯覆盖，完成浦口区域联通4G网络全覆盖。全面启动5G基站建设，至年末，完成浦口区域内5G网络全覆盖。完成农村地区光纤宽带覆盖。 （雷洁）

【5G云签约活动保障】 4月1日，南京浦口高新区改革推进大会在浦口科创广场召开，南京高新区(浦口园)揭牌，澳大利亚9个国际合作项目集中“云签约”落户。为做好通信网络服务保障，中国联通浦口区分公司与浦口高新区会务保障小组配合，从跨国通信链路对接调试、当地网络节点、机房保障、线路巡检、后台监控及现场应急队伍等多条线协作，完成5G云签约保障任务。

（雷洁 葛鑫）

【社会服务】 5月17日世界电信和信息社会日前后，开展“联通小燕进社区”活动，给老年人讲授操作、使用苏康码和防诈骗信息识别等知识。6月1日，和中建八局合作建设的5G智慧工地开通使用，实现5G与建筑行业融合，推行智慧工地新模式、新理念、新应用。助力2020南京江北新区半程马拉松赛，现场安排人员测试，确认覆盖和感知，保障现场信号全覆盖。 （雷洁）

·文稿编辑 杨 友·

经贸合作

综　述

【概况】 2020年,全区坚持疫情防控和经济发展“两手抓、两手硬”,落实“六稳”“六保”“四新”决策部署,推动“两稳一促”工作落地见效,招商引资取得新突破,推动商务经济恢复发展,各项经济指标全部完成。实际利用内资169.3亿元,引进亿元以上签约项目148个,签约项目投资总额640.6亿元,三季度全市招商擂台赛获郊区组目标进度奖。新批准外资项目71个,其中新设57个、增资14个;合同利用外资15.64亿美元,比上年增长16%;新增实际使用外资3.2亿美元。实现外贸进出口总额132.9亿元,增长35.3%,增幅全市第三。电子商务交易额124.68亿元,增长35%。浦口区被评为全省农村电子商务示范县,招商引资工作获目标任务进度奖。

(刘梦坤)

【“十三五”时期浦口经济园区二次创业】 2016年,浦口开发区实现规模以上工业总产值350.01亿元、一般公共预算收入6.74亿元。2017年,南京江北新区管理体制调整,浦口开发区让位南京江北新区,整体搬迁桥林新城,经济总量大幅减少,产业结构、城乡结构极大改变。浦口开发区应对新形势,在零起点上二次创业。全区园区加大投入,基础设施建设面貌一新,产业能级显著提升,台积电等3个百亿级项目建成投产,龙之谷等3个百亿级项目加快建设,累计落户产业项目274个,总投资3500亿元,其中竣工项目68个,形成集成电路、高端交通装备、文旅健康三大主导产业。集成电路聚集企业260余家,营业收入从2017年的2.6亿元提升至2020年的100多亿元,以占全市3%的地区生产总值比重,支撑起全市30%以上的集成电路产业份额。高端交通装备产业聚集依维柯、锦湖轮胎等企业76家,产值从2017年的17.6亿元提升至2020年的64亿元。2020年,文旅健康产业总产值110亿元。浦口开发区规模工业总产值从2017年的88.78亿元提升至2020年210.65亿元,综合实力在全省91家省级开发区中排名第二,超越8个国家级开发区,获批省集成电路先进制造基地、省新型工业化产业示范基地。浦口高新区创新名城建设2项核心指标进入全市第一方阵,获批全国首批民用无人驾驶航空试验区、全市唯一省创业投资综合服务基地。

浦口区有功能园区3个,分别是江苏省南京浦口经济开发区、南京浦口高新技术开发区、南京国家现代农业产业科技创新示范园区。江浦、桥林、星甸、汤泉、永宁5个街道分别设有经济园区。因规划调整,桥林工业园区于2018年划归浦口开发区。汤泉街道重点发展旅游业,工业园区企业逐步退出。2020年,浦口开发区和浦口高新区实现地区生产总值101.49亿元、一般公共预算收入20.09亿元,规模以上企业实现工业总产值213.35亿元。

(林凯　邵斯捷　葛鑫)

【招商引资】 2020年,按照全市“招商突破年”部署要求,秉持“抓项目引进就是战疫情、促发展”的理念,开展“项目提速年”和“园区主攻仗”活动,对全区项目引进数量等主要指标提出更高要求。调整全区投资促进领导小组,召开全区投资促进大会,印发《浦口区招商引资工作意见》等文件,落实招商引资“双管”工作机制,细化区领导和各部门招商引资工作任务清单,各成员单位提供有效项目信息220余条,20个重点项目倒排时序、明确到人。全区在抗击疫情中坚持招商工作“不停歇”、引资任务“不打折”,开展网上招商和小分队招商,推动项目签约落地。举办城南中心土地推介会,浦口开发区采取远程直播方式举办中美科技中心招商推介会,签约项目6个。浦口高新区举办MCN项目集中签约仪式,签约项目14个。在全市招商项目云签约仪式上,浦口区上会签约项目10个,总投资145亿元。借力资本招商等第三方招商力量,与金沙江资本合作,引进和丰能源等项目3个,总投资170亿元。制定年度招商活动计划,区主要领导31次赴北京、上海等地开展招商活动。全区举办深圳地标产业推介会等线上线下招商推介活动59场,南京“金洽会”专场活动签约项目46个,总投资173.6亿元。加强产业链招商,制定产业链图谱,梳理集成电路产业链招商项目44个。推进招商引资指标考核,邀请审计机构开展重点指标申报培训会,完善签约项目合同模板,每月召开招商引资考核调度会,聚焦实际利用内资重点攻关项目46个,印发招商引资工作通报10期、提醒函37份。全区实际利用内资169.3亿元,完成市目标188.1%;引进亿元以上签约项目148个,完成市目标164.4%;签约项目投资总额640.6亿元,完成市目标115.4%;全区新批准外资项目71个,合同利用外资15.64亿美元，增长16%；新增实际使用外资32010万美元；新增招商项目信息1078条，完成市目标126.8%。

【对外贸易增幅加大】 年初，浦口区扶持外资企业复工复产，协助外资外贸企业办理外籍人员入境申请46人次，向外资企业提供防疫口罩1.5万副，至3月底，全区外资外贸企业悉数复工复产。7月2日，区商务局联合中国出口信用保险公司南京营业部，采用线上线下同步直播方式，推出出口信用保险政策云展播，中国信保南京营业部向区内2家成长型外贸企业赠送海外买家资信报告，推介海外常见信用风险及省、市、区出口信用保险统保平台运作信息和投保、索赔指南，东爵有机硅、吾莉纺织、钛净流体等企业就信保出口保险具体事宜进行交流商讨。区政府出台《支持重点商贸流通及外贸企业稳定发展的若干措施》，搭建外综保服务平台，奖励扶持外贸企业资金3700万元。指导和丰能源、正康置业等50家外资项目规范信息报告制度，主动对接企业，光大中水利用、虎斯企业管理、益昂通信技术等6家企业实际使用外资1400万美元，促进梯尔希（南京）药物研发有限公司等10家企业实现增资扩股。区商务局制定年度外资项目到资推进计划表，与责任单位对接落实指标20余批次，组织31家进出口千万元以上企业开展数据预报，落实街道、园区月度监测考核机制，外贸进出口完成进度保持全市前列。全区全年实现外贸进出口总额132.9亿元，增长35.3%，在全省占比0.3%，完成进度全市排名第二，增速全市排名第三。其中，出口总额91.8亿元，增长22%；进口总额41.1亿元，增长78.7%。完成省高质量发展指标任务。

9月21日，浦口区集成电路重大项目集中签约仪式暨首届商用车电动化与智能化论坛举办 （邵斯捷 提供）

【“金洽会”浦口签约项目46个】 9月21日，举办2020南京“金洽会”·浦口集成电路重大项目集中签约仪式。聚焦集成电路、高端交通装备和文旅健康三大主导产业，集中签约项目46个，总投资额173.6亿元。其中包括120亿元的南京中交·未来芯城建设项目，涉及集成电路、新能源汽车、智能制造等产业领域。“金洽会”浦口分会场举办首届商用车电动化与智能化论坛等系列专题活动，清研华科新能源研究院与清华大学苏州汽车研究院签署战略合作协议、与企业代表签署建立联合创新中心协

2020年中国·南京金秋经贸洽谈会浦口区重点签约项目一览表

表25

序号	项目名称	投资性质	预计投资总额	投资方名称	企业性质
1	亚太航空飞机拆解总部基地建设项目	外资	28.57亿美元	亚太航空飞机拆解科技有限公司	外企
2	和丰能源中国控股总部设立项目	外资	17.84亿美元	Grandall Group Inc.（大丰集团）	外企
3	CIP魔骑中国控股总部和研发生产基地建设项目	外资	4.28亿美元	CIP Holding AG Chinese Intelligent Partner（CIP集团）天津金沙江股权投资管理有限公司	外企
4	南京中交·未来芯城建设项目	内资	120亿元	绿创产城控股有限公司	国企
5	江苏华族集团总部及人工智能研究院项目	内资	20亿元	江苏华族电子科技股份有限公司	民企
6	天邦股份南京运营、研发及培训中心建设项目	内资	12亿元	天邦食品股份有限公司	民企
7	飞恩压力传感器产业化项目	内资	10亿元	武汉飞恩微电子有限公司	民企

议。加快高端创新资源集聚，推动集成电路、新能源汽车等产业链高质量发展，招引优质产业项目落地，全力打造“地标性产业高地”。

【浦口投资环境推介会】 2020年，浦口区在北京、上海、深圳以及美国等地举办南京·浦口投资环境推介会59场，区主要领导赴北京、上海等地开展招商活动31次，全年引进芯德半导体、长晶科技等亿元以上项目148个，总投资640.6亿元。3月10日，浦口开发区通过远程直播方式，举办中美科技中心招商推介会，签约项目6个，涉及集成电路半导体、高端智能制造、智慧城市建设等产业，总投资约10亿元。4月5日，浦口高新区举办MCN项目集中签约仪式，签约项目14个，总投资22.3亿元。8月18日，浦口区在深圳举办地标产业推介活动，围绕推动产业链、创新链协同发展战略，引进一批技术领先、行业领军企业和符合浦口产业发展方向的重大项目。活动现场，功率半导体设计项目等13个亿元以上项目签约，其中10亿元以上项目3个，项目总投资超百亿元。为浦口区打造千亿级产业集群注入新动能。 （刘梦坤）

浦口经济开发区

·综 述·

【概况】 2020年，浦口开发区面对新冠肺炎疫情造成的巨大冲击，强化改革推动、开放带动、创新驱动，聚焦服务大局、应对变局、开拓新局，完成全年发展硬指标和“十三五”收官硬任务。综合发展水平在全省118家省级以上开发区（含27家国家级开发区）中位列第21，超越8个国家级开发区，在全省91家省级开发区中位列第2，首次进入前三甲。创成江苏省智慧园区、国际合作园区、江苏省产学研产业协同创新基地，通过省级知识产权示范园区验收，入选第四批江苏省众创社区备案。实现地区生产总值72.12亿元，比上年增长11.7%；一般公共财政预算收入10.09亿元，增长72.47%；全社会固定资产投资168亿元，增长23.1%，其中工业固定资产投资76.87亿元，增长50.2%；规模以上工业总产值210.65亿元，增长28.23%；实际利用内资102.83亿元，增长225.51%；实际利用外资2.95亿美元，增长8.2%。

【重点项目建设】 2020年，浦口开发区列入浦口区1号文A类重点产业类项目33个，全部开工。其中，台积电一期、华天集成电路封装产业基地一期运营投产，南京数控机床制造基地一期部分竣工，越博主体工程完工，中科C、瑞吾、申通等项目部分主体工程封顶，毅达、可成、宁亚特等项目主体或桩基施工，依维柯F1发动机生产线、久吾陶瓷膜生产线等技改或装修改造项目竣工。

【港区经济发展】 2020年，总投资8亿元的南京蛮牛物联网电商物流园、总投资6.5亿元的江苏点迈电子商务物流园进场。七坝港完成20万TEU（标准集装箱简称）装载能力，货物吞吐量（含集装箱）599.59万吨。七坝港经济枢纽区列入全市枢纽经济区重大项目5个，当年计划完成投资29亿元，实际完成投资34.4亿元，完成年计划的118.64%。集成电路产业实现产值70.5亿元，增长43.95%。

【重大项目集中开工】 3月8日在浦口开发区开工。集中开工重大项目22个，总投资268亿元，均为亿元以上项目，其中10亿元以上项目10个，包含总投资80亿元的挪宝生产装备制造基地及研发中心、总投资30亿元的台积电（南京）有限公司12英寸晶圆厂与设计服务中心一期II设备、总投资10亿元的江苏奥博洋大数据产业园、总投资10亿元的联东U谷、桥林智能装备科技园等。涵盖集成电路、高端交通装备、新能源新材料、现代物流、高新技术等产业领域，涉及集成电路、高端交通装备两大主导产业18个项目，投资总额249亿元。 （邵斯捷）

【与江苏开放大学战略合作】 5月20日，浦口开发区与江苏开放大学战略合作签约仪式在浦口开发区举行。浦口区委、区政府领导，江苏开放大学党委副书记、校长崔新有以及华天科技、南京依维柯、知豆新能源汽车等企业负责人参加。此次战略合作是政校企三方密切合作、共谋发展的重要举措，对浦口开发区构建完善适应企业发展需求的人才输送渠道具有积极意义。江苏开放大学是全国首批试点建设的六所开放大学之一，建校以来，为全社会输送大批高素质应用型人才，是高质量人才培养、高水平知识创新和高层次社会服务基地。合作将在“优势互补、资源共享、互惠双赢、共

城市功能成片开发——科学城 （邵斯捷 提供）

同发展”原则引导下，借助大学创新资源优势，推动浦口开发区企业发展。政校企三方将在人才交流与培养等领域开展深度合作，共同搭建供需培养平台，推动浦口区主导产业和学校教育事业同步发展。 （浦口发布）

·基础设施建设·

【概况】 2020年，浦口开发区基础设施建设项目17个，总投资21.86亿元。其中，道路建设工程项目11个，2020年计划投资8.94亿元；公用基础设施建设项目2个，2020年计划投资0.22亿元；安居保障房建设项目4个，2020年计划投资12.7亿元。

2020年浦口开发区重点基础设施建设项目一览表

表26 单位：亿元

项目名称	建设地点、位置	计划总投资	2020年计划投资	建设内容及规模	2020年建设内容及进度	开工时间	竣工（计划竣工）时间
一、交通基础设施建设							
延陵路二期	起于云杉路，止于沿山大道	1.10	0.20	长1.5千米，宽46米，实施路基、路面、排水、绿化等工程	项目竣工	2013年9月	2020年12月
双峰路西延	起于云杉路，止于沿山大道	0.48	0.18	长1.34千米，宽76米，实施路基、路面、排水、绿化等工程	项目竣工	2015年8月	2020年12月
★丰子河路一期	起于塘中路，止于桥林大道	34.46	6.00	长13.25千米，宽60米，实施路基、路面、排水、绿化等工程	项目竣工	2016年12月	2020年6月
百合路南延	起于听莺路，止于桥林大道	7.47	0.50	长5.9千米，宽35米，实施路基、路面、排水、绿化等工程	路基、路面施工	2017年9月	2021年12月
林中路	起于浦乌路，止于沿山大道	2.26	0.10	长3.3千米，宽45米，实施路基、路面、排水、绿化等工程	路基项目竣工	2018年8月	2021年12月
丁香路南延	起于步月路，止于桥林大道	6.12	0.50	长5.2千米，宽30米，实施路基、路面、排水、绿化等工程	听莺路至桥林大道段路基、路面施工	2018年9月	2021年12月
云杉路南延	起于梨园路，止于江星桥线	4.32	0.20	长3.4千米，宽35米，实施路基、路面、排水、绿化等工程	路基施工	2019年6月	2022年6月
听莺路	起于云杉路，止于沿山大道	0.80	0.10	长1.2千米，宽30米，实施路基、路面、排水、绿化等工程	项目竣工	2019年9月	2020年6月
★沿山大道西延	起于林中路，止于渔火路	6.30	1.00	长4.6千米，宽60米，实施路基、路面、排水、绿化等工程	步月路至渔火路段基本完工	2020年6月	2021年12月
南一路	起于丰子河路，止于浦乌路	0.30	0.10	长1.4千米，宽35米	路基施工	2020年6月	2021年12月
锦西路	起于云杉路，止于南京锦湖轮胎有限公司新址	0.09	0.06	长0.15千米，宽16米，实施道路、箱涵、排水、照明及景观绿化等工程	路基完工	2020年6月	2021年12月
二、公用基础设施建设							
桥林东自来水增压泵站	浦乌路、渔火路夹角	1.07	0.17	占地2.48公顷，设计规模13万立方米/日	项目竣工	2018年9月	2020年6月
兰桥雅居一期消防设施改造项目	步月路、浦乌路、金鼎路、丹桂路	0.05	0.05	现有消防系统改造升级	项目竣工	2020年7月	2020年11月
三、安居保障房建设							
琼花湖保障房一期	东至金鼎路，北至紫峰路	6.96	3.00	总建筑面积15.3万平方米，建设6栋19层住宅楼	基本完工	2017年12月	2021年6月

续表 26　　　　单位:亿元

项目名称	建设地点、位置	计划总投资	2020 年计划投资	建设内容及规模	2020 年建设内容及进度	开工时间	竣工(计划竣工)时间
★丝兰湖保障房二期	东至丝兰湖,南至景天路,西至步月路,北至百合路	6.50	3.00	总建筑面积 14.3 万平方米,建设 8 栋 18 层住宅楼	基本完工	2017 年 12 月	2021 年 6 月
桥林产业人才共有产权房	东至秋荫路,南至宁乌公路,西至步月路,北至丹桂路	50.00	5.70	总建筑面积 32.3 万平方米,新建人才共有产权房、基层社区中心、幼托及配套设施	基本完工	2018 年 3 月	2021 年 6 月
琼花湖保障房二期	东至紫峰路,南至听莺路,西至琼花湖	4.48	1.00	总建筑面积 8.8 万平方米的住宅、商业用房、办公用房及地下停车场等	基础施工	2020 年 6 月	2022 年 12 月

注:加"★"为列入市城建计划项目

【新城设施配套完善】 2020 年,浦口区围绕"产、城、人、文"理念,与市地铁集团联合开发桥林地铁小镇,聚焦台积电、华天、依维柯等重大项目高端人才的动线需求,高标准打造桥林地铁小镇片区教育、医疗、商业、文体等城市功能配套。科学城片区依托"一带、三片、多单元"的新城空间结构,城市功能区域约 7.4 平方千米,区域内商业住宅水沐云筑、时光泊月园销售火爆,保障住房上江府交付 2237 套;集成电路设计大厦 3 栋塔楼封顶,进入内部装修;苏杰学校、书人学校片区环境综合整治及景观提升工程完工。南京桥林新城医院 6 月开工建设,占地 6.53 公顷,总投资 14 亿元,建筑面积 13.24 万平方米,建设医技楼、门诊楼、病房楼、科研楼及床位 700 张的综合医院。

【七坝港区建设】 2020 年,浦口开发区七坝港区建设列入全市枢纽经济区重大项目,年计划完成投资 29 亿元,实际完成投资 34.4 亿元,完成年计划 118.64%。南京七坝港码头投资取得正式环评和运行许可。总投资 6.33 亿元的申通南京智慧物流科技产业园 4 栋双层高标准仓库和 2 栋六层办公楼、宿舍楼封顶,总建筑面积 14.5 万平方米,预计 2021 年底投产,营业额预计 2 亿元。金盘路、紫鸾路机动车道建成,七坝港区环境综合整治一期工程加快推进。

【桥林东增压泵站工程主体完工】 6 月完工。桥林东增压泵站位于新星大道与兰新路交叉口东南角,总投资 1.07 亿元,占地面积 2.48 公顷,2018 年 9 月开工建设,设计规模为日供水 13 万立方米,主要由 2 座清水池、泵房、1 座吸水井、附属用房、辅助用房、机修仓库等组成。桥林东增压泵站作为桥林新城重要供水设施工程,为浦口开发区内重点企业台积电、上汽依维柯等重大项目提供基础配套设施。

【丰子河路 PPP 项目一期工程竣工】 6 月 30 日竣工。丰子河路项目投资总额 44.7 亿元,为一级公路兼城市主干路,全长 13.25 千米,其中 10 千米与在建的宁和城际一期共线。建设内容有道路、桥梁、排水、照明、交通安全设施、绿化、管廊及其他综合管线等工程,新建桥梁 10 座,跨径总长 2621.4 米(含坡道桥),其中大桥 3 座,跨径总长 2335.4 米,中小桥 7 座,跨径总长 286 米。新星大道(渔火路)至石碛河北段设置综合管廊 4.3 千米,主线分为电力舱、水管电信舱和燃气舱 3 舱断面。该项目属桥林新城内部"五横七纵"主干路网中的"一横",主要承担桥林新城与浦口方向以及宁合、宁连高速公路的联接。

【桥林新城地铁小镇打造】 7 月 3 日,浦口区政府与南京地铁集团有限公司签订合作共建协议,联合开发桥林新城地铁小镇。桥林新城地铁小镇规划面积约 25 平方千米,是江北新主城首个联合开发的地铁小镇。小镇位于浦口开发区桥林新城功能板块,片区内建有地铁 S3 号线,设有兰花塘、双垅、石碛河、桥林新城、林山、高家冲 6 个站点。小镇借鉴紫

七坝港区　　(邵斯捷　提供)

东核心区规划设计经验，运用TOD模式，高水平开展桥林地铁站点设计工作，提升地铁小镇开发品质，提高浦口开发区产、城、港融合水平，为入园企业及周边百姓提供更优生态环境，打造配套齐整、品质高端、交通便捷的江北产业明珠。 （邵斯捷）

·招商引资和项目建设·

【概况】 2020年，浦口开发区在全市率先启动“云招商”，通过“云推介”“云洽谈”“云签约”，聚焦两大主导产业，靶向招商、精准招商。9月21日，在南京“金洽会”重大项目签约仪式上，浦口开发区上会签约项目5个，主要集中在新能源汽车、智能制造等产业领域，总投资超480亿元，其中外资项目3个，总投资超50亿美元。全年参与、组织招商推介活动18场，签约亿元以上项目151个，总投资487.79亿元；亿元以上制造业项目136个，实际利用内资102.83亿元，增长225.51%；实际利用外资29543万美元，增长8.2%。

浦口开发区列入浦口区A类重点产业类项目33个（全区118个），计划总投资535.91亿元。结转续建项目13个。其中，产业类项目29个，计划总投资512.72亿元；社会事业类项目4个，计划总投资23.19亿元。当年投资81.15亿元。其中，产业类项目29个，当年投资76.55亿元；社会事业类项目4个，当年投资4.6亿元。 （邵斯捷）

2020年浦口开发区产业类、社会事业类重点项目（A类）一览表

表27

序号	项目名称	计划总投资（亿元）	截至2019年底完成投资（亿元）	2020年投资（亿元）	建设内容及规模	2020年建设进度	总建筑面积（万平方米）	总用地面积（公顷）	开工时间	竣工（计划竣工）时间
1	●台积电（南京）有限公司12英寸晶圆厂与设计服务中心一期	198.00	186.00	12.00	总建筑面积约52万平方米，建设12英寸16纳米晶圆制造工厂和研发中心，年产12英寸16纳米晶圆24万片	全面投产	52.00	43.13	2016年7月	2020年12月
2	●越博新能源汽车产业基地	10.00	7.00	1.00	总建筑面积5.6万平方米，建设城市客车混合动力和纯电动力总成厂房、电控机械式自动变速器厂房及配套设施，年部件生产能力8万套	8栋厂房封顶	5.60	6.40	2017年12月	2021年6月
3	●南京数控机床制造基地	5.80	3.80	1.00	总建筑面积12.6万平方米，建设机床厂房、办公楼、配套用房及地下室，购置导轨磨床、数控测高仪、高精度数控滚齿机等设备70台（套）。建成后，预计年生产数控滚齿机、数控剃齿机、数控车、加工中心及其他数控机床1370台，产值2亿元，税收3500万元	主体封顶	12.60	10.47	2017年12月	2021年12月
4	●华天集成电路封装产业基地	80.00	7.00	7.00	总建筑面积52万平方米，建设生产办公用房、水站、动力站及配套设施，购置封装测试设备及检测仪器6000台（套）。达产后，预计年产引线框架类、基板类集成电路年封装测试能力102亿只、晶圆级集成电路年封装测试能力144万片。其中，一期预计年产FC系列产品33.6亿颗、BGA基板系列产品5.6亿颗	一期建筑面积15.9万平方米，包括办公用房2栋，水站及动力站	52.00	33.33	2019年1月	2023年12月
5	●芯城核心区科研园	35.20	20.70	8.50	总建筑面积50.9万平方米，建设总部基地、科研办公楼、小型科研企业孵化器，引进集成电路产业、AI产业入驻，打造先进计算中心、大数据平台，培育创新型领军企业、国际化创新创业人才高地	总部基地一期项目主体封顶，人才公寓项目竣工	50.90	14.20	2019年1月	2021年12月

续表27

序号	项目名称	计划总投资(亿元)	截至2019年底完成投资(亿元)	2020年投资(亿元)	建设内容及规模	2020年建设进度	总建筑面积(万平方米)	总用地面积(公顷)	开工时间	竣工(计划竣工)时间
6	●中科芯谷集成电路设计产业园	4.00	1.80	0.80	总建筑面积7.2万平方米,建设先进制造产业基地	5号楼内部装修完工,完成各项验收及备案	7.20	4.58	2019年2月	2022年3月
7	●南京瑞吾电气有限公司南京瑞吾电气智能制造基地	5.20	2.00	1.00	总建筑面积11.7万平方米,建设厂房及综合楼,购置剪板机、数控冲床、激光切割机、折弯机等设备	主体施工完成50%	11.70	6.20	2019年3月	2021年3月
8	申通南京智慧物流产业园	6.34	1.20	2.00	总建筑面积14.5万平方米,建设物流仓储、智能化管运中心、智慧物流研发中心、办公、商业用房、员工宿舍、食堂及地下停车场,预计一期首年营业额2亿元	仓储、办公商业、员工宿舍等完工	14.50	44.40	2019年6月	2021年12月
9	中燃天然气分布式能源站	5.00	2.00	0.80	总建筑面积约5万平方米,建设2套20兆瓦级燃气—蒸汽联合循环机组及其他配套设施。建成后,可形成年发电量1.69亿千瓦时,供热能力48.67万吉焦	综合楼建设至地上3层,主厂房竣工试运营	5.00	4.73	2019年9月	2021年6月
10	南京苏试广博环境可靠性研发和检测中心	2.00	1.00	0.50	总建筑面积2.5万平方米,建设研发和检测中心,包括研发楼、检测用房及相关基础配套设施。引进大位移、高加速、三轴六自由度振动试验系统等设备。建成技术水平达国际先进的环境可靠性检测中心,预计年营业收入8000万元	A栋主体施工结束,开始装修	2.50	2.07	2019年9月	2021年6月
11	友乔电子研发、生产基地	2.00	0.35	1.00	总建筑面积4.2万平方米,建设厂房及配套设施。购置智能化生产线、测试车间、天线车间、整装车间、特种工艺线等设备150台(套)。投产后,预计年生产移动及卫星通信设备套件1000套、数字微波天线3万套、微波器件等12万件	主体施工完成50%	4.20	3.33	2019年10月	2021年3月
12	●毅达汇景集成电路数据中心及大数据产业基地	30.00	1.00	5.00	总建筑面积约27万平方米,建设互联网数据中心和大数据应用中心,包括厂房及配套设施、办公区及生活配套区等。建成后,安装机柜1.9万台,预计年产值8亿元	主体施工完成50%	27.00	13.53	2019年12月	2023年12月
13	●IC集成电路研创园	26.00	0.50	5.00	总建筑面积31万平方米,建设智能制造研发楼、研发孵化楼及园区配套附属设施等,其中地上建筑面积19万平方米、地下建筑面积12万平方米	主体施工至7层	31.00	7.33	2019年12月	2022年6月

续表 27

序号	项目名称	计划总投资（亿元）	截至2019年底完成投资（亿元）	2020年投资（亿元）	建设内容及规模	2020年建设进度	总建筑面积（万平方米）	总用地面积（公顷）	开工时间	竣工（计划竣工）时间
14	●中科芯谷集成电路设备产业园	2.00	—	0.50	总建筑面积5.7万平方米，建设以集成电路设计、封测、设备产业为主导，涉及电子信息、人工智能、物联网等相关产业领域的先进制造产业基地	A栋主体施工结束，开始装修	5.70	3.22	2020年2月	2022年9月
15	南大浦口自然环境研究院研发设备提升改造项目	0.51	—	0.15	总改造面积约2500平方米，购置原子荧光光谱仪、等离子发射光谱仪、气相色谱仪、测氡仪等研发检测设备，建设独立研发实验室	厂房装修，购置部分设备，组装1条生产线	—	—	2020年2月	2021年12月
16	●江苏宁亚特绿色环保电力设备研发生产基地	7.00	—	1.00	总建筑面积14.5万平方米，建设标准厂房、办公综合楼、研发综合楼及相关辅助设施。购置机器人流水线、精密激光切割机、在线监测控制故障查找仪等设备50台（套）。建成后，预计年生产配电自动化系统10万套、亮化控制系统5万套、高压电缆在线监测系统5万套	A栋封顶	14.50	6.20	2020年3月	2021年9月
17	●南京紫气源绿色智能环网柜及电力产品研发、生产基地	7.00	—	1.00	总建筑面积6.6万平方米，建设标准厂房、办公、研发综合楼、水电设施、地下停车场及部分辅助设施，其中地上建筑面积5.85万平方米、地下建筑面积0.75万平方米。购置数控液压设备、多功能母线加工开关柜生产线、空压机、热网循环等设备12台（套）。建成后，预计年生产高低压环网柜、中置柜、户外环网柜等配电设备5万套	主体施工完成80%	6.60	3.33	2020年3月	2021年9月
18	江苏可成医疗器械研创园	5.86	—	2.00	总建筑面积15万平方米，建设研发楼、综合办公配套楼、高标准厂房及办公用房、共享物流中心、生活及辅助用房	主体施工完成35%	15.00	7.27	2020年3月	2021年11月
19	江苏奥博洋大数据产业园	10.00	—	2.00	总建筑面积16.97万平方米，建设科技创业孵化器、加速器、创新服务中心、配套用房及地下室，水、电、消防、道路和绿化等配套设施	桩基施工	16.97	6.13	2020年6月	2023年12月
20	南京蛮牛物联网电商物流园	8.00	—	0.80	总建筑面积11.12万平方米，建设物流仓储、智能化管运中心、物流研发中心、电商产业园、办公、宿舍等	桩基施工、桩基检测、基础施工	11.12	6.67	2020年6月	2022年8月
21	江苏点迈电子商务物流园	6.55	—	0.80	总建筑面积9.9万平方米，建设物流仓储、智能化管运中心、物流研发中心及电商产业园等	桩基施工、桩基检测、基础施工、正负零完成	9.90	12.47	2020年6月	2021年10月

续表27

序号	项目名称	计划总投资(亿元)	截至2019年底完成投资(亿元)	2020年投资(亿元)	建设内容及规模	2020年建设进度	总建筑面积(万平方米)	总用地面积(公顷)	开工时间	竣工(计划竣工)时间
22	紫峰研创中心C区	6.49	—	2.00	总建筑面积11万平方米,建设生产用房、管理用房、地下停车场及相关配套用房	主体施工至1层	11.80	4.32	2020年3月	2022年6月
23	琼花湖文体中心	2.30	—	1.00	总建筑面积2.9万平方米,建设体育中心、文化中心及周边道路、绿化等配套设施,其中地上建筑面积2万平方米,地下建筑面积0.9万平方米	桩基施工	2.90	1.35	2020年6月	2022年6月
24	爱威机电车辆门控系统生产车间	2.00	—	0.50	总建筑面积约6万平方米,其中地上建筑面积4.5万平方米、地下建筑面积1.5万平方米。建设研发办公楼、厂房和停车场,购置数控冲床、数控折弯机、数控剪板机、数控激光切割机、数控钻床、数控弯管机、数控机械手、数控等离子机、数控铣床等设备14台(套),建设生产线10条。投产后,预计年产车辆门控系统8万套	桩基施工	6.00	2.20	2020年6月	2022年5月
25	龙福系列营养保健品研发与生产	1.20	—	0.80	总建筑面积4万平方米,建设厂房、办公、研发综合楼,水、电、消防、道路和绿化等配套设施。购置空调净化系统、真空冷冻干燥机等35套。建成后,预计年生产龙福系列营养保健品50万盒	5栋厂房主体封顶	4.00	2.20	2020年6月	2021年6月
26	久吾陶瓷滤膜生产线智能化升级改造	1.00	—	1.00	购置逆向双孔内循环窑炉、自动涂膜机、工业机器人等生产和检测设备100台(套),搬迁全自动双孔双推板高温隧道电阻炉、隧道式电阻炉、真空挤出机等设备298台(套),建设陶瓷滤膜智能化生产线。投产后,预计年产无机陶瓷膜3.8万平方米,销售收入1.44亿元,利税4693万元	项目竣工	—	—	2020年6月	2020年12月
27	南京依维柯汽车有限公司F1发动机生产线研发和生产设备更新	0.50	—	0.50	购置新型发动机生产、研发设备及部分新型焊装、冲压设备	项目竣工	—	—	2020年6月	2020年12月
28	台积电(南京)有限公司12英寸晶圆厂与设计服务中心一期Ⅱ设备	30.00	—	15.00	采购设备,扩大产能	采购部分设备	—	—	2020年9月	2022年12月
29	东华汽车实业有限公司桥林厂房三期	13.46	—	2.50	总建筑面积约15万平方米,建设联合厂房、钢材剪切加工厂房、库房、内部供油站、办公楼、辅助房等设施及厂区道路、绿化、围墙等配套工程,购置行车、叉车、铲车及钢材剪切加工、零部件合成、分装、物料仓储、检测等设备105台(套),用于汽车零部件物流仓储配套,形成7万台汽车零部件物流仓储能力	完成桩基和基础施工,出正负零	15.00	24.27	2020年9月	2023年9月

续表 27

序号	项目名称	计划总投资（亿元）	截至2019年底完成投资（亿元）	2020年投资（亿元）	建设内容及规模	2020年建设进度	总建筑面积（万平方米）	总用地面积（公顷）	开工时间	竣工（计划竣工）时间
30	联东U谷桥林智能装备科技园	10.00	—	1.50	建设集研发中试、高端制造及生产服务、公共技术平台于一体，以高端装备制造、集成电路、智能终端产业为核心，持续自主创新、产学研一体、互动循环的新型高端制造产业园。从事产业园区建设、招商及运营	桩基施工	—	—	2020年9月	2023年3月
31	宝湾产城南京浦口智造园	7.00	—	0.50	建筑面积约9万平方米，建设标准化厂房、办公楼、研发综合楼及辅助配套设施。打造以高端装备制造、新能源汽车等为主导产业的高端智能制造产业园区	桩基施工	9.00	5.47	2020年9月	2021年12月
32	●中科芯谷集成电路封测产业园	4.00	—	1.00	总建筑面积5.6万平方米，建设先进制造产业基地，建成后预计实现年产值3.1亿元	1层厂房基础完成，2层厂房主体框架完成	5.60	4.64	2020年9月	2022年12月
33	欣视景自动化系统集成设备研发制造基地	1.50	—	1.00	总建筑面积3.6万平方米，建设办公楼、附属用房等，购置智能制造设备、智能物流分拣生产线	主体施工完成10%	3.60	1.80	2020年9月	2021年12月

注：加“●”为列入市重点项目

2020年浦口开发区签约5亿元以上制造业项目一览表

表28 单位：亿元

签约时间	项目名称	项目内容	总投资	投资方名称	注册公司名称
1月16日	南京新能源产业创新中心项目	面向南京市新能源及新能源汽车产业发展，整合节能和新能源产业资源，组织学术界和产业界合作，建设世界一流的科技企业、先进检测中心、国际知名的行业智库、面向未来的企业航母	10.0	清华大学欧阳明高院士团队	清研华科新能源研究院（南京）有限公司
2月1日	三乐科技创新产业园	占地23.8公顷，建设科研、生产、办公用房及配套设施。业务范围：微波真空器件、固态微波器件、电子系统装备、光电器件、微波装备等生产、销售	17.5	南京三乐集团有限公司	三乐科技公司
2月10日	南京东联航空航天装备科技园项目	总投资11亿元，涉及智能制造、航空航天装备、半导体特殊材料研发与销售、智慧城市环境建设等。科技园引进北京航空航天大学研发队、中国航天集团专家团队、清华大学企业管理团队、南京大学投资管理团队入驻，设立新型研发机构（航空航天装备研究院），组织科技团队，搭建研发、试验、检测平台，进行航空航天装备关键零部件国产化的攻关，开展航空航天装备配套生产，实现专业化、基地化、规模化发展	11.0	南京同方科技园有限公司、东联南京科技创新园有限公司	东联南京科技园有限公司
2月13日	轨道交通电气设备一体化智能机房	占地3.33公顷，建设生产厂房、研发办公大楼及配套用房，总面积6万平方米。生产电气信号设备装置、机械电气设备、交通安全、管制专用设备，销售智能输配电及控制设备，从事电力电气行业高效节能技术研发等	5.0	江苏钟山建设发展有限公司	江苏枫帆电气自动化有限公司

续表 28 单位:亿元

签约时间	项目名称	项目内容	总投资	投资方名称	注册公司名称
2月20日	高精密度新型材料研发生产基地	占地9.91公顷,建设生产厂房、研发中心及办公配套用房17万平方米。生产、研发、销售新型轨道交通材料、集成电路新材料、新能源汽车材料及高精密度金属材料	12.0	江苏三鑫特殊金属材料股份有限公司	南京三诚精密金属材料科技有限公司
2月29日	以大数据技术为基础的技术服务项目	为企业提供技术创新服务。针对企业技术需求,通过数据分析及线下技术支持,整合技术专家的能力、成果,助力企业解决技术问题	2.7	北京泛米科技有限公司	泛米科邦实验室科技(南京)有限公司
3月16日	华江环保新型可持续能源开发与储存总部基地项目	环保型可持续能源开发与储存	5.0	东营华江环保科技有限公司	—
5月13日	MEMS压力传感器产业化	MEMS传感器、芯片及系统产品的设计、验证、开发、生产、销售相关服务	10.0	武汉飞恩微电子有限公司	南京飞恩微电子有限公司
7月16日	功率半导体设计	功率器件及相关集成电路设计、制造和销售	10.0	深圳长电科技有限公司	—
9月1日	特高压智能制造产业园	打造特高压输变电产业、5G配套产品,"一带一路"境外输变电工程产业链基地,建设企业智能化生产车间,拓展延伸产业链条,整合相关产业资源,引进线路规划设计、开关设备、互感器、保护继电器等核心厂商,建设集设计、研发、生产、制造、贸易、服务于一体的高端特高压工程智能制造产业园	12.0	海南大吉电力科技有限公司	南京伟程盛吉电力科技有限公司
9月5日	智能电网配套组件研发及产业化	高低压断路器、无感知电力切换系统、用电信息采集系统等生产研发	5.0	代勒智能电网技术(江苏)有限公司	—
9月8日	MCU芯片设计	根据市场需求,设计各类通用型、专用型MCU系列产品及ASIC系列产品,委托外协单位加工生产芯片产品,通过经销商分销给终端客户,获取收益	5.00	上海晟矽微电子股份有限公司	晟矽微电子(南京)有限公司
9月21日	以移动互联产品为核心的一站式高端封装测试基地	打造全球领先的集成电路高端封装及测试基地,致力全球领先的Bumping,WLCSP(晶圆级封装),Flip Chip Package,QFN,BGA,SiP(系统级封装),FOWLP(扇出型晶圆级封装),Chiplet(异质性封装模组)等高端封测技术研发及生产,以消费电子、5G终端、物联网终端等为主要应用方向,提供一站式特色封测服务	60.0	南京宁泰芯企业咨询管理合伙企业(有限合伙)	江苏芯德半导体科技有限公司
10月26日	高性能GPU芯片项目	进行高性能GPU芯片的软硬件研发,产品应用于国家超算中心、数据中心、AI以及其他高性能计算行业。计划以5nm(7nm)及其他先进工业针对高性能GPU芯片硬件进行设计开发,培养涵盖技术攻关、产品研发、技术支撑为一体的高水平团队	5.0	沐曦集成电路(上海)有限公司	沐曦集成电路(南京)有限公司
11月4日	格瑞宝功率器件芯片设计项目	开发IGBT,SiC和GaN等新型半导体器件,产品广泛应用于消费电子及工业类电子领域,为客户提供高性能产品和解决方案	5.0	上海格瑞宝电子有限公司	江苏格瑞宝电子有限公司

(邵斯捷)

【8个10亿元项目落户】 浦口区聚焦主导产业发展，围绕集成电路、高端交通装备两大产业，累计落地10亿元以上项目8个。总投资10亿元的凌华集成电路技术研究院项目依托清华大学人才和科技优势，推动产学研深度合作，为促进全区集成电路产业技术创新提供智力支撑；总投资10亿元的飞恩MEMS压力传感器产业化项目，主要从事MEMS压力传感器设计、封装及测试，该项目落户将完善园区半导体产业链条，加快MEMS压力传感器领域的国产替代步伐；总投资10亿元的功率半导体设计项目落户，将发挥浦口开发区企业在芯片设计领域的领军作用。高端交通装备产业方面，总投资10亿元的南京新能源产业创新中心项目依托欧阳明高院士团队，通过整合节能和新能源产业的优势单位和人才，打造浦口区新能源及新能源汽车产业高端创新创业平台；总投资11亿元的南京浦口同方航空航天科技园项目涉及智能制造、航空航天装备、半导体特殊材料研发与销售、智慧城市环境建设等，对园区产业触角延伸至航空航天领域、产业结构优化、产业能级提升具有重要意义。总投资10.62亿元的垠坤电子信息智造园、总投资12亿元的高精密度新型材料研发生产基地、总投资17.5亿元的三乐科技创新产业园等主导产业项目相继落户园区。 （浦口发布）

【“云签约”招商引资】 2月21日，在南京市重点项目“云签约”仪式上，浦口区通过“屏对屏”“云签约”方式招商，实现开门红。“云签约”线上签约项目10个，总投资145亿元。签约项目分别为：南京集成电路技术研究院项目、高精密度新型材料研发生产基地项目、轨道交通智能控制系统研发生产项目、智能制造产业基地、集成电路配套基地项目等。

【总投资40亿元集成电路产业项目落户】 7月16日，总投资30亿元的功率器件、汽车半导体研发制造基地项目和总投资10亿元的长电科技功率半导体设计项目落户浦口开发区。基地占地面积11.87公顷，项目方依托自有知识产权和专利技术，打造国际领先的功率器件、汽车半导体封装测试生产线；通过引进集成电路设计、工艺和封装测试方面专业人才，与东南大学、电子科技大学等国内功率器件研发一流团队建立联合研究机构，开展长期稳定研发合作。预计项目投产后，月产功率器件2亿颗，年销售收入13亿元。长电科技功率半导体设计项目由深圳长电科技有限公司投资，主要提供功率器件设计等服务。

【MCU芯片设计项目落户】 9月8日，总投资5亿元的上海晟矽微电子股份有限公司MCU芯片设计项目落户浦口开发区。该项目在浦口开发区设立MCU芯片设计南京研发中心，为公司MCU产品做开发应用，MCU产品划分为通用类MCU、专用类MCU和ASIC产品3个类别，公司生产主要产品应用由遥控器、锂电数码、小家电、消费类等领域逐步拓展到智能家居、工业控制、汽车电子等领域。

【中科芯谷集成电路设备产业园项目开工】 2月开工。中科芯谷集成电路设备产业园项目总投资2亿元，东至浦乌路，北至双浦路，占地面积3.22公顷，总建筑面积5.7万平方米，主要建设生产用房、科研用房以及生活配套设施用房。项目建成后，形成以集成电路设计、封测、设备产业为主导，涉及电子信息、人工智能、物联网等相关产业领域的先进制造产业基地。

【江苏可成医疗器械研创园项目开工】 3月开工。江苏可成医疗器械研创园项目东至百合路，南至桥语路，西至琼花湖，北至金鼎路，占地面积7.27公顷，总建筑面积约15万平方米，总投资5.86亿元，建设研发楼、综合办公配套楼、高标准厂房及办公用房、共享物流中心、生活及辅助用房，由江苏可成企业管理有限公司投资建设，主要生产高科技智能医疗器械，开展智能芯片研发。

【爱威机电车辆门控系统生产车间项目开工】 6月开工。爱威机电车辆门控系统生产车间项目总投资2亿元，总建筑面积6万平方米。建设研发办公楼、厂房和停车场，购置数控冲床、数控折弯机、数控剪板机、数控激光切割机、数控钻床等生产设备14台（套），建设生产线10条。

【华天科技（南京）集成电路先进封测产业基地一期工程投产】 7月建成投产。项目东至丁香路，南至听莺路，西至沿山大道，北至富士迈预留地块，总占地面积33.33公顷，总建筑面积52万平方米，总投资80亿元。建设生产办公用房、水站、动力站及配套设施，购置封装测试设备及检测仪器6000台（套）。建成达产后，预计引线框架类、基板类集成电路年封装测试能力102亿只、晶圆级集成电路年封装测试能力144万片。项目一期总投资15亿元，占地面积20公顷，建筑面积15.9万平方米，包括办公用房2栋、水站及动力站，2018年12月开工建设，计划引进进口工艺设备1000台。一期项目建成达产后，预计FC系列产品和BGA基板系列

8月24日，2020浦口开发区集成电路产业金融合作签约 （邵斯捷 提供）

产品年封测量39.2亿只,可实现销售收入14亿元,带动就业约3000人。

【江苏迈库通信科技项目投产】 10月竣工投产。江苏迈库通信科技有限公司投资6亿元,致力于国家专网通信、无线视频传输、通信加密等产品设备的研发、测试与生产,产品面向政府、电力、石油、森林、边海防公安等专网通信市场,项目总投资6亿元。预计投产后年生产专网加密主控设备、编解码、传输加密、无线自组网加密电台等高新产品能力可达120万片(套),年营业收入突破10亿元,实现利税约1000万元。

【汽车零部件研发生产项目建成】 12月建成。汽车零部件研发生产项目东至听莺路,南至规划支路,西至规划支路,北至南京荣耀智源智能有限公司,于2020年1月由南京沪惠通科技有限公司投资建设,总投资2亿元,总建筑面积约4.3万平方米,新建生产厂房、研发用房、办公用房及辅助用房,实施水、电、消防、道路和绿化等配套设施建设,购置冲压机、压铸机、数控车、数控铣、加工中心等设备约90台(套)。建成后,预计年形成变速箱、车桥成产能力分别9万套、8万套。 (邵斯捷)

·科技创新·

【概况】 2020年,浦口开发区建立"小升规"企业培育库,新增上报规上企业62家,联创航天、智博等企业纳入统计,新增瞪羚企业7家,包括久朗、梯尔希、特沃斯等。园区规模以上工业企业研发投入强度为3.33,同比增长34.77%。高新技术产业投资53.2亿元,增长57.89%。开展知识产权省示范和国家试点创建工作,在知识产权政策体系建设、产业专利导航、优势企业培育和人才培养等方面取得成绩,11月通过省级知识产权示范园区验收。推进产学研深度融合和人才大众创新创业,集聚国际高端创新资源项目12个,入选创业浦口项目人才9人,入选创业南京项目人才2人。发明专利申请量300件,有效发明拥有量316件,专利授权量500件,PCT专利申请19件,备案技术合同6.11亿元,新型研发机构新增孵化引进企业61家。园区新型研发机构南大原子团簇研究院院士王广厚、宋凤麒教授团队"原子团簇宏量制造科学装置"、南京航空航天大学浦口先进制造研究院田威教授团队"高精度大负载机器人与智能加工装备"获评南京市2020年十项重大创新成果。

【2项科技成果获国家科学技术进步二等奖】 1月10日,浦口开发区江苏久吾高科技股份有限公司"面向制浆废水零排放的膜制备、集成技术与应用",周光宏、徐幸莲教授团队与江苏雨润肉类产业集团有限公司共同承担的"肉品风味与凝胶品质控制关键技术研发及产业化应用"2项科技成果,被科技部授予国家科学技术进步二等奖。

【东南大学(南京)技术转移中心项目落户】 3月24日,浦口开发区与东南大学签订合作协议,东南大学(南京)技术转移中心项目落户浦口开发区。东南大学(南京)技术转移中心首批优质项目7个,以创新平台载体、产业项目、新型研发机构等模式在浦口开发区落地生根,强化区域产学研合作及人才交流,促成科技成果转化,培育产业创新集群,是浦口开发区落实南京市"百校对接计划""两落地一融合"、深化创新名城建设的最新举措,是推动产业共性和前沿关键技术领域项目落户的创新性成果。

【院士协同创新中心揭牌】 7月8日,浦口区第一家院士协同创新中心——江苏结构优化与智能安全产业院士协同创新中心揭牌仪式在浦口开发区低碳谷举行。该中心由结构优化领域的国际著名学者、澳大利亚工程院院士谢亿民教授领衔,江苏省力学学会、浦口开发区、浦口区科协、南京阿米巴工程结构优化研究院有限公司、河海大学、常州工学院、南京工业大学协同建立,办事机构和科研场所设在浦口开发区低碳谷。

【3家企业获江苏省科学技术奖】 10月9日,江苏省科技厅公示2020年度科学技术奖综合评审结果,浦口开发区3家企业上榜。其中,由江苏久朗高科技股份有限公司参与完成的"气体净化膜材料设计与制备的关键技术及应用"项目获一等奖,南京三乐集团有限公司申报的"高效率、高线性度慢波系统技术研究"项目、南京依维柯汽车有限公司参与完成的"高效多模式新能源汽车动力传动系统关键技术及应用"项目获三等奖。 (邵斯捷)

·营商环境·

【概况】 2020年,落实南京市"企业服务年"决策部署,增强企业服务的专业性、针对性、实效性,精准提供管家服务。打造"专家+管家""一站式代办""金牌系列"等服务品牌,为重点企业配备专属管家,提供企业注册、人才共有产权房建设申购、丝兰湖二期公寓入住等专项服务。建成政务服务中心,总面积880平方米,接入税务专网和发票领用、Ukey发行设备以及金保二期系统,可办理企业登记、税务、社保、法务、"12345"工单等区级权限业务。

【政策和金融扶持】 2020年,浦口开发区落实国家、省、市、区政策红利,累计设立国调国信智芯集成电路产业基金、智子集成电路产业基金等股权投资基金16支,总规模近200亿元,在企业投资、项目落地、产业发展、人才安居等方面扶持企业做大做强。

【"园区保"项目签约】 6月4日,"政银担携手服务实体,聚合力共促园区发展"暨"园区保"签约仪式在浦口开发区举行。浦口开发区、中国银行江北新区分行、江苏省信用再担保集团有限公司携手搭建"园区保"项目,共同为中小微企业服务,推动高质量发展。(邵斯捷)

·重点企业简介·

【台积电(南京)有限公司】 台湾积体电路制造公司是台湾一家半导体制造公司,成立于1987年,总部位于台湾新竹科学园区,是全球第一家,也是全球最大的专业集成电路制造服务企业,为全球集成电路制造产业领军企业,在提供先进的晶圆制程技术、组件数据库、设计参考流程及其他晶圆制造服务领域声誉卓著，客户遍布全球，晶片被广泛运用在电脑产品、通讯产品、消费性、工业及标准类半导体等电子产品应用领域。台积电（南京）有限公司成立于 2016 年，位于浦口开发区，是台积电全球第 16 家晶圆厂。南京公司分两期建设，其中一期用地 44.93 公顷，总投资 30 亿美元，主要建设 12 英寸晶圆厂与设计服务中心。2016 年 7 月开工建设，2018 年 10 月量产，月产 12 英寸 16 纳米晶圆 1.5 万片。2020 年，企业有员工约 2000 人，实现产值 65.96 亿元，增长 51.1%，税收 1.65 亿元。

【华天科技（南京）有限公司】 天水华天电子集团在全球半导体封装测试行业中排名第六位，半导体封装技术居国际先进、国内领先水平，是台积电上下游配套企业。南京公司 2019 年 1 月开工，建设厂房、购买设备等总投资 80 亿元，厂房占地面积 33.33 公顷，一期建筑面积 15.9 万平方米，引进进口工艺设备 1000 余台（套）。2020 年 7 月竣工投产，一期项目主营 FC 系列（倒装芯片球栅格阵列的封装）产品和 BGA 基板系列（球栅阵列封装）产品封装测试，全部达产后可实现销售收入 14 亿元，利润总额 1.92 亿元，上缴税金 0.97 亿元，带动就业约 3000 人。至 12 月底，公司实现产值 2.1 亿元。

【江苏久吾高科技股份有限公司】 成立于 1997 年，位于浦口开发区桥林园区，项目总投资 4 亿元，总建筑面积 13.5 万平方米，建成无机陶瓷膜生产基地，专注膜材料及膜分离技术的研发与应用，是国内具有自主知识产权的陶瓷膜工业龙头企业。公司于 2017 年 3 月 23 日在 A 股深圳证券交易所创业板上市。久吾高科是江苏省首批认定的国家级高新技术企业，也是国家火炬计划高新技术企业。公司是国家“863”计划“高性能陶瓷纳滤膜规模制备技术及膜反应器”课题依托单位，并承担多项国家及江苏省重点科技创新研究项目。公司及产品先后获国家科学技术进步二等奖、国家技术发明二等奖等。设有无机膜国家地方联合工程研究中心、江苏省企业技术中心、江苏省膜分离环境工程技术研究中心、江苏省企业研究生工作站等专项科研平台。公司产品与技术广泛应用于医药、化工、食品、新能源等过程分离领域及工业污水处理和市政水处理等领域，产品销售至全球 40 多个国家和地区。2020 年，有员工 350 人，实现产值 5.27 亿元、税收 4126 万元。

【南京日托光伏科技股份有限公司】 公司位于浦口开发区步月路 18 号恒丰科技园内，是一家专注高端光伏电池及组件研发、制造、销售和服务的创新型企业。公司开发具有完全自主知识产权的新一代 MWT 高效背接触电池和组件技术，拥有专利 30 余项，是全球光伏行业唯一实现该技术产品专业化产业化的企业，产品性能处于行业领先水平，广泛应用于国内外光伏电站和分布式发电项目。日托光伏与国内外数十家科研机构、高等院校及产业链上下游企业合作，致力技术创新，推动行业健康发展。2020 年，实现产值 8.32 亿元。

（邵斯捷）

浦口高新技术产业开发区

·综　述·

【概况】 2020 年，浦口高新区实现地区生产总值 29.37 亿元，比上年增长 10.2%；一般公共预算收入 10 亿元，增长 45%；社会固定资产投资 97.13 亿元，增长 26.7%，其中工业固定资产投资 2.4 亿元；规模工业总产值 2.7 亿元；高新技术产业投资额 58.14 亿元；新增高新技术企业 62 家、科技型中小企业 261 家、新型研发机构 3 家，新增新型研发机构孵化引进企业 172 家，增长 109.7%；PCT 专利申请 91 件，增长 333.3%；发明专利申请 805 件，增长 51.3%；有效发明专利拥有量 545 件，增长 54.4%；专利授权总量 1177 件；集聚国际高端资源项目 42 个。园区伊诺·光点创梦空间被确定为国家备案众创空间，浦口区民用无人驾驶航空试验基地（试验区）获批国家民用无人驾驶航空试验区。11 月 12 日，浦口高新区被江苏省发改委授予“2020 年江苏省创业投资综合服务基地”称号，是南京市唯一一家。

【产城融合】 2020 年，浦口高新区与城区功能深度融合，随着产业项目的引入、发展，相关配套设施建设逐渐完善。浦口高新区注重版块功能与城市功能相统一，与街道、社区产业互动、资源互通，金陵中学浦口分校、游府西街小学浦口分校 9 月 1 日新生入学，南艺附中办理前期手续，区域教育资源不断丰富。兰溪公园、台南路城市绿地、荣庄路公园等项目建成投用，连通市政道路，促进与街道、社区间基础设施共享。商品房销售面积 42.73 万平方米，成交套数 4011 套，落户在浦口区的从业人员安家置业积极性提升，园区与城区信息流通、人才流动频繁。浦口高新区规划和浦口区城市规划统一，坚持“产城融合、产城互促”理念，编制控制性详规和城市设计规划、服务外包产业园和国企园城市设计规划，配套完成海绵城市、区域环评、综合管廊等专项规划，产业空间布局和土地利用与城市功能协同发展，实现“以产兴城、以城聚产、产城互促”目标。

【人才聚集】 2020 年，浦口高新区申报入选江苏省“双创人才”1 人，入选国家外国专家计划 15 人、省高层次创业人才引进计划 5 人、省科技顶尖专家计划 2 人、省“科技副总”2 人，入选市高层次创业人才引进计划 11 人、市创新型企业家计划 2 人、市中青年拔尖人才 2 人、市中青年优秀人才 1 人，获省第五期“333”高层次人才培养工程考核优秀奖 1 人，获省“333”科研项目资助 1 人，入选省企业院士工作站 1 家、浦口区企业专家工作室 1 家。

（葛鑫）

【浦口、南谯合作共建经济开发园区】 6 月 22 日，浦口高新区与安徽省滁州市南谯区经济开发区签订《产业园区共建合作协议》。双方就在滁州南谯经开区设立南谯、浦口一体化发展共建合作园区达成共识，组建南谯、浦口一体化发展共建合作园区管委会和南谯、浦口一体化合作发展有限公司。6 月 23 日，一体化合作公司滁州南浦合作开发有限公司注册成立。7 月 13 日，南谯经开区到浦口高新区考察对接招商，参观浦口高新区展厅，了解浦口高新区发展历程、规划、前景及成绩,考察南京华瑞微集成电路有限公司和江苏苏博生物医学股份有限公司项目情况、发展前景,并就项目落户南谯、浦口合作共建园区的选址、政策等细节进行交流。浦口高新区和南谯经开区紧密合作,针对意向企业投资需求出具合作方案,向南谯经开区推荐有用地需求的优质企业,并提供实质性保障,加快项目落地,促进双方产业园区建设。 (浦口发布)

【第二届宁墨“元创大赛”创客峰会暨数字经济高端论坛】 12月16日在南京举办。论坛以数字经济为主题,由南京市政府、墨尔本市政府主办,浦口区政府、墨尔本市经济与活力局、澳中科学家创业协会协办,旨在搭建南京与墨尔本在投资、市场和科技等领域的合作桥梁,推进双方企业多方位、深层次务实合作。活动当天,位于浦口高新区K空间的墨尔本·宁馆展厅开放,成为宁墨深入合作的标志性成果。18个澳洲项目现场签约落户浦口高新区K空间,涉及智慧城市、新材料、生物医药等领域。 (葛鑫)

12月16日,第二届宁墨“元创大赛”创客峰会暨数字经济高峰论坛举办

(葛鑫 提供)

·基础设施建设·

【概况】 2020年,浦口高新区基础设施建设项目24个,计划总投资32.66亿元。其中,续建项目13个,计划总投资24.93亿元;新开工项目11个,计划总投资7.73亿元。2020年末实际投资9.15亿元,竣工项目18个。

2020年浦口高新区重点基础设施建设项目一览表

表29 单位:亿元

序号	项目名称	建设地点、位置	计划总投资	2020年投资	开工时间	竣工(计划竣工)时间	项目进展
1	光明路	起于沿山大道,止于文德西路	4.00	0.40	2015年12月	2020年12月	项目基本完成
2	嘉义路	起于淮月路,止于台南路	1.75	0.12	2016年6月	2020年12月	施工完成
3	台南路	起于淮月路,止于嘉义路	1.48	0.14	2016年6月	2020年12月	施工完成
4	海峡两岸科工园海科新寓保障房D区	东至台南路,南至海桥路,西至五华路,北至嘉义路	5.50	1.00	2017年10月	2020年1月	施工完成
5	高新区片区积淹水改造(湾梗河整治工程)	起于西江路,止于解放泵站	0.98	0.30	2017年10月	2020年12月	完工
6	兰溪公园	东至光明路、兰源路,南至台北路,西至礼泉路,北至沿山大道	8.82	3.30	2018年9月	2020年12月	施工完成
7	高新区海绵园区示范工程	—	0.30	0.10	2018年9月	2020年12月	施工完成
8	高新区绿道系统	—	0.20	0.09	2018年9月	2020年12月	完工
9	澎湖路	起于淮月路,止于海峡大道	0.44	0.24	2019年3月	2020年12月	施工完成
10	高新区电力孔预埋工程	—	0.60	0.15	2019年6月	2020年12月	完工
11	高新区给水道建设工程	—	0.50	0.20	2019年6月	2021年12月	—
12	荣庄路配建公园	西至绿水湾北路,北至海桥路	0.20	0.10	2019年9月	2020年12月	完工
13	台南路城市绿地	位于台南路以西、海桥路以北地块	0.16	0.06	2019年9月	2020年5月	完工

续表 29 单位:亿元

序号	项目名称	建设地点、位置	计划总投资	2020 年投资	开工时间	竣工(计划竣工)时间	项目进展
14	求雨山周边路域环境整治项目	实施道路改造总长度5011 米,涉及路域景观总面积4.59 万平方米,人行道1.33 万平方米	0.30	0.20	2020 年1 月	2021 年	黄山岭节点正在施工,雨山西路分区人行道拆除改造
15	浦口高新区博舟产业园研发办公楼装饰装修工程	对2 栋独立研发楼及高层研发办公样板区进行装修	0.22	0.22	2020 年1 月	2020 年12 月	施工完成
16	洲际假日酒店装修项目	实施地面、墙面、机电改造等装修装饰工程,总改造面积约5500 平方米	0.25	0.25	2020 年3 月	2020 年1 月	施工完成
17	虎桥路(浦滨路—滨江大道)	—	5.17	0.98	2020 年6 月	2022 年12 月	—
18	虎桥变电站3 号主变扩建工程	位于虎桥路以南、浦云路以东地块	0.30	0.30	2020 年6 月	2020 年12 月	施工完成
19	台南路公共停车场	台南路以西,海桥路以北	0.19	0.10	2020 年6 月	2021 年12 月	—
20	山林路消防站	山林路与新北路交界处东北侧	0.19	0.09	2020 年6 月	2021 年12 月	—
21	新北路城市绿地	位于新北路以南、义林路以东地块	0.18	0.10	2020 年6 月	2020 年12 月	完工
22	浦口科创广场展示中心装修工程	对浦口科创广场一号大厦3—2 号楼1 ~5 层进行装修,面积2.37 万平方米	0.60	0.60	2020 年9 月	2020 年1 月	施工完成
23	画眉山公园	求雨山文创园	0.32	0.10	2020 年9 月	2021 年12 月	—
24	知城河河道景观工程	实施范围总面积1.51 万平方米,建设河道两侧景观绿化工程	0.01	0.01	2020 年12 月	2020 年12 月	施工完成

【中华书法小镇建设】 2020 年,开展中华书法特色小镇建设,结合现代新媒体产业形式多样化、便捷化、多元化的特点,推进线上线下体验结合,通过发展VR、AR 等虚拟现实技术,为传统文化赋能新媒体属性。以书法文化+教育、书法文化+移动数字、书法文化+创意等“书法文化+”模式,形成产业融合互补的循环发展模式。园区对小镇地块进行绿化景观改造,打造占地面积约2.3 万平方米的现代化开放式公园,推进凤凰山景观提升,新增浦口区儿童图书馆、少儿体验馆、城市剧场、书吧以及三浦渡江纪念园等配套设施,营造小镇文化气息。中华书法小镇文化内容丰富,吸引众多市民参观体验。

【台南路城市绿地项目竣工】 7 月通过竣工验收。台南路城市绿地项目位于浦口高新区台南路与海桥路交叉口西北侧,总投资1647 万元,总用地面积1.75 万平方米。项目涵盖周边住宅用地、学校用地,新建城市绿地绿化景观、儿童乐园、篮球场、乒乓球场等体育运动设施。

【智城路、知城河路、牌坊路竣工】 12 月4 日,浦口高新区智城路、知城河、牌坊路、云林路、高雄路、南京银行基地跨

中华书法小镇 (陈家伟 提供)

绿水河通道及零星工程通过竣工验收。该批项目于2016年8月1日开工,新建道路总长3.37千米,建有河道920米、桥梁4座、箱涵4座,以及道路、排水、桥梁、绿化、箱涵、路灯等工程。

【海峡两岸科工园KGY-A5项目嘉义路竣工】 12月通过竣工验收。嘉义路项目西起淮月路,东至台南路,临近宁合高速、汉开书院,全长2.4千米,项目总投资1.75亿元,2020年完成投资1214万元。建成城市主干道沥青混凝土路面,项目道路、排水、桥梁、绿化、路灯及交通配套工程完善,2021年1月通车。

(葛鑫)

·招商引资和项目建设·

【概况】 2020年,浦口高新区狠抓招商突破和产业集聚,通过基金招商、中介招商、合作招商,以智能消费基金、科创产业基金为线串起产业链,创新市场化招商手段,与IC咖啡等10家专业招商机构合作,拓宽招商渠道。与滁州南谯经济开发区签订《产业园区共建合作协议》,对意向企业投资需求出具合作方案。实施招商项目全程实时管理,签约亿元以上项目37个,投资总额206.5亿元,实际认定金额183.18亿元,利用内资35.2亿元。浦口高新区重点项目建设20个,总投资187.85亿元。其中,续建项目9个,总投资36.85亿元;新建项目11个,总投资151亿元。

2020年浦口高新区亿元以上招商项目一览表

表30　　单位:亿元

签约时间	项目名称	投资总额	实际认定金额	项目内容	投资方
1月	比科奇通讯全球总部及5G芯片产业集群项目	20.00	20.00	以比科奇通讯为产业平台,投资以射频前端芯片为主的多家5G通信企业,实现浦口高新区5G芯片产业集群建设目标	比科奇通讯技术(北京)有限公司(名称待定)
1月	康佳磐旭工业物联网产业研发中心及产业化基地项目	20.00	5.00	工业物联网创新研究院、产业化基地	磐旭智能股份有限公司
1月	明发侨商科创中心项目	14.00	14.00	建设新一代通信技术等战略新兴产业研发中心、产业化基地	明发(中国)投资有限公司
1月	明发侨商新天地项目	6.00	6.00	建设明发总部大厦(结算中心)、江苏侨商大厦、侨商企业大数据、云计算产业研发中心、产业化基地	明发(中国)投资有限公司
1月	文投华东区域性总部	6.00	6.00	利用文投控股在影视、电竞、文创、旅游、产业孵化等方面资源,实现浦口区文化产业信息资源的有效整合,形成文创产业集群。促进高新科研成果转化,增强区域经济竞争力,建设智慧型文化新区	文投控股股份有限公司
1月	华瑞创新园	2.80	2.80	设计、研发、市场开发以及园区配套设施	江苏华瑞服装有限公司
1月	无人机大数据航母中心项目	2.00	2.00	依托中科院人力资源和实验室技术平台优势及"无人机大数据航母"课题背景,埃洛克公司与中科院地理所合作,共同建设中科院无人机大数据航母中心。打造首个全国无人机组网平台,进行科技成果转化和产业化运作	埃洛克航空科技(北京)有限公司
1月	3D视觉计算研发、运营、结算中心	1.00	1.00	公司的智能3D视觉产品包括双目结构光3D相机硬件和后端的3D视觉算法及软件,是工业人工智能的核心技术环节。公司面向物流行业、工业自动化和生物识别等重点市场开发软硬件产品,行业应用成熟度和稳定性高,为京东、唯品会和菜鸟等电商企业、ABB等知名工业自动化公司、蚂蚁金服等支付公司服务	上海图漾信息科技有限公司
2月	南京海峡科创港项目	52.80	52.80	以建设海峡两岸经贸合作示范基地为目标,吸收和利用国际一流综合体的运营理念,打造生产、生活、生态三位一体的新型产业园区及具有台湾特色的综合商务区	华科国际控股集团有限公司

续表 30　　单位:亿元

签约时间	项目名称	投资总额	实际认定金额	项目内容	投资方
2月	南京银行科教创新园二期项目	10.20	2.48	建设总建筑面积 11.7 万平方米的研发办公楼、专家工作室、会议中心、管理办公室及地下室停车场等	南京银行股份有限公司
2月	南京星光未来城项目	10.00	10.00	项目内容有军事拓展、军旅文化、户外生存、户外营地、影视体验培训、室内影棚、儿童剧场、亲子酒店、儿童集市、舞蹈、乐器、体育、书法等	北京星光文化旅游发展有限公司与政府共同参与
2月	数字化新零售一站式直播电商基地项目	2.00	2.00	众美公司总部、众美数字化新零售一站式直播电商基地,引进主流媒体平台、新零售、MCN 机构、供应链、高校合作班等	众美(江苏)网络科技有限公司
2月	人工智能(视觉、语音识别)软、硬件研发与销售项目	1.00	1.00	基于 SaaS 服务的人工智能空间及物联网管理,重点科研方向为智能网络设备及会议服务	卓思韦尔(北京)科技有限公司
3月	大数据+人工智能总部、研发、运营、结算中心项目	5.00	5.00	建设企业总部大厦及大数据研究院 2 万平方米,大数据、人工智能等产业研发、运营中心 1.5 万平方米,物联网智库、国际技术转移平台 0.5 万平方米,展示中心、产业孵化器等配套服务区 1 万平方米	浙江华坤道威数据科技有限公司
3月	国产自主知识产权 GPU 项目	1.50	1.50	自主知识产权图形处理芯片(GPU)的研发与销售	西安芯瞳半导体技术有限公司
3月	智能轨道交通检测设备的研发和生产项目	1.50	1.50	研发及生产高速铁路和城市轨道交通智能检测设备和安全设备,为轨道交通的安全运营提供智能化检测设备	南京吉正交通科技有限公司
3月	基于大数据特殊算法的灵活用工平台项目	1.10	1.10	通过大数据算法匹配,针对企业端和自由职业者端的灵活用工平台	桑尼号(深圳)科技有限公司
4月	新能源充电系统(软、硬件)开发、运营项目	1.10	1.10	新能源充电系统(软、硬件)开发、运营	苏州迪电新能源科技有限公司
5月	美酒汇直播电商项目	1.00	1.00	网红带货、直播电商、社群营销等	胡华明
5月	本加—BenPlus 电商运营基地项目	1.00	1.00	网红带货、直播电商、社群营销、IP 孵化、品牌策划等	李林
6月	天邦股份南京运营中心	12.00	12.00	建设天邦股份南京运营中心、研发中心及培训中心等	天邦食品股份有限公司
6月	博微腾供应链互联网平台研发项目	1.30	1.30	自营和代理各类商品及技术的进出口业务和供应链互联网平台研发	鲁季豪
6月	昕晨熙供应链互联网平台研发项目	1.30	1.27	自营和代理各类商品及技术的进出口业务和供应链互联网平台研发	尹俊
7月	新能源充电桩研发、生产、运营项目	1.02	1.02	智能充电桩和一体化充电车棚研发生产,经营内容包括充电桩硬件软件及相关产品生产、销售和投资建设	江苏新恒能源发展有限公司
8月	掌御智能物联网安全芯片项目	1.56	1.56	智能门锁、智能家居和智能可穿戴设备的身份认证安全芯片的研发	上海掌御信息科技有限公司
9月	精诚通讯技术总部基地项目	10.00	10.00	聚焦人工智能、5G AR、泛物联网智能终端三大板块,建设 AI 人工智能机器人研发制造中心、5G 虚拟现实产品研发制造中心及智能终端与泛物联网产品研发制造中心,打造研发制造及营运总部	安徽华富机电科技有限公司

续表30

单位:亿元

签约时间	项目名称	投资总额	实际认定金额	项目内容	投资方
9月	升中智慧城市餐厨垃圾集运处置系统项目	2.00	1.50	为生物技术开发、技术转让、技术咨询服务,基因编辑技术开发,物联网技术开发应用,有机废弃物回收处理,有机废弃物(厨余垃圾)回收处理工艺设计,有机肥制造,有机废弃物生物转化及其衍生品开发,昆虫养殖及其衍生品开发销售,智能垃圾箱研发和销售,可再生资源回收利用等	唐军
9月	现代科技涂装研发销售项目	2.00	2.00	无机复合材料的研发、生产和销售	盐城亮豹复合新材料有限公司
9月	正大航空工业项目	1.20	1.20	依托南航人才资源和南京无人机基地平台优势,设立研发总部和行业应用中心。南京公司研发飞行平台、飞控系统、通信系统、地面指挥控制系统、新能源开发、机载传感器、雷达及检测监测设备仪器等	河南正大航空工业股份有限公司
10月	人工智能软件研发及运营服务项目	2.50	2.50	信息数字化、大数据、云计算、人工智能软件研发,计算机软硬件及外围设备制造,互联网公共服务平台建设,新基建、新能源汽车软件研发	王波
10月	新零售直播电商平台项目	1.30	1.30	新零售直播电商	刘波、王瑶华
11月	陶瓷敷铜电路基板研发制造中心项目	1.20	1.13	高导热、大电流、耐高压的陶瓷敷铜电路基板的设计、生产及销售	MEI ZEQUN
11月	楼宇智能化系统研发中心项目	1.10	1.10	基于物联网技术智能化系统,研发楼宇办公空间管理开发、运营销售,包括楼控系统中的传感器、摄像头、红外辐射传感器、各类门禁传感器、智能水电气表、消防探头等产品。以网络化组建智慧化大控制系统	卓思韦尔(北京)信息技术有限公司
11月	球囊系列产品研发项目	1.02	1.02	核心产品有冠脉药物球囊、动静脉瘘切割药物球囊、冠脉刻痕球囊等,均为市场急需的高端医疗器械,可对应"支架内再窄""小血管病变""动静脉瘘血管狭窄"3种适应症,填补国内空白	鼎科医疗技术(苏州)有限公司
11月	中医药大健康产业平台项目	1.00	1.00	医疗保健用品、医疗器械研发、中医康养咨询及中医健康食品互联网销售	江苏恒安实业投资集团有限公司
12月	智能高清裸眼3D显示芯片制造项目	4.00	4.00	裸眼3D立体显示技术的研发和产品制造	天津厚德持盈科技发展有限公司
12月	5G小基站数字前端芯片制造项目	2.00	2.00	开发满足5G微小基站的核心芯片设计与制造,并通过设计的芯片完成市场普及与应用	北京无极芯动科技有限公司

2020年浦口高新区重点项目建设情况一览表

表31

序号	项目名称	建设地点、位置	总投资(亿元)	建设内容及规模	总建筑面积(万平方米)	开工时间	竣工(计划竣工)时间
1	浦口通兴计算机科技创新大厦	东至浦滨路,南至西江路,西至象贤路,北至园腾路	9.00	总建筑面积约15.8万平方米,新建加速器、孵化器及各类科技研发平台等	15.80	2017年10月	2021年12月
2	紫光集团存储器制造基地一期科工园片区(南京集成电路国际城研发园一期)	东至园腾路,南至慧谷路,西至西江路,北至浦滨路	8.00	总建筑面积13万平方米,包括企业总部、展示中心、办公楼、研发用房等	13.00	2018年1月	2021年12月

续表 31

序号	项目名称	建设地点、位置	总投资(亿元)	建设内容及规模	总建筑面积(万平方米)	开工时间	竣工(计划竣工)时间
3	中创为量子通信研发及应用产业化平台	科创广场科技创新总部大厦B座	2.00	引进海外团队和中科大等合作开发高速量子随机数发生器、国产化新型量子通信用单光子探测器等核心技术及器件	—	2018年3月	2020年12月
4	南京凯鼎电子科技有限公司国产IP研发平台	科创广场科技创新总部大厦23楼(租赁)	2.00	依托Cadence全球创新生态体系和技术标准,结合中国市场需求,研发销售具有世界先进水平的复杂计算、汽车电子、人工智能和物联网等各类集成电路设计知识产权产品	—	2018年6月	2020年12月
5	蓝色气候能源研发平台	科创广场科技创新大厦3-2B座17楼(租赁)	1.00	国家级土壤实验室(含土壤修复中心)设备研发和技术装备展示交易、沼气工程设计	—	2018年6月	2020年12月
6	迪威视讯智慧产业园	东至礼泉路,南至玉山路	5.00	总建筑面积约8.2万平方米,建设计算机科技网络工程及配件、仪器仪表、多媒体系统集成科技技术产业中心	8.20	2018年9月	2021年12月
7	江苏锐丰视听科技文化产业谷	东至华山路,南至新竹路,西至五华路,北至沿山大道	4.00	总建筑面积约8.6万平方米,建设视听设备科技研发、广告设计研究中心	8.60	2018年9月	2021年6月
8	金润达科创园	东至沿山大道,南至光明路	3.85	总建筑面积约9万平方米,建设办公、运营中心、研发用房、相关配套用房及地下停车场	9.00	2019年6月	2021年6月
9	江苏中路科技集团总部及研发中心	东至五华路,南至海桥路	2.00	总建筑面积约4.2万平方米,建设科技研发中心、实验基地、实验室、产品展示中心、新材料仓储区、绿色交通技术产业	4.20	2019年9月	2021年9月
10	高新区人工智能产业园	东至五华路,南至海桥路,西至杨柳路,北至澎湖路	7.70	总建筑面积约9.7万平方米,包括企业总部办公、公共配套、人才公寓、地下停车场等,其中地上建筑面积约6万平方米、地下建筑面积约3.7万平方米	9.70	2020年1月	2022年12月
11	南京大学浦口产业技术研究院	浦口高新区科创总部大厦	1.00	搭建南京大学大气环境与绿色发展研究院、南京大学新材料与器件研究院、江苏省动商发展研究院(南京大学动商发展研究中心)、南京大学浦口产业技术研究院。其中南京大学浦口产业技术研究院包含:搭建南京大学浦口产业技术研究院创新创业基地、南京大学浦口技术转移中心、南京大学科创服务中心、海外人才创新创业基地、海外留学人员实习基地	—	2020年3月	2021年12月

续表 31

序号	项目名称	建设地点、位置	总投资(亿元)	建设内容及规模	总建筑面积(万平方米)	开工时间	竣工(计划竣工)时间
12	轨道交通牵引变流及其相关技术研发平台	浦口高新区科创广场	1.00	搭建轨道交通牵引变流及其相关技术研发平台,以直线电机牵引、轻轨牵引的核心模块启动市场,前期重点投入城轨地铁的牵引自主化项目,利用中科院电工所及相关高校资源,开展研发、实验、测试工作	—	2020 年 3 月	2021 年 12 月
13	奇柯全球商品总部	东至滨江大道,南至园特路,西至华慧路,北至绿水湾路	80.00	总建筑面积约 70.3 万平方米,新建 Emotion Park 汽车体验城、美食迪士尼(coop 超市合作)、国际时尚名品直销中心、家居时尚产业中心、五星级或国际设计师酒店、总部 AAAAA 甲级办公、高端人才社区配套及人才公寓	70.30	2020 年 6 月	2024 年 12 月
14	东南集团青年汇人才公寓	南至园腾路,西至浦云路,北至紫创路	16.00	总建筑面积约 16 万平方米,建设人才公寓	16.00	2020 年 6 月	2022 年 12 月
15	南京企业研发创新园一期	东至园腾路,南至象贤路,西至园界路,北至浦滨路	10.00	总建筑面积 26 万平方米,建设办公楼、运营中心、研发用房及配套用房等	36.00	2020 年 6 月	2022 年 12 月
16	中意创新设计基地	兰溪公园内	10.00	总建筑面积约 10.8 万平方米,其中地上建筑面积约 7.2 万平方米、地下建筑面积约 3.6 万平方米。建设企业总部大楼、展示中心、办公楼及相关辅助用房	10.80	2020 年 6 月	2022 年 12 月
17	审计大数据中心	兰溪公园范围内,东至光明路	6.50	总建筑面积约 6.3 万平方米,包括设计研发用房、办公楼等	6.30	2020 年 6 月	2022 年 6 月
18	建设工程检测中心	东至月塘路,南至云林路,西至淮月河,北至澎湖路	5.00	总建筑面积约 5 万平方米,建设检测研发楼、综合实验楼、办公大楼(含运营中心)、培训中心及地下停车场等,其中地上建筑面积约 3.3 万平方米、地下面积约 1.7 万平方米	5.00	2020 年 6 月	2022 年 12 月
19	易推总部产业园	东至五华路,南至海桥路,西至杨柳路,北至澎湖路	2.40	总建筑面积约 7 万平方米,建设办公室、运营中心、研发用房及相关配套用房	7.00	2020 年 6 月	2022 年 3 月
20	南京银行科教创新园二期	东至五华路,南至玉山路,西至海峡大道,北至沿山大道	11.40	总建筑面积约 12.5 万平方米,建设科技研发中心、数据信息中心、企业总部大厦、金融科技研发基地及相关配套设施等	11.60	2020 年 9 月	2022 年 12 月

【助推项目招商】 2020年,坚持用好南京市打造创新名城建设的政策红利,创新招商举措,推动浦口高新区项目提速工作迈上新台阶。优化投资政策,聚焦人工智能领域项目落地,围绕芯片设计、云计算和大数据、无人机、信息安全等细分产业方向,推动新兴产业集聚。园区成立配套保障基金2支,分别为2亿元的智能消费基金、3亿元的科创产业基金。加快载体建设,浦口高新区建有人才公寓525套,面积76万平方米,分布在科创总部大厦(浦滨路)、新城总部大厦(长江隧道)、金雁湖3个片区,入驻企业400余家。江北AI国际智慧谷K-POUCH国际加速器项目建设完成,围绕浦口与澳大利亚墨尔本市项目生根合作展开布设,助力国际创新资源落户。完善重大项目会审及考核机制,助推项目高质高效落地。围绕项目落地到建成运营的全流程,制定工作管理机制,确保签约项目100%供地开工,确保开工项目100%专班跟进,确保竣工项目100%投产达效。

【重点招商"云签约"项目4个】 2月21日,在南京市2020年重点招商项目"云签约"仪式上,浦口高新区签约项目4个,总投资93亿元,分别是投资52.8亿元的南京海峡科创港项目、投资20亿元的比科奇通讯全球总部及5G芯片产业集群项目、投资10.2亿元的南京银行科教创新园二期项目、投资10亿元的南京星光未来城项目。南京海峡科创港项目重点打造海峡两岸经贸合作示范基地,利用国际一流资源和综合运营理念,建设生产、生活、生态三位一体的新型产业园区及具有台湾特色的综合商务区,项目拟建设科创港总部大厦、研发中心、加速器及台湾风情商业综合体配套等;比科奇通讯全球总部及5G芯片产业集群项目将集聚多家以前端芯片设计、制造为主的5G通信芯片企业总部,打造浦口区5G芯片产业集群;南京银行科教创新园二期项目将打造中国银行业科技金融研发运营的核心示范载体,是集科研、培训、客服、操作、运营于一体的全方位现代化综合服务平台基地;南京星光未来城项目结合求雨山文化特色,打造以"光影艺术、亲子教育、艺创空间"为主题的文旅综合体,目标成为全国唯一的光影亲子度假目的地。

【无人机试飞运行基地项目协议签订】 9月26日,网络通信和安全紫金山实验室与江苏南京民用无人机试飞运行基地战略合作框架协议在浦口高新区签订。双方本着"合作共赢、优势互补"的理念开展战略合作,探索与推进5G无线通信技术在无人机产业及应用领域的联合发展。双方在航空航天无线同行领域、民用无人机遥控遥测遥感领域、信息传输信息安全领域、5G、6G及C4ISR等领域达成合作规划。后期,双方将成立联合科研项目组,发挥联合优势,突破关键技术,推动技术成果落地应用和行业标准制定。

【求雨山MCN项目集中签约】 3月28日在浦口高新区举行集中签约仪式。南京求雨山文心创意产业园、杭州文衎新零售(南京)结算中心、众美数字化新零售一站式直播电商直播基地等14个项目集中签约入驻浦口高新区,累计总投资22.3亿元,集聚一批在线教育、在线娱乐、在线医疗、网络直播等新媒体企业。其中,南京求雨山文心创意产业园由北文投(南京)文化产业投资合伙企业出资打造,总用地面积6.24公顷,总投资12亿元,打造全国首家国际书法交流中心和文化产业总部示范园区,以国际书法论坛为基础,以文化展览为核心,引入文化体验、文化商业等相关产业,建成华东乃至全国书法文化新地标,建成文化创意及旅游消费产业的南京文化创意产业园区;杭州文衎新零售(南京)结算中心项目以天猫赊采宝供应链服务为核心,吸引整合天猫头部MCN商家落户,项目总投资1亿元,至年末,销售收入100亿元,纳税2.4亿元,预计未来5年累计销售收入500亿元,纳税12亿元以上。

2020年求雨山MCN产业园签约项目一览表

表32 单位:亿元

序号	签约项目	总投资额
1	南京求雨山文心创意产业园	12.0
2	杭州文衎新零售(南京)结算中心	1.0
3	众美数字化新零售一站式电商直播基地	2.0
4	物联网智能柜研发基地及社区电商运营总部	2.0
5	本那一体化全渠道电商运营总部基地	2.0
6	江苏伽鹰互联网全案整合营销平台	0.3
7	江苏独香秀电商直播平台	0.3
8	上海星骏(南京)"融传媒"制作中心	0.3
9	宇超联网红孵化、直播基地	0.3
10	全球旅行体验官计划	0.2
11	江苏内涵网红艺人培养与品牌孵化平台	0.3
12	数字雕塑3D打印技术研发创作基地	0.3
13	品牌红酒全网直播电商平台	1.0
14	泛学苑互联网内容生态一站式服务基地	0.3

【人工智能软件研发及运营服务项目落户】 10月落户。南京柏瑞斯特智能科技有限公司与浦口高新区就人工智能软件研发及运营服务项目签署投资协议,总投资2.5亿元。柏瑞斯特前期成为紫光云、江苏移动、江苏电信、中铁集团、云快充等龙头企业的重点合作伙伴。该项目落地后,预计5年内研发投入2.56亿元,申报发明专利70件,营业收入2.95亿元。

【南京国际软件质量总部基地项目落户】 11月7日落户。总投资110亿元,建设面向全球市场的DevOps软件基础平台、全球一流及中国先进的软件安全验证实验室、5G算法软件技术实验室、开源项目评估实验室。项目分两期建设,一期在浦口租用6000平方米写字楼,搭建国际软件云平台,二期建设HP南京国际软件质量总部产业园及相关配套设施。项目建成投运后,预计5年内实现总产值500亿元以上,纳税总额30亿元。基地将在全球范围内引进软件核心产业链企业100家,集聚软件人才1万人,实现软件全生命周期业务全覆盖,成为国际领先的软件产业园。

【奇柯南京全球商品总部基地项目开工】 5月,奇柯南京全球商品总部基地及易推总部产业园2个项目获取施工许可并开工建设。项目总投资80亿元,当年计划投资15亿元,总建筑面积70.3万平方米,新建Emotion Park汽车体验城、美食迪士尼(coop超市合作)、国际时尚名品直销中心、家居时尚产业中心、五星级或国际设计师酒店、总部AAAAA级办公楼、高端人才社区配套及人才公寓,预计2024年底完工。

11月7日,南京国际软件质量总部基地签约 (葛鑫 提供)

【南京企业研发创新园一期项目开工】 6月28日开工建设。该项目被列入市2020年重大项目,位于浦口高新区科创片区版块,东至园腾路,南至象贤路,西至园界路,北至浦滨路,总投资10亿元,占地5.2公顷,总建筑面积26万平方米。建设办公楼、运营中心、研发用房、配套用房及地下停车场等设施,预计2022年底完工。

【南京银行科教创新园二期项目开工】 9月28日开工。项目位于浦口区沿山大道与五华路交叉口西南角,占地面积5.73公顷,总建筑面积12.5万平方米,主要建设金融科技研发基地、大数据产业研发中心、数字化创新研究院等高科技研发基地。

(葛鑫)

余艾冰院士工作室 (葛鑫 提供)

·科技创新·

【概况】 2020年,浦口高新区高新技术产业投资总额58.14亿元,新增高新技术企业62家、科技型中小企业261家、新型研发机构3家、新型研发机构孵化引进企业172家。PCT专利申请91件,发明专利申请805件,有效发明专利拥有量545件,专利授权量1177件。集聚国际高端资源项目42个。浦口高新区科创广场孵化器在孵企业48家,其中2家企业获得投融资200万元,在孵企业员工410人,为应届毕业生提供就业岗位56个,孵化毕业企业30家,培育高新技术企业20家。6月,科创广场获省科技企业孵化器绩效评价B类奖。

【中创为量子技术研究中心获批市工程技术研究中心】 6月15日,南京市科学技术委员会公示2020年度市级工程技术研究中心名单,浦口高新区北京中创为南京量子通信技术有限公司获批。中创为量子通信产业工程技术研究中心以强大的科研实力、丰富的成果储备、广泛的市场资源为基础,推动量子通信产品与技术的应用普及,实现量子通信产业政策、人才、技术、资金等资源集聚,打造国际知名、国内领先的量子通信技术创新策源地、量子通信产业资源集聚地、量子通信应用普及示范区。

【新型研发机构流程工业智能化研究院成立】 7月22日,浦口高新区与澳大利亚两院院士、中国工程院三院院士余艾冰团队签署合作协议,成立新型研发机构流程工业智能化研究院。以江苏省产业技术研究院工业过程模拟与优化研究所余艾冰院士团队为核心，依托国家级科研平台澳大利亚国家计算颗粒技术应用与研发中心，在浦口高新区进行流程工业智能化技术研究，打造一所流程工业智能化研究院。主要研究石油化工、医药、能源环保等与颗粒息息相关的工业课题，提高对各种颗粒及过程工业系统的认知，为工业过程智能化设计、控制、优化和技术开发提供依据，加快推进相关产业的技术创新、升级和转型，实现企业增效、节能环保和可持续发展目标。

【青年科学家国际科技交流与合作沙龙】 9月22日线上举办。由中国科学技术协会主办、江苏省科协支持、浦口区政府承办的青年科学家国际科技交流与合作线上沙龙活动首次落户南京，在浦口高新区K空间国际加速器企业举办。来自海内外15个国家及中国港澳台地区相关领域的100名领军青年企业家、青年科学家围绕5G赋能新基建主题参与研讨。沙龙特邀欧洲科学院院士、欧洲人文与自然科学院院士、俄罗斯自然科学院外籍院士、南京信息工程大学遥测院院长金双根领衔论坛嘉宾团。院士、新型研发机构代表、5G联盟代表共同就5G新基建背景下的发展机遇和挑战进行对话和讨论。

【重庆大学南京研究(生)院落户】 12月8日，南京市与重庆大学签订校地合作协议，重庆大学南京研究(生)院落户浦口区。项目重点建设重庆大学南京研究生院和重庆大学南京研究院，结合南京城市特点和创新名城建设要求，优先开设计算机、大数据与软件、微电子与通信工程等一批契合南京主导产业的特色专业，助力南京加快打造地标产业高地。研究(生)院建成后，重庆大学将从研发团队组建、科技成果转化以及重点实验室、工程研究中心、技术创新中心打造等方面，结合南京市科技人才政策，逐步在浦口区设立国家及省市级重点实验室、工程研究中心、技术创新中心等研发基地，引入科技顶尖专家、高层次人才，5年内研究生培养规模达1000人，为南京创新名城建设提供支撑。

（葛鑫）

·营商环境·

【概况】 2020年，浦口高新区优化营商环境，打造亲商护商优质服务平台，建立班子领导挂钩服务园区重点企业制度，通过定期走访，及时了解企业困难，帮助企业破解难题。优化营商环境，完善园区综合配套，金陵中学浦口分校、游府西街小学浦口分校建成开学。加快兰溪公园、荣庄路配建公园、科工园文化中心及体育中心、洲际假日酒店等配套建设，为企业落地和人才落户提供良好的生产生活环境。抓住“四新经济”带来的新发展变革，抓创新、抓服务，以金牌代办员、金牌服务超市和金牌管家三大特色服务品牌为抓手，为企业提供一站式服务。推出“金牌融资创新通”暨“园区保”系列产品，强化金融支撑服务，建立与企业资本纽带，获评南京市唯一省创业投资综合服务基地。开展金牌服务，金牌服务超市与行政服务大厅线上无缝对接，实现审批服务一次办，网上营业执照申请及可办率100%。

【点米科技获省现代服务业发展专项资金】 2020年，点米科技股份有限公司申报的“点米互联网+高智谋全流程人力资源服务平台”项目获2020年度省级现代服务业发展专项扶持资金300万元。该平台主要围绕“互联网+人力资源”，通过SaaS模式，为政府提供人力资源数据与资讯支持，为个人提供社保相关服务，为大、中、小、微企业提供员工管理、招聘流程、薪酬核算、风险监控等全流程一站式解决方案。该平台的建立，为全域人力资源服务，实现业务由单一本土化转变至专业的全国体系，形成服务应用更广泛、保障体系更健全、配套服务更完善、产业发展更集聚的人力资源新格局，为全区企业人才引进提供支持。

【金牌服务助力K空间项目运营】 5月，浦口高新区K空间项目启动。针对疫情期间外资企业落地难问题，浦口高新区利用金牌服务超市功能，通过全程代办、不见面审批，在企业法人无法到场的情况下，高效解决企业工商注册、银行开户等难题，3个月的注册周期被压缩到1个月，有效解决海外资源落地“水土不服”，涉外项目注册流程复杂、时间长等问题。至年底，K空间通过墨尔本、悉尼2个海外协同创新中心及其他渠道洽谈引入海外项目30个(含院士工作室4个)。浦口高新区以两周一次的频率开展澳洲项目路演活动，成为澳洲项目打开国际市场的“第一通道”。

（葛鑫）

·重点企业选介·

【南京华瑞微集成电路有限公司】 2018年5月成立，位于浦口高新区科创广场，注册资本791万元，主要经营功率器件的研发、设计、制造与销售，研发成功产品包括高压VDMOS、低压Trench MOS、超结MOS和SGT MOS，并联合知名高校及研究院所开展下一代新材料(SiC)功率器件的研发工作。2019年营业收入1.25亿元，2020年营业收入1.57亿元，高压VDMOS产品月均出货量1.5万片晶圆，是国内同类产品出货量大的功率器件设计企业。为满足日益增长的市场需求和企业经营发展需要，华瑞微集成电路公司启动自建晶圆厂计划，项目落户浦口、南谯合作共建园区，位于安徽省滁州市南谯区兴隆路，注册资本1.29亿元。10月开工建设，一期总投资10亿元，占地13.33公顷，建筑面积6万平方米。拟建设月产6万片6英寸功率器件晶圆生产线(兼容SiC功率器件)，预计2022年初建成投产，年产值10亿元以上。项目二期规划总投资20亿元，占地13.33公顷，拟建设月产3万片8英寸功率器件晶圆生产线。

【南京诚芯集成电路技术研究院有限公司】 2018年11月在浦口高新区成立。公司位于江浦街道浦滨路320号科创一号大厦B座21楼，注册资本500万元。2019年通过南京市新型研发机构备案，2020年申请并通过省科技型中小企业、省民营企业、双软认证企业、高新技术企业省市入库。研究院致力于集成电路工艺服务和相关国产化工具研发,为集成电路高端设计企业提供设计与制造协同优化平台,提供高精度检测技术方案,通过在设计、工艺、设备、材料等层面技术创新,提供技术驱动力。年内研发软硬件设备投入500万元,拥有服务器20余台,办公和实验场地1500余平方米。实现孵化企业6家,引进企业14家。申请发明专利16件、PCT专利6件,授权集成电路布局图设计1项,授权软件著作权7件。实现产值661万元、销售收入661万元、利税68万元。

【江苏耀达石化集团有限公司】 成立于2012年9月,位于浦口大道1号新城总部大厦,注册资本1亿元。公司以成品油、化工等大宗贸易为主营业务,客户主体为中国石油、中国石化、中化石油、中国航油、中国化工、中海油等国有企业,单笔销售均超过千万元。2013—2019年,公司连续七年获得全国行业最佳20强企业。2020年,公司销售额20亿元,利税155万元。

【北京中创为南京量子通信技术有限公司】 2016年12月成立,位于浦口高新区科创总部大厦B座,员工近300人,其中70%为生产研发人员。公司以“核心技术+全面服务”为模式,以量子保密通信技术为基础,以客户需求为驱动,面向国防、能源、金融、政务等专业领域推出各类量子通信应用解决方案及量子技术定制产品。量子通信技术研发中心及整装生产基地初具规模,具备较高的研发水平及核心设备产能。2019年,公司营业收入7.9亿元。2020年,公司入选2020年南京市成长型企业50强,以243.68%的营收增长率位居榜单第七位。 (葛鑫)

街道园区

·江浦街道总部经济园·

【概况】 江浦街道总部经济园位于新浦路120号,总用地面积3.58万平方米,总建筑面积12.7万平方米,其中地上建筑面积9.4万平方米、地下建筑面积3.3万平方米。2020年,园区有企业6家(中铁十四局大盾构工程有限公司、江苏欣傲集团、南京轩润超市管理有限公司、南京江北东南公寓管理有限公司、南京同心众创企业管理有限公司、南京锦季酒店管理有限公司),营业收入76.59亿元,比上年增长7.87%,税收920万元。

【南京同心众创企业管理有限公司】 该公司专业从事企业孵化,建筑面积约5000平方米。至2020年末,引进入孵企业和项目157个,其中市人才企业3家、区人才企业9家、大学生创业企业64家。获得市高新技术企业认定2家、省高企入库企业4家、科技型中小企业4家、省优秀创业项目1个、市优秀创业项目8个。获二等奖2个、三等奖3个、四等奖3个。获得专利授权44项,其中发明专利30项、实用新型专利14项。注册商标189个,软件著作权98项。带动园区企业就业280余人,开展活动30场,累计参加5460人次。5~18层为青年人才社区,建筑面积2.1万平方米,由江浦街道与东南集团联合打造,针对青年人才不同需求,提供居住、出行、休闲、社交、学习、创业、就业、金融等服务,入驻青年人才260人。获国家级众创空间备案,并在众创空间绩效评价中获评市级A类单位。7月,获市文化产业空间备案人。全年实现营业收入2400万元,上缴税金45万元。

【中铁十四局集团大盾构工程有限公司】 2016年8月由中国铁建批准组建,为国内唯一一家大盾构专业施工企业,大盾构品牌列入中国铁建十大品牌之首。施工项目涉及入城通道、江河湖海水下盾构、轨道交通、综合管廊、海绵城市等工程领域。公司拥有市政公用总承包一级、地基基础专业承包一级资质,注册资本5.1亿元,资产总额39亿元,年施工产值60亿元。员工1900余人,专业技术人员1069人,中级以上职称465人,一级建造师154人。全年施工项目40余个,维保基地1个,工程项目遍布全国21个城市。先后承建南京长江隧道、南京地铁10号线过江隧道、扬州瘦西湖隧道、武汉地铁8号线长江隧道等超大直径和大直径水下盾构隧道工程。其中,南京长江隧道工程代表中国水下大盾构隧道建设最高标准,2项成果获国家科技进步二等奖,并获“鲁班奖”“詹天佑大奖”和“国家优质工程金奖”。2020年5月13日,穿越长江的最大直径盾构隧道工程——南京第五大桥长江隧道贯通。营业收入84亿元,比上年增长16.67%。 (吴诗诗)

·星甸街道工业园区·

【概况】 星甸街道工业园区由2个园区组成,分别是星甸工业园区和石桥工业园区,园区总规划面积约2.4平方千米,占地241.67公顷。购地企业74家,占地157.41公顷。2020年,园区有工业企业118家,新增企业2家(南京中润泊车设备科技股份有限公司、南京禧乐电子有限公司),实现工业总产值8.21亿元、销售收入8.15亿元、利税0.59亿元。规模以上工业企业18家,其中新增南京苏信交通设备有限公司、南京中润泊车设备科技股份有限公司、南京莱米纳迪装饰材料有限公司等规模企业3家,实现工业总产值7.81亿元、销售收入7.6亿元、利税0.59亿元。

星甸园区 规划范围东至万寿河,西至翠云大道,北至三明北路,南至顾坝河,规划面积约1.5平方千米,园区占地143.33公顷,有购地企业41家,规模以上工业企业9家。绿化面积4.09万平方米,道路面积5.27万平方米,园区内交通、网络、绿化等基础设施较为完善,污水管网、燃气管网全覆盖。星甸园区产业定位为新材料和智能交通装备制造业,主要经营新型材料、机械制造、金属制品加工等,重点发展新型建材产业,引进国内外先进企业,依托产业优势,打造新型建材产业集聚区,包含江苏润邦新型材料有限公司、南京星佛管业有限公司、南京大地建设有限公司等新型建材企业。扶持发展智能停车、汽车配件、电力电气等特色产业。主要企业有江苏润邦智能车库股份有限公司、南京康尼环网开关设备有限公司、南京恒威防护设备有限公司等。2020年,星甸园区实现产值4.72亿元、销售收入4.9亿元、利税0.36亿元。

石桥园区　规划范围东至江星桥线,西至经一路西侧企业沿线,北至纬一路,南至纬六路,最新规划面积约0.9平方千米。园区占地98.33公顷,产业定位为轨道交通配套、高端医疗器械。购地企业33家。园区各项硬件设施较为完善,绿化面积1.99万平方米,用水、用电、用气等设施不断完善,污水管网、燃气管网全覆盖。石桥园区有生产企业16家,其中规模以上工业企业10家,主要从事建材加工销售、电气设备加工、金属加工制造等。对外租赁企业5家。停产企业7家(鸿利轨道、中铁大桥四局、江苏鼎鼎、金陵华天、圣依吉服饰、锦汉机电、海桥实业)。园区拥有集成电路配套、电力电气、钢梁、钢箱梁制造、保护配电柜生产、二类医疗器械等行业。围绕中铁桥机、金惠凯、北岳电气打造产业链,重点发展轨道交通、电子制造特色产业,为园区医疗用品生产、电力电气以及集成电路配套企业提供服务。主要企业有南京特尔驰电子科技有限公司、南京康尼环网开关设备有限公司、南京抚坪再生资源利用有限公司等。2020年,石桥园区实现产值3.49亿元、销售收入3.25亿元、利税0.23亿元。

【南京特尔驰电子科技有限公司】2012年3月落户石桥园区,总投资500万元,2014年投产。该公司是当地集成电路供应商,以开发国际一流品质的MCU为目标,专注于研发高抗干扰性、高可靠性通用型及专用型微控制器产品,为客户提供系统、软件、生产等完整的研发和技术服务,赢得家电、消费电子、工业制造、仪器仪表等领域品牌客户青睐。公司组建一支研发及市场营销专业团队,在产品开发、市场营销、客户支持、生产与品质控制等方面获得市场认同。产品在白色家电、小家电、汽车电子、工业仪表等领域广泛应用,迅速成长为中国通用MCU微控制器供应商领军企业,为客户提供高质量产品服务。2020年,有职工14人,其中科技人员6人。实现产值4265万元、销售收入4300万元、利税380万元。

【南京康尼环网开关设备有限公司】2010年初落户石桥工业园区,注册资本500万元。2015年底,与南京康京康尼科技实业有限公司旗下电力自动化事业部合并重组,注册资本3000万元,系南京康尼科技实业有限公司控股子公司。2020年,企业占地2.47公顷,厂房建筑面积1.16万平方米,总投资1000万元,主要生产高低压电器及成套设备、电力自动化产品。公司拥有一支高素质研发团队,与南京工程学院、南京技师学院等科研院校共建产学研基地,与行业领军企业及国际知名公司建立战略合作关系,从各种渠道引进技术人才,成立智能电气与系统研究所。公司专业从事高低压成套产品及相关产品的研发与销售,产品广泛运用在电气行业。有职工100余人,其中科技人员15人。实现产值8641.46万元、销售收入9226.9万元、利税645万元。

【南京抚坪再生资源利用有限公司】成立于2019年,位于石桥工业园区江星线经西一路,租赁南京圣依吉服装辅料有限公司厂房,注册资本200万元。公司生产小碎骨料(19~30毫米)13.9万t/a、瓜子片骨料(8~19毫米)13万t/a、水洗砂(小于8毫米)13万t/a。2020年6月8日,公司取得南京市生态环境局批复,建筑垃圾资源化利用项目建成投产。有职工30人,实现产值240万元、销售收入240万元、利税16.8万元。

（潘永梅）

·汤泉街道工业园区·

【概况】　汤泉街道工业园区2004年成立,总投资2078万元,规划面积100万平方米,实际开发面积23万平方米,厂房建筑面积8.41万平方米。园区以制造业、加工业为主,重点发展以电力标准件加工、门窗生产销售为主的产业群和建材、纺织等企业24家。2015年起,汤泉街道实行"退二进三"定位,以打造汤泉温泉旅游风景区为主要目标,园区部分企业迁出,10家处于停产状态,等待拆迁。至2020年末,园区在产企业8家,其中门窗加工类企业1家、机械加工类企业5家、其他类型企业2家。实现工业总产值6800万元、销售收入6500万元、利税920万元。

【南京泉源标准件有限公司】　位于汤泉街道工业园区,成立于2014年,注册资本2000万元,占地1.33公顷,经营面积8000平方米,主要经营金属标准件、金属制品等。2020年,有职工46人,实现产值1700万元、销售收入1650万元、利税160万元。

（林兆雪）

·永宁街道工业园区·

【概况】　永宁街道工业园区位于宁滁联动发展内层圈、江北新区辐射圈,3条铁路、5条干道穿境而过,距江北新区核心区、南京北站约10分钟车程。总用地325.27公顷,分为3个片区和新型建材产业园。东片区东至浦厂搬迁地块东侧,南至宁连高速退让线,西至玉兰路—新拥路一线,北至京沪铁路,占地约228.67公顷;西片区东至侯冲中心大沟,南至宁连高速退让线,西至南工大绿色建筑产业园,北至琥珀西路,占地约6.55公顷;北片区西至玉兰河,东至货场四路,北至汤盘公路,南至滨河路,占地约77.2公顷,新型建材产业园占地12.85公顷。已建成工业园区呈现"整体零散,小范围聚集"特征,总面积52.76公顷。2020年,永宁街道有工业企业124家,其中工业园区有企业75家,含在地企业21家,厂房、租赁企业54家。主要以电力电气、建材制造、配件加工等产业为主,规模以上工业企业10家,实现工业总产值16.13亿元、税收6862万元。高新技术企业12家,新增2家(久安源环保科技有限公司、南京汇丰消防器材有限公司),实现销售收入14.7亿元、利税6493万元。招商引资新增落地企业2家(南京云创通置业发展有限公司、南京拾分味道食品有限公司),实际利用外资135万美元。

2020年永宁街道工业园区国家级高新技术企业一览表

表33 单位:万元

序号	企业名称	主营业务	销售收入	税收	获批时间
1	南京乾鑫电器设备有限公司	高低压配电柜制造	16241	1244	2019年
2	南京博路电气有限公司	高低压配电柜制造	13583	643	2019年
3	南京康善制药设备有限公司	专用设备制造业	540	26	2018年
4	南京浦江工程检测有限公司	技术检测服务	—	217	2020年(复审)
5	南京苏源水设备有限公司	供水设备	764	—	2018年

2020年永宁街道工业园区规模以上工业企业一览表

表34 单位:万元

序号	企业名称	主营业务	产值	税收
1	南京宁新普迪混凝土有限公司	混凝土制造	64825	2181
2	南京福荣混凝土有限责任公司	混凝土制造	37614	1450
3	江苏平达新型建材科技发展有限公司	混凝土制造	13988	165
4	南京乾鑫电器设备有限公司	电器设备	12900	1578
5	南京联尊新型建材有限公司	混凝土制造	11711	434
6	南京博路电气有限公司	电子产品	1290	643
7	南京吉玉砂石有限公司	砂石加工销售	8351	269
8	南京雨神消防工程设备有限公司	消防器材制造	4761	61
9	南京久普混凝土有限公司	混凝土制造	3825	81
10	南京尧盛包装制桶有限公司	制桶	2006	0

【南京博路电气有限公司】 位于永宁街道琥珀东路9号,2008年9月3日成立,注册资本1.01亿元。占地1.52万平方米,建筑面积2.59万平方米。2020年,公司有员工50多人,其中科技人员占31%。公司加大研发投入,研发投入与营业收入占比5.1%,企业研发项目获得批准。通过浦口区应用技术研发与成果转化专项资金项目验收,获设备奖等补助资金100万元。实现产值1.29亿元,比上年增长31.2%;销售收入1.36亿元,增长31.3%;利税1578.63万元,增长5%。 (朱婷婷)

·文稿编辑 卢仕松·

经济管理

宏观经济管理

【概况】 2020年，浦口区实现地区生产总值443.57亿元，同比增长3.6%；一般公共预算收入70.12亿元，同比增长13.1%，增幅郊区排名、全市排名均第一；全社会固定资产投资579.87亿元，同比增长5.8%；全体居民人均可支配收入51099元，同比增长5.7%。

【经济运行调节】 2020年，区发改委牵头成立物资保障与市场秩序组，保障全区新冠肺炎疫情防控医疗物资供应。累计发放口罩114.34万副、防护面屏3900套、防护眼镜21969套、一次性使用隔离衣47450套、一次性防护服31955套、乳胶手套29.89万副、额温枪959台、消杀用品36376升。制定新冠肺炎疫情应急保供稳价处置预案，做出应急粮油保供承诺，粮油供应不涨价、不断档、不脱销，所属4家粮油超市立即开店营业。牵头制定《关于应对疫情促进中小微企业稳定发展的若干措施》，并督促相关责任单位制定实施细则。

强化经济运行监测调度，确保全区经济高效平稳运行。完善经济运行调度体系，结合疫情变化，加密经济运行调度频次，每周调度、每月监测，把握全区经济运行总体态势，及时发现苗头性、趋势性问题并提出建议。精准实施企业服务，加大对重点企业关注力度，帮助企业解决在市场开拓、原材料供应、要素保障等各个环节遇到的难题。牵头各责任单位每月对短板指标任务逐一分析，深入分析原因，制定百日攻坚行动计划，明确补短举措。制定对街场、园区考核办法，优化园区个性化考核指标体系，强化过程监督，对重点指标任务每月开展监测评价，并组织开展2020年经济生态类创新项目申报和评选工作。做好“六稳”工作，落实“六保”任务，每月牵头对40条228项重点任务落实情况进行梳理。累计开展102场面向高校毕业生的网上及现场招聘会，新增城镇就业16644人，完成年计划的119%，其中新增大学生就业7123人，完成年计划的110%。累计为5185家企业及545家个体户减免社保费用5.1亿元、房租1596万元。

推进投资项目建设，做好全社会固定资产投资工作。加快推进全区重大项目建设，省市重大项目16个，截至10月底全部开工，累计完成投资85.7亿元，完成投资占比96.7%，超序时进度13.4个百分点。在全市重大项目月度监测中，完成进度排名郊区第一。市级新基建项目20个，截至10月底，全部开工，累计完成投资39.1亿元，完成投资占比94.7%，超序时进度11.4个百分点。在全市新基建项目季度监测中，完成进度排名郊区第三。

突出重点，推动主导产业优化升级。根据市对区考核及区政府一号文要求，将2020年主导产业工作目标任务分解到各街场、园区，按月对主导产业情况进行分析汇总。印发《关于实施产业链“链长制”实施意见》，起草《浦口区高端交通装备产业链推进工作机制》《浦口区高端交通装备产业链高质量发展实施方案》，明确各专班参与单位的具体任务，全面摸排重点企业信息情况，召开产业链调度会，统筹推进高端交通装备产业高质量发展。集成电路产业实现营收61.7亿元，同比增长75.8%。牵头起草《浦口区独角兽、瞪羚企业培育扶持办法》，经政府常务会审议通过并印发。建立全区独角兽、瞪羚企业及高成长性企业培育库，梯尔希（南京）药物研发有限公司等9家企业被认定为南京市瞪羚企业。推荐北京中创为（南京）量子通信技术有限公司等企业申报2020年省级战略性新兴产业发展专项资金、省市现代服务业发展专项资金、放心消费工程项目扶持资金1882万元，兑现2019年科技创新平台工程研究中心认定奖励410万元。指导华天科技等8家企业申报市级工程研究中心。牵头起草《关于加快汤泉旅游度假区建设发展的实施意见》，通过政府常务会研究并印发。督促放心消费工程专项资金项目单位开工并组织验收。指导江北设计小镇完成2019年自查统计并接受省考核小组2019年度考核，指导市级特色小镇2019年考核，完成老山天景生态小镇省级特色小镇创建材料上报工作。拨付江北设计小镇2018年度省级特色小镇考核合格奖励资金200万元、市级特色小镇考奖励资金300万元。

树立新发展理念，增强经济安全、绿色发展后劲。全面整治风险隐患，加强安全生产责任落实，强化安全生产学习研究，制定安全生产专项整治行动方案，明确整治内容、工作职责，落实专项整治推进制度。推进安全生产信用体系建设，建立危化品安全风险分布档案。完成3家涉危化品管理和使用企业的24个危化品种类和数量的摸排调查。完成起重机塔件等9处隐患整治，对宁合高速公路扩建施工中发现的5处施工点依法依规整改。强化对41个安全城市创建现场核查点的安全管理，完成736处电力线路隐患巡查治理，修复更换电力窨井盖7处，督促企业对15处安全隐患进行全面整改。落实《南京市2020年削减煤炭消费总量实施方案》，履行减煤控煤主体责任。企业按照全年生产计划合理制订《2020年月度用煤计划》，逐月报送煤炭实际消耗数据，将实绩与计划进行比对，严密监控总量时序进度。依托9家新型墙材生产企业，开展工业废弃物资源转化工作，综合利用率保持在92.67%。以《南京市墙材生产绿色导则》为标准，引导企业开展绿色产品认定工作。推进建筑垃圾综合利用再生新型墙材联合体建设，墙材生产企业加快技术改造步伐，改进生产环境、生产工艺，树立走绿色发展之路意识。推进装配式建筑构建生产制造项目建设，通过提档升级推动建材行业高质量发展。全年生产新型墙材8000万块（折标），生产预拌砂浆31万吨，其中干拌砂浆8万吨、湿拌砂浆23万吨，生产散装水泥198万吨。浦口区7个市考"百项提升工程"中，3个新建项目完成2个（高旺河水环境整治提升二期、农村人居环境整治工程），4个续建项目完成1个（水质达标提升工程），累计完成投资11.6亿元，占年度投资计划87.2%。完成绿水湾人工养殖鱼类捕捞及芡实、莲藕、珍珠蚌采收，拆除养殖水面竹楼1000平方米、附属房屋14162平方米，与江苏绿溢投资有限公司签订解除承包合同协议书，清退水产养殖户37户。绿水湾湿地水域违规养殖整改问题通过销号验收。推进高旺河等12个水环境整治提升工程项目，6个河道整治工程完工。推进星甸镇区雨污分流改造，实施11个片区雨污分流完善工作。境内长江岸线整治项目47个，其中上级水利系统整治清单项目28个全部完成，自排查项目19个，完成10个。截至年底，长江岸线复绿面积130万平方米。

【重大项目管理】 围绕加快推进重大项目建设，特别是"新基建"建设，创新"新基建"项目推进工作办法，制定"六个一"推进机制，即一项目一分解、一项目一专人、一项目一档案、一日一推进、一周一调度、一月一观摩。其中，一项目一分解，将"新基建"项目及5G基站建设任务全盘纳入重大项目管理体系，细化分解目标任务，制定月计划表，明确关键节点，实行清单化管理、工程化组织，确保重点项目重点突破；一项目一专人，区发改委牵头、各责任单位主要领导挂帅组织专班，每个项目明确专人负责，项目推进"一口清"，集中力量、集中资源，为项目建设做好一线服务，加速项目建设形成投入量、产出量、实物量、价值量；一项目一档案，掌握项目投资主体概况、建设基本内容、项目亮点特色、建成后的带动效应等，收集项目建设效果图、现场施工图等图片影像资料，建立独立的项目档案；一日一推进，对项目进行动态管理、每日监测，依托项目管理平台、微信工作群，对项目实物量、投资量、形象进度、问题事项每日更新，精准摸排推进中的堵点、难点问题；一周一调度，每周召开例会，跟踪上一周项目问题事项推进情况，同时研究新增问题事项解决路径，对暂时无法解决的难点问题，报区领导高位协调；一月一观摩，排定区内观摩计划，常态化开展观摩活动，组织各责任单位参加现场观摩，介绍亮点、点评问题，相互学习借鉴，传导建设"加速度"的信号。截至年底，市计划"新基建"项目20个全部开工，累计完成投资41.15亿元，完成投资占比99.6%，超序时进度7.9个百分点，在全市新基建项目季度监测中，完成进度排名均位列郊区前三。全年累计完成投资43亿元，超额完成全年目标任务。

【年度计划编制与执行】 区发改委对2020年主要指标和重点工作任务安排，在综合考虑全面建成小康社会和"十三五"规划收官的基础上，坚持高质量发展鲜明导向。在指标体系设置上，全面落实省高质量发展监测评价和市对区考核指标体系，做好指标承接，将市对区考核薄弱短板指标纳入年度重点核心指标任务。在目标任务确定上，按照高水平全面小康和高质量发展要求，在摸排预估2019年目标任务完成情况基础上，综合考虑指标设置的匹配性、科学性，体现奋进性，提出2020年计划，并采取务实的工作举措攻坚克难，推动高质量发展监测指标在全市争先进位。坚持"六稳"工作方针，围绕稳就业、稳金融、稳外贸、稳外资、稳投资、稳预期，统筹推进对外开放、民生改善，着力发挥消费的基础性作用和投资的关键性作用，推动浦口经济社会健康发展。坚持以推进供给侧结构性改革为工作主线，把基础设施、社会民生领域补短板作为全面改革的重点任务，在促进新旧动能转换、推进"放管服"、优化营商环境、推进三大攻坚战等重点工作上凸显实效，具体工作安排体现浦口发展实际和改革开放导向。对于2020年全区主要经济目标的安排，在摸排南京市及其他郊区目标计划的基础上，确定地区生产总值增长8.5%，一般公共预算收入增长9%，全社会固定资产投资增长9%，工业投资增长10%，社会消费品零售总额增长7%，全体居民人均可支配收入增长8.5%，农村居民人均可支配收入增速高于城镇居民人均可支配收入增速，其他各项指标任务确保完成省市监测考核的目标。

2020年，实现地区生产总值443.57亿元，可比价增长3.6%；一般公共预算收入70.12亿元，同比增长13.1%；全社会固定资产投资579.87亿元，同比增长5.8%；社会消费品零售总额同比增长0.2%；全体居民人均可支配收入51099元，同比增长5.7%。受疫情影响，年初人代会确定28项预期性和约束性指标，其中净增规上工业企业、高新技术企业数等11项指标超额完成年度目标；地区生产总值可比价增长3.6%，低于8.5%年初目标，主要原因是受疫情影响，批零住餐贸易业尚未全部恢复；全社会固定资产投资增幅5.8%，低于9%的年初目标，主要原因是房地产投资拉动减弱；社会消费品零售总额增幅0.2%，低于7%的年度目标，主要原因是重点企业支撑下降。

2020年浦口区国民经济和社会发展主要指标计划一览表

表35

指标类型	序号	指标名称	单位	2019年目标	2019年	2020年计划
预期性指标	1	地区生产总值增速	%	8.5	8.6	8.5
	2	制造业增加值占GDP比重	%	—	15	17
	3	固定资产投资增速	%	10	8.5	9
	4	工业投资增速	%	10	1	10
	5	高新技术产业投资增长	%	—	—	12
	6	高新技术制造业投资占工业投资比重	%	—	50	高于50
	7	社会消费品零售总额增速	%	9	6	7
	8	外贸进出口总额	亿元	76.7	82	82
	9	实际利用外资	亿美元	3.3	3.9	3.3
	10	战略性新兴产业实际使用外资比重	%	50	30.93	30
	11	一般公共预算收入增速	%	8	20.3	9
	12	税收收入占一般公共预算收入比重	%	达省目标	84.5	达省市目标
	13	单位建设用地税收收入	亿元/千公顷	5.68	5.43	5.58
	14	净增规模以上工业企业	家	15	20	20
	15	新增高新技术企业数	个	力争40	40	力争40
	16	新备案新型研发机构数	个	力争6	4	力争4
	17	规上工业企业中有研发活动企业数占比	%	—	63.3	64
	18	全体居民人均可支配收入增速	%	8.5,农村居民人均可支配收入增速高于城镇居民	9.0,农村居民人均可支配收入增速高于城镇居民	8.5,农村居民人均可支配收入增速高于城镇居民
	19	新增大学生就业人数	万人	0.62	0.9	0.62
	20	新增高技能人才数	人	320	646	320
约束性指标	21	万元GDP能耗下降	%	3	3	3
	22	煤炭消耗总量不高于	万吨	17.5	16.5	不高于2019年
	23	单位GDP水耗	立方米/万元	—	37	35
	24	空气质量优良天数比率达	%	78%	70.7%	达省市目标
	25	$PM_{2.5}$年均浓度	微克/立方米	—	33.7	达省市目标
	26	垃圾分类集中处理率	%	80	93	达省市目标
	27	城镇污水集中收集处理率	%	88.65	89.1	89.5
	28	地表水达到或好于Ⅲ类水体比例(分省考断面和市考断面)	%	—	100(省考断面)	达省市目标

【"十四五"规划纲要编制】 2019年6月,区发改委按照省市部署和区委、区政府要求,启动规划编制工作,制定印发《编制工作方案》并成立领导小组。期间,区四套班子领导多次听取编制情况汇报,区发改委深入研究、几易其稿,通过政府常务会、人大常委会审议后,根据相关意见修改完善形成"十四五"规划纲要(草案)。在编制过程中主要注重四个方面工作:(一)坚持"江北明珠"定位,重点打造"地标性产业高地"和"都市圈最美花园"两大功能支柱;围绕基础设施、产业、民生三大领域梳理编报项目80个,总投资超过2200亿元。(二)开门问策、集思广益。对内,采取网络征求等方式向居民征集意见建议,收到有效问卷1225人次、市民建言信息260余条。与部门、街道、园区调研座谈70余

次,将反馈的核心问题和重点谋划纳入规划纲要。多次征求部门意见,收集意见建议131条,全部采纳84条、基本采纳22条。2020年10月底组织召开专家咨询会,“增加对2035年的目标展望”“增加数字经济内容”“增加新发展格局内容”等10余条意见建议均在纲要(草案)中有所体现。对上,积极争取,将农创园建设、城南中心打造、国家级开发区创建等内容纳入上级规划。(三)纲要统筹、专项规划支撑。结合南京市规划目录和浦口实际,建立以规划纲要为统领,以国土空间规划为基础,以区域规划、专项规划为支撑,边界清晰、功能互补、统一衔接的“1+1+1+20”(发展规划1个、国土空间规划1个、跨区域规划1个、重点专项规划20个)的规划体系。(四)落实上级要求和体现浦口特色相结合。在加快崛起地标产业、打造应用型创新高地、服务融入新发展格局等方面明确重点任务,做到产业门类独立成章、三大园区平台载体至少成节的规划深度,彰显浦口特色。

纲要(草案)分为三大板块、11篇、40章,总体框架与省市保持一致,包括产业发展、科技创新、新发展格局、民生保障等方面。第一板块为总论(第一篇),主要阐述浦口区“十三五”时期的成绩与短板、发展的外部环境和内部条件、“十四五”时期经济社会发展的指导思想、基本原则和主要目标。第二板块为分论(第二篇至第十篇),主要围绕“十四五”时期的战略定位,分领域阐述浦口未来五年经济社会发展和改革开放的重点任务,明确经济社会发展各领域的发展思路和重点工作,并作出工作部署。第三板块为结尾(第十一篇),主要阐述规划的组织实施和保障机制。

纲要(草案)提出7个方面的重要观点和论述:

第一,关于发展环境。立足浦口“十三五”发展实际,在分析“十四五”时期内外部环境基础上,提出“十四五”时期是浦口构建新平衡的五年、崛起新地标的五年、展现新魅力的五年、彰显新风尚的五年、应对新变革的五年。

第二,关于基本原则。主要是五个牢牢坚持,即牢牢坚持“三新”发展指引、牢牢坚持“两争一前列”发展要求、牢牢坚持“江北明珠”发展定位、牢牢坚持“四动”发展路径、牢牢坚持“造福百姓”发展追求。

第三,关于2035年远景目标。考虑到长期性和可能存在的不确定性,采用多数定性和少数定量相结合的方式对发展愿景进行描述,即经济总量和城乡居民收入较2020年增长一倍以上,特色鲜明、产业发达、生态宜居、现代开放的“江北明珠”展现全新能级和面貌。“地标性产业高地、都市圈最美花园”整体建成。

第四,关于“十四五”总体目标。围绕“江北明珠”总体定位,主要对“地标性产业高地、都市圈最美花园”进行解构和引申,提出建设“两高两美”,即智能制造高峰、创新应用高原、美丽生态环境、美好生活家园。

第五,关于“十四五”发展指标。结合省市纲要初定的“十四五”指标体系及省高质量发展监测指标体系,围绕“两高两美”,初排六大类29项指标,其中约束性指标10个、预期性指标19个。“十四五”时期全区发展的核心目标是实现四个国家级目标(国家级农创中心、国家级开发区、国家级全域旅游示范区、国家级珍珠泉旅游度假区);围绕主导产业打造一个1000亿级(集成电路产业)、两个500亿级(高端交通装备、文旅健康产业)产业集群;将招大引强工作作为全区发展的“一号工程”,新引进百亿级项目不少于10个、50亿级以上项目不少于12个、10亿级以上项目不少于70个。力争到“十四五”末,地区生产总值达750亿元,规模工业总产值翻两番,达1000亿元,一般公共预算收入达150亿元,全社会固定资产投资突破1000亿元,社会消费品零售总额突破200亿元,规上工业企业数(达500家)、高新技术企业数(达600家)翻一番以上。

第六,关于“十四五”核心发展路径:

(一)巩固壮大实体经济,加快发展现代产业体系。

——工业方面:发挥台积电、天水华天等龙头企业引领作用,构建“全产业链”闭环,集聚产业链相关企业600家以上,较2020年翻番,实现行业总营收1000亿元,占全市集成电路产业规模40%以上。聚焦轨道交通、智能网联汽车两大方向,支持依维柯整车产品向高端化转型,推进吉利汽车、浦镇车辆有限公司等重点项目,集聚上下游企业300家,实现行业总营收超400亿元,建成五百亿级规模产业基地。引导凯鼎电子、紫光云数、华控创为等重点企业做大做强,发挥华东首个双空域5G无人机试飞基地优势,培育一批新应用场景项目。初步建成人工智能产业完整生态链,实现行业总营收接近100亿元。同时,拓展手游、电竞等新兴文创产业业态,加快工业互联网发展应用。

——服务业方面:推进虹悦城江北店、南京江北金陵酒店、雨山路商业综合体等建成开放,提档升级金盛田广场、凤凰大街、林公堤民国风情街等现有商圈,重点打造城东商圈、城西商圈、城南新中心商圈。以中创为、惠普国际等龙头企业为引领,着力提升软件与信息服务业竞争优势。同时,推进金融服务业、现代智慧物流稳步发展。

——农业方面:重点发展优质粮油、健康畜禽、精细蔬菜三个基础产业,确保重要农产品稳产保供。做大做优生态水产、优质茶叶、精品花木三个特色产业。探索建立系统化的产学研结合模式,推进农创园中试、产业转化的合作试验基地建设,到2025年末,建成8个农业科技产学研合作示范基地。以五条精品线路为抓手,整合雨发生态园、九峰山田园综合体等休闲农旅资源,提质升级乡村旅游。优化农村电商发展生态,强化云田商城等农业电商企业的引领作用,重点培育壮大2个年交易额超亿元的农村电商企业。

——园区方面:开发区创成国家级开发区,规模工业产值达1000亿元。高新区重点发展数字经济新产业,园区产业规模达200亿元。农创园围绕世界知名“农业硅谷”目标,新增签约项目500个,打造高质量新型研发机构20家。同时,深化街道园区联动发展,推动永宁工业园、星甸工业园、石桥工业园、桥林茶棚工业园向开发区配套产业园转型。

(二)突出自主创新引领,打造应用型创新高地。围绕主导产业的重点环节和核心领域,打造创新平台,提升企业自主创新能力,建成市级以上科创载体25

家、工程技术研究中心45家，累计培育引进科技型中小企业800家、高新技术企业600家。探索以在地高校优质学科为依托建设科技创新港，支持南大原子团簇、清研华科等新型研发机构建设高水平产业技术实验室，推动重庆大学南京研究(生)院等项目建设。发挥澳大利亚墨尔本等海外协同创新中心的窗口作用，促进创新成果在浦口转化应用。优化人才安居保障，加强科技金融服务，健全知识产权保护，支持创新产品"首购首用"。

(三)扩大内需与对外开放并举，服务融入新发展格局。加强项目可行性论证和投入产出论证，在产业发展、科技创新、基础设施等领域，实施一批打基础、利长远、补短板的重大工程项目。创新"直播+"零售新模式，做大做强高新区MCN产业，持续促进夜间消费，增强经济支撑作用。在基础设施、公共服务、产业体系等多维度与江北新区无缝对接，建好国内首个集成电路大学。深度参与长江经济带分工、南京都市圈建设，重点开展集成电路、高端交通装备等领域科技联合攻关，共抓长江生态大保护，推出一批跨区域精品旅游产品。

(四)统筹全域空间布局，高质量推动城乡融合发展。进一步完善"主城—新城—新市镇—美丽乡村"城乡发展格局。江浦主城有机更新2.94平方千米的老城城市功能，打造山水相融、文化科教、品质宜居的老城片区。城南新中心基本建成2.75平方千米主体空间，带动周边7.5平方千米连片发展，构建"一轴两廊三心三区"(一轴为浦滨路发展轴，两廊为城南河生态绿廊+芝麻河生态绿廊，三心为南部服务中心+文化商务中心+北部服务中心，三区为南部综合发展区+文化商务区+北部综合发展区)空间结构。高新区主体片区以1.4平方千米自贸区为引领，全面拉开22.61平方千米总体建设框架。桥林新城核心区基本建成，打造"一芯两核五片区"(一芯指产业驱动芯，两核指老街复兴核、新城发展核，五片区指产业先导区、科学城片区、创享生活区、港口物流区、未来产业区)空间结构。同时，引导星甸、汤泉、永宁新市镇特色发展。深入实施乡村建设行动。聚焦"一体两翼"，以美丽乡村示范区域为主体，促进山南、山北两翼融合发展，打造"老山响堂""九华茶坊"等5个省级特色田园乡村。完善农村道路体系，争创国家级"四好农村路"示范区。

(五)强化基础设施支撑体系，提升综合承载能力。构筑内外畅达的交通体系。推进347国道(浦乌路)、356省道浦口段等重点工程，初步形成"六纵八横两联"干线公路网络，城市轨道交通里程较2020年翻一番，同步打通微循环系统，建成1小时城际交通圈、半小时生活交通圈、1刻钟出行交通圈。完善市政基础设施建设，提升管网设施建设水平，城镇污水处理率达98%以上。构建高效现代能源体系，力争管道天然气"村村通"。推进公共配套、交通出行、人居环境等领域整治工作，完成72个老旧小区改造，新增1.7万个停车泊位，实现街巷整治全覆盖。同时，打造"三中心一体化"的城市治理现代化指挥中心。

(六)深入践行"两山"理念，建设绿色美丽浦口。充分利用山水林田湖草等优势资源要素，构筑蓝绿交织的生态网络。加强长江岸线生态保护，打造涵盖江豚保护主题科普、"十里造船带"工业遗址的滨江公园。坚决打好污染防治攻坚战，落实生态红线管控要求，推进蓝天、碧水、净土行动，到2025年末，$PM_{2.5}$年均浓度持续保持省市前列，确保地表水省考以上断面达到或好于Ⅲ类水体比例始终保持100%、入江支流水质稳定达标。完善绿地系统建设，在块上，公园绿地500米服务半径覆盖率达90%；在线上，形成"两环四轴八联"(两环指中部老山环线、全域旅游环线，四轴包括东部滨江旅游公路、北部沿滁河旅游公路、西部田园风光旅游公路、南部沿石碛河旅游公路，八联指旅游公路连接线)的全域景观性旅游公路体系。培育绿色生活方式，生活垃圾分类集中处理率达99%以上。

(七)弘扬先进文化，做大做强文旅健康产业。加强爱国主义、集体主义、社会主义教育，50%以上的学校创成区级以上文明校园。建立健全文明城市长效管理机制，提高社会文明程度，到2025年末，注册志愿者人数占城镇常住人口比重达20%以上，新创1~2个全国文明村。深挖求雨山书法等文化，加快创意设计与相关产业融合发展。围绕"一轴两带一环"(一轴指老山旅游发展轴，两带指滁河岸线沿滁观光带、长江岸线滨江观光带，一环指产业景观游览环)全域旅游空间布局，培育珍珠泉主题游乐板块、老山体育健康板块、滨江生态休闲板块、汤泉温泉养生板块等六大文旅板块，基本建成以"微度假"为主题的全域旅游服务体系。

(八)持续增进民生福祉，打造共建共享幸福家园。

——就业方面：拓宽就业创业渠道，提升城乡居民收入水平，农村居民人均可支配收入增速高于城镇居民人均可支配收入增速1.2个百分点。

——教育方面：新建各类学校40所，创成学前教育普及普惠发展区、义务教育优质均衡发展区。推动职业教育校企合作，推进桥林职教实训基地建设。

——医疗方面：推进"健康浦口"建设，建成"11235"三级医疗卫生服务体系(1家三级综合医院、1家三级中医院、2家基层区域医疗中心、3家专科医院、5家医养融合社区医院)。优化"一老一小"服务供给，完善0~3周岁婴幼儿照护服务体系。应对人口老龄化趋势，构建"以居家为基础、社区为依托、机构充分发展、医养有机结合"的多层次养老服务体系，新增5~6家医养结合养老机构。

——社会保障方面：完善住房保障体系，建设保障性住房8万套，2023年全面完成整组搬迁农户安置工作。健全覆盖妇女、儿童、残疾人等多层次社会保障体系。

(九)优化综合要素配置，提升现代化治理水平。在有效市场方面，推动要素配置市场化改革，提升"不见面审批""一件事一次办"等审批服务水平，全面优化营商环境，推动民营经济、国有企业健康发展。在有为政府方面，全面提升依法治区水平，健全完善监督体系，做到"法无授权不可为"，提升治理精细化水平，强化执法联动和常态化协调，完善"大联勤+特色工作""大数据+网格化+铁脚板"机制，形成城市管理、社会治理工作闭环。特别是突出安全发展能力建设的重要性，加强公共安全保障，强化重点领域安全防控，推进应急管理体系和能力建设。

第七,关于规划的组织保障和实施机制。坚持党对经济社会发展工作的全面领导,区委、区政府统筹协调规划实施重大事宜。加强人大对"一府一委两院"的监督,保障人民依法通过各种途径和形式管理政府事务、管理经济文化事业、管理社会事务。加强人民政协专门协商机构建设,发挥社会主义协商民主独特优势,提高建言资政和凝聚共识水平。依法开展规划实施的监督评估,确保规划有效实施。

2021—2025 年浦口区"十四五"规划体系一览表

表 36

序号	1+1+1+20 规划体系	牵头单位
(一)发展规划(1 个)		
1	南京市浦口区国民经济和社会发展第十四个五年规划纲要和二〇三五远景目标	发改委
(二)国土空间规划(1 个)		
1	浦口区国土空间总体规划	规划资源分局
(三)跨区域规划(1 个)		
1	浦口—南谯跨界一体化示范区发展规划	规划资源分局
(四)重点专项规划(20 个)		
1	浦口区"十四五"现代农业农村高质量发展规划	农业农村局
2	浦口区"十四五"智慧城市发展规划	发改委
3	浦口区"十四五"城乡建设规划	建设局
4	浦口区"十四五"生态环境保护规划	生态环境局
5	浦口区"十四五"工业和信息化发展规划	工信局
6	浦口区"十四五"教育事业发展规划	教育局
7	浦口区"十四五"水务建设发展规划	水务局
8	浦口区"十四五"产业高质量发展规划	发改委
9	浦口区"十四五"城市管理规划	城管局
10	浦口区"十四五"保障性住房建设规划	房产局
11	浦口区"十四五"城镇老旧小区改造规划	房产局
12	浦口区"十四五"文旅融合发展规划	文旅局
13	浦口区"十四五"卫生健康事业发展规划	卫健委
14	浦口区"十四五"养老服务发展规划	民政局
15	浦口区"十四五"青年发展规划	团区委
16	浦口区"十四五"综合交通运输体系发展规划	交运局
17	浦口区"十四五"应急体系建设(含安全生产)规划	应急管理局
18	浦口区"十四五"科技创新发展规划	科技局
19	浦口区"十四五"妇女儿童发展规划	妇联
20	浦口区"十四五"金融业发展规划	金融监管局

浦口区“十四五”经济社会发展主要指标一览表

表37

类别	序号	指标	规划目标		属性
			2025年	年均增速(累计)	
经济强	1	地区生产总值(亿元)		8.5%以上	预期性
	2	研发投入占地区生产总值比重(%)		完成市下达指标	预期性
	3	每万人口高价值发明专利拥有量(件)	>35		预期性
	4	制造业增加值占地区生产总值比重(%)	30		预期性
	5	高新技术产业产值占规模以上工业产值比重(%)	50左右		预期性
	6	数字经济核心产业增加值占地区生产总值比重(%)	>10		预期性
	7	规模以上工业总产值(亿元)	>1000		预期性
	8	规模以上工业企业数(家)	500		预期性
	9	高新技术企业数(家)	600		预期性
百姓富	10	居民人均可支配收入增长(%)		高于经济增速	预期性
	11	常住人口城镇化率(%)	70		预期性
	12	每千人口拥有执业(助理)医师数(人)	>4.5		预期性
	13	城乡基本养老保险参保缴费率(%)	>90		预期性
	14	每千人口拥有3周岁以下婴幼儿托位数(个)	4.5左右		预期性
	15	接受上门服务的居家老年人数占比(%)	18左右		预期性
环境美	16	单位地区生产总值能源消耗降低(%)		完成省市下达指标	约束性
	17	单位地区生产总值二氧化碳排放降低(%)		完成省市下达指标	约束性
	18	非化石能源占一次能源消费比重(%)	达省市指标		约束性
	19	地表水达到或好于Ⅲ类水体比例(%)	达省市指标		约束性
	20	空气质量优良天数比例(%)	82左右		约束性
	21	林木覆盖率(%)	42.6		约束性
文明程度高	22	劳动年龄人口平均受教育年限(年)	13.2		约束性
	23	义务教育优质均衡比例(%)	90.6		预期性
	24	法治建设满意度(%)	>90		预期性
	25	社会文明程度测评指数	95		预期性
安全更有保障	26	耕地保有量(万公顷)	达省市指标		约束性
	27	粮食综合生产能力(万吨)	达省市指标		约束性
	28	生产安全事故起数和死亡人数下降(%)		>15	约束性
	29	公众安全感(%)	95		预期性

【产业项目“云会审”改革】 2020年，区发改委为加速浦口区产业项目准入会审工作，解决传统会审需要企业和申报园区准备大量纸质表单、材料，并需协调、召集各会审职能部门进行现场会审等问题，牵头打造浦口区项目准入“云会审”系统。系统主要将项目准入会审流程由线下迁移至线上，发挥互联网的便捷性优势，实现项目准入会审无纸化、智能化。系统同步开发PC端和手机移动端，对新建产业项目实现各街道(园区)在线平台互联网端项目申报、各部门在线项目审核、申报单位在线进度查询以及网上项目推进跟踪服务等功能，为辖区企业提供更便捷、更高效的项目服务。浦口开发区、浦口高新区、汤泉街道、永宁街道的大数据+人工智能产业基地、榕基·数字时代等10个项目通过该系统完成项目准入会审，会审时间从线下5~10个工作日缩短至3~5个工作日，最大化提升产业项目准入的会审效率。 (林凯)

财　政

【概况】 2020年，浦口区一般公共预算收入70.12亿元，同比增长13.06%，收入增幅位列全市各区第一位。其中，税收收入57.08亿元，比重为81.4%；非税收入13.04亿元，比重为18.6%。一般公共预算支出79.83亿元，同比增长7.72%，其中民生支出61.31亿元，民生支出占比76.81%。

2020年浦口区财政收支情况一览表

表38　　单位：万元

财政收入			财政支出		
类别	科目	金额	类别	科目	金额
公共财政预算收入	合计	701179	公共财政预算支出	合计	798258
	一、税收收入累计	570803		一般公共服务支出	91018
	增值税	169788		国防支出	14
	企业所得税	70192		公共安全支出	59048
	个人所得税	25186		教育支出	146933
	资源税	590		科学技术支出	18756
	城市维护建设税	28826		文化体育与传媒支出	15452
	房产税	18151		社会保障和就业支出	104268
	印花税	8885		医疗卫生与计划生育支出	58240
	城镇土地使用税	8784		节能环保支出	6932
	土地增值税	49952		城乡社区支出	97440
	车船税	30		农林水支出	91366
	环境保护税	5157		交通运输支出	4167
	耕地占用税	2256		资源勘探信息等支出	18419
	契税	182905		商业服务业等支出	6451
	其他税收	101		金融支出	2029
	二、非税收入累计	130376		援助其他地区支出	2180
	专项收入	21378		自然资源海洋气象等支出	12884
	行政事业性收费收入	21756		住房保障支出	48442
	罚没收入	4965		粮油物资储备支出	1805
	国有资源(资产)有偿使用收入	39612		灾害防治及应急管理	4145
	国有资本经营收入	—		债务付息支出	6763
	政府住房基金收入	2286		债务发行费用支出	2
	其他收入	40379		其他支出	1504
附列资料	上划中央收入	300826	附列资料	政府性基金支出	2265411
	政府性基金收入	1822404			

【减税降费政策落实】 贯彻落实市委、市政府促进中小微企业发展政策。6月，经浦口创投公司运作，一汽创新发展基金从吉林省长春市迁引注册至南京市浦口区，标志着浦口区与一汽集团的战略合作迈上新台阶，未来将通过股权投资方式推动浦口汽车产业发展。一汽创新发展基金于2018年底在吉林省注册设立，一期总规模8.2亿元，二期计划增加至12.7亿元，各出资主体均来自一汽集团体系。基金围绕一汽总体战略布局及发展定位，依托央企的产业赋能及供应链体系，重点投向智能网联汽车、汽车后市场以及与之紧密相关的产业领域。区财政局会同税务、人社等部门加强对政策落实情况的动态跟踪、监督检查和综合评价，落实落细阶段性减免政策。深化非税收入管理改革，严格执行收费清单，全年为企业和群众减负10亿元。

【助力产业地标打造】 锚定集成电路、高端交通装备和文旅健康三大主导产业，聚焦国家级农业产业科创中心，统筹筹措资金，助力产业地标打造。组建设立总规模10亿元的南京浦口智汇新兴产业投资基金合伙企业(有限合伙)，产业投资基金总数24支，总规模突破226.45亿元。向上级财政部门争取债券资金，申报政府债券，全年发行政府债券10.4亿元。申请抗疫特别国债2.66亿元，促进区内产业地标打造顺利推进。区文旅集团深化文旅体制改革，产业布局由传统“吃、住、行、游、购、娱”逐渐向“商、养、学、闲、情、奇”延伸覆盖。江苏省人民医院浦口分院(三期)工程开工，南京市中医院浦口分院改扩建(儿童专科)工程(二期)儿童中心楼主体封顶。星甸、永宁街道社区卫生服务中心主体结构通过验收，汤泉街道社区卫生服务中心主体结构封顶。南京国家现代农业产业科技创新示范园双塔、四板区完成主体封顶。

【资产配置预算编报】 2020年，全区123家行政事业单位上报2021年度资产配置计划，单位申报计划金额6849.36万元，财政审核数金额5307.47万元，核减金额1541.89万元，核减率23%。落实主管部门和行政事业单位的主体管理职责，明确“财政部门—主管部门—行政事业单位”的三级管理模式，建立由资产配置计划生成资金配置预算的预算编制和审批机制。运用浦口区资产管理信息系统，通过资产配置年度计划上报机制，实现对区级行政事业单位资产信息化管理全覆盖，从源头上把控好资产配置计划网上申报审批工作，落实财政综合监管职责。按照“保障履职、厉行节约”原则，对没有标准或暂未纳入编报审核范围的资产配置计划，要求各单位严格按照经济实用原则，从严控制、合理配备，特别是单价超5万元的大型资产，须经主管部门牵头，在充分论证的基础上配置，保证资产配置绩效。

【村级公益事业一事一议项目申请】 2020年，浦口区村级公益事业一事一议项目申报坚持突出重点，奖补项目侧重村内道路建设，优先安排经济薄弱、经济欠发达村和农民群众反映强烈、需求迫切、收益直接的公益事业建设项目；坚持民主议事，以村民民主决策为前提，尊重民意，申报项目经村民大会或村民代表会议讨论，形成书面决议并张榜公示；坚持科学申报，从村集体经济可承受能力的实际出发，防止盲目攀比，举债建设奖补项目，增加村集体和农民负担。3月27日，经村级申报、街道初审、区级复审、市级审批，确定17个申报项目，涉及14个行政村(桥林街道双庙村、南驿村，永宁街道侯冲社区、永宁社区、东葛社区、大桥社区、友联村、大埝社区，汤泉街道三泉社区、龙山社区、龙华社区，星甸街道汤集村、山西村、万隆社区)，包括村内道路建设项目11个、亮化项目5个、环境整治1个，项目总投资约796.4万元，其中财政奖补资金490万元。当年按期完成建设项目15个，涉及4个街道、13个行政村，其中桥林街道3个、永宁街道7个、汤泉街道3个、星甸街道2个。实际总投资626.77万元，其中市级资金280万元、区级资金97万元、其他资金249.77万元，建设完成村内道路10条(9.85千米)、道路亮化项目5个(365盏)。

【一般性支出压减】 2020年，区财政局严格执行中央“八项规定”，坚持政府过“紧日子”思想，从严控制非刚性、非重点支出，严控“三公”经费标准，压减会议费、培训费等一般性支出，2020年预算一般性支出数较2019年压减10%，降低行政运行成本。为集中精力打赢疫情防控阻击战，全力支持中小微企业稳定发展，浦口区参照市级做法，在年初一般性支出压减10%基础上，公用经费定额部分实际支出再压减10%，统筹财力用于后续平衡财政支出。

【预算执行管理】 2020年以来，区财政局严格贯彻落实全市财政工作会议精神，高度重视预算执行进度，定目标、找差距、严落实，当好“三员”，提高财政资金使用效益，促进经济高质量发展。当好管理员，加快资金拨付进度。增加主管部门至下属事业单位的指标下达权限，做到年初预算全额批复、上级资金及时下达。督促各预算单位根据预算项目实施进度倒排用款计划、加快支出，做到财政资金应拨早拨、应拨尽拨。当好监督员，强化预算执行考核。根据《浦口区部门预算支出执行进度考核管理办法》，形成常态化、制度化考核机制，压实预算部门的预算执行主体责任，强化预算执行时效性、均衡性，确保财政资金高效落实，形成实物工作量。当好服务员，优化服务解决问题。针对预算执行中存在的问题，主动调研走访，会商各预算单位，采取有效举措，解决重点问题。特别是对重点工程项目、大宗政府采购项目等情况，区财政局及时与预算单位沟通联系、督促指导，逐项分析研究解决。2020年，浦口区一般公共预算支出79.83亿元，同比增长7.7%，预算执行进度100%。其中民生支出61.31亿元，同比增长5.77%。

【预算绩效评价实施】 9月4日，区财政局出台《关于印发〈浦口区区级预算绩效管理结果应用暂行办法〉的通知》《关于印发〈浦口区区级财政预算绩效评价操作规程(试行)〉的通知》等预算绩效管理相关配套制度，以部门整体评价为统领，坚持逐步扩面，将部门预算全面纳入绩效评价。引入熟悉绩效业务、信誉良好的中介机构，首次开展部门整体、政府投资基金质效评价以及项目重点运行监控工作。构建绩效管理信息化系统,实现与部门预算编制系统、预算执行系统等紧密对接、数据共享,将绩效作为预算申请的前置条件。

【PPP 项目全生命周期法律顾问制度建立】 11 月 12 日,区财政局与江苏致邦律师事务所签署法律咨询服务合同,以 PPP 项目全生命周期法律顾问制度为抓手,为 PPP 项目识别、项目准备、项目采购、项目执行和项目移交五大阶段的关键环节把关,有效缓释政府方与社会资本方之间存在的信息和专业水平不对称现象,防范 PPP 项目推进过程中的各类风险。合同有效期一年。PPP 项目全生命周期法律顾问制度是指律师事务所接受财政部门委托,指派专业律师担任财政部门 PPP 管理常年法律顾问,或根据工作需要担任部分 PPP 项目相关业务法律顾问。通过建言献策、审核把关、质询论证、法律咨询、出具法律意见书等方式参与当地 PPP 宏观管理及 PPP 项目全生命周期事前、事中、事后管理全过程,为 PPP 项目全生命周期管理提供智力支持和专业服务。 (何婷婷)

税务

【概况】 2020 年,浦口区税务局组织完成税收收入 92.32 亿元,增收 4.51 亿元,增幅 5.13%。其中,一般预算收入 57.1 亿元,增收 4.4 亿元,增幅 8.4%。组织社保收入 18.8 亿元,减收 5 亿元,减幅 20.9%。非税收入 2.4 亿元,增收 0.4 亿元,增幅 15.8%。累计完成退税 55304 笔,共 13.88 亿元(不包含出口退税)。其中,办理增值税增量留抵退税 119 笔,共 8.34 亿元。因个税改革,于 2020 年启动 2019 年度个税汇算清缴退税,完成个税汇算清缴退税 38942 笔,金额 2461.5 万元。代扣代征个税手续费改为以退税方式返还,完成 2019 年度个税手续费退税 1357 笔,金额 619.18 万元。

2020 年浦口区税收收入完成情况一览表

表 39

税种名称	税收收入(万元)		增减(万元)	增幅(%)
	2020 年	2019 年		
增值税	339436.68	323143.97	16292.71	5.04
消费税	32182.90	30064.79	2118.11	7.05
企业所得税	175656.86	185994.16	-10337.30	-5.56
个人所得税	62964.35	51041.58	11922.77	23.36
车辆购置税	7380.28	17426.82	-10046.54	-57.65
资源税	590.44	693.35	-102.91	-14.84
城市维护建设税	28826.16	25916.76	2909.40	11.23
房产税	18151.14	17124.15	1026.99	6.00
印花税	8884.76	7997.75	887.01	11.09
城镇土地使用税	8783.57	9148.82	-365.25	-3.99
土地增值税	49952.01	81096.94	-31144.93	-38.40
车船税	30.23	30.52	-0.29	-0.95
契税	182904.55	88176.74	94727.81	107.43
耕地占用税	2256.05	35790.72	-33534.67	-93.70
环境保护税	5156.79	4436.71	720.08	16.23
税收收入合计	923156.77	878083.78	45072.99	5.13

2020 年浦口区退税情况一览表

表 40 单位:万元

指标名称		金额	指标名称		金额
非税种	出口退税	24111.00	非税种	误收退税	15045.06
	先征后退	6150.58		其他退税	619.18
	减免退税	1152.66		合计	162875.71
	汇算、结算退税	115797.23			

【纳税服务】 3月19日，浦口区税务局对外发布《浦口税务优化营商环境二十条》，并在发布会上聘请南京中交置业有限公司、南京雨发建设集团有限公司、浦口区发改委、浦口区行政审批局等10家企业和单位代表担任浦口税务营商环境观察员。开通“浦税特快”营商环境服务专线，解决纳税人遇到的营商环境问题。启动重点企业联络员制度，局领导班子走访重点企业33户，问计问需，助力企业复工复产。推出营商环境观察员制度，聘请相关部门、纳税人和第三方测评公司，定期评价区税务局税收营商环境，查找不足。组建“税务营商专员”服务团队，帮助企业解决实际困难。创新推出预约企业家早餐（视频）会，全年组织税企一对一17场、南京高新区（浦口园）专场1场、企业家视频会1场，解答企业问题49个。其中1月3日，区税务局组织开展第一次预约企业家早餐会活动，南京中交置业有限公司参加；11月20日，区局税务组织开展企业家早餐会南京高新区（浦口园）专场，18家企业参加，解答问题34个。

【税收政策落实】 围绕“优化营商环境，助力企业发展”工作重心，以优化服务为切入点，把落实税收优惠政策作为履行税收职能、服务发展大局的头等大事，推进减税降费工作。支持企业发展，落实小微企业普惠性税收减免、深化增值税改革。加强疫情防控优惠政策落实，支持疫情防控重点保障物资生产企业，确保企业在疫情防控时期的现金流正常运转。建立优惠政策日常监控管理制度，加强政策效应分析，了解企业增值税税负情况，查找和改进政策落实中的薄弱环节，提出相关意见建议。落实区政府“两落地、一融合”工作中涉及高新技术企业、小微企业、研发费加计扣除等税收优惠政策，重视高新技术企业认定审核工作。对申请高新技术企业的154家企业开展初审，126家企业符合高新技术企业认定标准并被推荐，推荐率81.82%。开展分类指导，提供精准专项服务，有效落实各项税收新政。

【税收政策宣传】 每月制定温馨提示，依托税收服务站，与纳税户面对面解读税收政策。发挥街道（园区）8个税收服务站的定点服务作用，由业务骨干组成宣讲团上门讲解减税降费及疫情期间优惠政策、纳税申报事项等并发放宣传手册。由于疫情原因，采用直播方式解读税收最新优惠政策。9月23日，开展集成电路与软件企业税收政策专项线上辅导培训1场。截至年底，区内征纳沟通平台有纳税人18337家，其中已激活16993家，激活率92.67%。通过数字化税企服务智能平台推送消息137次，总计90余万条，包含最新政策文件、培训通知、热点问题解答、退税到账提醒、纳税服务调查、复工复产调查等内容。利用纳税人学堂发布政策、指南等文件14次。向辖区全体纳税人直播“浦口税务优化营商环境二十条发布会”“浦税清风廉政文化品牌发布会”2场活动。

【依法治税】 推行行政执法公示制度、执法全过程记录制度、重大执法决定法制审核制度，加强事前、事中、事后公开，梳理执法人员情况，按规定时限、内容和要求主动向社会公开执法信息。配置执法记录仪，建设约谈室，研究制定执法记录仪和约谈室管理制度，全面推进执法全过程记录制度。落实省局、市局法制审核事项清单，做到法制审核事项范围内应审尽审。12件案件使用约谈室，77件案件使用执法记录仪，开展法制审核13户。规范岗责体系，加强执法案例编发工作。梳理征管、纳服、风险管理岗责体系，探索优化税源税户征管结构，形成税收征管模式结构图。编制《股权转让操作指引》。疫情发生后，第一时间编制下发《浦口税务防控疫情税收操作指引（一）（二）》《浦口区减、免、退、缓优惠政策清单》及区税务局“权力和责任清单”，严格依据权责清单行使权力、履行职责。

【税源税户基础管理】 强化税源动态监控，与区市场监管局、街道等联合开展税源税户摸底工作，基本掌握全区企业纳税人基本结构和漏征漏管的相关数据及信息，为后续堵塞征管漏洞、强化监管力度、完善区域组织收入和税户征管工作提供支撑。强化欠税管理，严格落实欠税公告制度。单位纳税人欠税200万元以下按季度公告，共计4次，公告5674户次；个体纳税人欠税10万元以下按半年公告，共计2次，公告214户次。简化税务注销流程，施行即时办理与容缺办理相结合，为信用良好的纳税人提供最大便利。严格规范委托代征工作，各部门联合对委托代征单位开展定期检查，重点检查代开发票、有无超范围代开以及代征点管理是否规范，发现问题立行立改，严控代开发票风险，强化对代征人员政策辅导和培训，防范化解代征风险。制定大企业税收管理政策，按季度采集大企业财务报表数据，严格审核，确保数据质量及有效性。做好减税降费风险疑点核实工作，完成619条疑点数据核实，实际退税17.78万元。

（卢欣）

审 计

【概况】 2020年，完成审计项目17个，上报审计专报4篇、调研文章3篇，移送案件线索13条。审计发现问题281个，整改246个，边审边改问题316个，促进完善制度6项。审计信息被《中国审计》杂志采用2篇，《中国审计报》采用3篇，省审计厅网站采用13篇，市审计局网站采用51篇。

【政策跟踪审计】 紧扣“六稳”要求，把握“招商突破年”，聚焦“江北明珠”建设目标，开展招商引资政策及营商环境情况专项审计，调查分析全区5个园区、5个街道招商政策制定及效应、招商工作统筹及运行机制、项目签约落地及投后管理、落地项目绩效、优化营商环境、产业基金的规范性和效益性等情况。审计发现问题9个，提出审计建议4条，推动有关部门和单位出台制度7项，涉及资金2800多万元。审计报告和审计专报获市、区两级领导批示8次，在全市项目考核中获一等奖。

【财政审计】 在财政收支及部门预算执行审计中，运用数字化审计平台对2019年57家一级预算单位及教育系统所属43家事业单位财务数据进行全面分析，重点审计28家政府组成部门，查出八大类209个问题，涉及金额45亿元。主动服务各部门甄别清理存量资金，查证涉及上述单位历年上级补助结余、项目资金结余等各类结余资金数千万元。提出强化资金清理、加大存量资金盘活力度、发挥财政资金绩效等建议，督促各部门累计盘活存量资金近4000万元。

【资源环境审计】　在对区农业农村局主要负责人任中经济责任审计中，同步开展自然资源资产审计。通过查看森林面积、生态公益林面积和林木覆盖率变化情况，林地、湿地保护等制度执行情况，了解被审计责任人在资源环境政策执行过程中所采取的措施、取得的成效以及存在的困难和加强相关工作的建议。运用大数据技术筛查建设项目违规占用林地、水域等方面疑点，检查森林防火、动植物保护、案件查处等工作开展情况。查阅造林项目资金分配、拨付文件、项目明细表及项目验收报告，摸清资金安排使用情况，促进农业农村局明确保护自然资源资产和生态环境的重大决策事项，加强自然资源管理和生态环境保护。

【民生审计】　立足群众生活幸福感和获得感，组织开展疫情防控资金和捐赠款物专项审计、公立医院综合改革政策落实情况专项审计调查、居家养老专项资金审计，查出问题14个，提出审计建议5条。其中，疫情防控资金和捐赠款物专项审计，聚焦防控政策措施落实、防控资金管理使用、社会捐赠款物管理情况等方面，全面摸清掌握疫情防控资金总体规模、分配、拨付和使用管理等情况，重点对2700多万元财政资金、900多万元捐赠资金进行审计，延伸审计区红十字会、区慈善中心相关项目和资金，确保专项资金和社会捐赠款物及时发挥效益，用在实处。

【政府投资审计】　关注重大政策贯彻落实、投资决策、建设管理、概算控制、投资绩效等项目建设全过程。2020年，完成政府投资项目备案51个，备案金额5.88亿元，平均核减率18.05%。2020年度组织摇号的结算审计项目送审金额7.9亿元，核减1.96亿元，审定金额5.94亿元，平均核减率24.8%。对2019年度33个重大项目开展跟踪审计，查出问题7个，提出审计建议2条，项目总投资1779.8亿元，其中2019年计划投资229.4亿元（产业类投资213.4亿元、非产业类投资16亿元）。

【经济责任审计】　采取任中审计、离任审计两种方式，对领导干部重大经济事项的决策、执行情况，履行财政财务和内部管理职责等方面进行审计。全年开展经济责任审计4个，查出审计问题13个，提出审计建议9条。编制《浦口区领导干部经济责任审计重点风险防范提示清单》，清单涉及重大经济决策、政策制度执行、内部监督管理、审计整改等七大类67项重点风险内容、表现形式及预防措施，形成预警机制，健全权力运行机制，增强领导干部依法行政意识。

【大数据审计】　树立"科技强审"意识，推进审计信息化建设，强化数据先行和大数据审计理念，在审计项目中采用数字化审计方式，开展多源数据关联分析与挖掘，加强先进信息技术在审计领域应用的研究。探索"总体分析，发现疑点，分散核查，系统研究"的数字化审计模式，运用身份证校验、爬虫技术、图数据库、模糊匹配、OCR文字识别等多技术方法，对多元异构数据进行融合与穿透，对审计资料进行溯源分析，快速发现审计疑点，提高审计效率。

● 链接：

区审计局"智慧审计"项目
入选全市优秀大数据审计案例

区审计局在2020年部门预算执行审计中，创新审计模式的"智慧审计"项目案例以思路清晰、可行性强、成果显著入选全市优秀大数据审计案例。

"智慧审计"案例聚焦数据的立体透视、综合比对、疑点筛查，推动数据"牵手"，让数字"说话"，以智能化分析技术助力拓宽数据审计广度与深度。案例主要从"以法禁以权谋私""以税护绿""以系统规范国有资产管理"3个方面展开，剖析财政供养人员违规经商问题、排污费改环保税政策落实不到位情况、国有资产管理不规范问题，筛查出审计疑点1200余条，向主管部门移送线索数百条，为财政在全区开展固定资产清查、加强国有资产管理提供依据。

【内审信息化建设】　利用计算机、网络通讯和数据库技术，开发建设内审管理信息化平台，实现内审人员管理、内审机构管理、内审计划管理、内审项目管理、内审报送任务管理、内审考核管理、内审交流共享的信息化，建立一套集信息采集、处理和统计分析等功能于一体的内审信息化管理平台系统。通过平台建设运行，夯实内部审计机构基础，确保内部审计机构运作规范，形成审计机关指导和监督工作机制，加强对内部审计机构审计业务与质量把控上的指导和监督。促进内审机构人员审计技能提高和信息化运用能力提升，加强政府审计资源和内部审计资源统筹、信息资源和人力资源统筹，并建立审计考核机制，调动内部审计力量的积极性，增强审计合力，推动审计全覆盖。　（尚燕）

统　计

【概况】　2020年，撰写经济运行进度分析91篇、统计专题调研分析2篇、《统计快报》10篇，编印《统计简报》8期，其中获区委主要领导批示2期。发挥统计职能作用，对企业复工复产情况进行持续监测，就疫情对全区经济运行的影响开展深度分析，保障区委、区政府确定的经济社会发展各项目标如期完成。围绕全区中心工作，做好经济指标监测预警，分析反馈经济运行过程中出现的问题，提出切实可行的措施建议。跟踪高质量考核监测指标，发挥统计主动作为作用，做好政策解读和业务指导，加强日常指标监测，强化业务指导，分析薄弱环节，配合职能部门研究决策。

【第七次全国人口普查工作】　3月，区政府根据《国务院关于开展第七次全国人口普查的通知》《省政府关于做好我省第七次全国人口普查工作的通知》和《市政府关于做好南京市第七次全国人口普查工作的通知》精神，下发《区政府关于做好第七次全国人口普查工作的通知》，组建由区委主要领导为组长，区统计局、区政府办、区发改委、公安分局等8家单位主要负责人为副组长，区委政法委、区网信办、区教育局等17家单位组成的浦口区第七次全国人口普查领导小组，负责全区人口普查组织实施中重大问题的研究和决策。领导小组办公室（区人普办）设在区统计局，负责普查具体工作的组织与实施。各街场设立相应的普查领导小组及办公室，村（居）委会相应建立普查工作机构，动员和组织社会各界力量参与并配合做好人口普查工作。5月21日，浦口区召开第七次全国人口普查领导小组第一次全体（扩大）会议，审议《浦口区第七次全国人口普查领导小组成员单位职责分工和工作方式》《浦口区第七次全国人口普查工作进度安排》。选择调查情形繁杂、管理主体交织的江浦街道老虎桥社区（浦口高新区辖区）开展人口普查登记的综合试点。在此期间，协同开展全区户口整顿工作，开展普查区域划分、制图和普查员、指导员“两员”选聘工作。各街场选聘上报“两员”2143人，覆盖77个普查区和1771个普查小区。开展区级综合业务培训，制定普查宣传工作方案，多渠道、多层次开展人口普查宣传，营造良好舆论氛围。10月11—31日，区人普办开展人口普查摸底工作。11月1日起，进入正式登记阶段。普查员逐人逐项登记普查信息，开展比对复查和数据质量抽查。12月10日，登记工作结束。

● 链接：

浦口区第七次全国人口普查公报

一、全区常住人口

全区常住人口1171603人。

二、人口增长

全区常住人口[1]与2010年第六次全国人口普查的710298人相比，十年共增加461305人，增长64.95%，年平均增长率5.13%。

三、户别人口

全区有家庭户[2]383737户、集体户63765户，家庭户人口962056人，集体户人口209547人。平均每个家庭户的人口为2.51人，比2010年第六次全国人口普查的2.88人少0.37人。

四、全区常住人口性别构成

全区常住人口中，男性人口609367人，占52%；女性人口562236人，占48%。总人口性别比（以女性为100，男性对女性的比例）为108.38，与2010年第六次全国人口普查比减少1.76个百分点。

五、全区人口年龄构成

全区常住人口中，0～14岁人口165109人，占14.1%；15～59岁人口835215人，占71.3%；60岁及以上人口171279人，占14.6%，其中65岁及以上人口118095人，占10.1%。与2010年第六次全国人口普查相比，0～14岁人口比重增加4.4个百分点，15～59岁人口的比重减少7.2个百分点，60岁及以上人口比重增加2.8个百分点，65岁及以上人口的比重增加2.2个百分点。

六、受教育程度人口

全区常住人口中，拥有大学（指大专及以上）文化程度的人口436584人；拥有高中（含中专）文化程度的人口180601人；拥有初中文化程度的人口260584人；拥有小学文化程度的人口186228人（以上各种受教育程度的人包括各类学校的毕业生、肄业生和在校生）。与2010年第六次全国人口普查相比，每10万人中拥有大学文化程度的由23983人增加为37264人；拥有高中文化程度的由19630人减少为15415人；拥有初中文化程度的由31766人减少为22242人；拥有小学文化程度的由16963人减少为15895人。

七、城乡[3]人口

全区常住人口中，居住在城镇的人口1092010人，占93.2%；居住在乡村的人口79593人，占6.8%。

八、流动人口[4]

全区常住人口中，人户分离人口[5]592037人，其中省内市区内人户分离人口202434人，流动人口389603人。流动人口中，省外流入人口188006人，省内流动人口201597人。

注释：

[1]常住人口包括：居住在本乡镇街道且户口在本乡镇街道或户口待定的人；居住在本乡镇街道且离开户口登记地所在的乡镇街道半年以上的人；户口在本乡镇街道且外出不满半年或在境外工作学习的人。

[2]家庭户是指以家庭成员关系为主、居住一处共同生活的人组成的户。

[3]城镇、乡村是按国家统计局《统计上划分城乡的规定》划分的。

[4]流动人口是指人户分离人口中扣除市辖区内人户分离的人口。

[5]人户分离人口是指居住地与户口登记地所在的乡镇街道不一致且离开户口登记地半年以上的人口。

[6]大口径数据为浦口行政区口径。

【GDP统一核算改革】 5月18日，区政府办印发《浦口区地区生产总值统一核算改革实施方案》，由区政府牵头组建浦口区地区生产总值统一核算改革领导小组，统一组织实施全区地区生产总值统一核算改革各项工作。领导小组由区政府分管领导担任组长，区发改委、区统计局主要领导任副组长，成员单位包括区教育局、区科技局等部门，形成统一核算改革所用基础数据的组织制度。改革的主要内容：改变核算主体。实施地区生产总值统一核算后，地区生产总值数据由“下管一级”转变为“下算一级”。市统计局统一核算并反馈浦口区地区生产总值。区统计局与市统计局对应专业处室做好专业数据的比对，同步核算浦口区地区生产总值。改变核算方法。实施地区生产总值统一核算后，全区地区生产总值统一核算由市统计局从国家统计调查平台和市级各相关部门直接获得的分行业增加值核算基础指标数据，依据省统计局下算的全市地区生产总值行业规模、速度，使用国家统一的行业增加值核算办法，开展对浦口区（板块）各行业增加值规模、速度的核算，最后将分行业增加值加总，形成浦口区地区生产总值。区统计局依据市级核算后反馈的全区地区生产总值数据，按照统一核算的原则和方法，测算各街道、场区的地区生产总值。改进工作机制。更加突出相关部门的协调推进，更加重视各街道、场区行业（企业）基础数据的支撑。

● 链接：

GDP统一核算改革势在必行

自1985年建立核算制度以来，中国的地区生产总值采取分级核算制度。即国家核算全国，地方核算地方。这种核算方法的好处在于，不同省份的经济增速比全国水平高一点、低一点，总体上不会影响全国数据；少数地方或者一些地方、一些企业、一些单位的数据真实性存在一定问题，也不会影响全国数据。但这种核算方法也容易出现数据“打架”的状况，特别是地方的经济数据加总超过全国总量，或者多个地方的经济增速快于全国平均增速。这些现象既容易引发社会各界对于统计工作的质疑，影响政府统计的公信力，也不利于决策部门正确把握各地经济形势，不利于实施科学的宏观调控。因此中共十八届三中全会提出要加快建立国家统一的经济核算制度，中央深改组第三十六次会议也审议通过《地区生产总值统一核算改革方案》，党中央、国务院决定2020年推行地区生产总值统一核算改革。

【统计法治】 7月6日，区委办、区政府办联合印发《南京市浦口区党政领导干部防范和惩治统计造假、弄虚作假责任制实施办法》，明确建立全过程责任体系，确保防范和惩治统计造假、弄虚作假责任落实到位。7月8日，区委办印发《浦口区贯彻落实国家统计督察反馈意见整改方案》，制定具体问题整改措施清单，推进督察整改工作，区委常委会、区政府常务会专题研究统计督察反馈意见整改工作。区考核办将统计工作纳入考核体系，对各有关部门、各板块全年统计工作进行专项考核。区政府第76次常务会传达学习省委办公厅、省政府办公厅关于统计违法案件责任追究情况的通报。区委组织部、区委宣传部明确将统计法律法规学习纳入2020年全区各党委(党组)中心组专题学习计划。区委组织部明确将统计法律法规学习纳入2020年全区干部教育培训工作要点，纳入新进区管干部主体班培训计划。区委党校将统计法学习列入干部培训班必修课，并在专题培训班上通过视频播放学习统计法相关知识。加大核查检查工作力度，全年实地核查工业、能源、服务业等专业企业(项目)70余家(个)，“双随机”抽查企业9家，执法检查企业11家，依法依规对2家企业进行处理。印制《统计文件学习材料汇编》，区委、区政府、各街场、园区、各部门开展领导干部全覆盖学习，累计学习800余人次。依托第七次全国人口普查、统计开放日、国家宪法日等重要节点，编印并发放《统计法在身边》《涉企统计法律知识摘编》宣传折页5500余份，邀请南京市统计局执法监督局主要领导到浦口开展统计法治专题讲座，开展统计法“进社区”宣传活动4次。

【省市调查统计确认浦口区地区生产总值、人均可支配收入“双增”】 2020年，浦口区委、区政府面对突如其来的新冠肺炎疫情，贯彻落实党中央国务院、省委省政府、市委市政府的一系列部署和安排，应对疫情带来的挑战，统筹疫情防控和经济社会发展工作。至年底，全区实现地区生产总值和人均可支配收入“双增”。根据市统计局反馈资料，2020年，浦口区实现地区生产总值443.57亿元，按可比价格计算，同比增长3.6%。其中，第一产增加值45.63亿元，同比增长1.6%；第二产业增加值136.24亿元，同比增长7.4%；第三产业增加值261.7亿元，同比增长1.9%。根据江苏省调查总队反馈资料，2020年，浦口区全体居民人均可支配收入51099元，同比增长5.7%，比全市平均水平高0.5个百分点，比全省平均水平高0.9个百分点，在江苏省苏南25个郊区中排名第四。其中，城镇居民人均可支配收入62498.1元，同比增长4.5%；农村居民人均可支配收入30060.6元，同比增长7.1%。 (沈加青)

国有资产监督管理

·国有资产运作·

【房租减免政策落实】 2月15日，区财政局(国资办)贯彻落实区委、区政府关于帮扶中小微企业和个体工商户缓解房屋租金压力的政策，制定出台《关于落实宁委发〔2020〕4号文减免困难中小微企业房租有关事项的通知》，对依法合规承租区属(含园区)国有全资企业和行政事业单位房产，且直接自用于生产经营的困难中小微企业，给予2020年2月免收租金，3—4月减半收取的减免政策。10月19日，区经济运行保障组办公室转发市经济运行保障组办公室《应对新冠肺炎疫情进一步帮扶服务小微企业和个体工商户缓解房屋租金压力的实施方案》的通知，对承租区属(含园区)国有全资企业和行政事业单位所属房产用于经营、出现困难且在市内注册(登记)的服务业小微企业和个体工商户，在2020年免收2月份租金、减半收取3—4月租金的基础上，在合同租赁期内再免除上半年1月份房屋租金。至年底，减免中小微企业和个体工商户房屋租金4742.34万元，惠及中小微企业和个体工商户729户。 (薛军)

【国有资产运营】 10月，浦口创投公司与银泰资本、清科集团合作，出资设立银泰清科天使基金，认缴总规模2亿元。基金主要投向新技术领域，用于种子轮、天使轮和A轮融资阶段的高成长性、初创型企业。11月，银泰清科天使基金纵深视觉科技项目(3D视觉)落地浦口高新区，投资额1500万元。12月，浦口创投公司与苏美达资本、江苏省农垦集团合作，出资设立农创园农业发展基金，认缴总规模2.32亿元。基金主要投向契合乡村振兴战略规划的农业科技类成长期、成熟期兼顾早期阶段的项目。与德联资本合作，出资设立德联高端制造基金，认缴总规模5亿元。基金主要投向高端制造、前沿科技、创新医疗等硬科技领域成长期、成熟期兼顾早期阶段的项目。德联资本对浦口区企业宏泰半导体项目投资2000万元。 (郭敏)

【“三供一业”移交】 6月底，区财政局(国资办)按照中央、省、市关于国有企业职工家属区供水、供电、供热(供气)及物业管理(统称“三供一业”)分离移交，剥离国有企业办社会职能的部署和要求，完成浦口区范围内永宁铁路段职工家属区121户物业维修改造工程及验收工作，维修改造费用577.19万元，改造后的物业达到南京市地区同类住宅与基础设施的平均水平。 (薛军)

【国有企业整合重组】 11月4日，区国资办为整合全区旅游资源，推进全域旅游发展，加快重大旅游项目落地，打造以“投资+建设+运营”为主业，覆盖“吃、住、行、游、购、娱”六要素的专业化、市场化运作主体，根据区委、区政府要求，制定《区文旅集团组建方案》，报区政府第85次常务会、区委第36次常委会议审议通过。11月12日，制定《区文旅集团整合划转工作方案》，明确组建具体工作任务及职责分工。11月20日，完成相关资产整合划转工作，将老山林场所属老山森林公园、老山生态农业公司，老山管办所属老山旅游发展公司，高新区所属凤凰山公园等资产无偿划转至区文旅集团，区文旅局所属求雨山文化名人纪念馆也交由区文旅集团运营管理。

● 链接：

浦口区文旅集团简介

2018年9月28日，大江北集团〔2014年5月16日，由区财政局(国资办)出资注册成立，是区政府直属国有独资企业〕根据浦口区委、区政府"打好做特景区主攻仗、聚焦都市圈最美花园、打造地标性产业高地"的战略部署，全额出资成立南京浦口文化旅游发展集团(简称文旅集团)，注册资本金120亿元，以"投资＋建设＋运营"为主业，主要承担区内旅游资源整合运营、旅游项目投资建设、景区运营管理、旅游接待、商业会展、酒店餐饮、旅游产品开发销售、旅游地产、旅游金融、旅游投资咨询、文化创意产业投资运营、文化活动和体育赛事组织运营等。集团内设综合管理部、党群工作部(审计监察室)、财务金融部、投资发展部、规划建设部、运营管理部(安监办)6个职能部门。

(滕悦　张晓妹)

【国有资本经营预算执行】 2020年，区级国有资本经营预算编制范围包括区国资集团、城建集团、交通集团、康居集团。2020年度国有资本经营预算收入执行数2909.25万元，为预算的100%。预算支出执行数2909.25万元，为预算的100%，其中按30%比例调出资金872.78万元，调入一般公共预算，统筹用于民生社会事业项目，剩余2036.47万元预算支出以国有资本金形式注入区属集团。 (薛军)

·国有资产监督·

【国有资产管理情况报告编制】 7月30日，区财政局(国资办)编制完成《2019年度浦口区国有资产管理情况的综合报告》《2019年度浦口区企业国有资产管理情况的专项报告》，并受区政府委托向区四届人大常委会第二十五次会议汇报。综合报告反映浦口区企业国有资产、行政事业性国有资产的总体情况。截至2019年末，全区有国有全资、控股企业230户，资产总额2696.61亿元，同比增长12.67%；负债总额1820.15亿元，同比增长10.82%；净资产总额876.45亿元，同比增长16.73%；资产负债率67.5%，同比下降1.13个百分点。2019年，实现营业收入92.53亿元，收入来源主要包括政府投资项目代建收入、保障房销售收入、房产租赁收入、长期股权投资分红和自来水费收入等，同比增长1.53%；利润总额11.05亿元，上交税费6.37亿元。全区国有企业归属母公司所有者权益总额868.01亿元，同比增加123.63亿元，国有资本保值增值率103%，实现国有资本保值增值。全区行政事业单位国有资产总额127.79亿元，同比下降0.88%，资产总额减少主要是受固定资产处置以及计提折旧的影响；负债总额69.66亿元，同比下降19.89%；净资产总额58.13亿元，同比增长38.48%。资产负债率55%，较上年同期下降12个百分点。全区受托代理资产3.03万元(主要为区红十字会接收的社会捐赠资产)，政府储备物资118.28万元，市政、交通、水利等公共基础设施不完全统计88.48亿元。

(薛军)

【国资监管制度建设】 3月6日，区财政局(国资办)会同区教育局共同制定《浦口中小学教学设备配置限额标准(试行)》，该标准明确规定中小学教学设备配置的数量标准、最高限价标准和最低使用年限，加强中小学教育资产管理。7月，区政府制定《浦口区国资办出资企业财务监督管理办法》，对企业财务监管组织体系建设、财务管理与内部控制、重大财务事项等进行有效监督和管理，提升财务风险防范能力，促进国有资产保值增值和企业持续健康发展。8月，区政府制定《关于进一步规范全区国有企业对外担保管理工作的意见》，控制对外担保范围，严禁向无产权关系的企业、自然人、非法人单位、参股股东提供担保，规范对外担保管理流程，强化风险防控措施，落实责任主体，维护国有资产安全。开展对外担保专项治理工作，摸清全区国有企业对外担保情况底数，规范对外担保行为，防范化解担保风险，维护金融生态环境。9月21日，区财政局(国资办)印发《关于进一步推动行政事业单位在建工程转固定资产工作的通知》，指导各单位全面清理基建会计账务和操作转固具体流程，加快推动行政事业单位在建工程转固定资产工作。10月，制定《区属国有企业人力资源管理暂行办法》，对国有企业人员招聘计划申报审批、招聘条件设定、招聘方式、招聘程序、新进人员管理等进行规范化、制度化及程序化管理，推动国有企业选人用人的机制改革，建立与现代企业制度相适应的人力资源管理体制。

(朱世蓉　薛军)

【国有资产清查】 8月31日，区财政局(国资办)根据市人大常委会《关于开展2019年度全市国有资产清查的工作方案》及市财政局《关于组织开展2019年度全市国有资产清查工作的通知》要求，印发《关于组织开展2019年度全区国有资产清查工作的通知》，以2019年12月31日为基准日，牵头对全区企业国有资产、行政事业性国有资产和国有自然资源开展清查。清查结果显示：一、截至2019年末，全区有国有全资、控股企业230户，含8家国家出资企业(一级企业)。全区国有企业(含金融企业)资产总额账面数2696.61亿元、清查数2696.33亿元，清查调整减少数0.28亿元；负债总额账面数1820.15亿元、清查数1819.87亿元，清查调整减少数0.28亿元；所有者权益总额账面数876.46亿元、清查数876.46亿元；归属母公司所有者权益账面数868.02亿元、清查数868.02亿元；资产负债率67.49%；全区国有企业营业总收入账面数92.54亿元、清查数92.54亿元；利润总额账面数11.05亿元、清查数11.05亿元；已交税费账面数6.37亿元、清查数6.37亿元；上缴国有资本收益账面数0.5亿元、清查数0.5亿元。二、全区纳入此次资产清查的单位198户，其中区本级行政事业单位185户、街道5户、园区8户。区本级行政事业单位资产总额账面数53.06亿元、清查数58.88亿元，清查调整增加数5.82亿元；负债总额账面数29.35亿元、清查数30.13亿元，清查调整增加数0.78亿元；净资产总额账面数

23.71 亿元、清查数 28.75 亿元,清查调整增加数 5.04 亿元。各街道资产总额账面数 17.07 亿元、清查数 17.07 亿元;负债总额账面数 9.27 亿元、清查数 9.27 亿元;净资产总额账面数 7.8 亿元、清查数 7.8 亿元。各园区资产总额账面数 57.67 亿元、清查数 113.23 亿元,清查调整增加数 55.56 亿元;负债总额账面数 31.04 亿元、清查数 86.6 亿元,清查调整增加数 55.56 亿元;净资产总额账面数 26.63 亿元、清查数 26.63 亿元。汇总区本级、街道、园区情况,全区资产总额账面数 127.79 亿元、清查数 189.17 亿元,清查调整增加数 61.38 亿元;负债总额账面数 69.66 亿元、清查数 125.99 亿元,清查调整增加数 56.33 亿元;净资产总额账面数 58.13 亿元、清查数 63.18 亿元,清查调整增加数 5.05 亿元。

【资产绩效评价试点】 9 月 11 日,区财政局(国资办)印发《关于开展区级行政事业单位国有资产管理绩效评价试点的通知》,选取区人民法院、区建设局、区农业农村局、区卫健委、区应急管理局、规划资源分局 6 家单位开展国有资产管理绩效评价试点。采取自我评价、部门复核与综合评定相结合的方法,通过电子取数、材料审查、专项检查、现场考评等方式,从基础管理、资产配置、资产使用、资产处置、清查与监督、资产信息系统管理、报表与报告 7 个方面进行全面核查,区人民法院、区卫健委、区建设局总体评价良好,规资分局、区应急管理局、区农业农村局总体评价合格。对于评价中反映的问题和建议,已及时反馈试点单位,督促试点单位整改提升。

(薛军)

【国有企业党委前置研究讨论重大事项规程制定】 12 月,区财政局(国资办)联合区委组织部组织开展区属国有企业党委前置研究讨论重大事项规程制定工作,32 家一级国有企业在“三会”(党委会、董事会、经理层会)治理框架内,制定党委前置研究讨论重大事项规程,厘清前置研究讨论的权责边界,科学设置决策流程,形成各司其职、各负其责、协调运转、有效制衡的公司治理机制,将党管国企的政治优势转化为发展优势,推动国有企业又好又快发展。

(郭敏)

【区属国有企业投资监督管理】 12 月 31 日,区政府制定《浦口区区属国有企业投资监督管理办法》《浦口区区属国有企业投资项目负面清单》《浦口区区属国有企业违规经营投资责任追究试行办法》等投资管理制度文件,规范投资管理行为,落实经营投资责任,提升投资管理绩效,防止国有资产流失。注重事前事中事后监管并重,强调事前加强程序规范、事中注重执行监控、事后强化绩效评价和责任追究,实施对投资活动全过程监管。细化违规经营投资责任追究的范围、依据、启动机制、程序、方式、标准和职责,保障违规经营投资责任追究工作有章可循、规范有序、清晰可行。

【国有企业退休人员社会化管理】 2020 年,区财政局(国资办)根据省委、省政府和市委、市政府关于加快剥离国有企业办社会职能和解决历史遗留问题工作的决策部署,全面深化国有企业改革,依法依规、以人为本、平稳有序推进浦口区国有企业退休人员社会化管理工作。联合区委组织部、区人社局等相关责任单位开展国有企业退休人员社会化管理工作,向市国资委递交 2 个批次共 19 家企业 1275 名退休人员实行社会化管理的申请并全部获批,涉及的退休人员社会管理服务移交、党组织关系转接及人事档案移交工作全部完成。

(滕悦)

· 浦口区国资集团 ·

【概况】 2020 年底,区国资集团实现建筑业税收 3780.13 万元,全年指标完成率 108%,资产负债率 51%,平均融资成本指标保持全区最低。完成 AA + 级主体信用等级复评工作,集团资金持续稳健。截至年底,集团累计注册直融产品 115 亿元,其中超短融 20 亿元、中期票据 30 亿元、短融 20 亿元、私募公司债 35 亿元、应付款证券化(ABS)10 亿元。集团下属公司 34 家,其中全资子公司 19 家、控股公司 3 家、参股公司 8 家、下属单位 4 家。下属实体运作单位 3 家,分别为南京启辉物业管理有限公司、南京大村建设投资有限公司、南京老山药业股份有限公司。实质参股并实际运营公司 7 家,分别为浦镇城轨公司、跃进汽车公司、长江三桥公司、长江隧道公司、纬三路隧道公司、同道教育咨询公司、南京鼎鑫汇建设项目管理合伙企业。

【重点项目建设】 全年实施重点工程项目 16 项,其中新开工项目 5 项、续建项目 11 项,总投资 15.39 亿元。年末 2 项工程建成交付。

2020 年浦口区国资集团重点工程项目情况一览表

表 41　　单位:万元

序号	项目名称	建设性质	2020 年投资	项目进度
1	南医大第四附属医院	续建	50000	建成交付
2	南京国家现代农业产业科技创新示范园区	续建	10000	双塔、四板区完成主体封顶,同步推进内墙施工;三塔区进行 12、13 层主体结构施工;方舟区进行底板施工
3	亭子山万寿园(一期)	续建	8300	推进边坡治理和房建施工
4	公安分局交警大队迁建工程	续建	8000	建成交付
5	市中医院浦口分院改扩建工程(儿童专科)	续建	8000	完成儿童中心墙面抹灰和高压氧舱石材幕墙

续表41 单位:万元

序号	项目名称	建设性质	2020年投资	项目进度
6	汤泉街道社区卫生服务中心	续建	7000	完成外墙保温施工、屋面钢性层施工、汽车坡道土方开挖、住院楼空调风管安装、水电管线预埋
7	永宁街道社区卫生服务中心	续建	6000	完成住院楼窗框安装,完成养老楼样板间装饰装修施工、地坪浇筑、智能化桥架安装
8	海院西路配建小学项目	续建	6000	完成1栋、2栋、4栋楼内外墙抹灰、外墙保温铺贴、抗裂砂浆、屋面找坡层施工;完成3栋楼墙体及二次结构施工
9	江浦高级中学新建体艺综合大楼、3号教学楼工程	续建	5500	完成室外管网埋设、道路基层施工,进行工程收尾设备调试,启动相关验收工作
10	星甸街道社区卫生服务中心	续建	5000	推进北楼幕墙铝板安装、内装、智能化、医气管道施工
11	江浦高级中学新建体艺综合大楼、3号教学楼工程装饰装修及相关附属设施工程	续建	4100	完成室外管网埋设、道路基层施工,进行工程收尾设备调试,启动相关验收工作
12	江苏省人民医院浦口分院(三期)	新开工	28850	感染病楼、120急救中心拆除完成,支护桩开始施工,主项目进入全面加速推进阶段
13	九峰山田园综合体项目	新开工	4000	一期基本完成社区服务中心、卫生服务中心、杨崾全部施工任务,施工单位收尾并准备验收;二期推进清苗工作,推进施工图设计、清单编制和具备施工条件范围内的清表工作
14	区委党校防漏及消险工程	新开工	2100	完成2栋宿舍楼改造、科研楼改造、食堂二层改造、室外管网施工和报告厅室内家具拆除
15	公安分局一体化智能化执法办案管理中心工程	新开工	1000	完成质监安监现场交底和施工方案审批,进行桩基施工
16	北花园配建中小学项目	新开工	—	启动试桩检测工作,完成生活区、办公区临时用地手续

【2020年第四期非公开定向债务融资工具(PPN)发行】 4月17日,区国资集团为有效降低融资成本,合理抓住窗口期,发行2020年第四期非公开定向债务融资工具(PPN),发行规模8亿元,由宁波银行主承销,期限三年,票面利率3.77%,创发行规模10亿元以下,是南京市区县级平台有史以来同评级同期限最低票面利率。国资集团加强融资管理,一手抓存续债务利率降低工作,一手抓新增债务成本控制工作,落实浦口区政府关于降低平台融资成本指示精神。截至年底,集团通过发行四期PPN募集资金20亿元,加权平均融资成本3.86%,低于当时一年期LPR基础利率。上述资金拟全部用于置换高成本存量债务。

【首期中期票据发行价格创新低】 4月20日,区国资集团根据区委、区政府关于降低企业融资成本的要求,多层次、多元化、多渠道筹集资金,主动置换高成本债务,发行2020年首期中期票据。此次发行由浦发银行和民生银行联席承销,发行规模14亿元,期限3+2年,票面利率3.21%,创同评级10亿元以上中期票据全国最低发行价格,创下有史以来同评级同期限利率新低。该期中期票据参与投资机构19家,有效投资机构11家,合规申购金额33.5亿元,申购金额较实际发行金额高19.5亿元,超募2.4倍,该数据表明市场投资人对发行人的高度认可。

【35亿元私募公司债注册】 8月初,区国资集团收到上海证券交易所《关于对南京市浦口区国有资产投资经营有限公司非公开发行公司债券挂牌转让无异议的函》。无异议函明确区国资集团允许面向专业投资者非公开发行总额不超过35亿元的公司债券,并由平安证券等5家券商参与承销,可采取分期发行方式,额度有效期为12个月。2020年以来,区国资集团为丰富融资产品,巩固上交所直融渠道,在上年首次10亿元公司债券发行完毕的条件下,迅速开展新一期公司债券申报。区国资集团该期公司债券注册有三大亮点:注册金额大,该期公司债注册额度35亿元,创下区国资集团单笔直融额度最高纪录;审批速度快,从6月底申报到取得无异议函,申报注册流程历时一个月,中途反馈问题少,效率高;募集资金用途最优化,集团结合自身需求并利用公司债发行优势,明确该期公司债拟募集资金25亿元用于偿还存量债务,另外10亿元用于补充流动资金。

【市场化运作模式探索】 2020年,区国资集团围绕"练好内功、改革发展"的主导思想,强化经营管理,推进集团市场化转型发展。固有业务"市场化"转型。集团全资子公司南京大村建设投资有限公司通过南京市城乡建设委员会审核批准获得房地产开发三级资质后,成功竞拍NO.2019G91地块,并完成研策定位招标工作,集团首个商业开发项目(含酒店、超市等项目的商业综合体)正式启航,工程建设领域"市场化"转型迈出第一步。全新产业"市场化"拓展。老山药业公司管理权划转至区国资集团后,按照"做大、做强、做响品牌"的整体目标，配齐、配强领导班子，激发干事创业团队活力。采用“线上 + 线下”融合发展方式，加大多渠道、多媒体广告投放和宣传推广，药品类产品打通海南省销售市场渠道。除推出蜂蜜高端产品外，还拓展洗手液、香皂等日化用品业务领域，丰富业务内容，提升品牌价值和影响力。在手物业“市场化”运作。集团下属启辉物业专业从事写字楼、独栋研发楼、商业综合体等高端项目的物业管理，服务对象涵盖浦江智汇园、天浦路7号、知识产权服务大厦3个项目内的23家企事业单位。围绕“服务主业、服务生活、服务改革、服务创效”，启辉物业开发服务项目、拓展服务领域、扩充服务功能，年底成为江苏省省级、南京市市级、南京市江北新区、南京市区级物业服务定点采购供应商，获2019年度AAA级资信企业称号，完成物业服务质量体系认证。

【“四新”在行动】 2020年，区国资集团结合自身职能、紧抓中心工作，全方位战疫情、扩内需、稳增长，助力“四新”（新基建、新消费、新产业、新都市）行动，推动区域经济社会发展再上新台阶。南京国家农创园项目被列入浦口区新基建及关联产业项目，总投资60.9亿元，年内计划投资10亿元。项目双塔区、四板区主体封顶，建成后将成为农创园产业集聚、企业集群、科技创新的重要载体。举办第一届草圣书乡亲子艺术户外生活节、第二届草圣书乡金秋童玩节，对区域旅游市场，尤其是乡村游市场的“回暖”，群众消费信心恢复起到积极作用。为助力浦口区2020年实现“新医药与新健康产业主营业务收入10亿元”的目标，区国资集团按照将子公司老山药业“做大、做强、做响品牌”的工作思路，加强产品研发和宣传推广，拓宽线上线下销售渠道，老山药业产值2.6亿元，比上年增长30%。区国资集团纳入全区新都市行动项目8个，涉及医疗设施项目5个、教育设施项目2个、公共安全保障项目1个，总投资超42亿元，2020年计划投资4.5亿元。年内，医疗项目全面启动建设，汤泉、星甸街道社区卫生服务中心进入主体施工阶段；海院西路配建小学于年初开工建设，江浦高级中学3号教学楼、体艺综合大楼进入收尾阶段；公安分局交警大队迁建工程建成投用。

（韩盼盼）

不动产登记管理

【概况】 2020年，区不动产登记中心发放不动产权证书59882本，发放证书31629本（农房证书8985本）、证明28253份；办理登记63932件，其中二手房登记5253件、商品房登记22533件（农房登记9734件）、其他类型登记36146件；服务公检法类业务10465件，处理“12345”工单及信访件551件，满意率90%，办理行政诉讼复议15件，胜诉率92.8%；接听“96510”咨询服务电话16190个。获“南京市青年文明号”称号。

【不动产登记服务创新改革】 4月2日，区不动产登记中心拓展“互联网 + 政务服务”模式，将不动产登记网上自助查询服务推广应用至区行政服务中心的24小时智慧政务自助体验厅。按照省厅《关于在全省推广“交房（地）即发证”不动产登记模式提升服务质量的通知》要求，不动产登记中心拟定浦口区“交房（地）即发证”工作方案，于5月18日在南京高新区（浦口园）为南京鲸安网络技术有限公司颁发全市首本“交地即发证”不动产权证书，实现交地与发证“零时差”，成为南京首家推行“交地即发证”登记模式的登记机构。加大与税务、金融机构等部门联动和信息共享力度，依托“互联网 + 不动产登记”及“我的南京”App中的E办证模块，于6月30日推出“交房即发证”不动产登记服务模式。7月1日，与中国银行南京江北新区分行举行浦口区不动产登记银行便民服务点补充合作协议签订仪式。在全市首家推行预告登记和预抵押登记业务合并办理业务，促进“互联网 + 不动产登记 + 金融服务”结合，降低不动产登记行政风险和金融机构风险。推出不动产登记移动快捷支付服务，提供微信、支付宝、云闪付等网上缴费方式，办事群众使用手机即可轻松完成不动产登记费用的快捷支付，实现在一个窗口完成不动产登记受理、审核、缴

南京医科大学第四附属医院建成

公安分局交警大队迁建工程建成　（国资集团　提供）

2020 年浦口区农村不动产确权登记工作总体进度一览表

表 42　　单位:宗

序号	街道	省厅核减后总宗地数	2020 年发证“50%以上”基数	完成三级确认及公示数	完成不动产登记系统录入数	完成初审及公告数	完成核定登簿数	核定登簿任务完成进度
1	江浦街道	964	482	1204	141	1148	141	14.63%
2	桥林街道	3373	1687	2439	1871	2775	1750	51.88%
3	星甸街道	2948	1474	1959	1727	1942	1667	56.55%
4	汤泉街道	4453	2227	3335	2893	3300	2604	58.48%
5	永宁街道	4939	2470	3575	3105	3205	2823	57.16%
合　计		16677	8340	12474	9737	11571	8985	53.88%

费全流程业务。截至年底,不动产登记中心通过 11 次进阶式提速和 14 次流程优化,大幅压缩业务办理时限和环节,实现抵押权注销登记、抵押权登记等 7 类事项“互联网+不动产登记”服务模式;实现 9 类不动产登记业务立等可取、非住宅抵押权登记 1 个工作日办结、“招拍挂”出让用地首次登记 1 个工作日办结、其他不动产登记业务 2 个工作日办结和经济实体企业 3 个工作日办结等系列目标,提前完成《南京市优化营商环境政策新 100 条》中不动产登记工作目标。

【农村不动产登记发证工作】 2020 年,区不动产登记中心指导推进全区农村不动产登记发证工作,参与编制《浦口区房地一体农村不动产登记发证工作实施方案》等浦口区农村不动产登记相关政策文件。通过制作宣传短片、宣传折页、宣传展板等方式在农村广泛宣传。针对农村不动产登记的业务办理流程、各类表格填写规范、人员组织安排等内容,组织各街道开展培训工作,为农村不动产登记工作打下基础。跟踪各街道业务开展进度,组织党员、团员突击队,分批次前往各街道开展登记材料的预审工作,指导解决街道在登记环节出现的各类问题,确保登记材料的收件质量,加快推进农村不动产登记发证工作。截至 12 月 31 日,全区 5 个街道启动 48 个村(社区)房地一体农村不动产确权登记工作,累计完成三级确认及公示 12474 宗,完成初审及公告 11571 宗,不动产登记系统录入 9737 宗、核定登簿 8985 宗,登记率 53.88%,完成“实现登记发证率 50%以上”年度目标任务。其中,永宁街道、汤泉街道、星甸街道、桥林街道按计划完成辖区年度工作目标任务。

【拆迁安置房登记】 11 月 22 日,区不动产登记中心统筹推进安置房遗留办证工作。在汤泉街道开展“服务进社区”暖心活动,联合区税务局、南京银行等部门集中为泰来小区、高华幸福家园、三泉家园安置房居民受理不动产登记业务。至年底,完成第一批次 24 个拆迁安置项目的划拨国有建设用地使用权首次登记工作,其中 21 个项目完成建筑物区分所权首次登记,10662 套拆迁安置房均具备安置户办理个人不动产登记条件并予以登记。　(朱韬)

市场监督管理

【概况】 2020 年,区市场监管局紧扣疫情防控和经济社会发展任务,奋力打赢疫情防控、复工复产、文明创建、冷链监管四场攻坚战,民生保障更有力、服务发展更有为、营商环境更优化、安全基础更扎实、市场秩序更规范。被省人社厅与省市场监管局联合表彰为全省市场监管系统先进集体。在省级食品安全示范区跟踪评价中位列 A 类等次。被南京市创建文明城市领导小组评为创建文明城市优秀单位。因推进质量工作成效突出、改革创新成效明显,被市政府办公厅给予配套激励。南京市浦口区七坝土菜馆、南京四季农贸市场管理有限公司、南京壹号码头超市有限公司 3 家企业被省市场监管局评为 2020 年省级诚信计量示范单位。浦口区消费者协会江浦分会、桥林分会、星甸分会以及苏果超市有限公司金浦广场连锁店被南京市消费者协会评为 2020 年度全市消协系统先进集体。1 人被省人社厅与省市场监管局联合表彰为全省市场监管系统先进工作者,1 人被市委、市政府评为全市抗击新冠肺炎疫情先进个人、被区委、区政府评为浦口区“江北明珠”建设先进个人,3 人被南京市消费者协会评为南京 2020 消费维权年度人物,5 人被南京市消费者协会评为 2020 年度全市消协系统先进个人。　(孙玥)

【市场主体基本发展情况】 截至年末,全区实有各类市场主体 89332 户,资金总额 3776.37 亿元。其中,内资企业(含分支机构)2688 户(企业法人 1627 户、非法人企业 1061 户),资金总额 1496.25 亿元;私人企业(含分支机构)44823 户(企业法人 21106 户、非法人企业 23717 户),资金总额 2008.46 亿元;个体工商户 40852 户,资金总额 48.01 亿元;外商投资企业(含分支机构)434 户(企业法人 315 户、非法人企业 119 户),资金总额 208.18 亿元;农民专业合作社 535 户,增长 2.49%,成员出资总额 15.47 亿元,增长 2.45%。新增注册登记企业 10930 户,同比增长 13.94%;新增资金总额 461.61 亿元,同比增长 13.93%。

2020年浦口区新增内资企业产业结构对照一览表

表43

产业分类	新增企业			新增注册资本		
	2020年(户)	2019年(户)	增长(%)	2020年(亿元)	2019年(亿元)	增长(%)
第一产业	6	0	—	0.19	0	—
第二产业	61	61	0	0	13.65	-100
第三产业	593	300	98	141.33	91.51	54
合　计	660	361	83	141.52	105.16	35

2020年浦口区新增私营企业产业结构对照一览表

表44

产业分类	新增企业			新增注册资本		
	2020年(户)	2019年(户)	增长(%)	2020年(亿元)	2019年(亿元)	增长(%)
第一产业	32	23	39	2.44	1.37	78
第二产业	775	893	-13	20.38	52.44	-61
第三产业	3459	3459	0	248.86	350.76	-29
合　计	4266	4375	-2	271.68	404.57	-33

2020年浦口区新增个体工商户发展情况一览表

表45

产业分类	新增企业			新增注册资本		
	2020年(户)	2019年(户)	增长(%)	2020年(亿元)	2019年(亿元)	增长(%)
第一产业	282	232	22	1.04	0.75	39
第二产业	415	377	10	1.15	0.59	95
第三产业	5239	4206	25	6.92	4.83	43
合　计	5936	4815	23	9.11	6.17	48

2020年浦口区新增外商投资企业产业结构对照一览表

表46

产业分类	新增企业			新增注册资本		
	2020年(户)	2019年(户)	增长(%)	2020年(亿元)	2019年(亿元)	增长(%)
第一产业	0	0	—	0	0	—
第二产业	2	6	-67	0.10	0.61	-84
第三产业	53	80	-34	38.83	27.53	41
合　计	55	86	-36	38.93	28.15	38

(行政审批局　市场监管局)

【个体工商户手机 App 登记】 推进"互联网+政务服务",通过在各个登记窗口放置个体 App 登记办事指南、结合日常执法检查开展政策宣讲,全面推进个体工商户手机 App 登记,鼓励群众通过手机 App 申请办理个体户营业执照,实现"不见面"审批。自 2018 年 5 月 16 日发出全区首张手机 App 注册个体工商户营业执照,至 2020 年底,个体工商户手机 App 登记共办理 5210 件,App 登记率 87.77%。

【市场主体监管】 通过市场监管信息平台实现涉企信息"应归尽归""应公示尽公示",牵头 27 个部门归集上传各类信息 32146 条,其中主体资格信息 21174 条、经营资格信息 4285 条、行政处罚信息 621 条、抽查检查结果信息 6038 条、行政指导信息 28 条。健全"双随机、一公开"跨部门联合抽查工作机制,累计抽取市场主体 3787 户。依托"互联网+监管"系统,实现行政执法事项主项数据全覆盖,上报各类行政执法数据 2523 条、监管动态及曝光信息 4 条。加强信用监管,列入经营异常名录企业 3161 户、严重违法失信企业 372 户,移出经营异常名录企业 872 户。

【消费者权益保护】 开展七天无理由退货、消费维权突出问题专项整治月等放心消费创建行动,推动金浦购物广场成为线下"无理由退货承诺单位",组织苏果超市、五星电器、苏宁易购等开展"放心购、便利购、实惠购"主题活动。全年收到食品药品、产品质量、证照管理、消费服务等各类投诉、举报、咨询工单 10430 件("12315"工单 7977 件、"12345"工单 2453 件),办结 10224 件,无超期工单。在南京市 2020 年"凝聚诚信力量 共创文明消费"主题宣传贯彻暨消费维权知识技能大赛中获二等奖。7 家企业被南京市消费者协会评为南京市 2019—2020 年度商品与服务质量优胜单位。

【质量工作】 6 月,在区政府会议中心召开 2020 年浦口区质量工作会议,深入实施质量强区战略。10 月,组织首席质量官培训,区内规上企业 55 位企业质量负责人参训。南京依维柯汽车有限公司常务副总经理于琼根获市长质量奖个人提名奖,10 家企业获江苏省质量信用体系 A 级认定,1 家企业(南京依维柯汽车有限公司)获江苏省质量信用体系 AAA 级认定。配合上级部门开展产品质量抽检,实体店抽样 70 件,合格率 90%,电商平台抽样 248 件,合格率 91.1%。

【标准化建设】 推进诚信体系建设和"标准化+"行动,推动企业制定国家标准 1 项〔南京依维柯汽车有限公司参与制定《轿车轮胎耐撞击性能评价》(GB/T 38528－2020),3 月 6 日发布〕,申报省级地方标准化项目 2 项(《农村公路绿色建设技术》、食品安全智慧监管标准化试点)。区市场监管局被南京市市场监管局评为 2020 年度标准化活动优秀案例征集活动突出单位。

2020 年浦口区被评为南京市 2019—2020 年度商品与服务质量优胜单位一览表

表 47

序号	企业名称	序号	企业名称
1	南京轩润超市有限公司	5	南京市浦口区雨竹农业开发中心
2	南京市浦口区朱正国饭店	6	南京市浦口区十里茶场
3	南京金浪潮广告有限公司	7	南京博路电气有限公司
4	南京壹号码头超市有限公司		

2020 年浦口区获江苏省质量信用体系 A 级认定企业一览表

表 48

序号	企业名称	序号	企业名称
1	南京雨发农业科技开发有限公司	6	南京信元熙建材有限公司
2	雨发建设集团有限公司	7	南京雨发生态园旅游开发有限公司
3	南京简诺种植专业合作社	8	南京珍珠泉园林建设有限公司
4	南京金星宇节能技术有限公司	9	中奋建设有限公司
5	南京昱旭软件科技有限公司	10	江苏兴宇建设有限公司

【特种设备监管】 强化特种设备安全生产专业委员会统筹作用,牵头28家成员单位开展安全生产专项整治,推进国家安全发展示范城市创建,加强高层建筑、人员密集场所特种设备安全监管。对压力容器、压力管道、电梯等八类特种设备开展专项检查,开展老旧压力容器、永宁大市场等专项治理,组织叉车、起重机械等特种设备安全应急演练,检查使用单位1389家、特种设备4348台,发现并整改隐患409项,下达监察指令书78份,电梯、起重机、厂内机动车等特种设备定检率100%。"14年以上老旧电梯治理"项目被列入2020年法治浦口建设十件实事之一。

4月10日,区市场监管局开展永宁大市场特种设备安全专项治理,图为执法人员检查叉车出厂名牌及作业人员证 (孙玥 摄)

【食品安全监管】 5月,根据区委、区政府《关于深化改革加强食品安全工作的实施意见》和区食安委《浦口区党政领导干部食品安全工作责任清单》要求,牵头5个街道开展"一把手话食安"在线访谈活动,推动党政同责落地落细。加强食品安全检验检测,新建永宁、高旺、石桥3家农贸市场快检室,实现全区农贸市场全覆盖。完成快检18.7万批次,其中阳性301批次,法检2300批次,合格率98.5%以上。9—10月,组织食品安全应急演练、"你点我检"、食品安全宣传周活动,开展"食安利剑"、食品"三小"(小作坊、小摊贩、小餐饮)行业、校园周边等食品安全专项整治,发放食品经营许可证1681户。通过国家食品安全示范城市模拟验收。守牢疫情防控冷链食品关,建立"1+14+123"冷链食品监管网格工作体系(1个雨润驻场专班+14个属地专班+123个网格点位)。夯实雨润冷库监管,严把入库、出库、贮存关,严格落实外包装消杀、批批检测制度,从业人员周周核酸检测应检尽检,登记入库食品770批次、出库食品1435批次。强化清单精准化管理,集中街场、园区、平台力量对冷链食品相关单位、从业人员定期开展排查摸底,累计采样检测12921份,结果均为阴性。推进江苏冷链追溯系统推广使用,注册217户,产生交易主体55个,首站赋码280个,溯源信息使用量447条。疫情防控一级响应期间,作为物资保障与储备组成员单位,配合做好物资保供工作,协调组织各药店投放口罩70多万副、酒精2.4万余瓶。开展长江禁捕退捕工作,与滁州市南谯区市场监管局共同建立"长江禁捕 打非断链"联防联控及联合执法机制,强化网络交易、广告、食品生产销售、重点交易场所及餐饮单位等环节的协同执法。开展线下水产品经营户、农贸市场、生鲜超市、餐饮单位等经营主体整治,累计出动3486人次,整改店招、菜单、标签等24个。对全区14家农贸市场、22家生鲜超市检查全覆盖,累计检查餐饮单位680家。开展线上网络销售整治,加强对电商平台禁售江鲜工作的指导和监督,发现并整改违规行为57个。联合区行政审批局严把市场

7月6日,区市场监管局开展禁售长江非法捕捞渔获物专项整治(王海蓉 摄)

准入关，引导4家餐饮店办理变更和注销登记。

【药械监管】 开展疫苗使用环节专项监督、中药饮片质量集中整治、无菌和植入性医疗器械经营使用单位分级分类监管专项检查、医疗器械网络交易服务“清网”专项检查，检查疫苗接种单位13家次、药品零售企业120家次、医疗机构86家次、医疗器械零售企业42家次、医疗器械批发企业35家次。完成药品监督抽检90批次、药品快检70批次、药品（含医疗器械）不良反应审核评价252例，上报处置及时率、审核及时率均为95%以上。组织疫苗管理法、药品管理法、药品不良反应报告和监测管理办法等专业培训，在江浦街道同心社区开展药品安全知识进社区活动，重点介绍安全用药常识、中药饮片煎煮以及如何鉴别假劣中药材等药品安全科普知识，播放安全用药公益科普宣传片，发放安全用药小药箱，强化宣传引导。

【公平竞争审查】 3月，调整区公平竞争审查工作联席会议小组，扩充至61家成员单位。牵头各单位开展公平竞争审查政策清理，梳理审查现行有效政策文件1333件，清理部门文件5件。

【市场监管执法】 开展打击传销、电动自行车专项整治、扫黑除恶专项斗争等专项行动，牵头成立中脉科技经销商信访问题调查处置组，收到南京市打击传销工作领导小组办公室感谢信。推进“双打”工作，开展打击侵犯知识产权和制售假冒伪劣商品专项执法活动，开展“铁拳”“蓝天”等专项整治行动，捣毁制假售假窝点3个。全年办理简易程序案件108件，一般程序案件立案230件，结案306件。查办的“南京多泉新型建筑材料有限公司生产销售不合格非承重混凝土空心砖案”被区司法局评为2020年优秀行政执法案件。

【广告管理】 加强对传统媒体、互联网等广告发布的日常监测，累计监测线上、线下各类广告844条，整改户外广告18条。开展疫情、江鲜、教育培训、电子烟等13类专项广告检查，立案查处广告案件20件。组织企业参加各类广告奖项评比，其中南京杰克森文化传播公司获南京市市场监管局授予的南京广告资质奖。

【“3·15”晚会曝光问题突击检查】 7月16日，区市场监管局针对当晚央视“3·15”晚会曝光的过期汉堡、问题海参、劣质毛巾等问题，迅速行动，对相关行业领域展开突击检查。执法人员对汉堡王店内食品加工操作区、库房进行严格检查，现场检查发现门店食品安全状况良好，营业执照、食品经营许可证、人员健康证齐全，未发现偷工减料和销售过期食品等问题，面包等食品进货、解冻、下架时间都在有效期限内。7月17日，区市场监管局对汉堡王店店长开展食品安全约谈，重点提醒经营者加强食品安全自律，加强食品原料管理，严禁偷工减料、篡改生产日期、销售过期食品，要求经营者严格落实进货查验及索证索票制度，严格开展自查自纠和从业人员食品安全培训。区市场监管局扩大检查范围，对全区肯德基、麦当劳、德克士、必胜客等西式快餐品牌的连锁餐饮门店进行全覆盖检查，连续三日对农贸市场、超市等流通环节开展全面排查。截至19日18时，共出动执法人员28人次，检查农贸市场13家、超市39家、餐饮单位10家，检查中未发现有海参售卖。同期，针对“3·15”晚会曝光高阳毛巾和纱线质量问题，区市场监管局对辖区内商店、超市、农贸市场毛巾类产品及人体直接接触用品开展执法检查，出动执法人员21人次，检查农贸市场4家、超市25家、百货商店23家，现场检查发现有河北高阳地区生产的毛巾4322条，无厂名、厂址、产品标注的“三无”毛巾10条，全部要求下架处理。发现辖区某超市于7月16日下架“永亮”牌毛巾，数量234条，存放于该公司库房内待抽检。

【全市首推“一老一小”食责险】 7月28日，浦口区召开新闻发布会，通报食品安全责任保险项目推进情况，并为食品安全参保单位授牌。市食安办、市市场监管局有关负责人，区委、区政府有关领导出席。养老机构、学校、食品生产企业、餐饮单位、集体用餐配送单位、各街道代表分别与保险经纪公司签约。2020年以来，区食安办、区市场监管局坚持“政府引导、市场运作、专业支持、稳步实施”原则，按照“重点人群、重要业态、行业普适”思路，结合疫情复工复产情况，推进食品安全责任险工作。在全市率先推广“一老一小”食品安全责任保险，督促校方和养老机构经营方树立责任意识，主动投保，增强抗风险能力，实现全区8家养老机构和28家中小学全覆盖。 （孙玥）

价格管理

【价格监测】 召开价格监测人员会议，对监测点、报送内容进行优化；对农贸市场、超市开展不间断巡视，发现价格异常情况和异常品种提前预警；上报主副食品价格监测数据和巡视情况；密切关注猪肉、蔬菜、特别是大米、面粉供应情况，确保重要民生商品价格平稳；督促商务、市场监管部门做好农贸市场明码标价工作。年监测数据上报率达100%。全年累计完成各类价格监测数据681期，其中粮油副食品数据日报251期，超市主副食品价格日报251期，价比三家、生猪蛋类周报各43期，宾馆、房产、药品监测数据月报各11期，报区电视台监测日报60期。向市监测中心报送48篇价格监测信息。与浦口电视台手机台合作，公布浦口区日常价格监测信息，涉及20个主副食品常规品种、30多个药品品种。上传44期房地产信息。预防、化解因收费（价格）问题而引发的社会矛盾，受理“12345”工单342件，退单248件，办结94件，当事人满意率100%。

【收费管理】 加强行政事业性收费管理工作。贯彻落实省、市下发的取消、降低收费文件要求，确保清单之外无收费。定期清理行政事业性收费和政府定价的经营服务性收费，会同财政部门动态更新转发收费清单，并向社会公示。做好日常收费变更情况的指导监督，对收费单位年报过程中发现的问题及时予以更正。全区34家收费单位数据按时上报省收费监管系统，收费年报率100%。

加强幼儿园收费管理工作。根据市发改委通知要求，开展幼儿园收费调研，会同教育部门对区属幼儿园基本情况、收费执行标准进行摸底并上报。贯彻落实《关于做好南京市2020年春季幼儿园开园工作的通知》《省教育厅省发展改革委省财政厅省市场监管局关于做好疫情防控期间学校收费管理工作的通知》精神，规范和加强疫情防控期间学校收费行为，做好宣传解释工作，防止负面舆情发生，各学校和幼儿园未开学(开园)或未开课，不得收取学费(保育教育费)，不得跨学期预收学费(保育教育费)，对扩大收费范围、提高收费标准行为及时移交市场监管部门。

根据《市发改委市教育局关于我市民办中小学收费市场化改革试点有关事项的通知》，开展民办中小学收费市场化改革试点工作，完成对汉开书院学校、书人国际学校申报试点的指导审核，最终确定汉开书院学校、书人国际学校纳入试点申报范围。(卢震川)

【价格调控管理】 完成2020年浦口区市场价格调控目标责任制分解工作。落实国家粮食购销政策，适时启动最低收购价执行预案。强化对粮食收购、批发、粮油加工和零售等重点环节经营行为的监督检查，维护粮油市场正常秩序。制定"菜篮子"市场供求应急调控预案，加强重要"菜篮子"商品储备，确保发生极端天气和突发公共事件时，重要"菜篮子"商品不断档、不脱销。做好政府储备冻猪肉数量统计上报工作，监督核查储备冻猪肉数量、质量落实及动态调整情况。根据市场供需和价格变化情况，通过区政府和有关部门适时投放粮油、蔬菜、猪肉等储备物资，保障群众生活需求，促进市场价格稳定。结合当地蔬菜种植现状和居民消费习惯，建立基本蔬菜品种调控目录制度，保障蔬菜、水果、鸡蛋等不耐储运的鲜活农产品保持应有的自给率。与区内农超、农企、农校对接，建立稳定可靠的产销合作关系。举办农产品展示展销活动，发展农村电子商务，畅通农产品销售进城渠道，推动线上线下融合发展。落实鲜活农产品运输绿色通道政策和促进疫情防控用品流通相关政策，做好疫情防控期间免收车辆通行费和调整货车通行费计费方式等工作，确保各项政策落实到位。落实《江苏省省级价格调节专项资金使用管理办法》，强化区级价格调节专项资金预算安排和使用管理，提高价格调节专项资金使用效益，全区发放价格调节基金31.51万元。做好汛期蔬菜供应稳价工作，加大"菜篮子"商品和疫情防控用品价格监测预测和市场巡查力度，关注个别商品价格异动，及时发现价格异动的苗头性、倾向性、潜在性问题。运用信息化手段，对重点商品产供销全链条及市场供需和价格变化进行动态监测分析，提升监测预测预警能力和水平。会同区市场监管局发放价格提醒告诫函135份。加强粮油、肉菜等重要民生商品和疫情防控用品价格监管，严厉查处散布涨价信息、哄抬价格、串通涨价等价格违法行为，维护市场价格秩序。协助区水务局开展农业水价综合改革街道、区级验收，参与接受市级、省级验收工作，完成农业水价综合改革任务。组织召开污水处理收费及成本监审座谈会。参与苗木市场价格调研，开展苗木种植意向调查并上报。加大价格监管和反垄断执法力度，推动价格收费监管和反不正当竞争执法工作创新。坚持"房子是用来住的、不是用来炒的"定位，按照南京市"一城一策"工作方案，围绕"稳地价、稳房价、稳预期"调控目标，稳控新建商品住房价格水平，规范销售价格行为，促进房地产市场平稳健康发展。2020年，累计通过商品房价格备案71件12575套，总建筑面积141.52万平方米，其中普通商品房66件12463套，备案面积138.49万平方米，平均备案价格27727.89元/平方米。备案总建筑面积同比增长13.24%，普通商品房备案均价同比下降3.32%。办理车位、储藏室价格备案9件，其中地下车位4109个，备案价为12万~18万/个；储藏室107间，备案价6500~7000元/平方米。根据区政府3月份房地产企业座谈会精神，拟定浦口区房地产价格备案工作建议。完成调整集体土地房屋征收过渡费所有程序，并通过区政府办下发《关于调整浦口区集体土地房屋征收过渡费标准的通知》。完成主办和协办区四届人大四次会议"关于适当提高拆迁过渡费标准的建议案"各一件。落实教育收费公示制度，严禁收取与入园、入学挂钩的赞助费。落实对家庭经济困难学生的资助政策，保持大中专院校学生食堂饭菜价格基本稳定。落实国家和省、市各项降费减负政策，以及促进疫情防控期间重要生活物资生产供应和价格稳定的优惠扶持措施，降低企业运行成本，减轻企业负担。会同区市场监管局开展并完成6家商业综合体、写字楼转供电政策执行情况督查，落实国家支持企业复工复产转供电优惠政策。完成雍宁府房价、星甸街道天燃气安装收费等"12345"工单30余件。全区2020年居民消费价格平均涨幅控制在省(市)定目标以内。

【价格认定】 围绕党委政府中心工作，为地方经济发展"三重一大"(重大事项决策、重要干部任免、重大项目投资决策，大额资金使用)工程、生态环境建设、购买公共服务、突发事件处置等领域提供价格认定服务。围绕社会热点、难点问题，做好消防火灾、安全生产、重大自然灾害等突发事件价格认定，确保社会公共安全。落实《关于做好新型冠状病毒肺炎疫情防控期间价格认定工作的通知》，加强业务协同和信息共享，做好各类价格认定，及时调解处理相关价格矛盾纠纷。加强与公安机关、纪检监察部门的沟通协调，及时做好调整与衔接，强化对价格认定依据真实性、合法性、关联性的审查，重点把好协助受理、审核签发出入口，严密工作程序，规范认定行为，提升服务水平，保证价格认定结论客观、准确、可靠，优质高效完成各项涉纪监察、涉案价格认定工作任务。紧扣《江苏省价格条例》规定的工作范畴，落实《江苏省价格认定程序规定》《文书格式示范文本》等，促进涉案财物价格认定工作开展。坚持大案要案集体审议制度，办理案件案值较大的主要有被盗光缆、黄金饰品、被毁汽车等案件，共受理案件59件，标的额99.87万元。

加强与税务部门协调配合，贯彻落实《关于加强存量房涉税价格认定工作的指导意见》，规范涉税存量房价格认定工作。浦口区采用"价格认定+地税核定"涉税价格工作模式，每季度分别向税务部门提供存量房契税应税价格书面报告，包括109个住宅小区、44个地段商业用房、1个小区办公公寓、10个小区车位。做到有争议必进行现场查验，一房一报告，有效化解纳税交易矛盾。

开展苗木市场价格调研，出具6类156个品种不同规格苗木行情表，并进行分析比较，完善浦口区征地拆迁苗木收购价格的动态管理，确保征地拆迁补偿结论及时、公平、公正。参与科创广场、浦口开发区3号地、新市镇建设、美丽乡村建设、应急水源地等重点项目（工程），出具苗木价格认定报告231件，标的额5.04亿元。

2020年，全区受理业务292件（不含价格争议调解），认定值50655.28万元。其中，司法认定59件，认定值99.87万元（消防火灾财物损失认定1件，认定值54.8万元）；涉纪案件2件，认定值111.42万元；其他价格认定231件，认定值50443.99万元。

【价格争议调解】 贯彻落实《江苏省价格争议调解处理办法》《关于贯彻落实最高人民法院、国家发展和改革委员会、司法部〈关于深入开展价格争议纠纷调解工作意见〉的通知》《南京市价格争议调解处理实施意见》，推进价格争议调解站规范化建设。优化价格争议调解网络，建立价格争议调解示范点1个（设在区发改委3楼），把原有24个调解服务站调整至8个，即江浦街道五星电器价格争议调解站、苏宁电器价格争议调解站、江浦苏果平价店价格争议调解站、悦购超市价格争议调解站、烈士塔社区价格争议调解站，汤泉街道三泉社区价格争议调解站，星甸街道星甸派出所价格争议调解站，星兴社区价格争议调解站，重点推进价格争议高发区域、多发领域的调处工作。全年价格争议调解132件，调解值101.87万元。（刁筠锁）

【价格监督检查】 开展转供电专项检查，检查转供电主体10家，查出各转供电主体多收电费价款80余万元，责令全部退费，累计200余户实体商户获利。开展非公立医疗收费检查，检查非公立医疗单位6家，规范民营医疗机构的价格秩序。以“统一工作方案、统一标准管理、统一检查指导”方式推进农贸市场明码标价工作。加强重点时段、重点领域的价格监管，采取约谈药店、商超的形式，促进各经营单位自觉遵守价格法律，加强口罩、医用物资价格监管，累计发放价格提醒告诫函135份，外出检查126次。（孙玥）

社会信用体系建设

【信用工作制度建设】 以《南京市社会信用条例》宣贯与施行为重点，研究制定《浦口区2020年社会信用体系建设工作要点》，推动信息归集、信用大数据应用、信用修复、信用承诺、联合奖惩等重点信用工作有序推进。制定下发《关于试行施工许可告知承诺制的通知》，通过告知承诺信用手段压缩审批时限，优化营商环境。构建以信用为基础的新型监管机制。归集编办事业单位等级评价信息、民政局养老机构等级评定结果信息、环保局企业环保信用评价信息、税务局纳税信用等级评价信息等共10类分级分类信息，为信用分级监管打好基础。将浦口区有效期内行政处罚3次及3次以上的19家企业及时推送至各部门，作为开展分级分类监管的依据，并对重点企业开展信用约谈，签订信用承诺书。在政府采购、招标投标等领域应用信用报告，全年实施企业信用审查2331家，企业通过“信用南京”网上自主申请，自助终端机出具信用报告119份。加大联合惩戒力度，落实国家部委下发的联合惩戒备忘录工作要求，实施跨领域、跨部门联合惩戒，定期对外公示联合惩戒案例，报送5条联合奖惩案例。将行政处罚有效期内3次及以上的企业列为重点关注名单，对上述企业进行上门走访、实地约谈，引导企业关注自身信用。落实信用承诺制，配合区主管部门印发《关于试行施工许可告知承诺制的通知》，通过告知承诺信用手段压缩审批时限，22个项目拿到告知承诺施工许可证。

【信用信息归集与修复】 通过市区两级信用信息归集平台，做好信用信息报送工作。动态调整全区信用成员单位以及归集账号，全区33个成员单位申请103个市区两级信用信息系统账号，2020年归集信用信息10510条，包含“双公示”信息7431条。征集全区所有部门权力事项清单，在“双公示”信息全量报送的基础上，力求达到“十公示”报送要求，报送行政强制、行政征收、行政给付、行政确认、行政奖励、行政监督检查、行政备案、行政处理等10个方面公示信息。围绕全区疫情防控工作，突出信用约束，报送为疫情防控捐赠物资的良好信用信息135条，向市信用信息中心报送因未落实疫情报告制度，多次督促拒不改正的失信信息1条。

加强责任与风险提示，创新应用网格管理、微信群等方式，累计对565家企业下发信用风险与责任提示函。做好因疫情不可抗力产生的失信豁免工作，督促各有关部门制定出台《因疫情造成的轻微偶发失信行为豁免清单》。围绕疫情期间信用信息报送、信用豁免及信用修复工作，制作政策宣讲视频并上传至南京市浦口区企业公共服务平台，方便广大市民和企业了解政策、响应政策。召开浦口区2020年失信主体信用修复培训会，邀请第三方信用机构专家授课，通过生动实际的案例引导企业重视自身信用，现场培训失信企业进行信用修复，82家企业申请行政处罚信用修复。

【政务诚信建设】 加强政府工作人员诚信建设，采集公务员、事业编制人员基础信息，归集干部违规违纪、交通违章、行政处罚等失信信息，同时采集“建设浦口”先进个人、区级机关优秀共产党员和优秀党务工作者、公务员记三等功者等表彰信息，实现良币劣币全记录，有效支撑重点人群库的应用。多次在干部提拔、评先评优等活动应用信用审查，全年实施个人信用审查756人次，如服务区委组织部优秀党员和优秀党务工作者评选、机关工委建设浦口先进个人评选、区委办党代会代表候选人评选、新录用公务员审查等。围绕政府组成部门及下属单位守信践诺情况，出台《浦口区统计领域政务诚信建设实施方案》《街道政务诚信体系建设实施方案》，建立政府失信预防机制，一旦发现政府机构失信行为，立即整改到位，年内浦口区无政府失信事件。浦口区信用办与区委组织部联合开展公务员政务诚信教育活动，邀请南京审计大学教授授课，48家部委办局143名公务员参加培训。

【信用贯标、示范创建和复核规范开展】 组织区内企业申报“贯彻江苏省企业信用管理标准企业”“市级信用示范企业”

和"省级信用示范企业"。全区申请信用贯标企业21家，市级信用示范企业创建2家，市级示范企业复核2家，推荐梯尔希药物研发、南京博路电气2家企业申请省级示范创建。与第三方信用机构对接，协同上门走访企业，完成贯标及示范创建工作。

【农村社会信用体系建设试点】 2020年，在5个街道各选取1个社区开展农村社会信用体系建设试点工作。制定《农村信用体系建设方案》《农村信用等级评价及奖惩说明》等文件，将信用与大联勤相结合，采集农户、养殖户等基础数据，建立村民信用档案，动态更新信用积分，对农户和相关涉农经济组织在评优评先、就业与产品推介、政策与资金支持等公共服务、社区治理等工作中，对高信用等级的给予优待。实施社区"信易游""信易行""信易购""信易贷"工程，与人行浦口支行合作，创新农村信贷产品，对诚信个人给予旅游年卡、公交储值卡等优惠，让社区居民及经营户感受到"信用有价"。

【诚信宣传】 发动部门、街道、园区在"苏信服"微信公众号开展信用知识竞赛活动，各部门通过自有公众号转发宣传，实名统计带头参与答题的政府工作人员1200多人，并发动企业、居民参与答题。做好《南京市社会信用条例》宣贯工作，组织"进机关、进企业、进社区、进学校"现场宣传活动，制作短视频在"抖音"平台上进行宣传。在永宁街道大埝社区、张圩社区，星甸街道后圩村，桥林街道福音社区，江浦街道西江口社区，汤泉街道三泉社区进行诚信宣传，发放《南京市社会信用条例》1000余份。

（郎平）

知识产权保护

【南京市知识产权援助中心浦口分中心成立】 6月，南京市知识产权援助中心浦口分中心挂牌成立。分中心位于江浦街道白马路8号司法局一楼大厅，为全区各类企业提供免费知识产权专业服务。全年累计受理涉及商标、专利知识产权类咨询50件，处理知识产权调解案件10件、电商平台侵权案件3件。

【知识产权保护】 10月，区知识产权局在浦口开发区召开浦口区知识产权工作座谈会，浦口开发区、浦口高新区、南京农创园分管领导及相关科室负责人参加，旨在提高相关部门知识产权工作水平。11月，召开浦口区强化知识产权保护、优化营商、创新环境宣贯会，旨在增强企业知识产权保护意识。对接中国（南京）知识产权保护中心，引导71家集成电路、生物医药类企业入驻，开辟知识产权快速确权绿色通道。

【知识产权管理】 围绕创新名城，推进知识产权建设，实现有效发明专利拥有量727件，完成比为132.18%，同比增长45.69%，增幅位列全市第二。PCT申请91件，完成比为260%，同比增长145.95%，增幅位列全市第三。组织专利奖和省、市项目申报，新增专利申请3208件，同比增长39.6%，增幅位列全市第一。发明授权136件，完成比为247.27%，同比增长35.64%，增幅位列全市第三。维持10年以上有效发明65件，25家企业通过知识产权"贯标"备案，完成比250%。根据《浦口区知识产权奖励办法》《关于组织申报浦口区知识产权相关补助与奖励资金的通知》精神，对浦口区2019年1月1日至12月31日期间获得（通过、评比、发生、新增等）的国内授权专利以及国外（境外）专利公布与授权、企业首件商标、企业软件著作权登记、企业集成电路布图设计、知识产权"贯标"合格企业、知识产权质押贷款评估费与贴息、知识产权优势企业、知识产权中级以上工程师、中国专利奖优秀奖、江苏省企业知识产权战略推进计划项目通过验收企业等实施资助与奖励，发放区级知识产权奖励与补助379.71万元。搭建银企对接路径，拓宽企业融资渠道，办理动产抵押登记融资1.11亿元。减轻企业融资成本，对企业为融资而发生的知识产权评估费或服务费给予补贴72.56万元。鼓励银行加大对中小微企业知识产权质押融资服务力度，增加信贷投放规模，缩短审批流程，为企业实施知识产权质押融资1.59亿元。

【企业知识产权项目申报】 组织企业申报2020年度南京市优秀专利奖，10家企业16件专利参加评比，其中1件发明专利、1件实用新型专利获南京市优秀专利奖。组织企业申报第22届中国专利奖、2020年南京市新冠肺炎疫情防控专利实施计划、2020年度专利导航产业发展实验区、企业专利导航项目、2020年度南京市高价值专利培育中心及高价值专利、2019年度南京市商标品牌战略奖励资金、2020年度省知识产权战略推进计划项目，2家企业被认定为第四批南京市知识知识产权示范企业。申报企业共获得上级各类资助与奖励473.5万元。

（孙玥）

· 文稿编辑　周世泉 ·

制 造 业

综 述

【概况】 2020年,浦口区坚持疫情防控和促进经济发展"两手抓、两手硬",在抓牢抓实企业专项组疫情防控工作的同时,确保主要工业经济指标持续保持在全市前列。全区实现地区生产总值443.6亿元,按可比价计算,比上年增长3.6%,实现逆势增长。新增规模以上制造业企业75家(含准规模企业4家),规模以上制造业企业累计182家,列入市"双百工程"(百项重点工业建设项目、百项重点技术改造项目)13家,当年完成投资47.75亿元。全区制造业规模以上企业实现工业总产值293.19亿元,同比增长28.57%;主营业务收入286.8亿元,增长28.55%;利税39.34亿元,增长84.69%,增速排郊区第一。

2020年浦口区主营业收入2000万元以上规模企业主要经济指标一览表

表49

产业分类	2020年年报企业数(个)	工业总产值		主营业务收入		利税总额	
		2020年(亿元)	2019年(亿元)	2020年(亿元)	2019年(亿元)	2020年(亿元)	2019年(亿元)
总　计	187	297.59	231.86	291.20	226.94	39.49	21.97
一、制造业	182	293.19	228.03	286.80	223.11	39.34	21.30
1.交通运输制造业	17	56.83	51.17	49.87	45.13	-5.71	-0.72
汽车制造业	7	51.26	44.88	44.26	40.47	-5.71	-0.81
铁路、船舶、航天航空和其他制造业	10	5.57	6.29	5.61	4.66	0.00	0.09
2.电子信息制造业	45	100.55	51.36	96.73	46.54	30.92	10.27
计算机通信和其他电子设备制造业	44	100.35	51.16	96.53	46.34	30.92	10.25
仪器仪表制造业	1	0.20	0.20	0.20	0.20	0.00	0.02
3.医药食品制造业	11	9.45	5.53	9.19	5.12	0.68	-0.26
医药制造业	4	3.97	0.91	3.67	0.90	0.72	0.26
农副食品加工业、食品制造业	7	5.48	4.62	5.52	4.22	-0.04	-0.52
4.新材料制造业	9	23.15	24.27	23.15	23.95	2.41	1.40
化学原料和化学制品制造业、化学纤维制造业	4	15.51	15.30	15.98	15.79	1.87	1.22
橡胶和塑料制品制造业	5	7.64	8.97	7.17	8.16	0.54	0.18
5.机电电器制造业	69	60.68	48.52	61.10	52.92	4.71	3.89
机电(含金属制品、专用设备、通用设备制造业)	51	39.16	35.62	40.03	37.75	3.86	3.19
电气机械和器材制造业	18	21.52	12.90	21.07	15.17	0.85	0.70

续表 49

产业分类	2020年年报企业数(个)	工业总产值		主营业务收入		利税总额	
		2020年(亿元)	2019年(亿元)	2020年(亿元)	2019年(亿元)	2020年(亿元)	2019年(亿元)
6. 其他制造业	31	42.53	47.18	46.76	49.45	6.33	6.72
纺织服装制造业	1	0.34	1.95	0.34	2.72	0.05	-0.36
皮革、毛皮、羽毛及其制鞋制造业	2	2.31	3.26	2.31	3.25	-0.24	0.07
非金属制品制造业	23	36.47	38.52	40.11	40.04	5.93	6.94
废弃资源综合利用业	1	1.15	0.89	1.15	0.88	0.41	0.23
造纸和纸品制造业	1	0.26	0.25	0.27	0.24	0.01	0.01
印刷和记录媒介复制业	1	0.27	0.28	0.27	0.28	0.01	0.01
石油、煤炭及其他燃料加工业	1	1.09	1.48	1.66	1.48	0.37	0.10
其他制造业	1	0.64	0.55	0.65	0.56	-0.21	-0.28
二、电力、热力、燃气及水生产和供应业	5	4.40	3.83	4.41	3.83	0.15	0.67
1. 电力、热力生产和供应业	1	1.99	2.06	1.99	2.06	0.77	1.00
2. 水生产及供应业	4	2.41	1.77	2.42	1.77	-0.62	-0.33

(统计局)

2020年浦口区列入南京市"双百工程"项目一览表

表 50

单位:亿元

企业名称	项目名称	计划类别	计划总投资	开工时间	计划竣工时间	至2019年底累计完成投资额	2020年计划投资	2020年完成投资	项目进展情况
台积电(南京)有限公司	12英寸晶圆厂与设计服务中心一期	续建	198.00	2016年7月	2020年12月	191.00	7.00	14.00	设备安装调试,扩大产能
江苏久吾高科技股份有限公司	陶瓷滤膜生产线智能化升级改造项目	续建	1.00	2019年1月	2020年12月	0.10	0.50	0.68	竣工投产
南京依维柯汽车有限公司	依维柯冲压、焊接、总装生产线设备技术改造	续建	1.20	2019年1月	2020年12月	0.05	0.40	1.20	竣工投产
南京芯谷企业孵化器有限公司	集成电路设计、封测、设备产业园	续建	10.00	2019年2月	2022年3月	2.50	2.00	2.30	设计:5栋主体封顶,外墙施工;封测:桩基施工;设备:部分封顶
南京瑞吾电气有限公司	智能制造基地项目	续建	5.20	2019年3月	2021年3月	2.00	1.00	1.50	一期竣工,二期桩基施工
华天科技(南京)有限公司	集成电路先进封测产业基地	续建	80.00	2019年6月	2021年6月	7.00	7.00	11.00	设备安装投用,扩大产能
南京苏试广博环境可靠性实验室有限公司	南京苏试广博环境可靠性研发和检测中心	续建	2.00	2019年9月	2021年6月	1.00	0.50	0.60	办公楼及厂房内部装修
江苏汇景智慧云谷数据中心有限公司	集成电路数据中心及大数据产业基地	续建	30.00	2019年12月	2023年12月	1.00	5.00	1.64	A-1数据机房三层顶板混凝土浇筑;A-2数据机房基础钢筋绑扎;办公维保用房一层顶板钢筋绑扎

续表50

单位:亿元

企业名称	项目名称	计划类别	计划总投资	开工时间	计划竣工时间	至2019年底累计完成投资额	2020年计划投资	2020年完成投资	项目进展情况
江苏天浦宏芯科技园发展有限公司	IC集成电路研创园	续建	26.00	2019年12月	2021年12月	0.50	5.00	5.00	基坑施工
南京天泽源商业管理有限公司	芯豆标准化生产厂房及配套项目	新开工	45.00	2020年3月	2023年6月	0	5.00	6.38	试桩
挪宝电气南京有限公司	挪宝生产装备制造基地项目	新开工	20.00	2020年3月	2024年12月	0	5.00	2.25	进行二次招拍挂方案研究
南京紫气源科技发展有限公司	绿色智能环网柜及电力产品研发、生产基地	新开工	7.00	2020年3月	2021年9月	0	1.00	1.00	主体施工,部分封顶
南京友乔电子工程有限公司	移动通信设备、卫星通信设备、微波器件等研发、生产项目	新开工	2.00	2020年3月	2021年3月	0	1.00	0.20	桩基完成

2020年浦口区新增规模以上工业企业一览表

表51

单位:万元

序号	单位名称	工业生产总值
1	江苏欧倍科技有限公司	38514
2	南京三乐集团有限公司	38344
3	智博信息系统(南京)有限公司	26400
4	华天科技(南京)有限公司	21052
5	联创航天创新研究院(南京)有限公司	17614
6	江苏枫帆电气自动化有限公司	17246
7	江苏雨梦建设有限公司	11204
8	江苏众磊建材科技发展有限公司	9396
9	江苏迈库通信科技有限公司	6037
10	南京特尔驰电子科技有限公司	6014
11	南京彬晨诺模具有限公司	5752
12	南京宏泰半导体科技有限公司	5441
13	南京苏畅电力实业有限公司	4939
14	南京可莱威生物科技有限公司	4508
15	南京海思创智能设备有限公司	4427
16	南京加立电气设备有限公司	3915
17	南京苏信交通设施有限公司	3896
18	江苏中苏智能制造有限公司	3481
19	南京格瑞恩斯新材料科技有限公司	3394
20	南京南车瑞讯机电科技有限公司	3297
21	南京鳄鱼节能科技有限公司	3253
22	光大中水利用(南京)有限公司	3140
23	南京观海微电子有限公司	3001
24	南京普瑞电力科技有限公司	3000

续表 51

单位:万元

序号	单位名称	工业生产总值
25	江苏富瑞宝生物科技有限公司	2997
26	南京炯华照明电器制造有限公司	2970
27	南京志卓机械制造有限公司	2906
28	欣铨(南京)集成电路有限公司	2903
29	南京新标特仓储设备有限公司	2893
30	南京匠心致诚科技有限公司	2892
31	南京佳茂食品厂	2879
32	南京南车电气科技有限公司	2876
33	南京昭电电气有限公司	2730
34	江苏同风能源科技有限公司	2633
35	南京普拉斯塑料机械有限公司	2623
36	南京莱米纳迪装饰材料有限公司	2613
37	南京和信昌电气设备有限公司	2611
38	南京雷泽斯汽车科技有限公司	2575
39	江苏格迈菲思医疗用品有限公司	2564
40	江苏果麦环保科技有限公司	2524
41	南京一心和医药科技有限公司	2500
42	南京弘洁半导体科技有限公司	2496
43	南京新普电工设备有限公司	2451
44	南京中润泊车设备科技股份有限公司	2410
45	九音(南京)集成电路技术有限公司	2373
46	南京老山网络科技有限公司	2363
47	登克塑料技术(南京)有限公司	2354
48	南京黎创电气有限公司	2325
49	南京浦灏集成电路技术有限公司	2297
50	南京博恩德电气有限公司	2284
51	南京德汇电气有限责任公司	2236
52	南京浦顺源电子服务有限公司	2216
53	南京芯潭微电子有限公司	2215
54	江苏文瑞智能科技有限公司	2214
55	南京亚微腾电子科技有限公司	2203
56	南京睿艺智电子科技有限公司	2197
57	中科曙光(南京)计算技术有限公司	2182
58	南京汇能新能源科技有限责任公司	2119
59	南京航浦机械科技有限公司	2107
60	南京博科钢结构有限公司	2104
61	南京理工水夫环保科技有限公司	2095
62	南京方生和医药科技有限公司	2074
63	中林集团国林生态环境江苏有限公司	2063
64	南京鼎祥轨道车辆配件有限公司	2054
65	南京钛能电子科技有限公司	2049
66	晶美晟光电材料(南京)有限公司	2040

续表51　　单位:万元

序号	单位名称	工业生产总值
67	南京利鑫电气设备有限公司	2034
68	南京沪成轨道车辆有限公司	2028
69	量波智能科技(南京)有限公司	2024
70	南京百家汇科技发展有限公司	2020
71	江苏天穗智能科技有限公司	2015
72 *	芯北电子科技(南京)有限公司	1918
73 *	英韧科技(南京)有限公司	1863
74 *	南京骏驰铁路车辆配件制造有限公司	1850
75 *	南京汽车内饰件有限责任公司	1786

注:加 * 的为准规模企业

(刘海浪)

【“十三五”时期浦口制造业发展情况】 2016年,全区有9个街道,实现地区生产总值832.73亿元,一般公共预算收入109.62亿元,规模工业总产值1487.85亿元,销售收入1448.11亿元,利税184.46亿元。2017年,南京江北新区管理体制调整,浦口区顶山、泰山、沿江、盘城4个街道由江北新区统一托管,浦口行政区下辖江浦、桥林、星甸、汤泉、永宁5个街道,全区土地面积、人口规模、经济总产量大幅减少,产业结构、城乡结构极大改变。浦口区应对形势变化,在新起点上二次创业,立足“江北明珠”发展定位,持续推进“四个主题年”(创新提档年、项目提速年、建设提质年、作风提升年),打好“四场主攻仗”(做强园区主攻仗、做精城区主攻仗、做特景区主攻仗、做美村区主攻仗),“十三五”期间,制造产业快速发展。地区生产总值从2017年的317.58亿元提升至2020年的443.6亿元,年平均可比价增速6.58%;一般公共预算收入从2017年的38亿元提升至2020年的70.1亿元,年平均增速22.7%;全社会固定资产投资完成额从2017年的481.4亿元提升至2020年的580亿元,年均增速6.4%。2020年,全区制造业规模工业总产值293.19亿元,比上年增长28.57%。 (发改委)

【两化融合】 2020年,浦口区深化工业化和信息化体制、机制改革,由政府部门负责人、行业专家、企业代表等组成两化融合咨询委员会,为推进两化融合科学决策提供服务。依托浦口高新区,加快培育数字经济产业园区,推动互联网人才、技术、资本、服务等高端要素集聚,创建制造业与互联网融合发展示范区。推动工业互联网标识解析在行业内的应用,推进华天科技集成电路产业工业互联网二级节点标识解析项目建设,加快打造面向“重点行业全链条、生产制造全流程、产品生命全周期”管控的工业互联网标杆工厂。组织“云上”两化融合专题培训对接,辅导澳德思、润邦新材料、瑞科特、衡萱建材等企业成功申报两化融合管理体系贯标试点企业。实施企业“云上”平台行动计划,培育三星级以上云企业18家,其中四星级云企业3家。加快信息化基础设施建设,建成5G基站578个,重点工业园区和乡村旅游景区基本实现免费Wi-Fi全覆盖。

(彭仕永)

【地标产业崛起】 2020年,浦口区坚持把集成电路作为地标产业进行规划布局、培育壮大,产业链实现从少到多、从弱到强的发展变化。成立浦口区集成电路产业链工作推进专班,由区长担任链长,每月调度一次,协调解决重大事项,推动集成电路产业强强补链,促进产业链高质量发展。年末,浦口区集聚集成电路企业260家,实现营业收入100.35亿元,企业数和营收规模分别占全市的30%和35%,产业规模总量居全市第一。其中台积电实现产值65.96亿元,同比增长51.1%。华天科技(南京)集成电路先进封测产业基地竣工投产,项目一期总投资15亿元,占地面积20公顷,引进进口工艺设备1000台。一期达产后,预计FC系列产品和BGA基板系列产品年封测量39.2亿只,可实现销售收入14亿元,带动就业3000人。浦口地标产业推介会在深圳举办,活动现场签约功率半导体设计等亿元以上项目13个,总投资超百亿元。浦口区累计引进芯德半导体、长晶科技等亿元以上项目148个,总投资635亿元,为地标产业发展增添新动力。 (政府办)

【工业企业“小升规”培育】 2020年,浦口区坚持把工业作为经济行稳致远的压舱石和助推器,把规模工业企业培育摆在更加突出位置,多措并举,推动全区工业经济高质量发展。建立“小升规”企业培育库。年初,与税务局、统计局、开发区、高新区及街道共同梳理2019年主营业务收入超过1200万元的企业,建立“小升规”企业培育库,每月对在库企业进行监测,加强运行分析和生产调度。加大企业服务力度。开展专家上门诊断服务、“小升规”企业苏微贷专项金融服务、“小升规”专题培训等活动。组建“小升规”企业市场拓展微信群,组织产业链对接会,通过线上、线下多种方式帮助企业找订单、拓市场,破解订单市场难题。全年开展融资对接、政策解读等活动20余场次。多方面加大扶持力度。制定出台《关于应对疫情促进中小微企业稳定发展的若干措施》,加大对“小升规”培育企业扶持力度。全年帮助企业成功申报国家、省、市扶持项目39个,获奖补资金5888.5万元。至年末,全区制造业规模企业182家。新增入规工业企业75家(含准规模企业4家),完成年度目标任务的116%。

(工信局)

【工业项目"拿地即开工"】 8月28日,浦口区集成电路数据中心产业园项目在区政务服务大厅同步取得不动产权证、建设用地规划许可证、建设工程规划许可证、建筑工程施工许可证,标志着浦口区工业项目"拿地即开工"进入常态化运行新阶段。为全面贯彻落实市委、市政府"四新"(新基建、新消费、新产业、新都市)行动计划,坚持以企业需求为导向,以"拿地即开工"为目标,因地制宜构建科学、便捷、高效的工程建设审批服务体系,打造工程建设领域一流营商环境。制定出台《浦口区工程建设"拿地即开工"审批模式实施方案(试行)》,为全区工业项目实现"拿地即开工"提供切实可行的操作流程。为确保重大项目早开工、早建设、早运营,区行政审批局结合建设工程审批制度改革,重新梳理"拿地即开工"流程图,集成"一站式"收费、"交地即发证""告知承诺制"施工许可等改革,践行"策划先行,并联协同,容缺受理,交地发证,拿地开工"20字理念。在对集成电路数据中心产业园项目服务过程中,区行政审批局全科服务、全程帮办,成立专项服务小组;浦口开发区专人代办,业务骨干跟踪服务,全程跟办帮办;各职能部门想方法、找路径,打破部门壁垒,提升跨部门协作效率,让各项改革政策落到实处。至年末,南京芯聚睿科技、中科等6个项目实现"拿地即开工"。 (行政审批局)

【科技创新】 2020年,浦口区做好各类人才计划申报,"创业南京"高层次人才计划成功申报11人,创新型企业家培育计划5人,申报科技顶尖专家集聚计划5人。高水平助推企业发展,以科技型企业、规模企业、上市公司、总部企业等为重点培育方向,建立高成长性企业培育库,加大创新支持力度,入选省重点推广应用的新技术新产品目录6项、南京市创新产品目录39项,累计获得市级以上认定"专精特新"企业55家,其中江苏久吾高科技股份有限公司获"国家级'专精特新'小巨人企业"称号。与清华大学、南京大学、中科院半导体所等国内外15所知名高校、科研机构合作共建新型研发机构18家,累计孵化引进科技型企业208家,配备科研和管理人才489人,在研项目84项,申请专利225件,新型研发机构新增孵化与引进企业产业创新集聚度达65%。 (刘海浪)

电子信息产业

【概况】 2020年,在台积电等龙头企业带动下,全区电子信息产业企业加速集聚,集成电路企业260家,规模以上企业45家,规上企业实现工业总产值100.55亿元、主营业务收入96.73亿元、利税30.92亿元。企业数和产业规模分别占南京市的30%和35%。其中,计算机通信和其他电子设备制造业规模以上企业44家,实现工业总产值100.35亿元、主营业务收入96.53亿元、利税30.92亿元。龙头企业台积电实现产值65.96亿元,增长51.1%,产业规模全市第一。设计领域以凯鼎电子为代表,制造领域以台积电为代表,封测领域以华天为代表,配套领域以空气化工为代表,基本形成"设计环节有集聚、制造环节有龙头、封测环节有影响、配套环节有支撑"的产业发展格局。 (统计局 工信局)

【区集成电路产业链工作推进专班成立】 8月7日,区政府印发《浦口区集成电路产业链工作推进机制》《浦口区推进集成电路产业链高质量发展实施方案》,成立浦口区集成电路产业链工作推进专班,由区长担任链长,成员单位有区发改委、科技局、商务局、财政局、人社局、开发区、高新区等。每月调度一次,协调解决重大事项,如加强与中国科学院微电子研究所、半导体研究所、清华大学微电子研究所等机构的沟通联系;加强与江苏开放大学的沟通,探讨与台积电、南京大学等单位的合作,培养各层次产业发展人才,推动集成电路产业强强补链,促进产业链高质量发展。

【浦口区第三代半导体产业园挂牌运营】 8月25日挂牌运营。第三代半导体产业园位于浦口开发区,园区建筑面积21万平方米。围绕第三代半导体技术及应用链,打造核心材料与器件产业集群。2020年,南京百识半导体股份有限公司总投资30亿元,拟用地5.4公顷,建立第三代半导体外延片+器件专业代工,串接国内上下游企业,达到第三代半导体芯片国造目标,产品应用于5G基站、电动车、雷达、快速充电器等。深圳基本半导体有限公司是中国第三代半导体行业企业,专业从事碳化功率器件的研发与产业化产品,应用于新能源、电动汽车、智能电网、轨道交通、工业控制、国防等领域,产品获"中国芯"优秀技术创新奖等荣誉。南京百识半导体、深圳基本半导体等一批第三代半导体龙头企业进驻运营,浦口区集成电路产业专业化、特色化发展进入新的阶段。

【浦口区集成电路产业发展推进大会】 11月16日在南京国家农创园召开。会上为29家(次)集成电路企业发放奖补资金4684万元,发布《浦口区打造集成电路产业地标三年行动计划(2021—2023年)》,区委、区政府解读《南京市浦口区促进集成电路产业高质量发展若干政策》,明确浦口区打造集成电路产业地标的目标、内涵和重点任务,培育集成电路产业发展机制、创新创优服务保障机制。南京市集成电路产业链机构负责人要求浦口区坚定信心、把握机遇、正视差距、强链补链,促进全区集成电路产业链高质量发展。

【浦口开发区获批江苏省集成电路产业(南京)产学研协同创新基地】 11月20日获批,是该批次唯一以行政区为主体成功申报的省级产学研协同创新基地,也是南京市唯一的省级集成电路产业产学研协同创新基地。基地以浦口开发区为重点发展集成电路产业核心区域,依托台积电、华天等龙头企业和IC集成电路研创园、江苏可成科技企业孵化器、紫峰创新中心、智慧谷等创业创新载体、科技服务机构、高素质科技人才、基础设施资源等要素,强化规划和政策扶持,推动政府、企业、高校院所深度合作,推动创新资源与产业集聚,全区集成电路上下游企业260家,产值100多亿元。 (邵斯捷)

【南京矽邦半导体有限公司】 2014年落户浦口开发区,注册资本1000万元,占地面积0.54公顷。该公司开展集成电路自主研发,拥有新技术成果转化6项,主要产品有基板封装BGA\LGA、引线框封装DIP—7L\DIP—8L\SOP—8L\

SOP—7L\DFN\QFN。2020 年，公司有职工 100 余人，实现工业总产值 1.07 亿元，比上年增长 20.55%。（刘海浪）

高端交通装备产业

【概况】 2020 年，浦口区围绕"江北明珠"发展定位，培育高端交通装备产业为主导产业，加速推进高端交通装备产业创新发展。全区交通装备规模以上工业企业 17 家，实现产值 56.83 亿元、主营业务收入 49.87 亿元。其中，汽车制造业规模以上企业 7 家，实现工业总产值 51.26 亿元、主营业务收入 44.26 亿元；铁路、船舶、航天航空和其他制造业规模以上企业 10 家，实现工业总产值 5.57 亿元、主营业务收入 5.61 亿元。引进高端交通装备亿元以上项目 46 个，总投资 611 亿元，其中 10 亿元以上项目 6 个，包含总投资 12 亿元的高精密度新型材料研发生产基地、总投资 10 亿元的南京新能源产业创新中心项目和总投资 30 亿元的魔骑项目。

（统计局 工信局）

【南京新能源产业创新中心项目落户】 1 月 16 日在浦口开发区签约落户。项目总投资 10 亿元。该中心由中国科学院院士、长江学者、清华大学欧阳明高教授团队领头发起，依托清华大学汽车安全与节能国家重点实验室等在新能源汽车产业方面技术、资源优势，面向南京市新能源及新能源汽车产业发展，通过整合节能和新能源产业的优势单位和人才，组织学术界和产业界开展实质性合作，建成世界一流的科技企业、先进权威的检测中心、国际知名的行业智库。

【轨道交通电气设备一体化智能机房项目落户】 2 月 13 日签约落户浦口开发区。项目由江苏钟山建设发展有限公司投资建设，注册公司名为江苏枫帆电气自动化有限公司，占地 3.33 公顷，建筑面积 6 万平方米，总投资 5 亿元。主要从事电气信号设置装置制造，机械电气设备制造，交通安全、管制专用设备制造，智能输配电及控制设备销售，电力电气行业高效节能技术研发等。

（邵斯捷）

【新能源充电桩研发、生产、运营项目】 7 月 15 日，江苏新恒能源发展有限公司投资 1.02 亿元，租用 100 平方米房屋办公，研发生产智能充电桩和一体化充电车棚，主要技术产品包括充电桩、充电桩运营管理平台、一体化拉膜充电车棚等。经营内容有充电桩硬件软件及相关产品，包括产品销售模式和投资建设模式。预计 2021 年建成投产。（葛鑫）

【南京依维柯汽车有限公司】 位于浦口开发区百合路 8 号，1995 年 12 月成立，1996 年 3 月运行，是上汽集团与凯斯纽荷兰工业集团共同投资成立的国内商用车企业，注册资本 25.27 亿元，占地面积 84.33 万平方米。公司具有冲压、焊接、涂装、总装在内的整车制造四大工艺和发动机、变速箱、车桥等核心动力总成的先进制造能力，年产 10 万辆依维柯系列轻型汽车、10 万台变速箱和 10 万台 F1 发动机。公司下设整车厂、SOFIM 发动机厂、变速箱车桥厂、F1 发动机厂 4 个制造单元，分别生产制造依维柯产品整车、发动机、车桥、变速箱总成。产品覆盖物流、客货两用、专用改装、通勤商旅和军用五大领域，涵盖轻型客车、轻型载货车、旅行车、越野车、新能源汽车、变速箱和发动机系列，是用途广泛、承载力强、耐久性好、保有量大的欧系商用车。公司先后获"中国外商投资双优企业""中国企业文化建设标杆单位""高新技术企业""全国用户满意服务单位""江苏省文明单位"等称号。2020 年，实现工业总产值 43.68 亿元，比上年增长 31.8%；营业收入 38.51 亿元，增长 8.3%。

【南京锦湖轮胎有限公司】 位于浦口开发区春羽路 8 号，是由锦湖轮胎（香港）有限公司投资兴建的大型轮胎生产企业，占地面积 44.36 万平方米，注册资本 2.7 亿美元，年设计生产轮胎 894 万条。公司按照工业 4.0 要求设计和建造，严格按照汽车行业最高质量标准组织生产，先后通过 ISO/TS16949 质量管理体系、中国 CCC、美国 DOT 和欧共体 ECE 等国内外管理体系和产品认证。公司和北京现代、盐城起亚、上海通用五菱等汽车厂家配套合作，产品远销欧洲、拉丁美洲和亚洲等 170 多个国家和地区。2020 年，实现工业总产值 6.29 亿元，比上年下降 19.1%；营业收入 5.84 亿元，下降 15.98%。（刘海浪）

新材料产业

【概况】 2020 年，全区新材料制造业规模以上工业企业 9 家，实现工业总产值 23.15 亿元、主营业收入 23.15 亿元、利税 2.41 亿元。其中，化学原料和化学制品制造业、化学纤维制造业规模以上企业 4 家，实现工业总产值 15.51 亿元、主营业收入 15.98 亿元、利税 1.87 亿元；橡胶和塑料制品制造业规模以上企业 5 家，实现工业总产值 7.64 亿元、主营业收入 7.17 亿元、利税 0.54 亿元。

（统计局）

【东爵有机硅（南京）有限公司】 位于桥林街道福音东街，1996 年注册成立，注册资本 2470 万美元，占地面积 34.2 万平方米，总建筑面积 8.4 万平方米。公司生产硅橡胶、硅橡胶制品、硅橡胶板材等各类硅橡胶制品 18 大类 500 多个品种，申请并获批实用型专利 8 个、发明专利 5 个。公司通过深圳市环通认证中心有限公司 ISO18001、江苏艾凯艾国际标准认证有限公司 IATE1694:2016 汽车行业链质量体系认证。2020 年，实现工业总产值 13.55 亿元，下降 1.3%；营业收入 14.53 亿元，增长 0.6%。

【江苏久吾高科技股份有限公司】 位于浦口区园思路 9 号，1997 年 12 月成立，注册资本 1.06 亿元，占地面积 9.67 公顷。公司从事陶瓷膜等膜材料及膜分离技术的研发与应用，并以此为基础面向过程分离与特种水处理领域提供系统化的膜集成技术整体解决方案。经过多年发展，公司具有膜材料生产、膜组件与成套设备制造和提供膜集成技术整体解决方案在内的完整业务体系，并在生物医药、化工、食品、新能源等工业过程分离领域及钢铁废水、造纸废水、印染废水、油田回注水等工业污水处理和市政水处理领域积累大量的膜分离技术应用经验，在废酸、废碱、废盐等资源再生利用领域实现膜分离技术的创新应用。产品销售全球 40 多个国家和地区，得到国内外客户的认可。先后获“国家专精特新小巨人企业”“国家高新技术企业”“中国膜行业陶瓷膜龙头企业”“江苏省百强创新型企业”等称号。2020年,在册员工354人,实现营业收入5.33亿元,增长0.95%。（刘海浪）

【江苏润邦新材料集团有限公司】 成立于2003年,为民营有限责任公司。公司主营产品为先进功能金属复合材料,主要应用于船舶海工、石化设备、烟气脱硫、水利水电、交通运输、桥梁、航空航天、军事装备等行业,部分产品填补国家空白,并出口欧洲、中东等地。主营业务市场占有率国内排名前三,2020年出口占比超过50%,出口量在国内同行业中排名第一。公司技术来源于自主研发以及与中国科学技术大学、北京科技大学、南京理工大学、南京航空航天大学、陆军工程大学、河海大学等高校的产学研合作研发。公司是江苏省高新技术企业、江苏省高成长科技型企业、江苏省创新型企业、江苏省明星企业、江苏省重合同守信用企业、江苏省信用贯标企业,先后取得武器装备质量体系认证及民品质量管理体系认证证书、中核集团合格供应商证书、印度邓白式认证、英国劳氏认证证书、压力容器产品安全注册证书、美国GE和日本三菱合格供应商认证、德国TUVISO45001职业健康安全管理体系认证、ISO14001环境管理体系认证、两化融合管理体系等。年末,公司有员工92人,实现工业产值1.47亿元、销售收入1.47亿元、利税1170万元。

（潘永梅）

智能电网产业

【概况】 2020年,全区智能电网制造业规模以上企业18家,实现工业总产值21.52亿元、主营业收入21.07亿元、利税0.85亿元。全区规模以上智能电网企业以南京大吉铁塔制造有限公司和南京乾鑫电器设备有限公司为代表,相关配套企业20余家,以生产输变电设备为主。南京大吉铁塔制造有限公司贯彻落实“一带一路”倡议,开拓东南亚国家电网市场,配合国家电网和南方电网,做好特高压输电设备供应。

（统计局　工信局）

【南京紫气源绿色智能环网柜及电力产品研发、生产基地项目开工】 3月开工。项目位于浦口开发区百合路西,总建筑面积6.6万平方米,建设标准厂房、办公综合楼、研发综合楼、水电设施、地下停车场及部分相关辅助设施,总投资7亿元。由南京紫气源科技发展有限公司投资建设电力产品研发中心、生产基地,生产主产品绿色智能环网柜及中置柜、户外环网柜等项目,投产后预计年生产智能环网柜5万套,实现年产值超10亿元。

江苏久吾高科技股份有限公司　（刘海浪　提供）

【江苏宁亚特绿色环保电力设备研发生产基地项目开工】 3月开工。项目位于浦口开发区浦乌路西,总建筑面积约14.5万平方米,建设标准厂房、办公综合楼、研发综合楼及相关辅助设施,总投资7亿元。由江苏宁亚特有限公司投资建设,主要生产绿色环保电力设备,开展环保电力设备研发。投产后预计年生产绿色环保配电自动化系统设备10万套、亮化控制系统5万套、高压电缆在线监测系统5万套,预计实现年产值超亿元。

（邵斯捷）

【南京大吉铁塔制造有限公司】 位于浦口开发区,1997年注册成立,注册资本5000万元,占地面积53.43公顷。公司主营输电线路铁塔、广播电视塔、微波通讯塔、钢管杆、钢管塔、钢结构架制造、铁路专用设备及器材生产,经营企业自产产品及技术品出口业务,以及企业生产、科研所需的原辅材料、仪器仪表、机械设备、零配件及技术的进口业务。2020年,公司依托国家电网建设高速发展,开拓销售市场,中标铁塔生产12万吨,保持在行业发展的领先优势。公司以国际工程总承包业务为产业升级方向,以大吉电力工程总承包业务为依托,整合产业资源,打造集设计、研发、生产、制造、贸易、服务于一体的高端电力工程总承包产业园区,提升工程总承包业务集聚度和协同能力,打造面向世界的“一带一路”电力总承包品牌。乌干达电力工程总包项目完成,为拓展海外市场奠定基础。至年末,有员工850人,实现总产值10.1亿元、销售收入12.5亿元、利税8000万元。

【南京乾鑫电器设备有限公司】 位于永宁街道海棠路6号,2003年成立,注册资金1.04亿元,占地面积5.5万平方米,建筑面积3.5万平方米。公司下设部门7个、车间4个、技术中心1个、研发中心1个。购置真空氦检漏设备、机器人焊接设备、激光切割设备、全套数控钣金加工设备和检测设备20多种、150~1250吨注塑机10台、多工位铜排加工机等先进生产和试验设备200多台(套)。产品分为5个大类:10~35千伏中压成套产品、10~20千伏变压器产品、0.4千伏低压成套产品、0.4千伏电能计量箱、智能化配网产品，有产品57种。主要产品有：手车柜、中置柜、环网柜、欧变、美变、非晶合金变压器、高压分支箱、柱上断路器、各类低压配电柜（MNS、GCS、GCK、GGD等）、各类低压配电箱（XDF、XDL、JP4、DB等）、各种电表箱（单相电能表箱、三相电能表箱、组合电能表箱等）。产品主要用于国家电网电力输配电工程、工矿企业、市政重点工程、机场、学校、医院、房地产及商业配套工程、农村用电等领域。2020年末，公司有员工158人，实现工业产值1.46亿元、营业收入1.62亿元、利税1354.2万元。（刘海浪）

机电电气产业

【概况】 2020年，全区机电电气制造业规模以上企业69家（含智能电网规模企业18家），实现工业总产值60.68亿元、主营业务收入61.1亿元、利税4.71亿元。其中，机电（含金属制品、专用设备、通用设备）制造业规模以上企业51家，实现工业总产值39.16亿元、主营业务收入40.03亿元、利税3.86亿元；电气机械和器材制造业规模以上企业18家，实现工业总产值21.52亿元、主营业务收入21.07亿元、利税0.85亿元。（统计局）

【南京数控机床制造基地（一期）项目竣工】 1月竣工投产。项目位于浦口开发区，东至兰新路，南至龙港路，西至百合路，北至春藤路，于2017年12月开工建设，总投资5.8亿元，2020年投资1亿元。总建筑面积12.6万平方米，建设机床厂房、办公楼、配套用房及地下室，购置导轨磨床、数控测高仪、高精度数控滚齿机等设备70台（套）。建成后，预计年生产数控滚齿机、数控剃齿机、数控车床及其他机床1370台（套），产值2亿元，税收3500万元。（邵斯捷）

【南京恒威防护设备有限公司】 2003年11月落户星甸街道工业园区，注册资金2200万元，厂区占地面积4万平方米，建筑面积2万平方米。主要生产地铁隔断门和国防工程、人防工程使用的各类防护设备，是国家生产人防工程防护设备定点厂。2010年以来，先后获评国家级高新技术企业、南京市企业技术中心、中国质量诚信企业协会会员单位、江苏省重合同守信用企业、江苏省人防先进设备生产企业，并通过国家ISO 9001质量管理体系认证。拥有大型生产设备100多台（套），固定资产2800万元。公司重视自主研发，拥有国家专利50件，其中发明专利20多件，自主研发的“综合管廊落实防护要求智能化系列装备”通过国家鉴定。承担南京、南昌、徐州等地地铁防护设备的生产和安装任务，在南京、淮安、无锡、苏州、徐州、连云港、宿迁等地设有办事处。产品出厂前严格试验和检测，合格率100%，优良率达95%以上。2020年，公司有员工80余人，专业技术职称18人，其中高级职称2人、中级职称6人。实现工业总产值8114万元，同比增长2.6%。（刘海浪）

医药食品产业

【概况】 2020年，全区医药食品制造业规模以上企业11家，实现工业总产值9.45亿元、主营业务收入9.19亿元、利税0.68亿元。其中，医药制造业规模企业4家，实现工业总产值3.97亿元、主营业务收入3.67亿元、利税0.72亿元；农副食品加工、食品制造业规模企业7家，实现工业总产值5.48亿元、主营业务收入5.52亿元。（统计局）

【与天邦食品签订战略合作协议】 7月7日签订。前期，天邦食品股份有限公司在星甸街道投资生态养殖园项目，在永宁街道、南京农创园、浦口高新区分别注册成立拾分味道食品公司、史记生物技术（南京）有限公司、天邦食品科技研究院（南京）有限公司。该公司在生猪养殖方面是全国龙头企业，仅用72天建成规模化养猪场，让浦口走在全市前列。企业围绕生猪产品加工和农业科技产业化，促进浦口农业发展。（浦口发布）

【南京正济医药研究有限公司】 位于浦口开发区紫峰研创中心二期9号楼，2012年6月成立，注册资本300万元，占地面积0.5公顷，建筑面积约5000平方米。该公司是一家专注于药物创新结构发明、新技术研究与应用、特色仿制药物研究与制造的国家高新技术企业，有专业科研技术人员100余人，拥有硕士以上学位20余人，在南京、苏州设立研发中心，在淮安、苏州建设2个生产基地，2020年在山东日照新增1个生产基地。公司专注抗病毒类、抗肿瘤类、心脑血管类、消化系统类产品研发与制造。抗病毒类包括瑞德西韦、法匹拉韦、帕拉米韦、索非布韦、雷迪帕韦、维帕他韦等；抗肿瘤类包括艾日布林、艾乐替尼、帕布昔利布等；心脑血管类包括硫酸氢氯吡格雷、胞磷胆碱钠等；消化系统类包括西咪

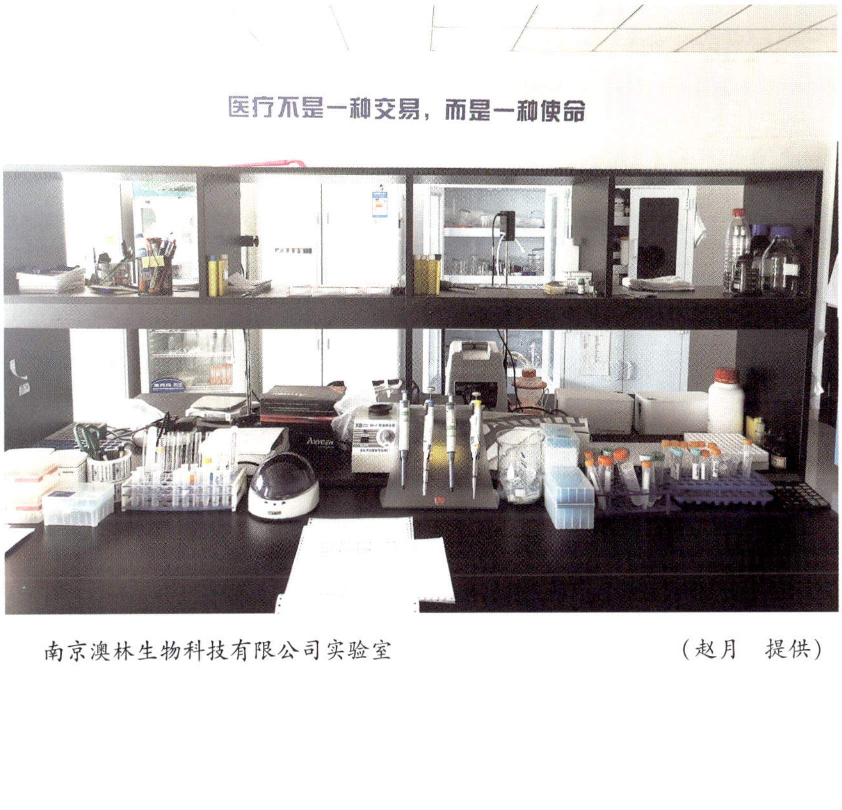

南京澳林生物科技有限公司实验室　　（赵月　提供）

替丁、瑞巴派特等。公司通过联合开发、自主开发等方式进行创新药物的研究,获得相关一类新药发明专利4个。2020年,公司有员工约100人;实现工业总产值2.94亿元,同比增长18.45%;销售收入2.73亿元,增长51.3%;利税0.16亿元,增长51.17%。

【梯尔希(南京)药物研发有限公司】 2016年落户浦口开发区紫峰研创中心一期,注册资金450万美元,建筑面积4800平方米。公司主要从事与药物相关的稳定同位素标记药物、药物代谢产物和药物原料药中的杂质研发外包服务。公司重视科研创新,发挥科技人才优势,在职员工150余人,90%为本科以上学历,其中博士8人、硕士11人。2020年,投入研发经费1811.19万元;实现工业总产值1.24亿元,同比增长10.4%;销售收入9719.1万元、利税6589万元。 (刘海浪)

【江苏波杜农牧股份有限公司】 2016年落户星甸工业园区林河路1号,注册资本3000万元,占地面积1.35万平方米,建筑面积1509平方米。公司以"重构牛羊养殖模式,推动秸秆饲料应用,助推草原生态恢复,增加牛羊肉类供应"为使命,以"颠覆性重构反刍动物饲养新模式"为目标,以技术领先的反刍动物全价颗粒饲料服务牛羊产业,主营产品在全国迅速推广,成为饲料行业中反刍动物细分市场领域一匹黑马,产品销量及销售额年增长幅度100%以上。2019年,成功申报南京高新技术企业,通过组织产品研发,申请获得专利13项,其中授权发明专利1项(增强免疫力改善肉质的中草药复合牛饲料),实用新型专利3项(粪尿分离型羊舍、动物饲养哺乳器、反刍动物人工瘤胃刷),软件著作权9项(波杜农牧安全监管平台系统V1.0、波杜农牧生产数据智能查询系统V1.0、波杜农牧饲料智能生产管理平台V1.0、牛饲料添加剂自动调节系统V1.0、牛羊饲料混合前称重系统V1.0、牛羊饲料预混控制系统V1.0、牛羊饲料智能物流管理平台V1.0、肉羊发酵秸秆颗粒研磨系统V1.0、羊饲料原料筛选分类处理系统V1.0)。2020年,公司有员工36人,其中科研人员10人。实现工业产值5982万元、销售收入5980万元、利税420万元。 (潘永梅)

其他产业

【概况】 2020年,全区其他制造业规模以上企业31家,实现工业总产值42.53亿元、主营业务收入46.76亿元、利税6.33亿元。其中,纺织服装1家,实现工业总产值0.34亿元、主营业务收入0.34亿元、利税0.05亿元;皮革、羽毛及制鞋业规模企业2家,实现工业总产值2.31亿元、主营业务收入2.31亿元;非金属制品制造业规模企业23家,实现工业总产值36.47亿元、主营业务收入40.11亿元、利税5.93亿元;废弃资源综合利用业规模企1家,实现工业总产值1.15亿元、主营业务收入1.15亿元、利税0.41亿元;造纸和纸品制造业规模企业1家,实现工业总产值0.26亿元、主营业务收入0.27亿元、利税0.01亿元;印刷和记录媒介复制业规模企业1家,实现工业总产值0.27亿元、主营业务收入0.27亿元、利税0.01亿元;石油、煤炭及其他燃料加工业规模企业1家,实现工业总产值1.09亿元、主营业务收入1.66亿元、利税0.37亿元;其他制造业规模企业1家,实现工业总产值0.64亿元、主营业务收入0.65亿元。 (统计局)

【LED光电照明应用产品研发生产项目建成】 年初开工建设,12月建成。项目位于浦口开发区听莺路,总投资5亿元,总建筑面积约14.5万平方米,建设厂房、办公综合楼、研发楼、实验楼、仓库、生活用房及辅助用房,购置生产、研发、检测设备320台(套)。建成后,预计年产LED灯80万台(套)、电力成套设备500台(套)、风光互补供电设备5500台(套)。 (邵斯捷)

【南京卓越环保科技有限公司】 2014年3月落户星甸街道董庄路9号,占地面积13.33公顷,总投资约5亿元。公司致力于南京市及周边地区企事业单位产生的工业废物综合利用、焚烧、物化处理及安全填埋等服务,焚烧设计规模2万吨/年,废液物化处理设计规模3万吨/年,安全填埋设计规模2.5万吨/年,污水处理、消防泵房、废气处理等公辅工程一次建设完成。2020年,公司实现工业总产值1.17亿元,同比增长33.9%。

【南京浦口自来水有限公司】 始建于1970年,前身为江浦县自来水厂。公司有水源厂1座、制水厂2座、增压泵站8座,取水能力55万吨/日,设计供水能力32万吨/日,供水面积726平方千米,服务46万人,DN75以上供水管网约2300千米,最大供水管径DN1600。公司主要负责浦口区5个街道、2个场、高新区、开发区及江北新区顶山街道七里河以西地区自来水的生产、供应与服务。2020年,实现工业总产值1.48亿元,同比增长28.7%。 (刘海浪)

【江苏润邦智能车库股份有限公司】 坐落于浦口开发区星甸工业园,注册资金1.08亿元,是一家集智能立体车库产品研发、生产、销售、服务于一体的停车设备供应服务商。公司建设现代化生产厂房和研发、办公配套设施,分别在江苏南通和安徽桐城投资建设立体车库配套生产基地,生产规模位于行业前列。参与多项国家标准、行业标准编制,先后获批国家级高新技术企业、江苏省智能立体车库装备工程技术研究中心、江苏省工业设计中心等,形成核心技术和装备优势,制造出多种智能立体停车设备,产品涵盖九大类停车设备30余项子产品。公司获国家科技进步三等奖1项、江苏省机械工业科技一等奖1项、市重点推广新产品奖1项,拥有国家专利4项。2020年,公司与中国科学院合肥智能所专家共同成立江苏智能车库研究院,加大研发投入和人才引进力度,占领高端智慧车库市场,力争二期年产3万个智慧车库项目开工建设,做大做强南京总部公司规模。2020年,有员工92人,其中科技人员20多人。实现工业产值8113万元、销售收入8112万元、利税567万元。 (潘永梅)

· 文稿编辑　卢仕松 ·

都市农业

综 述

【概况】 2020年,浦口区统筹推进疫情防控和农业复工复产复业。落实中央和省、市有关"三农"工作的战略部署,围绕全面建成小康社会,推进农业供给侧结构性改革,以实施乡村振兴战略为抓手,提升农业农村高质量发展水平和质效,较好地完成"十三五"收官任务。实现农林牧渔业总产值75.51亿元,比上年增长3.75%。实现农林牧渔业增加值49.24亿元,增长4.63%。农村居民人均可支配收入30060.6元,增长7.1%,增速高于城镇居民人均可支配收入1.4个百分点。狠抓稳产保供,坚守耕地和永久基本农田保护红线,落实粮食种植面积4533.33公顷,增长0.23%,粮食总产量30765吨,增长3.8%,超额完成市定任务。功能稻米科技示范基地获国家粮食产业技术创新中心授牌。紧盯生猪稳产保供目标任务,在全市率先建成万头猪场,创建市级以上规模畜禽饲养场13个,全区生猪出栏6.16万头,家禽出栏131.64万羽,超额完成市定保供任务。新型职业农民培训1181人。其中,市级农业职业技能培训4期,培训451人,完成市下达指标的115.64%;省级高素质农民培育培训7期(包括农业职业技能培训、农产品电子商务培训),培训730人,完成率101.38%。农业技术推广服务水平明显提高,全区测土配方施肥技术10867公顷,农作物病虫害统防统治覆盖率81.3%,主要农作物绿色防控覆盖率50.5%,绿色防控产品使用占比率86.8%。

发展农业科技创新体系,建立省级现代农业西甜瓜、河蟹、克氏原螯虾、青虾产业技术体系示范基地4个,市级农业科技产学研合作基地3个。建成设施园艺及种植、畜禽、水产等领域农业物联网技术应用点29个,覆盖面积1333.33公顷。推进"互联网+农业",新增农产品电子商务网站、网店和微店等电商主体41家,农产品销售额8.5亿元。打造农产品品牌,发展"二品一标"(绿色食品、有机食品、地理标志性产品)生产主体25家,建成省级绿色优质农产品基地面积6333公顷,绿色优质农产品占比95.7%。发布"浦食浦味"农产品区域公共品牌,形成老山蜂王浆、永宁青虾、浦桥玉剑茶叶、星甸西甜瓜、众鑫丽稻米等国家、省、市级农产品品牌名片,永宁青虾成为国家农产品地理标志。坚持农旅融合发展,建成老山线、长江线、滁河线、苗园线、岘里线等精品线路5条。全区休闲农业接待量412.04万人次,同比增长8.39%;旅游综合收入13.84亿元,同比增长16.17%。2020年,浦口区获"首批国家数字乡村试点地区"称号。

2020年浦口区农林牧渔业总产值、增加值一览表

表52

分行业	总产值		增加值	
	绝对值(亿元)	增幅(%)	绝对值(亿元)	增幅(%)
农林牧渔业	75.51	3.75	49.24	4.63
农业	39.20	1.80	30.11	4.68
林业	5.52	6.47	3.17	6.04
牧业	4.40	14.93	1.84	14.82
渔业	20.45	4.15	10.51	2.59
农林牧渔专业及辅助性活动	5.94	5.55	3.61	4.28

(钟倩)

【农村集体产权交易】 2020年,深化农村集体产权制度改革,开展成员备案及村社分账改革试点工作。确定江浦街道为村社分账试点街道,账户分设和资产分管工作初步完成。全区股份经济合作社陆续开设银行专户,68家股份经济合作社完成省农村集体经济组织管理系统组织登记,录入系统股民7.1万户,通过系统打证率100%。提升全区农村产权交易市场标准化、规范化水平,全区农村集体资产资源流转交易应进必进,按产权交易平台要求规范发包。全年平台发布标段总数261个,成交标段数248笔,成交总金额4300万元,溢价总金额465.3万元,溢价率12.1%。交易品种8种,即土地经营权、水面经营权、四荒使用权、集体资产、水利设施、涉农项目、农民住房、其他,其中土地经营权流转面积479.93公顷,成交金额2062.4万元,溢价金额94万元。强化确权档案管理工作。7月初下发《关于认真做好全区农村土地承包经营权确权登记颁证档案工作的通知》,召开专题会议布置相关工作,确保全区承包土地确权档案内容真实有效、信息完整、实体安全,并与档案部门密切配合,推进各街道档案进馆工作。至年底,江浦、永宁、星甸、汤泉4个街道31401卷档案进馆。

(邹旻桦　张夏)

【高效设施农业】 全区扶持省、市、区级设施蔬菜园艺项目17个,总投资2785.24万元,财政补助资金1391.75万元。其中,实施桥林街道乐水庄园省级设施建设项目1个,新建1个连栋塑料温室2.5公顷,总投资300万元,财政补助资金150万元;实施市、区项目16个,新建11个连栋塑料温室10.4公顷、2个"8332"型钢架大棚6.67公顷、3个喷滴灌27.7公顷,共投资2485.24万元,市级财政补助资金694.6万元,区级财政补助资金547.15万元。新增设施蔬菜、园艺面积95.6公顷,完成率110.3%;全区高效设施蔬菜、设施园艺总面积6395.2公顷,占比26.33%。

(雍元萍)

【智能农业建设】 围绕农业转方式、调结构高质量发展要求,实施农业物联网建设行动。采取政策扶持和项目引导等方式,支持种植业、畜禽、水产等规模经营主体在各领域推广应用物联网信息技术。投资909万元,新建星甸河蟹物联网基地及永宁共兴青虾特色产业园物联网基地2个农业物联网技术应用示范点;投资180万元,实施雨发智能玻璃温室物联网技术应用示范点项目和金龙甸连栋温室农业物联网应用示范点项目,通过传感器、数字高清视频监控、智能控制设备等,实现智能处理,减少人工劳作,全流程生产控制提高亩产和农产品质量,示范引领同行及周边种植户。全区设施园艺、畜禽养殖、大田种植、水产养殖等领域农业物联网技术应用点29个,覆盖面积1333.33公顷。

(陈地科)

【农产品品牌培育】 浦口区落实"质量兴农、绿色兴农、品牌强农"目标,立足当地农产品资源特色,打造农产品区域公用品牌。全年新增"二品一标"食品企业8家,即南京市浦口区十里茶场、南京市浦口区李小飞家庭农场、姜开龙家庭农场、雯琪家庭农场、乐水庄园家庭农场、周其海家庭农场、南京桥丰农业发展有限公司、永宁街道农业发展服务中心;新增"二品一标"产品22个,涉及蔬菜、茶叶、瓜果、食用菌、水产等;新增"二品一标"产地面积1435公顷,其中绿色食品面积102公顷、地理标志农产品面积1333公顷。至年底,"二品一标"产品生产主体总数25家,"二品一标"产品总数75个,"二品一标"产品总面积2203公顷。永宁、星甸、桥林、汤泉4个街道建成省级绿色优质农产品基地5个,基地面积6333公顷。加强绿色、有机农产品认证,扩大绿色优质农产品占比,拨付绿色食品企业奖补资金103万元,补助农产品认证企业,累计认证绿色产品55个,面积947公顷,年底绿色优质农产品占比95.7%。发布"浦食浦味"农产品区域公用品牌,扩大产品影响力,提高附加值。形成以老山蜂王浆、永宁青虾、浦桥玉剑茶叶、星甸西甜瓜、众鑫丽稻米等国家、省市级农产品品牌名片,"永宁青虾"获国家农产品地理标志产品证书。

【农产品质量安全监测】 强化新冠肺炎疫情防控期间的农产品质量安全监测工作,制订年度监测工作计划,开展区级层面的监督抽检和风险监测661批次,完成全年检测任务的110.2%。其中,农产品监督抽检117批次(种植业57批次、畜禽产品40批次、水产品20批次);种植业农产品风险监测544批次;合格率均为100%。配合做好部、省市农业农村部门下达的农产品质量安全抽样检测工作,抽检377批次样品(种植业270批次、畜禽产品46批次、水产品61批次)。发挥基层检测室作用,提高速测频率,辖区街道层面174家种植业企业,农残仪速测抽检5933个样品全部合格。

【农产品质量安全监管】 浦口区以乡村振兴战略为抓手,结合新冠肺炎疫情防控,加大辖区农产品质量安全监管力度,确保新冠肺炎防控期间市场保供安全。完善产地检疫报检点建设,强化检疫出证,生猪产地检疫出证387张33160头,家禽产地检疫出证18张19642羽,产地检疫申报检疫率100%。试行食用农产品出证。4月29日,开出邵贤豹家庭农场生产的甜瓜首张食用农产品合格证,并将食用农产品生产企业、家庭农场等122家规模种植养殖主体纳入食用农产品合格证试行主体管理。开展街道农产品质量安全监管站星级评定工作,其中星甸、永宁街道监管站被评为市级四星级监管站。落实信用体系省级追溯管理企业45家,完成全区174家企业和规模农户农残仪速测抽检,落实落地风险监测、监督抽检任务。

(许荔)

【农资打假】 浦口区贯彻落实省、市农资打假专项治理行动视频会议精神,开展农资打假"春雷"行动、用药高峰农药安全执法行动、农药行业安全隐患排查行动等5次,保障农产品质量和农业生产安全。成立农资打假工作领导小组,制定行动方案,明确工作目标、执法检查重点、保障措施等。拉网式排查全区农资生产企业和经营门店,重点检查农资问题突出、反复发生、群众反映强烈、重大假劣农资案件多发地等区域,重点监管当季大宗农作物经营数量大、使用量大的种子、农药、肥料等生产农资,引导经营者履行进货查验义务和质量承诺,严把进货质量关。全年检查农资经营单位502家次、种植户141家次，出动行政执法人员1821人次，发现问题30起，责令整改11起；受理举报投诉10起，结案率100%。完成2020年度省、市两级农资质量抽检工作，其中农药22个，肥料6个，完成率100%。办理案件1件，罚款0.22万元，该案卷获评省、市两级农业行政处罚优秀案卷。春秋两季举办农业投入品生产经营单位培训2场，参加培训170人次，提高经营单位人员打假意识。在桥林、永宁、汤泉、星甸4个街道开展放心农资下乡进村活动，在江浦街道联合区司法局、交运局、税务局等部门开展“谁执法谁宣传”普法活动，现场进行普法宣传、投诉举报咨询、优质农资产品展示、放心农资赠送等服务。发放宣传材料1.5万余份，悬挂条幅20条，赠送放心农资（蔬菜种子、叶面肥等）4000份，接受群众咨询520人次。

（全晨）

【农业科技创新体系建设】 发挥各类科技基地示范带动作用。按照示范推广、培训指导、产业引领“三到位”要求，建成全国基层农技推广体系改革与建设补助项目农业科技示范基地2个（南京雨发农业科技开发有限公司、南京市浦口区黄庄家庭农场）、省级现代农业产业技术体系示范基地4个（西甜瓜、河蟹、克氏原螯虾、青虾）、市农业科技产学研合作示范基地3个（浦口清泉谷SPF小龙虾亲本及养殖技术产学研合作示范基地、浦口雨发智能化玻璃温室栽培技术产学研合作示范基地、浦口星甸黑皮鸡枞等食用菌菌种繁育产学研合作示范基地）。每个基地均有农业科研教学单位对接，组建专家团队，主推技术示范推广、农民教育培训，提高基地科技含金量，使基地成为农科教协作的重要载体、农业先进适用技术的展示窗口和农技人员指导服务的综合平台。在全省现代农业产业技术体系推广示范基地考评中，浦口区河蟹、克氏原螯虾、西甜瓜体系基地均位列第二，青虾基地位列第三。浦口水产技术指导站获“全国农牧渔业丰收奖”成果奖二等奖。

（陈地科）

【新型农业经营主体发展】 浦口区从保障运输通道、解决企业困难、服务企业复工、做好技术服务四个方面着手，通过发放通行证、鼓励开展互助合作、互换用工、组织技术人员全方位指导，把牢新冠肺炎疫情防控田间地头“安检关”、当好农业生产“指导员”、开设农资运输“绿通道”，推动农业企业复工复产。南京国家现代农业产业科技创新示范园江苏波杜农牧股份有限公司率先复工。至2月20日，全区区级以上农业龙头企业开工率100%，家庭农场、专业合作社开工率97.04%。全区工商登记注册家庭农场621家，各级示范家庭农场112家，其中省级33家、市级28家、区级51家。家庭农场中家庭从业人员近2000人，人均年收入10万元以上，亩均纯效益比普通农户高10%～20%。工商登记注册农民专业合作社487家，各级示范合作社55家，其中国家级4家、省级9家、市级5家、区级37家。农民专业合作经济组织数量多、种类全，经营能力稳定提高，规范运行步入新的发展阶段，在带动农户、对接企业、链接市场等方面发挥重要作用。工商注册登记农业产业化龙头企业48家，其中国家级1家、省级3家、市级12家、区级32家，固定资产14.7亿元，从业人员3098人，带动农户2.3万户。全年实现生产加工型省级以上龙头企业销售额44832万元，增长率7.3%。农产品出口1200万美元，下降10.8%。10月30日，浦口区十里家庭农场、浦口区邵贤豹家庭农场入选2020南京都市现代绿色农业“最美”榜单，浦口区名文家庭农场、浦口区尹广红家庭农场入选南京美丽家庭农场榜单。

（赵永胜　张忠谋）

【农业产业化联合体发展】 打造现代农业产业链，加快推进农业产业化联合体发展。出台金融支持政策，与金融机构沟通合作，通过“金陵惠农贷”形式，帮助解决农业企业生产经营资金周转困难；奖励成功创建农业产业化联合体的牵头农业龙头企业，省级奖补资金30万元，市级奖补资金20万元；农村一二三产业、现代农业发展等相关资金向农业产业化联合体内符合条件的新型农业经营主体倾斜，实现三产联动、三大主体融合，提高联合体经营主体的竞争力。建立“龙头企业+合作社+农户”“龙头企业+家庭农场+农户”等多形式利益联结机制，通过入股分红带动型、劳动务工带动型、土地流转带动型、产业发展带动型模式，带动农户增收，实现农户与龙头企业携手共赢。11月20日，南京麦浦园林景观建设工程有限公司牵头的南京麦浦苗木产业化联合体、南京丽铭农业生态发展有限公司牵头的南京丽铭水产养殖产业化联合体2个产业化联合体被南京市农业农村局认定为2020年市级农业产业化联合体。12月10日，江苏浦桥玉剑茶业股份有限公司牵头的江苏浦桥玉剑茶产业化联合体入选省级农业产业化联合体名录。至年底，全区农业产业化联合体总数5家，其中南京老山蜂业产业化联合体、江苏浦桥玉剑茶产业化联合体2家为省级，江苏浦桥玉剑茶产业化联合体、南京麦浦苗木产业化联合体、南京丽铭水产养殖产业化联合体3家为市级。各联合体发挥联农带农作用，建立利益联结机制，联结农民合作社9家、家庭农场37家、种养大户5户，成员农户户均增收额约9000元。

（赵永胜）

【农业保险】 落实农业生产风险保障，拓展农业保险覆盖面，降低因灾害造成的损失。巩固常规农业保险，扩大高效设施农业保险范围，做到“应保尽保”。全区保险险种22个，保费4164.8万元。小麦、水稻、油菜常规农业保险险种3个，承保面积3686公顷，保费142.5万元。其中，承保小麦面积861公顷、油菜面积511公顷、水稻面积2314公顷，保险覆盖面100%。高效设施农业保险扩大到蔬菜大棚、林木火灾、苗木、莲（荷）藕、茶树、茶叶、梨、桃、淡水鱼、水产品、螃蟹、育肥猪、能繁母猪、公益林、种（蛋）鸡、仔猪养殖等19个险种，保费4022.3万元，市、区政府承担70%～80%，占总面积的96.6%。全区受理农业保险理赔案件985件，受惠农户960户，农业保险理赔金额1310.91万元，占农业保险保费总额的31.5%。户均赔款13660元。浦口区近年降水、干旱以及高温等自然灾害频发，苗木种植受到严重影响，苗木种植保险无法满足苗木种植户的保险需求。中国人保财险南京浦口支公司以10年气象监测数据为基础，通过“保险+气象”农险创新模式，开发出苗木气象指数保险。至年末，全区苗木种植面积10493.4公顷,特色险种签单保险1469公顷,总保额1.81亿元,惠及农户700户,弥补险种保障的不足。（金鹏）

种植业

【概况】 2020年,浦口区落实中央重要决策部署,推进种植业粮、油、瓜果生产高质量发展,确保粮、油、瓜果农产品安全、市场稳定。全区农作物播种总面积12439.7公顷,比上年减少2714.3公顷,下降17.9%。其中,粮食作物播种面积4533.33公顷,增长0.23%;粮食总产量30765吨,增长3.8%;每公顷产量6780公斤,增长3.4%。油菜种植面积535公顷,下降15%;总产量1426吨,下降13%。瓜果种植面积411.3公顷,总产量15605吨。主要农作物病虫害专业化统防统治面积2623公顷,覆盖率81.3%,良种覆盖率95%。功能稻米科技示范基地挂牌国家粮食产业创新中心。

粮食生产基地抓好水稻育秧（滕宏飞 摄）

【粮食生产】 全区夏粮种植面积880公顷,下降55.8%;总产量4426吨,下降54.6%;平均单产每公顷5025千克,增长2.8%。其中,小麦种植面积860公顷,下降55.9%;总产量4374吨,下降54.6%。小麦以扬麦20号、扬麦25号、宁麦13号等高产专用品种为主,占小麦总面积的90%以上。示范推广免少耕机条播精量播种技术、晚播麦高产栽培技术,强化赤霉病"一喷三防"等病虫害防治。秋粮种植面积3653公顷,总产量26339吨,增长32.3%。其中,水稻种植面积2066公顷,增长10.2%;总产量17748吨,增长9.1%。以徽两优丝苗、Y两优17号、宁粳8号、武运粳31号、武育粳35号、南粳5055号、南粳3908号、南粳晶谷等优质高产品种为主栽品种。水稻示范推广集中育供秧、硬地塑盘微喷灌集中育秧、机插秧精确定量栽培等技术。机械化统防统治率100%。玉米种植面积727公顷,增长161.8%;总产量4976吨,增长153.4%。提升地产优质稻米产业,择优支持南京金诺种植专业合作社26.67公顷、南京众鑫丽种植专业合作社43.33公顷、南京泽康水稻专业合作社33.33公顷和南京汤农农业种植专业合作社"金陵味稻"26.67公顷等生产基地建设。推广绿色防控技术、绿色种植等新模式。辐射带动全区优良食味稻米种植面积667公顷。

永宁街道张圩社区油菜（滕宏飞 摄）

【油料生产】 2020年,全区油菜移栽面积535公顷,比上年减少96公顷;每公顷产量2670千克,增产45千克;总产1426吨,减少224吨。油菜种植选用宁杂1818号和秦油10号品种,采用人工育苗移栽和部分直播方式,每年10月下旬开始移栽,11月中下旬结束,直播11月上旬。油菜花盛开季节,接待观光游客10余万人次,带动当地"旅游+"发展,旅游综合收入100余万元。（金鹏）

【瓜果生产】 全区西、甜瓜种植面积356.6公顷,产量14137.5吨。其中,西瓜面积303.3公顷,产量12057.5吨;甜瓜面积53.3公顷,产量2080吨。示范推广苏蜜9号、苏梦5号、小兰、苏蜜518号、美都等西瓜以及西州蜜25号、海蜜10号、玉菇等优良新品种。示范推广穴盘基质嫁接育苗技术、大棚蜜蜂传粉技术、大棚优质绿色高效简约化栽培集成技术、水肥一体化技术、病虫绿色防控技术以及"大棚西瓜—水稻"绿色高效种植模式等,促进增产增效。设施西瓜亩产量2650千克,亩产值1.06万元,亩效

2020年浦口区粮食生产主要产品、产量一览表

表53

粮食作物	总面积(公顷)	总产量(吨)	粮食作物	总面积(公顷)	总产量(吨)
合　计	4533	30765	玉米	727	4976
小麦	860	4374	薯豆	860	3615
水稻	2066	17748			

（钟倩）

益6100元；设施甜瓜亩产量2600千克，亩产值11960元，亩效益7460元。星甸街道胡守兴家庭农场承担实施江苏现代农业(西甜瓜)产业技术体系浦口推广示范基地项目，实施核心面积5.33公顷，辐射带动周边区域新型经营主体56.67公顷。在2020年"蓝天碧水杯"第二届江苏"好西(甜)瓜"评比中，胡守兴家庭农场被评为江苏西甜瓜"好基地"，"守兴"牌西瓜获小果型西瓜特等奖，"赭洛山"牌西瓜获中大果型西瓜金奖；邵贤豹家庭农场"九华豹子"牌西瓜获中大果型西瓜特等奖；滕之武家庭农场"浦桥乡果"牌西瓜获中大果型西瓜金奖。开展定单和网上销售，扩大品牌影响，提升西甜瓜效益。邵贤豹家庭农场"九华豹子"牌西甜瓜通过邮政电商和网上销售方式，销售额30多万元。

（王永恒）

蔬菜园艺业

【概况】 2020年，坚持农旅融合发展，推动蔬菜、苗木、茶叶产业绿色化、园艺化。蔬菜种植总面积6646公顷，总产值9.8亿元；设施蔬菜园艺面积6395.2公顷，新增95.6公顷，完成率110.3%。推进特色产业高质量发展，园艺苗木花卉面积10553.4公顷，其中观赏苗木面积10493.4公顷，主打品种从传统品种向彩色树种转变，种植品种发展到200多个，销售模式向"互联网+"电商销售模式转变。销售收入10.34亿元，网络销售占58.3%。茶叶园艺提质升级，茶园面积916公顷，开采面积822公顷，茶叶总产量145吨。销售收入13712万元，平均价948.9元/千克。其中，雨花茶产量27吨，产值4300万元；名特茶产量46.8吨，产值7612万元；雨花茶及名特茶产量和产值分别占总产量、总产值的51%和86%。设施茶叶面积34.6公顷，占茶园总面积的3.8%。全区果园面积508.33公顷，水果总产量9333吨，其中柿子680吨、桃子2229吨、葡萄707吨。年产值5125万元，亩产值6721.3元。

【蔬菜园艺高质量发展】 2020年，新增南京市浦口区星甸街道王村社区标准化菜地建设项目1个，建成面积24公顷，以叶菜和茄果类蔬菜为主，通过标准化、智能化、规模化生产示范，带动周边农民种植蔬菜，为市民提供优质蔬菜。建成南京市浦口区周其海、邵之、浦桥乡果3个家庭农场和南京养生园农业科技开发有限公司、南京市浦口区蓝美农业生态园等绿色防控试验示范与推广基地5个，核心区面积62.67公顷，财政补助资金109万元。建成高效特色园艺基地5个，分别为浦口区石全生态园林有限公司、南京万成生态园林有限公司、南京施桥农业发展有限公司、南京麦浦园林景观建设工程有限公司、浦口区精致家庭农场，核心区面积28.33公顷，总投资301.66万元，财政补助资金150.22万元。

（雍元萍）

【苗木产业转型发展】 2020年，浦口区苗木花卉培育面积10553.4公顷，年销售额10.34亿元。全区花卉企业466家，其中大中型企业105家。从业人员近2.7万人，花木种植农户9245户，花木经纪人2025人，专业技术人员334人，行业协会1个。浦口区是全省五大苗木培育基地之一。推进苗木花卉产业转型发展，实施"三个融合"。以龙头企业为引领组建苗木产业联合体，促进经营主体融合，采用"龙头企业+合作

2020年浦口区苗木花卉生产、销售情况一览表

表54

街　道	种植总面积(公顷)	其中		销售总额(万元)	其中	
		苗木(公顷)	花卉(公顷)		苗木(万元)	花卉(万元)
江浦街道	1266.70	1246.70	20.00	7200	6500	700
桥林街道	2046.70	2040.00	6.70	24100	24100	0
星甸街道	3400.00	3400.00	0	31500	31500	0
汤泉街道	2686.70	2680.00	6.70	32060	32000	60
永宁街道	1153.30	1126.70	26.60	8526	6523	2003
合　计	10553.40	10493.40	60.00	103386	100623	2763

（郑爱春　朱钰莹）

社 + 农户”“龙头企业 + 家庭农场 + 农户”等形式,做大做强苗木产业。南京麦浦苗木产业化联合体被认定为市级农业产业化联合体。以农产品电商销售企业为主体,促进苗木电商销售融合,建立“电商 + 苗木”销售机制,全区 41 个电商企业开设苗木花卉销售窗口,全年苗木销售 10.34 亿元,其中网络销售 6 亿元。以休闲农业为引擎拓展功能空间,推进美丽乡村建设,促进农文旅融合。实施“美丽庭院”“三化村”“宜居村”“精品线路”等创建,发展休闲农业,丰富乡村旅游业态,打造“都市圈最美花园”。2020 年,星甸街道高庙社区、王村社区和桥林街道勤丰社区被省林业局确定为江苏省第二批省级苗木特色建设试点村。

狮子岭茶场　　（滕宏飞　摄）

【名特茶评比】 4 月 24 日,南京市茶叶协会在中山陵景区举办南京市雨花茶及地方名茶质量评比活动,全市 60 多家茶叶生产企业选送茶样 56 只。浦口区 3 家茶场选送茶样 4 只。浦口区旺盛农副产品加工厂的“狮岭春早”、南京老山生态农业开发有限公司的“老山云蕊”、余冲茶场的“浦泉青峰”获银奖。5 月 21 日,南京市农业农村局、市茶叶协会联合举办 2020 年江苏省手工炒茶暨南京市雨花茶手工炒制大赛,全市 54 名选手参赛。浦口区 3 名选手参赛,区旺盛农副产品加工厂职工方大兰获三等奖。

（郑爱春）

林　业

【概况】 2020 年,全区绿化造林工程面积 155.6 公顷,其中新增成片造林 99.33 公顷。完成森林抚育面积 1666.67 公顷,育苗面积 10867 公顷,实有林地 28938 公顷。围绕沿道路、沿水体、美丽乡村示范片区推进城乡绿化。新建及完善农田林网控制面积 673.33 公顷,四旁植树 20.78 万株,农村道路绿化 86.07 千米。现场义务植树 26 场次,参加人员 4000 余人次,栽植树木 3 万余株。建成桥林街道乌江社区黄庄组、桥林街道林山村邢庄组、永宁街道高丽社区三村组省级绿美村庄 3 个。新建“三化”(彩色化、珍贵化、效益化)示范片 2 个,珍贵用材树种培育 30.1 万株。全区林木覆盖面积 36780.6 公顷,林木覆盖率 42.7%,接续保持全省首位。区政府出台《全面推进林长制工作实施方案》,强化森林资源保护管理,“为林设长”,构建责任明确、协调有序、监管严格、保障有力的保护管理机制,最大化形成“山有人管、林有人护、事有人做、责有人担”的格局,确保实现森林资源“三增、三保、三防”(增森林覆盖率、增森林蓄积量、增自然湿地保护率,保林地面积稳定、保重点生态公益林面积稳定、保湿地面积稳定,防控森林火灾、防治林业有害生物、防范破坏森林资源行为)目标,为促进全区经济社会与森林资源保护协调发展提供有力支撑。

（吴飞飞）

【森林植物检疫】 浦口区是全省五大苗木基地之一,区森林植物检疫站强化苗木检疫执法巡查工作。2020 年,按合法程序依法签发调运检疫证 48 份。对绿三江苗木场、鑫磊家庭农场、阳诚苗木园艺中心等重点苗木培育基地进行产地检疫,未发现违法违规经营行为。不定期对园区、主要干道绿化栽植的苗木进行抽查复检,杜绝疫情发生,确保生态安全。

【森林有害生物防控】 2020 年,全区布设林业有害生物监测点 140 个,其中杨树食叶害虫测报点 10 个、美国白蛾监测点 100 个、松材线虫病监测点 30 个,林业有害生物测报调查投入 400 人次。开展松材线虫病治理工作,老山林场组织 3 支松材线虫病病死树清理专业队,清理病死树面积 333.33 公顷,清理病死树 520 株,近 400 吨。病死树、倒伏树全部树干包括枝丫就地切片加工处理,所伐树木根部喷涂药物并覆盖处理,林间清理不留死角,清理效果通过省林业局检疫防治站组织的松材线虫病治理绩效评估认定。开展秋季松材线虫病普查工作,老山林场发病松林面积 488 公顷,病死树 756 株。杨树食叶害虫调查发现有害生物 16 种,以杨黄卷叶螟危害为主。区森检站通过人工、化学、生物、物理等手段,有效防控林业有害生物。美国白蛾和杨树食叶害虫化学防治 3 次,面积近 800 公顷。防治松材线虫,释放生物天敌周氏啮小蜂 1 亿头,释放肿腿蜂 80 万头。利用美国白蛾性诱桶诱捕美国白蛾成虫 1181 头。通过人工剪除网幕、被危害的枝条、挖蛹、灯诱等物理方式减少虫口密度。防治效果通过专家验收。

（郑爱春）

养　殖　业

【概况】 2020 年,全国生猪稳产保供战役打响,区政府出台一系列优惠政策,制定“内挖潜能,外引强援”战略部署,全区新增天邦南京汉世伟食品有限公司万头生猪标准化养殖示范园区1家，改扩建南京晟泰沅农牧发展有限公司、南京开平家庭农场万头猪场2家，生猪养殖场总数7家，生猪饲养量9.86万头，出栏6.16万头，年末存栏3.7万头；大牲畜存栏135头，均为水牛；羊规模饲养场1家，羊出栏1896只，存栏1000只；家禽规模养殖场5家，连同养殖场户，饲养量203.51万羽，出栏131.64万羽，存栏71.87万羽。总产值（绝对值）4.4亿元，增速14.9%；增加值（绝对值）1.86亿元，增速14.8%。列入年初畜禽养殖污染治理清单11家，12月，新增联合认定1家，治理率100%，畜禽养殖废弃物资源化利用率99.95%。新增池塘生态化改造面积102.67公顷，全区水产养殖面积2417公顷，水产品总产量19980吨。加强长江禁捕退捕工作，推动区域联防联控。浦口区与安徽省南谯区、和县、来安县、全椒县紧密合作，共同签订《渔政执法共建共管协议书》，建立“三县两区”渔政执法共建共管协作机制，强化交界水域执法管理，加快推进长江和滁河流域禁捕工作落实，维护水域生态环境持续向好。 （农业农村局）

【畜禽养殖】 2020年，浦口区围绕生猪稳产保供目标，开展畜禽养殖场创建工作，确保完成畜禽产品保供任务。3月13日，区政府与天邦集团签订投资协议，由天邦南京汉世伟食品有限公司在星甸街道山西村投资1亿元兴建生态健康养殖园区。区街两级成立项目建设领导小组，负责协调和推进项目实施。4月15日开工，6月27日竣工，建成生产集约化、自动化、智能化、标准化的生态健康养殖园区。区政府支持重点生猪养殖企业扩大产能，投资2776.34万元，其中区财政补贴1562.87万元，改扩建南京晟泰沅农牧发展有限公司和南京开平家庭农场，改造闲置废弃的老旧猪舍1.24万平方米，提高生猪生产自动化、智能化水平，产能倍增。发挥天邦南京汉世伟食品有限公司、南京晟泰沅农牧发展有限公司、南京开平家庭农场3家大型养殖企业主力军作用，构建生产高效、资源节约、环境友好、供给安全的生猪产业高质量发展新格局，发展生猪规模化、标准化、生态化养殖。全年饲养生猪9.86万头，出栏6.16万头，超额完成市定任务。坚持“质量兴牧、绿色兴牧”，全面提升畜牧业质量效益竞争力，依据农业农村部规定的创建标准，新创建一批以标准化、现代化生产为核心，生产高效、环境友好、产品安全、管理先进，具有示范引领作用，经农业农村部认定公布的畜禽规模养殖标准化示范场。至12月，全区创建规模畜禽养殖场13个（猪场7个、禽场5个、羊场1个），全部通过市级以上创建验收，示范创建率100%，其中部级示范场1个、省级示范场3个、市级示范场9个。

【水产养殖】 全区水产养殖面积2417公顷，水产品总产量19980吨。其中，特色水产养殖面积1933.3公顷，占养殖总面积的80.1%；水产健康养殖面积1985.1公顷，占比82.2%。新增池塘生态化改造面积103公顷。建成南京永宁共兴青虾特色产业园区120公顷。完成养殖池塘生态化改造66.7公顷，新增稻田综合种养面积93.3公顷。3个产业技术体系示范推广基地共建设核心基地126.3公顷，建立示范点15个，养殖面积211.2公顷，示范试验新品种、新技术、新模式。带动周边区域提高科技成果应用水平，辐射全区342户养殖户推广新品种、新技术267.3公顷。完成“青虾专用饲料投喂对比”“稻田养殖青虾”试验2个，创建“泉水养殖小龙虾”生态养殖模式1个。区畜牧水产站获全国农牧渔业丰收奖二等奖，永宁青虾获国家农产品地理标志证书，全区3家水产苗种生产企业被评为江苏特色优势苗种企业经营主体。 （史先阳）

2020年浦口区创建畜禽示范场一览表

表55

养殖场户名称	养殖畜种（种类）	地址	级别
南京晟泰沅农牧发展有限公司	生猪	永宁街道高丽社区白云石矿	部级
南京汉世伟食品有限公司	生猪	星甸街道山西村委会	省级
南京市浦口区童子祥养殖场	生猪	星甸街道解放桥社区居委会	省级
南京市浦口区开平家庭农场	生猪	永宁街道大埝社区五组	省级
南京市畜牧家禽科学研究所江苏省山猪保种场	生猪	星甸街道高庙村委会	市级
南京万成生态园林有限公司	生猪	星甸街道高庙村委会	市级
南京市浦口区浦茂家庭农场	生猪	星甸街道解放桥社区居委会	市级
南京市浦口区柠凰家庭农场	肉鸡	星甸街道汤集村委会	市级
南京求山家禽养殖专业合作社	肉鸡	桥林街道刘公村委会	市级
南京市浦口区王启松养殖场	肉鸡	桥林街道周营村委会	市级
南京市浦口区承云养殖场	肉鸡	桥林街道双庙村委会	市级
南京敬水家禽养殖专业合作社	肉鸡	桥林街道福音社区居委会	市级
三六九养殖专业合作社	山羊	桥林街道刘公村方庄组	市级

（卢一丰）

【畜禽免疫和监测】 全区免疫家禽禽流感211.5万羽、新城疫193.1万羽,免疫生猪猪瘟3.8万头、生猪蓝耳病2.5万头、生猪口蹄疫3.7万头、牛口蹄疫60头、羊口蹄疫1310只、羊小反刍兽疫810只,免疫率100%。免疫家畜全部佩戴免疫标识,规范使用《南京市畜禽规模场及散养户安全生产记录》。制定2020年重大动物疫病监测方案,开展日常检测、飞行检测、集中检测工作。全年采样监测200场次,完成免疫抗体监测6194份。其中,禽流感3165份,合格率95%以上;新城疫1055份,合格率86%;O型口蹄疫605份,合格率91%;猪蓝耳病415份,合格率88%;猪瘟415份,合格率90%;羊小反刍兽疫539份,合格率90%。完成抗体检测617份,其中羊布病594份、猪伪狂犬23份,合格率均为100%。完成病原学监测3356份,其中非洲猪瘟1300份、禽流感H7N9病1766份、禽流感H5亚型290份,合格率均为100%。建立健全动物血吸虫病查治工作基础档案,按照"一粪三检"要求,查治监测牲畜311头,全部为阴性,预防性服药121头。

【水生动物免疫和监测】 2020年,全区设置8个水生动物病害测报点,测报面积1189.7公顷,检测样品47份,上报病害测报预报表8期。开展药物敏感性试验34批次,分离菌株42株,送检重大疫病监控样品2份,合格率100%。获全省水产养殖病害测报绩效考核一等奖。

【水产品质量安全监管】 构建区—街道—社区三级监管网络体系,明确各级监管人员职责,建立监管对象名录。联合街道监管员、社区协管员开展联合执法,检查水产养殖场(户)、苗种场、企业、合作社等105家,签订水产品质量安全承诺书105份。开展水产品质量安全宣传,发放《水产养殖用药明白纸》411份,悬挂水产品质量安全宣传横幅5条。监督抽检和例行抽检青虾、河蟹、四大家鱼样品81个,合格率均为100%。

【渔政监督管理】 浦口区落实长江流域10年禁渔期战略部署,从2020年1月1日0时起,长江流域(浦口段)、滁河流域(浦口段)全面禁捕退捕。区渔政部门加大对非法捕捞等涉渔违法行为的打击力度,不定时开展白天巡查和夜间突击检查,全年执法检查306次,出动执法车辆229车次、执法艇77艘次,发放长江禁渔宣传资料840份,清理各类违规网具174套。查获渔业违法案件6件,全部移交公安部门立案处理,出具"两法衔接"案件认定材料20份。7月,浦口区牵头召开"三县两区"渔政执法共建共管联席会议,磋商五方管辖范围、职责和协作机制等,共同签订《渔政执法共建共管协议书》,建立渔政执法共建共管协作机制。聘请21名退捕渔民组成禁捕退捕护鱼员队伍,分两班在江豚监测点和绿水湾水域不间断巡逻,宣传禁捕禁钓政策,举报违法捕捞行为,实现渔民身份转换和岗位转型。 (张仁展)

【动物卫生监督和疫病防控】 区动物监督所结合新冠肺炎疫情防控,加强非洲猪瘟防控,严格执行生猪及生猪产品调运规定,坚守长江三桥公路动物卫生监督检查站卡口,执行全天候工作制度,查证验物、登记信息,严格控制疫区生猪及生猪产品进入境内。全年检查车辆9369车,其中生猪6534车88.45万头、肉牛1407车1.92万头、羊46车5041只、禽1382车555.02万羽,检查动物产品33864车30.41万吨。生猪产地检疫出证550张5.35万头、家禽19张2.06万羽。产地检疫申报检疫率100%。协助省、市采样7批次,区级自采样5批次,共采样97份。实施盐酸克伦特罗、沙丁胺醇、莱克多巴胺"一尿三检"各1.76万头份,结果均为阴性。制定《浦口区动物诊疗执法专项整治行动方案》,加强动物诊疗活动执法监管,增强动物诊疗机构和执业兽医依法从业意识,规范动物诊疗市场秩序,促进动物诊疗行业健康发展。监督检查54次,立案查处2件,结案2件。开展农业安全生产"打非治违"执法专项行动,检查饲料生产企业、兽药经营企业、畜禽养殖场户等105家次,出动执法人员158人次,执法检查42次,排查隐患20项,整改落实率100%。浦口区畜禽运输检查站建设管理工作走在全省前列,分别接待农业农村部,河北、安徽等地专家到站调研。 (窦昌祥)

【万头猪场新建项目竣工】 6月27日竣工。万头猪场位于星甸街道西山村,由天邦食品股份有限公司投资1亿元兴建,长260米、宽63米、层高2.6米,建筑面积1.5万平方米,分设猪舍13间,猪场正西边分布饲料塔13个和厌氧反应罐。天邦股份是中国生猪养殖产业链最齐全的农牧企业之一。3月13日,浦口区政府与天邦股份签订年出栏生猪3万头,生猪生产集约化、自动化、智能化、标准化的生态健康养殖园区项目。4月15日,天邦集团进场施工。7月中旬进猪养殖,年底前出栏生猪2.4万头。

(宣传部)

【永宁青虾获国家农产品地理标志产品证书】 3月23日,永宁街道启动永宁青虾农产品地理标志申报工作;4月3日,通过省农业农村厅农产品地理标志初审,并确定永宁青虾的特征是:个体大,爪尖黄,壳薄,体透,有光泽,煮制后虾壳鲜红,虾香浓郁,味鲜微甜,肉质紧密有弹性;9月24日,通过农业农村部农产品地理标志专家评审、公示;12月25日,农业农村部发布第378号公告,颁发永宁青虾中华人民共和国农产品地理标志登记证书,永宁青虾成为浦口区首个农产品地理标志产品。 (弓义)

● 链接:

永宁青虾简介

永宁青虾养殖历史悠久,20世纪60年代,永宁在沿滁河区域开始发展青虾养殖。1971年,成立永宁公社水产技术推广站、大桥公社水产技术推广站,负责推广永宁青虾优良品种。1986年,永宁镇养殖场(联合国项目)开工,1989年建成投产,有养殖水面82.4公顷。90年代末,在北城圩成立永宁青虾养殖基地,选育优势品种,形成规模生产。2006年,成立浦口区永宁青虾养殖合作社,永宁青虾养殖面积666.67公顷。2008年,永宁青虾养殖规模1533公顷,产值近亿元。现阶段,永宁青虾常年养殖面积1333公顷,年总产值约1.5亿元,与盒马鲜生、永辉超市等大型商超实现产销对接,形成规模化养殖、标准化生产、品牌化销售的产业体系。永宁青虾产业成为带动永宁及周边地区养殖户致富奔小康的特色主导产业。

永宁青虾主要产区为老山以北片区,包括高丽社区、大埝社区、永宁社区、东葛社区、西葛社区、张圩社区、大桥社区、侯冲社区、友联村、青山村、联合村11个社区（村），地理坐标为东经118°29′21.67″至118°38′17.51″，北纬32°06′47.13″至32°12′14.39″，水域保护面积1300公顷。

该地区地处滁河以南，属亚热带温湿气候，气候温和湿润，四季分明，雨量丰富。夏季多东南风，冬季多东北风，全年平均风速3.4米/秒，年平均气温16.3℃，日照时数1908.4小时，全年无霜期223天，年均降水量1278.3毫米，适宜多种水生动植物的生长繁衍，使得养殖年生长期可达8个月以上。

水源充沛、水质清新、无污染是永宁青虾独特自然的生长条件。该地区属滁河水系，境内河网密布，荡滩连片，水域广阔，滁河、朱家山河等河流流经，滁河过境水年均10亿立方米，水域面积1333公顷，占全街道总面积的27%，有大小沟河200余条。养殖区域底泥为多年滁河沼泽沉积生物，经微生物分解和有机酸腐烂而成。区域内水资源丰富，植物碎片、水生植物、昆虫、藻类等生物种类较多，为永宁青虾提供天然饵料。

永宁青虾选用体质健壮无病、体表完整无损、无寄生虫的抱卵虾（240尾/千克），在当地青虾繁育场繁育而成，苗种规格整齐（1.1万～1.2万尾/千克）。

独特的地理位置，适宜的气候条件，特有的水质资源，长期形成的独有养殖经验和养殖方式形成永宁青虾特有外观特征和品质特色。永宁青虾壳薄、色清、体大，有光泽，具有体型长、爪尖黄的独特特征，雄虾体长普遍在7厘米以上，步足爪尖微黄。煮制后虾壳鲜红，虾香浓郁，味鲜微甜，肉质紧密有弹性。永宁青虾营养丰富，是一种高蛋白、低脂肪、低热量的营养食品，富含镁、钙、铁、磷、维生素A、维生素B1、B2、E等微量元素，特别是游离氨基酸中甘氨酸、谷氨酸、牛磺酸相对较高。 （朱婷婷）

南京国家农创园

·综　述·

【概况】 2020年，南京国家农创园抢抓市委、市政府第二年重点支持浦口区办好一件大事的机遇，深化体制机制和农业供给侧结构性改革，助力质量兴农和乡村振兴战略，聚焦生物农业、智慧农业、功能农业三大主导产业，高质量招引创新项目、高层次集聚院士团队、高速度建设科创载体、高规格举办品牌活动，广泛开展科技创新联盟。通过2年运作，农创园发展始终在全国5个同类园区中保持领先地位，被评为全国农村创新创业示范园区、江苏省众创社区和江苏省星创天地，被授牌国家粮食产业（功能稻米）技术创新中心科技示范区，获国家科学技术进步奖。

【南京国家农创园管理办公室成立】 4月16日，省委编办批复设立南京国家现代农业产业科技创新中心管理办公室，为浦口区政府派出机构，副局级单位。内设综合部（财务监审部）、发展规划部、招商人才部、企业服务部（安全生产监督管理部）4个部门。成立科创投资集团，下设人力资源中心、投资管理中心、运营管理中心及二级公司。纪检监察机构设置按照有关规定执行。

【体制机制创新】 8月26日，区委常委会审议通过《南京国家现代农业产业科技创新中心管理办公室管理体制机制改革实施方案》。农创中心按照市场化运作、企业化管理、专业化服务，建立管办+公司的发展模式，管办内设机构中主责主业部门占比75%，主抓招商引智、科技创新、企业服务等重点工作。下属科创投资集团围绕市场化导向，以“平台运营、科技服务、集成输出、产业投资”为核心业务，助力入驻企业成长，助推科创中心生态培育和区域农业产业升级。干部人事管理上，打破人员身份限制，实行全员聘用管理，建立指标层层分解、量化到岗的目标考核体系，激发全员干事创业活力。建立完善部省市区联动机制、资源对接机制、信息研究机制、招商考核机制、孵化服务机制，助力农创中心建设发展。

【企业服务高效能】 完善服务机制，成立园区专项服务小组，完成百余家企业工商注册、税务办理、银行开户等市场准入及相关综合服务，注册资金总额超15亿元。组织入园企业申报知识产权、专利申请、人才申报。统筹建好项目快速审批绿色通道，实行“一站式”服务。完善领导干部联系企业制度，建立重点企业“服务直通车”，开展“到现场解难题”服务活动，确保每季度到重大项目现场走访一次。创新服务形式，成立园区专项服务小组，精准对接企业需求，开展“防疫+金融”、企业家早餐会等10余场专项活动，帮助入园企业解决资源对接、金融信贷、市场拓展等方面困难。建立“红橙绿”分类管理机制，对不同的项目实施不同的监管频次和方式，通过等级动态升降倒逼项目发展，对不符合发展规划和产业要求的企业进行“腾笼换鸟”，让优质资源发挥优质效益。

【“中国工程科技论坛——农业机器人工程科技论坛”暨智慧农业与智能装备成果技术交流大会】 8月17—20日在南京国家农创园举办。10名院士、相关业界专家、区委领导出席。论坛主题为“农业机器人——智能改变农业”，旨在为国内农业机器人领域的专家学者、企业界精英、创新创业人员搭建学术探讨和专业交流平台，促进农业机器人技术创新与产品推广，同时为国家部署智慧

8月17—20日，“中国工程科技论坛——农业机器人工程科技论坛”在南京国家农创园举办　　（袁贡娇　提供）

农业战略提供方向性指导，为科技界、产业界共商农业机器人合作之路提供渠道，引领中国智慧农业高质量发展。与会代表围绕大田、温室、果园、养殖场等农业生产应用场景，共同探讨中国农业机器人的发展路径、目标任务、核心关键技术，相互交流学习农业机器人研发应用的经验体会，协同推进中国农业机器人技术创新发展。举办农业机器人工程科技论坛专题报告，同期举办农业机器人、智慧农业与智能装备展览，设展厅60个，展出面积1000平方米。

农创园展示中心　　（袁贡娇　提供）

【南京国家农创园部省市领导联席会议第一次会议】 11月19日，由农业农村部主持在浦口区召开。农业农村部、江苏省政府、南京市政府领导及相关部门负责人，中国农业科学院领导、中国工程院院士万建民、中国农业大学校长等9位院、校、所代表，以及浦口区委、区政府、南京国家农创园相关负责人参加。联席会议制度旨在统筹推进农创园高标准、高质量、高水平建设，明确农创园功能定位、规划设计和建设内容，加强督促指导，跟踪研究和协调解决建设中出现的突出问题和困难。会议要求农创园要在关键技术集成、关键企业集中、创新要素集聚、优势产业集群方面下更大功夫，为贯彻新发展理念、打造区域创新高地、塑造经济发展优势，发挥更好的示范带动作用。会议强调，要强化对农创园的全力支持，部、省、市要加强协调、分工协作，形成工作合力，全力支持农创园建设发展；要完善各方协调联动机制，在发挥部省市联席会议及办公室主任制度基础上，强化创新部省市共建机制，通过常态化推进，凝心聚力、集思广益、齐抓共管，共同将南京农创园的标杆树得更高、领头跑得更快、优势扬得更长。会上，浦口区委书记汇报南京国家农创园工作开展和建设事项，联席会议各成员单位负责人分别作表态发言。

【2020中国农业农村科技发展高峰论坛暨中国现代农业发展论坛】 11月20—21日在浦口区举行。论坛旨在创新引领中国农业农村科技和现代农业发展方向，持续打造全国农业农村科技与现代农业发展研讨交流平台。农业农村部领导、省市相关领导、10位院士、10余位国内知名农业大学及科研院所领导、企业家代表等500余人参加活动。活动发布“十三五”农业科技标志性成果，以及《2020中国农业科学重大进展》《2020中国农业农村重大新技术新产品新装备》《中国区域农业科技创新能力报告》《2020全球农业研究热点前沿》《2020中国农业科技论文与专利全球竞争力分析》等专题研究报告。举办“科技创新助推农业高质量发展”院士报告会。举办“未来农业”“农业科技创新生态”“健康·营养·现代农业”“科技人才与现代农业”“农村双创与科技”5个分论坛，开展农业农村重大新技术新产品新装备展示。（农创园）

11月20日，国家智能农业机器人科技创新联盟成立大会在南京国家农创园举行　　（袁贡娇　提供）

【省政府投资基金园区行启动仪式暨省乡村振兴投资基金——农业机械装备专场路演】 11月26日在浦口区举行。南京国家农创园联合新希望集团、中信农业等公司，成立产业发展基金、产业引导基金等3家高水平金融基金，总规模15.5亿元，重点支持初创型农业科技企业。同时成立产业金融服务中心，引进江苏银行等一批金融服务机构入驻，为企业提供全方位服务支持。2个基金项目和5个企业项目现场签约，投资2亿元。10多家农机企业现场路演，专家现场点评、与企业沟通互动。

（袁贡娇）

·设施建设·

【概况】 2020年，南京国家农创园加快推进在建载体建设，在建总建筑面积60万平方米。其中，科创中心A地块建筑面积56.2万平方米，熹禾公寓式酒店6.5万平方米。以“绿谷方舟”为设计理念，形成“科技之心，绿谷之脉，山水之园”的“三环”规划结构。建成并投入使用面积12.7万平方米。其中，展示中心2.6万平方米，包含规划展览馆、江苏省农业农村大数据指挥中心、多功能会议室、展示展览场馆、公共服务中心及配套服务设施；公共创新平台（卓坤、祥耀）8.2万平方米，包含集群式院士创新基地、新型研发机构、农业企业总部、共享实验室、大数据中心等；众创空间及星创天地（七星浚、金润达、芯浦）1.9万平方米，为创业创新型农业科技企业集聚区。三桥廊道1.7万平方米建成。“租购并举”完成过渡载体7.2万平方米，为初创期企业提供办公场所。双塔区域南、北塔、四板区域4栋楼房共9.65万平方米、熹禾公寓式酒店6.5万平方米等主体结构封顶，进入二次结构建设阶段。

（韩盼盼　袁贡娇）

【科创中心建设】 南京国家农创园科创中心A地块在建项目建设总面积56.2万平方米，总投资60亿元，项目列入2020年江苏省农业农村重大项目。项目分为总部经济（双塔）、农业科技研发区（三塔）、公共技术中心（方舟）和人才服务配套中心（四板区）等区域。建设采用装配式技术、现代绿色建筑光导管技术及海绵城市雨水收集技术等多项创新技术。至年末，双塔区域南、北塔，四板区4栋楼房主体结构封顶。双塔（南塔和北塔）项目为科技办公用房及其辅助设施，建筑总面积3538.45平方米，2个塔楼均为23层，楼高98.45米；四板区为人才服务配套中心，新建4栋13层楼房，楼高51.15米，建筑总面积92951平方米。中心投入使用面积12.7万平方米，其中展示中心2.6万平方米、众创空间1.9万平方米、公共创新平台8.2万平方米。完成投资10亿元。新增科创中心租购过渡载体7.24万平方米，其中与祥耀智能科技有限公司签订股权收购协议，收购载体面积6.5万平方米，2栋主体建筑建设内容基本完成；租用金润达科创园载体面积7400平方米，入驻企业4家，为初创期企业提供办公场所。完成农创园三桥廊道孵化展示基地建设。

【孵化展示基地建设】 2020年，农创园实施三桥廊道孵化展示基地工程。三桥廊道为南京市绿地系统规划六大生态廊道之一，基地位于西江口社区，规划面积266.67公顷，作为“四新”成果发布的线下承接平台，为入园企业“新品种、新技术、新装备、新品牌”等技术成果转化建设相关配套设施。基地分为大田展示区、种质资源展示区和设施展示区三大区域，划分10个功能分区。至年底，完成一期工程133.33公顷基地建设，包括功能作物展示区、农业设施及智慧装备展示区、创新种质资源及品种展示区等，建成智能型连栋薄膜温室3栋、大跨度单体大棚10栋、“732”日式大棚和部分隔离棚20栋；完成精品蔬菜展示区、设施区和个性化农场展示区相关基础配套，三桥廊道孵化展示基地初具形态。与宿迁泗阳、镇江丹徒等省内涉农区县建立合作关系，挂牌成立中试孵化基地，形成筑巢引凤、培新育强的物理支撑。完成小白菜品种材料、观赏蔬叶菜及南方型甘蓝等数千个品种的培育试验。

【众创社区建设】 南京国家农创园打造众创社区3.6万平方米，设立公共服务、公共技术、公共活动、公共创新四大平台，建成共享实验室1700平方米，引入国家（省级）重点实验室、工程技术研发中心和省农业农村大数据中心等平台15个。南京浦口现代农业众创社区获批江苏省第四批众创社区备案试点。众创社区以智慧农业、生物农业和三大主导产业为特色，依托新一代信息技术、现代农业生物技术、高端装备技术等先进技术手段，实现现代农业产业创新发展。通过打造一批资源和要素集聚的农业创新创业基地，突破一批制约区域和农业产业发展的重大技术瓶颈，引进和孵化培育一批创新能力突出的科技型农业企业，创建一批现代农业特色产业和知名品牌，形成一批可复制可推广的创新创业新模式，构建创新驱动、开放共享、合作共赢、持续发展的新型“科技+产业+生活”的农业硅谷众创社区。10月21日，南京农创园科创投资集团有限公司“农创园星创天地”入选江苏省第四批省级星创天地备案。

【国家智能农业机器人科技创新联盟成立大会暨国农机器人产业创新研究院揭牌仪式】 11月20日在南京国家农创园举行。国家智能农业机器人科技创新联盟总部位于南京国家农创园，由国农机器人产业创新研究院发起，联合中国农业科学院、南京国家农创园等共同组建。联盟的成立旨在通过协同创新，攻克农业机器人技术瓶颈，解决农业机器人实际生产应用难题，探寻以智能装备促进现代农业发展的制度保障，达到以机器替代人力，节约劳动力资源，提升农业效益水平。国农机器人产业创新研究院由中国农业科学院副院长孙坦团队与南京国家农创园，依托国家数字种植业创新中心和国家智能农业机器人科技创新联盟共同打造。　（袁贡娇）

·招商引资·

【概况】 2020年，南京国家农创园围绕“高端人才团队、高科技农业企业、高水平基金、高转化性成果”招引方向，通过“线上+线下”，采用依靠休系招商、委托中介招商、借助基金招商等方式，赴北京、上海、深圳及南京主场举办或协办主题推介会50余场，举办全国创新创业大赛、中国农业农村科技发展高峰论坛等重大活动，总规模超1万人。外出招商20余批次。全年新增招商签约项目150个，其中具有引领性、带动性、示范性项目20个，累计签约项目258个。签约项目投资亿元以上企业8个，总投资26.2亿元，其中天邦食品股份有限公司投资13.5亿元。新增注册落地高科技农业企业82家，总数158家。

2020年南京国家农创园亿元以上项目签约情况一览表

表56 单位:亿元

序号	项目名称	签约时间	项目内容	签约单位	投资额
1	农信互联集团华东农业大数据中心(江苏总部)	3月12日	成立农信互联网集团江苏区域总部,建设华东地区生猪产业大数据平台;依托江苏特色农业产业,联合当地龙头企业,打造特色农产品大数据中心	北京农信互联数据科技有限公司	5.0
2	江苏热风环保科技有限公司	4月16日	江苏热风环保科技有限公司是国家高新技术企业,公司整体迁入园区,致力于农机设备的研发、生产与销售	安徽热风环保科技有限公司	1.0
3	江苏丰大生物科技有限公司	8月19日	安徽丰大种业股份有限公司成立于2015年,是农业产业化国家重点龙头企业,组建有水稻专业公司、玉米小麦专业公司,独占经营品种20多个。该公司计划在园区成立江苏丰大生物科技有限公司,进行节水抗旱稻的品种研发	安徽丰大种业股份有限公司	1.0
4	嘉农农业总部	9月16日	江苏嘉农农业发展有限公司是集肉牛繁育、养殖、屠宰、肉制品加工、检测认证及牛肉进口为一体的集团化运作企业,为南京市菜篮子提供肉食产品服务,保障南京市牛肉冷鲜产品的市场供应,确保市民吃上无注水、无病害的"放心肉"	江苏嘉农农业发展有限公司	2.0
5	天邦生物产业化总部基地	9月24日	成立史记生物技术(南京)有限公司,整合史记种猪育种(马鞍山)有限公司、成都天邦生物制品有限公司、马鞍山史记动物健康管理有限公司、史记生物(绥化)种猪有限公司、贵港史记生物技术有限公司等级优质资源,为生猪养殖企业效益提升提供整体解决方案,打造总部经济	天邦食品股份有限公司	13.5
6	三主粮集团总部	10月30日	三主粮集团股份公司整体迁入园区,在江浙沪及长三角区域启动市场运营工作(包括团队、渠道、品牌的建立),成立燕麦产业技术研究院、招募组建产业互联网供应链金融团队、进行禀赋资源的全产业链条技术服务包输出及其他	三主粮集团股份公司	1.5
7	中农宠物营养研究院(李德发院士团队项目)	11月10日	中农宠物营养研究院由李德发院士带领的科学家和管理运营团队,依托国家饲料工程和技术研究中心,入驻农创园进行宠物饲料、动物饲料、保健品、饲料添加剂、宠物食品、术后恢复、疫苗等相关技术研究	中国农业大学李德发院士团队、南京未来宠物产业研究院有限公司	1.0
8	南京盛庄农业集团有限公司	12月22日	项目计划总投资1.2亿元,将南京盛庄农业集团有限公司总部迁至园区(原注册地在江宁区)。将结合集团旗下特色农业种植示范基地、智慧、示范菜场、餐饮等产业,在园区建设农产品生产和加工基地,结合已入园企业开展市场、技术等方面合作,并计划在园区内建设成立刘姐菜篮子超级农贸市场	南京盛庄农业集团有限公司	1.2

【项目招引创新】 2020年,南京国家农创园注重招引具有引领性、带动性、示范性的项目,推进农创园科技和产业、科技和企业、科技和人才、科技和科技、科技和金融"五个融合"发展。农创园两周年招商签约大会集中签约重点项目20个。其中,签约赵其国、李德发等院士团队项目2个,南大校友总会、南农大校友会、江苏省农科院、省科协海智基地等产学研项目4个,天邦股份、三主粮集团、益客农牧等总部项目3个,国家生物有机肥创新联盟、南京大渊健康产业创新研究院、江苏省农科院兽用生物制品、江苏鳌龙产业技术研究院等新型研发机构项目4个,利华甘蓝创新科技、艾津集团作物科技研发、远望富硒研发中心、热风科技高企、禾奇宝智能农业设备、极目农业机器人、博睿迪农业检测中心高科

技农业企业项目7个。重要活动签约国家功能农业、国家动物健康与食品安全、国家智能农业机器人等高关联度产业科技创新联盟项目，星火众创、海智基地、美国PNP等平台项目，江苏省政府投资基金项目等。

【注册落地企业】 2020年，南京国家农创园新增赵其国、李德发等院士团队4个，总数10个；新增史记生物（天邦生物产业化基地）、农信互联集团、三主粮集团等总部企业8个，总数10个；新增南京思农生物有机肥研究院、中农宠物营养研究院项目等新型研发机构，极目机器人、博睿迪、热风科技等高科技农业企业，国家功能农业科技创新联盟、国家动物健康与食品安全创新联盟、国家智能农业机器人科技创新联盟等高关联度产业联盟，星火众创、海智基地、美国PNP等平台企业，苏美达、江苏鼎信等基金企业。全年新增注册落地企业82家，新增注册资本8.66亿元；落地企业总数158家，累计注册资本30.36亿元。5月18日，出席中国工程科技论坛——农业机器人工程科技论坛的省、市领导为南京国家农创园赵其国院士团队功能农业产业化基地、南京国家农创园李德发院士团队动物营养产业化基地、农业农村部农产加工品监督检验测试中心（南京）、南京国际农业创新加速平台、石墨烯农业科技推广联盟等5个高端项目揭牌。迁址引进企业21家，投资规模1.88亿元，其中落地企业8家，即江苏南京农大动物药业有限公司、南京金南农宠物用品商贸有限公司、南京金南农生物技术有限公司、南京新安中绿生物科技有限公司、江苏智慧农业技术有限公司、南京微农天下科技有限公司、步甲科技（南京）有限公司、南京善植源生物科技有限公司，推动农创园加快打造成“国际知名农业硅谷”。

【“奋进两周年 聚力再跨越”招商签约大会】 5月18日在南京国家农创园举行。农业农村部科教司及省委、市委领导出席会议，李德发、赵春江2位院士、30多名省内农业科技体系专家、农业龙头企业代表等180名嘉宾参会。部、省、市相关领导到会致辞，区长作农创园招商推介。20个具有引领性、带动性、示范性的项目与南京国家农创园签订合作协议，旨在推进“五个融合”发展。赵其国院士团队功能农业产业化基地、李德发院士团队动物营养产业化基地、石墨烯农业科技推广联盟等5个产业化前景好、创新能力强的项目揭牌。李德发院士，赵春江院士，Plug and Play中国执行董事、首席执行官徐洁平，江南石墨烯研究院副院长张昱等院士专家做主旨报告。

【首届全国功能农业发展大会暨南京国家农创园功能农业产业招商推介会】 12月18—19日在南京国家农创园举办。大会由国家功能农业科技创新联盟和南京国家现代农业产业科技创新中心管理办公室共同主办，150余位国内外院士、专家学者、地方政府官员及企业家参加。大会以“将硒资源变硒产业 创新驱动乡村振兴”为主题，共同商讨功能农业发展大局，构建功能农业的创新生态、产业生态、消费生态，加快功能农业高质量、可持续发展，“农创园+研究院+地级市+龙头企业”多方签约集聚各方优势资源，实现功能农业“政产学研用”融合创新。签署南京国家农创园智慧功能农业虚拟园区共建功能农业产业集群战略合作协议15项，其中5家上市龙头企业。抖音实时全程直播，同期现场展示功能农业产品及应用成果，并与电商孵化基地合作开展“产品+产地”直播带货活动，线上参加活动人数突破100万人。 （农创园）

·科技创新·

【概况】 2020年，南京国家农创园紧扣农业科技创新，推进农业科技与产业发展紧密结合，在科技体制创新模式上实现突破，建立部省市联席会议制度，并召开第一次联席会议、办公室主任会议，集成国家、省、市扶持政策。强化纵横联动，多方协同。园区与部省市各级部门联动、科技与企业协同、科技与推广融合、国内与国际联通。聚集高层次院士团队、高科技农业企业、高科技创新联盟、新型研发机构，坚持用科学技术赋能创新生态，主攻生物、智慧、功能农业，聚集创新要素，深化公共服务、公共技术、公共活动、公共创新4类平台，与美国Plug and Play共建国内唯一的国际农业创新加速平台。开展订单式科研、联合化攻关、组团式服务，形成一批高质量成果，打造世界知名“农业硅谷”。入园人才团队赵春江院士研发的“基于北斗农机自动导航和作业精准测控管理技术”入选2020世界智能制造十大科技进展。入园企业申报知识产权94件、发明专利23件。成功申报市科技顶尖专家1人、

5月18日，“奋进两周年 聚力再跨越”招商签约大会在南京国家农创园举行

（袁贡娇 提供）

市级中青年拔尖人才1人、创业浦口6人、区级中青年拔尖人才1人。通过高新技术企业评定3家,通过科技型中小企业评定4家,通过市级新型研发机构备案1家。

【院士团队高层次集聚】 新增赵其国、李德发、邹学校、沈建忠4个院士团队,院士团队总数10个。建设一批国家重点实验室,承接一批农业新型研发机构,关联一批农业高科技企业。沈建忠院士团队完成南京动物源性食品安全研究院有限公司工商注册。赵其国院士团队注册成立南京宝田功能农业产业研究院公司,办公场地400平方米,设立研发研究专项8个,建立国家粮食产业(功能稻米)技术创新中心和国家功能农业科技创新联盟两大国家级平台,全国110余家功能农业重点单位加入联盟。张福锁院士和沈其荣教授团队注册成立南京思农生物有机肥研究院,开展土壤微生物、有机肥和生物有机肥研究,获授权专利5件、PCT专利1件。年技术交易额280万元,经营收入292.4万元。李德发院士团队与南京国家农创园、南京未来宠物产业研究院共同成立中农宠物营养研究院,研发团队7人(院士1人、博士6人),正式上线六大产品线、近百款产品(配方),孵化出宠益舒、润宠世家、锁小鲜等品牌,打造宠物特色产品品牌矩阵。邹学校院士团队成立南京新创蔬菜分子育种研究院,有正式员工24人,本科以上员工占比85%,硕士及中高级职称人员占比38%,外聘蔬菜育种领域专家5人。建标准化厂房1000平方米、低温库500立方米。在农创园科研孵化基地建有育种科研及原种扩繁基地10公顷,在河北、甘肃、江苏等省及意大利有委托制繁种基地66.7公顷,全年生产优良杂交蔬菜种子6万千克,推广新品种杂交小白菜种1.5万千克。赵春江院士工作站获评省级院士工作站,团队研发的"基于北斗农机自动导航和作业精准测控管理技术"入选2020年世界智能制造十大科技进展。

【新型研发机构】 新增南京大渊健康产业创新、江苏鳌龙产业技术、南京思农生物有机肥、中农宠物营养等研究院5个,总数13个;新增农业农村部智慧农业技术集成与产业化应用、设施园艺、功能农业、肥料创新与农业绿色发展等重点实验室4个;新增南京畜禽智能养殖工程技术研发中心、元测检测技术(江苏)股份有限公司农产品与环节检测中心、生命健康功能测评中心等新型研发机构3个。拓展科技输出,发挥入园项目科研及产品优势,与汤泉农场一体化发展,统筹全区农业资源,提升全区农业科技含量,推动产业转型升级。建设中试孵化和产业转移基地,提供全过程、全产业链的现代农业产业技术与服务;发挥交易平台功能,开展数据库建设、信息咨询、培训推广、成果评价工作。

【高科技农业企业】 2020年,南京国家农创园投入正常运营高科技农业企业69家,当年新增运营企业39家。其中,南京恒宝田功能农业产业、南京思农生物有机肥、江苏南京农大动物兽药、江苏鳌龙产业技术等研究院5家,南京农创农业科技有限公司、南京苏供科技有限公司、南京思农生物有限公司等功能农业企业3家,江苏智慧农业技术有限公司、南京深农智能装备有限公司、南京星火星创科技服务有限公司、南京小田网格科技有限公司等智能农业企业4家,微一中森(南京)生态科技有限公司、中农弘企生物科技(南京)有限公司、南京菌库生物工程有限公司、南京天香菊生物科技有限公司等生物农业企业11家,南京思威博环保有限公司、南京思农检测有限公司、贝尔纳斯新材料(江苏)有限公司、极目机器人、博睿迪、热风科技等高科技农业企业16家。江苏三丰智能科技有限公司、江苏深农智能科技有限公司、江苏南京农大动物药业有限公司3家高新技术企业通过市级认定;江苏阿农物联网有限公司、江苏三丰智能科技有限公司、农纷集信息科技(江苏)有限公司、农芯(南京)智慧农业研究院有限公司、京天香菊生物技术有限公司5家科技型中小企业通过省级认定。全年高科技农业企业技术交易收入4320.66万元、经营收入2.58亿元、税收3501.4万元。申报知识产权94件,获专利授权93件,其中发明专利23件。

【赋能创新生态】 高起点赋能创新生态,对接农业农村部科教司等相关部门,推动召开农创园部省市联席会议第二次办公室主任会议,促进部省市管理力量的联动协调,申报重大科研平台。农创园联合4个入园院士团队向国家发改委申报国家重大科技基础设施项目(作物组学大数据及表型精准鉴定设施),并通过形式审查和专家评审,进入"最后冲刺"阶段。与江苏省农科院合作筹建农业农村部农产加工品监督检验测试中心(南京),并通过农业农村部验收。搭建公共服务、公共技术、公共活动、公共创新四大平台,建成园区大数据中心、1700平方米共享实验室和一站式服务中心等;引入国家(省级)重点实验室、工程技术研究中心和江苏省农业农村大数据中心等高价值平台15个。以邹学校院士团队和天邦集团为龙头,持续发展壮大生物育种产业;以张福锁院士团队、沈其荣教授团队为核心,拓展生物肥料产业;以南京农大动物药业公司为基础,发展壮大动物疫苗、兽药、饲料等产业;成立石墨烯农业应用研究院,发展新材料产业;拓展绿色化、无污染植保领域,补齐生物农业产业链。

(赵建　袁贡娇)

【科技创新联盟】 5月14日,国家功能粮油技术创新中心(筹)创建协调会在南京国家农创园召开。旨在提升江苏粮食创新技术水平,打造国家级功能粮油创新高地,将科研成果转化为经济成果,惠及全体民众。南京国家农创园将与赵其国院士及其团队共建国家功能粮油技术创新中心,并争取建设农业农村部功能农业长三角区域联盟重点实验室。

5月28日,国家功能农业科技创新联盟筹备会在南京国家农创园召开,以南京国家农创园(南京恒宝田功能农业产业研究院)为依托,联合中国科技大学苏州研究院、中粮健康研究院等130余家全国功能农业重点科研平台、龙头企业和社会组织,共同发起成立,旨在打造农业"政产学研用"融合创新平台,助力农业供给侧结构性改革,促进中国农业高质量发展。8月,国家功能农业科技创新联盟正式落户南京国家农创园。

12月18日,浦口区与国家功能农业科技创新联盟共同为国家功能农业科技创新联盟智慧功能农业协同创新中心揭牌。南京国家农创园被授牌国家粮食产业(功能稻米)技术创新中心科技示范区。

【品牌产品发布】 采取线上线下同步方式,建成宣传推广、信息交流、对外合作的公共活动平台,全年承办各类品牌活动61场,线下500人,线上80万人以上,壮大品牌效益和活动收益。承接以科创投资集团为主体的“乡村振兴她力量·长三角民宿女主人赋能行动”等活动、培训26场。8月7日,浦口区农产品区域公用品牌发布会在南京国家农创园举行,“浦食浦味”农产品区域公用品牌亮相。“浦食浦味”这一品牌名是从3450余份参赛作品中层层遴选、最终确定的。“浦”字是浦口的象征,“食”“味”点名品牌的产品属性,即食品、农产品。“浦食浦味”内涵是“浦”味十足,“普”惠共享,“朴”实安全。“十三五”期间,浦口区立足当地农产品资源特色,着力打造现代高效农业,形成老山蜂王浆、永宁青虾、浦桥玉剑茶叶、星甸西甜瓜、众鑫丽稻米等多张国家、省、市级农产品品牌名片。

【江苏智慧农业技术公司获国家科学技术进步奖】 1月10日,2019年度国家科学技术奖励大会在北京举行。南京国家农创园入园企业江苏智慧农业技术有限公司研发的“水产集约化养殖精准测控关键技术与装备”获国家科学技术进步奖二等奖。江苏智慧农业技术有限公司于2018年11月入驻南京国家农创园,主要从事农业物联网产品(农业传感器、农业无线传感网络节点终端、农业便捷式检测仪表)的技术研究、开发、销售,农业信息系统工程的技术研究、开发,农业信息咨询服务等。获奖项目属农业电气化与自动化领域,针对中国水产养殖业的可持续发展困境,提出水产集约化养殖精准测控技术体系:感知新技术和传感器打破国外技术垄断;无线跨网适配技术和无线采集控制器填补国内产品空白;智能决策模型和云平台引领产业发展方向;精准测控技术体系带动行业技术进步。经鉴定,该关键技术与装备创新性成果整体达到国际先进水平。

【农芯(南京)智慧农业研究院入选江苏省院士工作站】 8月入选。该研究院系赵春江院士工作站,围绕产品研发与产业化发展,承担关键核心技术攻关项目8项,常阴沙智慧农业公共服务平台、天长市国家现代农业产业园智慧农业平台建设等项目16项。重点开展农业遥感、无人机、新型传感器、大数据、区块链、机器人、农业人工智能等方面的创新性研究;研发制畜禽舍环境测控设备、设施农业作业机器人、农产品智能分级装备等一批前沿技术产品;研发熟化大田精准作业、拖拉机自动驾驶、肥水智能投入、设施智能种植养殖、农产品智慧供应链等一批技术产品。拥有发明专利10项、实用新型专利5项、软件著作权17项,另有29项专利在申请中。烟叶智能分级机产品形成烟叶批量上料、成像、分拣、称重收纳一体化烟叶智能分选择流程,分级正确率80%以上,处于国内领先水平。

【国家级技术交流大会暨投资合作对接会】 8月17—20日,“农业科技成果直通车”2020年(南京)智慧农业与智能装备成果技术交流大会暨投资合作对接会在南京国家农创园举办。大会由中国农业国际合作促进会、国家农业信息化工程技术研究中心、国家农业智能装备工程技术研究中心、国家智慧农业科技创新联盟、南京市科技局、南京市农业农村局主办。会议联合中化、华为、京东、海尔、寿汇信息、商汤科技等国内外知名企业及20余所涉农高校院所、国家级现代农业园区及数十家投资机构共同举行。会议特设农业机器人工程科技、智慧农业成果技术交流大会2个主场论坛,设农业机器人工程科技论坛专题报告、智慧种植和养殖专场、农产品质量检测与冷链物流专场、农牧企业数字化运营专场、国家及地方智慧农业扶持政策与项目申报解读5个专场分论坛,开展名企合作需求恳谈会、项目合作深度交流对接会、实地参观考察及智能装备展览等10余场主题活动。会议发布“农业科技成果直通车”年度智慧农业和智能装备重点推荐项目、国家级农业现代园区招商与政策、国内外知名企业合作需求。

【江苏阿农物联网公司获全国农村创新创业项目创意大赛奖】 9月22日,“农行杯”第四届全国农村创新创业项目创意大赛总决赛在南京溧水举行,浦口区南京国家农创园的江苏阿农物联网有限公司“让中国7亿农民用得上的数字农业”项目获创意大赛初创组三等奖。

【农业科技成果路演交易活动】 11月21日在南京国家农创园举办。活动由中国农业科学院、江苏省农业科学院、长三角乡村振兴战略联盟以及南京国家农创园联合主办。100多项农业科技成果通过线上线下集中发布,10个成果持有团队进行路演,其中5个团队分别与5家农业科技型企业和3家金融、创投机构签订意向合作协议,意向签约金额2亿元。 (袁贡娇)

现代农业园区

【概况】 2020年,浦口区有市级及以上现代农业示范园区6个,其中省级1个、市级5个。建成总面积19.31公顷,占规划总面积的97.4%。其中,雨发、江浦、星甸、永宁、汤泉园区建成面积分别占规划面积的131%、83%、100%、115.4%、80.1%。紧扣全市现代农业示范园区特色产业创建,升级打造园区主导产业。促进设施园艺、高效设施蔬菜、畜牧养殖、水产、茶叶、苗木等产业提档升级,增强农业产、学、研合作,推动园区特色产业创建,促进农业一、二、三产融合发展,加快乡村旅游发展。经市级农业园区建设水平监测评价,星甸园区被评为A类园区。7月15日,市现代农业示范园区建设现场推进会在浦口区召开,会议现场观摩南京国家农创园、星甸街道现代农业园区。 (王永恒 金鹏)

【永宁现代农业园区】 2020年,园区定位“大都市近郊农业”。完成共兴青虾特色产业园区(一期、二期)、浦口区农村人居环境整治提升三年行动、市级示范村建设工程、乡村绿化道路建设、草场圩耕地质量提升片区、水稻生态补偿、“圩美共兴”特色田园乡村、生猪稳产保供、丽铭冷链物流仓储运输设备设施及配套设施用房建设(一期)、大桥社区青虾基地百亩连片池塘改造(一期、二期)、丽铭公司百亩连片池塘生态化改造、东葛社区1.62万平方米连栋塑料温室、友联村9952平方米连栋塑料温室等建设项目13个,总投资3.42亿元。经过“十三五”期间的发展,形成优质粮油种植区1000公顷,高效设施蔬菜种植区333公顷、设施园艺经济林果种植区867公顷、高效水产养殖区1333公顷、现代畜牧养殖区20公顷。园区绿色优质农产品比重86.3%,高标准良田比重100%,水产健康养殖场比重65%。

【星甸现代农业园区】 2020年,星甸街道作为南京市21家农业主导型镇街之一,深度推进现代农业园区高质量发展。园区依托万亩水产产业,结合2020年九峰山田园综合体平台30项建设项目,投入约3.2亿元,加强后圩水产精品养殖区基础设施建设,打造“岫牌”水产品品牌。投入2300万元用于王村水稻生态补偿、石村耕地质量提升及道路绿化项目,提升农业基础设施建设水平。投入800万元,完成物联网基地建设,建成农业物联网综合运行总平台1个、农业物联网专项应用5大领域、农业物联网应用示范基地10个、农业物联网运营3级服务体系,探索“互联网+农业电商平台”新路径,加快电商平台建设进度,拓宽农产品销售渠道。投入约1.6亿元推进人居环境整治提升,新增连栋塑料温室4万平方米、绿色防控项目5个。在山西村新建万头生态育肥猪养殖场,改建石村生猪养殖场(原格致养殖场),完成生猪稳产保供任务。“十三五”期间,星甸街道加强南京星甸现代农业示范园区建设,园区建成总面积8780公顷,拥有水产和茶叶两大主导产业及水稻、蔬菜、果品、苗木四大优势产业。园区内建有浦口区唯一一个农业展览馆,占地面积8870平方米,建筑面积7090平方米。核心区九峰山田园综合体项目2018年列入南京市5家综合体之一、浦口区唯一一个市级田园综合体试点建设名单。在2020年市级现代农业示范园区年度考核中,星甸现代农业示范园区被评为A类园区。

【汤泉现代农业园区】 2020年,以项目为抓手推动园区高质量发展,支持南京施桥农业发展有限公司实施水产健康养殖4.7公顷、特色园艺基地建设8.47公顷;南京市浦口区精致家庭农场新建连栋塑料温室5184平方米、特色园艺基地3.33公顷;南京麦浦园林景观建设工程有限公司实施特色园艺基地6公顷;形成一批现代农业示范基地,引领园区产业转型发展。立足温泉旅游度假品牌,聚力发展休闲农业、旅游农业,建成南京施桥农业发展有限公司、南京市浦口区嘉禾家庭农场等一、二、三产融合发展基地,推动乡村旅游发展。至年末,园区形成设施果蔬、园艺花卉、特色水产、精品苗木等特色产业,培育“浦泉清峰”“汤泉”“汤泉湖”“雨竹”“雨发”“力健”等农产品品牌。园区精品苗木区建成江苏省重点苗木基地、国家级苗木标准化示范区、第六批全国一村一品示范镇核心区。

【雨发生态园区】 2020年,雨发生态园区按照农业示范园区整体南移的发展思路,根据规划将园区打造成省、市、区现代农业样板基地。紧扣发展现代农业、设施农业、特色农业、智慧农业和休闲农业产业方向,开展基础设施、产业和产学研项目等建设。新建智能玻璃温室2万平方米,分为8个区,其中4个区平均面积1920平方米、4个区平均面积2560平方米,并建有参观通道。配套通风、降温、自动控制及施肥灌溉系统。项目总投资3178万元,其中申请财政补助资金1200万元。工程于2020年12月底完工。玻璃温室建设有助于推动园区设施农业发展,促进园艺产业提档升级,增强农业产学研合作,发挥青少年校外实践基地功能作用。 (王永恒)

农业资源开发

【概况】 2020年,浦口区农业资源开发围绕都市圈现代农业发展要求,贯彻落实耕地保护基本国策,坚持以“藏粮于地、藏粮于技”战略为重点,整合区发改委、区财政局、区农业农村局、区水务局及南京市规划和自然资源局浦口分局涉农资金,实施农村耕地质量提升连片推进工作,统筹特色小镇、美丽乡村建设与农业项目融合开发,完善农田基础设施配套,实现农业增效、农民增收、农村增绿目标。实施国家高标准农田建设项目、耕地质量提升片区项目两大类8个项目,建设规模2583.38公顷,投入资金19010.28万元,建成高标准农田400公顷,总面积2227.13公顷,高标准农田占比73.19%(含江北新区)。

2020年浦口区农业资源开发项目一览表

表57

项目级别	项目名称	面积(公顷)	总投资(万元)	其中			
				中央(万元)	省(万元)	市(万元)	区(万元)
国家级	浦口区2019年桥林街道林蒲片高标准农田建设项目	266.67	1000.00	426	374	200	0
	浦口区2020年桥林街道高汤片高标准农田零散地治理项目	133.33	350.00	201	97	52	0

续表57

项目级别	项目名称	面积（公顷）	总投资（万元）	其中			
				中央（万元）	省（万元）	市（万元）	区（万元）
市级	2018年浦口区江浦街道耕地质量提升西江口片区项目	369.05	2878.93	0	0	2303	575.93
	2018年浦口区桥林街道耕地质量提升七联片区项目	421.07	3730.10	0	0	2984	746.10
	2018年浦口区星甸街道耕地质量提升双山片区项目	337.73	3003.15	0	0	2402	601.15
	2019年浦口区汤泉街道邵兴圩耕地质量提升片区项目	400.73	3067.72	0	0	2454	613.72
	2019年浦口区永宁街道耕地质量提升草场圩片区项目	421.07	3299.09	0	0	2639	660.09
	2020年浦口区星甸街道石村片耕地质量提升项目	233.73	1681.29	0	0	1345	336.29

2020年浦口区实施耕地质量提升项目一览表

表58

项目作业区	建设规模（公顷）	其中		投资总额（万元）	开工时间	竣工时间
		高标准农田（公顷）	高效节水（公顷）			
江浦街道西江口片区	369.05	322.51	136.67	2878.93	2019年3月	2020年12月
桥林街道七联片区	421.07	353.60	88.00	3730.10	2019年3月	2020年11月
星甸街道双山片区	337.73	301.24	21.33	3003.15	2019年10月	2020年11月
星甸街道石村片区	233.73	187.53	40.00	1681.29	2020年8月	2021年1月
汤泉街道邵兴圩片区	400.73	302.33	54.00	3067.72	2019年12月	2020年11月
永宁街道草场圩片区	421.07	359.93	62.67	3299.09	2019年12月	2020年11月

【高标准农田申报与建设】 投资1000万元，实施2019年桥林街道林蒲片国家高标准农田建设266.67公顷，其中高效节水灌溉面积26.67公顷。新建排灌站3座；沟渠清淤4.14千米；衬砌渠道2.33千米；生态护坡长4.44米；渠系建筑物141座；喷灌面积26.67公顷；涵闸2座；过路涵32座；水泥路12.52千米；标志标牌1套等。该项目2019年12月26日开工建设，2020年7月20日竣工，8月17日通过市级验收。

投资350万元，实施桥林街道高汤片国家高标准农田零散地治理项目，建设规模133.33公顷。新建泵站2座，衬砌渠道1.96千米，农桥5座，过路涵15座，涵闸13座，放水口36座；灌溉管道2.01千米，管道分水闸阀井7座，管道出水池25座；3.5米宽水泥路0.9千米，3米宽水泥路1.89千米，会车点2处。至年底，完成工程总量的70%，预计2021年3月完工。

组织申报2021年浦口区桥林街道兰花塘片区国家高标准农田建设项目，建设面积266.67公顷，计划总投资2100万元，配套完善沟、渠、路、桥、涵、闸和泵站等农田基础设施。

【耕地质量提升项目】 全区立项实施耕地质量提升片区项目6个，建设面积2183.38公顷，总投资17660.28万元，建成高标准农田1827.14公顷，其中高效节水灌溉面积402.67公顷。（颜志敏）

农业机械化

【概况】 2020年，全区有农机经营服务组织（含合作社、家庭农场、粮食烘干中心）23家、农机维修网点5家。有镇级农机监理员21人、村级农机安全协管员75人。农机总动力26.42万千瓦，比上年增长0.42%。优化升级农机生产装备，新增农田基本建设机械12台、田园管理机械61台、收获机械5台、耕整地机械4台、运输机械10台、种植施肥机械5台、畜牧机械5台、其他机械3台，拥有大型联合收割机304台、大中型拖拉机651台、小型拖拉机1860台、水稻插秧机697台。产地烘干机在役数量

2020 年浦口区农业机械年末拥有量一览表

表 59

指标名称	计量单位	年末数
1. 农业机械总动力	万千瓦	26.42
柴油机动力	万千瓦	15.46
汽油机动力	万千瓦	0.33
电动机动力	万千瓦	10.63
2. 大型拖拉机	台/万千瓦	54/0.41
3. 中型拖拉机	台/万千瓦	597/2.84
4. 小型拖拉机	台/万千瓦	1860/1.68
5. 农用水泵机	台	8506
6. 水稻插秧机	台	697
7. 联合收割机	台	304
8. 农副产品加工机械	台	1195
9. 农用航空器	架	25

79 台,设烘干点 17 个,批次烘干能力 1096 吨,全区产地机械化烘干能力 100%。农业机械化综合水平 66.67%。

【农机购置补贴】 2020 年,全区受理农机购置补贴申请 17 份,受益户 12 户,购置各类补贴农机具 17 台套,总补贴资金 39.71 万元。其中,农用挖掘机 4 台,补贴资金 14 万元;联合收割机 1 台,补贴资金 2.7 万元;轮式拖拉机 4 台,补贴资金 18.1 万元;旋耕机 4 台,补贴资金 0.81 万元;水稻插秧机 1 台,补贴资金 2.8 万元;秧田播种机 2 台,补贴资金 0.4 万元;抓草机 1 台,补贴资金 0.9 万元。 (陆羿)

【农机社会化服务】 2020 年,全区注册登记拖拉机与联合收割机总量 434 台,其中手扶拖拉机运输机组 282 台、大中型拖拉机 111 台、联合收割机 41 台,颁发拖拉机和联合收割机驾驶证 815 本,在用粮食烘干机 37 台。建立农机监管队伍 96 人,其中街级农机监理员 21 人、村级农机安全协管员 75 人。全区机耕面积 11643.14 公顷、机插(播)面积 5316.17 公顷、机械植保(统防统治)面积 11643.14 公顷、机收脱面积 5091.67 公顷、机还田面积 3022.8 公顷、农机跨区作业面积 1632 公顷。小麦生产耕整地、植保 2 个环节机械化水平 100%;种植、秸秆处理 2 个环节机械化水平分别为 86.3% 和 90.7%,其中小麦机种水平 87.5%,水稻机种水平 85.8%,机插率 72.9%,农业机械化综合水平 66.67%。组织开展“送检下乡”服务活动,在全区设置 13 个集中检审点,提供电话预约上门服务;联合太平洋保险公司对上道路行驶的手扶拖拉机运输机组和纯农作业的大中型拖拉机、联合收割机开展农机保险,农机交强险参保率 100%。

(华莉)

【秸秆机械化还田】 2020 年,全区 6 个涉农街场,稻、麦种植总面积 3126.67 公顷,出动大中型拖拉机配套还田机 109 台,完成小麦、水稻机械化还田作业面积 3020 公顷,秸秆机械化还田率 96.06%。其中完成小麦秸秆机械化还田 1013.33 公顷,秸秆还田率 93.85%;水稻秸秆还田 2006.67 公顷,秸秆还田率 98.27%。超额完成省局下达的目标任务。

(陆羿)

· 文稿编辑 杨万友 ·

房 地 产 业

综 述

【概况】 浦口区位于南京市西北部，是长三角地区向内陆腹地辐射的西桥头堡。细分浦口楼市板块，主要有白马路板块、老山板块、五桥板块、城南中心区、桥林新城（南京科学城）片区、汤泉板块等。

白马路连接老山与江北核心区，白马路板块自然资源与未来新区中心配套资源并重，属于江北高端宜居板块。该板块交通便利、配套成熟、生态宜居，紧邻江北大道快速路和长江隧道，出行有地铁10号线，周边有虹悦城（在建）、红星美凯龙、白马生活广场、金盛田等商业配套，逐步形成以小高层、洋房、叠墅为主的低密度住宅形态，拥有良好的居住氛围，更加适合改善人群。主要在售楼盘有林语山墅、通宇林景紫园、恒大溪山公馆、北京城建西华龙樾等，均价3万元左右。

老山植被覆盖率超过80%，有“南京绿肺”美誉。老山板块融自然景观和人文景观于一体，是江北唯一的山居资源。板块产品类型有洋房、叠墅、双拼等，主要在售楼盘有金隅紫京叠院、中建熙元府、金基九月森林（别墅）、林景象山墅院（别墅）等，精装三房约250万元起。

五桥板块包含雨山路及部分研创园区域。主要在售楼盘有五桥口的世茂璀璨江山、江山大境，科工园的江山荟、力标赞城，滨江自贸区的锦绣樾江府、西江瑞府、滨江绿湾花园、锦度花苑。五桥板块总价200万元起，三房门槛约230万元，主打小户型的地铁11号线沿线楼盘较受欢迎，如西江瑞府最小户型75平方米，锦绣樾江府自带商业，2个楼盘均靠近地铁11号线石塘公园站，在区域内有一定的竞争力。

城南中心区总面积2.75平方千米，紧邻江北核心区、研创园，将打造成江北城市中心功能完善的首要承接地，集商务、办公、休闲及居住于一体的活力新中心。该区域云集正荣、弘阳、杭州滨江等开发商，在售新盘有润棠府、望江悦府、嘉品美寓3个项目，均价3万元左右，其中润棠府不仅是城南中心第一个新盘，还是江北首个“双限+装修包”的新盘。城南中心区三房门槛约230万元。

桥林新城定位为江北创新全产业链中的高端智能制造基地，规划形成“一带、三片、多单元”的新城空间结构。交通主要依托地铁S3号线，教育配套有苏杰学校、书人实验学校，商业配套有丝兰湖商业中心。在售楼盘有水沐云筑、时光泊月园2个新盘项目，均价2万元左右，入手门槛200万元以内。

汤泉街道是国家级苗木之乡、温泉小镇，围绕“宜居、宜业、宜游”基本目标，打造现代化旅游型新市镇。主要在售楼盘有仁恒凤凰山居、正源尚峰尚水、山河水，均为别墅产品。（朱军玲）

金基九月森林 （魏星 提供）

【房地产金融情况】 截至12月末，全区房地产各项贷款余额924.97亿元，较上月增加23.26亿元。其中，个人住房贷款余额644.53亿元，较上月增加5.72亿元；住房开发贷款余额208.49亿元，较上月增加17.2亿元（以上数据含江北

新区直管区）。（魏星）

土地市场

【概况】 2020年，浦口区挂牌经营性用地11幅，面积62.42万平方米。同期成交经营性用地11幅，面积47.55万平方米，同比下降30%。总成交金额142.74亿元，同比下降5%。其中，涉宅用地8幅，总出让面积42.97万平方米，同比下降30%，可形成总建筑面积88.83万平方米，同比下降45%，总成交金额137.7亿元；商办用地3幅，总出让面积4.58万平方米，总成交金额5.04亿元（房产局口径）。

8幅涉宅用地中，从宅地分布看，江浦街道、桥林街道、度假区分别4幅、3幅、1幅；从溢价率看，6幅宅地溢价成交，其中城南中心区4幅宅地均达到最高限价，桥林两幅宅地分别溢价16%、10%；从楼面地价看，平均楼面地价15502元/平方米，同比增长73%；从拿地房企看，杭州滨江、越秀2家房企为首进南京；从住宅毛坯销售限价来看，2020年浦口区成交8幅双限地块，江浦最高毛坯销售限价为2.8万元/平方米，桥林最高毛坯销售限价为2万元/平方米。（魏星）

【土地储备工作】 2020年，全区新增收储地块15幅，用地总面积74.87公顷；完成地块出让11幅，出让总面积52.07公顷，总成交价143.3亿元（土储中心口径）。

经市局2019年增补立项批复，新增桥林街道、汤泉街道、永宁街道、星甸街道立项增减挂钩指标140.32公顷，耕地占补平衡指标53.14公顷。化解隐性债务12亿元，完成世纪金源等7个地块的收储成本审计，实现储备资金体内良性循环。落实债券发行、管理、运作要求，完成2019年专项债项目南北庄地块的替换，完善项目信息，盘活6.94亿元，达到项目收益和融资需求的平衡。

（蒋爱晶）

2020年浦口区经营性用地成交情况一览表

表60

序号	成交时间	土地编号	出让面积（平方米）	成交总价（亿元）	楼面地价（元/平方米）	容积率	溢价率（%）	用地性质	拿地企业	位置
1	2月7日	2019G110	11651.66	0.61	1163	4.5	0	商办混合用地	南京地铁资源开发有限责任公司	江浦街道
2	7月10日	2020G32	63073.79	25.00	19818	2.0	20	二类居住用地	南京正康置业发展有限公司	江浦街道
3	7月10日	2020G33	60632.56	24.00	19791	2.0	20	二类居住用地	杭州滨棠企业管理有限公司	江浦街道
4	7月15日	2020G40	65226.61	25.80	19777	2.0	20	二类居住用地	南京弘阳瑞尚房地产开发有限公司	江浦街道
5	10月21日	2020G69	20318.58	1.48	1734	4.2	0	商办混合用地	江苏顺信房地产开发有限公司	江浦街道
6	10月22日	2020G73	30879.43	14.90	19301	2.5	20	二类居住用地	常州星河协通房地产开发有限公司	江浦街道
7	10月30日	2020G78	13802.57	2.95	5343	4.0	48	商办混合用地	南京鼎业投资置业集团有限公司	江浦街道
8	10月30日	2020G80	40061.22	4.10	8529	1.2	0	二类居住用地	绍兴龙嘉房地产开发有限公司（龙湖）	浦口开发区
9	12月1日	2020G88	100977.62	27.20	12903	2.1	0	二类居住用地、商住混合用地、商办混合用地	上海欧美亚置业有限公司（上海华昌）	度假区
10	12月17日	2020G100	29997.24	7.50	10001	2.5	16	商住混合用地	广州越秀集团杭州分公司	浦口开发区
11	12月17日	2020G101	38842.46	9.20	9474	2.5	10	商住混合用地	南京金郡发地产开发有限公司（金地）	浦口开发区
合计			475463.74	142.74						

2016—2020 年浦口区涉宅用地成交面积、地价情况一览表

表 61

指标名称	2016 年	2017 年	2018 年	2019 年	2020 年
宅地出让面积(万平方米)	51.74	60.35	44.01	61.68	42.97
宅地楼面地价(元/平方米)	19882	17582	11135	8956	15502

(魏星)

【地铁 10 号线珠江东站地块出让】 2 月 7 日,市规划和自然资源局网上公开出让 5 幅地块,其中浦口区 1 幅(2019G110)。该地块位于江浦街道地铁 10 号线珠江东路站,出让面积 11651.66 平方米,被南京地铁资源开发有限责任公司以 6100 万元底价拍得,楼面地价 1163 元/平方米。

【城南中心片区地块出让】 7 月 10 日,市规划和自然资源局公开出让 7 幅地块,这 7 幅地块是南京首批"限房价、竞地价"地块,均设有毛坯房销售均价,低于片区新房在售均价。其中浦口区(城南中心片区)2 幅(2020G32、2020G33),总出让面积 12.37 万平方米,总起拍价 40.8 亿元,毛坯房最高限价均为 2.8 万元/平方米。其中,G32 地块经 61 轮竞价,由正荣以总价 25 亿元及人才房建筑面积 3600 平方米竞得,成交楼面地价 19818 元/平方米,溢价率 20.19%;G33 地块经 58 轮竞价,由杭州滨江集团以总价 24 亿元及人才房建筑面积 3400 平方米竞得,成交楼面地价 19791 元/平方米,溢价率 20%。此次为杭州滨江首次进入南京市场。

7 月 15 日,市规划和自然资源局公开出让 9 幅地块,其中浦口区(城南中心片区)1 幅(2020G40),出让面积 6.52 万平方米,起拍价 21.5 亿元。经过 54 轮竞拍,由弘阳以 25.8 亿元及人才房建筑面积 2000 平方米拍得,成交楼面地价 19777 元/平方米,溢价率 20%。

10 月 21 日,市规划和自然资源局公开出让 5 幅地块,其中浦口区 2 幅(2020G69、2020G73),总出让面积 5.12 万平方米,总起拍价 13.88 亿元。其中,G69 地块是城南中心区规划以来出让的首幅商办类地块,未来将配建不高于地上总建筑面积 30% 的酒店式公寓和城南中心区首个五星级酒店,由江苏顺信房地产开发有限公司以 1.48 亿元底价拍得,楼面地价 1734 元/平方米;G73 地块(22 日摇号)经 25 轮竞拍,常州星河协通房地产开发有限公司以 14.9 亿元拍得,楼面地价 19301 元/平方米,毛坯房限价 2.75 万元/平方米(不含装修价)。 (朱军玲)

● 链接:

浦口区城南中心

浦口区城南中心总面积 2.75 平方千米,东至康平路,北至芝麻河,西至长江五桥连接线,南至浦滨路,紧邻江北核心区、研创园。围绕"江北明珠"发展定位,将整合周边产业、生态、景观、文化等资源,打造成一个凝聚活力与繁华的浦口"城市新客厅",成为江北城市中心功能完善的首要承接地,集商务、办公、休闲及居住于一体的活力新中心。城南中心将成为浦口区和江北新区、中国江苏自贸区南京片区的缝合剂,无缝对接周边重要功能板块,为区域整体发展增添动力。按照规划,浦口区城南中心将弥补江北核心区功能不足,与江北核心区互为补充,错位发展,最终打造成为江北又一核心发展极。城南中心将建起"一轴两廊三心三区"的整体空间结构。其中,沿城南河两侧为商务核心区,主要功能包括:以一站式集中商业为主的生活中心功能,以图书馆和市民中心为主的文化地标功能,以主题乐园和都市文娱为主的滨水休闲功能,以树立区域办公品质标杆、营造精品商务氛围为主的品质办公功能。 (融媒体中心)

【桥林地区宅地底价出让】 10 月 30 日,市规划和自然资源局公开出让 11 幅地块,其中浦口区 2 幅(2020G78、2020G80),总出让面积 5.39 万平方米,总起拍价 6.1 亿元。其中,G78 地块经 20 轮竞拍,由南京鼎业投资置业集团有限公司以 2.95 亿元拍得,楼面地价 5343 元/平方米;G80 地块由绍兴龙嘉房地产开发有限公司以 4.1 亿元底价拍得,楼面地价 8529 元/平方米。

【老山地区商住地底价出让】 12 月 1 日,市规划和自然资源局公开出让 9 幅地块,其中浦口 1 幅(2020G88),出让面积 10.1 万平方米,由上海欧美亚置业有限公司(上海华昌)以 27.2 亿元底价拍得,楼面地价 12903 元/平方米,毛坯房最高限价 2.8 万元/平方米。

【桥林 2 幅商住混合用地出让】 12 月 17 日,市规划和自然资源局公开出让 10 幅地块,其中浦口区 2 幅(G100、G101),均为桥林街道商住混合用地,总出让面积 6.88 万平方米,总起拍价 14.8 亿元。其中,G100 地块经 22 轮竞拍,由杭州越秀以 7.5 亿元拍得,楼面地价 10001 元/平方米;G101 地块经 18 轮竞拍,由金地以 9.2 亿元拍得,楼面地价 9474 元/平方米。

2020年2月7日浦口区出让地块(2019G110)信息一览表

表62

指标名称	地块基本情况及交易信息	指标名称	地块基本情况及交易信息
地块编号	NO. 2019G110	公告编号	2019年宁出第15号
地块位置	江浦街道地铁10号线珠江东站地块	挂牌日期	2019年12月25日
四至	东至浦滨路,南至康平路,西至现状,北至浦口大道	出让起始价	6100万元
总用地面积	11651.66平方米	起拍楼面地价	1163元/平方米
出让面积	11651.66平方米	加价幅度	100万元
出让年限	商业40年	竞买保证金	1220万元
规划用地性质	Bb商办混合用地	成交日期	2020年2月7日
容积率	R≤4.5	成交价格	6100万元
建筑高度	≤100米	成交楼面地价	1163元/平方米
建筑密度	≤50%	摘牌单位	南京地铁资源开发有限责任公司
绿地率	≥10%		
出让条件	(1)竞买人或其子公司(母公司)须在中华人民共和国境内注册,经营范围须包括地铁投资、建设及运营,并具备相关业绩;(2)该地块地上建筑量比例为商业≤30%,办公≥45%,酒店式公寓≤25%;(3)地块设计应与10号线保留的现状附属设施、11号线规划方案做好衔接,并征得地铁部门同意,鼓励将地铁附属设施与建筑一体化设计和建设,用地内地铁附属设施可不纳入容积率计算;(4)地上所建商业须全部由竞得人自持,不得销售、不得转让;(5)该项目中有三处地铁设施工程须由竞得人代建:①地铁10号线与11号线换乘通道(位于地下负一层);②11号线珠江东站地下2层外挂结构;③11号线珠江东部分地铁"四小件";上述三处地铁设施工程由南京地铁集团公司委托竞得人代建,建成后无偿移交南京地铁集团公司,建设费用约8400万元,建设费用须经第三方审计机构确认,超过部分由竞得人自行承担,不足部分竞得人须将差额交给南京地铁集团公司;(6)因地铁主体结构进入出让红线范围内地下空间,从保障地铁运营功能与结构安全角度考虑,竞得人应建设地下连续墙等防护加固措施,确保上盖物业地下设施与地铁功能正常使用;(7)地块要求装配式建筑面积的覆盖比例为100%,建筑单体预制装配率≥40%,不享受容积率奖励政策		

2020年7月10日浦口区出让地块(2020G32、2020G33)信息一览表

表63

指标名称	地块基本情况及交易信息	
地块编号	NO. 2020G32	NO. 2020G33
公告编号	2020年宁出第07号	2020年宁出第07号
地块位置	江浦街道迎江路以南、康安路以东地块	江浦街道迎江路以南、康盛路以东地块
四至	东北至康华路,西北至迎江路,西南至康安路,东南至规划道路	东北至康健路,西北至迎江路,西南至康盛路,东南至规划道路
总用地面积	63073.79平方米	60632.56平方米
出让面积	63073.79平方米	60632.56平方米
出让年限	住宅70年	住宅70年
规划用地性质	R2二类居住用地	R2二类居住用地
容积率	1.0<Far≤2.0	1.0<Far≤2.0
建筑高度	≤60米	≤60米
建筑密度	≤20%	≤20%
绿地率	≥40%	≥40%
出让起始价	20.8亿元	20亿元
起拍楼面地价	16489元/平方米	16493元/平方米

续表 63

指标名称	地块基本情况及交易信息	
最高限价	25 亿元	24 亿元
最高楼面地价	19818 元/平方米	19791 元/平方米
加价幅度	1000 万元	1000 万元
竞买保证金	4.16 亿元	4 亿元
挂牌日期	2020 年 6 月 5 日	2020 年 6 月 5 日
成交日期	2020 年 7 月 10 日	2020 年 7 月 10 日
成交价格	25 亿元	24 亿元
成交楼面地价	19818 元/平方米	19791 元/平方米
竞建人才房面积	3600 平方米	3400 平方米
溢价率	20.19%	20%
摘牌单位	南京正康置业发展有限公司	杭州滨棠企业管理有限公司
出让条件	NO.2020G32:(1)住宅建筑高度不得低于 35 米;(2)地块内不得设置沿街商业;(3)该地块须配建建筑面积不小于 6307 平方米的人才房,由竞得人建成后无偿移交浦口区政府;(4)地块内装配式建筑面积的覆盖比例为 100%,建筑单体预制装配率≥50%,住宅建筑 100% 实行全装修成品房交付,不享受容积率奖励政策;(5)该地块按"限房价、竞地价"方式出让,所建普通商品住宅(毛坯)销售均价不得超过 2.8 万元/平方米(装修价格另行核定),最高销售单价不得超过售价均价的 110%(装修价格另行核定);(6)地块竞价达到最高限价时停止竞价,改为在该地块内竞争人才房建筑面积,面积最多者竞得。人才房建成后无偿移交浦口区政府 NO.2020G33:(1)住宅建筑高度不得低于 35 米;(2)地块内不得设置沿街商业;(3)该地块须配建建筑面积不小于 6063 平方米的人才房,由竞得人建成后无偿移交浦口区政府;(4)地块内装配式建筑面积的覆盖比例为 100%,建筑单体预制装配率≥50%,住宅建筑 100% 实行全装修成品房交付,不享受容积率奖励政策;(5)该地块按"限房价、竞地价"方式出让,所建普通商品住宅(毛坯)销售均价不得超过 2.8 万元/平方米(装修价格另行核定),最高销售单价不得超过售价均价的 110%(装修价格另行核定);(6)地块竞价达到最高限价时停止竞价,改为在该地块内竞争人才房建筑面积,面积最多者竞得。人才房建成后无偿移交浦口区政府	

2020 年 7 月 15 日浦口区出让地块(2020G40)信息一览表

表 64

指标名称	地块基本情况及交易信息	指标名称	地块基本情况及交易信息
地块编号	NO.2020G40	出让起始价	21.5 亿元
地块位置	江浦街道迎江路以南、康健路以东地块	起拍楼面地价	16481 元/平方米
四至	东北至现状,西北至迎江路,西南至康健路,东南至规划道路	最高限价	25.8 亿元
总用地面积	65226.61 平方米	最高楼面地价	19777 元/平方米
出让面积	65226.61 平方米	加价幅度	1000 万元
出让年限	住宅 70 年	竞买保证金	4.3 亿元
规划用地性质	R2 二类居住用地	成交日期	2020 年 7 月 15 日
容积率	1.0<Far≤2.0	成交价格	25.8 亿元
建筑高度	≤60 米	成交楼面地价	19777 元/平方米
建筑密度	≤20%	竞建人才房建筑面积	2000 平方米
绿地率	≥40%	溢价率	20%
公告编号	2020 年宁出第 08 号	摘牌单位	南京弘阳瑞尚房地产开发有限公司
挂牌日期	2020 年 6 月 12 日		
出让条件	(1)住宅建筑高度不得低于 35 米;(2)地块内不得设置沿街商业;(3)该地块须配建建筑面积不小于 6523 平方米的人才房,由竞得人建成后无偿移交浦口区政府;(4)地块内装配式建筑面积的覆盖比例为 100%,建筑单体预制装配率≥50%,住宅建筑 100% 实行全装修成品房交付,不享受容积率奖励政策;(5)该地块按"限房价、竞地价"方式出让,所建普通商品住宅(毛坯)销售均价不得超过 2.8 万元/平方米(装修价格另行核定),最高销售单价不得超过售价均价的 110%(装修价格另行核定);(6)地块竞价达到最高限价时停止竞价,改为在该地块内竞争人才房建筑面积,面积最多者竞得。人才房建成后无偿移交浦口区政府		

2020年10月21—22日浦口区出让地块(2020G69、2020G73)信息一览表

表65

指标名称	地块基本情况及交易信息	
地块编号	NO.2020G69	NO.2020G73
公告编号	2020年宁出第11号	2020年宁出第11号
地块名称	江浦街道浦滨路以北、团结路以东01地块	江浦街道科新路以北、团结路以东地块
四至	东至江森路,南至浦滨路,西至规划路,北至科新路	东至科新路,南至规划路,西至新南路,北至江森路
总用地面积	20318.58平方米	30879.43平方米
出让面积	20318.58平方米	30879.43平方米
出让年限	商业40年	住宅70年
规划用地性质	Bb商办混合用地	R2二类居住用地
容积率	Far≤4.2	1.0＜R≤2.5
建筑高度	≤100米	≤100米
建筑密度	≤50%	≤20%
绿地率	≥20%	≥35%
出让起始价	1.48亿元	12.4亿元
起拍楼面地价	1734元/平方米	16062元/平方米
最高限价	—	14.8亿元
最高楼面地价	—	19171元/平方米
加价幅度	300万元	1000万元
竞买保证金	2960万元	2.48亿元
挂牌日期	2020年9月17日	2020年9月17日
成交日期	2020年10月21日	2020年10月22日
成交价格	1.48亿元	14.9亿元
成交楼面地价	1734元/平方米	19301元/平方米
摘牌单位	江苏顺信房地产开发有限公司	常州星河协通房地产开发有限公司
出让条件	NO.2020G69:(1)地块内旅馆建筑面积不低于地上总建筑面积的60%,酒店式公寓配建比例不得高于地上总建筑面积的30%;(2)地块内须建设地上建筑面积不低于5.2万平方米的酒店,酒店建筑设计要求和建造标准不得低于五星级标准;(3)地块内除酒店式公寓可上市销售、转让以外,其余建筑均由竞得人自持经营,不得销售、不得转让;(4)地块要求装配式建筑面积的覆盖比例为100%,公共建筑单体预制装配率≥40%,不享受容积率奖励政策;(5)竞得人须在成交后10个工作日内与浦口区政府签订《投资发展监管协议》,并接受浦口区政府全程监管 NO.2020G73:(1)该地块规划住宅建筑高度不得低于60米;(2)地块内不得配置商业;(3)地块内装配式建筑面积比例100%,住宅建筑单体预制装配率≥50%,住宅建筑100%实行全装修成品房交付,不享受容积率奖励政策;(4)该地块按"限房价、竞地价"方式出让,所建普通商品住宅(毛坯)销售均价不得超过2.75万元/平方米(装修价格另行核定),最高销售单价不得超过售价均价的110%(装修价格另行核定)	

2020年10月30日浦口出让地块(2020G78、2020G80)信息一览表

表66

指标名称	地块基本情况及交易信息	
公告编号	2020年宁出第12号	2020年宁出第12号
地块编号	NO.2020G78	NO.2020G80
地块名称	江浦街道团结路以东、浦滨路以北02地块	桥林街道紫峰路以南、新柳路以北地块
四至	东至规划道路,南至浦滨路,西至团结路,北至科新路	东至石西路,南至水杉路,西至新柳路,北至紫峰路
总用地面积	13802.57平方米	40061.22平方米
出让面积	13802.57平方米	40061.22平方米

续表 66

指标名称	地块基本情况及交易信息	
出让年限	商业 40 年	住宅 70 年
规划用地性质	Bb 商办混合用地	R2 二类居住用地
容积率	Far≤4.0	1.0＜Far≤1.2
建筑高度	≤100 米	≤18 米
建筑密度	≤40%	≤28%
绿地率	≥20%	≥30%
出让起始价	2 亿元	4.1 亿元
起拍楼面地价	3623 元/平方米	8528.61 元/平方米
最高限价	—	4.9 亿元
最高楼面地价	—	10192.73 元/平方米
加价幅度	500 万元	500 万元
竞买保证金	4000 万元	8200 万元
挂牌日期	2020 年 10 月 1 日	2020 年 10 月 1 日
成交日期	2020 年 10 月 30 日	2020 年 10 月 30 日
成交价格	2.95 亿元	4.1 亿元
成交楼面地价	5343 元/平方米	8529 元/平方米
溢价率	48%	0%
摘牌单位	南京鼎业投资置业集团有限公司	绍兴龙嘉房地产开发有限公司（龙湖）
出让条件	NO.2020G78：（1）该地块可全部建设酒店式公寓，可上市销售、转让；（2）该地块内装配式建筑面积的覆盖比例为 100%，公共建筑单体预制装配率≥40%。规划条件中的“容积率”包含采用装配式建筑奖励的容积率部分（含预制外墙水平截面积） NO.2020G80：（1）地块要求装配式建筑面积比例 100%，住宅建筑单体预制装配率≥50%，住宅建筑 100% 实行全装修成品房交付。规划条件中的“容积率”包含采用装配式建筑奖励的容积率部分（含预制外墙水平截面积）；（2）该地块按“限房价、竞地价”方式出让，所建普通商品住宅（毛坯）销售均价不得超过 1.86 万元/平方米（装修价格另行核定），最高销售单价不得超过售价均价的 110%（装修价格另行核定）	

2020 年 12 月 1 日浦口区出让地块（2020G88）信息一览表

表 67

指标名称	地块基本情况及交易信息	指标名称	地块基本情况及交易信息
地块编号	NO.2020G88	公告编号	2020 年宁出第 13 号
地块位置	顶山街道浦乌路以南、珍珠街以西	挂牌日期	2020 年 10 月 30 日
四至	东至浦合路，南至盛泉新城，西至珍珠花苑，北至宁乌公路	出让起始价	27.2 亿元
总用地面积	100977.62 平方米	起拍楼面地价	12903 元/平方米
出让面积	100977.62 平方米	加价幅度	1000 万元
出让年限	住宅 70 年、商业 40 年	竞买保证金	5.44 亿元
规划用地性质	R2 二类居住用地、Rb 商住混合用地、Bb 商办混合用地	成交日期	2020 年 12 月 1 日
容积率	1.0＜Far≤2.11	成交价格	27.2 亿元
建筑高度	≤60 米	成交楼面地价	12903 元/平方米
建筑密度	≤20%	摘牌单位	上海欧美亚置业有限公司（上海华昌）
绿地率	≥30%		
出让条件	（1）该地块不接受联合竞买。（2）该地块须配建建筑面积不小于 8073 平方米的租赁住房，由竞得人建成后自持，用于出租居住，只租不售，不得分割转让，不得分割抵押，遵守国家及南京市租赁房管理相关要求。（3）B 分区内可销售的建筑面积不得超过该分区计容面积的 50%。B 分区内酒店须整体自持，不得分割销售，不得分割转让。（4）该地块按“限房价、竞地价”方式出让，所建普通商品住宅（毛坯）销售均价不得超过 2.8 万元/平方米（装修价格另行核定），最高销售单价不得超过售价均价的 110%（装修价格另行核定）。（5）该地块内装配式建筑面积的覆盖比例为 100%，住宅建筑单体预制装配率应不低于 50%，公共建筑单体预制装配率应不低于 40%，住宅建筑 100% 实行全装修成品房交付。规划条件中的“容积率”包含采用装配式建筑奖励的容积率部分（含预制外墙水平截面积）。（6）竞得人须在成交后 10 个工作日内与浦口区政府签订《投资发展监管协议》，并接受浦口区政府全程监管。（7）该地块内住宅与商业项目应同步开发建设，商业项目开工前，住宅项目不得上市销售；商业项目封顶后，住宅可销售面积不高于住宅计容总面积的 50%；完成《投资发展监管协议》约定的投资前，住宅可销售面积不高于住宅计容总建筑面积的 70%，完成全部投资后，剩余住宅方可上市销售		

2020年12月17日浦口出让地块(G100、G101)信息一览表

表68

指标名称	地块基本情况及交易信息	
地块编号	NO.2020G100	NO.2020G101
公告编号	2020年宁出第14号	2020年宁出第14号
地块名称	桥林街道建兰路以南、双峰路以西地块	桥林街道兰花塘路以南、双峰路以西地块
四至	东至双峰路,南至现状,西至沧浪路,北至建兰路	东至双峰路,南至建兰路,西至沧浪路,北至兰花塘路
总用地面积	29997.24平方米	38842.46平方米
出让面积	29997.24平方米	38842.46平方米
出让年限	住宅70年,商业40年	住宅70年,商业40年
规划用地性质	Rb商住混合用地	Rb商住混合用地
容积率	1.0≤Far≤2.5	1.0≤Far≤2.5
建筑高度	≤80米	≤80米
建筑密度	≤35%	≤35%
绿地率	≥30%	≥30%
出让起始价	6.45亿元	8.35亿元
起拍楼面地价	8601元/平方米	8599元/平方米
最高限价	7.7亿元	10亿元
最高楼面地价	10268元/平方米	10298元/平方米
加价幅度	500万元	500万元
竞买保证金	1.29亿元	1.67亿元
挂牌日期	2020年11月16日	2020年11月16日
成交日期	2020年12月17日	2020年12月17日
成交价格	7.5亿元	9.2亿元
成交楼面地价	10001元/平方米	9474元/平方米
摘牌单位	广州越秀集团杭州分公司	南京金郡发地产开发有限公司(金地)
出让条件	NO.2020G100:(1)地块不得设置酒店式公寓,所建商业用房可以上市销售、转让;(2)地块装配式建筑面积的覆盖比例为100%,住宅建筑单体预制装配率≥50%,住宅建筑100%实行全装修成品房交付,规划条件中的"容积率"包含采用装配式建筑奖励的容积率部分(含预制外墙水平截面积);(3)该地块按"限房价、竞地价"方式出让,所建普通商品住宅(毛坯)销售均价不得超过2万元/平方米(装修价格另行核定),最高销售单价不得超过售价均价的110%(装修价格另行核定) NO.2020G101:(1)地块不得设置酒店式公寓,所建商业用房可以上市销售、转让;(2)地块装配式建筑面积的覆盖比例为100%,住宅建筑单体预制装配率≥50%,住宅建筑100%实行全装修成品房交付,规划条件中的"容积率"包含采用装配式建筑奖励的容积率部分(含预制外墙水平截面积);(3)该地块按"限房价、竞地价"方式出让,所建普通商品住宅(毛坯)销售均价不得超过2万元/平方米(装修价格另行核定),最高销售单价不得超过售价均价的110%(装修价格另行核定)	

(朱军玲)

房地产开发

【概况】 截至12月末,浦口区实现房地产开发投资259.51亿元,同比下降14.3%。其中,商品住宅投资206.33亿元,下降12.3%。房屋在建施工项目66个,在建施工面积805.44万平方米,下降19.5%,房屋竣工面积116.05万平方米。其中,商品房在建施工项目46个,在建施工面积524.61万平方米,竣工面积34.17万平方米。

【房企开发节奏加快】 全市2020年新成交的涉宅用地中,22个地块实现上市,其中下半年成交地块15幅,从拿地到首次开盘时间缩短至6个月,包括弘阳、正荣、融信、仁恒、万科等房企。2020年,浦口区成交的地块中有3个项目实现上市,分别为正荣润棠府、望江悦府、嘉品美寓,拿地到上市周期均不足6个月。从推盘节奏看,全市246个项目领取销许656次,37个项目销许次数在5次及以上,浦口区水沐云筑、江山荟、西江瑞府、雍宁府、锦绣樾江府、金隅紫京叠院均推盘5~10次,年末首开的城南中心区项目多次领取销许,加推频次较高。

2020年浦口区房地产开发投资完成情况一览表

表69

指标名称	单位	2020年完成数	2019年完成数	增幅
房地产开发投资额	亿元	259.51	302.91	-14.3%
商品房投资额	亿元	258.22	289.87	-10.9%
一、按工程用途分				
①住宅	亿元	206.33	235.30	-12.3%
②办公楼	亿元	3.73	7.35	-49.2%
③商业用房	亿元	11.03	21.16	-47.9%
④其他	亿元	38.41	39.10	-1.8%
二、房屋建筑面积				
①施工面积	万平方米	805.44	995.58	-19.5%
其中:住宅	万平方米	603.60	687.72	-12.2%
②竣工面积	万平方米	116.05	220.57	-48.5%
其中:住宅	万平方米	103.71	157.44	-34.1%
三、商品房销售面积	万平方米	151.80	200.52	-24.3%
其中:住宅	万平方米	147.10	172.05	-14.5%
四、商品房销售额	亿元	350.45	301.07	16.4%
其中:住宅	亿元	342.76	275.61	24.4%

(魏星)

【水沐云筑】 位于双峰路与浦乌路交汇处。1月18日首次开盘,推出5栋479套房源,其中人才房144套,户型面积89平方米、99平方米、115平方米,精装交付,预售许可均价20297~22648元/平方米。

据南京网上房地产数据,截至年末,项目入网总套数1324套,入网总面积13.37万平方米;认购105套,认购面积10974.3平方米;成交716套,成交面积68416平方米,至年末,成交均价21760元/平方米。

项目前身为NO.2019G30地块,2019年6月18日经79轮竞价,被江苏水利房地产开发有限公司公司以21.8亿元摘得,楼面地价12296元/平方米,需建设2200平方米自持租赁住房,溢价率44.37%。该地块为桥林第一块商品房用地出让,项目整体规划24栋住宅,其中1~18号、21号楼为18层住宅,19、20、22、24号楼为11层住宅,总套数1708套。

【锦绣樾江府】 位于江浦街道研新路与园特路交汇处。4月4日首次开盘,推出1栋192套房源,户型面积89平方米,预售许可均价27279元/平方米。首开有160组客户参与公证摇号。

据南京网上房地产数据,截至年末,项目入网总套数1307套,入网总面积12.86万平方米;认购97套,认购面积9329.58平方米;成交911套,成交面积86990平方米,至年末,成交均价26324元/平方米。

项目前身为NO.2019G34地块,2019年7月3日经16轮竞价,被苏州业茂房地产开发有限公司(重庆华宇)以22.5亿元摘得,楼面地价12137元/平方米,溢价率7.14%。项目位于江北新区、自贸区叠加范围,是该区域首个楼盘,整体规划11栋高层住宅及2.8万平方米商业,建筑面积约89~127平方米,其中2栋为32层高层,其余均为33层高层,总套数1571套。

【西江瑞府】 位于江浦街道浦云路以东、紫创路以南。6月13日首次开盘,推出1栋174套房源,其中人才房53套,户型面积76平方米、89平方米、114平方米,精装交付,预售许可均价2.72万元/平方米。

据南京网上房地产数据,截至年末,项目入网总套数1524套,入网总面积13.76万平方米;认购193套,认购面积17368.26平方米;成交962套,成交面积85334平方米,至年末,成交均价26339元/平方米。

项目前身为NO.2019G35地块,2019年7月3日经55轮竞价,被招商局地产(南京)有限公司以29.9亿元摘得,溢价率22.04%,楼面地价14037元/平方米。项目位于江北新区、自贸区、浦口高新区叠加范围,整体规划12栋高层住宅,面积75~114平方米,总套数2274套。

【时光泊月园】 推广名"时光泊月"。位于桥林街道浦乌路以南、南湾街以西。6月20日首次开盘,推出5栋166套房源,其中人才房50套,户型面积87平方米、102平方米,预售许可均价18217~18694元/平方米,毛坯交付。

据南京网上房地产数据,截至年末,项目入网总套数353套,入网总面积33191.78平方米;认购53套,认购面积5015.87平方米;成交46套,成交面积4187平方米,至年末,成交均价18520元/平方米。

项目前身为NO.2019G84地块,2019年11月13日,被常州嘉昌置业有限公司以底价2.9亿元摘得,楼面地价8573元/平方米。项目整体规划11栋全6层住宅,主力户型建筑面积87~119平方米,总套数346套。

【德盈龙华国际广场】 位于江浦街道龙华路南侧、康华路东侧。8月28日首次开盘,推出1栋120套房源,其中人才房36套、无房户36套,户型面积100平方米、121平方米,精装交付,预售许可均价3.03万元/平方米。

据南京网上房地产数据,截至年末,项目入网总套数938套,入网总面积65714.42平方米;认购97套,认购面积8434.72平方米;成交142套,成交面积11853平方米,至年末,成交均价30614元/平方米。

项目前身为NO.2018G11地块,2018年3月23日经1轮竞价,被南京赛特置业有限公司以9.5亿元摘得,楼面地价4245元/平方米。项目由1栋约10万平方米综合性购物中心(在建的江北虹悦城)、1栋约200米超高层酒店办公楼、1栋酒店式公寓、3栋住宅及沿街商铺组成。住宅打造建筑面积约89~141平方米三房、四房产品,共368套;酒店式公寓打造建筑面积约37~70平方米全功能型产品。

【滨江绿湾花园】 推广名“雅居乐汇港城”。位于滨江大道与虎桥路交汇处。9月26日首次开盘,推出3栋387套房源,其中人才房117套、无房户117套,户型面积90平方米、103平方米、120平方米、138平方米,精装交付,预售许可均价27298~28162元/平方米。首开有621组客户参与公证摇号,中签率62.31%。

据南京网上房地产数据,截至年末,项目入网总套数1166套,入网总面积13.62万平方米;认购469套,认购面积56368.16平方米;成交491套,成交面积56392平方米,至年末,成交均价27610元/平方米。

项目前身为NO.2019G33地块,2019年7月3日被南京珂聚商业资讯有限公司(雅居乐)以底价37.5亿元摘得,楼面地价5341元/平方米。项目包含自贸主题体验馆、全球商务办公基地、绿色城市客厅、文化创意商街、世界籍精英公寓、滨江宜居住宅六大业态,住宅部分将打造18栋高层,户型建筑面积约105~196平方米,精装修交付。

【润棠府】 推广名“正荣润棠府”。位于浦云路与安康路交汇处。11月26日首次开盘,推出6栋432套房源,其中人才房130套、无房户130套,户型面积89平方米、105平方米、123平方米,预售许可均价29477~30281元/平方米。

据南京网上房地产数据,截至年末,项目入网总套数792套,入网总面积83911.64平方米;认购523套,认购面积52478.81平方米;成交41套,成交面积4345平方米,至年末,成交均价30594元/平方米。

项目前身为NO.2020G32地块,2020年7月10日经61轮竞价,被正荣以25亿元摘得,楼面地价19818元/平方米,溢价率20.19%。住宅拟建17栋层高18楼的高层住宅,户型建筑面积约89~123平方米,精装修交付,人才房建筑面积3600平方米。

【望江悦府】 位于江浦街道迎江路以南、康健路以东。11月30日首次开盘,推出4栋324套房源,其中人才房98套、无房户98套,户型面积75平方米、89平方米、115平方米,预售许可均价29846~30520元/平方米。首开有1154组客户参与公证摇号,中签率36.83%。

据南京网上房地产数据,截至年末,项目入网总套数468套,入网总面积45551.52平方米;认购163套,认购面积14724.03平方米;成交150套,成交面积13248平方米,至年末,成交均价30937元/平方米。

项目前身为NO.2020G40地块,2020年7月15日经54轮竞价,被弘阳公司以25.8亿元摘得,楼面地价19777元/平方米。地块拟建总建筑面积约18.87万平方米,其中地上建筑面积约13.3万平方米,地下建筑面积约5.56万平方米,主要建设内容包括住宅、配套用房、地下车库及其他配套设施。规划建设18栋高层住宅,由弘阳、正荣联合开发,弘阳操盘,户型面积段约75~115平方米,精装修交付。

【锦度花苑】 推广名“中交锦度”。位于江浦街道虎桥路与研新路交叉口。12月20日首次开盘,推出1栋132套房源,其中人才房40套、无房户40套,户型面积79平方米、114平方米,预售许可均价2.84万元/平方米。

据南京网上房地产数据,截至年末,项目入网总套数132套,入网总面积12761.76平方米;认购12套,认购面积1090.92平方米;成交0套。

项目前身为NO.2019G29地块,2019年6月18日经71轮竞价,被重庆中交丽景置业有限公司以26.5亿元摘得,楼面地价15276元/平方米,溢价率35.9%。主要建设高层精装住宅、小区配套沿街商业产品。项目总投资43.4亿元,分两期开发,一期开发6栋高层住宅及配套商业,二期开发5栋高层住宅及配套商业。分为A、B、C三个分区。其中,A分区总建筑面积21.97万平方米,其中住宅建筑面积14.15万平方米,商业建筑面积25318平方米,配套面积1794平方米,地下建筑面积50908平方米,机动车停车位1710个。B分区为幼儿园用地,由浦口区政府出资并建设,后期作为项目配套使用。C分区为基层社区中心用地。

【嘉品美寓】 推广名“滨江嘉品”。位于浦云路与康健路交汇处。12月23日首次开盘,推出4栋288套房源,其中人才房87套、无房户87套,户型面积89平方米、96平方米,预售许可均价29654~30384元/平方米。首开有1729组客户参与公证摇号,中签率16.66%。

据南京网上房地产数据,截至年末,项目入网总套数288套,入网总面积28031.12平方米;认购222套,认购面积20604.62平方米;成交0套。

项目前身为NO.2020G33地块,2020年7月10日经58轮竞价,被杭州滨江以24亿元摘得,楼面地价19791元/平方米,人才房建筑面积3400平方米。项目拟建总建筑面积约17.49万平方米,其中地上建筑面积约12.13万平方米,地下建筑面积约5.36万平方米,主要建设内容包括住宅、配套用房、地下车库以及配套设施。其中,住宅共规划17栋高层住宅楼,主力户型建筑面积约89~125平方米。

水沐云筑基本情况一览表

表 70

指标名称	基本情况	指标名称	基本情况
项目地址	桥林街道浦乌路以西、双峰路以南	物业类别	住宅、商业
总用地面积	9.8 万平方米	土地使用年限	2019 年 10 月 14 日至 2089 年 10 月 13 日
建筑面积	24.9 万平方米	产权年限	70 年
规划用地性质	R2 二类居住用地	首次开盘时间	2020 年 1 月 18 日
容积率	1.01≤R≤1.8	首批交付时间	2022 年 6 月 30 日
建筑密度	≤20%	首次开盘均价	2.2 万元/平方米
建筑高度	35 米≤H≤60 米	年末在售均价	2.17 万元/平方米
绿地率	≥35%	主力户型	115 平方米三房两厅两卫、128 平方米四房两厅两卫
开发企业	南京市和锦置业有限公司(水利地产、融创中国、世茂集团)	交付标准	精装修
建筑设计单位	南京长江都市建筑设计股份有限公司	总户数	1708 户
施工单位	中国建筑第七工程局有限公司	机动车位数	1950 个
物业管理公司	江苏水控港联物业服务有限公司	物业费	1.9 元/平方米·月
建筑类别	高层、小高层		

锦绣樾江府基本情况一览表

表 71

指标名称	基本情况	指标名称	基本情况
项目地址	江浦街道研新路与园特路交汇处	建筑类别	高层
总用地面积	66207 平方米	物业类别	住宅、商业
建筑面积	243192 平方米	土地使用年限	2020 年 1 月 2 日至 2090 年 1 月 1 日、2020 年 1 月 2 日—2060 年 1 月 1 日
规划用地性质	Rb 商住混合用地	产权年限	70 年、40 年
容积率	1.01≤Far≤2.8	首次开盘时间	2020 年 4 月 4 日
建筑密度	≤35%	首批交付时间	2022 年 9 月 30 日
建筑高度	≤100 米	首次开盘均价	27279 元/平方米
绿地率	≥30%	年末在售均价	2.72 万元/平方米
开发企业	南京瑞熙房地产开发有限公司(华宇、东原、绿都)	主力户型	89 平方米三房两厅一卫、112 平方米三房两厅两卫、128 平方米四房两厅两卫
建筑设计单位	江苏浩森建筑设计有限公司	交付标准	精装修
环艺设计单位	笛东规划设计(北京)股份有限公司	总户数	1571 户
施工单位	中天建设集团有限公司	机动车位数	1892 个
物业管理公司	河南绿都物业服务有限公司	物业费	1.9 元/平方米·月

西江瑞府基本情况一览表

表 72

指标名称	基本情况	指标名称	基本情况
项目地址	江浦街道浦云路以东、紫创路以南	建筑类别	高层
总用地面积	78891.53 平方米	物业类别	住宅
建筑面积	278840.34 平方米	土地使用年限	2020 年 1 月 8 日至 2090 年 1 月 7 日
规划用地性质	R2 二类居住用地	产权年限	70 年
容积率	1.01≤Far≤2.7	首次开盘时间	2020 年 6 月 13 日
建筑密度	≤20%	首批交付时间	2022 年 9 月 30 日
建筑高度	60 米≤H≤100 米	首次开盘均价	2.72 万元/平方米
绿地率	≥35%	年末在售均价	2.72 万元/平方米
开发企业	南京悦盛房地产开发有限公司(招商、景瑞、绿都)	主力户型	75 平方米两房两厅一卫、89 平方米三房两厅一卫、114 平方米三房两厅两卫
建筑设计单位	江苏中和建筑设计有限公司	交付标准	精装修
环艺设计单位	笛东规划设计(北京)股份有限公司	总户数	2274 户
施工单位	中夏建设集团有限公司	机动车位数	2411 个
物业管理公司	河南绿都物业服务有限公司南京分公司	物业费	1.9 元/平方米·月

时光泊月园基本情况一览表

表 73

指标名称	基本情况	指标名称	基本情况
项目地址	桥林街道浦乌路以南、南湾街以西	建筑类别	多层
总用地面积	28187.18 平方米	物业类别	住宅
建筑面积	33825 平方米	土地使用年限	2020 年 2 月 24 日至 2090 年 2 月 23 日
规划用地性质	R2 二类居住用地	产权年限	70 年
容积率	1.01≤R≤1.2	首次开盘时间	2020 年 6 月 20 日
建筑密度	≤25%	首批交付时间	2021 年 12 月 31 日
建筑高度	12 米≤H≤18 米	首次开盘均价	1.85 万元/平方米
绿地率	≥30%	年末在售均价	18666 元/平方米
开发企业	南京港弘房地产开发有限公司(弘阳、港龙)	主力户型	87 平方米三房两厅一卫、102 平方米三房两厅两卫、119 平方米四房两厅两卫
建筑设计单位	江苏浩森建筑设计有限公司	交付标准	毛坯
环艺设计单位	南京拙景园林规划工程有限公司	总户数	346 户
施工单位	常州明大建设工程有限公司	机动车位数	391 个
物业管理公司	南京弘阳物业管理有限公司	物业费	1.5~2 元/平方米·月

德盈龙华国际广场基本情况一览表

表 74

指标名称	基本情况	指标名称	基本情况
项目地址	江浦街道龙华路南侧、康华路东侧	土地使用年限	2018 年 8 月 16 日至 2088 年 8 月 15 日、2018 年 8 月 16 日至 2058 年 8 月 15 日
总用地面积	44136.02 平方米	产权年限	70 年、40 年
建筑面积	379233.29 平方米(住宅 41150.77 平方米)	首次开盘时间	2020 年 8 月 28 日
规划用地性质	Bb 商办混合用地、Rb 商住混合用地	首批交付时间	2022 年 9 月 30 日
容积率	5.07	首次开盘均价	3.03 万元/平方米
绿地率	15.03%	年末在售均价	30693 元/平方米

续表 74

指标名称	基本情况	指标名称	基本情况
开发企业	南京赛特置业有限公司(德盈)	主力户型	62 平方米公寓、100 平方米三房两厅两卫、121 平方米三房两厅两卫
建筑设计单位	南京市建筑设计研究院有限责任公司	交付标准	精装修
施工单位	江苏双楼建设集团有限公司	总户数	住宅 368 户
物业管理公司	南京万科物业管理有限公司	机动车位数	2625 个
建筑类别	高层	物业费	住宅 1.9 元/平方米 · 月、公寓 3.9 元/平方米 · 月
物业类别	住宅、办公、商业、酒店式公寓		

滨江绿湾花园基本情况一览表

表 75

指标名称	基本情况	指标名称	基本情况
项目地址	浦口区滨江大道与虎桥路交汇处	物业类别	住宅、办公
总用地面积	233257.02 平方米	土地使用年限	2019 年 11 月 8 日至 2089 年 11 月 7 日
建筑面积	1039843.81 平方米	产权年限	70 年
规划用地性质	R2 二类居住用地、Bb 商办混合用地	首次开盘时间	2020 年 9 月 26 日
容积率	3.01	首批交付时间	2023 年 6 月 30 日
绿地率	住宅 35%	首次开盘均价	27298 元/平方米
开发企业	南京奇雅置业有限公司(雅居乐)	年末在售均价	27494 元/平方米
建筑设计单位	南京市长江都市建筑设计股份有限公司	主力户型	90 平方米三房两厅一卫、103 平方米三房两厅两卫、125 平方米三房两厅两卫
环艺设计单位	广州怡境景观有限公司	交付标准	精装修
施工单位	振中建设集团有限公司	总户数	住宅 2059 户
物业管理公司	雅居乐雅生活服务股份有限公司	机动车位数	住宅 2636 个
建筑类别	高层	物业费	1.9 元/平方米 · 月 + 公摊 0.9 元/平方米 · 月

润棠府基本情况一览表

表 76

指标名称	基本情况	指标名称	基本情况
项目地址	江浦街道迎江路以南、康安路以东	物业类别	住宅
总用地面积	63073.79 平方米	土地使用年限	2020 年 10 月 14 日至 2090 年 10 月 13 日
建筑面积	182101.12 平方米	产权年限	70 年
规划用地性质	R2 二类居住用地	首次开盘时间	2020 年 11 月 26 日
容积率	1.0 < Far ≤ 2.0	首批交付时间	2023 年 6 月 30 日
建筑密度	≤20%	首次开盘均价	29477 元/平方米
建筑高度	≤60 米	年末在售均价	30231 元/平方米
绿地率	40.29%	主力户型	89 平方米三房两厅两卫、105 平方米三房两厅两卫、123 平方米四房两厅两卫
开发企业	南京正康置业发展有限公司(正荣)	交付标准	精装修
建筑设计单位	南京长江都市建筑设计股份有限公司	总户数	1260 户
施工单位	中建二局第二建筑广场有限公司	机动车位数	1415 个
物业管理公司	正荣物业服务有限公司南京分公司	物业费	1.9 元/平方米 · 月
建筑类别	高层		

望江悦府基本情况一览表

表 77

指标名称	基本情况	指标名称	基本情况
项目地址	江浦街道迎江路以南、康健路以东	建筑类别	高层
总用地面积	65226.61 平方米	物业类别	住宅
建筑面积	188774 平方米	土地使用年限	2020 年 10 月 20 日至 2090 年 10 月 19 日
规划用地性质	R2 二类居住用地	产权年限	70 年
容积率	1.0≤Far≤2.0	首次开盘时间	2020 年 11 月 30 日
建筑密度	≤20%	首批交付时间	2023 年 1 月 31 日
建筑高度	≤60 米	首次开盘均价	29846 元/平方米
绿地率	≥40%	年末在售均价	29884 元/平方米
开发企业	南京弘阳瑞尚房地产开发有限公司(弘阳、正荣)	主力户型	76 平方米两房两厅一卫、89 平方米三房两厅一卫、115 平方米四房两厅两卫
建筑设计单位	南京长江都市建筑设计股份有限公司	交付标准	精装修
环艺设计单位	上海英斯佛朗环境景观规划设计有限公司	总户数	1368 户
施工单位	江苏省建筑工程集团有限公司	机动车位数	1495 个
物业管理公司	正荣物业服务有限公司南京分公司	物业费	1.9 元/平方米·月

锦度花苑基本情况一览表

表 78

指标名称	基本情况	指标名称	基本情况
项目地址	江浦街道虎桥路与研新路交叉口	物业类别	住宅
总用地面积	6.4 万平方米	土地使用年限	2020 年 1 月 17 日至 2090 年 1 月 16 日
建筑面积	226474.4 平方米	产权年限	70 年
规划用地性质	Rb 商住混合用地、Rc 基层社区中心	首次开盘时间	2020 年 12 月 20 日
容积率	2.71	首批交付时间	2023 年 10 月 31 日
绿地率	30%	首次开盘均价	2.84 万元/平方米
开发企业	南京中交置业投资有限公司	年末在售均价	2.84 万元/平方米
建筑设计单位	南京市建筑设计研究院有限责任公司	主力户型	79 平方米两房两厅一卫、89 平方米三房两厅一卫、110 平方米三房两厅一卫
环艺设计单位	江苏天正景观规划设计研究院有限公司	交付标准	精装修
施工单位	中交投资南京有限公司、中交第四公路工程局有限公司	总户数	1388 户
物业管理公司	绿城物业服务集团有限公司	机动车位数	1710 个
建筑类别	高层	物业费	1.9 元/平方米·月

嘉品美寓基本情况一览表

表 79

指标名称	基本情况	指标名称	基本情况
项目地址	浦云路与康健路交汇处	物业类别	住宅
总用地面积	60632.56 平方米	土地使用年限	2020 年 10 月 14 日至 2090 年 10 月 13 日
建筑面积	17.5 万平方米	产权年限	70 年
规划用地性质	R2 二类居住用地	首次开盘时间	2020 年 12 月 23 日
容积率	1.0<Far≤2.0	首批交付时间	2023 年 7 月 31 日
建筑密度	≤20%	首次开盘均价	29654 元/平方米
建筑高度	≤60 米	年末在售均价	29654 元/平方米
绿地率	≥40%	主力户型	89 平方米三房两厅一卫、105 平方米三房两厅两卫、125 平方米四房两厅两卫
开发企业	南京滨晖房地产开发有限公司(杭州滨江)	交付标准	精装修
建筑设计单位	南京长江都市建筑设计股份有限公司	总户数	1260 户
物业管理公司	杭州滨江物业管理有限公司	机动车位数	1361 个
建筑类别	高层	物业费	3.4 元/平方米·月(含公摊和增值服务)

(朱军玲)

房产市场

【概况】 2020年,浦口区商品房供应174.86万平方米,成交136.74万平方米,上市位列全市各区第三位,成交位列全市各区第四位。其中,商品住宅供应157.39万平方米,成交127.83万平方米,供应和成交面积均位列全市各区第三位、新六区第二位,且均达历年最高位水平。全区26个项目领取销许82次,其中10个纯新盘项目上市面积占总量的48%,主要分布在三桥片区、城南中心区及桥林,雨山路、白马路项目陆续收官。下半年成交的8幅双限地中有3幅实现上市,拿地至上市周期缩短至不足6个月,房企开发节奏加快且推盘频次增多。商品住宅成交均价27057元/平方米,同比下降1.13%。截至12月末,商品住宅累计可售89.65万平方米、6653套,去化周期7.3个月。

【商品房供销】 1—12月,浦口区商品房累计上市174.86万平方米,同比增长18.47%;商品房合同成交136.74万平方米,同比增长33.69%;成交金额362.97亿元,同比增长34.98%。

商品住宅供销情况:1—12月,浦口区商品住宅累计上市面积157.39万平方米,同比增长26.74%;上市13772套,同比增长35.62%;商品住宅合同成交127.83万平方米、10916套,同比分别增长40.89%、41.27%;成交金额345.87亿元,同比增长39.3%;均价27057元/平方米,同比下降1.13%。商品住宅上市、销售面积分别占全市的12.63%、12.48%。

商品住宅供销结构情况:从面积结构来看,1—12月,上市量排名前三的面积段分别为80~90平方米、120~130平方米、110~120平方米,上市套数占比分别为29.57%、15.07%、14.12%;成交量排名前三的面积段分别为80~90平方米、120~130平方米、90~100平方米,成交套数占比分别为24.82%、18.18%、17.15%。从价格结构来看,商品住宅成交量前三的单价段分别为2.6万~2.7万元/平方米、2.7万~2.8万元/平方米、2.8万~2.9万元/平方米,成交套数占比分别为17.55%、14.98%、12.37%。

商办物业供销情况:1—12月,浦口区商办物业上市10.63万平方米,同比增长4.09%;成交5.99万平方米,同比下降33.93%;成交金额14.02亿元,同比下降22.66%;均价23407元/平方米,同比增长17.06%。

2020年浦口区商品房供销情况一览表

表80

指标名称	1—12月				12月			
	商品房		商品住宅		商品房		商品住宅	
	面积(万平方米)	同比(%)	面积(万平方米)	同比(%)	面积(万平方米)	环比(%)	面积(万平方米)	环比(%)
上市	174.86	18.47	157.39	26.74	17.97	-20.95	16.97	-18.90
成交	136.74	33.69	127.83	40.89	18.26	-3.49	17.66	1.48

2020年12月浦口区新上市住宅项目成交情况一览表

表81

项目名称	上市量		认购量		成交量		合计套数去化率(%)	成交均价(元/平方米)
	套数(套)	面积(平方米)	套数(套)	面积(平方米)	套数(套)	面积(平方米)		
水沐云筑	144	13631.76	9	836.76	9	826.61	13	21344
锦绣樾江府	132	13312.46	37	3685.07	38	3705.24	57	26497
西江瑞府	198	18479.01	71	6581.56	6	535.56	39	26713
滨江绿湾花园	132	15604.88	90	10928.70	0	0	68	0
润棠府	216	22368.84	187	18301.96	0	0	87	0
望江悦府	468	45551.52	164	14825.75	150	13247.70	67	30937
锦度花苑	132	12761.76	13	1170.29	0	0	10	0
嘉品美寓	288	28031.12	230	21372.67	1	89.82	80	30560
合计	1710	169741.35	801	77702.76	204	18404.93	59	29487

2016—2020 年浦口区商品住宅上市量、成交量及在全市占比情况一览表

表 82

指标名称	2016 年	2017 年	2018 年	2019 年	2020 年
商品住宅上市量(万平方米)	72.14	34.77	68.64	124.18	157.39
占全市份额(%)	5.97	3.89	7.66	11.75	12.63
商品住宅销售量(万平方米)	85.55	29.64	41.26	90.73	127.83
占全市份额(%)	5.24	3.48	5.25	9.22	12.48

【商品住宅供应量为历年最高】 2020 年,全区商品住宅上市 157.39 万平方米,同比增长 26.74%;上市 13772 套,同比增长 35.62%。从全市范围看,浦口区商品住宅上市面积占全市的 12.63%,位列全市各区第三位,仅次于江宁区、栖霞区。从月度走势看,上市集中在 8—12 月,合计面积占总量的 64%。从近五年同期看,2020 年上市规模为历年最高,较近五年同期均值高 66 万平方米。从上市面积段看,上市套数占比前三的面积段为 90~120 平方米、90 平方米以下、120~144 平方米,占比分别为37%、33%、22%,其中 80~90 平方米较上年增加 10 个百分点,增幅最大,主力供应项目为西江瑞府、锦绣樾江府、水沐云筑、风华府。从具体上市项目看,全区 26 个商品住宅项目领取销许 82 次,10 个纯新盘项目入市,分别为水沐云筑、锦绣樾江府、西江瑞府、时光泊月园、德盈龙华国际广场、滨江绿湾花园、润棠府、望江悦府、锦度花园、嘉品美寓,合计上市 75.11 万平方米,占总量的 48%。上市面积前三的项目为雍宁府(16.64 万平方米、1284 套)、金隅紫京叠院(14.13 万平方米、955 套)、西江瑞府(13.76 万平方米、1524 套)。

【商品住宅成交量增长 4 成】 2020 年,全区商品住宅成交 127.83 万平方米,同比增长 40.89%;成交 10916 套,同比增长 41.27%。从全市范围看,全区商品住宅成交量占全市的 12.48%,位列全市各区第三位,仅次于江宁区、栖霞区。从近五年同期看,成交量较近五年同期均值高 53 万平方米,为近五年最高位水平。2020 年,全区商品住宅成交面积同比涨幅位居全市第三位,仅次于秦淮区、栖霞区。从月度走势看,6 月、8 月、11 月、12 月成交量均在 15 万平方米以上,合计占总量的 53%。从具体项目看,主力成交项目为雍宁府、风华府、锦绣樾江府、金隅紫京叠院、西江瑞府、水沐云筑、江山荟、滨江绿湾花园,合计成交面积占全区的 54%,其中雍宁府(17.84 万平方米、1448 套)位居首位。从分面积段看,成交套数占比最高为 90~120 平方米,达 38%;其次为 90 平方米以下,占比 28%,同比增长 11 个百分点。

【成交均价同比微降】 2020 年,全区商品住宅成交均价 27057 元/平方米,同比下降 1.13%。从月度走势看,月成交均价基本维持在 2.7 万元/平方米左右小幅波动,整体走势表现平稳。从全市范围看,浦口区均价高于全市均价 5%,位居全市各区第七位,仅低于主城六区。从单价结构看,成交套数占比排名前三分别为 2.6 万~2.7 万元/平方米、2.7 万~2.8 万元/平方米、2.8 万~2.9 万元/平方米,占比分别为 17.55%、14.98%、12.37%。2.9 万元/平方米以上合计成交占比 29%,较上年同期减少 9 个百分点。从总价结构看,成交量前三的总价区间分别为 200 万~250 万元、250 万~300 万元、300 万~350 万元,成交套数占比分别为 26%、24%、19%。从项目均价结构看,成交均价低于 27057 元/平方米的成交面积合计占比 46%。从具体成交项目看,62% 项目成交均价低于全区均价水平;8 个项目成交均价高于 3 万元/平方米,均价前三的项目为金基九月森林(35833 元/平方米)、北京城建西华龙樾(32960 元/平方米)、望江悦府(30937 元/平方米)。

西华龙樾 (魏星 提供)

【年末成交速度加快】 截至12月末，全区商品住宅累计可售89.65万平方米、6653套，其中2019年以来新领销许库存约73万平方米、5491套，主要集中在金隅紫京叠院（810套）、世茂璀璨江山（547套）、水沐云筑（493套）等项目。从去化周期看，按照近12个月全区商品住宅月均成交套数计算，去化周期7.3个月，较11月末缩短2个月。

【商办成交面积降至低位】 2020年，全区商办项目上市10.63万平方米，同比增长4.09%。成交5.99万平方米，同比下降33.93%，为近五年最低位水平。近三年商办销售规模减少，远低于2016—2017年的13万～19万平方米的销售水平，主要是受东方万汇城、明发新城中心、宝隆时代广场等主力商办项目近两年成交规模减少的影响。

商业用房上市6.73万平方米，同比下降4.41%。主力上市项目为颐和九里、正源尚峰尚水、德盈龙华国际广场，合计上市面积占总面积的89%。成交2.71万平方米，同比下降48.13%；成交均价31440元/平方米，同比增长37.12%。主力成交项目为金盛田阳光青城、宝隆时代广场、力标赞城、三金鑫宁府、毅达汇创中心，合计成交面积占比71%。

办公用房上市3.9万平方米，同比增长22.93%，上市项目为德盈龙华国际广场（酒店式公寓）、金樾府。成交面积3.28万平方米，同比下降14.64%；成交均价16777元/平方米，同比增长4.77%。主力成交项目为明发新城中心、宝隆时代广场、东方万汇城南区，合计成交面积占比87%。

【商品住宅开盘去化呈现升温趋势】 2020年，南京市超10万套商品住宅房源上市，上市项目总体去化率约71%。其中浦口区去化率72%，与全市平均水平相当，仅低于江南六区及江北新区直管区。从具体项目看，9个项目去化达8成及以上，主要为白马路项目金樾府、银城颐居悦见山，雨山路雍宁府，三桥至五桥沿线江山荟、滨江绿湾花园，城南中心区正荣润棠府、嘉品美寓等；11个项目去化5～8成；6个项目去化在5成以下，分别为北江锦城、金隅紫京叠院、时光泊月园、锦度花苑、悦江府、中建熙元府，主要受交通配套因素制约、开发商品牌力、供应量较大等影响。总体来看，下半年以来全区项目开盘呈现升温趋势，热点楼盘公证摇号且开盘当天去化达7～8成。

【区域对比】 从市场份额看，2020年，浦口区商品住宅上市量和销售量分别为157.39万平方米、127.83万平方米，占全市的12.63%、12.48%。从供销量同比看，全区上市量同比增长26.74%，成交量同比增长40.89%，上市量同比增幅低于江宁，已售量同比增幅高于江宁、六合、溧水、江北新区直管区、高淳。

从单价情况看，全区商品住宅销售均价27057元/平方米，较全市均价高1195元/平方米，全区均价同比下降1.13%。从套均总价来看，全区套均总价316.84万元/套，较全市套均总价高11.84万元/套。

从不同面积段上市情况看，全区60～90平方米面积段上市占比33.42%，高于全市、江北新区直管区、江宁、溧水、高淳，低于六合；90～120平方米面积段上市占比37.02%，低于全市、溧水、高淳、六合、江宁、江北新区直管区；120～144平方米面积段上市占比21.87%，高于溧水、江宁、六合，低于全市、高淳、江北新区直管区；144平方米以上房源占比7.69%，高于溧水、江宁、江北新区直管区、六合，低于全市、高淳。

从不同面积段销售情况看，全区60～90平方米销售占比27.96%，高于全市、溧水、高淳，低于江宁、六合、江北新区直管区；90～120平方米面积段占比38.12%，低于全市、溧水、江宁、高淳、江北新区直管区、六合；120～144平方米面积段销售占比26.11%，高于全市、六合、江北新区直管区、溧水、江宁，低于高淳；144平方米以上面积段销售占比7.81%，高于江宁、江北新区直管区、六合，低于全市、高淳、溧水。

2020年浦口区商品住宅供销与南京市及其他区域比较情况一览表

表83

区域名称	商品住宅上市			商品住宅成交		
	面积（万平方米）	同比（%）	比例（%）	面积（万平方米）	同比（%）	比例（%）
全市	1246.05	17.95	100.00	1024.15	4.11	100.00
浦口	157.39	26.74	12.63	127.83	40.89	12.48
六合	65.79	-8.56	5.28	57.81	1.91	5.65
溧水	132.76	-3.01	10.65	114.81	-7.74	11.21
高淳	64.42	-18.78	5.17	73.05	-17.59	7.13
江宁	267.12	38.68	21.44	201.29	19.07	19.65
江北新区直管区	134.15	-5.76	10.77	118.22	-14.90	11.54

2020 年浦口区商品住宅价格与南京市及其他区域比较情况一览表

表 84

区域名称	成交均价			成交套均总价	
	均价（元/平方米）	同比（%）	与全市水平比（元/平方米）	总价（万元/套）	与全市水平比（万元/套）
全市	25862	5.72	—	305.00	—
浦口	27057	-1.13	1195	316.84	11.84
六合	13355	4.88	-12507	144.19	-160.82
溧水	12752	14.75	-13110	145.21	-159.79
高淳	10153	2.92	-15709	129.60	-175.40
江宁	25201	-1.09	-661	283.45	-21.55
江北新区直管区	26566	-2.79	704	300.81	-4.19

2020 年浦口区分面积段商品住宅上市套数占比与南京市及其他区域比较情况一览表

表 85　　单位:%

区域名称	60 平方米以下	60~90 平方米	90~120 平方米	120~144 平方米	144 平方米以上
全市	0.09	24.88	41.38	22.21	11.45
浦口	0	33.42	37.02	21.87	7.69
六合	0	39.22	45.06	12.01	3.71
溧水	0	17.42	53.50	21.72	7.35
高淳	0	5.75	46.29	31.36	16.59
江宁	0.02	26.84	44.88	21.12	7.14
江北新区直管区	0	31.53	42.68	22.02	3.78

2020 年分面积段商品住宅成交套数占比与南京市及其他区域比较情况一览表

表 86　　单位:%

区域名称	60 平方米以下	60~90 平方米	90~120 平方米	120~144 平方米	144 平方米以上
全市	0.19	24.46	41.54	22.95	10.85
浦口	0	27.96	38.12	26.11	7.81
六合	0.41	30.20	40.09	25.06	4.24
溧水	0.04	22.93	45.73	22.96	8.32
高淳	0.04	6.66	42.98	35.17	15.15
江宁	0.06	31.13	44.60	18.42	5.79
江北新区直管区	0.34	28.54	41.85	23.87	5.43

2020年12月浦口区二手房交易量排名前十项目情况一览表

表87

排名	小区名称	所属街道	交易情况		
			套数(套)	面积(平方米)	金额(万元)
1	盛景华庭	江浦街道	20	1737.46	2808.80
2	北江锦城	江浦街道	18	1844.55	3559.07
3	融侨观邸	江浦街道	16	2071.96	4609.50
4	亚东滨江和园	江浦街道	16	1354.63	2453.70
5	中海万锦熙岸	江浦街道	13	1294.79	2925.30
6	华府国际	江浦街道	11	1207.35	2679.40
7	万科金色半山	江浦街道	11	1045.60	2188.50
8	林山雅苑	桥林街道	11	1030.63	805.80
9	钱塘望景花园	江浦街道	10	1365.76	2518.00
10	江佑铂庭	江浦街道	10	964.52	2597.10
合计			136	13917.25	27145.17

注:不动产不回填上手办证日,故无法区分满两年不满两年数据

【二手房交易】 据南京网上房地产数据,1—12月,浦口区二手房交易面积42.95万平方米,同比增长66.28%;成交金额72.58亿元,同比增长75.9%;成交均价16899元/平方米,同比增长5.79%。同期,二手住宅交易41.35万平方米、3945套,同比分别增长68.58%、62.41%,金额70.73亿元,同比增长77.21%;成交均价17106元/平方米,同比增长5.12%。 (魏星)

房产管理

【概况】 加强对市场情况的研究分析,编发房地产市场运行报告12期、租赁市场分析报告12期、房地产市场信息12篇。开展商品房市场检查141次,检查房地产经纪机构96家,实现房地产经纪机构备案新增办理38件,备案率75%。摸排全区出租房屋底数,全区有住宅小区266个,居民住房底数12.8万户,其中租赁房屋7127户,备案6543户,备案率91.8%。核发商品房预售许可证68件,面积135.7万平方米,核发商品房现售备案证29件,面积42.93万平方米,办理合同鉴证10148件,交易核验39件。完成商品房预测算面积434.32万平方米,完成新建商品房竣工测绘面积474.21万平方米。

【住宅小区安全管理】 畅通住宅小区"生命通道",全区139个成型住宅小区完成"生命通道"划线。强化消防安全管理,督促物业服务主体签订消防安全自查承诺书,成立检查小组,循环检查全区139个成型小区消防安全管理工作,整改消防通道堵塞、楼道堆物、非机动车私拉充电等安全生产问题6224件。做好住宅小区特种设备管理,指导街道组织辖区物业对特种设备安全生产工作进行全面排查,对各住宅小区特种设备安全生产状况进行全覆盖检查,督促物业服务主体长效落实特种设备安全生产工作,保障小区特种设备使用安全。落实园林绿化安全要求,制定《浦口区住宅小区园林绿化安全生产专项整治工作方案》《浦口区住宅小区园林绿化突发事件应急预案》,将园林绿化安全生产工作纳入文明城市创建、物业专项检查等日常工作,督促各住宅小区服务主体做好小区园林绿化养护和现场安全生产工作。开展游乐设施安全监管,制定《关于进一步加强浦口区物业管理区域内游乐设施安全管理工作的通知》,将游乐设施安全管理工作纳入物业服务范围,做到有管理方案、有安全管理使用规定、有安全巡查制度和记录、有突发事件处理应急预案,设施现场有安全使用管理规定、有安全警示标识、有文明使用提醒等,杜绝安全隐患发生。开展房屋安全管理,受理房屋安全管理投诉案件210件,结案率100%。受理房屋结构变动行政许可8件,合格率100%。开展房屋安全宣传4次,组织房屋安全培训5次。组织开展农村房屋使用安全管理底数调查,2018—2020年,累计调查32992户、59022栋,总建筑面积637万平方米,累计调查覆盖率100%。做好老旧危房安全生产专项整治工作,2处在册危房有效治理率100%,新增房屋安全隐患26处,整改率100%,指导街场、园区做好农村房屋安

全管理工作。完成房产行政执法案件10起,并全部整改。

【老旧小区整治】 2020年,浦口区投入19204.3万元,对江浦、星甸、汤泉3个街道7个老旧小区项目及江浦、桥林、星甸、汤泉、永宁5个街道60个民生突出问题处置微整治工程进行整治改造,涉及建筑面积396.7万平方米,主要实施屋面整治、立面整治、地面景观改造和小区配套功能完善四项内容。

【维修资金管理】 2020年,收缴维修资金21668笔,约1.88亿元。其中,住宅专项维修资金21661笔,约1.66亿元;电梯、消防设施设备专项维修资金7笔,约0.22亿元。维修资金使用审批拨付66笔,约296.95万元。其中,一般申请33笔,约133.83万元;应急申请33笔,约163.12万元。收缴物业保修金12笔,约0.76亿元。

【测绘业务实现收入2009.69万元】 2020年,完成房屋竣工测绘474.21万平方米,房屋预测算434.32万平方米,总平图测绘908格方格网,厂房、自建房测绘167.28万平方米。各项费用总收入2009.69万元,增长103.98%。

(魏星)

物业管理

【概况】 2020年末,全区有物业管理企业56家,管理住宅市场化物业项目137个,从业人员约3800人,管理物业面积约1600万平方米,占住宅区总面积的90%,新建住宅项目物业管理覆盖率100%。对全区9个住宅项目的前期物业企业选聘工作进行全程监管,总建筑面积约167.99万平方米。完成7个住宅项目的物业管理用房备案,总建筑面积188.78万平方米,其中交付物管用房面积约0.73万平方米。4个住宅项目通过南京市物业管理优秀项目审核。完成对住宅小区物业管理星级评比,评出三星至五星级住宅小区物业77家。受理既有住宅电梯增设10台,其中投入使用2台、完工1台、正在施工1台、办理相关手续6台。

【文明城市创建物业管理】 每周对全区260个住宅小区文明创建情况开展实地检查,发现问题及时下发整改清单,跟踪督促问题整改。开展“飞线充电”专项整治,在全区5个街道101个小区增设充电位10296个,整治飞线充电1.58万起。开展“僵尸车”专项整治,整治僵尸车57辆。结合物业管理星级评比、住宅小区标准化建设等工作,坚持长效管理。

【“1+X辅导”定点帮扶】 区房产局聘请绿城、万科、银城3家品牌物业企业,投入200万元专项工作经费,在濛雨家园、杨柳新村等10个小区开展“1+X辅导”(1家品牌物业企业辅导多个小区的物业)定点帮扶工作。解决被帮扶小区硬件设施问题,修复破损监控,维修单元门,开展绿化补植,同时从服务方案、运营资金测算、环境管理等方面提升管理水平,促进被帮扶小区物业服务质量和业主满意度双提升。

【物业承接查验评估】 投入资金145万元,完成海都嘉园三期等8个新建住宅小区185.87万平方米物业承接查验评估,涉及居民10706户。发现图纸资料、消防、水电等10个系统问题1863项,按照立即整改、建议整改、提升品质三类,督促属地街道、建设单位、物业服务企业整改到位。

【物业服务质量综合测评】 10月9日至11月6日,聘请第三方测评机构在全区开展住宅小区业主满意度入户调查,对139个物管小区、121个无物管小区进行测评,调查13595户。物管小区平均分由2019年的75.55分提升至82.71分,无物管小区平均分67.11分。

(魏星)

·文稿编辑 徐 源·

金融业

综　述

【概况】 2020年,浦口区地方金融从业机构有小额贷款公司2家、融资担保公司1家、融资租赁公司3家、典当行2家、商业保理公司1家、在营农民资金互助合作社4个、交易场所1个(停业整顿中);各类投资公司599家,其中从事股权投资业务273家、从事投资管理和资产管理等业务34家、从事咨询及顾问业务的中介类公司15家、实业投资和其他类277家。浦口区在全省县域金融生态环境评估中名列全市第一、全省第三。

【金融发展工作】 新冠肺炎疫情发生后,区金融监管局与人行浦口支行联系,建立"防疫+"金融服务机制,通过"四个一批"(增量授信一批、续贷展期一批、存量贷款置换一批、引导基金投资一批),推动中央和省市各项金融支持实体企业稳定发展政策在浦口落地落实。3月19日,举办金融支持实体企业发展银企对接会,授信额度560亿元;10月30日,召开金融支持稳企业保就业对接会。全区在新三板、江苏股权交易中心挂牌企业分别9家和20家。中路交科科技股份有限公司进入中国证监会江苏监管局辅导。在中国证券投资基金业协会登记的私募股权基金管理公司15家,管理基金产品45只,管理资本规模43亿元。引导5746家企业在省综合金融服务平台南京市子平台注册,接入率12.93%。185家企业获得授信200笔7.63亿元。330家企业获得市民营企业转贷互助基金433笔13.68亿元,金额同比增长1520%。区产业发展信贷风险补偿资金放贷153笔,惠及企业112家4.66亿元。

【金融风险防范处置】 根据区委、区政府《打好防范化解重大金融风险攻坚战实施方案》,防范化解全区重点金融风险,推进互联网金融风险专项整治和地方交易场所清理整顿,加强农民资金互助合作社经营风险的监测预警。重点排查省库未化解重点风险企业、通过会商机制注册登记商事的投融资服务企业、省市金融风险监测推送的风险企业231家,核查(审计)商业保理、融资租赁、小贷、融资担保、典当行、农民资金合作社等地方金融机构,督促依法依规经营,不踩踏监管红线。纳入省属重点风险企业的隐患化解计划得到落实,在全市率先实现省库32家在册风险企业清零。

【非法集资风险监管】 按照省市统一部署,开展非法集资风险排查整治工作,与南京审计大学金融风险管理研究中心合作,运用大数据分析等手段,筛查复核2019年4月1日至2020年5月31日新注册市场主体的6038家企业金融风险,专项筛查372家从事投融资服务企业金融风险,并将防范和处置非法集资工作纳入全区大联勤网格治理体系,全年无新增非法集资案件。 (刘月婷)

【浦口区银企对接会】 3月19日,浦口区政府在南京国家农创园举办金融助力实体企业发展银企对接会。市政府分管副市长及市金融监管部门、省市相关银行机构负责人出席,区委、区政府部分领导成员,各街场、部门(单位)、驻区银行机构主要负责人及相关企业代表参加。会议推介2020年主导产业重点项目,人行浦口支行通报信贷支持主导产业及实体经济情况,中国银行江苏分行和紫金农商银行、江苏久吾高科股份有限公司和北京中创为南京量子通信技术有限公司分别代表金融机构和企业发言。会议确定紫银快贷项目、地方发展项目、重大项目、科技创新项目、主导产业项目、服务民生类项目为集中签约项目,累计涉及27家银行、101家企业,签约授信额度560亿元。对接会现场,23家银行与24家企业签约授信金额128亿元。

10月30日,浦口区政府召开金融支持稳企业保就业对接会,人行南京分行营业部、市金融监管局、区政府及相关部门、驻区金融机构负责人、企业家代表出席。人行浦口支行通报金融机构支持稳企业保就业情况,3家银行机构代表和3家企业代表发言,久吾高科、大吉集团等10余家企业与驻区银行机构现场签约,达成超过18亿元的融资意向协议。 (融媒体中心　金融监管局)

【浦口区"四新"行动计划暨与工商银行战略合作启动会】 浦口区落实市委、市政府实施战疫情、扩内需、稳增长"四新"行动计划,确定"新基建"聚焦5G、轨道交通、工业互联网领域,排定产业项目55个,总投资914亿元,年内计划投资108亿元;"新消费"聚焦升级传统消费、壮大新型消费,安排重点项目38个,力争实现"每周有活动、每月出亮点、季度见成效";"新产业"聚焦打造"地标性产业高地",围绕新一代数字经济、智能网联汽车等产业发展方向,加快华天科技、知豆、挪宝等项目建设,力争规模超130亿元,净增规模工业企业40家;“新都市”聚焦打造“都市圈最美花园”,排出宜居生活提品质、打造城南新中心等五大类项目203个,总投资891亿元,年内计划投资211亿元。4月21日,区政府在全市各区率先召开“四新”行动计划暨与工商银行战略合作启动会,市政府分管副市长及市有关部门、市工商银行系统部分负责人、浦口区部分领导出席。工商银行南京分行与浦口区政府签订支持“四新”行动计划、与企业签订银企合作2份战略协议书,涉及项目16个,总授信额度151亿元。

(融媒体中心)

【浦口“紫金快贷”助力小微企业发展】 4月24日,浦口区政府、紫金农商银行和省信用融资担保公司三方按照2:2:6的贷款本金风险担保比例,共同推出“浦口紫金快贷”金融产品,扶持小微企业健康发展。规定小微企业及其股东(含个体工商户、小微企业主)均可申请此项贷款;以信用担保为主,最高1000万元,其中授信额度100万元以下(含)的贷款可实现标准授信、简洁化资料、批量化获客;合作银行执行优惠利率,省信用融资担保公司提供融资担保,疫情期间担保费率设定为单户100万元以下的0.5%,100万元以上的0.6%。区级财政安排500万元专项资金用于合作银行为企业贷款后发生的贷款本金损失,预计撬动银行贷款5亿元。

(金融监管局)

银　　行

【概况】 2020年末,浦口区金融机构人民币各项存款余额2718.94亿元,比年初增加536.6亿元。其中,单位存款1190.53亿元,增加313.21亿元;储蓄存款871.98亿元,增加273.29亿元。各项贷款余额2059.93亿元,增加519.72亿元。其中,短期贷款319.11亿元,增加81.14亿元;中长期贷款1720.2亿元,增加448.89亿元。

2020年浦口区金融机构信贷收支情况一览表

表88　　　　单位:万元

资金来源	年末余额	资金运用	年末余额
一、各项存款	27189385	一、各项贷款	20599320
(一)境内存款	27166506	(一)境内贷款	20598380
1.住户存款	8719841	1.住户贷款	7877628
(1)活期存款	2785800	(1)短期贷款	760357
(2)定期及其他存款	5934041	消费贷款1	276803
2.非金融企业存款	11905254	经营贷款1	483554
(1)活期存款2	6033168	(2)中长期贷款1	7117271
(2)定期及其他存款2	5872086	消费贷款	6625941
3.广义政府存款	6341349	经营贷款	491330
(1)财政性存款	304390	2.非金融企业及机关团体贷款	12720752
(2)机关团体存款	6036959	(1)短期贷款	2430721
4.非银行业金融机构存款	200061	(2)中长期贷款	10084724
(二)境外存款	22878	(3)票据融资	204078
二、金融债券	0	(4)融资租赁	0
其中:境外发行	0	(5)各项垫款	1229
三、卖出回购资产	0	3.非银行业金融机构贷款	0
四、借款及非银行业金融机构拆入	0	(二)境外贷款	940
五、联行往来(净)	0	二、债券投资	0
六、应付及暂收款	324167	其中:境外债券	0
七、各项准备	202631	三、股权及其他投资	166000
八、所有者权益	487791	四、买入返售资产	0
其中:实收资本	10000	五、存放非银行业金融机构款项	30
九、其他	-739966	六、联行往来(净)	6524447
		其中:境内存放二级准备金	82856
		七、金银占款	0
		八、中央银行外汇占款	0
		九、应收及预付款	104798
		十、投资性房地产	0
		十一、固定资产	69412
资金来源总计	27464007	资金运用总计	27464007

【人行浦口支行】 2020年，聚焦稳企业保就业，做好金融服务工作。健全“两挂钩一量化”运作机制，创新“提升企业获得信贷便利度，完善银行机构地方评测与支持实体经济挂钩”举措，金融业增加值占GDP比重、融资增量增速位列全省区县前茅，被新华社、“学习强国”等媒体宣传报道。新冠肺炎疫情发生后，按照中央、省、市及上级人行关于做好防疫中金融服务的精神，召开会议30余次，落实3000亿元、5000亿元、10000亿元专项再贷款再贴现政策，用于支持生产防疫物资的企业和相关人员应急信贷，其中贯彻5000亿元专项信贷政策，向295家小微企业投放8.05亿元。协同推进政、银、企多维联动，成立“政府+人行+金融机构”工作组，建议区政府制定《优化营商环境18条》《协同推进金融支持稳企业保就业十项行动》，推动银行机构挂钩小微企业702家，签订意向融资22.88亿元，实际放贷17.57亿元。与区金融监管局联合推出8条应对疫情支持企业共渡难关稳经济措施，发出《关于协助推动企业复工复业专项信贷产品的通知》，梳理各金融机构抗疫信贷产品84个，整合主导产业、社会事业、乡村振兴等413家企业的投资规模、生产经营、融资需求，列表推送给全区各银行机构。牵头召开2020年浦口区金融支持实体企业发展银企对接会等大型对接会8场，举办江北新区、浦口区联动金融支持制造业政银企座谈会、浦口区金融支持稳企业保就业对接会等中小型专项对接会100余场，意向融资超1000亿元，现场签约600亿元，新增贷款520亿元。

聚焦自贸制度创新，用好金融优惠政策。率先制定自贸区金融改革政策和金融支持南京自贸区34条外汇、跨境人民币改革实施方案，完成跨区联动创新发展及金融创新改革试验区申报。引导设立自贸银行6家，新增注册企业1.3万家，注册资本828亿元。联合苏州、连云港中心支行撰写的《自由贸易试验区跨境资金流动统计分析与监测预警研究》被国家外汇总局资本司采用。成立青年金融工作小组，创发《支持南京自贸金融动态》9期，报送自贸片区金融行动、创新案例69个。以举办自贸创新业务座谈会、圆桌会等形式，调研自贸区内银行、园区、企业16次，推进江苏自贸区外汇改革8项新政落实，惠及企业18家，参与试点银行、企业年节约成本100万元，单笔业务办理时间由1小时缩短到5～8分钟，报关“白名单”单笔付汇平均办理时间减少约20分钟。推动自贸片区跨区联动、部门协同，与税务部门开展监管协作，获外汇总局批准在南京自贸区开展区块链资本项目收入支付便利化全省首批试点。“鑫联税”小微贷、“自贸云”服务平台入选江苏首批自贸案例并予推广。落实跨境人民币新政，实现片区首日融资2.72亿元。开展台积电等贸易外汇收支便利化试点，企业每笔业务准备单证材料由3～5天缩至15分钟，办理外汇收支659笔6726万美元，月节约人力耗材成本约5.5万元。联合江苏首家自贸区巡回法庭，成立江北首个金融纠纷调解工作室，构成区域金融风险防护网。

聚焦高质量发展，优化金融营商环境。坚守“金融为民”理念，创建金融生态优秀县（区）工作连续3年位列全省69个县（区）前三、全市第一，企业退税效率列南京市各区之首。做好疫情期间养老金聚集支取的风险防范工作，联合区金融监管局细化方案，金融系统采取现场限流错峰、分散办理、在线服务的办法解决聚集风险问题，实现2月14—16日养老金集中支取时点网点集中度同比下降90%，达到聚集风险零发生、线上服务全天候的要求，被新华社等媒体报道。牵头辖区100余家金融机构构建“大数据+网格化+铁脚板”工作机制，明确网点物理位置监测责任区，加强支付、反洗钱等动态监测，并配合区金融监管局、区行政审批局就投融资企业商事注册登记开展会商。组织金融机构自查、现场核查、线上指导、线下座谈，强化银行账户交易监测，引导金融机构加大支持制造业、高新技术产业力度。会同财税部门科学配置人员，解决企业退税流程长、到账资金慢、运营成本高的难题，实现资金退税每笔处理时间6.56分钟，时速全市第一，受到企业、区委、税务部门肯定。国库分析报告得到区主要负责人批示，支库被确定为全省9家重点联系库之一，被市总工会授予“工人先锋号”“五一巾帼标兵岗”称号，成为南京分行巾帼示范岗。组织金融机构落实日报、月报制，完成备案制开户10224户，同比增加381户，全部实现1小时内办结。以24个农村金融综合服务站为基础，在星甸街道石村村试行“一县一策”“一行一品”的“智能点+”农村普惠金融服务，开展“警惕洗钱陷阱，构筑美丽乡村”反洗钱知识进乡村活动，获得人行南京分行肯定。加强征信管理，启动二代征信系统上线测试等工作，不到一个月进入正常运行；赴永宁街道大埝社区调研农村信用体系建设工作，监督检查4家征信查询点，鼓励民众以邮寄方式递送征信报告和网络查询等资料，配合做好疫情防控工作。至12月末，查询企业征信2734份、个人征信23952份。按照“高水平、多层次、全方位”创建现金服务示范区目标和“一行一创新”要求，普查示范区内33家网点，暗访100余家网点小面额货币供应情况，组织现金示范区讲解员大赛和主题表演竞赛，提升一线人员业务素养，建设以人民为中心的金融服务示范区。

（常博聪）

【工行浦口支行】 2020年，攻坚市场拓展，抓住省分行与江北新区、自贸区管委会签订1000亿元融资战略合作、市分行与浦口区政府签订500亿元融资“四新”战略合作、工银科技与江北新区管委会签订战略合作等协议书，以及省市分行与省外管部门、区人行江北片区自贸便利化推广等活动机遇，拓展企业项目业务46个，审批金额424亿元，流贷和条件变更累计审批项目56个538亿元，金额同比增长70%。通过竞标争取到浦口区财政局国有房产拆迁补偿专户，为江北新区人民法院和人民检察院开立基本户，新拓零售代发客户438户、拆迁项目资金3.3亿元、建筑安装农民工专户55户。新突破基蛋生物、华天科技、惠普科技等上市公司50多家、房地产合作机构20余个。至12月末，人民币各项存款余额299.12亿元，较年初增加47.41亿元。其中，对公存款192.3亿元，增加31.73亿元；储蓄存款106.81亿元，增加15.68亿元。各项贷款余额201.29亿元，增加53.36亿元。其中，公司贷款131.08亿元，增加42.47亿元；个人贷款70.21亿元，增加10.89亿元。外币各项存款（含同业）余额27726.75

万美元,增加 19252.3 万美元。支行获“中国银行业协会安全管理先进单位”“江苏省分行精品支行”称号,下属公司金融业务部获江苏省“感动中国”集体荣誉奖,机构与结算业务部、营业部获评市分行先进集体。 (李晓璇)

【农行南京江北新区分行】 2020 年,实施机构改革,6 月完成公司金融、个人金融、普惠金融、国际金融、风险与信用管理、综合营运 6 个部的调整设置。分行坚持金融服务实体方向,扩大服务经济社会的深度广度,统筹做好新冠肺炎疫情防控和经营发展工作,取得芯片之城科创基地 PPP 项目、永宁街道休闲旅游特色镇 PPP 项目牵头行资格,累计审批“一项目一方案一授权”项目 7 个,投放金额 5 亿元,惠及小微企业和私营企业主 200 余家(个)。推出抗疫贷、复工贷、周转贷等创新产品,和财政部门合作“苏微贷”政府增信业务,与江苏省再担保公司合作“增额保”业务,稳生产、保就业。支持供应链中的核心企业带动上下游企业复工复产。落实贷款延期还本付息政策,向小微企业发放无本续贷 30 笔,涉及款额近 8000 万元;为 150 余位个人客户贷款设置还款宽限期,确保人行直达政策落实。开展“万人进千村”活动,帮助 150 余户生产经营实体农户获得信用贷款 3200 万元。加强风险防范工作,不良贷款余额、不良率较年初分别下降 0.56 亿元和 0.3 个百分点。累计清收处置不良贷款 8750 万元,其中核销江浦经贸不良贷款 5712 万元,逾期两年以上不良贷款实现清零,全面完成信贷资产质量管控考核任务。至年末,各项存款余额 223.93 亿元,比年初增加 53.27 亿元。其中,对公存款 128.92 亿元,增加 40.11 亿元;个人存款 95.01 亿元,增加 13.16 亿元。各项贷款余额 278.23 亿元,增加 62.43 亿元。其中,法人贷款 159.46 亿元,增加 49.74 亿元;个人贷款 118.77 亿元,增加 12.69 亿元。不良贷款、占比连续 3 年实现“双下降”。营收、拨备后利润均超额完成南京农行下达的任务指标。全体员工为防控疫情捐款 4.3 万元。分行被江苏省农行评为人均创利先进单位、信贷“三化三优”单位。 (葛忠明)

【中行南京江北新区分行】 2020 年,抓住金融监管自贸区金融改革新政先行先试机遇,运用各类制度资源、信息平台、金融工具,与区内企业联动,实现资本项目外汇收入支付便利化业务、境内银行对境外企业的跨境人民币融资业务等 6 个方面创新业务首发,累计叙做本外币资本金便利化业务 2.3 亿元,跨境人民币创新融资业务 2.1 亿元,跨境融资币种、提款币种不同融资 5000 万元。落实中央和上级行部署,做好防疫期间的普惠金融服务,慰问防疫一线企事业单位近 100 家、累计服务公司客户近 2 万家、个人客户 30 万人次,制定支持小微企业 10 条措施,扶持小微企业复工复产,分别向民营企业、制造业企业投放贷款 69.21 亿元和 41.88 亿元。加大普惠金融投入力度,向普惠企业投放 18.2 亿元,助力实体经济发展。年底普惠贷款余额 19.06 亿元,较年初新增 6.44 亿元。至 12 月末,本外币日均存款余额 268.24 亿元,其中储蓄存款 89.88 亿元、公司存款 178.36 亿元。本外币贷款余额 288.18 亿元,其中个人贷款 142.78 亿元、公司贷款 145.4 亿元。全体员工为防疫捐款 7 万多元。分行获南京市金融创新奖,浦东路支行获评 2019 年度南京市财贸金融工会工人先锋号。 (孙帆)

【建行南京江北新区分行】 2020 年,增强市场竞争意识,践行数字化经营理念,将资产质量管控作为工作重点,做到管理精细化、施策精准化,利用数字化平台与工具拓展相关业务,普惠金融贷款余额 22.02 亿元,住房租赁支付平台交易金额 1065.24 万元。坚持资产业务龙头地位,加大区域内政府平台、重大基础设施建设、PPP 项目、先进制造业营销力度,为浦口开发区、南京大江北国资等政府平台投放隐债 15 笔 28.16 亿元,隐债置换新增贷款占对公贷款新增比例的 56.85%。参与南京江北新区各项基础设施项目建设的信贷业务,投放基础设施类贷款 32 笔 16.94 亿元,贷款新增占对公贷款新增比例的 34.2%。在推动传统贷款业务发展的基础上,发生福费廷业务 19.8 亿元,各类跨境融资 5.08 亿元,供应链融资 5.3 亿元,实现债券承销 19.1 亿元,非标理财 4.5 亿元,基金设立 30 亿元,利率债分销 3.4 亿元。至 12 月末,一般性存款余额 322.6 亿元,新增 84.6 亿元。其中,企业存款余额 159 亿元,新增 53.2 亿元;个人存款余额 163.6 亿元,新增 31.4 亿元。各项贷款余额 287.9 亿元,新增 73.5 亿元。其中,企业贷款余额 139.7 亿元,新增 50.6 亿元;个人贷款余额 148.2 亿元,新增 22.9 亿元。 (孔凯歌)

【交行南京江北新区分行】 6 月 8 日,交通银行江苏自贸试验区南京片区支行开业;12 月 12 日,浦口、大厂 2 家支行合并成立交通银行南京江北新区分行。面对疫情防控与稳经济增长的双重任务,分行提高站位、主动作为,集中助力稳企业保就业,对接疫情防控物资生产企业和复工复产企业,逐个摸排客户资金需求,通过延长还款期限、减免逾期利息、无还本续贷、信贷展期等方式,支持批发零售、住宿餐饮、物流运输、文化旅游等行业,以及有发展前景但暂时受困的企业,确保不抽贷、不断贷、不压贷,为 9 户受疫情影响暂遇困难企业、79 户复工复产企业提供贷款 5500 万元和 2.06 亿元。召开“稳企业、保就业”专题推进会,把浦口区制造企业、民营企业等实体经济中坚力量作为稳企业保就业的重点工作方向,调配资源,统筹推进,浦口区制造业贷款余额 11 亿元,增幅超 77%,民营企业贷款余额 19.6 亿元,增幅超 50%。对照浦口区“稳企业、保就业”重点企业名单,做好跟踪服务,完成对接 6 户并审批授信放贷 1.5 亿元,保就业 700 人。浦口支行自立名单库,对接小微企业及个体工商户 247 家(户),发放贷款 11.68 亿元,保就业近 350 人。组织公司、国际、投行、授信等跨条线专业力量,将离岸、跨境、直投、绿色金融等作为重要载体,推动金融服务浦口区经济发展,完成浦口区农创园项目、浦口开发区隐债置换项目和 IC 集成电路研创园项目、浦口高新区并购求雨山文化创意公司项目等重大项目的授信审批,融资近 40 亿元。减费让利尽社会责任,向防疫企业、民营企业等重点客户群发放贷款 FTP 补贴,4.39 亿元贷款补贴金额约 230 万元。清理企业贷款发放过程中有关收费项目,减免由企业承担的银团律师费和在长三角区域同行异地转账手续费，为浦口区居民和企事业单位减免汇款手续费超30万元。至年末，人民币各项存款余额189.26亿元，较年初增加15.7亿元。其中，对公存款132.08亿元，增加11.2亿元；储蓄存款57.19亿元，增加4.5亿元。各项贷款余额152.06亿元，增加9.2亿元。其中，公司贷款75.41亿元，增加4.6亿元；小微贷款12.18亿元，增加0.5亿元；个人贷款64.47亿元，增加4.1亿元。

（王晓柱）

6月8日，交通银行江苏自贸试验区南京片区支行开业　　（王晓柱　提供）

【农发行浦口支行】 2020年，根据上级农发行关于做好新冠肺炎疫情防控期间金融服务工作要求，向浦口购销公司、苏食进出口公司分别发放应急流动资金贷款600万元和3000万元，助力企业复工复产保就业，助力生猪产业保供稳价，回笼货款2.01亿元，形成日均存款1443万元，带来国际结算业务量2937万美元，汇兑收益人民币35万元。坚持“钱等粮”不打白条、“早调查、早申报、早投放”做法，做好粮食收购资金及时保供的主体业务，投放地方储备粮贷款7556万元，库存值8273万元，完成1.4万吨小麦轮换储备计划、18267.17吨稻谷储备轮换计划。按照总行粮棉油条线视频工作会议精神，做好五项贷款基础工作和回笼款、CM2000系统库存的台账登记，实行“库贷挂钩”运行模式，加强贷款管理，销售回笼货款10040万元，收贷11220万元，收回政策性财务挂账贷款1352.63万元。推进项目营销工作，审批丁解水库项目贷款9亿元，投放首笔贷款0.5亿元；审批江北新区妇女儿童健康中心项目贷款8亿元，进入贷前落实阶段。开拓负债业务新思路，营销财政招投标资金7.68亿元，非贷老客户单位通知存款1.9亿元，各类存款资金15.46亿元，形成日均余额3.2亿元。至12月末，各项存款余额17.66亿元，比年初增加318万元，增长0.2%；日均存款16.62亿元，比上年减少549万元，下降0.3%。各项贷款余额35.48亿元，比年初减少19414万元，下降5.2%；发放贷款18156万元，收回贷款37569.63万元。

（朱顾玥）

“金秋丰收，农发助小康”浦口支行秋收金融服务宣传活动　　（农发行　提供）

【南京银行南京江北新区分行】 2020年，有营业网点10个，内设部门17个，员工350人。分行坚持以“区域主流银行”为发展目标，按照“特色发展、创新发展、高质量发展”工作要求，紧扣发展一个主题、依托“两大抓手”（燎原计划、产融中心）、聚焦“三驾马车”（投资银行、交易银行、普惠金融），提升管理支撑能力，推动分行高质量发展。在新冠肺炎疫情防控工作中，加大实体企业金融支持力度，助力企业复工复产保民生，小微贷款整体利率、普惠金融贷款利率较年初分别下降73个基点和111个基点，下半年落实延本延息贷款3.77亿元，全年新增普惠信用贷款2.3亿元。成立江北新区首家绿色支行，发展绿色金融。依托南京银行江苏自贸区南京业务中心，做好企业金融服务，投放资金折合人民币6.6亿元，小微企业第一批“鑫联税”改革试点案例入选中国（江苏）自由贸易试验区第一批改革试点经验。支持“四新”行动，参与六合区、浦口区棚户区改造、保障房及城镇化等建设，新增贷款投放52亿元。至12月末，各项存款余额381.9亿元，较年初增加53.2亿元，增长16.2%。其中，对公存款302.7亿元，增加38.5亿元，增长1.6%；对私存款79.2亿元，增加14.7亿元，增长22.8%。各项贷款余额245.6亿元，增加56.3亿元，增长29.7%。其中，对公贷款198.3亿元，增加61.4亿元，增长44.8%；个人贷款34.8亿元，增加6.5亿元，增长23%；贴现贷款12.5亿元，减少11.6亿元。实现营业净收入11.45亿元，EVA(经济附加值)3.44亿元。不良贷款率0.16%，资产质量总体保持稳定。位于浦口区境内的营业部、江浦支行、桥林支行存款余额143.2亿元，贷款余额121.5亿元。分行被江苏省外汇管理局认定为外汇业务合规与审慎情况评估A类银行。 （谭学驰）

【江苏银行南京江北新区支行】 2020年，江苏银行优化南京江北地区组织架构，6月18日成立南京江北新区支行，是江苏银行南京分行唯一的管辖型支行，下辖浦口支行和桥北支行。江苏银行南京江北新区支行面对新冠肺炎疫情防控形势，围绕"走稳、提质、调优、赋能"工作主线、"四新"行动计划和"稳企业保就业"要求，为地方经济建设做好金融服务工作，与16家高科技型企业、14家制造型企业建立合作关系，非政府平台授信客户占大公司授信总户数的58%。以特色产品为抓手，发展批量客户，与南京国家农创园、区发改委、江北研创园、智能制造产业园、生物医药谷、江北科创局合作，其中园区保业务11月落地并实施资金投放，成为同业10家银行竞争中第一时间落地投放的银行。采用代发合作、拆迁兑付、社区营销、部门联动等批量营销方式，代发工资单位20余家，进驻社区6个、小区15个，其中农民工工资代发专户系统上线后，率先为黑龙省建工集团农民工代发工资，完成按月线上代发农民工工资工作。开展理财产品切入、VIP沙龙、金融知识进万家等活动近120场，参与5000余人次，VIP新增630人，普通开户4984人，实现零售业务批量发展。投信客户78户，较年初增加28户。至12月31日，各项存款余额105.04亿元，较年初新增10.33亿元。其中，储蓄存款12.45亿元，新增0.75亿元；公司存款92.59亿元，新增9.58亿元。日均余额12.8亿元，新增1.43亿元。表内外资产208.87亿元。各项贷款余额73.34亿元，新增10.48亿元。其中，公司贷款55.61亿元，新增7.29亿元；个人贷款13.8亿元，新增1.91亿元；普惠金融3.93亿元，新增1.28亿元。用信余额158.28亿元，新增12.9亿元。其中，传统信贷余额63.9亿元，占比40.35%；类信贷94.38亿元，占比59.65%。国际结算量4.91亿美元，跨境投融资业务量8.74亿元，外汇存款月日均新增7341.54万美元。普惠口径余额4.16亿元，较年初增加1.28亿元；资本口径期末余额2.26亿元，较年初增加0.35亿元。普惠科技金融期末余额1.52亿元，较年初增加0.64亿元。实现税后净利润3.81亿元。

（潘菁）

【邮储银行浦口支行】 2020年，坚持"以客户为中心和高质量发展"理念，秉承"客户为根，服务为本"的服务宗旨，为广大客户提供优质、便捷、高效的综合性金融服务，支持实体经济、区域经济发展，履行"普之城乡，惠之于民"的社会责任。做好稳企稳岗工作，以优化产品要素、简化业务流程、提高处理效率的方式，满足生产防疫物资的中小微企业融资需求。依托市分行特色金融产品和优惠政策，开辟绿色信贷通道，推广小微易贷、极速贷等线上产品，净增个人经营性贷款1.18亿元、普惠小微贷0.65亿元。对接区域内平台企业，给予资金支持，向浦口经济开发有限公司、浦口区国有资产投资经营有限公司、南京扬子国资投资集团有限责任公司、国电南自、中建未来城桥林老城改造PPP项目分别放款1.5亿元、1亿元、2亿元、0.6亿元和170万元，投资南京扬子国资投资集团公司债3亿元。抓好社保、征地拆迁款、工资代发等个人储蓄存款业务，其中代发社保金超过7亿元。至12月末，存款年日均余额40.7亿元，增加8.81亿元。其中，个人存款19.86亿元，增加2.69亿元；公司存款20.84亿元，增加6.12亿元。贷款余额98.01亿元，增加12.58亿元。其中，个人贷款90.4亿元，增加8.25亿元；小企业贷款2.51亿元，增加1.23亿元；公司贷款5.1亿元，增加3.1亿元。支行党支部被省分行党组织及分行分别评为先进基层党支部和"十强"先进集体单位。 （何翠胜）

【紫金农商银行南京江北新区分行】 2020年，坚持"服务三农、服务中小、服务城乡"市场定位，抓住主营业务，做好普惠工作，持续跟踪葛塘、盘城、泰山、江浦等街道拆迁户，代发留存率40%以上。在全紫金农商银行落地第一笔区块链代发业务，成为新区财政资金区块链代发第一行，个人VIP客户2.42万余户。结合"政府网格"推进营销，实行点对点服务，攻坚战略客户，完成11户政府平台开户。参与政府存款招投标，获得浦口区财政局代管资金专户，小微贷款投放提前一个季度达到上年净增额，普惠型涉农贷款完成任务的225%以上。抓好个体客户发展，壮大客户群体，"百行进万企"走访企业1919家、新型农业主体208户、个体工商户(建档)6000余户。为村级账户开立村社分账户49户、农民工保函账户17户。在探索城郊社区(村)"整社(村)授信"中，乌江支行授信45户502万元。开展金融风险防范意识教育，组织反洗钱、非法集资、反假币、防诈骗等金融知识宣传20余场，首家上线省联社新账户管理系统，线上开立账户987户，并开展防火防劫演练，共同构建金融生态区。至12月末，各项存款余额300亿元，较年初增加20亿元。其中，公司存款170亿元，增加10亿元；储蓄存款130亿元，增加10亿元。各项贷款余额165亿元，增加15亿元。其中，企业贷款125亿元(中小企业60亿元)，增加15亿元；个人贷款40亿元。 （孙海燕）

【浦口靖发村镇银行】 2020年，围绕新冠肺炎疫情防控和支持实体经济发展的双重任务，努力做好金融服务工作，加快推进"复产贷""浦担贷"业务，支持重点企业和小微企业复工复产。扩大品牌影响力，做到内强素质、外塑形象，提升金融服务水平。根据业务发展和客户需求，自定义信贷要素的贷款产品，巩固和吸引贷款户556户，较年初增加51户；小微企业贷款余额49070.95万元，较年初增加5611.07万元，增长12.91%。至12月末，各项存款余额32899.14万元，比上年减少1060.08万元。其中,单位存款22964.75万元,减少2480.51万元;储蓄存款9934.39万元,增加1420.43万元。各项贷款余额54090.55万元,增加6028.36万元。其中,个人贷款26444.55万元,增加3405.36万元;公司贷款27646万元,增加2623万元。实现各项收入3706.82万元、利润885.33万元、净利润592.33万元。资本充足率23.42%,贷款拨备比2.69%,拨备覆盖率208.03%,流动性比40.62%。（李玉娟）

【华夏银行浦口支行】 2020年,以实施南京市"四新"计划为契机,深化与浦口区全方位业务合作,加大主导产业、重大项目、优质企业等领域的投融资支持力度,同时保持金融业务稳扎稳打的做法,坚持重点客户和基础客户两手抓,主动对接政府部门、重大项目实施载体,深挖规模以上企业、行业龙头企业以及科创板等优质客户,与区发改委、区科技局合作,开展"百行进万企"活动,营销特色普惠产品,向小企业放贷1.25亿元,无一例不良贷款。至年末,各项存款余额13.92亿元,其中公司存款11.37亿元、储蓄存款2.55亿元。各项贷款余额54.63亿元,其中公司贷款50.17亿元、个人贷款4.46亿元。（闵然）

保 险

【人保财险浦口支公司】 2020年,承保业务持续抓发展抓突破,在非车险领域与奕友机动车服务平台签约互联网接单损失保险,并延伸车辆延保项目。农险探索创新,以特色苗木产业为载体,联合区财政局、区发改委、区农业农村局、区气象局,走访苗木种植户,收集苗木种植面临的风险点和保障需求,以浦口区近10年气象监测数据为支撑,经研究分析,设计和开发出苗木气象指数保险项目,为全区3198户苗木种植户、近2000公顷苗木提供保障金3.3亿元。理赔工作坚持"灾前预警防范"和"灾后快速理赔"原则,在夏季重大洪涝灾害发生后,立即组织力量勘查灾情,作出理赔决定,帮助保户减轻受灾程度,快速恢复生产。至年末,支公司市场份额占比48.6%。实现保费收入45779.5万元,同比增长13.1%。其中,车险39343.3万元,同比增长6.7%;农险3373.7万元,同比增长168.3%;非农非车险3062.6万元,同比增长29.2%。赔款总支出25101.5万元。（李霖）

【人寿财险浦口支公司】 2020年,加强互动渠道、车商渠道、重客渠道、农村业务部建设,推动业务扩展,保费收入2838万元,举绩率22.19%,居全市系统第二,渠道占比36.75%。车行渠道专业化经营业务稳中有升,继续与利星行集团、天泓集团、苏舜集团、冠松集团等25家车行、专修厂保持合作关系(保费规模300万元以上3家,100万以上5家),保费收入2818万元,渠道占比36.49%。扩大重客渠道业务,继续为浦口区部委办局及下属企业提供一揽子保险服务,承保车辆300多辆,保费规模400万元。承办军用车保险业务,保费收入120万元。在全区5个街道开设农业保险服务站,在63个涉农村设立农业保险服务点,利用警保联动建立1个三农服务站点,保费收入628万元,其中农险保费273万元,完成率110%。至年末,保费收入7723万元,指标完成率91.94%,同比增长10.3%。其中,车险6174万元,同比增长3.55%;非车险1549万元,同比增长49.03%。理赔6495件,赔款金额3821万元。承保利润577万元。市场份额9.44%,位居浦口同业第四。（杨洁）

【人寿险浦口支公司】 2020年,坚持依法合规经营的原则和聚力谋划发展的理念,抓增员育新人,有持证人员1050人。加快销售转型,优化业务结构,各项工作稳步推进,保费收入明显上升。至年末,保费收入55625.79万元,其中长险首年保费11376.33万元、短期险保费4861.59万元、续期保费39387.87万元。受理理赔案23285件,理赔金额3541.38万元。（陈萍）

【太平洋财险浦口支公司】 2020年,坚持以优质服务承揽业务,独家承保浦口地区在册残疾人团体意外加团体重疾保险和江浦、桥林、汤泉、永宁4个街道的精神病监护人责任保险,中标中车集团财产险等一揽子保险,实现非车险业务新发展。继续应用车险上线车生活小程序,为客户提供在线承保、在线理赔等便捷服务,实现业务稳定增长。至年末,保费收入5000万元,其中车险保费4100万元、非车险保费900万元。（丁利利）

·文稿编辑 杨宇金·

商贸服务业

综　　述

【概况】 2020 年,浦口区疫情防控和商贸流通,促进新消费健康发展。实现社会消费品零售总额 137.64 亿元,同比增长 0.2%,其中限额以上规模企业实现 54.44 亿元,占总额的 39.5%,增长 6%。从消费品类值看,基本生活类消费增长平稳,部分消费升级类商品零售额增长较快。在限额以上企业商品零售额中,粮油食品类增长 28.6%,服装鞋帽针纺织品类下降 5.4%,日用品类商品增长 12.3%。以智能手机、平板电脑为代表的通讯器材类商品零售额增长 8.1%,书报杂志类增长 33.3%。市场主体层次升级,白马生活广场试运营,虹悦城等商业综合体项目持续推进。新增限额以上贸易企业 33 家,总数 104 家(剔除破产注销企业)。商贸和服务业固定资产投资总额增长 2.1%。实现电子商务交易额 124.7 亿元,增长 35%,获评 2020 年江苏省农村电子商务示范县(市、区)。　　(刘梦坤)

【新消费促进】 2 月,区委下发《关于印发应对新冠肺炎疫情影响新基建新消费新产业新都市"四新"行动实施方案的通知》,促进新消费稳定增长。3 月 15 日,区商务局、区市场监管局等部门在金盛田购物中心联合开展以"放心出门,安心消费"为主题的"3 · 15"消费促进活动,区委、区政府主要领导带头消费,促进消费市场复苏升温。4 月,全区限额以上企业零售额较一季度回升 5.4 个百分点。7 月 1 日,区政府出台《浦口区消费促进扶持办法》,颁布区财政对商贸服务企业的补贴政策,扶持培育市场主体,鼓励企业做大规模、达限入统,扩大消费市场供给总量。全区举办消费促进活动 38 场,实现"周周有活动、月月出亮点、季季见成效"。组织南京老山国际文化旅游节等文旅购物节事,举办"半价日""团购月""购物季""优惠年"等购物促销主题活动,打造"购物 +""美食 +""旅游 +""文化 +""夜间 +""线上 +"六类消费促进新模式。"五一"小长假、"十一"黄金周等节日期间,金浦购物广场、苏宁商超等企业延长营业时间,加大食品、服装、日用百货、家用电器等生活消费品优惠比率,拉动消费市场升温。培植夜间消费新模式,引导林公堤、幸福里、金盛田等商业街区举行夜间消费活动,发展"夜食、夜购、夜游、夜宿"新业态,打造夜间经济集聚区,举办夜间美食龙虾节、端午夜市集、西埂莲乡灯光节等夜间主题促销活动,各景区举办电影节、音乐节、帐篷节等,打造乡村夜游新消费模式。利用区域旅游资源,发展网红、直播经济,推出"直播 +

3 月 28 日,在林公堤民国风情美食休闲街举办"放心出门,点亮江浦"夜间消费市集活动　　(刘梦坤　提供)

6 月 24—26 日,浦口区举办端午浦口夜市集活动　　(刁爱国　摄)

旅游”“直播+美食”活动。举办老山云音乐节，开设18个线上直播间，参与量500万人次；联合抖音举办“周末DOU来浦口”活动，开展线上游浦口；组织浦口美食节网上现场直播，在线观看量40多万人次；引导传统商贸流通企业拓展网上营销渠道，老山药业等电商企业开设网络直播间；举办“小康南京”邀你来拼单浦口专场活动，线上直播推介浦口优质产品。推进总投资80亿元奇柯全球商品总部建设，打造旗舰型国际时尚中心。做强求雨山MCN产业园，打造首家5G短视频+直播基地。发展丝兰湖邻里荟，提升产城融合新品质。发展金雁湖，打造国际社区中心。构建全新珍珠泉风景区，推介都市微度假胜地。

（融媒体中心　商务局　农业农村局）

【消费品市场加快恢复】 2020年，尽管受到疫情影响，全区社会消费品零售总体向好，实现总额137.64亿元，同比增长0.2%，其中限额以上批发企业（年销售额2000万元以上）实现销售额54.44亿元，同比增长6%。全区限额以上批发零售企业发展到104家，限额以上住宿、餐饮企业增加到18家，主要聚集在江浦、汤泉、永宁3个街道和珍珠泉旅游度假区。

2020年浦口区限额以上批发零售企业一览表

表89

序号	企业名称	坐落地址
1	江苏耀达石化集团有限公司	江浦街道同心社区
2	南京轩润超市有限公司	江浦街道同心社区
3	南京正明德汽车销售服务有限公司	江浦街道同心社区
4	三德医疗器械（南京）有限公司	江浦街道同心社区
5	南京磐略商贸有限公司	江浦街道同心社区
6	南京蒂森钢贸易有限公司	江浦街道同心社区
7	南京新晟弘贸易有限公司	江浦街道同心社区
8	中闽在线（江苏）网络科技有限公司	江浦街道同心社区
9	永乐惠达卫浴（南京）有限公司	江浦街道同心社区
10	江苏谊品弘苏科技有限公司	江浦街道同心社区
11	南京旭龙纸业有限公司	江浦街道同心社区
12	南京中油铁建成品油销售有限责任公司	江浦街道同心社区
13	南京六小狐电子商务有限公司	江浦街道烈士塔社区
14	南京市浦口区粮食购销有限公司	江浦街道烈士塔社区
15	南京明福商贸有限公司	江浦街道烈士塔社区
16	南京老山电子商务有限责任公司	江浦街道烈士塔社区
17	南京老山电子商务有限公司	江浦街道老虎桥社区
18	南京东州科技有限公司	江浦街道老虎桥社区
19	南京炫莎贸易有限公司	江浦街道人民桥社区
20	南京天一中信药房有限公司	江浦街道人民桥社区
21	南京荣浦百货有限公司	江浦街道人民桥社区
22	南京摩杰会摩托车销售有限公司	江浦街道人民桥社区
23	南京振源通冠服饰有限公司	江浦街道人民桥社区
24	南京海斯博电子科技有限公司	江浦街道八里社区
25	南京强汇环保科技股份有限公司	江浦街道八里社区
26	南京瑞泰石油制品有限公司	江浦街道华光社区
27	南京帆然贸易有限公司	江浦街道求雨山社区
28	南京三磊贸易有限公司	江浦街道白马社区
29	南京拓新机电设备有限公司	江浦街道白马社区
30	南京悦购旺浦超市有限公司	江浦街道白马社区

续表 89

序号	企业名称	坐落地址
31	南京浦口燃气有限公司	江浦街道新河社区
32	南京有源棉业有限公司	江浦街道新河社区
33	南京伊顺新商贸有限公司	江浦街道新河社区
34	来德利农业发展南京有限公司	江浦街道新河社区
35	江苏冠群新能源技术有限公司	江浦街道新河社区
36	南京市浦口区军粮供应站	江浦街道巩固社区
37	南京立业医药有限公司	江浦街道珠江社区
38	南京顾跃金商贸有限公司	江浦街道珠江社区
39	南京太阳花汽车服务有限公司	江浦街道珠江社区
40	江苏畅海盈商贸有限公司	江浦街道珠江社区
41	南京欣满誉冷暖设备有限公司	江浦街道团结社区
42	南京汇万连环境科技有限公司	江浦街道团结社区
43	南京福耀汽车玻璃有限公司	桥林街道百合社区
44	南京永浦钢管有限责任公司	桥林街道百合社区
45	江苏沁林医药有限公司	桥林街道百合社区
46	南京菊华养殖专业合作社	桥林街道西山社区
47	南京秭拇洲贸易有限公司	桥林街道兰花塘社区
48	南京冉正金属材料有限公司	桥林街道兰花塘社区
49	南京贵拓贸易有限公司	桥林街道兰花塘社区
50	江苏海滨石油贸易有限公司	桥林街道兰花塘社区
51	日新电子商务(南京)有限公司	桥林街道兰花塘社区
52	南京永利柴油配件销售站	桥林街道兰花塘社区
53	南京市浦口区陡岗加油站	桥林街道福音社区
54	南京东爵投资有限公司	桥林街道福音社区
55	中海油南京顺海水上供油有限公司	桥林街道滨江社区
56	南京源丰石化有限公司	桥林街道滨江社区
57	南京润博生态农业科技发展有限公司	桥林街道双垅社区
58	南京市浦口区金桥加油站	桥林街道明因寺社区
59	南京皓雪食品有限公司	桥林街道林山村
60	南京市浦口区十里茶场	星甸街道十里社区
61	南京鳄鱼节能科技有限公司	星甸街道万隆社区
62	南京君渡制冷设备有限公司	星甸街道万隆社区
63	江苏良品铺子食品股份有限公司	星甸街道万隆社区
64	南京果瑞达科技有限公司	星甸街道星兴社区
65	南京康欣嘉宁医疗器械有限公司	星甸街道解放桥社区
66	南京悦峰钢材贸易有限公司	星甸街道解放桥社区
67	南京旭龙纸业有限公司	星甸街道高庙村
68	南京富沁来通讯设备有限公司	星甸街道高庙村

续表89

序号	企业名称	坐落地址
69	江苏德勤贸易实业有限公司	星甸街道高庙村
70	南京华鼎茶叶种植专业合作社	星甸街道九华村
71	江苏浦桥玉剑茶业股份有限公司	星甸街道九华村
72	南京赭洛山茶叶专业合作社	星甸街道九华村
73	南京味晟生物科技有限公司	汤泉街道金泉社区
74	江苏通储沥青实业有限公司	汤泉街道金泉社区
75	南京莱昂医药化工有限公司	汤泉街道金泉社区
76	南京华丰邓喜禄轮胎有限公司	汤泉街道金泉社区
77	江苏海航电气科技南京有限公司	汤泉街道三泉社区
78	南京跑山鸡家禽养殖专业合作社	汤泉街道龙井社区
79	南京市浦口区雨盛蔬菜专业合作社	汤泉街道龙井社区
80	南京雨发农业科技开发有限公司	汤泉街道龙井社区
81	江苏江桥经贸发展有限公司	汤泉街道高华社区
82	江苏威克多体育用品有限公司	汤泉街道高华社区
83	南京首创建材有限公司	汤泉街道高华社区
84	南京世纪汇能源科技有限公司	汤泉街道高华社区
85	南京源新元医疗科技有限公司	汤泉街道九龙社区
86	南京乐惠环保科技有限公司	汤泉街道滴水珠村
87	江苏煜原泰贸易有限公司	永宁街道侯冲社区
88	江苏良晋电子商务股份有限公司	永宁街道侯冲社区
89	南京聪泰安全设备有限公司	永宁街道侯冲社区
90	南京祥瑞农副产品开发有限公司	永宁街道侯冲社区
91	南京云田网络科技股份有限公司	永宁街道侯冲社区
92	江苏众合壹讯信息科技有限公司	永宁街道侯冲社区
93	南京施尔浦商贸有限公司	永宁街道永宁社区
94	南京奥宁鞋业销售有限公司	永宁街道永宁社区
95	南京海泰石油化工销售有限公司	永宁街道永宁社区
96	南京乐禾创程供应链管理有限公司	永宁街道高丽社区
97	江苏农垦园艺科技有限公司	永宁街道张圩社区
98	南京简诺种植专业合作社	永宁街道西葛社区
99	江苏万企达股份有限公司	南京浦口高新区虚拟社区
100	南京东华金属材料贸易中心有限公司	浦口开发区虚拟社区
101	南京中大药业有限公司	浦口开发区虚拟社区
102	南京金阳光光伏发电有限公司	浦口开发区虚拟社区
103	南京有成精密科技有限公司	浦口开发区虚拟社区
104	江苏省广汇燃料有限公司	徐庄高新技术产业开发区虚拟社区

2020年浦口区限额以上住宿和餐饮企业一览表

表90

序号	企业名称	营业地址
1	南京开元大酒店	江浦街道新河社区
2	南京喜兰餐饮管理有限公司	江浦街道珠江社区
3	南京浦口姐妹餐饮有限公司	江浦街道珠江社区
4	南京香山湖餐饮管理有限公司	江浦街道珠江社区
5	南京桥林大酒店有限公司	江浦街道烈士塔社区
6	南京盱眙龙虾餐饮文化管理有限公司	江浦街道白马社区
7	南京林大博海农产品加工有限公司	江浦街道高旺社区
8	南京万成生态园林有限公司	星甸街道高庙村
9	南京雨发小厨娘餐饮管理有限公司	汤泉街道龙井社区
10	南京汤泉宾馆有限公司	汤泉街道金泉社区
11	南京汤嘉御品温泉酒店有限公司	汤泉街道金泉社区
12	南京得山水情温泉酒店	汤泉街道三泉社区
13	南京大吉温泉度假有限责任公司	汤泉街道陈庄村
14	南京大吉会务服务有限责任公司	汤泉街道陈庄村
15	南京雅恩餐饮管理有限公司	永宁街道大埝社区
16	南京丽铭农业生态发展有限公司	永宁街道联合村
17	南京珍珠泉明发度假村大酒店有限公司	珍珠泉旅游度假区
18	南京蜂巢酒店管理有限公司	珍珠泉旅游度假区

(刘梦坤)

【农贸市场提档升级】 2020年,完成永宁、石桥2家市镇农贸市场提档升级,11家农贸市场建成肉菜追溯系统,城区农贸市场肉菜追溯系统覆盖率100%,配发智慧溯源电子秤621台。区商务局依托农贸市场肉菜追溯系统平台,开展“互联网+”升级服务,完善交易功能和配套服务体系,创新交易模式,努力创建肉菜追溯示范市场。江浦街道投入10余万元,采购1套红外体温成像仪,在凡星农贸市场投入使用。桥林街道做好农贸市场常态化、长效化管理工作,定期开展巡查检查,确保农贸市场有序经营、规范管理,为市民营造整洁有序的购物环境。区市场监管局加强对农贸市场内部无照散摊、溢摊经营等规范整治,严禁销售过期、变质、伪劣食品,严禁野生动物交易。检查农贸市场14家次,餐饮店286家次,校园周边店铺、商场超市、宾馆酒店等112家次,专项督查14家农贸市场及周边235家小餐饮店、百货店。(商务局 融媒体中心 市场监管局 江浦街道 桥林街道)

【商业街区打造】 2020年,林公堤、幸福里、金盛田等主要商业街区持续开展夜间消费促进活动,打造夜间消费新增长点。年末,白马生活广场建设项目基本竣工,2021年春节期间面向市民开放。区城建集团深化商业街区配套设施建设,优化街区及景区整体形象。成立食品安全办公室及督查小组,将《餐饮服务经营者食品安全管理制度》《餐饮服务食品安全公示制度》张贴上墙,向商业街区从业人员及群众宣传国家和省市加强食品安全工作的方针政策。全年出动110人次,开展整治20余次,实行“一户一表”巡查制,记录巡查表160余份,张贴公益广告300条,清除小广告400余张,利用户外电子大屏刊播公益广告500余条,与商户签订《诚信经营承诺书》90余份,联合城管取缔占道经营20余起。区康居集团从周边小区协调300个停车位,满足不同消费者停车需求。 (商务局 城建集团 康居集团)

【城市国际化建设和与自贸区对接】 区商务局印发城市国际化考核办法,加强与责任单位对接协调,推进“打造对外文化、教育合作平台”“提升浦口文旅健康产业国际吸引力项目”“主导产业及人才集聚”3个重点项目落实。对接中国(江苏)自由贸易试验区南京片区,推进联动融合发展,成立自贸区对接工作领导小组,印发自贸联动创新发展考核评价方法。利用网络、微信公众号等媒介,宣传自贸区联动发展政策,鼓励企业用好用足自贸区政策利好。选派专人入驻自贸区,向企业提供政策咨询、入园申请、注册审批、项目落地等全过程服务。7月29日,江苏恒越会议会展有限公司入驻自贸区联动创新发展示范园的申请通过审核,该公司是浦口区首家入驻自贸区的现代服务业企业,由此扩展自贸区“一址多照”试点范围。浦口区依托集成电路产业优势,与自贸区强强联手,打造集成电路产业综合服务平台,完善集成电路全产业链配套服务体系,助推浦口地标产业转型升级,打造“江北明珠”产业高地。

【商贸管理服务】 2020年,区商务局完善市场保供体系建设,落实消费品应急保供监测机制,制定猪肉应急保供预案。挖掘老字号企业品牌资源,开展老字号认定,老山药业获评"南京老字号",申报2021年市级现代服务业发展专项资金入库项目。加强行业安全生产管理,制定加油站和商业场所专项整治实施方案,开展加油站等巡查583批次,发现并整改安全隐患83起,组织商贸服务企业和餐饮场所安装可燃气体浓度报警装置,1300家餐饮场所实现燃气报警装置安装全覆盖。按照全省乡村振兴考核要求,完成区供销合作总社"三会"制度建立。永宁新型基层供销社(云田网络)搭建一站式农村公共服务平台,改造成"六有"基层供销合作社,吸纳社员112人。改造升级星甸街道石窑社区居民消费合作社,新增农资商品销售、农业技术服务等经营性服务。通过政府代购累计投放口罩40余万副,指导商超、餐饮企业严格落实体温检测、苏康码查验等常态化防疫要求。开展对口帮扶,动员企业采购镇安县农副产品、土特产等累计价值3万元。鼓励区内农产品电商平台与镇安县对接,推进商超扶贫专柜建设,宣传推介镇安县当地特色产品。

【浦口区供销合作总社第一次社员代表大会】 7月,浦口区供销合作总社启动实体化运作。8月28日,召开第一次社员代表大会。大会依照相关规定,讨论通过浦口区供销合作总社章程,建立社员代表大会下的理事会、监事会制度,选举浦口区供销合作总社第一届理事会和监事会组成人员,明确任期五年工作目标。会议提出,浦口区供销合作总社要以习近平新时代中国特色社会主义思想为引领,围绕"产业兴旺、生态宜居、乡风文明、治理有效、生活富裕"的总要求,以服务"三农"为根本任务,以构建更加完备高效的农业社会化服务、乡村绿色生态服务、农村电子商务经营服务、农产品与日用消费品购销服务、现代农资综合服务、基层供销服务组织六大服务体系为重点,加快建设新供销服务"三农"综合平台,打造新时代供销合作社服务"三农"的升级版,促进城乡供销合作融合发展和乡村振兴。

(刘梦坤)

12月,白马生活广场试运营 (郭华林 摄)

【白马生活广场试运营】 12月试运营。白马生活广场是浦口区规模最大、功能最全、业态最多的商业综合体,位于江浦街道白马社区,紧邻江北新区核心区和南京自贸区,项目西起城市干道白马路,北临狮山路,东临景观河道,规划建设总面积30万平方米,2019年3月开建。引进盒马鲜生、海底捞、万达IMAX影院、金吉鸟健身、星巴克、肯德基、必胜客、周大福、宝庆银楼、阿迪Mega、耐克Beacon、屈臣氏、华为S级体验店、三福、长颈鹿美语、丽婴房、小茉家亲子餐厅、食朝汇、香山湖、小菜园、电台巷火锅等品牌。其中,盒马鲜生位于负一楼,面积5000多平方米,经营海鲜水产、肉禽蛋品、时令蔬果、米面粮油、休闲食品等4000多种生活消费品;万达IMAX影城位于四楼,是浦口首家IMAX影院,面积3000平方米,有7个放映厅,可容纳750人同时观影;金吉鸟健身连锁品牌高端店位于五楼,面积近2100平方米;海底捞火锅位于二楼,面积约900平方米,设有餐台101个,可供500多人同时就餐。

(融媒体中心)

电子商务

【概况】 2020年,浦口区电子商务发展提速,运营有序,实现电商交易额124.68亿元,同比增长35%。4月26日,浦口区获评江苏省农村电子商务示范县(市、区)。发挥示范效应,引领和带动全区电子商务产业新发展,激发电子商务创新能力和创业活力,组织30多家企业开展直播赋能行动(抖音专场)等电子商务培训2场,受众400余人次。鼓励企业通过直播、扫码等方式,开展线上线下相结合的促销活动,提升企业知名度和影响力。老山药业、六小狐电子商务公司等企业利用直播等形式拓展电子商务销售。浦口高新区推进MCN产业园建设,签约落地以浦韵耀世文化、映鱼文化传媒为代表的文创机构10余家,开播直播间30余个。完善云田商城等农业电商平台建设,拓宽特色产品网络销售渠道。扶持传统商业向数字化商贸转型,发展网络平台新业态,推动电子商务标准化建设、品牌化发展。

【电商企业培育】 2020年,浦口区电子商务呈现集聚发展势头。以浦口高新区MCN产业园为载体,整合调配优质资源向MCN产业聚焦,打造以数字文化为核心的求雨MCN产业园。计划在2—3年内打造100余个网络直播间,孵化一批网红品牌,培育一批网红带货达人,推动全区各产业链和特色产品尽快朝着新型电商转型发展。MCN产业园签约企业11家,其中亿元以上项目3个,首期开播使用求雨MCN直播间30余个。推进慧农云仓物流项目建设,鼓励苏宁小店、谊品生鲜等企业拓展社区网上销售微商圈,引导茶叶、青虾等生产企业利用淘宝直播等新媒体,开展电子商务推广。江浦街道众创空间电商特色明显,上下游产业链清晰,服务体系完善,获“省级众创空间”“省级巾帼创新创业示范基地”“市级大学生创业园”等称号。至年末,全区有农产品电子商务企业1200余家,其中当年新增70余家,纳入省级监测的电商企业37家。鼓励支持传统商业加快数字化转型,努力打造电子商务品牌。加快培育网红、直播经济。跟进杭州文衍新零售(南京)结算中心、众美数字化新零售直播电商基地等重点项目,引导商场、专业市场等传统商贸场所开展直播平台营销模式,壮大MCN产业,培育零售新亮点。鼓励跨境电商企业拓展进出口业务,加大政策扶持力度,培育跨境电商零售进口新增长点。

(刘梦坤)

【农业电商提速】 2020年,浦口区以农业信息化建设为抓手,发展农业电子商务,打造数字乡村试点示范区,为实现乡村全面振兴夯实基础。农业农村部门以构建电商平台、重点农业经营主体之间产供连接为发力点,引导农业企业、农民合作社、家庭农场等新型农业经营主体,借助第三方电商平台开拓市场,利用微信、淘宝等网络平台开展当地农产品营销促销,助推农民丰产丰收。新增农产品电子商务网站、网店和微店等电商主体41家,全区开展农产品电子商务的经营主体增加到164家,农产品年销售额8.5亿元。推进智能农业建设,围绕转方式、调结构的高质量发展要求,实施智能农业建设行动。加大政策扶持和项目引导力度,支持设施农业、畜禽水产等规模经营主体应用物联网信息技术,推动物联网技术在农业生产各行业、各领域广泛应用,完善星甸物联网基地、永宁共兴青虾特色产业园物联网基地建设。在设施园艺、畜禽养殖、大田种植、水产养殖等领域建有农业物联网技术应用点29个,覆盖面积1333公顷。推进数字乡村建设,国家数字乡村试点区创建工作列入首批试点地区名单。以国家数字乡村试点区创建为契机,打造浦口乡村治理数字平台、“慧种田”数字农业服务平台等数字化平台。坚持把农业科技创新与推广作为发展现代农业、培育新型农民的重要措施,开展农业科技人才培养、农业技术推广服务、农业科技产学研合作,加快农业农村新技术、新模式、新服务推广应用,促进乡村网络文化繁荣发展、乡村数字治理体系日趋完善。

汤泉街道创新运用“互联网+”机制,巩固发展苗木、葡萄、桃、梨等种植基地,拓建新金、龙井等苗木转型示范基地,加快特色农产品和旅游产品开发,为发展农业电商提供更多产品选择。街道农技推广综合服务中心、13个村级农技服务站和6个益农信息社分别采取专家驻点、共建第三方合作平台等形式,与南京林业大学、南京农业大学等科研院校组成共建单位,加强对农业企业、大学生村官和返乡创业主体电商培训,为农业电商发展提供技术和人才支撑。着力打造农业电商品牌,创建汤泉优质农产品电子商务网站,引导农户通过网络、微信等电商平台销售农产品,提高农业电商发展组织化、专业化水平。以“浦乡苗源”珍珠村为载体,打造集苗木文化展陈、苗农展销、苗木交易于一体的智慧化苗木产业平台,加大龙头电商定向招引力度。

区商务局组织电商企业开展电子商务进社区活动,引导苏宁小店、谊品生鲜等创建社区网上销售微商圈,大润发等商超开通网上销售送货到家业务,完成工业品下行销售6000余万元。依托南京云田网络科技股份有限公司等企业,搭建农村电商服务平台,总交易额突破110亿元。老山蜂蜜、“浦桥玉剑”茶叶、永宁青虾、后圩螃蟹等特色农产品销售突破10亿元,同比增长20%。

(农业农村局　汤泉街道　商务局)

【电商品牌打造】 2020年,南京云田网络科技股份有限公司功能辐射到全国18个省市700多个县,建立农村服务网点7万多个,被评为国家级电子商务示范企业。永宁街道、汤泉街道被评为省级农村电子商务示范乡镇,侯冲社区被评为省级电子商务示范村。全区建成省市级农村电子商务示范单位18个、“一村一品一店”示范村6个。8月,浦口农产品公用品牌“浦食浦味”上线。该品牌立足当地特色农产品资源,集打造现代高效农业和农村电商平台于一体,推出老山蜂王浆、永宁青草虾、浦桥玉剑茶叶、星甸西甜瓜、众鑫丽稻米等一批国家及省市级农产品品牌。　(农业农村局)

【江苏2020淘宝直播首次推播老山蜂蜜】 5月28日,以“筑荔江苏,薇你拼单”为主题的电视直播活动在江苏广电总台“好享购”频道开播,淘宝直播频道“江苏台——我为你而来”同步直播。省内24种生态特色农产品直播亮相,浦口区推介老山药业明星产品——老山绿色洋槐蜂蜜,首登“江苏2020淘宝直播——村播”。　(韩盼盼)

粮食流通

【概况】 2020年,实现粮食购销总量8.05万吨,创历史最高水平。完成市区两级原粮储备3.6万吨和成品粮储备1900吨任务,驻区部队军粮保供全覆盖。贯彻落实国家乡村振兴、质量兴农发展战略和“吃出健康”要求,加快推进农业供给侧结构性改革,建成国家级万亩功能稻米示范基地,富硒功能大米投放市场。区军粮供应站助力扶贫攻坚,帮助陕西镇安和新疆伊宁地区缓解农产品滞销,实现销售收入600万元,带动两地20多家农产品加工企业、300多户困难户直接受益。区粮食购销有限公司列入2020年南京市社会法人表扬信息名单,区军粮供应站入选第九批全国放心粮油示范销售店。

【粮食购销】 区粮食储备局发挥粮食流通主渠道作用,国有粮食购销企业收购粮食35480吨,其中收购小麦11030吨、稻谷24450吨。粮食销售42887吨,其中销售小麦13841吨、稻谷29046吨。全年购销总量78367吨,完成市、区两级粮食收储任务。

【国家级功能稻米基地打造】 与中国科学院赵其国院士、南京恒宝田功能研究院尹雪斌博士团队合作对接,签订全市首个功能稻米产业合作协议,建成万亩功能稻米示范基地。该基地位于永宁街道青山社区,面积约667公顷,是国家功能稻米技术创新中心在江苏省拓建的首个科技示范基地,围绕功能稻米技术研究、集成应用和水稻新品种培育,高标准打造功能稻米示范样板。2020年，首期试点种植水稻153公顷，完成土壤地质调查、施肥、检测、栽培技术培训等工作，年末生产出第一批“鱼米香”“鱼水情”注册品牌富硒功能大米，经技术检测和专家品鉴，米质达到国家标准，在12月30日全省第二届“好吃苏米”品鉴大赛暨2020“水韵苏米”公用品牌建设成果发布会上获优秀奖。

【应急物资储备】 健全完善应急物资储备管理机制，明确区军粮供应站为责任主体，负责全区应急物资储备采购、轮换和日常管理工作。完成星甸粮储中心库改扩建工程，保留原有仓容6800吨，新建高大平房仓2栋，建筑面积4773平方米，新增仓容2.33万吨，总仓容3.01万吨，全区总仓容增加到8.57万吨。在陡岗粮食中心储备库划定720平方米仓库，作为应急物资储备库点，根据管控技术要求对库房进行标准化改造，按照防灾减灾救灾和防疫储备物资清单，制定实物储备、协议储备、轮换储备实施方案，物资储备规模1000万元。

【军粮保供与市场供应】 2020年，浦口区军粮供应覆盖驻区部队，品种由米面主食拓展到油脂、大豆、杂粮等副食。通过对全区8家放心粮油店筛选，确定江苏军粮浦口供应站生活超市和汤泉街道秀丽粮油店为提档升级对象，年末完成2家粮油店提档升级工程。在中国粮食行业协会开展的第九批放心粮油示范企业认定工作中，区军粮供应站入选第九批全国放心粮油示范销售店，这是继区粮食购销公司获得全国放心粮油示范仓储企业店之后，浦口区又一国有粮食企业获此荣殊。

【2020粮储科技周】 8月23—29日举行。活动由区粮食储备局主办，以“科技创新促发展，兴粮兴储保民生”为主题，采取线上线下结合方式进行。8月23日，“江苏粮网”推播江苏粮油商品交易市场举办的科技活动周线上启动仪式。8月26日，组织区军粮供应站等粮食企业到江浦街道巩固社区，开展品牌大米进社区宣传推介活动，现场展销浦口地产品牌“鱼米香”“鱼水情”功能大米。科技周期间，邀请国家功能粮油技术创新中心主任尹雪斌博士走进浦口电视台，就普及功能稻米知识接受记者访谈。在浦口电视台晚间黄金时段滚动播放食品健康消费、节粮减损宣传标语，在“浦口发布”微信公众号和区政府网站推送“爱粮节粮”倡议书，引导市民提升健康消费理念，养成爱粮节粮习惯。

【南京、淮安2020世界粮食日暨全国粮食安全宣传周活动在浦口举办】 10月16日在江浦街道凤凰台双拥广场举行宣传周启动仪式。省粮食储备局及南京、淮安两市发改委、粮食储备局负责人，浦口区委、区政府领导，国家功能稻米技术创新中心负责人，浦口区粮食安全责任制联席会议成员单位负责人等270余人出席活动。活动现场举行宁淮粮食应急保供演练、万亩功能稻米生产基地授牌仪式和宁淮粮食产销合作签约仪式，由宁淮两市向全省发出“鼓励节约用粮，倡导健康消费”主题倡议。两市20多家粮油生产和经销企业进场展销24个品牌粮油商品，吸引大批市民观展选购。 （何虹）

烟草专卖

【概况】 2020年，浦口区卷烟销量2.02万箱，同比增长4.7%，其中行业重点品牌卷烟销售1.94万箱，增长6.38%。实现卷烟销售收入9.2亿元，增长7.75%；单箱销售结构4.54万元，增长2.92%。“金丝利·通”终端客户19户，运行状况良好；“金丝利·家”日均活跃零售户1000名左右，零售户金丝利微信公众号注册率100%，吸收用户3280人。开展香溢优选、苏宁惠买、中国银行金融服务、企业微信卷烟订货支付等非烟赋能项目推广。查办涉烟违法违规案件425件，其中案值5万元以上49件，涉案卷烟794.27万支，总案值953.91万元，其中查获假烟、私烟70.27万支，案值71.63万元。“1·3”销售假烟网络案件告破。全年涉烟刑拘20人，逮捕3人。深化放管服改革，突出管服并重，新办证281户，清理81户，审批注销116户，许可证数量保持整体稳定。

【营销网络建设】 浦口烟草分公司通过提升终端硬件基础条件和加强软件功能发挥，逐步形成以金丝利“通家号”推广应用为主的现代零售终端体系，提升终端信息化建设水平。运用“金丝利·通”智慧店铺系统，搭建终端管理新平台，“金丝利·通”终端由年初1户增加到19户（不含2户苏宁小店）。突出终端使用跟踪维护，各项指标高质量运行，户均每日扫码120笔，聚合支付占比66.65%，扫码波峰数14.21，整体终端运行良好。“金丝利·家”客户移动服务系统活跃度保持在75%左右。推进“互联网+”营销模式，提升互联网内容制作能力，《手把手教你玩转金丝利·家盈利分析实用功能》《一张图看懂“金丝利·通”六大功能》在金丝利社区发布，点击浏览均1万余次，在金丝利社区课堂版块全部45个课程中位列前两位。拍摄《金丝利版mojito》MV，开展金丝利微信公众号吸收粉丝活动，吸收用户3280人。引导零售客户参与“大重九”杯金丝利平台“应用达人”评选活动，13人次获奖。至年末，新增卷烟销售网点245家，总数1575家。

【卷烟市场监管】 2020年，推进“双随机、一公开”监管机制，“一单两库”实施动态管理，实现执法部门运用随机抽查方式进行常态化日常监管，抽查事项清单全覆盖。在省市场监管平台实施年度不定向抽查计划1次，抽查卷烟零售户125户，检查结果回填率100%。在烟草行业专卖监管信息平台实施年度定向随机抽查1次、不定向抽查4次，抽查卷烟零售户462户，检查结果回填率100%。基层服务站（市场监管中队）日常专卖市场监管执法事项随机抽查实现全覆盖。优化政务服务流程，延伸“互联网+”服务，推广江苏政务服务App，实现行政许可业务办理“零跑腿”。行政许可推行新办证核管、入网、定档、社会监督“一起办”，从申请到入网时间由10个工作日缩减到3~5个工作日。承办行政许可1071件，其中新办281件、延续254件、变更24件、歇业47件、注销116件、其他事项349件。联合交管部门在星甸、长江三桥卡口开展联合检查，查获无证运输案件92件，案值246.93万元；联合公安、邮管部门查获物流寄递环节涉烟案件96件,案值28.17万元;联合乌江水上派出所加强联防联动,实地勘察、登记沿江港口、码头6个,发放举报信息卡155张,张贴卷烟打假打私宣传海报153张。

【烟草专卖执法】 全年办理违法违规案件387件(含往年被公安部门退回案件数),案件办结率86%。其中,破获"1·3""9·25"两件案值百万元以上违法大案;查处违法违规大户44户,其中具有家族式、团伙化经营特征的违法大户6户,依法取缔违法大户3户。加强真烟非法流通治理,查获乌江、石桥、永宁边界区域收购、倒买倒卖涉烟案件12件。受理"12313""12345"等投诉、举报、咨询86件,回复率100%,市场净化率达98%以上,无证经营率控制在2%以下,案件录入率100%。上缴国库罚没款87.58万元,集体讨论重大案件65件,报备20件,变价罚没烟卷7165条,变价款103.14万元,依法执行收购案件3件。

【文明环境营造】 2020年,推进"凤凰山公园—凤凰大街—凤凰台广场"文明吸烟环境示范带建设,以点带面,形成规模特色。全区新建吸烟区1个,累计有吸烟区10个,其中凤凰山公园2个、江苏省人民医院浦口分院3个、不老村2个、珍珠泉公园2个、凤凰大街1个,累计有吸烟点287个。佛手湖公园、南京三桥收费站2个吸烟区建设达成初步意向。联合市场监管部门落实加热卷烟和电子烟市场监管,摸排登记电子烟销售实体店15户,张贴《关于禁止向未成年人出售电子烟的通告》14张,劝导1户学校周边商户下架电子烟。

【"1·3"网络经销假烟案告破】 1月3日,区烟草局在公安机关和邮政、物流机构配合下,破获一起利用物流寄递贩卖假烟案件,查获假烟2775.7条,案值44.67万元。经扩大线索侦查,抓获犯罪嫌疑人林某某等18人,查明涉案总金额260万元。经浦口区人民检察院批准,以涉嫌非法经营罪依法逮捕主要犯罪嫌疑人3人。 (仇元)

物 流 业

【概况】 2020年,浦口区有物流规模企业16家,其中8家聚集在浦口开发区及七坝港物流园区,占比50%。物流企业统筹疫情防控和流通经营,借助政策利好,尽快复工复产。

【七坝港物流园区】 2020年,七坝港区围绕现代物流和长江水运两大产业,加快产业培育升级,高质量打造现代物流园区和绿色智慧港区。港区规划面积9.6平方千米,其中物流园区3.3平方千米,开发利用长江岸线6.3千米。物流园区着力打造港口运输和现代物流集聚地,建成码头岸线1517米,码头泊位11个,落户物流仓储企业6家,其中申通南京智慧物流科技产业园一期主体项目4栋仓库、2栋办公楼竣工。物流园发挥七坝港区区位、交通、产业支撑和港口储运等优势,以建设综合性国际物流园区为目标,加快推进申通、蛮牛、点迈等重点物流项目建设,打造多式联运物流、保税物流、供应链物流、城乡配送物流等现代物流产业链。

(发改委 开发区)

【物流产业发展规划】 根据浦口开发区"十四五"总体规划,依托七坝港区、物流园区和产业园区,建设具备公铁水无缝衔接的江北地区现代化航运枢纽,构建辐射皖赣和苏北地区的综合性港口物流基地。拓展与上海港、宁波港等优质航运物流企业合作,提升七坝港港口运营和服务水平。到2025年,七坝港力争实现集装箱吞吐量翻一番,达到40万标箱(TEU)1000万吨。根据这一总体目标,2021年,七坝港物流园要建成申通一期等物流中心,形成双层高标物流载体约35万平方米,为电商项目入驻创造载体平台。根据企业发展和用地指标情况,启动申通二期等储备物流项目建设。引进央企等重大物流企业项目入驻,做强物流品牌。加快培育综合竞争力强的物流龙头企业,逐步形成以"龙头企业+衔接配合企业"为支撑的物流发展模式,形成全产业链服务的物流企业群。通过自主招商和协助物流企业共同招商等方式,依托物流载体,重点引进国际国内排名靠前的电商龙头企业入驻,带动一批高科技中小型电商企业入驻,形成涵盖跨境电商、综合电商、垂直电商等业态汇聚的产业链体系。

2020年浦口区物流企业一览表

表91

序号	企业名称	坐落地点	序号	企业名称	坐落地点
1	南京扬子浦口公交客运有限公司	江浦街道	9	南京浦兴船务有限公司	浦口开发区
2	南京云曦物流有限公司	桥林街道	10	南京港江北集装箱码头有限公司	
3	南京双泰运输有限公司		11	申通南京智慧物流科技产业园	七坝港物流园区
4	南京万胜汽车运输公司		12	泉康投资物流产业园	
5	南京路港物流有限公司	星甸街道	13	江苏点迈电子商务物流园	
6	江苏中浦国际物流有限公司	汤泉街道	14	南京蛮牛电商物流园	
7	南京浦窑物流有限公司		15	顺钦南京物流基地	
8	南京存宝运输有限公司	永宁街道	16	新宜南京电商物流产业园	

(发改委)

邮 政

【概况】 2020年，区邮政分公司内设综合办公室、市场营销部、运营监控部、金融业务部、集邮与文化传媒部、渠道平台部、寄递事业部7个部（室），下辖珠江、江城、东门、永宁、大桥、三河桥、高新、浦镇、沿江、滨江大道、迎江、桥林、星甸、石桥、陡岗、乌江、龙山、高旺、汤泉、台南路、盘城21个支局和珠江、三河桥、高新、桥林、永宁、星甸6个城乡营业投递部。年末，有职工444人，拥有办公用房5500平方米，ATM机39台。全区邮政和速递段道合并运营，设投递段道121条，投递里程9235千米。其中，城市段道96条，投递里程7210千米；农村段道25条，投递里程2025千米。实现营业总收入2.13亿元，完成年计划的103%，同比增长16%。处理“11185”工单658张、“95580”工单323张、“12345”政府热线工单184张，处理率均为100%。无重大投诉及媒体曝光事件发生。

【经营发展】 实现代理金融收入1.45亿元，同比增长13.74%，年末余额规模80.47亿元，新增金融总资产23.88亿元，增加4.26亿元，其中新增余额10.06亿元、新增标保12.99亿元。实现寄递业务收入4567万元，增长29.4%。其中，特快业务累计收入1804.5万元，增长45.8%；快递包裹1636.6万元，增长34%；国际业务803万元。实现邮务收入1450万元。其中，函件业务收入424.22万元，占年计划的103%，增长80.25%；集邮业务收入502.4万元，占年计划的90.4%；报刊业务收入523.38万元，占年计划的102.8%，增长8%。“今夏邮你”专项营销收入161万元。开展“百年奋进 币然辉煌”2020文化集藏巡展和《建党伟业》专项营销活动，销售收入200余万元。推进渠道平台业务，实现分销业务收入543.63万元，占年计划的108%，增长34.2%。组织开展“福至新春”“粽情端午”“月满中秋”专项营销订货活动，新增集团客户13家，销售额38万元。

【市场开发】 落实“放管服”改革，加大对未涉及政务领域的开发力度。提升警邮、税邮平台价值，完善服务范围。办理警邮业务5174笔，实现收入19180元。全区8个税邮网点代征税额231.25万元，滨江税邮共建点被市税务局、市邮政公司授予“税邮共建示范网点”称号。以提升政务市场服务能力为目标，优化政务驻点方案，新增江北新区人民法院寄递业务，月均寄递收入规模5万元以上，江北新区公安机关寄递居民居住证由政府全额买单。立足政务、校园、文旅及楼宇等关键市场，以政务寄递、政务宣贯、党建项目和文旅产业等重点项目为抓手，建成南京首家校园快递超市，开发沿江街道网格中心网格装备招标采购项目、路西社区党建墙项目、星甸街道防汛物资、司法所文化墙打造项目等，累计形成函件业务收入36.6万元。综合开发汤泉卫生院、区交运局、浦口国资集团端午、中秋礼仪采购项目，全区渠道分销业务收入68.11万元。整合电商、寄递、金融全业务、全渠道资源，推进惠农合作，助力乡村振兴。开发星甸街道邵贤豹家庭农场甜瓜邮购项目，开设邮政对公业务专项账户，开通农场及工作人员微信邮付业务，提供邮政助农贷款50万元，帮助农场销售瓜品1.2万箱。与区农业农村局签订战略合作协议，开展惠农共创活动，与16个家庭农场及合作社达成合作意向，其中9家签订合作协议，6家实现产品引入。开展简诺生鲜、盘城冬桃等助农销售活动，将邮政惠农落到实处。保障防疫物资寄递畅通，承运发往湖北防疫物资14吨，免费承运南京爱德基金会发往武汉防疫物资7批次4吨。助力高校毕业生“云毕业”，提供校园包裹、就业报到证、成绩单、学生档案等寄递服务，承接苏杰、书人2所民办学校课本教材寄递业务。

【服务品牌打造】 深化特色邮路及“邮爱驿站”品牌化建设，举办以警示教育为主题的道德讲堂活动，与共建社区开展“情暖人间 · 共驻共建”扶贫助困活动，开设“交通民警话安全”小讲堂。推广“邮爱驿站”建设，新增高新、汤泉等6处“邮爱驿站”。永宁投递部职工后加铭被市委宣传部、市文明办评为岗位学雷锋标兵，珠江支局颜燕燕获“浦口区见义勇为积极分子”称号。（王婵婵）

中介服务

【概况】 2020年，全区有各类中介服务组织695个，比上年增加162个；从业人员3250人，增加585人。中介服务业成分多元，以政府公益性惠民服务为引导，占比25.4%，民间组织占比74.6%。服务业态丰富，涵盖农副产品购销、房产、商业、投资、劳务、家政、公共服务等领域。其中，农产品销售中介服务组织46个，占比6.6%；苗木花卉中介29个，占比4.2%；房地产中介72个，占比10.4%；家政及婚姻中介318个，占比45.8%；劳动就业中介34个，占比4.9%；其他196个，占比28.2%。中介服务业地域分布广泛，遍及全区城乡。

【家政服务】 浦口区家政服务组织多种经济成分并行，主要有民营家政注册公司，街道和社区妇联、工会、劳动等部门兴办的创业实体，依托房产中介等介体开展家政服务，以及自谋雇主和业务的民间联合体。家政服务业有保洁、家务（洗涮、烧饭）、月嫂、育儿嫂、接送儿童上学（入园）、陪护孤老病人等业态，相对集中在江浦街道。从业人员多为城镇闲散劳力和农村富余劳力，以中壮年女性居多。至年末，全区有家政服务组织（公司、代理点）298家。其中注册民营公司（门店）51家，占比17.1%；街道、社区家政服务实体114家，占比38.3%；房产中介等代办家政服务业务133家，占比44.6%。家政服务从业人员2180人，增长5.2%。

【广告服务】 2020年，浦口区有广告服务企业（门店）87家，增加9家。其中，注册广告企业41家，从业人员301人，注册资金1160万元，制作架设户外广告221处（块），推送电子屏视频广告信息1685条，新增住宅楼电梯间广告电子屏396块。（浦鉴）

【公证服务】 2020年，浦口区公证处完善便民、惠民、利民三项服务措施，办理各类公证3905件，创“十三五”期间最好水平，获“浦口区新冠肺炎疫情防控优秀青年集体”称号,1 人被市司法局授予“南京市优秀公证员”称号。

改进便民服务措施。优化办理流程,创新办证方法,推出“互联网 + 公证服务”运作模式,通过电话、微信联系,实现公证服务“零距离”和“网上办、不见面”。推行一站式公证服务,将公证事项、提交材料清单、办理流程等要约一次性告知当事人,做到“当日受理、三日送达”。推行遗嘱公证预约登记机制,安排公证员错时服务,快速办结,为行动不便人员提供上门服务,为当事人提供免费邮寄公证文书服务,实现“最多跑一次”服务承诺。办理“最多跑一次”公证事项 393 件,为特殊群体上门办理公证 21 次。

完善减费惠民措施。落实公证惠民政策,酌情减免遗嘱公证费。对年满 80 周岁、首次办理遗嘱公证者免收公证费用 32 件,对年满 70 周岁首次办理公证者减半收费 8 件,两类人员共免减收费 3.6 万元。对城乡低保人员、农村“五保”人员、无固定生活来源的重度残疾人等公证事项给予照顾减免,减免收费 5000 余元。为当事人免费寄送公证书及公证材料 11 件。

创新助企利民措施。公证处助力企业复工复产,推出为企业办理不可抗力证明、证据保全及工程招投标公证事项减、免、缓举措,拓展涉企公证服务范围和项目,实行证明事项承诺制,帮助企业固定证据,减轻疫情影响。开通企业恢复生产“绿色通道”,做到当场受理、专人指导、跟踪服务、负责到底。窗口集成公证 3 个工作日后完成登记发证,实现提速便民目标。

【律师服务】 2020 年,全区有法律服务所 2 家、律师事务所 25 家,其中区管 11 家,执业律师 349 人,万人律师比为 9.45。办理审核申请材料 290 余人次,处理投诉 13 人次。

创新“律师进社区”工作。与区委组织部联合开展“明珠先锋——支部共建律农携手、法律服务乡村振兴”专项活动。全区 10 个创建国家和省级民主法治示范村(社区)的村(社区)与 10 个律师党支部开展支部共建活动。按照“支部共建、双向受益、共同提高”目标,以“党建引领、法治乡村”建设为主线,贯彻落实浦口区乡村战略实施计划,提升村居善治能力,营造良好的法治环境,开展共建活动 36 场。推进公职律师制度建设,提高依法行政水平。区司法局落实区委办、区政府办《关于推行法律顾问制度和公职律师公司律师制度的贯彻实施意见》,区级机构调整改革后,全区有 43 家党政机关通过省司法厅审核,可以开展公职律师工作,新增公职律师 5 人。

研发公共法律服务产品,打造司法行政系统 8 个公益法律服务品牌。围绕企业设立、发展、成长、成熟、破产等不同阶段需求,研发覆盖企业全生命周期、全业务领域的法律服务产品 10 个。推荐 12 个产品到省厅市局参与企业全生命周期法律服务产品评选,在全市占比 30%,获优秀奖、二等奖各 1 个。

开展“公共法律服务进园区”行动。5 月建立浦口开发区公共法律服务中心,推出“五化”(工作规范化、事项清单化、活动常态化、团队专业化、服务信息化)举措。组建法治宣讲团队,撰写专业法律分析文章 41 篇,浏览 20 万人次。开展个性化法律体检,参与浦口开发区重大决策活动 5 次、法治培训 4 场、专项法治宣传 3 场、法律咨询 500 余人次。对园区 40 多家中小企业开展走访与复工指导,为某新能源企业梳理股权架构,出具专业法律意见,代写法律文书 57 件,代理园区员工群体性讨薪法律援助案件 193 件。

促进公共法律服务参与“三台”(实体平台、热线平台、网络平台)融合系统运作,办理事项当场即问即答,平台逐一登记。严格执行“一次性告知”“马上就办”制度,确保服务即到即办,做到服务“零延时”。严格按照平台要求,推行服务同步评价,做到随时评价、随单评价。公共法律服务中心整合“三台”数据,形成数据库,为公共法律服务提供统一管理和数据分析。（杨灿）

· 文稿编辑　刘尚和 ·

休闲旅游

综　　述

【概况】 2020年,浦口区统筹疫情防控和旅游业发展,接待游客797.93万人次,同比回落46.4%,其中乡村游接待量排名全市第二。实现旅游业收入45.02亿元,回落72.3%。获得省市旅游专项奖补资金213.6万元。开发“都市微度假”全域旅游新模式,智慧旅游平台投入试运行。夯实全域旅游配套建设,开通全域旅游直通车,浦口全域旅游集散中心主体工程竣工。区政府采购景区民宿旅游联票1万张、老山民宿体验券1000张,免费发放给市民,纾解疫情影响,提振旅游“新消费”。《2020年第二季度在线旅游资产指数报告》发布,环老山景区TPI指数涨幅全国第九、华东地区第三,老山民宿在长三角影响力不断提升。浦口区获评江苏省全域旅游示范县(区),“都市微度假”营销案例获2020年度国际博鳌旅游奖“年度文旅营销视频奖”,被列为江苏五大文旅营销事件,汤泉旅游度假区获批省级旅游度假区,大埝社区创成省级乡村旅游重点村,珍珠泉旅游度假区获评长三角最佳文旅融合旅游度假区。

【“都市微度假”全域旅游模式开发】 整合旅游资源和消费市场需求,开发“都市微度假”全域旅游模式,打造都市圈休闲旅游升级版。出新区域旅游环境,提升“都市微度假”颜值,加大对自然、生态、人文等旅游资源保护,培育原生态产品,做精旅游景点景观。聚焦旅游产品开发利用,从开发新场景、培育新业态、打造新旅游方面,提升资源价值和发展品质,增强旅游产品核心竞争力。以满足游客体验需求为导向,加强旅游品牌升级管理,做优节庆旅游,做精民宿品牌,做强旅游智慧导览,以构建全通式体验消费新场景为目标,提升游客旅游体验。至年末,“都市微度假”旅游接待游客407.7万人次,占全区的51.1%;实现综合收入28.4亿元,占全区的63.1%。 (张闽)

老山依山俯江台 (杨旻 提供)

【线上旅游平台拓展】 受疫情影响,全区1月24日起陆续关停旅游景区景点,乡村民宿中止线下运营。2月下旬,以浦口旅游大数据库(全量接入线上线下数据)建设为核心,打造面向游客、连接全域旅游数据的智慧旅游公共信息服务平台,推出线上旅游新模式。主打“周末DOU来浦口”品牌,线上举办全国旅行商大会,103万名网友在线观看直播,相关短视频播放量1020万次。与网易联合举办老山云音乐节,开设18个线上直播间,参与量500万人次。与马蜂窝联合举办全域旅游攻略大赛,开发旅游资源潜力。与抖音联合举办文旅创作者大会,播放量4.3亿次,提升浦口“都市微度假”目的地影响力。举办“局长带你游浦口”直播活动,区文旅局局长在抖音出镜,在线带领网友“云游览”四方当代艺术湖区、珍七路、不老村美景,在线观看1万余人次,当天播放量160余万次。4月10日,主办“都市圈最美花园——来浦口追逐春天的脚步”网络直播赏花活动,线上畅游雨发生态旅游区、张圩油菜花海和老山国家森林公园,网易新闻客户端全程直播117分钟,93万人次点击关注,在线游客最高时段

9 万余人。主要景区利用微信公众号、微博、抖音等新媒体,推介旅游产品,促进旅游行业回暖复业。4 月 20 日,“2020 巨量中国百城计划”首站活动在浦口举办,十余位抖音达人发布现场视频 8 条,抖音传播量 500 余万次,网友互动 3 万余人次。举办抖音挑战赛“周末 DOU 来浦口”,6000 多条视频参与挑战,其中达人发布视频 30 余条,播放量 2000 余万次。举办《这就是浦口》城市影像片和挑战赛,参与视频总互动 12.8 万次。“五一”前夕,启动 2020 首届南京老山国际文化旅游节暨云音乐节,在开幕式上发布浦口四季主题旅游产品、16 条主题旅游线路、54 项旅游节事,活动短视频点击量 1000 万次。5 月 15 日,由市委网信办、浦口区委宣传部(网信办)和新浪网共同打造的“小康南京·邀你来拼单”浦口专场活动上线,近 2 个小时线上带货直播,吸引 200 余万名网友网上体验“都市圈最美花园”,打卡美丽乡村“珍珠村”。6 月 5 日,在汤泉旅游度假区举行“e 彩明珠”浦口网友节“爱在浦口”专场活动,推出省级旅游胜地汤泉。6 月 7 日,举行“老山无极限·云跑才够野”2020 首届环老山云跑主题活动颁奖仪式,近 100 名网友齐聚象山湖公园,2 万名多网友上线收看。全区举办各类线上旅游活动 36 场次。

（文旅局　融媒体中心）

四方当代艺术湖区　　（朱睿　提供）

【国家全域旅游示范区创建】　年初,区政府印发《浦口区 2020 年全域旅游示范区创建工作要点》,制定任务清单和时间表,坚持全域全景区建设,在各领域植入“+旅游”理念,加速推进“百项工程”,确保全域旅游“施工图”变成“实景图”。以创建为引领,推动永宁大埝、星甸后圩等特色田园乡村创建全国、省级乡村旅游重点村。坚持全要素构建,拓展“商、养、学、闲、情、奇”新旅游六要素,培育旅游演艺消费市场,开发夜游、夜娱、夜演、夜购、夜宿等新业态产品,变旅游业“8 小时经济”为“全天候经济”。坚持全产业融合,在“一轴两翼一环四大板块”(以老山为中轴,沿长江、滁河为两翼,环百里老山大景区,打造沿滁乡村休闲游、中部欢乐康养游、东部文化购物游、滨江工业观光游四大板块)全域旅游大框架下,加快培育江浦—桥林文化商旅、永宁—星甸田园度假、老山体育健康、汤泉温泉养生、珍珠泉主题游乐、滨江工业研学六大文旅健康产业集群,擦亮“都市圈最美花园”产品供给品牌。建成 5 条旅游精品线路,新增 63 千米旅游大道,聚集“一山两水三泉四文”(老山,长江、滁河,温泉、珍珠泉、琥珀泉,书法文化、红色文化、乡村文化、禅修文化)资源优势。着力打造老山国际文化旅游节等节事品牌,融旅游业与美食、农事、养生、体育、研学等业态于一体,营造全城市、全人群、全场景、主客共享的文旅消费新场景。打响“浦天下”目的地营销品牌,加强与小红书、抖音、马蜂窝、中国旅游报等媒体线上线下合作,设计出“浦食浦味”必吃、“返浦归真”必住、“浦实有华”必玩、“浦口礼道”必买、“浦邑名家”必观等体验项目,让浦口真正成为“都市不远,山水更近”的“微度假”目的地。老山生态旅游体验园、蜂巢酒店等文旅项目落地,举办首届老山国际文化旅游节、西埂莲乡莲文化节、珍珠泉青年嘉年华等特色品牌节庆活动,联合承办攀岩世界杯、国际女子半程马拉松等高水平赛事。9 月 30 日,召开全区创建国家级全域旅游示范区、国家级旅游度假区工作大会,加快施工项目进程。11 月 30 日,召开国家全域旅游示范区创建工作推进会,明确区委、区政府把创建工作当作“一把手”工程推进。至年末,创建工作年度指标如期完成。

（张闽）

【旅游产业地标打造】　2020 年,浦口区瞄准“生态”“人文”“江河”“温泉”“乡村”精准发力,打造都市圈休闲旅游升级版,“都市微度假”成为全域旅游新发展模式。全区有 AAA 级以上景区 5 个、省级星级乡村旅游区 11 个、水利风景区 3 个。不老村是全国首批乡村旅游重点村,老山天景生态风情小镇是第二批江苏旅游风情小镇,绿水湾温地公园是南京首个国家级城市温地公园。“一山两水”融入老城发展,建成一批城市公园、景观小品和精品绿雕,城市公园遍布建成区。做强林公堤、幸福里等特色夜经济街区,打造江北虹悦城、市民中心、白马邻里中心等重点商业街区。建成从老山贯通长江,总长 7.5 千米的青龙绿带自然生态公园及 17 千米的桥林段长江精品线路。40 千米滁河风光带成为浦口全域旅游新地标,沿线分布岐里人家、西埂莲乡、河岸花海等美丽乡村旅游区。拥有小隐汤泉、悠山客栈、蝶梦山丘等一批主题特色民宿,不老村民宿群在长三角享有盛名。书法 IP 助力全域旅游,林散之书法作品双年展永久落户浦口。“两桥两隧三轨”连通长江南北,“两环四轴八联”把境内景点名胜连接成网。百山林海、春江十里、大河故道、乐游岐里、浪漫苗园五条乡村旅游精品线路 9 月投运,老山十里画廊旅游风景道获评江苏省首批旅游风景道。6 月 18 日,汤泉度假区创成省级旅游度假区。同月

29日，浦口区获评江苏省全域旅游示范区。（融媒体中心）

【浦口景区对全国医护工作者免费开放】 2月14日，区文旅局发布公告，为感谢奋战在新冠肺炎疫情战役中的医护工作者，致敬医者仁心，浦口区所有景区、景点自恢复运营之日起一年内，对全国医护工作者实施免票政策。珍珠泉风景区、雨发生态旅游区、老山森林公园、求雨山文化名人纪念馆、水墨大埝、四方当代艺术湖区、侯冲旅游区等景区景点、文博场馆积极响应。浦口区地处南京市西北部，南临长江，北枕滁河，以山青、水秀、泉奇、林美而著称，有"十里温泉、百里老山、千年银杏、万只白鹭、十万亩国家森林公园"，旅游资源丰富，形成沿长江、沿滁河、沿老山三大旅游体系。（张阔）

旅游资源

·综　述·

【概况】 2020年，浦口区获评省级全域旅游示范区，汤泉旅游度假区获批省级旅游度假区，永宁街道大埝社区入选2020年江苏省乡村旅游重点村，老山国家森林公园被命名为2020年江苏省科普教育基地，珍珠泉旅游度假区获评长三角最佳文旅融合旅游度假区。休闲、康养、生态、文化、体育5类旅游业态提档升级，湿地公园、创意农园、水美乡村、特色小镇等特质旅游资源不断出新，美丽乡村示范村、宜居村占区域农村聚落70%以上，雨发生态园、不老村、水墨大埝民宿群成为外地游客青睐的打卡点。（浦鉴）

2020年浦口区国家AAA级以上旅游景区一览表

表92

序号	景区名称	景区等级	获评年份
1	珍珠泉风景区	AAAA	2013
2	雨发生态旅游区	AAAA	2018
3	求雨山名人纪念馆	AAA	2006
4	老山国家森林公园	AAA	2013
5	水墨大埝旅游区	AAA	2017

2020年浦口区省级旅游度假区一览表

表93

序号	度假区名称	度假区等级	获评年份
1	珍珠泉旅游度假区	省级	1994
2	汤泉旅游度假区	省级	2020

浦口区省级星级乡村旅游区一览表

表94

序号	旅游区名称	等级	获评年份	所在街道
1	不老村	五星	2018	江浦街道
2	水墨大埝	五星	2018	永宁街道
3	万成生态园	四星	2010	星甸街道
4	雨发生态旅游区	四星	2012	汤泉街道
5	丽铭农庄	四星	2012	永宁街道
6	楚韵花香	四星	2016	汤泉街道
7	侯冲旅游区	四星	2016	永宁街道
8	西埂莲乡	四星	2017	永宁街道
9	崳里人家	四星	2018	星甸街道
10	赭洛山茶文化园	三星	2012	星甸街道
11	林大生态园	三星	2014	江浦街道

【雨发生态旅游区】 位于南京汤泉旅游度假区内，规划面积268公顷，以"科技、文化、生态、休闲"为主题，是一个集休闲度假、生态观光、主题娱乐、特色演绎、农业科普、亲子研学及拓展培训于一体的多功能生态旅游景区。先后获评国家AAAA级旅游景区、全国休闲农业与乡村旅游示范点、江苏省现代农业产业示范园区、江苏省四星级乡村旅游景点、南京市农业科技示范园区。2020年，接待游客48万人次，旅游综合收入4000万元。

2020年雨发生态旅游区主要文旅活动一览表

表95

序号	活动名称	举办时间	活动地点	特色内容
1	致敬逆行者	2月14日	快乐田园	凭医师证、护士证或与医务工作相关的其他资格证件免费畅游
2	郁金香花海观赏	3月14日	雨发生态旅游区	免费观赏郁金香花海景观
3	恢复开园，半价购票	4月1—30日	快乐田园	景区所有套票均享受半价
4	云瞰雨发 彩虹冲鸭(五一小长假)	5月1—5日	雨发生态旅游区	1. 绚丽夺目的彩虹大道；2. 热气球高空体验；3. Giant冲鸭打卡
5	"六一"儿童节儿童免费畅游景区	5月29日至6月1日	快乐田园	18周岁(含)以下儿童免费畅游景区
6	嬉水王国开业活动	7月11日	嬉水王国	超值单人夏季卡&双人夏季卡，每卡可用15次，不记名
7	"泉心泉意IN汤泉"盛夏套餐	8月11日至9月30日	雨发生态旅游区大吉温泉	超美民宿+自助美食+温泉体验+景点打卡，398元/份(双人)
8	第二届燃动雨发焰火嘉年华	10月1—7日	快乐田园	龙井湖畔大型焰火晚会，新增3D高空字幕、烟花常青树等焰火特效
9	第十六届中国·南京农业嘉年华浦口分会场浦口秋季美食节暨第六届雨发农业嘉年华	10月1—8日	都市农业展馆	各类农产品、蔬果、美食展销
10	南京森林音乐狂欢节	10月6—7日	快乐田园	赵雷、朴树领衔，独特的震撼音乐体验

(张闽)

雨发大剧院

大马戏表演

(周俊凯 提供)

·南京老山国家森林公园·

【概况】 2020年,老山森林公园接待游客22万人次,实现游园门票收入650万元。推进老山生物多样性调查,完成422种植物、13种动物采集调查工作,制作标本45盒,浸泡标本67管,收录生态照片670张。7月、8月、12月,分别创成浦口区、南京市、江苏省科普教育基地。对游客开放的景点主要有金陵第一鼓、映山红基地、抗疫凯旋林、状元广场、奇怪小屋、魔兽世界、生态谷(科普馆、百鸟园、蛇园)、紫藤隧道、真人CS(古炮射击)、森林购、烧烤场、森林攀爬、滑草场、动感森林、观光车、老鹰山观光塔等。

【旅游节事活动】 2020年,老山森林公园创新游园模式,举办一系列节庆节事活动,提振旅游"新消费"。五一期间,组织开展"五动老山·发现自然"节庆主题活动,推出扫码送精美干花、凭劳模证件免费入园等惠民措施。5月12日护士节,公园与市绿化委、市卫健委、市绿化园林局共同举办南京老山抗疫凯旋林植树活动,邀请200余名医护人员在2公顷凯旋林植树基地栽种白玉兰2020株,彰显医务工作者医者仁心的高尚品质和社会对他们的尊崇。端午期间,开展"情系端午·粽横天下"主题活动,举办第四届包粽达人活动,让游客体验传统民俗文化魅力。国庆黄金周期间,举办"约定老山"油纸伞风铃艺术展,集油纸伞、风铃、美食、文创等游乐互动于一体。节庆节事活动接待游客12.8万人次,占全年接待游客总量的58.2%。

【体育旅游品牌擦亮】 8月7—16日,举办"星老山 森呼吸"2020老山极光之夜活动,每日19:00—22:00,体验极光世界、梦幻时光隧道、网红桥、网红秋千,打卡老山夜市,品尝网红美食,塑造南京夜游景点品牌。9月19日,举办2020南京老山100千米越野挑战赛,赛事由区文旅局和老山林场主办,江苏力然体育发展有限公司承办,全国800余名越野爱好者参赛。10月16日,配合扬奥体育举办"奥野老山"南京100千米越野挑战赛活动,提振游客和市民参与体育旅游的热情。11月15日,举办趣味亲子运动会,110个家庭参加障碍接力跑、保龄球、真人飞行棋、拔河等竞技游戏。

【老山风景区二季度TPI指数名列全国第九】 8月11日,中国旅游研究院发布《2020年第二季度在线旅游资产指数报告》,公布4—6月份最新TPI指数(在线旅游发布指数、传播指数、互动指数、口碑指数、交易指数5个维度)以及旅游目的地和景区。南京老山风景区(老山国家森林公园、不老村、四方当代艺术湖区、象山湖公园、水墨大埝等区域)以314%的涨幅,位列华东地区第三、全国第九。

【被命名为江苏省科普教育基地】 12月23日,省科协、省科技厅、省教育厅联合发文,命名老山森林公园科普教育基地为江苏省科普教育基地。基地占地200公顷,重点建设以"一谷四园"(生态谷,蛇园、百鸟园、动植物园、森林体验园)为主体的科普教育系列产品,与各大中小学校协作,以"培养科普兴趣、提高学习能力"为目标,举办科普日、科普周、森防科普和现场教学等活动,提高学生对自然之美的发现力、鉴赏力、表现力、创新力,激发他们对自然和生命的热爱之情。 (毛燕)

·南京珍珠泉风景区·

【概况】 2020年,原珍珠泉管委会和老山管办合并,成立南京珍珠泉旅游度假区管理办公室,统一经营珍珠泉风景区、佛手湖郊野公园等景区景点,管理范围由16平方千米拓展到112平方千米的老山全域,旅游总体规划不断优化,国家级旅游度假区创建目标和发展定位更趋合理,建设重点和开发时序更加明晰。完成地区生产总值1.7亿元,实现一般公共预算收入4673万元(含原老山管办1146万元),全社会固定资产投资18.28亿元(含原老山管办6784万元),实际利用内资8.15亿元(含原老山管办1.64亿元),实际使用外资500万美元,引进亿元以上项目2个,签约总投资7.5亿元(含原老山管办1.5亿元)。实现旅游收入9970万元,接待游客151万人次。9月,在第六届(镇江)长三角慢生活旅游峰会暨第四届长三角慢生活旅游目的地联盟峰会上,度假区获评长三角最佳文旅融合旅游度假区。举办2020南京·金洽会珍珠泉旅游度假区专场招商推介会,现场签约项目10个,签约金额100亿元。

【旅游节事】 2020年,度假区优化资源配置,改进营销策略,推出一批旅游观光主题节事活动。珍珠泉风景区举办"泉夏天·珍好""珍秋天·珍赞"系列主题活动20余场,象山湖公园举办文旅体活动22场,度假区整体品牌影响力不断提升。

【国家级旅游度假区创建】 2020年,珍珠泉度假区围绕创建国家级旅游度假区目标,统筹项目规划建设,丰富文旅产品体系,提升旅游服务品质,构建功能互补的旅游发展格局,形成"一核两轴五区"的空间结构,打造"华东一流、国内知名"的生态休闲旅游度假目的地。该度假区以创建统领全局,着力做特景区。原珍珠泉管委会和老山管办机构合并后,完善创建方案,细化创建任务清单,优化总体规划,科学确定创建范围和发展定位,明确建设重点和开发时序。在全省51家省级及以上旅游度假区考核中,珍珠泉度假区排名第12位,前移2个位次。

【获评中国特色研学旅游目的地】 8月5日,在"以传媒力量推动文化和旅游高质量发展'复苏·引领·聚能'2019中国文化和旅游总评榜颁奖典礼"上,珍珠泉风景区获"中国特色研学旅游目的地"称号。中国文化和旅游总评榜系列活动由中国城市第一媒体旅游联盟联合全国24家最具影响力的主流都市媒体发起,是反映中国文旅行业发展的风向标,被誉为国内文旅业界"奥斯卡"评奖活动。

2020 年珍珠泉旅游度假区旅游节庆活动(部分)一览表

表 96　　单位:人

活动主题	活动时间	活动地点	接待人数	活动说明
珍珠泉首届魔方乐玩节	1 月 1 日	珍珠泉风景区	2000	现场 300 名小选手开启指尖魔方大比拼,邀请 3 位魔方世界冠军和世界纪录保持者现场助阵,为大家展现炫酷的操作手法和灵活的魔方技巧
春日汉服游园会 拈花诗意珍珠泉	3 月 7—8 日	珍珠泉风景区	1000	让更多的人了解汉服、汉文化,唤醒民族记忆,引导人们追求有文化品位的个性之美,传承弘扬中华优秀传统文化。身着汉服的游客可免费入园游览
不负好时光 畅享珍珠泉	5 月 1—5 日	珍珠泉风景区	25000	打造唯美水上舞台,呈现经典民族歌舞,致敬最美劳动者。另有 24 节气手作 DIY、3D 立体画打卡点、油纸伞长廊等五大活动,营造五一欢乐假期
“泉夏天·珍好”暑期青年嘉年华	7 月 30 日至 8 月 30 日	珍珠泉风景区 佛手湖郊野公园	60000	聚焦青年人,围绕潮流、运动、音乐、亲子等主题,推出泉夏天珍好看、泉夏天珍好玩、泉夏天珍好吃、泉夏天珍好潮系列活动。策划珍好市集、水世界电音节、水枪大战、小轮车极限挑战赛、露天电影节、小勇士挑战赛等创新玩法
度假区宣传口号征集大赛	8 月 13 日至 9 月 13 日	线上活动	9000	为扩大度假区品牌知晓度和影响力,面向全国公开征集度假区宣传口号
“珍秋天·珍赞” 金秋亲子嘉年华	10 月 1—30 日	珍珠泉风景区 佛手湖郊野公园	50000	以“珍秋天·珍赞”为主题,围绕爱国情怀、文化艺术、亲子互动三大主题,推出红歌音乐汇、亲子游乐会、星空露营节、珍赞市集、四方文化艺术展等活动,为游客带来秋日旅游新体验
国风古韵游园会	10 月 24 日至 11 月 15 日	珍珠泉风景区	20000	在景区古建筑集中区域通过古风乐舞、古装巡游等系列主题活动,带给游客沉浸式的感官体验,感受珍珠泉内蕴深厚的文化传承
冬季童趣之旅	12 月 19—27 日	珍珠泉风景区	9665	通过科学实验室、花灯手作、百米画卷等系列互动小课堂,带给小朋友寓教于乐的丰富体验

(赵益得)

·江苏省南京汤泉旅游度假区·

【概况】 2020 年,南京汤泉旅游度假区直管景区接待游客 118 万人次,实现旅游综合收入 3.41 亿元,同比增长 3.2%。度假区规划面积 19.8 平方千米,自然环境优美、生态资源优良、文化底蕴深厚,尤以“山、水、泉、林、寺”闻名省内外,是全国首批、江苏首家“中国温泉之乡”。温泉资源禀赋独特,温泉水中富含对人体有益的微量元素、矿物质 43 种,达到医疗热矿水标准,先后得到德国、日本、意大利等专业机构和专家水质认证。度假区以发展“温泉+”特色产业为引擎,丰富休闲度假产品,完善旅游产品及配套服务体系,打造“胜境一方、惠济汤泉”休闲度假胜地。6 月,省政府批复该度假区为省级旅游度假区,命名为江苏省南京汤泉旅游度假区。

【旅游资源】 汤泉度假区拥有国家 AAAA 级景区雨发生态旅游区,江苏省四星级乡村旅游景区楚韵花香、惠济寺,建有游客服务中心、大吉温泉度假村、小

楚韵花香　　(周俊凯　提供)

隐汤泉花海酒店、得山水情温泉酒店、汤嘉御品温泉酒店、雨发生态酒店及云栖林舍民宿等一批旅游接待设施。2020年，引入日本极乐汤、瑞士青草地、法国依云等国际高端品牌资源，中信汤泉国际度假康养小镇等重点旅游项目落地建设。

【景区景点选介】 楚韵花香 位于汤泉街道瓦殿社区，紧靠宁合高速汤泉出口，东至京沪高铁，南至秦家大山，西至宁合高速，北至山水大道，交通便利，区位优越。占地约150公顷，以自然景观和乡村休闲为特色，楚韵文化和自然村落互相交融，是四季有花、处处是景的原生态美丽乡村。2016年获评南京最美乡村最佳休闲地、江苏省四星级乡村旅游区。

惠济寺公园 占地7.5公顷，建有惠济桥、础石古迹、竹林茶苑、水岸长廊、入口牌坊、石栈桥、休憩平台、湿地栈桥等景观节点。惠济寺复建项目总占地15.52万平方米，按照仿唐建筑风格打造，设五大功能区，即入口服务区、礼佛区、寺庙生活区、对外宾客区、寺庙园林区。

九龙湖 又名平坦水库，1959年10月建成蓄水，水面面积7.67公顷，总库容107万立方米。环湖建有环湖栈道、亲水公园、湿地花园、观鸟广场等设施，营造以农田、湿地、色彩岛、柳岸为主题的滨湖游憩、亲山亲水生态空间。经过多次加固整修和景观化改造，成为集防洪、蓄水、休闲、观光于一体的风景区。

亲水公园 位于银泉路与平坦路交叉口，总投资1800万元，实施绿化补植、植被清理、配套设施建设等，以涌泉喷雾造型打造特色醒目的入口标志，以优质的窗口形象把游客导入胜境。

【文创产品开发】 汤泉度假区深挖文化底蕴和资源优势，研发极具汤泉特色的四大品类旅游文创产品。其中，泉水产品类有涵云注玉矿泉水、泉水豆干、温泉手工皂、泉水面膜等；银杏产品类有银杏果、银杏快客杯、银杏书签等；项羽文化类有霸王酒、鼠标垫、手拎袋、保温杯等；乡土特色类有丝带绣、水杯、帆布袋、雨伞等。通过旅游景点、旅游节事展销和线上寄递，实现文创产品销售收入3850万元。 （林兆雪）

·特质旅游资源·

【江河湿地】 浦口区长江、滁河湿地资源禀赋独特，总面积9332.8公顷，其中自然湿地3357.2公顷、人工湿地5975.6公顷。至年末，建成沿江绿水湾省级湿地公园、七坝沿江十里风光带、滁河风景区以及张圩花海、西埂莲乡等一批湿地景区景点。滁河风景区以水为魂，以田园风光和河网鱼塘景观为特色，集旅游观景、运动休闲、农事体验于一体，2016年创成省级水利风景区。通过深挖沿滁地域历史文化内涵，申报创建国家级水利风景区，拓建晓桥滁河水利展示馆。

（农业农村局 水务局）

【创意农园】 浦口区建成主题创意农园18家，其中省级7家、市级11家。星甸街道石村蓝美农业生态园地处苏皖边界，果木种植面积26.7公顷，其中名品蓝美1号蓝莓面积10公顷。该生态园由中科院江苏植物研究所等科教机构提供科技、种苗与技术指导，与国内最大的蓝莓种植加工企业浙江蓝美股份有限公司合作生产、加工、销售，被省农业农村厅命名为江苏省蓝莓种植示范基地、省现代农业推广示范基地。每逢蓝莓成熟季节，大批游客前往体验采摘、旅游打卡。11月，西埂莲乡荷文化创意园获评江苏省主题创意农园。该园以莲产业、荷文化带动乡村旅游，举办两届莲文化旅游节系列活动。培植近600种荷花、200种睡莲，开发莲藕汁、磨皮莲子、荷叶茶等10余种特色旅游农产品，研发莲叶扇、钥匙扣、茶漏、靠枕等20余款文创产品和以枯荷文化为主题的干花工艺品。

（农业农村局 星甸街道 交通集团）

【美丽乡村】 浦口区坚持美丽乡村建设与旅游产业融合发展，打造"美丽乡村+特色产业+人文旅游+宜居生态"新型模式，带动乡村旅游提质增效。星甸街道九华村打造特色田园乡村，注重保护农村田园风光、民俗文化、历史古迹和乡村原貌，尊重乡村风俗，凸显农耕文化和原生态乡味。利用大地艺术景观，拓展茶园、花海等生态衍生产品，培育农耕体验、休闲农业、农家餐饮、禅茶养生等乡村旅游项目。桥林街道福音社区获2020年中国最美村镇生态宜居奖，汤泉街道瓦殿社区被中央文明委授予"第六届全国文明村镇"称号，汤泉街道滴水珠村、永宁街道青山村被省妇联确认为江苏省"美丽家园"省级示范点，永宁街道大埝社区被省文旅厅授予"江苏省乡村旅游重点村"称号，桥林街道林蒲社区江坂村民组、星甸街道九华村山滕村民组和王村村王村村民组、汤泉街道瓦殿村周庄和关口章村被省住建厅确认为江苏省传统村落。 （农业农村局）

【特色小镇】 永宁铁路文旅小镇建设提速，建设项目密集开工。姚徐老街融入百年铁路小镇元素，构建电动小火车慢行系统、铁路驿站和滁河索桥等项目，串连滁河风光带、农业大地景观、主题森林公园、特色珍珠村，形成休闲旅游综合体。狮子岭禅茶康养小镇秉承"山、林、寺、茶"融和发展理念，打造千年禅寺、云雾茶园、生态康养为特色的"禅茶一品"品牌，全年接待游客3.12万人次。老山有氧运动小镇依托老山国家森林公园，提升有氧运动基础设施建设，承办、协办有氧运动19场，接待运动员、游客和观众6.9万人次。求雨山中华书法小镇建设提速，着力打造最具浦口特色的文旅产业新地标。

（永宁街道 文旅局 度假区）

旅游项目建设

【概况】 2020年，浦口区依托老山、长江、滁河天然资源，着力塑造蓝绿交织、城乡交融的都市圈最美花园格局。老山生态旅游体验园、蜂巢酒店等地标性文旅项目落地，全域旅游"百项工程"加速推进，5条乡村旅游精品线路竣工，63千米景观大道建成。完成省级汤泉旅游度假区、老山国家森林公园、求雨山文化名人纪念馆、后圩田园综合体、草圣书乡等重点旅游景区提档升级，按照可持续发展要求，提升品位，提增品质，配齐和加固基础设施。

老山森林公园完善景区硬件与软件配套设施，提升景区品质。4月，完成

乡村旅游精品线路——岘里线　　（交通集团　提供）

乡村旅游精品线路——老山线　　（杨旻　提供）

黄山岭、七佛寺停车场升级改造工程，安装智能道闸，增设智能化收费系统。增植映山红2公顷、常春藤0.6公顷，培育多彩林相。在生态谷至蛇园沿途打造紫藤隧道景观，架设仿木框架长廊230米，栽植日本野田长藤150株。9月，完成老鹰山瞭望塔及防火指挥中心平台600余平方米屋面修缮出新，更换彩铝窗180平方米，涂刷环氧树脂地面270平方米，铺设塑木地板100平方米。在景区主入口至小风口松林处，利用树木受创面饰以森林小动物绘画，营造"精灵驿站"树洞绘画景观。

珍珠泉度假区一级旅游集散中心设计方案初步确定，景观道路和慢行交通系统珍佛南路基本完工，浦合路珍珠泉段进场施工。完成珍珠泉风景区狮虎园升级改造一期工程主体施工，建成景观廊桥、环湖栈道和灯光喷泉等景观节点，二期工程开展项目招投标工作完成研学中心升级改造，开展标本馆改造。龙之谷旅游综合体项目进入内部装修阶段，部分进口大型游乐设备安装完成。天井洼片区道路交通系统逐步完善，1号、2号、13号路基本建成，具备临时通车条件。完成珍珠泉国家级水利风景区规划编制并通过专家评审，水库大坝加高工程竣工。完成佛手湖标志标牌提升出新，推进水上游船项目建设。启动狮子岭景观提档升级工程，综合整治白马采石场废矿环境，经市主管部门验收合格，被评为优良工程。

汤泉旅游度假区完善旅游基础设施建设。5月，木兰路农路改造工程完工，与天泉路贯通，形成汤泉市镇东部旅游环线；惠济寺景区周边道路及绿化景观工程项目完工，作为浦口区城市精细化建设管理"五一"节点项目参与"五一"形象集中展示。6月，九龙湖环湖景观改造工程被评为2020年上半年南京市园林建设工程标准化文明示范工地。10月，体育文化公园建设工程、平坦驿站加固改造工程竣工并通过验收。12月，九龙湖环湖景观改造工程、度假区零散片区微改造工程（含老街）竣工。

西埂莲乡建成房车营地，占地面积4万余平方米，有21辆拖挂式营地房车和5个自行式房车营位，每辆拖挂式房车都处于600平方米超大独立院落中，营地功能区域分明，休闲设施一应俱全。9月底，大堰驿站建设项目完工，该项目位于岔珑路大堰水库西侧，占地面积700平方米，建筑面积1380平方米。完善村庄生态设施和生态空间景观建设，实现"品质提升、人村共美"的建设目标。9月26日，浦口区2020年特色田园乡村项目集中开工，响堂特色田园乡村项目完成备案手续，排定招商工作方案。11月21日，启动凤凰山公园提档升级项目，包括林下空间、人行道路系统、休憩空间、植物景观、下沉台阶、树池广场、水榭平台及景观功能等22个子项目，施工面积近10万平方米，总投资9400万元，计划于2021年9月完工。

（文旅局　城建集团　文旅集团）

【旅游道路拓建】　2020年，浦口区投资10亿元，完成40千米农村公路提档升级，配套建设全域旅游道路220千米，其中老山（西线）旅游道路40千米、西部田园风光旅游大道80千米、乡村精品旅游道路（老山线、长江线、滁河线、岘里线、苗园线）100千米。7月，老山旅游景区北沿山大道全线贯通。该工程西起岔珑路与浦合线平交口，东至104国道与护国路连接，全长4.9千米，路幅宽12米，是老山北侧对接国家级江北新区的交通要道，对激活浦口旅游资源、推动浦口全域旅游发展发挥积极作用。

（交通集团）

【智慧旅游通景道路视频监控全域覆盖】　区信息中心发挥智慧旅游大数据平台作用，开展重点旅游景点通景道路视频监控部署安装工作。智慧旅游大数据平台完成21个景区61个客流视频采集点位建设，新增视频监控点位10个，主要分布在雨发生态园、老山国家森林公园、珍珠泉等景区通景路口，实现热门景点交通路况实时监控。游客可通过"乐游浦口"微信小程序，实时查看热门景区通景交通的拥堵情况，合理规划旅游路线。　（信息中心）

【旅游线路开发】　2020年，区文旅局根据区域旅游资源分布、季节节点、交通条件，策划"看山花、听山泉、赏山林、望山峦"四季游线路16条，其中4条精品线路首批入选江苏智慧旅游平台。

2020年浦口区开发全域四季旅游线路一览表

表 97

旅游线路		所经景区景点
春——看山花	东线	定淮门隧道→佛手湖郊野公园(郊游)→珍珠泉风景区(观泉,赏海棠、金钟、茶梅等)→十里画廊珍七路(自驾、骑行、步行赏花)→四方艺术湖区→四方酒店(食宿)
	中线	应天大街隧道→桃源谷(赏桃花、栀子花海)→老山国家森林公园七佛寺景区(登山、赏万亩映山红)→河岸花海(赏玫瑰、马鞭草,沿河木屋可停泊、垂钓、烧烤)→侯冲旅游区(品尝乡村大食堂特色粗粮荠菜鮰鱼狮子头、永宁青虾、永宁稻米、莲藕汁,住福寿居民宿)→汤泉旅游度假区(品尝泉水系列特色美食,推荐汤泉宾馆获全市美食大赛第一名的泉水蟹黄白蒜狮子头,住星级宾馆,温泉沐浴)
	西线 1	长江三桥(大胜关大桥)→雨发生态旅游区(住云栖林舍民宿,特色采摘,娱乐设施游玩)→崂里人家(住小隐民宿九峰居,品尝星甸美食烤鸭、牛肉)→九峰寺→滁河湿地公园
	西线 2	地铁 S3 号线→观览长江风景→聆泉福音(郊游,美食有茶干、咸板鸭,推荐合作饭店美食大赛获奖菜品蟹黄灌汤黄花鱼)→望月农庄(望月海棠节 3 月底 4 月上旬)→周营梨花(4 月)→九华茶坊(品牌名茶赭洛山、浦桥玉剑,茶事体验)
	一线	老山国家森林公园→不老村→珍七路→四方当代艺术湖区→珍珠泉风景区→岔珑路→水墨大埝→滁河风光带
	二线	不老村→响堂→狮子岭兜率寺→龙洞→雨发生态旅游区
	山野之趣自驾游	雨发生态旅游区→楚韵花香→崂里人家(天文观星)→住小隐民宿九峰居→滁河湿地公园→九峰山(九峰寺)→九华茶坊(赭洛山)→草圣书乡
夏——听山泉	东线滁河风情	不老村→珍珠泉风景区(竹筏、水上乐园)→西埂莲乡(舟行、莲文化节、垂钓比赛、莲产品、夜游西埂)→侯冲旅游区(福寿居民宿、乡村大食堂、美食大赛获奖作品粗粮荠菜鮰鱼狮子头、永宁青虾、永宁稻米、莲藕汁)→河岸花海(薰衣草 8—10 月,舟行滁河)
	西线清凉山野	老山国家森林公园七佛寺景区→狮子岭兜率寺→雨发生态旅游区(嬉水乐园)→崂里人家→九峰山→小隐民宿九峰居
秋——赏山林	西线秋收采摘	雨发生态旅游区(淡水鱼,采摘蔬菜、梨、葡萄)→崂里人家(螃蟹水产、小隐民宿九峰居)→星甸家庭农场(农产品采摘)→万成生态园(采摘)→聆泉福音(农耕文化馆)→桥林望月农庄(葡萄)或周营美丽乡村(梨)→崂里人家(崂蟹)
	东线	不老村→侯冲旅游区(福寿居民宿、乡村大食堂、粗粮荠菜鮰鱼狮子头、永宁青虾、永宁稻米、莲藕汁)→丽铭农庄(垂钓、农家乐)
	老山秋色	珍珠泉风景区(登高、缆车)→老山国家森林公园(登高、山行)→不老村(老山民宿)→崂里人家(皖南风格村落)→九峰山→小隐民宿九峰居→滁河风光带(步行)
冬——望山峦	东线	珍珠泉风景区(雪景、腊梅)→老山国家森林公园(山雪)→水墨大埝(水墨年华、肆拾汤温泉民宿、蝶梦山丘民宿)
	西线	汤泉旅游度假区(山景、温泉、住宿、农家菜、泉水系列礼品)
	亲子体验	珍珠泉风景区(动物园)→水墨大埝(运动类体验、蝴蝶博物馆、民宿住宿)→雨发生态园(采摘、住宿)→草圣书乡(无动力乐园)
	艺术之旅	四方当代艺术湖区→青花瓷陶艺活动中心→求雨山文化名人纪念馆→草圣书乡(林散之故居)

2020年浦口区首批入选江苏智慧旅游平台四条精品旅游线路一览表

表 98

序号	精品旅游线路		所经景区景点
1	快乐亲子二日游	第一日	珍珠泉风景区(珍珠泉、动物园、万米长城、缆车、烧烤、竹筏、儿童乐园等项目)→佛手湖郊野公园(丛林飞跃)→水墨年华民宿
		第二日	水墨大埝(自行车骑行、蝴蝶博物馆、自行车体验馆、小动物园)→草圣书乡(无动力乐园、喜阅童话亲子书店)

续表 98

序号	精品旅游线路		所经景区景点
2	诗画田园二日游	第一日	不老村(全国乡村旅游重点村,无门票)→西埂莲乡(万亩莲乡、荷博馆、莲文化馆)→河岸花海(紫色梦幻、舟行滁河)
		第二日	峭里人家(水墨民居风情、美食特产、小隐九峰居民宿住宿、峭蟹科普馆→九峰山九峰寺→滁河风光带→九华茶坊(赭洛山下茶园风光)→聆泉福音(台湾风情街、垂钓)
3	红色廉政一日游		王荷波纪念馆→求雨山革命烈士纪念碑(纪念三浦战役)→求雨山文化名人纪念馆→西埂莲乡(万亩莲花、莲文化馆、廉政教育基地)→不老村(民宿体验)
4	运动康养一日游		老山森林公园(登山、高氧、访古)→水墨大埝(自行车、运动体验)→汤泉温泉旅游度假区(温泉沐浴)→九华滑翔伞基地

【"秋游浦口"线路入选江苏乡村游精品线路】 9月26日,由江苏省文旅厅主办的第十一届江苏省乡村旅游节在苏州高新区通安镇树山村开幕,现场发布50条江苏乡村旅游精品线路,浦口秋季旅游线路入选。现场发布省文旅厅、省发改委联合评选的31家2020年江苏省乡村旅游重点村名单,永宁街道大埝社区入选。 (张闽)

【浦口春夏踏青赏花品荷二日游线路获全省推介】 9月30日,区农业农村局设计的浦口区春夏踏青赏花品荷二日游休闲农业和乡村旅游精品线路入选省农业农村厅公开推介的江苏省100条休闲农业和乡村旅游精品线路名单。该线路全程44千米,起自南京主城区,途经永宁街道西埂莲乡(距离市区20千米)、侯冲风景区(距上一景区2千米)、雨发生态园(距上一景区10千米)、望月海棠园(距上一景区12千米),是市民和外地游客到浦口旅游观光的首选打卡线路。 (农业农村局)

旅 游 业 态

【康养旅游】 重点扶持重大文旅健康产业投资项目和景区提升改造项目,对重大文旅健康产业投资项目给予政策优惠和资金奖补。通过全面梳理文旅健康产业链中的重要环节、重要资源、重点项目,以建链、补链、延链、强链为抓手,补齐、补好、补全发展短板,完善和更新文旅健康产业链重点项目库,培育温泉养生、老山氧吧、山水逸景为核心的健康养生旅游产品,打造极具地方特色的康养旅游品牌。位于汤泉旅游度假区内的南京得山水情温泉酒店是一家三星级天然温泉酒店,温泉水量充沛,平均水温43℃,深井温度60℃,水体含有30多种矿物质和微量元素,能消除疲劳、舒经活血、养颜健体,对皮肤病、肠胃病、风湿病、高血压和动脉硬化等疾病有辅助治疗作用。 (林兆雪)

【体育旅游】 9月26日,2020健身走江苏大型公益系列活动暨库珀有氧"智跑江苏"定向越野联赛南京站"律动之秋"浦口体育休闲季在象山湖公园启动。"律动之秋"体育休闲季是浦口区2020年秋季体育旅游活动总汇,包括亚洲户外运动节、省第八届全民健身运动会攀岩比赛、奥野老山 · 南京100越野赛、2020南京浦口女子半程马拉松赛、10千米山地自行车越野赛、CAA国家四类积分赛事、全国山地自行车联赛、中国户外极限有氧三项赛、江苏省第八届全民健身运动会半程马拉松暨2020浦口永宁河岸花海半程马拉松赛、浦口区篮球联赛、浦口区足球联赛等10余个国际国内重大体育旅游节事。至年末,全区举办体育旅游赛事41场次,参赛观赛市民和外地游客31.4万人次。 (文旅局)

【休闲农业游】 培育休闲农业旅游新业态,建成休闲观光农业精品村4个,均为省级。打造万亩茶园、万亩荷塘、万亩水产、万亩油菜花、万亩花海等大地景观。建成南京丽铭水产养殖和南京麦浦苗木2个产业化联合体,建成省级主题创意农园7个。借助传媒平台和电子商务平台,加大对休闲农业旅游宣传推介力度,提升休闲农业旅游产品影响力和知名度。举办中国农民丰收节南京(浦口)分会场活动暨"南京峭里 · 九峰田园"第三届金秋水产丰收节。投资1.35亿元,打造规划面积11.44平方千米、核心区域面积2.95平方千米的星甸九峰山田园综合体。全区休闲农业旅游接待游客412.04万人次,同比增长8.39%;实现综合收入13.84亿元,同比增长16.17%。 (农业农村局)

【乡村民宿游】 浦口民宿业发展提速,呈现出集聚性强、智慧性强、特色性强的显著特点。7月20日,《新华日报》经济周刊以《浦口不老村发展起南京最集中的民宿聚落》为题,以王家小院民宿店为典型,推介不老村民宿群在发展浦口全域旅游中产生的社会效应。不老村于2019年入选首批全国乡村旅游重点村,是浦口区强力打造的美丽乡村十颗"珍珠"之一。该景区由江浦街道开发建设,2016年10月开园,外包南京时代一德文化旅游发展有限公司负责运营管理,开业民宿14家,是南京最集中的民宿聚落。村内建有主题餐饮、亲子娱乐、农事体验和非遗手作等项目。2020年,管理公司和不老村20多家商户总营收1.01亿元,接待游客38.2万人次,带动周边200多名农民就业。汤泉街道滴水珠民宿群开工建设。该项目占地67.6公顷,通过对现有民房升级改造,规划建成60栋宅院组团和5栋公共配套建筑,建筑面积1.94万平方米。9月4日,"2020年乡村振兴'她'力量 · 长三角民宿女主人赋能行动"启动仪式在南京国家农创园举行,同时举行江苏省民宿女主人联盟示范和孵化基地揭牌、南京国家农创园民宿双创学院成立仪式。至年末,浦口区建成不老村、水墨大埝、雨发松菓木屋、汤泉温泉4个民宿群,全区民宿店102家,其中上线民宿店25家。

2020年浦口区上线乡村民宿店一览表

表99

序号	民宿店名称	地　址
1	不老村原舍	江浦街道珍七路
2	不老书院客栈	江浦街道珍七路
3	不老村侘寂酒店一期不老堂	江浦街道珍七路
4	不老村侘寂酒店二期沐澜堂	江浦街道珍七路
5	不老村己居野奢民宿	江浦街道珍七路
6	不老村老友记民宿客栈	江浦街道珍七路
7	不老村享聚客栈	江浦街道珍七路
8	不老村山外山	江浦街道珍七路
9	不老村象山湖·逸舍	江浦街道珍七路
10	不老村逸度山居	江浦街道珍七路
11	不老村悠山客栈	江浦街道珍七路
12	不老村有栖客栈	江浦街道珍七路
13	万成生态园	星甸街道高庙村双二组58号
14	小隐九峰居酒店	星甸街道后圩村九峰居
15	小隐汤泉花海酒店	汤泉街道瓦殿村
16	雨发松莱民宿村	汤泉街道龙井社区
17	丰乐家庭农场	永宁街道大埝社区大埝三组
18	蝶梦山丘飞行民宿	永宁街道大埝社区六组39号
19	新天地农庄	永宁街道大埝社区七组
20	霞客山庄	永宁街道大埝社区九组丁家洼
21	老山庄精品民宿	永宁街道水墨大埝部队路
22	芝兰·云朵	永宁街道联合村方庄
23	丽铭农庄	永宁街道联合村
24	福寿居	永宁街道侯冲社区黄庄组
25	鹿源生态农庄	永宁街道西葛社区东方组

（宣传部）

【节日乡村游】 4月，浦口区疫情防控形势向好发展，市民在“五一”小长假期间外出游玩，形成乡村旅游高峰，全区接待游客25.36万人次。观花赏景、乡村美食、民宿体验受到市民和游客青睐，不老村、河岸花海、九华茶坊、草圣书乡、佛手湖郊野公园、四方当代艺术湖区等景点游客火爆。各景区景点举办丰富多彩的活动，推出全域旅游新服务、新产品。区文旅局联合抖音举办“周末DOU来浦口”活动，假期话题参与视频数量4380个，播放量5000万余次，求雨山、不老村、老山森林公园等在短视频平台搜索量分别达1亿次、4036万次、1936万次，水墨大埝、四方当代美术馆、蜂巢酒店等千万级爆款视频产生，提高浦口旅游景点关注度。

端午节假日文旅市场持续升温，全区接待游客19.9万人次，其中西埂莲乡接待游客3.7万人次、不老村接待游客1.94万人次、珍珠泉度假区接待游客2.1万人次。区文旅局在市民中心组织端午·浦口夜市集活动，涵盖文艺惠民演出、非遗文化展示、特色小吃展销等。西埂莲乡景区举办南京浦口第二届莲文化节暨灯光节，让游客体会灯光与莲花交相辉映的美妙。水墨大埝、佛手湖郊野公园在端午节当天与景区商户联动，举办端午节传统手工包粽子活动。汤泉街道九龙湖畔的悠山书店举办悠山书店啤酒节、端午亲子粽等亲子活动，让游客体验端午民俗文化。珍珠泉水世界推出水世界开园特惠活动，冲浪、冰桶大挑战、水上极限运动等让众多游客在炎热夏日体验到清凉与欢乐。区文旅局利用微信公众号、今日头条、抖音等新媒体加大文旅宣传，推动文旅营销升级。

中秋、国庆两节期间，草圣书乡景区举办第二届金秋童玩节，推出“手印打卡入园·礼赞我的祖国”、网红彩虹滑道、亲子卡丁车、大型城堡乐园、真人娃娃机、复古小火车等亲子娱乐项目，现场还有冰皮月饼和陶艺手作、彩虹涂鸦蛋、一元创意拍卖、美食市集、文创市集、彩虹伞风铃长廊、粉黛花海等旅游体验，景区羽之国无动力乐园、喜阅童话亲子书店等亲子艺术游玩项目全部开放，该景区接待市民和游客2.1万人次。

（张阅　韩盼盼）

宣传促销

【概况】 2020年，浦口区加大文旅宣传推介力度，推出全民线上打卡、“周末

DOU来浦口"网络版块,全网总浏览量近7亿次。与B站、马蜂窝等线上平台合作,举办全域旅游攻略大赛,新增笔记1356篇,阅读量2亿余次。与国际知名导演竹内亮合作拍摄纪录片,B站播放量500余万次。举办江苏首个"局长带你游浦口"直播活动,推出"小源带你游浦口"20期,通过VLOG形式记录浦口。成立新媒体推广联盟,打造文旅浦口新媒体矩阵,粉丝40万人,头条号位列全国县级文旅新媒体传播力指数第二,抖音号位列全国第五。加大在各级媒体推文密度,在国家级媒体发布涉旅推文85篇,省级59篇,市级80篇,区政府网站首页44篇,《浦口快报》12篇。浦口"都市微度假"营销案例获2020年度国际博鳌旅游奖"年度文旅营销视频奖",被评为影响江苏旅游业的五大文旅营销事件。(文旅局)

【旅游产品推介】 7月9日,浦口区在南京南站候车厅陈展全域旅游宣介,通过形象展示、视频动态、声画同步,展示浦口文化和旅游资源。该展位每月底举办一次互动活动,通过派发旅游通票、寄语留存等形式,吸引游客到浦口、玩浦口、留浦口、赞浦口,助推浦口打造国际知名、国内一流的旅游目的地品牌。9月3—6日,第二届大运河文化旅游博览会在无锡太湖国际博览中心举办,浦口区组织5家旅游单位36件展品参展,其中汤泉旅游度假区的银杏和泉水系列、求雨山文化名人纪念馆书法、不老村铁画、西埂莲乡香插、珍珠泉风景区萌宠等文创展品展示浦口文化旅游魅力,提升浦口知名度和美誉度。9月26日,在第十一届江苏省乡村旅游节乡村市集活动中,浦口文旅产品油纸伞、老山物产系列、西埂莲乡香插和茶漏、水墨大埝中秋礼盒、不老村钉子画、植物扎染丝巾、非遗铜雕等亮相,还推出永宁街道"秋之葵"向日葵花海节等展示活动。(张闽)

【老山森林公园市场营销】 老山森林公园开发新型文创旅游产品,加大线上推介力度,全年线上电商销售门票1.1万余张。与南京游园年卡中心联网,持游园卡入园游客3万余人次。线下与南京鼎业开元大酒店、南京瑞斯丽酒店、不老村、南京四方雅辰酒店、滁州碧桂园等酒店合作,签订门票销售协议。加入浦口景区通票消费券活动,提供景区门票1万张。在微信公众平台推送景区视频和图文100余篇,更新百鸟园鸟类科普知识介绍牌10组,出新科普长廊宣传板块20块。自4月起执行周五半价优惠制度,10月起门票价格下调为30元/人次。(毛燕)

【首届南京老山国际文化旅游节暨云音乐节】 4月24日在全国乡村旅游重点村不老村举行启动仪式。市区领导及韩国济州岛驻上海旅游宣传事务所所长、日本纪录片导演、知名旅行商、自驾游大V、抖音网红、市民代表近300人参加。活动主题是"山水浦口·诗画田园",通过打造贯穿四季的全城市、全人群、全场景旅游节事,着力培育浦口文旅消费新亮点、新体验,促进浦口文化旅游高水平融合、高质量发展。开幕式线上直播,老山国际文化旅游节子活动之一的线上云音乐节同步启动。老山云音乐节主打民谣风情,网易云音乐签约歌手耿斯汉和乐队献唱并网上直播,4月25—30日每晚20:00—21:30,签约歌手轮番在线演唱。浦口区推出万张景区联票、千张民宿体验券、开通环老山旅游巴士等惠民措施,为市民和游客提供特色鲜明、内容丰富的周末微度假体验。

【浦口第二届莲文化节暨灯光节】 6月21日晚,"最美花园 西埂莲乡"——南京浦口第二届莲文化节暨灯光节开幕式在永宁西埂莲乡举行。省文旅厅、江苏广电总台,市委宣传部、市商务局、市文旅局和浦口区领导出席开幕式。西埂莲乡拥有万亩荷塘特色景观,是华东地区规模最大的精品莲荷观赏和科研科普基地,景区有钓池8个,可同时容纳600多名选手同场竞技,被中国钓鱼运动协会评为国际垂钓中心。此届莲文化节暨灯光节持续到10月上旬,其间举办美食鉴赏、摄影大赛、短视频大赛、钓鱼比赛、"廉洁同行"千人徒步走、"e彩明珠夜游西埂莲乡"网友节等系列活动,接待游客12.4万人次。

【2020南京金洽会珍珠泉度假区专场招商推介会】 9月18日在南京蜂巢酒店举办。省市文旅部门、市旅游集团、文投集团等相关领导,浦口区四套班子有关领导出席活动。活动以文旅招商为特色,围绕国家级旅游度假区创建规划中的四大产业发展布局,展示度假区各板块文旅招商资源,为文旅发展注入新动能、新活力。推介会汇聚珍珠泉板块和老山板块全部招商项目资源,共推介招商项目13个,投资额176亿元。签约合作项目10个,签约总金额100亿元。

【参展2020中国(南京)融交会】 10月23—25日,以"新时代、新体系、新体验"为主题的2020中国(南京)文化和科技融合成果展览交易会在南京国展中心举行。浦口区推介底蕴深厚的文旅符号,展示以林散之草书为代表的书法特色。"墨韵浦口"展区受到现场观众和媒体高度青睐。求雨山书法小镇墨香雅致、文韵风流,展现出与科技融合创新的书法体验模式;珍珠泉风景区、老山国家森林公园、滨江风光带、滁河风光带等浦口美景联袂呈现,全方位展示浦口特质旅游资源。老山智慧旅游小程序首次亮相,该程序搭载互联网科技、大数据算法,不用提前详细规划,只需在环老山每个点位一扫,即可快速了解周边特色,实现景区导览、攻略推荐、实时路线规划、门票即时预订等一条龙服务。活动现场,浦口文旅借助新浪江苏暨求雨山MCN直播间,加强浦口"都市圈最美花园"、都市微度假旅游目的地形象传播。(张闽)

旅游公共服务与管理

【概况】 2020年,浦口区加快旅游服务设施建设,建成全域旅游集散中心,推出多条旅游公交线路,开通全域旅游直通车,与地铁无缝接驳。引入住宿、餐饮、购物等旅游服务配套项目,着力打造高端、特色酒店旅游服务综合体,推进乡村民宿提档升级。通过整合主要景区景点游客服务资源,加快停车场、旅游厕所、步道驿站等基础设施建设,提高游客体验舒适度。

2020年浦口区旅行社一览表

表100

序号	旅行社名称	地　址
1	南京江北龙旅游有限公司	江浦街道凤凰大街3号楼
2	南京丽都国际旅行社有限公司	江浦街道南江新寓109室
3	江苏北达国际旅行社有限公司	江浦街道凤凰台1号天凤国际广场01－02栋
4	南京龙华旅行社有限公司	江浦街道公园北路26－13号
5	江苏一格旅行有限公司	江浦街道浦口大道9号万汇城南区04栋
6	南京金马旅行社有限公司	江浦街道文昌路29号
7	南京亚南假日旅行社有限公司	汤泉街道银泉路16号
8	多米旅行社有限责任公司	永宁街道侯冲社区姚徐湾

2020年浦口区星级旅游酒店一览表

表101

序号	酒店名称	地　址
1	南京开元大酒店	江浦街道文德东路35号
2	明发珍珠泉大酒店	珍珠泉度假区珍珠街178号
3	汤泉宾馆	汤泉街道惠济南路9号
4	得山水情温泉酒店	汤泉街道惠济北路1号

（文旅局）

【旅游市场监管】 推进旅游共建共享，完善旅游巡回法庭、旅游司法调解及安全生产委员会、文旅执法大队等综合监管机制和联合执法机制。发挥旅游协会、民宿协会、志愿服务团队作用，提升景区综合救援和突发事件应急处理能力。协调解决游客诉求102件，满意率95%。

【旅游安全防范】 旅游、安监、公安、消防等部门协同，对全区文旅场所、旅游景点开展安全生产经营全覆盖检查，检查企业1099家次，排查安全隐患463处，整改率100%。接受市级及以上督察60次，出动检查人员800余人次，完成整改100余处。制作普法教育系列宣传折页1.2万余份，开展行业安全培训29次，参训人员1000余人次，组织各类场所开展消防应急演练11次，承办江苏省文化和旅游行业安全应急演练。11月14—20日，组织开展旅游景区消防安全专项整治督查，重点检查景区消防设施、消防站（室）、消控室、配电房、厨房、室内游览场所等重要区域及水泵房等重要设施设备，防范消防安全事故发生。2020年，浦口区实现旅游业安全生产零事故。

（张闽）

科学技术

综　述

【概况】 2020年,区科技局按照市委关于深化创新名城建设,聚力高质量、创新再出发部署,落实区委、区政府“创新提档年”要求,强化研发机构建设、高新技术企业培育、高端人才集聚、科技招商等工作,创新名城建设工作有序推进。新增市级备案新型研发机构3家,引进孵化企业208家。2家众创社区获省科技厅众创社区备案试点,挂牌全市唯一的省级集成电路产业产学研协同创新基地,与电子科技大学签订合作协议,推进电子科技大学成果转化浦口中心设立。省高新技术企业培育入库87家,净增高新技术企业53家,累计179家。南京2020创新周考核,浦口区位列第一方阵,被南京市创新委表扬为优胜奖,也是郊区中唯一获评优胜奖的板块。举办浦口区科技创新大会、集成电路产业技术研讨会、南京市科技人才企业交易会、科技人才训练营,承办清华大学校友三创大赛等科技创新活动。

【科技体制综合改革】 6月,成立浦口区委创新委员会,区委主要负责人担任创新委主任,区政府主要负责人担任第一副主任,相关区领导任副主任,各与创新要素和保障密切相关部门主要负责人任委员。区委创新委办公室设在区科技局,发挥区委创新委的统筹协调作用,推进全区创新名城建设。实施区级高新技术企业培育入库三年(2019—2021)行动计划,高新技术企业提质增量。健全科技创新发展政策,优化创新创业环境,修订《浦口区科技创新平台引进培育支持办法》,配合区工信局修订《浦口区促进集成电路产业高质量发展若干政策》,增加对高层次专项人才奖励。

【创新名城建设】 5月30日,举办浦口区科技创新大会暨创新周系列活动启动仪式。会议以“浦口创新再出发”为主题,总结和部署科技创新工作,表彰创新发展突出贡献社会单位和优秀生根出访项目。创新名城重点工作15项指标全部超额完成任务,其中创新周考核被南京市创新委表扬为优胜奖,净增高新技术企业数、“创业南京”高层次人才计划、科技顶尖专家、创新型企业家等指标完成率200%以上。坚持校地融合,做好“百校对接”,与电子科技大学科学技术发展研究院签订产学研合作协议,建立长期、稳定、全面的合作机制,共同推动区校资源优势互补,搭建产学研发展平台,助推产业转型升级。

【创新周系列活动】 6月26—27日,2020南京创新周举办。浦口区以此为契机,围绕主导产业,聚焦创新人才、高端项目、国际资源等创新要素,举办系列创新活动、打造特色主题客厅、推进项目签约落地,展示全区科技创新的最新成果。紧扣“读懂城市创新”主题,突出创新思想的分享和对接,举办活动23场,打造创新思想碰撞、前沿观点交流、经验分享的平台。向境内外嘉宾发出邀请,在线注册嘉宾145人,完成目标的145%。邀请三院院士及蒙纳士大学副校长余艾冰、中科院院士赵其国等18位大咖录制短视频和开设直播间,分享创新理念,畅谈前沿科技成果。围绕浦口区人工智能、集成电路、高科技农业等主导产业,征集50项海内外黑科技成果,完成目标的217%。其中,中创为量子自由空间量子通信产品等5个黑科技入选南京创新周HIGH科技TOP30,占入选总量的六分之一。征集项目签约信息55项,项目总投资145.46亿元,亿元以上项目34个,10亿元以上项目7个。国产GPU和南京新能源产业创新研究院2个项目在创新周闭幕式上集中签约,北星空间信息技术研究院空间智能感知技术应用研究院项目获2020南京创新周大会合作项目奖。依托浦口江北国际智谷K-Pouch空间的主题客厅,以“聚遇K空间 触梦新浦口”为主题,以生根出访成果为承载,通过“城市之融、产业之融、创意之融”展示宁墨之交友好合作关系、产业合作丰硕成果和生根国家文化特色。主题客厅所在的K-Pouch国际空间加速器创新周期间签约国际合作项目14个,入驻项目30余个,包括院士工作室5个。 (于李丽)

【一交通科技关键技术获国家科学技术成果证书】 6月28日,区交运局“生活垃圾焚烧炉渣集料加工及其在道路工程中资源化利用关键技术研究”被中国高科技产业化研究会授予科学技术成果证书。2015年以来,区交运局在落实省、市绿色交通运输发展总体规划的基础上,立足浦口实际,对生活垃圾焚烧炉渣集料资源化利用关键技术进行系统研究,编制江苏省地方标准《生活垃圾焚烧炉渣集料在公路工程中应用施工技术规程》,形成生活垃圾焚烧炉渣集料施工工艺及质量控制标准,先后取得国家相关专利7项、省部级工艺方法1项,相关技术被交通运输部、省交通运输厅认定达国际先进水平。生活垃圾焚烧炉渣集料在农路提档升级及县道大中修工程中累计应用约 190 千米,使用炉渣 18.7 万吨,节省资金 560 万元,节约炉渣处置用地近 20 万平方米,具有较好的经济社会效益。

【浦江工程检测有限公司获国家认可委员会实验室认可证书】 9 月 28 日,区交运局下属高新技术企业浦江工程检测有限公司,取得中国合格评定国家认可委员会(CNAS)授予的实验室认可证书,这是全市交通运输系统取得的首个此类证书。CNAS 是国际实验室认可合作组织(ILAC)和亚太实验室认可合作组织(APLAC)的多边互认协议成员。证书的取得,标志着浦江工程检测有限公司具备按相应认可准则开展检测和校准服务的技术能力,同时能够获得签署互认协议方国家和地区认可机构的承认。至此,浦江工程检测有限公司出具的检测报告可以加盖中国合格评定国家认可委员会(CNAS)和国际实验室认可合作组织(ILAC)的印章,所出具的检测项目数据具有国际权威性,其数据国际互认。 (交运局)

科技创新载体

【概况】 2020 年,区科技局完善《浦口区科技创新平台引进培育支持办法(试行)》,加快引进和培育各类科技创新载体,在载体建设上再提速、再突破,为创新提档提供最强支撑。全区有市级以上众创空间、科技孵化器 13 家,其中国家备案众创空间 2 家,有市级以上企业工程技术研究中心 42 家,有培育独角兽企业和瞪羚企业 19 家。

【新型研发机构建设】 高水平建设新型研发机构,与清华大学、南京大学、中科院半导体所等国内外 15 所知名高校、科研机构合作共建 18 家新型研发机构。新增市级备案新型研发机构 3 家、区级备案新型研发机构 5 家。累计孵化引进科技型企业 208 家,配备科研和管理人才 489 人,入选南京市顶尖专家 2 人、创新型企业家 1 人。在研项目 84 项,申请专利 225 件。新型研发机构新增孵化与引进企业产业创新集聚度达 65%。

【企业工程技术研究中心建设】 结合浦口区产业实际,推进企业工程技术研究中心建设,发挥工程中心在增强企业创新能力、促进产业转型升级中的作用。2020 年,浦口区新增省级工程技术研究中心 2 家,分别是江苏省真空电子器件工程技术研究中心、江苏省水下隧道工程技术研究中心。新增市级工程技术中心 4 家,分别是南京市量子通信安全设备工程技术研究中心、南京市气体净化膜及装备工程技术研究中心、南京市反刍动物营养工程技术研究中心、南京市柴油发电机组供电技术工程技术研究中心。全区有工程技术研究中心 42 家,其中省级 11 家、市级 31 家。

【科技企业孵化器】 浦口区有科技企业孵化器 4 家(南京紫峰科技创业园、南京浦口高新区科创广场科技企业孵化器、江苏可成科技企业孵化器、南京绿色低碳谷科技企业孵化器),全部为省级。载体总面积 9 万平方米,在孵企业 239 家,入驻团队 62 个,累计毕业企业 67 家。

【众创空间】 浦口区从产业集群特色出发,通过政策引导,大力发展众创空间。至 2020 年,全区累计有众创空间 9 家(同心、伊诺、IC 咖啡、可成、北京银行、众创码头、求雨山、低碳谷、京东云创),其中国家级 2 家(同心、伊诺)、省级 4 家(IC 咖啡、可成、北京银行、众创码头)、市级 3 家(求雨山、低碳谷、京东云创)。载体总面积 2.9 万平方米,在孵企业 295 家,入驻团队 35 个,累计毕业企业 75 家。

【众创社区】 2020 年,南京浦口集成电路众创社区、南京浦口现代农业众创社区获省科技厅众创社区备案试点。浦口开发区承担建设的南京浦口集成电路众创社区规划面积 290.4 万平方米,聚焦集成电路产业发展,围绕《南京浦口集成电路产业集聚区打造三年行动计划》,以打造集成电路产业地标为主线,利用台积电晶圆项目落户契机,延伸拉长产业链,打造一批集成电路产业专业化科创载体及公共服务平台,完善生活配套设施建设,为各类人才提供宜居的生活环境,形成宜创宜居宜业的新格局,吸引一批国际国内重点企业、科创企业、研发中心和高端人才向园区集聚发展。南京国家现代农业产业科技创新示范园区承担建设的南京浦口现代农业众创社区包括创业集聚区和产业集聚区,规划面积 289.8 万平方米,围绕生物农

同心众创空间 (于李丽 提供)

业、智慧农业和功能农业三大主导产业方向，引进赵春江、邹学校等6位院士，打造集群式农业院士创新基地。

● 链接：

众 创 社 区

根据《省政府办公厅关于推进众创社区建设的实施意见》规定，众创社区是江苏率先提出的相对独立于行政区划单元和产业园区，聚焦大众创业、万众创新，在一定范围内高效组合人才、技术、资本等创新创业要素，集成专业化众创空间、科技企业孵化器、科技服务机构等载体平台，实现创业功能、产业功能、文化功能和社区功能有机融合的新型“双创”空间平台。

【星创天地】 南京国家农创园科创投资集团有限公司通过省级星创天地备案，场地面积93.33公顷，农业用地面积66.67公顷，创业导师20人，创业团队5个，创业企业8家。2020年，全区有星创天地4家，创业团队和创业企业获得投资金额1500万元，获得融资金额5150万元。 （于李丽）

【伊诺·光点创梦空间获批国家备案众创空间】 4月，经科技部火炬高技术产业开发中心公布，浦口高新区台湾青年创业创新基地伊诺·光点创梦空间被确定为国家备案众创空间。伊诺·光点创梦基地是两岸重要的文化创意、人工智能、科技创新服务等产业的汇聚地，基地使用面积7000平方米，是两岸创业融合的重要试点基地，也是浦口区台湾青年创业就业基地。基地打造创业服务平台13个。其中，为文化创业平台6个：江苏省版权工作站、南京市文创服务港、浦口文创驿站、两岸文创自造平台、两岸文创设计研发中心、光点市集；科技创业平台3个：两岸科技创新服务中心、两岸大学生品牌创业中心、台湾人工智能博士服务站；两岸服务平台4个：南京台湾文旅创新学院、浦口区台企台商服务联盟、台商金融服务中心、跨境贸易服务站。创业服务平台配合两岸科技与人工智能企业落地、大学生创新创业、实习就业，促进两岸共融发展，协助两岸创业者落地生根。 （葛鑫）

科 技 人 才

【概况】 做好各类人才计划申报，“创业浦口”人才计划入选42人，“创业南京”人才计划入选11人，创新型企业家入选5人，科技顶尖专家入选5人，“345”海外高层次人才引进计划入选3家，其中润邦智能停车入选海外高端团队引进计划。

【“创业浦口”高层次创业人才计划】 6月，启动“创业浦口”申报工作，128家企业申报，涉及现代服务业、智能制造、新一代信息技术等产业领域，共计42人入选。

【“创业南京”高层次创业人才计划】 在2018—2020年“创业浦口”人才项目中，筛选16个优质项目参加市级高层次人才引进计划申报，共计11人入选。

【人才训练营】 6月6日，2020年浦口人才训练营在瑞斯丽酒店举行开营仪式。在营企业32家，分为3个子营：制造业营、服务业营、新型研发机构与孵化器营，培训持续到12月，培训形式主要有现场授课、国内优秀企业参观学习、金融对接活动，主要课程有直播经济的企业新战法、数字时代的孵化逻辑、硬科技企业的产品规划等。 （于李丽）

科 技 服 务

【概况】 抓牢创新名城建设和自贸试验区建设契机，推动开放与创新、科技与产业融合，增强主导产业和创新要素集聚能力，构建创新驱动环境保障，确保创新主体对各项创新政策应知尽知。统筹创新创业活动，加快科技成果落地，促进产学研合作。做好科技金融服务，加强科技贷款政策宣传推广，联合银行开展银企对接活动，拓宽科技贷款在科技企业的覆盖面。

【科技金融】 区科技局重点解决科技型中小微企业的融资难题，开展科技金融工作，为131家企业申请宁科贷175笔，金额78870万元，缓解企业融资压力，助推科技型中小企业又好又快发展。

【产学研合作】 依托园区签订产学研合作项目43项，其中与驻区高校（科研院所）合作1项，与国内双一流建设高校合作35项。

【高新技术企业培育】 立足区情实际和产业现状实际，加强高新技术企业培育引进，培育壮大科创森林，夯实创新创业基础。摸清家底，深度挖掘资源，利用统计、税务等部门数据资源，梳理全区符合高新技术领域的科技型企业，确保符合高新技术八大领域的科技型企业全覆盖，保证基本符合高新技术企业申报条件的企业当年申报全覆盖。梯队培育，实行滚动培养，实施高企梯队培育计划，符合基本条件的企业纳入申报培育，指标有差距的企业纳入三年高企培育库。引育并重，引进省外高新技术企业，依托园区主阵地，发动街道力量，发挥中介服务机构作用，推动省外高新技术企业引进。全年净增高新技术企业53家，累计有高新技术企业179家。

【培育独角兽企业和瞪羚企业】 7月，区政府印发《浦口区加快培育独角兽、瞪羚企业实施办法》，明确独角兽、瞪羚企业认定标准和扶持政策，规定认定为独角兽企业的一次性奖励300万元，认定为培育独角兽企业和瞪羚企业的一次性分别奖励50万元，并对独角兽、瞪羚企业在企业服务、研发投入、金融扶持、创新产品申报等方面加强政策支持。独角兽、瞪羚企业培育是为贯彻落实国家创新驱动发展战略和市委、市政府《关于进一步深化创新名城建设加快提升产业基础能力和产业链水平的若干政策措施》文件精神，对培育打造一批创新性强、增长潜力大、示范作用明显、特色鲜明的领军企业，加快浦口区产业发展起到一定的推动作用。2020年，全区累计有培育独角兽企业和瞪羚企业19家，其中培育独角兽企业3家、瞪羚企业16家。

2020 年浦口区培育独角兽企业和瞪羚企业一览表

表 102

序号	企业名称	行业	类别
1	云田网络科技股份有限公司	互联网	培育独角兽企业
2	南京方生和医药科技有限公司	医疗健康	培育独角兽企业
3	南京天易合芯电子有限公司	电子及光电设备	培育独角兽企业
4	南京特尔驰电子科技有限公司	电子及光电设备	瞪羚企业
5	罗兰克斯轴承(南京)有限公司	机械制造	瞪羚企业
6	江苏稻草熊影业有限公司	文体娱乐	瞪羚企业
7	南京绿芯集成电路有限公司	半导体	瞪羚企业
8	南京昌盛钙业有限公司	化工原料及加工	瞪羚企业
9	南京矽邦半导体有限公司	半导体	瞪羚企业
10	南京澳林生物科技有限公司	医疗健康	瞪羚企业
11	北京中创为南京量子通信技术有限公司	其他(生物医药)	瞪羚企业
12	梯尔希(南京)药物研发有限公司	其他(指其他未列明的智能消费设备的制造)	瞪羚企业
13	南京特沃斯清洁设备有限公司	机械制造	瞪羚企业
14	江苏银泰电气科技有限公司	其他(未来产业、量子通信)	瞪羚企业
15	江苏久朗高科技股份有限公司	节能环保	瞪羚企业
16	南京运昶高分子材料有限公司	新材料	瞪羚企业
17	南京飞能橡塑制品有限公司	运动场地用塑胶制造	瞪羚企业
18	南京协澳智能控制系统有限公司	电力自动化	瞪羚企业
19	江苏福瑞科技有限公司	医疗健康	瞪羚企业

【人才企业服务】 2020 年,区科技局贯彻落实《关于进一步推进"创业浦口"人才计划的实施细则》,提升科技人才创新创业能力和民营企业服务水平,加强与高水平创业服务机构合作,开展科技人才创新创业能力提升工程,走访区内新型研发机构、高新技术企业、人才企业、特色孵化载体 110 家,做好企业基本信息调查,完善信息库,按照 A、B、C 分类,对企业进行动态监测。举办科技人才训练营,筛选 42 家企业作为优秀企业重点培养,并依托上市公司、创投机构等资源,安排设立特色课程,为入营企业量身定制辅导系统,提升企业管理、销售、投融资等方面能力。帮助企业融资 3000 万元,平均销售提升 15%,入营企业满意率 100%。

【科技成果转化】 江苏久朗高科技股份有限公司的纳米纤维膜材料开发项目获批科技部科技助力经济 2020 重点专项。江苏久吾高科技股份有限公司的高性能小孔径陶瓷膜及装备研发与产业化项目获批省科技成果转化专项,获专项资金 1000 万元。

【技术合同登记】 以规模以上企业、高新技术企业、科技型企业为重点,系统摸排辖区企业,对有技术合同交易的企业进行注册辅导,全年完成技术合同登记额 16.61 亿元。

【院士专家企业行】 12 月 30 日,中国科学院院士、南京大学教授郑有炓,南京大学微电子学院院长施毅,南京大学电子科学与工程学院副院长刘斌、陆海一行到浦口区开展院士专家企业行活动,为该区集成电路产业把脉支招。南京大学集成电路行业的专家就产业发展现状、发展重点及未来趋势等,为浦口集成电路产业布局发展出谋划策。院士、专家调研华天科技、欣铨集成电路、华瑞微集成电路 3 家企业,郑有炓围绕"第三代半导体产业发展趋势"作主题演讲。依托校地双方各自在人才培养和实际应用方面的优势,携手共促集成电路和半导体行业高质量发展。 (于李丽)

科技交流与合作

【概况】 2020 年,浦口区围绕生根出访工作谋划开放创新,借助创新周品牌,更大力度汇聚创新资源。按照"防疫 +"工作要求,加强组织领导和细化落实,推动创新国际化工作取得新进展。

【合作框架】 浦口高新区和余艾冰院士团队确定共建中澳创新中心战略合作,并签订合作框架协议。中澳创新中心将以余艾冰院士团队及中澳两国 10 余位院士和专家为依托,立足澳大利亚,辐射大洋洲,重点对接澳洲高科技项目和人才资源，服务浦口铺设海外创新科技资源网络，建设以创新驱动和科技交流为核心的中澳创新创业生态系统，挖掘澳洲创新科技项目，搭建技术、资本与市场之间的桥梁，实现创新成果转化，助力中澳科技交流、合作共赢。

【窗口阵地】 建立南京市海外协同创新中心（墨尔本）、南京市海外协同创新中心（悉尼），成立澳大利亚（悉尼）科技离岸孵化器、澳大利亚（墨尔本）科技离岸孵化器，利用澳洲最大的国家级科研机构澳大利亚联邦科学与工业研究院资源优势，通过科技项目路演选拔，在宁墨之间开展深层次科学技术研究和产业化合作，实现澳洲当地人才引进、项目落地。与硅谷高创会合作成立南京国家农创园硅谷协同创新中心，与 PNP 国际农业创新加速平台共建南京国际农业创新加速平台，每季度为园区筛选输送国际农业项目信息，举办创新创业活动，协助跟进推动优质农业项目落户园区。成立南京市海外协同创新中心（硅谷），基于美国在人工智能、集成电路等新一代电子信息产业前沿关键技术，着力引进海外优质科技项目和全球高端创新人才。与澳大利亚江苏总商会、北美半导体行业协会等组织建立联系，为创新项目、企业落地浦口牵线搭桥。

【活动平台】 与南京市海外协同创新中心（墨尔本）建立举办活动机制，双方一致确认中澳元创大赛在澳大利亚、中国轮流举办，创新活动内容和举办形式，深化中澳元创大赛活动平台。2020 年举办 T20 南京—墨尔本智慧城市与科技高端论坛等活动赛事 4 场，累计签约项目 14 个。在中德、中美海外协同创新中心的支持和运作下，中德创新创业大赛慕尼黑专场、T20 浦口—硅谷创新合作启动仪式、中美创新创业大赛洛杉矶专场等南京创新周系列活动举办，50 多个项目参加路演，10 个生根项目落地。

【出访成果】 2020 年，浦口区签订一批项目合作协议，和余艾冰院士团队共建流程工业智能化研究院，和墨尔本皇家理工大学共建北斗空间智能感知技术应用研究院，和墨尔本大学医学院癌症信号研究实验室主任朱宏剑共建江苏中澳生物医药研究院生物医药转化中心。对接一批新的项目资源，举办“云路演”15 场。南京国家农创园硅谷协同创新中心为园区筛选输送国际农业项目信息 21 个，涵盖农业大数据、农业硬件应用、自动采摘、自动驾驶农业机器人、农业无人机应用等农业高科技领域。

【校地科技合作】 2020 年，浦口区以“百校对接”为契机，与电子科技大学开展科技合作。8 月，区主要领导带队拜访电子科技大学，发挥电子科技大学创新、人才及平台优势，实现区校资源优势互补，搭建产学研发展平台，为浦口产业发展提供技术支撑。11 月 19 日，电子科技大学科学技术发展研究院院长杨海光到浦口，就设立电子科技大学成果转化浦口中心进行交流。双方探讨中心的建设模式和运营机制，将中心建设成电子科技大学在浦口开展技术转移转化的主要窗口，实现关键核心技术和科技成果在浦口产业化落地。 （于李丽）

【集成电路地标产业峰会】 6 月 24 日，2020 南京创新周集成电路地标产业峰会在浦口举办。该峰会由南京市政府主办，浦口区政府承办。市、区相关领导及市发改委、科技局、工信局、商务局有关负责人出席活动，部分外籍政府官员、国内外知名企业家代表、浦口区优秀企业、研发机构代表等通过线上或线下方式参加峰会。峰会创新采用线上全息会务系统，邀请国内外行业专家线上主题演讲。集成电路产业国内外专家从前沿技术到产业生态，再到产业前景，从宏观到微观，从现在到未来，探讨集成电路产业，有效实现资源对接、整合。会上举行南京集成电路产业创新中心和海外协同创新中心授牌仪式。

【集成电路产业技术研讨会】 8 月 24 日举办。集成电路产业技术研讨会由浦口区政府、南京市科技局、江苏省产业技术研究院主办，浦口区科技局、浦口开发区、江苏省集成电路应用技术创新中心、江苏省集成电路工艺技术研究所承办。集成电路产业主管部门，江苏省产研院、南京市政府有关部门和浦口区领导及有关部门负责人出席，国内外优秀集成电路创业团队及公司、行业专家教授及知名投资机构代表、集成电路产业相关企业代表等参加活动。中国半导体行业协会信息交流部主任任振川就国务院颁布印发的《新时期促进集成电路产业和软件产业高质量发展的若干政策》进行政策解读。举行浦口开发区集成电路产业金融合作签约仪式。主论坛环节，国内外集成电路产业专家教授、知名企业、机构代表以“全产业链整体提升和重点突破”为中心，面向终端、渠道、芯片设计公司，探讨交流芯片设计的技术路线、产品特性，终端产品的市场趋势、功能需求以及集成电路领域的新技术和新应用。 （融媒体中心）

· 文稿编辑　袁　铭 ·

教　　育

综　　述

【概况】　2020年，浦口区有各级各类学校74所，其中幼儿园33所（公办园16所、民办园17所）、小学19所、初中9所、九年一贯制学校8所（含民办学校2所）、12年一贯制学校1所（民办学校）、普通高中2所、中职类学校1所、特殊教育学校1所。教师发展中心1个、街道成人教育中心校5个。

全区在编教职工3092人，在编教师中特级教师12人，教授级高级教师6人，区以上学科带头人271人（市级49人），区以上优秀青年教师243人（市级71人），“陶行知奖”获得者9人，“斯霞奖”获得者11人。在校学生46168人，其中幼儿园11281人、小学19405人、初中7595人、高中3999人、中职3770人、特殊教育学校118人。

浦口区创成江苏省中小学校责任督学挂牌督导创新区，区教育局获“南京市文明城市优秀单位”称号。江苏省江浦高级中学、南京市浦口区实验学校、南京市浦口区大桥中学等学校获“南京市文明校园”称号。推进江苏省健康促进学校创建工作，创建金奖学校1所、银奖学校2所、铜奖学校3所。浦口中专校创成江苏省职业学校智慧校园、江苏省现代化实训基地，对口单招12年蝉联全市第一。浦口区教育局获区级教学管理奖。

【教育资源优化】　引进市区优质教育资源，促进优质教育均衡发展，9月，金陵中学浦口分校、南京市游府西街小学浦口分校开学。开展校地合作，与南京审计大学合作开展学前教育到义务教育的全学段共建；深化与南京师范大学的基础教育合作，共建基础教育高质量发展创新实验区。推进与省市教研室合作开展的《基于证据的区域义务教育质量提升工程》研究，提升义务教育办学质量。推进初中集团化办学，完善首批3个初中教育集团架构。

【教育基础设施建设】　2020年，浦口区教育重点工程项目12个，总投资21.66亿元，当年投资87754万元。启动桥林产业人才共有产权房幼儿园、谢营1号地幼儿园、荣庄路幼儿园、北花园路规划中小学4个新建项目建设。推进海院西路配建小学、巩固7号地配建中学、巩固8号地配建小学、海桥路配建小学、智城路配建中小学、金隅紫京叠院幼儿园、新浦路配建幼儿园7所学校建设。推进江浦高级中学体艺综合大楼3号教学楼工程、浦口中专校机电实训楼、新世纪小学综合楼改扩建项目建设。完成星甸中学等5所学校运动场地改造工程、浦口三中等5所学校电力增容改造工程、乌江小学等3所学校围墙护坡消险工程、桥林小学等7所学校厕所提升工程和浦口四中等2所学校创建南京市园林校园景观绿化提升工程。

2020年浦口区普通教育事业基本情况一览表

表103

学校类别	学校数（所）	班级数（个）	学生数（人）	教职工总数（人）	专任教师数（人）
幼儿园	33	368	11281	1493	855
小学	19	507	19405	1597	1370
初中	18	218	7595	1160	963
高中	2	78	3999	454	381
中职	1	96	3770	334	293
特殊学校	1	12	118	34	31
合　计	74	1279	46168	5072	3919

【教师队伍建设】 2020年,公开招聘新教师151人、定向师范生15人、高层次教师10人、编外聘用教师58人。全区义务学校教师流动141人,流动比例20.86%。浦口三中、江浦实验小学获南京市首批教师发展示范基地校认定,江浦实验小学获评江苏省教师发展示范基地校。江浦高级中学许开红工作室、新浦实验小学赵瑞生工作室申报第五批市级名师工作室。14名青年教师获评第十届南京市优秀青年教师。推进“师德建设年”建设,在南京市教育局2020年度“师德建设年”评估中,浦口区教育局获综合成效奖、宣传教育奖,3名教师获“第三届南京市德育工作带头人”称号,20名教师获“第三届浦口区德育工作带头人”称号,6个师德创新案例获评优秀创新案例。朱远富老师获“全省民族团结进步模范个人”称号,钱夕洋老师获第四届南京青年五四奖章。浦口区实验幼儿园、珠江小学、江浦高级中学文昌校区获评南京市四有好教师重点培育团队。与南京师范大学、江苏第二师范学院等高校合作,组织领航校长班、未来学校校长班、局管后备干部培训班培训。通过学校年轻干部挂职、外派年轻干部到其他部门锻炼等方式,锻造储备一支专业化、高素质、创新型干部队伍。在南京市第11期个人课题申报中,浦口区个人课题立项130项,立项率达65%。在2020年度省市规划课题申报中,浦口区有66项省市规划课题(项目)立项,位列全市第四。“扎根乡土40年的行知教育实验”被列为南京市优秀教育成果重点培育项目和江苏省基础教育内涵发展重点培育项目。区教师发展中心获“江苏省教科研先进单位”称号,区教师发展中心校长狄昌龙在江苏省教育科研管理人员培训会上作交流发言。

【特色教育】 推进校园足球、轮滑、啦啦操、冬锻四大体育项目,书法、绘画、合唱、器乐四大艺术项目特色发展,创建全国足球特色学校3所、市级体育特色学校11所、市级艺术团学校4所。浦口四中“‘三位一体’社团特色项目建设”成为市级多样化发展项目,浦口区实验学校“乐耕阅享 阳光儿童的新劳动教育实践”获评江苏省第四批中小学生品格提升工程。行知小学获“2020年江苏省体育特色学校”称号,获“市长杯”足球联赛冠军以及南京市少儿才艺大赛金奖。江浦实验小学书画艺术团获评南京市书画艺术社团,滨江分校合唱团获南京市小学生合唱团授牌。

【教育教学质量提升】 2020年,全区教育质量取得新突破,江苏省教育现代化建设监测得分93.7分,位居全市第8名,连续三年实现较快增长,进入全省第一方阵。义务教育优质均衡发展监测率87.5%。义务教育入学率和巩固率达100%,义务教育优质均衡比例居全市

2020年浦口区获评市、区德育工作带头人教师一览表

表104

序号	姓名	性别	学　校	骨干教师称号
1	黄柱平	女	高旺小学	市德育工作带头人、区德育工作带头人
2	张娟娟	女	行知小学	市德育工作带头人、市德育优秀青年教师、区德育工作带头人、区德育优秀青年教师
3	骆　观	男	行知小学	市德育工作带头人、市德育优秀青年教师、区德育工作带头人、区德育优秀青年教师
4	卜英武	男	石桥中学	区德育工作带头人
5	陈学封	女	永宁小学	区德育工作带头人
6	侯　伟	男	浦口四中	区德育工作带头人
7	刘有兰	女	浦口三中	区德育工作带头人
8	刘泽云	男	石桥中学	区德育工作带头人
9	马恩婷	女	江浦实验小学	区德育工作带头人
10	滕宏俊	男	浦口三中	区德育工作带头人
11	邢琳琳	女	车站小学	区德育工作带头人
12	应长琪	男	桥林小学	区德育工作带头人
13	赵　勇	男	行知中学	区德育工作带头人
14	郑超敏	女	凤凰幼儿园	区德育工作带头人
15	周胜琴	女	行知小学	区德育工作带头人
16	邹　蕾	女	浦口三中	区德育工作带头人
17	吴引娟	女	江浦高级中学文昌校区	区德育工作带头人、区德育优秀青年教师
18	杨　慎	男	桥林中学	区德育工作带头人、区德育优秀青年教师
19	张　玲	女	行知小学	区德育工作带头人、区德育优秀青年教师
20	朱　灵	男	江浦高级中学	区德育工作带头人、区德育优秀青年教师

第一方阵。浦口区《推进集团化办学促进优质均衡发展》办学经验入选南京教育绿皮书。高考目标完成率分别为255.8%、230.1%，囊括市普通高中教育发展性评估全部奖项，新疆班连续17年在全省民考民类高考学校中名列前茅。浦口中专校对口单招连续12年蝉联南京市第一。行知基地举办首届中国基础教育论坛微论坛、“一带一路”华文学校行知论坛，得到与会专家和代表好评，基地建设受到教育部肯定。

【教育公共服务】　引进市区优质公办教育资源，顺应人民群众“上好学”的良好愿望，扩大教育影响，提升公共教育服务水平。完成各类学生资助工作，受益学生2644人，资助金额399.87万元。完善各项管理制度，建立预算绩效管理体系，加强内部审计监督，做好资产管理、财务管理。学前一年基本免费资金2019.64万元。落实“控辍保学”工作。为近7000名学生提供“弹性离校”服务，安排年度专项经费350万元。建成12个区级特殊教育融合资源中心，认定7所区级随班就读实验学校，残疾儿童入学率100%。购置47台制式校车并投入运行，实现制式校车全覆盖。

【教育对口支援与协作】　完成与滁州南谯一体化共建、陕西镇安及新疆的教育对口帮扶工作，搭建结对合作学校10对，派出援陕教师6人、援疆教师4人，接待来访校长26人、跟岗教师5人、教育访问团60余人。组织开展各类教育教学研讨活动57次。

【宁滁教育一体化“校长论坛”主题交流活动】　10月25日，浦口区教育局在南京市游府西街小学浦口分校举办以“深化教学改革　全面提升质量”为主题的宁滁教育一体化“校长论坛”主题交流活动。南京市教育局、南京市教学研究室、浦口区教育局、滁州市南谯区教体局领导及两区教师发展中心负责人、全体学科研训员和中小学、幼儿园校（园）长等参加活动。两区11位校（园）长代表结合各校（园）实际，交流对教育改革的思考与探索。南京市教育局中教处对做好新时代的校长提出三点意见。南京市游府西街小学浦口分校作题为《新时代

首届中国基础教育论坛暨中国教育学会第三十三次学术年会微论坛在浦口区举办
（张鹏　提供）

校长的使命与责任》专题报告，南京市教研室作《教学管理与教学哲学》专题讲座，南谯区教体局和浦口区教育局表示要进一步加强两区合作、交流与互动，推进各项改革，实现互学共赢局面。此次“校长论坛”为获奖征文作者颁发证书。“校长论坛”活动的举办，是落实《滁州市南谯区教育体育局与南京市浦口区教育局合作交流框架协议》的重要举措，推进两区教育一体化发展示范区共建工作，为两区打造高素质专业化校（园）长队伍、推进教育现代化改革奠定基础。

【全区教育大会】　9月19日召开。会议围绕“建设教育强区、实现学有优教”目标，对全区教育现代化建设进行规划和部署，提出“三个一”（一链即教育链、一面即区域面、一愿即群众意愿）思路和“两步走”（第一步：从现在起至“十四五”中期、2023年左右，实现教育现代化各项指标在全省全市位次再进一步，创成学前教育普及普惠发展区、义务教育优质均衡发展区。第二步：到“十四五”末期，确保教育发展主要指标达到省市一流水平，实现全区绝大多数群众机会均等地享受到与时代同步的优质教育，基本建成质量水平一流、名校名师众多、风格特色鲜明的教育强区）战略，明确教育现代化的战略目标、重点任务和实施路径，与相关大学、教研院所签订战略合作协议，发布促进教育高质量发展十项举措，推动和指导浦口教育进一步高质量发展。出台《浦口区关于深化教育体制机制改革的实施意见》《浦口区人民政府关于全面深化新时代教师队伍建设改革的实施意见》。推进浦口区“十四五”教育事业发展规划编制工作。深化教育领域“放管服”改革。推进依法治校，提高依法治教水平。表彰市“陶行知奖”、市“斯霞奖”，以及首届区“卓越奖”“桃李奖”获奖校长和教师。

● 链接：

“十四五”期间推动
浦口教育高质量发展十项举措

一、加强校地合作，共建基础教育高质量发展创新实验区。

二、优化教育布局，增强各学段学校教育资源供给。

三、提升教师队伍素质，实施“十百千”引培工程。

四、深化学前教育改革，率先创建学前教育普及普惠发展区。

五、推进义务教育全域集团化办学，积极创建全国义务教育优质均衡发展区。

六、深入推进教育教学改革，全面提升区域教育教学质量。

七、做大做强职业教育，建设专业化产教融合示范基地。

2020年浦口区获得市、区教育教学表彰教师一览表

表105

获奖名称	姓　名	性别	学　　校
南京市"陶行知奖"	任　荔	女	江浦实验小学
南京市"斯霞奖"	邵贤虎	男	江浦高级中学
	冯怀勇	男	南京审计大学实验学校
南京市师德工作先进个人	狄万青	男	浦口区新城实验小学
南京市师德先进个人	华　松	女	浦口区实验学校
	王　军	男	浦口区乌江小学
	杨国卫	男	浦口区乌江学校
	高久勇	男	浦口区永宁小学
	朱　菲	女	浦口区大桥中学
浦口区第一届"卓越奖"	杨瑞清	男	行知教育集团
	陈久贵	男	江浦高级中学
	狄昌龙	男	浦口区教师发展中心校
浦口区"金基卓越校长"提名奖	虞家翔	男	浦口区桥林小学
	吴爱铧	男	江浦高级中学文昌校区
	莫健骑	女	浦口区凤凰幼儿园
浦口区第一届"桃李奖"	兰全翠	女	浦口区石桥小学
	滕宏江	男	浦口区第三中学
	姚建安	男	浦口区中等职业学校
	丁希清	男	浦口区汤泉中学
	戴天兵	男	江浦高级中学文昌校区
	汪维国	男	浦口区桥林小学

八、实施行知教育工程,落实劳动和社会实践教育。

九、加大信息化推进力度,发挥智慧教育促进作用。

十、完善校园安全治理体系,保障师生生命健康安全。　（张鹏）

学前教育

【概况】 2020年,全区有幼儿园33所(公办园16所、民办园17所)。实施学前一年基本免费,申请学前一年基本免费资金2019.64万元,惠及幼儿7109人。全区公办园就读幼儿5775人,民办惠民园就读幼儿4580人,公办和民办惠民园就读幼儿比例91.79%。创成市级优质园5所,累计有省市级优质园29所,省市优质园在园就读占比90.91%。

【学前教育集团化办园】 浦口区自开展学前教育集团化办园以来,以区内2所教办园为核心,成立实验、凤凰2个学前教育集团。通过完善管理措施,优化集团管理模式,扩充优质学前教育资源总量,发挥浦口区优质学前教育资源辐射、示范和带动作用。

【南京市浦口区实验幼儿园教育集团】 浦口区实验幼儿园是江苏省第一批示范性幼儿园,位于浦口区文昌路36号,创办于1958年。2019年,区教育局推进优质教育均衡发展,开办浦口区实验幼儿园第一分园。

2020年,实验幼儿园总园及第一分园占地面积8289平方米,建筑面积8098平方米。有班级20个,幼儿635人,教职工94人。总园和分园一套班子、一支队伍、同步管理。第一分园依托总园办园理念、育人目标,共享总园资源,在课程开展、特色活动、队伍建设、考评机制等方面与总园同步。实验幼儿园总园和分园秉承"三年培育根,一生木林森"的办园理念,践行陶行知、卢梭、杜威等教育家思想,以生活教育为基底,以艺体涵养为特色,以传统文化为浸润,以阅读表达为贯穿。注重幼儿在生活、自然、操作中习得探索,构建人生最初的成长经验,为幼儿终身发展夯实基础。第一分园各项活动丰富多彩,园所管理井然有序,教师队伍显著提升、教育质量高效优质,体现了集团化办学资源共享、人力共享、经验共享、统筹聚力的发展优势。

5月,浦口区实验幼儿园成为南京市首届"四有"(有理想信念、有道德情操、有扎实学识、有仁爱之心)好教师团队重点培育对象。在"四有"好教师团队建设中,幼儿园以"课程游戏化"项目为抓手,重塑教师的儿童观、教育观、游戏观、课程观,提高教师在课程实施中的实践能力和专业能力,并以"四乐"(乐

2020年浦口区幼儿园基本情况一览表

表106

所属街道	幼儿园(分园、办学点)名称	办学性质	班级数(个)	在园幼儿数(人)	占地面积(平方米)	建筑面积(平方米)
江浦街道(24所)	实验幼儿园	区级教育部门	12	406	3789	4823
	实验幼儿园第一分园		8	229	4500	3275
	凤凰幼儿园		12	390	3980	3830
	凤凰幼儿园第一分园		8	217	6457	4631
	凤凰幼儿园第二分园		4	117	6600	3825
	新世纪幼儿园	集体	13	420	6546	5000
	行知幼儿园		10	314	8642	2887
	康华幼儿园	民办	7	240	3700	1800
	霞光幼儿园		12	359	6300	3780
	城东幼儿园		16	555	9890	5800
	高旺幼儿园		9	294	5780	2970
	揽月山庄幼儿园		6	210	3655	2264
	同心幼儿园		15	479	6430	3891
	海科幼儿园		8	260	7609	5265
	书人金色半山幼儿园		11	329	7379	4068
	霞光幼儿园滨江分园		16	523	7880	4986
	青苗幼儿园		9	198	4700	3594
	乐贝加滨江幼儿园		12	396	8900	4915
	中海幼儿园		12	308	4648	3200
	阳光凤悦天晴幼儿园		10	340	4730	2881
	碧云山庄幼儿园		9	274	2331	1231
	北江豪庭布朗幼儿园		12	395	5936	4569
	书人阅景龙华幼儿园		9	223	4505	2917
	苏麟幼儿园		6	123	2650	1187
桥林街道(4所)	桥林兰花中心幼儿园	集体	9	262	4446	3410
	桥林街道兰花中心幼儿园茶棚办学点		5	89	2700	2435
	桥林街道陡岗幼儿园		6	123	11115	3461
	桥林街道乌江幼儿园		6	183	6048	2215
	桥林中心幼儿园		15	509	6200	3685
汤泉街道(2所)	汤泉中心幼儿园	集体	15	481	5336	3530
	龙山幼儿园		6	188	4522	2338
星甸街道(2所)	星甸中心幼儿园	集体	19	618	9420	6109
	石桥中心幼儿园		14	416	8398	5765
永宁街道(1所)	永宁街道中心幼儿园	集体	12	350	6701	4117
	永宁街道中心幼儿园大桥点		7	238	8527	5599
	永宁街道中心幼儿园高里点		3	83	1050	506
	永宁街道中心幼儿园车站点		3	92	610	309
	永宁街道中心幼儿园张云小区办园点		2	50	1194	498
合 计			368	11281	213804	131566

道、乐教、乐研、乐学)精神,坚持教育创新,深化课程改革,推进幼儿园内涵发展和特色建设,促进教师综合专业能力全面提升。

2020年,浦口区实验幼儿园被评为全国"家园共育"数字化试点幼儿园、江苏省体育特色学校、江苏省2020年度餐饮质量安全示范食堂、首批南京市"四有"好教师重点培育团队、南京市智慧校园示范校浦口区学科基地学校。

【南京市浦口区凤凰幼儿园教育集团】 凤凰幼儿园教育集团开展“党建引领”“专业成长”“结对帮扶”“安全防控”四大行动,探索集团化办学模式,推进浦口区学前教育均衡优质发展。

幼儿园秉承“我运动、我健康、我快乐”的教育理念,坚持“游戏性、生活性、发现性、个体性”的教育风格。以深入研究体育、促进幼儿身心健康为脉络,以各类体育特色项目为载体进行研究。2017年起,着手研究快乐体操项目,被评为2017—2019年度江苏省体育(快乐体操)特色幼儿园,并在2020年江苏省趣味田径幼儿亲子赛中获道德风尚奖。

2020年,凤凰幼儿园创成全国“家园共育”数字化试点幼儿园。疫情期间,家校联系突破传统,采用钉钉连线家长、与孩子视频、微信电话、在线打卡等方式,与家长沟通、了解孩子身体状况;采用专题讲座、视频学习、个别指导形式,对家长进行家庭教育指导,丰富家长的育儿知识,携手家园共育。鼓励以家庭为单位参加江苏省体操协会举办的亲子快乐体操在家录制、线上参与活动,获优秀奖。依托传统节日文化,采用亲子共同参与的形式,感悟中华优秀传统文化精神内涵,培育和践行社会主义核心价值观。幼儿园获“市校务委员会建设先进学校”“区优秀家长学校”等称号。2019—2020年度,在浦口区家长学校总校的组织评选下,3名教师分获“浦口区教育系统家长学校工作先进工作者”“浦口区教育系统家长学校工作先进个人”称号,1名家长被评为浦口区教育系统家长学校智慧型家长,7名家长被评为浦口区教育系统家长学校教育有方家长。8篇家长、教师撰写的家庭论文、案例获奖。组织教师参加首届家长学校优秀教案评选,11篇获奖;2020年5月,推荐优秀征文参加全国家校(园)抗疫主题征文评比,1人获优秀奖,幼儿园获全国家校(园)主题征文优秀组织奖。

2020年,在疫情防控背景下,浦口区凤凰幼儿园以完善制度为基础、组织培训为手段、健康排查为依据、常态防控为保障,坚持科学防治、依法管理、精准落实、快速应对,保证正常的保教秩序,确保师幼身体健康、生命安全,促进教育发展和社会稳定,被评为南京市最美防疫教师志愿者组织单位。

【幼儿园“创优工程”】 全区组织创建园开展线上学习,强化帮扶园线下指导,采取教研视导和区级预验收齐抓共推形式,推进优质幼儿园创建工作。全年创建市级优质园5所(南京市浦口区实验幼儿园第一分园、南京市浦口区凤凰幼儿园第一分园、南京市中海幼儿园、南京市乐贝加滨江幼儿园、南京市浦口区霞光滨江幼儿园),做好浦口区霞光幼儿园、浦口区永宁街道中心幼儿园的省优复审工作,永宁街道中心幼儿园通过省优复审现场验收。全区有省级优质园19所、市级优质园10所,省市优质园在园就读占比达90.91%,超市标0.91%。

【普惠园覆盖率大幅提升】 全区推进民办惠民园发展,完成浦口区青苗幼儿园、南京市苏麟幼儿园2所新民办惠民园认定,以及浦口区霞光幼儿园、高旺幼儿园、城东幼儿园、康华幼儿园、揽月山庄幼儿园5所老民办惠民园的到期再认定。引导浦口区碧云山庄幼儿园、阳光凤悦天晴幼儿园由民办高收费园转为民办惠民园。全区民办惠民园14所,公办及民办惠民园就读占比达91.79%,超市标1.79%。

【浦口区凤凰幼儿园第二分园开园】 8月30日开园。该园坐落于浦口区江浦街道山林路9号,占地面积6600平方米,建筑面积3825平方米,4轨12个班规模,在园幼儿117人,在园教职工21人。按江苏省优质幼儿园标准建有科学发现室、美工室、阅览室等功能教室,环境优美,设备先进,师资雄厚,为孩子们创设健康快乐成长的乐园。　(张鹏)

2所幼儿园创成南京市足球特色幼儿园　(张鹏　提供)

小学教育

【概况】 2020年,小学教育在完善教育资源布局、优化办学环境、提高办学条件、提升办学水平、打造办学特色、创立办学品牌、扩大办学影响上持续发力。全力保障教育公平,依法保障入学权利,符合政策条件的外来务工随迁子女入学率100%,具有学习能力的残疾儿童少年义务教育入学率100%,义务教育巩固率100%。推进优质均衡发展,深化全域集团化办学,实现优质教育资源覆盖率100%,集团化办学成果入选《2020年南京教育绿皮书》,并在全国教育局长联盟大会上交流。做好教育惠民实事,实施“弹性离校”制度,全年为近2万人次的小学生提供免费看管服务,社会满意度达98%。

2020年浦口区小学基本情况一览表

表107

集团名称	学校名称	班级数(个)	学生数(人)	教师数(人)
江浦实验小学集团	江浦实验小学	38	1817	111
	江浦实验小学滨江分校	16	679	36
	永宁小学	12	474	37
	永宁小学车站分校	6	164	16
	永宁学校(小学部)	4	112	10
浦口实验学校集团	浦口区实验学校(小学部)	50	2280	128
	乌江学校(小学部)	21	852	46
	乌江小学	6	148	17
新世纪小学集团	新世纪小学	28	1365	82
	大桥小学	12	565	35
	大桥小学高里分校	6	170	17
汤泉小学集团	汤泉小学	22	869	57
	星甸小学	21	848	53
	龙山学校(小学部)	12	233	30
南审附小集团	珠江小学	18	616	50
	人民小学	2	67	11
	南审实验学校(小学部)	17	680	40
新浦实验小学集团	新浦实验小学	29	1196	74
	桥林小学	29	1244	66
	陡岗小学	12	337	25
行知教育集团	行知小学	24	1056	68
	高旺小学	12	343	29
	石桥小学	21	851	49
	南京苏杰学校(小学部)	34	874	110
	汉开书院学校(小学部)	18	481	60
	南京书人实验学校(小学部)	29	834	92
	金陵中学浦口分校(小学部)	4	138	11
	游府西街小学浦口分校	4	112	10
合计		507	19405	1370

【特色学校建设】 促进学校内涵提升,坚持"一校一品"发展,浦口区实验学校等8所学校在省品格提升工程、市特色文化建设和内涵建设项目上立项。深化教育教学改革,实施教改行动计划,学生综合素质评价优良率达96%,江浦实验小学学生姚春雪代表浦口区首次获得全国第十四届宋庆龄奖学金。全面实施素质教育,推进德智体美劳"五育并举",成立科技艺术体育学生社团450个,12所学校在全市各级各类比赛中获团体一等奖,江浦实验小学、江浦实验小学滨江分校、新世纪小学、浦口实验学校4所学校被命名为南京市艺术团学校,乌江小学科技辅导员郑爱东获评中国科协2020年度科普人物。

【南京市江浦实验小学教育集团】 该教育集团拥有5所学校。其中,江浦实验小学为集团总校,是省级实验小学;滨江分校是江浦实验小学分校;永宁小学是一所乡镇中心小学;永宁小学车站分校是一所村小;永宁学校小学部是2019年8月启用的一所新校。集团5校有教学班76个,学生3246人,教职工248人。集团以总校为中心,坚持"以目标推进均衡发展,以共识促进校际融合"的发展理念,采用"顶层规划、模式管理、团队蓄力、多元赋能"的管理策略,依据"制度共通、资源共享、活动共展、研修共磨"的集团化运作方式,构建以校长和分管校长为主的集团化办学工作领导小组,设立以中层领导为主的执行机构。全面致力于科学管理、绩效考核与人文关怀相结合的管理转型,完善体系、素养提升与个性张扬相结合的课程共建,推进适度流动、岗位锤炼与铸就风格相结合的教师共培工作,逐步建立教育教学资源共建共享机制,形成干部适度跟岗、教师双向流动、对等交流的师资共承共育机制,努力激发学校内在发展动力,力求在专业架构、师资队伍、专业培训、校本教研等方面形成优质联动,实现校际间优势互补、错位发展的良好态势,逐步形成"和而不同,各美其美"

的良好局面。

【南京市浦口实验学校教育集团】 浦口实验学校传承优秀传统文化,打造“惠童教育”品牌,相关省级规划课题高质量结题,《乐耕阅享:阳光儿童的新劳动教育实践》立项为省品格提升工程,3项市规划课题立项,创成江苏省文明校园、南京市小学特色文化建设示范学校、南京市教师发展示范基地校、南京市教科研先进集体,成长为江北名校;乌江学校建立“文墨吐香,墨规有矩”的恒诚文化,以“时代特征、集团特点、文墨风格、乡土风采”为学校文化建设方向,发展为新农村优质学校;乌江小学打造乡村科技特色学校,获40余项科技比赛奖项,其中机器人、纸飞机、创意车模项目被评为市、区科技特色项目。集团承办市级多学科教研活动和区学习力现场会,开展疫情期间线上文化活动,创新绿色评价减负增效,建设“三自一惠”(培养自信、自觉、自立,惠及他人的贤达人师)的教师队伍,实现集团三校互惠共赢,形成“一校一品”。

【行知小学】 学校坚持以体育人、以体促智、以体健美,成为全国足球特色学校。2020年,男子足球队获“市长杯”甲组冠军,女子足球队获“省长杯”季军,学校被评为江苏省体育特色学校。学校是南京市首批国际教育与合作窗口学校,举办2020年“一带一路”国家华文学校行知教育论坛线上直播活动,行知苑承办中国基础教育首届论坛微论坛活动。学校主题班队会在央视《新闻联播》播出。

【南京市游府西街小学浦口分校开学】 9月1日开学。南京市游府西街小学浦口分校位于南京高新区(浦口园),是浦口区教育局、秦淮区教育局合力打造的名校分校,与游府西街小学本部实行一体化教学管理。占地面积5.4万平方米,建筑面积3.5万平方米,10轨60个教学班级,建有科学教室、书法教室、多功能报告厅、图书阅览室、风雨操场等。学校秉承游府西街小学办学理念、文化特质,同时体现浦口特色,以儿童为中心,坚持素质教育思想,实施儿童成长支持计划。 (张鹏)

中学教育

【概况】 以新优质初中、推进素质教育示范校、教育现代化初中3项创建为抓手,全面实施初中质量攻坚工程。深化集团化办学实践,成立浦口三中·书人教育集团、浦口四中教育集团、浦口实验学校教育集团,推进浦口教育均衡优质发展。深化初中教育内涵发展项目建设,浦口二中建成第三批南京市新优质初中。加大优质资源引进力度,引进一批优质名校落户浦口,金陵中学浦口分校开学。南京审计大学附属实验小学更名为南京审计大学实验学校,开设初中部,当年新增1个初中班,开始九年一贯制办学。南京汉开书院学校开设普通高中部,当年新增1个高中班,开始十二年一贯制办学。

2020年浦口区普通中学基本情况一览表

表108

学校名称	班级数(个)	学生数(人)	教师数(人)
总计	296	11594	1344
高中小计	78	3999	381
江苏省江浦高级中学	75	3900	360
南京汉开书院学校(高中部)	3	99	21
初中小计	218	7595	963
浦口区第二中学	11	337	61
浦口区第三中学	31	1398	127
浦口区第四中学	22	864	83
浦口区行知中学	12	493	52
浦口区大桥中学	12	378	48
浦口区汤泉中学	10	299	65
浦口区星甸中学	11	332	47
浦口区石桥中学	12	507	65
浦口区桥林中学	15	469	77
浦口区永宁学校(初中部)	9	254	42
浦口区实验学校(初中部)	16	651	58
浦口区乌江学校(初中部)	12	416	46

续表 108

学校名称	班级数(个)	学生数(人)	教师数(人)
南京书人实验学校(初中部)	11	300	54
浦口区龙山学校(初中部)	2	50	12
南京苏杰学校(初中部)	3	50	16
南京汉开书院学校(初中部)	24	615	91
金陵中学浦口分校(初中部)	4	144	15
南审实验学校(初中部)	1	38	4

2020 年浦口区初中教育集团及所含学校一览表

表 109

序号	集团名称	牵头学校	成员学校
1	浦口三中·书人教育集团	浦口区第三中学　南京书人实验学校	浦口区第二中学　浦口区桥林中学
2	浦口四中教育集团	浦口区第四中学	浦口区永宁学校　浦口区行知中学
3	浦口实验学校教育集团	浦口区实验学校	南审实验学校

【江苏省江浦高级中学】　江苏省江浦高级中学创建于 1939 年,是江苏省首批 95 所重点中学之一,为公办学校,位于浦口区象山路 16 号。2020 年,在校学生 3900 人,教职工 414 人,其中专职教师 360 人。该校是省四星级普通高中和国家级示范性高中,国家首批承办内地新疆高中班的 12 所学校之一。学校先后获“全国民族教育团结先进集体”“江苏省文明单位”“江苏省智慧校园”“南京市师德模范先进集体”等称号。该校是南京大学、东南大学、南京师范大学等高校优质生源基地和南京市教育科学研究基地。在 2019—2020 年度南京市普通高中教育发展性评估工作中,江浦高级中学和文昌校区均获综合奖、教学质量奖(含质量优秀奖、质量突出奖、质量进步奖)和学校教学管理奖,江浦高级中学另获民族教育奖。

2020 年高考,江浦高级中学内地班 589 人参加高考,文化类本一达线 266 人,超市指标 162 人;文化类本科以上达线 536 人,超市指标 62 人。新疆班 156 人参加高考,本一达线 146 人,本一达线率 93.6%,本科达线 156 人,本科达线率 100%。新疆班连续 17 年在全省民考民类高考学校中名列前茅。学校连续六年在南京市普通高中教育发展性评估中获综合奖、教学质量优秀奖、教学质量突出奖、民族教育奖、校长管理奖 5 项大奖,2020 年新增教学质量进步奖。江浦高级中学文昌校区 377 人参加高考,文化类本一达线 74 人,本科达线率 81.7%,在南京市普通高中教育发展性评估中再度囊括综合奖、教学质量优秀奖、教学质量突出奖、教学质量进步奖、校长管理奖 5 项大奖。　(张鹏)

【金陵中学浦口分校开学】　9 月 1 日开学。金陵中学浦口分校位于五华路和卓溪路交叉路口,占地 13.47 公顷,总建筑面积约 10.5 万平方米。该校设置 3 轨 9 班幼儿园、13 轨 78 班小学、12 轨 36 班中学各一所。项目于 2019 年 3 月开工建设,2020 年 8 月竣工并通过验收。小学、中学首届 8 个班 280 余名学生于 9 月 1 日入学。　(葛鑫)

【南艺附中项目启动】　12 月 10 日,浦口引进的首所艺术院校——南京艺术学院附属中等艺术学校项目启动。南艺附中创建于 1958 年,隶属于南京艺术学院,是全省唯一的艺术类附中。项目总投资 6.5 亿元,规划用地面积 4.33 公顷,总建筑面积 6.4 万平方米,位于南京高新区(浦口园)求雨山片区,拟建设 5 轨制初中部和 8 轨制高中部,先期开设音乐、舞蹈表演、音乐剧、美术绘画等专业,建成后可招收 1600 余名艺术生。

(融媒体中心)

职业教育

【概况】　2020 年,全区中职学校 1 所,为南京浦口中等专业学校。该校创成江苏省职业学校智慧校园和南京市职业学校学生创业示范基地,计算机实训基地创成江苏省职业学校现代化实训基地,获 2020 年江苏省职业院校技能大赛团体优秀奖、南京市内保先进单位等荣誉。

【南京浦口中等专业学校】　2020 年,南京浦口中等专业学校占地面积 78107.8 平方米,建筑面积约 5.6 万平方米。有学生 3770 人,专任教师 293 人,其中硕士以上学历 60 人,高级职称 141 人。有国家级和省级教学名师 9 人,特级教师 1 人,正高级教师 2 人,市区名优教师 42 人。

学校开设智能制造、信息技术、旅游管理、财经商贸、计算机应用、机电技术六大类 17 个专业。数控技术应用、会计、旅游服务与管理、计算机动漫与游戏制作专业为“十二五”省级品牌、特色专业。计算机实训基地被认定为江苏省计算机紧缺人才培养基地、南京市软件人才培训基地,数控实训基地被认定为省技能教学研究基地,数控基地被认定为江苏省高水平示范性实训基地。“十三

2020年浦口中专校本科录取情况一览表

表110

专业名称	参加考试人数(人)	本科上线人数(人)	本科上线率(%)	省均本科录取率(%)
财务会计	44	26	59.09	13.74
计算机应用	40	26	65.00	12.07
机电技术应用	42	23	54.76	17.10
化学工艺	43	28	65.12	35.47
旅游管理	37	33	89.19	19.74
市场营销	37	20	54.05	21.05
艺术设计	56	20	35.71	19.42
体育休闲与服务	43	34	79.07	22.08
合　计	342	210	61.40	17.87

五”期间,学校建有数控技术应用、计算机应用2个省现代化专业群,机电实训基地被认定为江苏省职业学校省级实训基地。

对口高考再创佳绩。学校342名综合高中学生参加对口升学考试,本科上线210人,本科上线率61.4%,远高于全省平均水平,创学校办学以来历史新高。

技能大赛再创新高。学校有21个项目参加江苏省技能大赛,其中团队项目7个、个人项目14个,13名教师、26名学生参赛,获一等奖5个、二等奖7个、三等奖10个,奖牌总数和总分位居南京市前列。

对口支援成效显著。学校响应国家号召,发挥职业教育在扶贫开发中的重要作用,重点对口支援西部建设,对接陕西镇安、新疆伊宁职业教育院校。与陕西镇安职教中心在专业教师队伍建设、互派学校领导班子成员挂职交流、开展“2+0.5+0.5”模式合作办学、帮助镇安职教中心提升实训室建设水平等方面开展合作,在实施职业教育东西协作行动计划、教育对口帮扶方面成效显著。

(张鹏)

特殊教育

【概况】 2020年,浦口区有特殊教育学校1所、南京市融合教育示范学校3所。增设融合教育资源中心8个,累计建成20个融合教育资源中心,其中中专校1个、初中5个、小学8个、幼儿园6个。特殊教育二期提升计划目标全面达标,完成在每个街道建设1个中学、1个小学和1个幼儿园融合教育资源中心的任务。每个资源中心均按照标准配置资源教室,配备兼职资源教师,基本能满足区域内有特殊教育需求的学生教育需求。汤泉小学、石桥小学被评为南京市第四批融合教育示范校。汤泉小学承办省融合教育资源教师培训班实践展示活动,来自全省140所学校的资源教师到校观摩学习。各资源中心完成对110名特殊学生的管理云平台信息上报工作,对学生进行初步筛查和评估,建立基本信息档案,制定教学调整计划,对有需求的学生进行定期康复训练和补救教学。区特殊教育指导中心为15名极重度残疾孩子提供送教(康)上门服务,并将学籍纳入特校统一管理,保障每一个残疾孩子公平受教育的权利。

【浦口区特殊教育学校】 2020年,南京市浦口区特殊教育学校有学前教育、小学教育、初中教育和职业教育4个学段11个班级,招收智力残疾、肢体残疾、精神残疾、言语残疾以及多重残疾等类别残疾儿童,在校及送教上门学生118人。与浦口中专校合作开办职业高中班,招收7名学生,开设旅游服务与管理专业。有教职工34人,其中全国“特教园丁奖”获得者1人,南京市“斯霞奖”获得者1人,区学科带头人、优秀青年教师、教坛新秀等骨干教师20人。

9月,浦口区师德教育实践基地在浦口区特殊教育学校挂牌。学校结合师德教育实践基地的功能定位,开发具有实效性的师德教育资源,设计适合参与的实践课程,为走进特校的教师提供师德培训、体验和锻炼平台。自挂牌以来,先后接待10所学校的班主任和教师代表300余人。师德案例获浦口区2020年“师德建设年”优秀创新案例一等奖。

学校以志愿服务为引领,创新小水滴志愿服务的形式和内容,加强对教师志愿者平台的监督和指导,开展送教上门、手语翻译、随班就读等志愿服务,暑期对全体学生开展家访活动。2020年,小水滴志愿服务队获“南京市优秀职工志愿服务品牌”“南京市最美防疫教师志愿者组织单位”等称号。

疫情期间,根据学生学习能力和学习特点,制定“一人一案”,开发资源,制作绘本阅读、生活自理、劳动技能、美工活动、亲子游戏近100个视频,为自闭症及其他类别的残疾儿童提供康复训练指南,满足学生学习、生活、康复的需求。小水滴志愿服务队的教师主动建群,为3名有学习能力的送教学生提供线上送教服务。10月,承办省《生活适应》课程标准培训活动,初步形成“一引二学加三练”的生活适应浦口模式,即以评估为起点,引学习内容;以目标为导向,学知识与方法;以生存为核心,练生活技能。学校6位青年教师向全省100余位特教同行展示6节课,成为省内外培智学校学习和借鉴的样板。郭玲玲、赵敏

2位教师参加市特殊教育教师基本功比赛，获一等奖。学校先后获"江苏省第十九批绿色学校""南京市语言文字示范校""南京市智慧校园示范校""2020年度浦口区文明校园"等称号。（张鹏）

普通高等教育

【南京审计大学】 2020年，学校有浦口、莫愁2个校区，占地1.45平方千米。中共审计署党校、审计署审计干部教育学院位于浦口校区。有全日制在校本科生、研究生、留学生1.6万人。专任教师近1200人，其中正高职称185人，具有博士学位730余人。设有政府审计学院、会计学院等专业学院（教学部）16个，国富中审学院、中内审学院等特色研究院5个。有本科专业35个，其中国家级一流本科专业建设点5个，省级一流本科专业建设点4个，教育部特色专业建设点3个，教育部"专业综合改革试点项目"2项，江苏省"十二五"重点专业（类）5个，江苏高校品牌专业3个，江苏省特色专业5个。建有国家级精品在线开放课程2门、国家级一流本科课程5门。有国家级教学团队1个、江苏省高校优秀教学团队5个。有江苏省高等教育人才培养模式创新实验基地1个。

有硕士学位授权点15个，其中一级学科授权点7个、专业学位授权点8个。拥有多个江苏高校优势学科和重点学科，其中入选江苏高校优势学科建设工程一、二期项目2个，入选江苏高校优势学科三期项目2个，入选"十三五"江苏省重点（培育）学科1个，入选"十三五"江苏省重点建设学科5个。在第四轮全国学科评估中，工商管理一级学科评估结果为B，排名全国前20%～30%。

有江苏省"青蓝工程"等省部级教学团队3个，江苏省"青蓝工程"等省级高层次研究团队2个。有教育部"新世纪优秀人才支持计划"4人、中宣部文化名家暨"四个一批"人才1人、人社部"百千万人才工程"1人，有教育部教学指导委员会委员6人等各类国家级人才20多人次。享受政府特殊津贴专家5人，江苏省有突出贡献中青年专家3人。入选江苏省"333高层次人才培养工程"66人次，江苏省"双创计划"（含双创博士）19人。有江苏特聘教授、省级教学名师、"青蓝工程""六大人才高峰"等其他省级人才工程140余人次。获审计署先进个人、江苏省优秀教育工作者等省级以上个人表彰10余人。

建有江苏省高校哲学社会科学研究基地6个，省级重点实验室4个。《审计与经济研究》为CSSCI来源期刊，《南京审计大学学报》为CSSCI来源期刊（扩展版）。

设立润园、泽园、澄园、沁园书院，探索书院和学院"双院制"育人模式。在教育部2020年度人文社会科学研究一般项目立项评选中入选12项，位列全国第44位、江苏第6位。

在江苏省首次研究生教育工作综合评价中，学校研究生教育获评A等（第一等级）。会计学院教师朱明秀获第二届江苏省"十佳研究生导师"提名奖，经济学院开放经济研究导师团队获第二届江苏省"十佳研究生导师团队"提名奖。

在全国第四届"攻守道"SAP大学生企业模拟经营挑战赛中，学校谢佳莹、瞿俊茹、张潇丹、刘泉君、郑祎多战队夺冠，获大赛特等奖，指导老师姜启波获最佳指导教师奖；学校另一支参赛队伍获三等奖；学校获最佳组织奖。

学校教师蔡智勇获"全省抗击新冠肺炎疫情先进个人"称号。蔡智勇带队心理咨询师，编写出版全国首部针对大学生的心理抗疫手册《新冠肺炎疫情防控大学生心理健康指导手册》、全国首部大学生抗疫心理电子书籍《大学生抗疫心理情境应对指南》；研发江苏省大学生心理自助互助平台，成立全国首个省域大学生心理危机预防与干预系统。金康弘、杜欣怡、束东升、俞诗阳4位同学获江苏省学生联合会颁发的"江苏省大学生抗'疫'先进个人"称号。

招收和培养来自"一带一路"沿线国家审计专业硕士研究生；被国际内部审计师协会（IIA）认证为中国唯一的"内部审计教育伙伴"（IAEP）合作级高校，与全球伙伴高校开展学生互换、教师互聘、学分互认、科研合作；被英国特许公认会计师公会（ACCA）评为全球培养ACCA人才最多大学、白金级培训机构；与世界审计组织（INTOSAI）、亚洲审计组织（ASOSAI）等国际行业组织，美国、法国等几十个国家和地区的最高审计机关建立合作关系，美国、法国、巴西、印度、南非等20余个国家审计长受聘学校荣誉教授。（南京审计大学）

【江苏卫生健康职业学院】 2020年，学校有博士生导师等专家组成的医药卫生类专业师资队伍，其中高级职称占45.9%，硕士、博士教师占50%，"双师"素质教师超90%，专兼职教师800余人。省"333工程"高层次人才2人、省"青蓝工程"中青年学术带头人2人、省"青蓝工程"优秀青年骨干教师培养对象12人、省"十三五"科教强卫工程医学重点人才3人，省优秀教学团队1个。学校是国家技能人才培育突出贡献单位，世界中医药学会联合会中医男科专委会、中国职教学会健康与养老服务专委会牵头单位。开设临床医学、针灸推拿、护理、助产、康复、中医康复、药学、中药学、医学影像、放射治疗、医学检验、卫生信息、公共卫生、健康管理、医学营养、医学美容、医疗设备应用等专业（含方向）。其中，护理、康复2个专业列为国家高职教育重点专业（中央财政资助）；护理类、药学类为省重点建设专业群；康复专业被评为江苏高校品牌专业；中药学专业和康复治疗专业获江苏产教深度融合实训平台项目立项；护理、药学、康复治疗技术、卫生信息管理（医院病案管理）为省级示范校建设骨干专业。

【南京市广播电视大学浦口分校】 成立于1978年，是一所由浦口区政府主办，为全区各类成员提供学习机会与服务的具有独立法人资格的新型高等学校。2020年，学校占地1.6公顷，建筑面积8879平方米，教职工37人。有南京城市职业学院全日制五年制大专班13个，在籍学生441人，国家开放大学成人本科、专科在籍学员850人。学校利用市、区、街道三级办学系统，整合各类教育资源，形成面向最广大人群、覆盖全区的数字化学习平台和服务体系。以立足浦口、服务浦口，为浦口全体市民提供"人人可学、时时可学、处处可学"的终身教育服务为办学宗旨，以促进浦口学习型社会建设、服务地区社会发展和满足人的全面发展为目标，以培养高素质应用型人才为任务。坚持信息技术与教育教学深度融合,构建基于网络自主学习和远程支持服务相结合的新型教学模式,实现优质教育资源的汇聚与共享,为学员提供过程性与个性化的学习支持服务。有专科、本科学历教育30个专业,非学历教育20余项,形成以远程开放教育为特色、学历教育和非学历教育并重、职业教育和开放教育有机融合、职前教育和职后教育有效衔接、普通教育和成人教育协调发展的格局。

(张鹏)

社会教育

【概况】 为发挥社区教育在加快全区终身教育体系和学习型城市建设过程中的作用和价值,浦口区教育局采取打造学习品牌、发掘特色项目、办好居民学校、组织全民学习活动周4项举措,推进社区教育工作,社区教育办学品质不断提升,社区教育发展活力得到彰显,社会学习需求得到更好满足。完善以区老年大学为主要平台、5个街道老年学校和76个社区老年活动室为网络的老年教育体系。江浦街道创成全国社区教育示范街道,赭洛山茶文化基地建成省教育服务"三农"高水平示范基地。星甸街道"涵养'茶人''玉剑'飘香"项目被评为2020年南京市教育服务乡村振兴战略实施优秀项目。在永宁街道举办2020年全民终身学习周开幕式,浦口区获"2020年南京市全民终身学习活动周先进单位"称号。

打造学习品牌,展示社区教育新形象。全区社区教育管理者强化品牌意识,将区域文化融合到社区教育品牌培育中,以社区教育模式改革、品牌项目实施方法创新为突破口。近三年,社区教育项目"贤爱堂""雨山讲堂""龙华学堂"连续被评为南京市社区教育品牌项目。

发掘特色项目,探索社区教育新实践。浦口区社区教育工作委员会发掘各街道自身特色项目加以培育,借助特色项目建设扩大社区教育影响力。永宁街道少儿手狮舞培训实现老少结合、老少同台,打造永宁独特的文化名片;桥林街道依托林散之故居、马涛现代种植基地及周营乡史馆,传播优秀传统文化,提升居民文化素养;星甸街道"星星点灯"家长学堂填补农业主导型街道专业化家庭教育空白,助力乡风文明建设。

办好居民学校,促进社区教育新发展。浦口区有5个街道社区教育中心、76个社区居民学校,基层社区居民学校挂牌率100%,93%的社区居民学校达到江苏省居民学校建设标准,城乡居民社区教育活动年参与率达75%以上,新增劳动力平均受教育年限16.12年,2020年创成区级规范化老年开放大学,老年人社区教育活动年参与率达28.4%,从业人员继续教育参与率达88.3%,终身学习网络覆盖率达99%。

组织全民终身学习活动周,开创社区教育新局面。为推进全民终身学习,提升学习型城市建设水平,区社区教育工作委员会连续举办五届全民终身学习活动周,促进学习型社会建设向纵深推进。浦口区连续五年获南京市全民终身学习活动周优秀组织奖,傅文婷、杨林燕、吴瑕等一批居民被评为省市百姓学习之星,其中吴瑕被江苏省推荐为全国百姓学习之星候选人。

(张鹏)

【浦口区老年大学】 浦口区老年大学是具有独立法人资格的区级老年教育机构,创办于2007年,实行一校两校区管理体制,下设泰山、江浦2个校区,面向机关、企事业单位退休人员和社会老年群体开门办学。2020年,有执教教师18人,经组织协调到校支教公职教师7人,校聘教师16人。教师中具有中级以上技术职称8人,其中高级职称5人,在校任教5年以上的教师10人。设学科课程22门,开办教学班级44个,年均注册学员1084人,春季班1059人,秋季班1108人。学校根据老年教育工作特点,开设康乐、技艺、乐器类教学课程,不设学制年限,不考试定级。江浦校区开设书法、国画(山水)、摄影、音乐、声乐、民舞、京剧、越剧、形体、瑜伽、二胡、服饰12门教学课程,开办16个教学班级;泰山校区增设电脑、钢琴、电子琴等课程,开办28个教学班级。学校根据教学需要,邀请省市老年教育专家、知名高级医师、区领导到校开展专题讲座,拓展政治、时事和养生保健等方面的教学内容。先后获"南京市规范化老年大学""江苏省示范老年大学"称号。2020年,学校应对疫情防控,暂停线下教学。9月,打造微信公众号"空中课堂"线上教学平台。至年末,推出12个专业学科192个课时,在全市区级老年大学系统首创线上教学模式。

(叶维娜)

·文稿编辑 袁 铭·

文 化

综 述

【概况】 2020年,浦口区统筹疫情防控和文化事业发展,依托文化浦口云平台,加大对文化产品线上供给,开展以防疫为主题的首届原创歌曲大赛,征集文艺作品600余件,短视频平台阅读量500余万次。举办第五届"阅读悦美"书香浦口读书节。举办各级各类文化活动1158场次,其中,演出36场、展览38场,送书下乡5500册。繁荣文艺创作,原创快板书作品《激战"三浦"》获第十四届江苏省五星工程奖及网络人气奖,成为浦口红色题材精品力作。至年末,全区建有各级各类公共文化场馆(场所)121个,每万人拥有公共文化设施面积4661平方米,位于全市前列。打造书香浦口读书节、浦口文化艺术节、"风雅桥林——传统艺术讲堂"等一批市级优秀群众文化活动品牌,永宁街道"传统文化浸润计划——探索乡村公共文化服务新模式"获评全市公共文化服务创新项目一等奖,区图书馆被确认为南京市2020—2024年科普教育示范基地。浦口区求雨山、当代草圣林散之、三浦战役、珍珠泉、老山、江浦手狮、汤泉、千年古银杏、不老村、南京四方当代美术馆10个景物、事物、人物词目,被确认为代表浦口区文化特色和文脉底蕴的十大文化符号。

【文化场馆建设】 2020年,新建社区(村)综合文化服务中心4家,完成社区(村)综合文化服务中心提档升级6家,新增用房面积2850平方米。至年末,全区各级各类文化场馆(场所)总面积9.08万平方米,增长3.3%。全区各类文博场馆20多个,其中求雨山文化名人纪念馆为国家级博物馆。街道、社区综合文化服务中心建成率、利用率均为100%。

区文化馆提档升级数字文化馆建设,探索在街道设置分馆服务体系。创作录制弘扬抗疫精神短视频16个,编纂发行《浦口文艺》6期。举办、协办各类文化活动、"三下乡"活动137场,其中自办下基层(户外)惠民演出38场、书画展6场,组织协调市送戏剧演出下乡8场。举办公益培训班2期,20个班次,215课时。举办"山水浦口 诗画田园"浦口区首届原创歌曲征集大赛,征集稿件418件,评选获奖作品19件、最佳网络人气奖1人。

区图书馆严格落实疫情防控有关措施,改善阅读环境,满足读者阅读需求,举办各类读者活动346场,受众16.01万人次。依托"南京共享图书馆"信用网借平台,开展线上借阅服务,借阅图书2.5万余册,其中5月借阅图书6000余册,创单月线上借阅服务新高。增加馆藏图书7246种、1.89万册,新增持证读者11695人,年流通量12.3万人次,增长3.3%。加强文献资源建设,加工入藏文献7246种、18870册。推进数字资源建设,完成10项数字资源采购工作,数字资源增加到24种。发展特色资源建设,入藏艺术类文献228种、458册。开展"送书下乡"活动,为13个村(社区)送书6000余册。增设江浦街道团结社区24小时阅读空间和驻区部队、区融媒体中心、区人社局、江浦街道新河社区4个馆外流通服务点;在永宁街道侯冲风景区建立区图书馆河岸花海分馆,配备经典名著、科学技术、健康养生、文学小说、少儿绘本等书刊1000册,在该分馆举办惠民阅读活动31场。星甸街道石窑社区书屋获评2018—2019年度江苏省五星级示范农家书屋,管理员赵安霞被评为2018—2019年度江苏省优秀农家书屋管理员。区图书馆获"南京市科普教育示范基地"称号。

求雨山文化名人纪念馆举办各类文化活动51场。在"5·18"国际博物馆日举办"情系明珠——馆藏金陵四家墨迹展",展出馆藏"金陵四家"书画力作25件,集中反映"金陵四家"高超的书法艺术和深远的人文理念。中秋、国庆期间,举办"月入江山·悦人还"——庆中秋、迎国庆5场文化研学活动,吸引大批青少年参加写灯笼、手绘扇子、瓦当拓片活动,体验中华传统书法、绘画及非遗手工艺术魅力,激发青少年爱国主义情怀。

【公益文化活动】 1月下旬起,由于疫情影响,线下公共文化活动全部停止,改在线上进行。2月中旬以后有限开禁,但聚集性文艺演出仍未恢复。7月,在严格落实防控措施前提下,线下文艺演出活动逐步开放。区公共文化机构和街道、社区文化活动中心组织开展多种形式的文艺演出活动,提升群众文化生活水平。至年末,全区街道、社区举办公益性文化活动258场次,其中配合区文艺展演进社区20场、配合市送戏下乡8场。

2020年浦口区各级各类文博场馆一览表

表111

序号	展馆名称	场馆功能和布展主题	坐落地址
1	浦口区市民中心	文化体育活动综合体	江浦街道象山路
2	浦口区文化馆	文艺演出、展览等	江浦街道象山路
3	浦口区图书馆	阅读、电影放映等	江浦街道象山路
4	浦口文化中心大剧院	文艺演出、会务等	泰山街道柳洲路
5	林散之纪念馆	展陈林散之生平、书画作品	求雨山文化名人纪念馆
6	胡小石纪念馆	展陈胡小石生平、书画作品	求雨山文化名人纪念馆
7	高二适纪念馆	展陈高二适生平、书画作品	求雨山文化名人纪念馆
8	萧娴纪念馆	展陈萧娴生平、书画作品	求雨山文化名人纪念馆
9	林散之书画展览馆	林散之故居,展陈林散之生平、书画作品	桥林街道草圣书乡
10	王荷波纪念馆	展示革命先驱王荷波献身革命、清正廉洁的光辉事迹	江浦街道老虎桥社区
11	响堂村史馆	村史民俗	江浦街道华光社区
12	自行车文化体验馆	中外自行车发展史及骑行体验	永宁街道水墨大埝
13	荷文化展览馆	荷莲文化	永宁街道西埂莲乡
14	知青故里展览馆	知青文化	永宁街道知青故里
15	侯冲村史馆	村史民俗	永宁街道知青故里
16	古床展览馆	床具演化及床雕艺术	永宁街道姚徐老街
17	珍珠泉名石艺术馆	展出以雨花石为主的全国各地名石、根雕3700余件	珍珠泉旅游度假区
18	四方当代美术馆	国内外建筑设计艺术	珍珠泉旅游度假区
19	龙马遗址展览馆	商周时期龙马古文化遗址,反映3000年前南京江北人生活状况,展出藏品300多件	雨发生态旅游区
20	项羽之谜展览馆	西楚霸王项羽生平及历史事件疑团	汤泉旅游度假区
21	嵴蟹科普馆	嵴蟹为主的蟹虾鱼类科普知识	星甸街道嵴里人家
22	红色档案展示教育室	中共南京市地方组织发展历程	浦口区档案馆
23	中华虎凤蝶博览馆	展出中华虎凤蝶标本	永宁街道水墨大埝

注:5~8项统称求雨山文化名人纪念馆,为国家级博物馆

2020年浦口区文艺展演进社区活动一览表

表112

序号	主题文艺展演内容	时　间	地　　点
1	“幸福浦口·快乐每周”走进桥林街道文化惠民演出	7月10日	桥林街道雅苑小区小剧场
2	“幸福浦口·快乐每周”走进汤泉街道文化惠民演出	7月17日	汤泉街道泉东村
3	“幸福浦口·快乐每周”走进星甸街道文化惠民演出	7月24日	星甸街道后圩村
4	“幸福浦口·快乐每周”走进桥林街道文化惠民演出	8月7日	桥林街道周营村
5	“幸福浦口·快乐每周”走进永宁街道文化惠民演出	8月14日	永宁街道联合村
6	“幸福浦口·快乐每周”走进星甸街道文化惠民演出	8月21日	星甸街道石村村
7	“幸福浦口·快乐每周”走进汤泉街道文化惠民演出	9月4日	汤泉街道陈庄村
8	“幸福浦口·快乐每周”走进桥林街道文化惠民演出	9月11日	桥林街道七联村
9	“幸福浦口·快乐每周”走进永宁街道文化惠民演出	9月18日	永宁街道青山村
10	“情系明珠·幸福浦口”我们的节日——迎中秋文化惠民演出	9月28日	永宁街道友联村

续表 112

序号	主题文艺展演内容	时 间	地 点
11	“情系明珠·幸福浦口”我们的节日——庆国庆文化惠民演出	9 月 30 日	星甸街道九华村
12	“幸福浦口·快乐每周”走进汤泉街道文化惠民演出	10 月 9 日	汤泉街道滴水珠村
13	“幸福浦口·快乐每周”走进桥林街道文化惠民演出	10 月 16 日	桥林街道勤丰村
14	“情系明珠·幸福浦口”我们的节日——重阳节文化惠民演出	10 月 23 日	星甸街道汤集村
15	“情系明珠·幸福浦口”——走进永宁青山村文化惠民演出	10 月 29 日	永宁街道青山村
16	“情系明珠·幸福浦口”——走进汤泉陈庄村文化惠民演出	11 月 13 日	汤泉街道陈庄村
17	“情系明珠·幸福浦口”——走进星甸王村村文化惠民演出	11 月 20 日	星甸街道王村村
18	“情系明珠·幸福浦口”——走进桥林林山村文化惠民演出	12 月 4 日	桥林街道林山村
19	“幸福浦口·快乐每周”走进永宁街道文化惠民演出	12 月 18 日	永宁街道青山村
20	“幸福浦口·快乐每周”走进桥林街道文化惠民演出	12 月 25 日	桥林街道茶棚村

注:演出主办单位为区文旅局,承办单位为区文化馆

2020 年浦口区戏曲演出进社区活动一览表

表 113

序号	戏曲演出内容	时间	地 点
1	南京市惠民百场公益演出——群星戏曲艺术团走进桥林街道文化惠民演出	7 月 30 日	桥林街道林山雅苑小剧场
2	“幸福浦口·快乐每周”南京市送戏下乡走进桥林街道文化惠民演出	8 月 7 日	桥林街道林山雅苑广场
3	“幸福浦口·快乐每周”南京市送戏下乡走进星甸街道文化惠民演出	8 月 12 日	星甸街道娄子广场
4	南京市惠民百千万工程百场公益——江苏扬剧团走进江浦街道惠民演出	8 月 20 日	浦口市民中心小剧场
5	南京市惠民百千万工程送戏下乡——溧庆黄梅戏戏曲艺术团走进汤泉街道惠民演出	9 月 5 日	汤泉街道吉泉广场
6	南京市惠民百千万工程送戏下乡——南京鸣春社京剧团走进永宁街道惠民演出	10 月 10 日	永宁街道科普文化广场
7	“幸福浦口·快乐每周”浦口区送戏下乡走进汤泉街道文化惠民演出	10 月 24 日	汤泉街道吉泉广场
8	“幸福浦口·快乐每周”浦口区送戏下乡走进桥林街道文化惠民演出	10 月 31 日	桥林街道石碛文化广场

注:演出主办单位为市委宣传部、市文旅局,承办单位为区文旅局、区文化馆

【线上文化活动】 加大文化产品线上供给,通过微信公众号、H5 页面、小程序加载等网络载体,搭建云演出、云展览、云观影等线上文化活动平台。2 月 19 日,区图书馆“雨山讲堂”线上举办居家瑜伽练习讲座,吸引近 100 名受众进入直播间跟学。4 月 10 日,区文旅局举办“都市圈最美花园——来浦口追逐春天的脚步”网络直播赏花活动,线上游览雨发生态旅游区、张圩油菜花海和老山国家森林公园,网易新闻客户端全程播发,时长 117 分钟,线上点击关注 93 万余人次,最高时点在线 9 万余人。4 月 21 日,区文旅局主办的“局长带你游浦口”直播节目在抖音平台上线。节目由区文旅局局长和抖音达人共同主持,带领在线网友“云游览”珍珠泉景区、四方当代艺术湖区、珍七路、不老村等美景。此为全省首个文旅局局长上线出镜做旅游宣传推介,在线跟看 1 万余人次,文旅浦口抖音号当天播放量 160 余万次。4 月 24 日,浦口区承办首届南京老山国际文化旅游节暨云音乐节,线上直播开幕式盛况,网易云音乐签约歌手和乐队在线轮番献唱,网络关注量 40 余万人次。同日,区图书馆首次开启抖音线上直播,时长 1 个小时,带领读者云游图书馆全场景。在第五届“阅读悦美·书香浦口”读书月期间,该馆利用微信公众号和抖音号,力推线上阅读活动,受众 49.8 万人次。6 月,全国文旅产业指数实验室发布 2020 年抖音文旅新媒体传播力指数榜单,浦口文旅政务抖音号位列全国县(区)级第五名。同月,在西埂莲乡举办第二届莲文化节暨灯光节,40 多家媒体推播活动现场实况,曝光量高达近千万次,受众 200 余万人次。至年末,全区推出线上文旅活动 181 场次。

【群众文化活动】 新建东葛等 4 家社区综合文化服务中心,对八里等 6 家社

区综合文化服务中心进行提档升级，林山村等5家社区综合文化服务中心创成区级示范工程。利用“我们的节日”线上板块，开展春节、端午等节庆文化惠民活动，擦亮“情系明珠”“雨山讲堂”等活动品牌。区图书馆、区文化馆等文化场馆利用电子大屏常年滚动播放公益宣传广告和短视频，借助人民网、《南京日报》等主流媒体，全方位报道浦口群众文化建设特色亮点，在各类文化活动中发放折页、文创饰品，向群众宣传展示文化民生工作和政策，通过微信公众号等新媒体开展节目投票、满意度测评等，提高群众参与文化服务的积极性和热情。江浦街道艺术团团长陈小云组织带领艺术团深入街道及敬老院、学校、社区(村)，举行公益巡演12场，深受群众欢迎。 (张闽)

1月17日，举办“情系明珠·幸福浦口”文旅局送福送春联进万家活动

(刁爱国 摄)

【节事文化活动】 2020年春节前夕，浦口区推出一系列内容丰富、形式多样的文化活动，营造欢乐祥和的节日氛围。区图书馆设置元旦阅览专架，举办“阅读悦美”书香浦口跨年夜、皮影作品展、主题电影放映、“雨山讲堂·美学书院——新春‘鼠’你最巧”剪纸沙龙等活动，启动“阅读储蓄，智慧人生——金鼠认养计划”。区文化馆以欢度春节为主题，举办书画展、美术摄影展览。求雨山文化名人纪念馆举办“浦口文脉 草圣书香——第五届林散之·书法作品双年展”等展览活动。五一期间，在水墨大埝旅游区举办2020中国南京美食节浦口分会场暨水墨大埝第二届青年文化艺术节。6月21日晚，南京浦口第二届莲文化节暨灯光节在永宁街道西埂莲乡开幕。6月24—26日，区文旅局在市民中心举办“端午·浦口夜市集”活动，区文化馆推出非遗展示与体验，区图书馆展陈独具文化韵味的端午“五红”。7月31日，区图书馆开展“迎八一”双拥共建送书慰问活动，向部队官兵送书500册，并挂牌建立馆外流动服务点。9月30日至10月3日，求雨山文化名人纪念馆举办非遗手工、自制月饼、怀旧观影等系列文化体验活动，让市民感受源远流长的中华传统文化，提升对传统文化的探究兴趣。

(文旅局 城建集团 融媒体中心)

【民俗文化活动】 2020年，浦口区挖掘民俗文化资源，弘扬地方文化特色。1月1日至2月29日，区图书馆举办“皮传韵、影传神、戏传情”皮影作品展，展出《八仙过海》《大闹天宫》等皮影戏经典曲目。1月10—16日，在求雨山美术馆举办浦口区首届“年画的故事”展览，展出不同年代的历史年画158幅，著名作家雪静到场讲述年画背后的故事。春节前夕，区文化馆组织各街道特色文艺团队，开展手狮舞、摇花船、打莲湘、舞龙等传统节目巡演；区文化馆、求雨山文化名人纪念馆、区文联组织书法家下乡村、进小区，为市民写春联、送“福”字；各街道文体站以“我们的节日”为主题，举行民俗大拜年，组织广场民俗文艺展演。5月21日，星甸街道九华茶坊举办“国际茶日——相约九华”主题活动，展示赭洛山茶文化主题公园风貌，普及浦口民间茶文化。6月13日，在不老村举办众祥传媒·不老居非遗剪纸培训，让孩子们体验手工剪纸乐趣。8月14日，区文旅局、区文化馆在市民中心小剧场举办皮影戏专场演出，演出皮影戏《小花猫》《鸡斗》等剧目。中秋、国庆期间，区文旅局在求雨山文化名人纪念馆举办“月入江山·悦人还”——庆中秋、迎国庆系列活动，开展系列研学活动5场，老师现场示范写灯笼、手绘扇子、瓦当拓片，让青少年体验中华传统书法、绘画及非遗手工艺术魅力。10月1日，区图书馆以“流动的时光 奋进的浦口”为主题，举办怀旧老物件展。展览分“‘想当年’老物件实物展”“时光图书馆”“时光邮局”和“时光杂货铺”四个部分，展出红色物件、票证钱币、书籍出版物、出行票据、娱乐玩具等100多件老物件。10月20日，“幸福脱口秀”第三季“浦言朴语”基层行系列活动走进江浦街道巩固社区，主持人“韶江浦、忆乡愁”，与在场人员分享民间方言，引导居民畅谈时代进步，感悟幸福时光。

(融媒体中心 江浦街道)

【公益电影放映】 2020年，浦口区统筹规划街道影院建设，确定桥林、汤泉街道2座影院拓建方案，年末建成开放。7月24日，浦口中广国际影城、中传同心影城、上影国际影城复映《中国合伙人》《战狼2》、3D《寻梦环游记》等30余部大片。10月上旬，求雨山文化名人纪念馆在游客中心广场举行“时光电影院——经典电影放映活动”，露天放映《我和我的祖国》等7部新片，观影市民近4000人次。至年末，全区放映公益电影583场，其中区图书馆放映338场，占比57.98%。 (文旅局)

【全民读书活动】 2020年，浦口区打造线上读书新模式，把全民阅读活动推向深入。4月份读书月活动期间，区图书馆推出21场云文化活动，开创“浦口云阅读”新平台，参与云报名读者近3000人；每天线上荐读一册连环画，共推荐28册；开设“浦图听书”专栏，推荐音频故事14集；增设云阅读“名师讲坛”，创新“雨山讲堂”线上讲堂模式，推送“‘悦读浦口’之讲好浦口故事”2期；“儿童读书日”专题系列荐读少儿电子读物3本，举办少儿品牌“浦小图讲故事”征集系列2期、《景和清明——清明节传统习俗》线上展览1期。“4·23”世界读书日当天，区图书馆首次尝试抖音直播，带读者“云游”浦口图书馆，荐读好书22本；举办“4·23”魔法乐读节，推出“魔法阅读乐打卡”“书香陪伴我成长”“迷你乐读大PK”“奇书妙旅云展览”四大模块，培养小读者阅读习惯；利用“读联体”小程序，播出“会讲故事的地球”绘本创意直播课，其中家长直播指导课2期、少儿绘本创意直播课5期；开展“4·23”读书日“读万卷书 行万里路”“阅读让人宁静 书香给人自信”专题展览2期；与市图书馆联合开展“满城书香”经典主题阅读、“‘悦’读之星”答题等系列活动；配合江苏省少儿数字图书馆开展“大语文中的诗情画意”名师直播课；通过抖音平台征集“阅读接力 为爱发声”读者短视频51个；举办“一路书香”浦口游记作品展，新增线上专题“科‘浦’馆”1期，推送传统文化抗疫主题专栏2期。6月5日，区图书馆“书香云讲堂”线上直播，助力全民阅读“战‘疫’不孤独，阅读大接力”行动，邀请浦口知名文史老师甘继民，为读者讲述明代浦口文化名人庄昶《定山集》背后的历史故事。10月23日，在2020“阅美”系列活动闭幕大会上，区图书馆选送的“阅美”系列作品获一等奖2个、二等奖2个、三等奖3个、优秀奖9个。12月21日，区委宣传部、区文旅局联合启动“阅读悦美·辞鼠迎牛”阅读嘉年华暨“阅读储蓄·智慧人生”阅读积分平台。至年末，浦口区全民阅读品牌“雨山讲堂”举办读书等文化活动31场次。

2020年浦口区图书馆文化惠民活动一览表

表114

序号	活动内容	时间	地点
1	群文创作讲座	7月20日	浦口市民中心小剧场
2	“书服到家，阅美一夏”关爱浦口区乡村留守儿童阅读活动	7月	汤泉街道九龙社区
3	“雨山讲堂”我们的地球——全球生物多样性故事	7月	永宁街道文体中心
4	“雨山讲堂”少儿文化类讲座	7月	江浦街道同心社区
5	“皮传韵、影传神、戏传情”皮影作品展	7月	永宁街道文体中心
6	送书下乡	7月	河岸花海书屋
7	公益课 成人声乐班(郭曼)	7—9月每周一次	浦口区文化馆排练厅
8	公益课 成人爵士班(叶童)	7—9月每周一次	浦口区文化馆排练厅
9	公益课 成人舞蹈班(夏天)	7—9月每周一次	浦口区文化馆排练厅
10	公益课 少儿舞蹈班(张宁)	7—9月每周一次	浦口区文化馆排练厅
11	公益课 流行歌曲演唱(丁嘉伟)	7—9月每周一次	浦口区文化馆排练厅
12	公益课 快板曲艺(许尤山)	7—9月每周一次	浦口区文化馆排练厅
13	音乐创作讲座	8月5日	浦口市民中心小剧场
14	书画培训讲座	8月20日	浦口市民中心阶梯教室
15	“雨山讲堂”传统文化类讲座	8月	桥林中学
16	“雨山讲堂”中老年健康讲座	8月	星甸街道夏桥书房
17	传统文化展览	8月	星甸街道文体活动中心
18	数字阅读进社区	8月	汤泉街道九龙社区
19	群众文化讲座	9月15日	浦口市民中心阶梯教室
20	“雨山讲堂”跟我学做健康操	9月	江浦街道团结社区

续表 114

序号	活动内容	时间	地点
21	传统文化展览	9 月	汤泉街道
22	“书服到家,阅美一夏”关爱浦口区乡村留守儿童阅读活动	9 月	星甸街道文体活动中心
23	“雨山讲堂”跟我学做健康操	10 月	星甸街道文体活动中心
24	科普展览	10 月	星甸街道夏桥书房
25	“雨山讲堂”跟我学做健康操	11 月	永宁街道文体中心
26	文化展览	11 月	江浦街道团结社区
27	好书荐读进社区	11 月	星甸街道夏桥书房
28	“皮传韵、影传神、戏传情”皮影作品展	12 月	桥林中学
29	数字阅读进街道	12 月	汤泉街道
30	“书服到家,阅美一夏”关爱浦口区乡村留守儿童阅读活动	12 月	江浦街道团结社区
31	好书荐读进社区	12 月	汤泉街道九龙社区

【夏桥书房获评省五星级示范农家书屋】 2月12日,江苏省新闻出版局公布2018—2019年度全省43家五星级示范农家书屋、100名优秀农家书屋管理员名单,浦口区星甸街道石窑社区夏桥书房获评江苏省五星级示范农家书屋,管理员赵安霞获评江苏省优秀农家书屋管理员。夏桥书房2017年底创建,引入浦口区德仁社区社会服务中心参与日常管理,整合各类资源和平台,延伸农家书屋服务,打造“农家书屋+”管理模式,在有效吸引集聚读者、丰富农村文化生活、服务社区治理方面作出有益探索。书屋有藏书1万余册,开通无线网络,建立微信交流群,定期向居民推荐阅读及活动信息。每周开展1~2次活动,不定期开设书画班兴趣班并放映电影,为社区老人提供测量血压血糖、看电影等综合服务。与南京工业大学、南京铁道职业技术学院等高校及区图书馆、文化馆、书协、作协开展共联共建,满足社区群众阅读需求。

【第五届“阅读悦美”书香浦口读书节】 4月22日,以“决胜小康,读书追梦”为主题的“4·23”世界读书日暨第五届“阅读悦美”书香浦口读书节在凤凰山公园启动,区委、区政府相关领导、区有关部门负责人以及市民代表300余人出席。现场表彰一批推进全民阅读活动书香校园、书香家庭、书香企业、书香社区(村)、最佳读者和优秀阅读组织先进典型,分享浦口区援鄂医务人员抗疫“最美逆行者”的故事,向全区发起“绿书签2020”绿色阅读行动倡议,为凤凰山书香公园揭牌,举办优秀图书展售、“致敬英雄”抗疫图片展等活动。读书节期间,区图书馆等单位组织开展主题阅读活动21场次。

【浦口、和县、南谯三区县联办文化夜市集】 9月30日晚,浦口区和和县、南谯区三地文旅联动发展暨“情系明珠·双节同悦”中秋国庆文化夜市集启动仪式在浦口区象山湖公园举行。此次活动是落实国家和省委关于推动省际毗邻区域协同发展、加强跨区域合作、探索协同发展新机制要求的具体实践,也是三地文旅联动发展的首次实验。文化夜市集以展现三地文化特色、拉动夜间经济发展、塑造地方文化品牌为主题目标,举办“花好月圆·万事大集”夜市集、三地系列惠民文艺演出等活动,通过市集、演出、互动等形式,丰富市民国庆期间物质文化生活。 (张阅)

文学艺术

【概况】 2020年,浦口区拓展文化联动模式,打造文艺精品,与南京市民间文艺家协会、浦口区新时代文明实践中心、融媒体中心、知名企业深度联合,引进名家、名人助力浦口文化发展,加强与市全民阅读金陵好时光朗诵艺术团、南京扬子江朗诵艺术团联系,开展线上朗诵作品录制推送,向市文联申报20个浦口创作采风体验点。全区在省市报刊、杂志发表诗词、散文308篇,书法、美术作品400多件,综合类抗疫专题8期,清明祭英烈综合专题3期,朗诵专题2期。

【文艺创作】 3月,区文旅局开展“2020情系明珠·礼赞生命”抗疫文艺作品征集活动,收到各类文创作品67件,其中《元宵节BAI乱跑》作为优秀作品报送市委宣传部,三句半《迎战疫情》线上线下广泛流传,手语舞蹈《你戴口罩真好看》、快板《打赢抗疫这一仗》、歌曲《只因为有你》等优秀作品通过“文旅浦口”微信公众号和抖音短视频账号对外发布。4月,启动浦口区首届原创歌曲征集大赛,至8月初,收到全国各地投稿作品418件,52件作品入围终评,20件作品获奖。其中《浦口的晨光》等3件作品获二等奖,《老山的呼唤》等5件作品获三等奖,《浦口,我的初恋》等11件作品获优秀奖。5月20日,在南京国家农创园举办“奋进中的南京”主题文艺创作采风启动仪式,市委宣传部、浦口区委等领导为南京国家农创园南京文艺家“深入生活 扎根人民”体验点揭牌,点亮创作体验点地图。8月13日,区文化

2020 年浦口区列入全市百个文创体验点一览表

表 115

序号	体验点名称	地理位置	文创元素
1	南京国家农创园	江浦街道行知路	现代农业科技
2	浦口开发区	桥林街道兰花路	现代工业科技
3	浦口行知基地	江浦街道行知路	青少年社会实践
4	王荷波纪念馆	江浦街道行知路	革命英雄主义和廉政教育
5	求雨山文化名人纪念馆	江浦街道雨山路	书画名人艺术展
6	求雨山文化艺术长廊	江浦街道雨山路	书画名人艺术作品
7	南京审计大学	江浦街道雨山北路	校园文化艺术
8	浦口新时代文明实践中心	江浦街道象山路	新时代文明教育
9	星甸新时代文明实践所	星甸街道市镇	新时代文明教育
10	草圣书乡	桥林街道浦乌路沿线	传统书法
11	水墨大埝	永宁街道侯冲社区	美丽乡村示范景点
12	老山不老村	江浦街道白马社区	全国乡村旅游重点村
13	西埂莲乡	永宁街道	莲文化
14	岺里人家	星甸街道	美丽乡村
15	珍珠泉旅游度假区	老山景区珍珠路	AAAA 级旅游景区
16	响堂桃源谷	江浦街道华光社区	原生态山里人家
17	龙之谷	沿山大道	现代游乐园
18	雨发生态园	汤泉街道	生态观光农业
19	楚韵花香	汤泉街道	美丽乡村
20	四方美术馆	沿山大道	现代国际建筑艺术

馆举行“情系明珠·艺绘浦口——画家走进浦口写生创作活动”，邀请 9 位全市知名画家到浦口写生创作。在市委政法委组织的第二届平安南京“三微”比赛暨优秀政法文化作品征集评审活动中，浦口区 26 个作品获奖，其中一等奖 5 个、二等奖 8 个、三等奖 13 个，区委政法委获优秀组织奖。9 月 25 日，区文化馆原创快板书《激战“三浦”》获第十四届江苏省五星工程奖和网络最佳人气作品奖。（张闽　陈思）

【书画艺术】 浦口区是民间文化艺术（书法）之乡，书法艺术成为浦口高质量发展的一张名片。区国资集团依托林散之书法文化，打造草圣书乡，将草圣书乡定位为以书法文化为内核的文旅融合旅游区，2020 年获评南京市华侨文化交流基地、江苏省华侨文化交流基地、中国标准草书学社研究基地。

2 月 10 日，求雨山文化名人纪念馆承办的“情系明珠·礼赞生命”主题书法作品展在文化浦口云上线推播，推送 50 位名家书画作品 98 幅，用书画作品凝聚全区干部群众抗击疫情的精神力量。

5 月 20 日至 6 月 20 日，汤泉旅游度假区在悠山书店举办书画艺术家书画作品邀请展，得到艺厘米、龙虎网、新浪收藏、品艺南京等网络媒体支持，省市著名书画家卢山、林奕溥、平莉、许子杰、赵建强等应邀展出精品力作近 100 件。

6—8 月，区文化馆、求雨山文化名人纪念馆联合开展“情系明珠——‘金陵四家’书画图片社区巡展”活动，向基层群众展示林散之、胡小石、高二适、萧娴四位书法大师书道技艺和德艺精神，先后在桥林、星甸、江浦、汤泉 4 个街道展出 8 场次。

7 月 16 日，浦口区与安徽和县在求雨山文化名人纪念馆联合举办“风从和州来——李秋水书画展”，展出原安徽省书协名誉理事、林散之研究会副会长李秋水 20 世纪 50 年代以来创作的书画作品 63 件。

8月6日,在求雨山文化名人纪念馆举行中国标准草书学社研究基地授牌暨"同心浦口"云课堂启动仪式,省政协、省委统战部、中国标准草书学社、市委统战部、市侨联和浦口区委相关领导出席活动。

11月18日,浦口区在陕西省镇安县文化馆举办"'金陵四家'馆藏书画精品全国巡回展(镇安站)",展出"金陵四家"不同时期、不同风格的书画精品力作60件,促进省际文化交流和书艺资源互补与合作。

12月9日,由民进江苏省委、南京求雨山文化产业投资集团有限公司主办,南京求雨山文化传媒发展有限公司承办的"毫素深心——庆祝中国民主促进会成立75周年暨江苏民进第二届书画精品巡展(南京站)"开幕式在求雨山美术馆举行,省政协、省委统战部、民进江苏省委和南京市委、浦口区委、浦口区委统战部领导,江苏民进江海书画会负责人,以及参展书画家代表、民进会员代表、社会各界书画爱好者近100人参加开幕式。

12月12日,江苏省书法院、浦口区文旅局及求雨山文化名人纪念馆、宣和美术馆、江苏省青年书法家协会在求雨山文化名人纪念馆联合举办书画展。同月,由言恭达文化基金会支持的"雨山问道"江苏省书法院系列展示活动在求雨山文化名人纪念馆开展,活动包括"雨山问道"江苏省书法院引进专业人才书法作品展、省书法院中青年书法家学术提名展草书篇观摩展、行书篇观摩展、"金陵四老"书法精品观摩、书艺研讨交流等,旨在展示省中青年书法家整体实力和创作成果,助力求雨山"书法圣地"打造成为省内独具特色的文化品牌。至年末,全区举办各级各类书画作品展62场。 (国资集团　文旅局)

文化遗产

【概况】 2020年,浦口区整理提炼文化遗产特色亮点,推进乡村非遗馆、村史馆、乡村记忆馆等乡村文博场馆建设,启动蝶梦山丘和龙马遗址文博场馆创建申报工作,入选省级传统村落5家,创建示范村、宜居村20余家。编制长江文化带建设和保护方案,完成历史建筑物调查挂牌工作,重大建设项目文勘率100%。开展文物装备统计调查,做好高铁沿线文物保护勘察、文保单位及所有文物点两线划定、地理坐标数据核定。至年底,全区有各级文物保护单位38处,其中省级文物保护单位1处(牛头岗古文化遗址)、市级文物保护单位19处、区级文物保护单位18处;一般不可移动文物83处;已认定的非遗项目60个,其中新增区级非遗项目13个。

12月31日,举办浦口、南谯——"情系明珠 韵美浦口"书画联展(张闽　提供)

【文化遗产保护】 区文物保护部门加大文化遗产保护工作力度,编制文物保护修缮方案,推进历史风貌区、传统古镇、古村落开发保护,完成观桥古文化遗址消险加固维修等抢救性保护和庄昶墓修缮项目,实施兜率寺木质构件维修消险方案,整治大古堆遗址环境。对拟申报一般不可移动文物的4处古井开展历史沿革调查和现状保全。公布18处区级文保单位两线范围,编制汤泉老街等古街镇、传统村落的整体风貌保护方案,落实市级文保单位顾昊墓石刻保护措施。开展文物安全巡查、防火防盗等专项检查、督查26次。加强建筑文物消防安全保护,排除50余处遗址文物漏水塌方等安全隐患。落实全国打击文物犯罪专项行动,筑牢浦口文物安全防线,打击破坏古遗址、古墓葬、石窟寺、石刻石雕等违法犯罪活动,依法处罚违规占用文保单位用地、破坏文物案件4件。加强馆藏文物藏品安全管理,完成121处不可移动文物资料整理工作,形成电子档案。开展第五批3处市级文保单位摸底调研和申报。 (张闽)

【文化遗产开发利用】 完成浦口区建设项目文勘前置程序执行情况核查,配合省市文物部门推进各类重大建设项目考古调查及文勘项目61项,协助市考古院完成浦口考古调查发掘项目10项,发掘古墓62座,迁移2座。2018—2020年,浦口开发区在基础设施和项目建设中发掘出一批地下文物,其中8处被市考古部门列为南京考古新发现。 (文旅局)

【非物质文化遗产保护】 开展浦口区第四批非遗代表性项目和传承人申报工作,吸纳锔瓷、传统游艺(魔术)等区内外优秀代表性项目。新增区级非遗项目13项、区级非遗传承人20人,其中新增项目传承人13人、既有项目新增传承人7人,南京工业大学被确认为区级非遗保护传承基地。

2020年浦口区第四批非物质文化遗产项目代表性传承人一览表

表116

项目类别	项目名称	传承人姓名	性别	出生年月	学艺年份
传统舞蹈	星甸龙舞	蓝贵仲	男	1948年10月	1962
传统体育、游艺与杂技	江南魔派高氏魔术	高 峰	男	1950年5月	1962
传统医药	汪氏通络膏	汪怀生	男	1973年3月	1985
	陈氏瘿科(中医甲状腺专科)	陆 明	女	1978年4月	2004
传统技艺	南京板鸭、盐水鸭制作技艺	费扣燕	女	1985年9月	2009
	星甸挂面制作技艺	雍定明	男	1957年11月	1977
	桥林切糕制作技艺	刘建设	男	1967年3月	1983
	桥林火烧制作技艺	张声交	男	1954年5月	1968
	锔瓷	陈 波	男	1981年6月	2010
	糖画	张 阳	男	1979年10月	2008
	蔡记汤包制作技艺	蔡劲松	男	1971年4月	1988
	古琴制作技艺	汪明谦	男	1989年12月	2010
	金陵濮家馄饨制作技艺	濮文兰	女	1960年7月	1977

2020年浦口区既有非物质文化遗产项目新增代表性传承人一览表

表117

项目类别	项目名称	传承人姓名	性别	出生年月	学艺年份
传统舞蹈	茶山会	王华琴	女	1965年5月	1982
	江浦手狮	颜耀春	男	1962年4月	2012
	江浦手狮	张 艳	女	1973年10月	2012
传统音乐	《八老鸽子》《手扶栏杆》	张 艳	女	1973年10月	2012
传统美术	葫芦画	孙自力	男	1960年4月	2015
传统技艺	星甸清真(烤鸭、五香牛肉)制作技艺	刘国泉	男	1958年5月	1976
	星甸清真(烤鸭、五香牛肉)制作技艺	穆世花	女	1981年10月	2004
	桥林茶干	石 磊	男	1980年10月	2012

【文保宣传推介】 以文旅融合、推进全域文化旅游为导向,开展文保宣传推介。举办文化遗产日和端午节期间画脸谱、捏泥人等旅游景点非遗体验活动,组织开展文物赋彩全面小康等主题宣传周、博物馆日、文博夏令营等文保宣传和交流活动。加强与南京工业大学等驻区高校以及区内部门、学校、企事业单位合作,推动文化遗产宣传进校园、进社区、进单位。创新发展线上文化遗产项目宣介和文保产品推销,在京东商城、阿里巴巴等电商平台开展营销活动,组织20个非遗项目(产品)参加浦口文旅端午夜市集、中秋国庆夜市集售卖和展演,与安徽和县、滁州南谯区等外省市开展非遗产品交流互动,项目(产品)21项。

(张阅)

档案 史志

【概况】 2020年,浦口区档案馆(区委党史办、区地方志办)创成全国示范数字档案馆。接待单位和个人查档3411人次,接收档案3091卷、2674件,征集字画、资料10件(册)。编纂出版《〈江浦埤乘〉精校今译》《乡音乡情——五里村的集体记忆》《浦口红色记忆地标》《南京市浦口区革命老区发展史》《浦口抗战故事连环画丛书》《中共南京市浦口区委执政纪事(2019)》,《浦口年鉴(2020)》创成江苏省精品年鉴。举办"发展高质量·明珠放光彩"专题展览,建成南京市首家红色档案展示教育室。

【档案业务指导】 指导新冠肺炎疫情防控文件材料收集归档,完成7个职能组疫情防控档案941件、照片10张整理移交进馆。开展对各街道、区疾控中心、省人民医院浦口分院等疫情防控和出生医学证明档案业务指导。对城乡居民最低生活保障、电信公司、农创园、城建集团档案工作开展业务指导。举办街道、社区相关人员档案业务培训,全区5个街道47人参加培训。

【档案接收保管】 接收1111件电子档案和27家单位数字化档案3844卷、25920件。接收江浦街道土地确权纸质档案2706卷,区总工会文书档案373卷、1733件。推出疫情期间不见面查档工作,开通线上查档、电话咨询、预约取证、快递递送服务。全年政务中心档案窗口共享平台取证783人次,提供档案资料和照片3167卷(张),取证复印5116页,接待查档咨询电话877人次,窗口查档实现零投诉。

【档案信息化建设】 以创建全国示范数字档案馆为抓手,深化档案信息化建设。按照国家档案局《数字档案馆建设指南》《数字档案馆系统测试办法》要求,建成B级标准中心机房,部署局域网、区政务网、市政务网、设备网4套网络,配置数字化工作用房消防设施、防盗设施及视频监控设施,配备正版系统软件及杀毒工具软件。数字档案馆应用软件升级到9.0版,完成馆(室)藏140万页(条)增量纸质档案数字化,完成30万条档案目录数据校核,开展10家单位电子档案在线归档。

2020年,区档案馆搬迁新馆。11月24日,创成全国示范数字档案馆

(郭华林　摄)

【党史征编研宣】 以迎接中国共产党成立100周年为契机,推进浦口中共地方史征集、编纂和研究工作。开展"全面达小康""扶贫路上 有我同行"主题征文活动,征得文稿17篇。开展"红色传承百家训"征集工作,征集优秀家训、家规、家书、格言、警句287条。编纂出版原创纪实文学《浦口红色记忆地标》及《南京市浦口区革命老区发展史》、《浦口抗战故事连环画丛书》、《中共南京市浦口区委执政纪事(2019)》4部党史书籍。

12月15日,《浦口年鉴(2020)》创成江苏精品年鉴

(唐婷婷　摄)

【地方志编纂】 坚持在规范基础上守正创新,全面提升年鉴和志书价值。12月,《浦口年鉴(2020)》获评江苏省精品年鉴。民国《江浦县政》点注工作有序推进,该书系国民政府中央政治学校行政系师生于民国24年(1935)7月编写的《江浦实习总报告》,汇集民国21—23年(1932—1934)江浦县政府组织人事、民政、公安、教育、建设和财政6个部分,约33万字。按照古籍整理工作规制,完成前5篇的标点断句、校勘注释、点注本前言和说明编写,体量约25万字。

【档案馆新馆启用】 6月11日启用。档案新馆位于顶山街道七里河大街浦口区知识产权大厦2号楼,地上8层、地下2层,总建筑面积近1万平方米,其中办公面积7081.3平方米,集档案利用服务、宣教展览、智能馆藏、信息化加工等功能于一体。馆内划分为对外服务、教育展览、技术和库房、业务和办公4个区块,设置档案查阅利用中心,配备智能化楼宇管理和档案保管设施设备。

【全国示范数字档案馆创成】 11月24日,国家档案局专家组在浦口区档案馆召开全国示范数字档案馆系统测试会,实地验收浦口档案馆创建工作。专家组对照相关标准,经过两天精确测试,一致认为该馆按照国家和行业相关标准,建设基于局域网、政务网、因特网的数字档案馆系统,电子档案接收工作取得实效,初步建成全区档案数字资源集中管理和利用模式,依托省市区三级档案资源共享平台,实现便民、利民、惠民的服务目标,档案公共服务效能优化,软件、硬件建设完全符合全国示范数字档案馆

标准，各项指标均通过全国示范数字档案馆系统测试，创成全国示范数字档案馆。 （窦兴春）

【《浦口年鉴》获评江苏省精品年鉴】 12月15日，浦口区地方志办公室编纂的《浦口年鉴（2020）》通过省专家组终审，获评江苏省精品年鉴。《浦口年鉴（2020）》设27个类目，文字105万，录入图片、表格308幅（张），记载2019年浦口区经济社会发展情况及大事要事，反映浦口区全国工业百强区、全国休闲农业和乡村旅游示范区、民间文化艺术之乡的地域特色，展现浦口区融入国家级江北新区发展战略、高质量建设“江北明珠”的时代特色。 （徐源）

【全市首家红色档案展示教育室建成开放】 6月20日在区档案馆二楼展厅建成并对外开放。该室由市档案馆牵头，市委党史办、江北新区档案馆、浦口区档案馆联合筹建。室内布展以“档案见证，南京巨变”为主题，以中国共产党在南京的初建、发展和领导南京人民革命斗争、经济建设历程为主线，设置“理想之光”“前赴后继”“中流砥柱”“黎明破晓”“天翻地覆”“改革开放”“拥抱新时代”七大板块，运用历史图片、文献档案、数字视频等形式和元素，全面展示中国共产党在南京取得的辉煌成就。全年接待省内机关、企事业单位108批2150人参观学习。 （胡学荣）

【南京首部村民口述史面世】 11月，浦口区档案馆、浦口区地方志办公室编纂的《乡音乡情——五里村的集体记忆》由南京出版社出版发行。该书30多万字，以消失的五里村为样本，构建“三农”问题社会记忆，请村民口述个人的变化、家庭的变化、村庄的变化，以鲜活、具体、平凡的个体实例，透视中国农村的社会变迁，窥见中国农村加快推进脱贫、致富、奔小康进程和发展脉络。通过村民口述的悲喜故事，反映五里村在各个历史阶段奋斗、建设的全过程。

【《〈江浦埤乘〉精校今译》出版】 12月28日由南京出版社出版，并入选南京出版社2020年度“十大好书”。该书140万字，分上、下两册，上册为原文点校、注释部分，下册为白话文翻译部分。该书以《江浦埤乘》原文为底本，在点校过程中参考《〈江浦埤乘〉点校》，并查考雍正《江浦县志》、庄昶《定山集》、刘岩《匪莪堂文集》等古今文献，对《江浦埤乘》原文所涉及的古汉语、历史知识、史料、典故等进行考证、注释并进行白话文翻译。《江浦埤乘》共40卷，记载明洪武九年（1376）江浦县设县以来至清代光绪年间，境内疆域、山水、建置、赋役、学校、武备、祠祀、职官、选举、人物、艺文、古迹、杂记等内容，是一部保存完整、记述全面、资料丰富的江浦地方志书。

（杨千才）

传 媒

·融媒体·

【概况】 4月，在省广播电视局、省应急管理厅组织的“筑牢安全防线·严守安全底线”公益广告作品征集活动中，浦口区融媒体中心获优秀组织奖，参赛作品《小小安全绳，情系千万家》获省级电视类优秀作品三等奖。6月，通过省委宣传部第一批县级融媒体中心试点建设现场验收。12月2日，获评全省广电系统“七五”普法先进集体。12月，获全省县级广播电视节目共享平台2020年度最佳贡献奖，成为全省63家县级广播电视播出机构中唯一连续两年蝉联此项荣誉的单位；《浦口新闻》栏目获省广播电视节目录制技术质量奖二等奖。

【传媒集团组织架构成型】 8月，区委宣传部、区国资办印发《南京市浦口区传媒集团有限公司内部机构及管理岗位设置方案》，明确区传媒集团组织架构和机构设置。该集团内设综合管理部、财务资产部、新媒体事业部、新闻事业部、策划事业部5个部门和南京轻快文化传媒有限公司、南京道生一广告传媒有限公司、南京帧美妙影视传媒有限公司3个子公司。

【“浦口发布”微信公众号版块出新】 由区融媒体中心主办的“浦口发布”微信公众号App新增“新时代文明实践中心”版块，拓展政务服务功能，建立集志愿者登记、活动招募、志愿服务组织管理于一体的互联网云平台，打造市民点单、中心派单、组织接单、公众评单的服务闭环。

【区融媒体中心通过省级验收】 6月18日，由省委宣传部新闻处、省委网信办、省广电局、江苏广电总台相关负责人和专家组成的验收组到浦口区融媒体中心，对该中心设施建设、运行管理等进行全面验收。验收组实地察看融媒体指挥中心、演播室、新闻采编部门、制作机房等功能设施，观看现场演示，对该中心成立一年来取得的成果给予肯定，认为浦口区推进融媒体中心建设，在全省谋划早、投入大、建设快、运行效果好，在服务发展、服务群众中发挥融媒体的特质功能，为高质量推进“江北明珠”建设凝聚起强大的融媒力量。

【浦口首位3D版AI合成主播亮相电视屏幕】 7月，浦口区融媒体中心在旗下多媒体传播矩阵推出浦口AI合成主播——“小浦”。合成主播是在互联网AI机器学习技术支持下，通过人脸关键点检测、人脸特征提取、脸型重构、唇语识别、情感迁移等前沿技术，结合语音、图像等多模态信息进行联合建模训练后，生成与真人无异的AI分身模型。该项技术够将所输入的中英文文本自动生成相应内容的视频，并确保视频中音频和表情、唇动保持自然一致，展现与真人主播无异的信息传递效果。“小浦”有站姿、坐姿两种播报方式，可以进入实地外景画面，也可以驻守在虚拟演播厅，精通中英双语，可以根据需要切换语言，并且做到发音准确，全天候在频道和各种媒体平台连续工作。“小浦”能利用互联网人工智能和机器学习技术，对浦口区情进行大数据积累，提高播报画面和语音的自然性。

【首批融媒体创新工作室入驻浦口融媒体中心】 11月27日，首批融媒体创新工作室入驻浦口区融媒体中心揭牌暨签约仪式在区融媒体中心举行。入驻媒体新华网江苏频道、新华日报社南京分社、澎湃新闻江苏记者站分别与区融媒体中心签订战略合作协议。浦口区融媒体中心作为全省首批28个融媒体中心建设试点县(区)之一,于2019年6月6日挂牌,同年8月28日指挥中心上线。一年多来,该中心准确把握全媒体时代发展趋势,坚持党管媒体不动摇、功能定位不偏离、融合改革不止步,以广阔的视野、清新的思路、扎实的举措,做好媒体深度融合大文章,取得阶段性成效。该中心内设综合策划部、新闻采访部、编辑制作部、新媒体运营部等10个机构,全面承担全媒体新闻产品策划、采集、编辑、播发和效果评估,实现一次采集、多种生成、多元传播,构建"网、端、微、视、屏"五位一体融媒传播体系。签约媒体承诺,将为发展浦口融媒体事业提供更多技术、资源、渠道援助,共同制作和推出更多的融媒体精品。 (向锦)

·新媒体·

【概况】 2020年,浦口区建有备案网站82个,同比增加3个,其中政府机关网站19个、事业单位网站21个、社会团体网站13个、企业网站25个、个人网站4个。设在江浦地区和浦口开发区的网站占比45.1%。全区有IP地址6088个,其中新增138个。

【网络新媒体】 2020年,浦口网络(互联网、手机网络)即时通信位列各类即时通信首位,在成年人群体中渗透率达95%左右。网民对网络新闻使用率80.1%,其中城镇网民和全区中青年网民分别占78.5%和86.4%。网民对网络娱乐类工具使用率稳步提升,其中网络视频使用率78.6%,网络文学使用率58.9%,网络游戏使用率59.9%,网络直播使用率55%。网络商务交易使用率25.1%,其中网络购物使用率40.8%,旅行预定使用率56.1%(网上订购火车票71.9%、飞机票53.8%、酒店住宿62.7%、旅游度假产品35.4%)。网络金融使用率74.8%,提高4.3个百分点,网上银行用户使用率35.4%。市民共享政府惠民出行服务,网约出租车40.6%,共享自行车使用率29.1%。政府推进"互联网+政务服务",网上政务服务标准化、精细化、便捷化、丰富化、协同化程度不断提升,各级党政机关、事业单位开通政务微博258个,网络及手机微信政务服务使用率85.5%。

【手机新媒体】 智能手机普及率提高2.3个百分点,手机网民数占网民总数比率提高到91.5%,增加1.3个百分点。以微信为主要平台的即时通信技术成为手机新媒体大众通信交流的主要手段之一,随着手机5G网络开通、手机智能化应用范围不断向社会生活各领域拓展,手机支付成为市民购物、缴费、出行等日常生活的重要支付方式,老龄群体跨越手机智能化鸿沟进程明显加快。 (浦鉴)

【政务网络】 全区接入政务网终端6000多个,网络运行安全态势良好,未发生因终端病毒导致的网络安全事故。8月10日,区信息中心发布《关于做好区政务网终端安全防护工作的通知》,强化政务网安全建设和日常监管,完善政务网终端实名管理,做到入网必合规、违规必断网。加大物防和技防投入力度,强化政务网络可靠性,统一为政务网终端安装杀毒软件。8月12日,该中心以"浦口门户"App日常运行为场景,举行网络应急演练,模拟网站系统受到攻击、网站出现信息错误和门户App发生故障,参演人员按照发现、报告、处置、恢复演练流程,友好交互处理问题页面、登陆堡垒机、关闭服务器、更正错误信息等方式做应急处理,问题排除后及时恢复系统运行,成功化解网站及App运行风险。 (信息中心)

【浦口文旅政务抖音获评全国县(区)第五】 6月中旬,全国文旅产业指数实验室发布2020年抖音文旅新媒体传播力指数榜单,浦口名列全国县(区)级文旅政务抖音号第五位。区文旅局打造"周末DOU来浦口"IP,举办全省首例文旅局长出镜直播活动、首届南京老山国际文化旅游节暨云音乐节,通过线上宣传营销,提升浦口"微度假"品牌影响力。"文旅浦口"微信公众号通过推播抖音短视频,开拓明星星推官宣、抖音话题、今日头条话题、网红达人景点宣传、头条征文等版块,借助线上种草引流用户,传递浦口文旅资源、人文经典、自然风光、大美城乡资讯,为发展浦口文旅事业注入新能源。在浦口文旅抖音号推出的3期《这就是浦口》城市影像片受到网友普遍关注。该平台发起抖音挑战赛,吸引用户到浦口开启不一样的城市之旅,参与内容分享互动。挑战赛播放量4.3亿次,参与视频数6000多个,一大批外地网红、抖音达人和网友专程到浦口打卡。通过一系列线上活动,拉动浦口旅游业迅速回暖升温。 (张闽)

【区委政法委和新华日报社南京分社签订战略合作协议】 7月3日举行签字仪式。浦口区高度重视舆论宣传工作,注重提升新闻舆论的传播力、引导力、影响力。根据协议,双方将以信息共建为切入点,把"浦口政法"微信公众号打造成权威信息发布、法律政策解读、新闻报道集纳、先进人物表彰、政法文化展示、公共法律服务的新渠道、新窗口。新华日报社南京分社利用全媒体矩阵优势,助力浦口政法委传播政法正能量,以优质、可读、耐看的内容"吸睛圈粉",扬正气、提朝气、显大气、接地气。(政法委)

文化产业

·综 述·

【概况】 2020年,浦口区文化产业体制机制建设不断加强,发展环境不断优化,总量规模稳步提升,集聚效应初步显现。文化产业增加值18.49亿元,占全区GDP比重达4.17%。文化产业聚焦"地标性产业高地""都市圈最美花园"精准发力,优化产业服务,推动文化产业创新发展、融合发展、特色发展。

【浦口区文旅招商推介会】 5月23日在四方当代艺术湖区开幕。省市文旅机关、江苏体育产业集团、南京艺术学院、南京体育产业集团、浦口区委、区政府领导,部门、街道、平台以及省市文旅行业重点企业、知名文旅机构、酒店运管机构负责人和文旅行业客商等300余人参加活动。活动主题是"见山、见水、见未来",旨在促进全区文旅产业长足进步,为行业企业提供更多投资机会和更大投资回报。区政府公开发布老山中部、珍珠泉、汤泉、长江、城南中心、滁河六大文旅重点板块48个招商项目,总投资额近200亿元。浦口与北京轻蘼文化投资有限公司、江苏稻草熊影业有限公司等行业龙头企业签约合作项目13个,签约总额19.62亿元。

【参加第三届长三角国际文博会】 11月19—22日,由沪苏浙皖党委宣传部共同发起举办的第三届长三角国际文化产业博览会在上海国家会展中心举行,浦口区组团参加文博会活动,展示浦口文化产业勃勃生机。在2000平方米江苏展区,浦口"墨店"品牌展陈"老山雅集""藕香榭"等饮品,"桥林果仁酥""西埂莲藕酥"等茶点。浦口文化产业联合会以首届"浦口十大文化符号"为主题开发的明信片、小夜灯、商务便签盒等文创礼品,受到参展者普遍关注,吸引一批文博馆、行业联盟等机构用户的合作意向。"墨店"展区获评长三角国际文博会优秀展示奖。 (高翔)

·求雨山文创园·

【概况】 2020年,求雨山文创园融入南京高新区(浦口园)机制体制,以"书法为核、文化为魂、科技为翼"为主线,推动文化创意产业高质量发展,构建新媒体数字经济生态圈。实现一般公共预算收入2.44亿元,完成年度目标193%;完成服务贸易进出口额459.3万美元,完成年度目标287%;实现税收4.18亿元;开展重大招商活动8场,完成年度目标200%;签约投资项目14个,其中亿元以上项目6个,完成年度目标140%,项目投资总额25.31亿元。

【基础设施建设】 园区按照"生态修复、城市修补"总体要求,将"求雨"品牌文化特色与环境改造有机融合,全面提升空间品质。推进南艺附中、求雨·山麓MCN创意园等11个重点项目建设,其中4个项目的控规优化调整通过市政府审查,片区面貌焕然一新。完成3.7千米一期环线景观、绿道等设施提档升级和环境综合整治工程,面积8万平方米。雨山路地块沿河拆除围挡、修补绿地,种植银杏、桂花等观赏花木400株。

5月23日,2020南京浦口文旅产业招商推介会在四方当代艺术湖区举行 (刁爱国 摄)

黄山岭节点公园连片栽种红角堇、三色堇800平方米,铺种草坪2540平方米。9月,文创园休闲公园在工人新村旧址建成,建有沿河风光带、生态型道路绿地、运动休闲广场等,配套围栏式篮球场、休闲长凳、氛围灯、休闲栈道等基础设施。完成弘德寺、观音寺建设方案、施工图设计和弘德寺建设项目招标工作。园区35千伏、110千伏杆线迁移工程竣工。完成财智中心、锦上4号楼9~19层装修方案设计和施工图设计。升级雨山片区导向标识系统,推动标志性空间打造,建立视觉形态语言,体现求雨山文创品牌特色,运用IP、超级符号等媒介进行文化传递。植入一批公建项目、公共设施,推进导视牌、"网红"公交站台、建筑外立面、景观小品、雕塑墙绘等项目建设,提升求雨山文化氛围。

【MCN产业园样板区打造】 加快建设求雨·MCN直播空间、求雨·MCN孵化基地,聚集数字经济企业,促进产业链发展。引进签约项目20个,签约总额25.31亿元;引进供应链企业3家,投资总额7.8亿元。举办直播活动151场,累计观看1500余万人次,签约达人抖音单平台矩阵粉丝2000余万人次;单家机构单日最高销售额100万元,日均销售50万元,发挥数字产业对文化创意和直播经济的带动作用。3月28日,求雨山文创园举行MCN项目集中签约仪式,14个签约项目投资总额22.3亿元。

【"花开求雨·书写希望"抖音短视频获省奖】 11月18日,在"水韵江苏·域见美好"2020巨量引擎江苏文旅推广峰会期间,浦口求雨山文创园"花开求雨·书写希望"抖音短视频挑战赛获城市十大传播创意话题奖。抖音短视频挑战赛3月7日启动,创新使用在线视频连接,邀请MCN企业参与线上论坛,分享园区对入园企业扶持政策,交流企业创办经验,共商破解MCN产业面临新挑战的对策。抖音短视频挑战赛征集书法主题短视频作品,吸引用户参与话题拍摄,推送至文化创意设计、文史旅游、文化商业等以文化价值为生产力的相关行业,提升社会对求雨山品牌的认知。在开展活动的8个月时间内,点播率超过1.3亿次,参与话题视频9106个,收藏优秀获奖书法作品50幅。

【网红选品对接会】 12月5日,"新品牌、新零售、新商业——求雨·MCN机构暨网红选品对接会"在求雨·MCN直播空间举行。活动由南京高新区(浦口园)、南京求雨山文化产业投资集团有限公司主办,南京求雨山文化传媒发展有限公司、南京映鱼文化传媒有限公司联合承办,以探讨"年底消费旺季如何实现超级增长"为话题,吸引众多南京当地MCN机构、数十家品牌企业参与。年初以来,以老山蜂蜜为代表的电商品牌企业与求雨·MCN直播空间建立长期直播合作关系,文创园聚集"求雨·MCN直播空间"平台效应,为区域农产品和品牌企业高质量发展助跑。

(刘宇)

文化市场管理

【安全生产整治】 2020年,浦口区开展文化旅游业大整治行动,区文旅局制定《旅游包车、火灾隐患、文旅场所高风险旅游项目、客流超载专项整治实施计划》,强化文旅行业安全生产风险管控。实施重点隐患问题领办督办工作机制,聘请第三方安全生产专家,对全区重点文旅单位实施安全生产监管,从安全制度、应急响应、特种设备操作、救援演练培训等方面指导文化行业单位提升安全管理水平。3月20日,区地下管网安全专项整治工作组和区文旅局对浦口广电地下管网开展安全大检查,重点检查江浦街道地下管线、窨井管道安全状况。3月26日,举行广电地下管网安全应急演练。6月,组织第三方对全区文旅体场所进行安全生产全覆盖专项检查,检查各级各类文化场所1099家次,排查并完成问题隐患整改63项,整改率100%。11月初,区文旅局、融媒体中心、网络公司和各街道联合开展境外卫星电视传播秩序专项治理,营造安全有序的传播环境。11月9日,区图书馆组织消防安全和防暴应急处置演练,模拟火情预警、人员疏散、现场灭火等场景,提升部门协作、整体联动、快速反应等综合水平。全区接受市级及以上主管部门督察、检查21次,组织开展区内各类检查、巡查44次,出动检查人员810人次,责令网吧、公共文化场馆等场所落实问题隐患整改102处。开展行业安全培训29次,参训人员1000余人次,组织各类场所进行消防应急演练11次,承办全省文化和旅游行业安全应急演练。

【文化市场执法】 年初,区文化市场综合执法大队组织开展"两会"前文化市场执法检查、巡查工作,确保"两会"期间文化市场安全。完善日常巡查等工作机制,依法依规接处"12318"举报电话,发挥远程视频监控平台辅助作用,对文化市场进行全时段、全方位监管。对网吧、歌舞厅、出版物场所实施常态化监管,高压打击网吧违规接待未成年人、娱乐场所曲库涉黄涉暴、出版物市场制作销售非法出版物等行为。出动执法检查人员150余人次,检查文化经营场所60余家次,处罚发行非法出版物案件1件,查处"涉嫌使用宣扬淫秽、违背民族优秀文化传统的曲目从事经营活动"案件2件,教育督导经营户加强自我约束、自我管理,提升行业自律意识,营造文化市场良好环境。

【文化市场整治】 6月10日,依法拆除一处非法卫星地面接收设施。8月19日,会同公安分局捣毁一处涉嫌侵占广播频率、恶意传截、干扰广播信号的"黑广播"电台。8月26日,全区开展"小耳朵"(卫星地面接收设施)清理整治专项行动。执法人员通过网格巡查,对安装、使用卫星地面接收设施住户开展政策法规教育,劝导其自行拆除非法卫星地面接收设施。此次专项整治行动共查获非法安装使用卫星地面接收设施51个,现场拆除7个,至年末全部拆除。

【"扫黄打非"】 区文化市场综合执法部门按照全市统一布置,组织开展"扫黄打非"、境外电视传播秩序整治等专项行动6次,对4家游戏游艺场所、15家歌舞娱乐场所、19家互联网营业场所治安环境、守法执业等状况开展检查700余家次,整治校园周边文化市场环境10次,受理市及以上举报工单15件,全年出动检查人员5000余人次,查缴非法出版物115件,取缔非法境外电视接收点1处,取缔黑电台1处,发放法律宣传折页7000余份,实施行政处罚17宗,其中简易程序4宗,收缴罚款61.9万元。以"护苗""净网""秋风""清源""固边"五大专项行动为抓手,掌控意识形态领域主动权,对网吧、歌舞娱乐场所、印刷企业、出版物市场等保持常态化监管,营造清朗安全的文化环境。开展法律法规宣传,举办广场法律宣传活动2次,发放普法教育系列宣传折页1.2万余份,举办经营业主法律法规知识培训班3期,参训200余人次。

【全省文旅安全应急演练在浦口举行】 7月15日,全省文旅行业首次大规模安全事故处置演练在浦口区珍珠泉旅游度假区举行。演练由省文旅厅主办,市文旅局、浦口区政府承办,区文旅局、珍珠泉旅游度假区协办,全省设区市文化广电和旅游局负责人、重点文旅单位代表等120余人到现场观摩演练。演练以检验预案、锻炼队伍为目的,演练项目包括旅游包车事故、娱乐场所火灾、高空和水上游乐项目等事故应急救援处置。演练结束后,省文旅厅举办全省文旅行业安全生产培训班,由业内消防、特种设备等方面专家授课,辅导安全生产管理知识,浦口区相关工作部门、重点文化旅游单位40余人参加培训。

(张闽)

· 文稿编辑 刘尚和 ·

卫 生 健 康

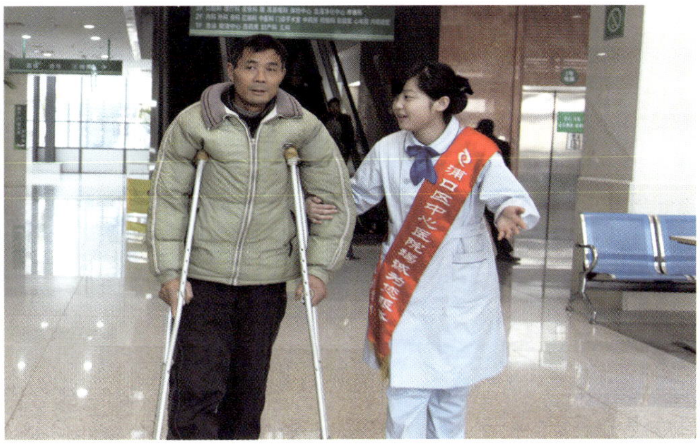

综 述

【概况】 2020年,浦口区有各级各类医疗机构135个,其中综合医院2个,中医医院2个,专科医院1个,护理院2个,社区卫生服务中心7个,社区卫生服务站58个,门诊部6个,诊所(含卫生所、医务室、卫生站、卫生保健所)52个,妇幼保健与计划生育中心、疾病预防控制中心、卫生监督所、医学在职培训机构、临床检验中心各1个。医疗机构编制床位数1751张,其中医院床位1602张、社区卫生机构床位149张。有卫生人员3282人,其中卫生技术人员2803人,内含执业(助理)医师1156人、注册护士1198人。平均每千人口拥有编制床位4.55张、医师3.13人、注册护士3.24人。门急诊量224.19万人次,住院4.36万人次。社区卫生服务中心省级标准化建设达标率100%,服务站达标率100%。基本公共卫生人均补助经费提升至100元,居民健康档案建档率91.43%。区疾控中心获全国死因登记报告县(区)级突出贡献先进集体奖。区卫健委受到江苏省委、省政府表彰,被评为江苏省抗击新冠肺炎疫情先进集体,获全市基层医改(区域医联体建设)创新一等奖。

【综合医改】 以路径优化助力塑造医疗品牌。推进院府合作,浦口慢淋中心7个整建制专科、29个优质专科门诊持续融入,品牌效应持续提升,三四级手术占比63.9%。召开院府合作管委会第四次会议,江苏省人民医院浦口分院新增市级重点专科3个(神经外科、血液内科、病理科),完成三级医院转设市级评估。南京市中医院浦口分院新增市级重点专科1个(放射科)、南京市中医重点专科2个(内科、重症医学科),通过三级中医院转设,成为江北地区首家三级中医院。全区政府办公立医疗机构累计门急诊206.43万人次,占比92.08%;住院4.31万人次,占比98.85%。全区医疗机构总收入14.29亿元,政府办公立医疗机构总收入9.92亿元,占比69.42%。加快实施《浦口区紧密型医共体建设实施方案》,“1+5”和“1+2”医联体、医共体有效运作。浦口区残疾人康复中心与南京脑科医院建立医联体,区残疾人康复中心将在南京脑科医院技术指导下,提升一线医疗康复技术人员的专业能力,提高在训残疾人医疗康复服务水平,保证当地残疾人就近就便享受到更加优质的医疗康复服务。浦口区卫健委与南京市口腔医院共同建设浦口区口腔专科区域医联体,构建“基层首诊、双向转诊、急慢分治、上下联动”的分级诊疗模式,重点扶持南京市中医院浦口分院打造区域口腔诊疗中心,帮助浦口区全面提升口腔特色专科医疗服务能力。以医共体建设为抓手,构建三级诊疗体系。核心医院下派管理骨干、业务专家、高年资主治医师到基层开展培训指导,做好带教培养,选派基层医务人员定期到核心医院进修学习。全年开展培训21场,受训3000余人次,2018年起新招聘175名医护人员充实基层服务力量。加强基层品牌建设,新增驻区专家工作站(室)3个(赵

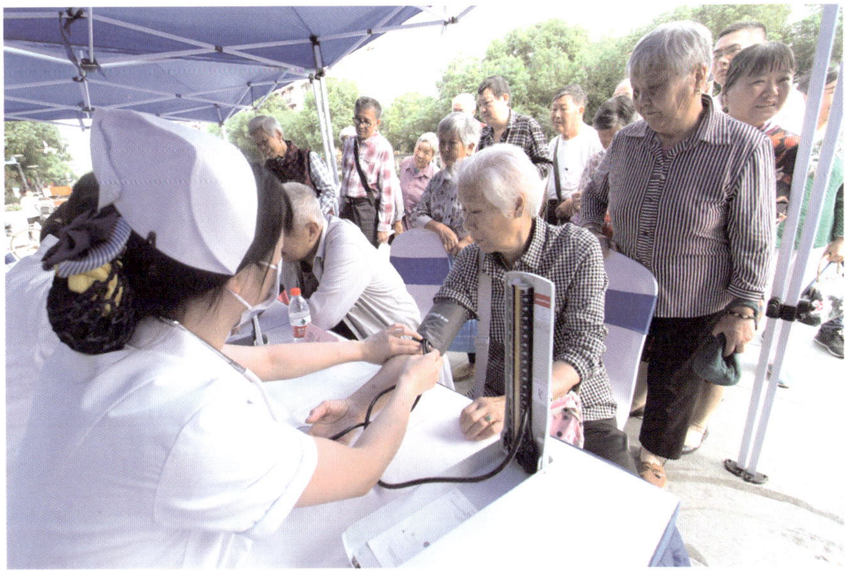

9月19日,为庆祝南京市中医院浦口分院被江苏省中医药管理局确认为三级中医医院,该院举行义诊活动 (刘颖奇 提供)

宝林名医工作站、马明名医工作室、应小燕名医工作室),完成2个省级特色科室(永宁中医内科、桥林糖尿病科),8个市级特色科室(永宁中医科、桥林骨伤科、桥林糖尿病科、汤泉糖尿病科、乌江小儿推拿科、永宁康复医学科、江浦康复医学科、星甸口腔科)、5个区级特色科室(江浦、星甸妇女保健科,江浦、乌江、石桥针灸推拿科)建设,建成1个江苏省基层特色科室孵化点(江浦街道社区卫生服务中心),1家社区卫生服务中心(桥林街道乌江社区卫生服务中心)挂牌为省社区医院。注重医共体内行政管理同质化,选拔任命2家核心医院院长为医共体集团总院长,核心医院派出管理和技术骨干参与技术帮扶医院管理,下派核心医院业务副院长到基层担任中心主任,补强基层医疗机构行政管理能力。突出互通共享,抓强医共体运行效力。建立区域人口健康信息、卫生大数据等平台,实现信息互联互通,与核心医院形成绿色上转通道,完成1例危重孕产妇救治,对接下级医院进行转诊,月均转诊30人次。整合核心医院、基层医疗资源,实行家庭医生网格化管理,构建分级诊疗体系下的家庭服务新模式,获得省市认可,并确定为省级创新建设单位。做优联合病房,由医共体核心医院医务人员与基层医疗机构联合管理,实现医疗管理同质化,降低患者医疗总费用,群众到基层看病就诊的意愿显著增强,部分社区卫生服务中心床位使用率由5%左右提升至75%以上。探索医共体单位药品、检验和检查的统一目录、统一采购、统一配送、统一结算,浦口区被南京市卫健委确定为全市试点先行区。区内各医院落实国家"4+7"城市(指北京、天津、上海、重庆和沈阳、大连、厦门、广州、深圳、成都、西安11个城市)进行国家组织药品集中采购试点政策,优先保障带量采购中选药品使用,25种药品纳入第一批药品集中采购目录,平均降幅59%,最高降幅98.61%。医院开设药师咨询专窗,多形式开展政策宣传,确保政策及时落地见效,减轻群众就医负担。完成社区卫生服务机构升级药品、检查和耗材目录库,运营共享中药房、江浦街道社区卫生服务中心康复病房等联合病房,实现医共体资源同质化管理,全年核心医院下派专家、骨干218人,诊疗2万余人次,区域医共体、医联体建设取得实效,并入选全区十佳创新项目。

【公共卫生服务】 14大类55项基本公共卫生服务实现全覆盖,人均基本公共卫生服务经费补助提至100元,完成1万名适龄妇女"两癌"(宫颈癌、乳腺癌)筛查项目,江浦街道社区卫生服务中心完成省级家庭医生服务模式创新试点单位创建。65周岁以上老年人健康体检率70%,4家医疗机构(江苏省人民医院浦口分院、南京市中医院浦口分院、江浦街道社区卫生服务中心、永宁街道社区卫生服务中心)开展安宁疗护试点。完成国家级病毒性肝炎免疫效果评价项目和市级慢性病防控社会因素调查项目,区疾控中心获国家疾病预防控制中心慢性非传染性疾病预防控制中心确认的2004—2019年全国死因登记报告县(区)级突出贡献先进集体奖。坚持多病共防,开展"防疫有我、爱卫同行"爱国卫生月活动,细化健康浦口和卫生城市建设常态化监测评价,加强国家卫生城市长效管理,完成星甸街道国家卫生街道、汤泉街道省级健康街道、桥林街道省级卫生街道及4个省级健康社区、32个市级"健康细胞"、3家市级无烟机关系列创建任务。桥林街道乌江社区卫生服务中心通过江苏省健康促进医院评估。

2020年浦口区基本公共卫生服务系列创建情况一览表

表118

创建级别及名称		创建单位
国家卫生街道		星甸街道
省级卫生街道		桥林街道
省级健康街道		汤泉街道
省级健康社区		汤泉街道泉西社区、金泉社区、高华社区、九龙社区
江苏省健康促进医院		桥林街道乌江社区卫生服务中心
市级"健康细胞"	市级健康街道	江浦街道
	市级健康社区	星甸街道万隆社区、石窑社区、石桥社区、解放桥社区,桥林街道西山社区、明因寺社区,汤泉街道龙华社区、新金社区、三泉社区、龙井社区、龙山社区
	市级健康单位	永宁街道城管中队、江浦街道城管中队
	市级健康步道	浦口区星甸人口文化园健康步道、桥林街道乌江社区健康步道、永宁街道联合圩健康步道、汤泉街道滁河风光带健康步道
	市级健康主题公园	江浦街道不老村公园、星甸街道洛庄湿地健康主题公园、汤泉街道楚韵花香公园
	市级健康企业	南京大地建设科技有限责任公司
	市级健康村	星甸街道十里村、后圩村、双山村、山西村,桥林街道双庙村,汤泉街道陈庄村、瓦殿村、大黄村、滴水珠村
	市级健康驿站	汤泉街道新金社区健康驿站
市级无烟机关		江浦街道办事处、星甸街道办事处、永宁街道办事处

2020年浦口区基本公共卫生服务预防接种管理执行情况一览表(一)

表119

单位	应建立预防接种证人数(人)	已建立预防接种证人数(人)	建证率(%)	乙肝疫苗应接种人数(人)	乙肝疫苗实际接种人数(人)	乙肝疫苗接种率(%)	乙肝疫苗接种总针次数(针)	卡介苗应接种人数(人)	卡介苗实际接种人数(人)	卡介苗接种率(%)	卡介苗接种总针次数(针)
江浦	8360	8360	100	1489	1489	100.00	2817	1318	1318	100	1318
桥林	2045	2045	100	295	295	100.00	783	244	244	100	244
乌江	1363	1363	100	189	187	98.94	361	174	174	100	174
星甸	1652	1652	100	180	178	98.89	325	146	146	100	146
石桥	1669	1669	100	153	153	100.00	321	168	168	100	168
汤泉	2010	2010	100	192	190	98.95	392	192	192	100	192
永宁	2714	2714	100	427	426	99.76	734	418	418	100	418
市中医院浦口分院	7417	7417	100	1502	1502	100.00	1885	965	965	100	965
合计	27230	27230	100	4427	4420	99.84	7618	3625	3625	100	3625

2020年浦口区基本公共卫生服务预防接种管理执行情况一览表(二)

表120

单位	脊灰疫苗应接种人数(人)	脊灰疫苗实际接种人数(人)	脊灰疫苗接种率(%)	脊灰疫苗接种总针次数(针)	百白破疫苗应接种人数(人)	百白破疫苗实际接种人数(人)	百白破疫苗接种率(%)	百白破疫苗接种总针次数(针)	含麻疹成分疫苗应接种人数(人)	含麻疹成分疫苗实际接种人数(人)	含麻疹成分疫苗接种率(%)	含麻疹成分疫苗接种总针次数(针)
江浦	1503	1503	100.00	5826	1560	1560	100.00	5955	2626	2626	100.00	2931
桥林	272	272	100.00	1198	271	271	100.00	1149	361	361	100.00	659
乌江	163	161	98.77	706	161	159	98.76	683	190	188	98.95	396
星甸	172	169	98.26	754	185	182	98.38	733	170	168	98.82	382
石桥	145	145	100.00	647	149	149	100.00	603	171	171	100.00	319
汤泉	162	160	98.76	732	183	180	98.36	830	206	203	98.54	432
永宁	318	316	99.37	1308	331	330	99.70	1270	498	497	99.80	716
市中医院浦口分院	1558	1558	100.00	3761	1036	1036	100.00	3412	1658	1658	100.00	1834
合计	4293	4284	99.79	14932	3876	3867	99.77	14635	5880	5872	99.86	7669

2020年浦口区基本公共卫生服务预防接种管理执行情况一览表(三)

表121

单位	流脑疫苗应接种人数(人)	流脑疫苗实际接种人数(人)	流脑疫苗接种率(%)	流脑疫苗接种总针次数(针)	乙脑疫苗应接种人数(人)	乙脑疫苗实际接种人数(人)	乙脑疫苗接种率(%)	乙脑疫苗接种总针次数(针)	甲肝疫苗应接种人数(人)	甲肝疫苗实际接种人数(人)	甲肝疫苗接种率(%)	甲肝疫苗接种总针次数(针)
江浦	1624	1624	100.00	3159	1531	1531	100.00	3016	1636	1636	100.00	3151
桥林	278	278	100.00	1333	399	399	100.00	687	414	414	100.00	782
乌江	89	88	98.88	178	190	188	98.95	406	230	228	99.13	443
星甸	127	124	97.64	247	188	186	98.94	418	243	240	98.77	446

续表 121

单位	流脑疫苗应接种人数(人)	流脑疫苗实际接种人数(人)	流脑疫苗接种率(%)	流脑疫苗接种总针次数(针)	乙脑疫苗应接种人数(人)	乙脑疫苗实际接种人数(人)	乙脑疫苗接种率(%)	乙脑疫苗接种总针次数(针)	甲肝疫苗应接种人数(人)	甲肝疫苗实际接种人数(人)	甲肝疫苗接种率(%)	甲肝疫苗接种总针次数(针)
石桥	150	150	100.00	291	167	167	100.00	359	210	210	100.00	359
汤泉	272	268	98.52	850	236	232	98.30	483	286	282	98.60	547
永宁	407	405	99.51	863	329	329	100.00	718	393	392	99.74	764
市中医院浦口分院	2139	2139	100.00	4035	1001	1001	100.00	1965	1104	1104	100.00	2079
合计	5086	5076	99.80	10956	4041	4033	99.80	8052	4516	4506	99.78	8571

2020 年浦口区基本公共卫生服务传染病及突发公共卫生事件执行情况一览表

表 122

单位	登记传染病病例数(例)	网络报告的传染病病例数(例)	传染病疫情报告率(%)	报告传染病病例数(例)	报告及时的病例数(例)	传染病疫情报告及时率(%)
江浦	5	5	100	5	5	100.00
桥林	3	3	100	3	3	100.00
乌江	9	9	100	9	7	77.78
星甸	1	1	100	1	1	100.00
石桥	4	4	100	4	4	100.00
汤泉	1	1	100	1	0	0.00
永宁	1	1	100	1	1	100.00
省人民医院浦口分院	335	335	100	335	335	100.00
市中医院浦口分院	1163	1163	100	1163	1162	99.91
合　计	1522	1522	100	1522	1518	99.74

【智慧医疗】 推进“互联网 + 医疗健康”发展，上线全区医疗废弃物管理平台、安全生产大数据监管平台以及预防接种门诊预约系统，全年预约接种疫苗5.13万人次。探索“互联网 + 护理服务”，对特殊病患开展上门护理服务。推进区域卫生信息互联互通四级甲等测评，建立区域卫生信息平台，对区域全民健康信息化项目进行标准符合性测试和互联互通实际应用效果评价，构建区域全民健康信息互联互通标准化成熟度分级评价体系，系统成熟度达到四级甲等水平。

【人才队伍】 7月3日，浦口区政府出台《关于印发〈关于加强浦口区卫生人才队伍建设的实施意见〉〈浦口区卫生人才引进、科研和专科建设奖励办法〉的通知》。全年引进高层次人才9人，招聘卫技人才262人，遴选省、市基层卫生骨干人才29人，其中省基层卫生骨干人才7人。开展基层卫生人才能力提升培训6人，开展社区卫生服务中心人员务实进修和乡村医生实用技能进修20人，组织全科医生和社区护理人员轮训及各类培训7次300余人。

5月12日、8月18日，区卫健委先后举办“5·12”护士节暨抗疫微故事分享会、中国医师节第二届“浦口好医生”故事分享会。宣读区卫健委《关于表彰2019—2020年度浦口区优质护理服务示范病区、优秀护士长、优秀护士的决定》和《关于命名表彰一批区卫健系统优秀医务工作者的决定》，授予徐叶梅等12人“浦口区优秀护士长”称号，授予刘媛媛等46人“浦口区优秀护士”称号，授予李学良等10人第二届“浦口好医生”称号。

2020年浦口区优秀护士长名录

表123

序号	姓名	性别	职务(职称)	所在单位
1	徐叶梅	女	护士长	江苏省人民医院浦口分院
2	刘　静	女	护士长	江苏省人民医院浦口分院
3	高昌霞	女	护士长	江苏省人民医院浦口分院
4	侯远丽	女	护士长	江苏省人民医院浦口分院
5	王萍萍	女	护士长	江苏省人民医院浦口分院
6	卜颜萍	女	护士长	江苏省人民医院浦口分院
7	徐继晶	女	护士长(主管护师)	南京市中医院浦口分院
8	张　洁	女	护士长(主管护师)	南京市中医院浦口分院
9	潘永婷	女	护士长(护师)	南京市中医院浦口分院
10	顾　萍	女	护士长(主管护师)	南京市中医院浦口分院
11	董香菊	女	护士长(护师)	南京市中医院浦口分院
12	刘付芹	女	护士长	浦口区桥林街道乌江社区卫生服务中心

2020年浦口区优秀护士名录

表124

序号	姓名	性别	职务(职称)	所在单位
1	刘媛媛	女	护师	江苏省人民医院浦口分院
2	张苗苗	女	主管护师	江苏省人民医院浦口分院
3	韦明敏	女	主管护师	江苏省人民医院浦口分院
4	王雅雯	女	护师	江苏省人民医院浦口分院
5	吴雨欣	女	护士	江苏省人民医院浦口分院
6	林毓秋	女	主管护师	江苏省人民医院浦口分院
7	陈苗苗	女	护师	江苏省人民医院浦口分院
8	刘惠玲	女	护士	江苏省人民医院浦口分院
9	阚仕炎	女	护师	江苏省人民医院浦口分院
10	兰顺婷	女	主管护师	江苏省人民医院浦口分院
11	李丽丽	女	主管护师	江苏省人民医院浦口分院
12	时　荧	女	护师	江苏省人民医院浦口分院
13	蒋　薇	女	护师	江苏省人民医院浦口分院
14	董玉玲	女	护师	江苏省人民医院浦口分院
15	张冬梅	女	护士	江苏省人民医院浦口分院
16	徐晓平	女	护师	江苏省人民医院浦口分院
17	李传豪	男	护士	江苏省人民医院浦口分院
18	魏　丽	女	主管护师	江苏省人民医院浦口分院
19	方　萍	女	主管护师	江苏省人民医院浦口分院
20	赵　丹	女	护师	江苏省人民医院浦口分院
21	梅　佳	女	主管护师	南京市中医院浦口分院
22	张欣宇	女	护士	南京市中医院浦口分院

续表 124

序号	姓名	性别	职务(职称)	所在单位
23	赵　璇	女	护士	南京市中医院浦口分院
24	刘　晓	女	护师	南京市中医院浦口分院
25	钟　倩	女	护士	南京市中医院浦口分院
26	常　敏	女	护士	南京市中医院浦口分院
27	邵雨儿	女	护师	南京市中医院浦口分院
28	肖　莉	女	护师	南京市中医院浦口分院
29	王苏新	女	护师	南京市中医院浦口分院
30	王桂花	女	主管护师	南京市中医院浦口分院
31	余永梅	女	护师	南京市中医院浦口分院
32	陈　晓	女	护师	南京市中医院浦口分院
33	王　飞	女	护师	南京市中医院浦口分院
34	吴　燕	女	主管护师	南京市中医院浦口分院
35	江　珊	女	护师	南京市中医院浦口分院
36	赵建美	女	主管护师	南京市中医院浦口分院
37	张贝贝	女	护师	南京市中医院浦口分院
38	滕衍惠	女	主管护师	南京市中医院浦口分院
39	吴红利	女	副主任护师	浦口区妇幼保健计划生育服务中心
40	张学敏	女	护师	浦口区江浦街道社区卫生服务中心
41	刘坤娥	女	护师	浦口区星甸街道社区卫生服务中心
42	周东东	女	护师	浦口区星甸街道石桥社区卫生服务中心
43	秦　佩	女	护师	浦口区汤泉街道社区卫生服务中心
44	周　年	女	护士	浦口区永宁街道社区卫生服务中心
45	万先蓉	女	主管护师	浦口区桥林街道社区卫生服务中心
46	王海滨	女	副主任护师	浦口区桥林街道乌江社区卫生服务中心

2020 年浦口区第二届“浦口好医生”名录

表 125

序号	姓名	性别	职务(职称)	所在单位
1	李学良	男	主任医师	江苏省人民医院浦口分院
2	李国梁	男	副主任医师	江苏省人民医院浦口分院
3	苗　香	女	主任医师	江苏省人民医院浦口分院
4	王　霞	女	副主任中医师	南京市中医院浦口分院
5	黄捷波	男	副主任医师	南京市中医院浦口分院
6	陈　鑫	男	主管医师	浦口区疾病预防控制中心
7	黄晓萍	女	主管医师	浦口区疾病预防控制中心
8	万以霞	女	主治医师	浦口区江浦街道社区卫生服务中心
9	邹香照	男	主治中医师	浦口区星甸街道石桥社区卫生服务中心
10	黄平蓉	女	执业助理医师	浦口区永宁街道侯冲社区卫生服务中心

(刘颖奇)

医疗服务

【概况】 推进院府合作，深化与江苏省人民医院院府合作和融合发展，定期召开管委会会议，谋划研讨院府合作深化事宜，推动两院（江苏省人民医院、江苏省人民医院浦口分院）融合向纵深发展。江苏省人民医院向浦口分院派驻常驻工作人员85人，有29个专科在浦口分院开设专家门诊，消化内科、骨科、胸外科、脑外科、普外科、血液科、泌尿外科、放疗科8个优势专科整体进驻浦口分院。浦口慢性淋巴瘤治疗中心患者来自23个省市和地区；放疗科投入使用后，每日放疗病人50人。推进医共体建设，医共体内统一药品、耗材和辅助检查目录，完成医共体内基本用药统一和基层社区卫生服务机构耗材、检查二级目录库升级。响应健康中国战略，贯彻落实国家卫健委《"互联网+护理服务"试点工作方案》，开展"互联网+护理服务"。南京市中医院浦口分院推进儿童中心大楼建设，建立鼓楼医院卒中中心浦口分院分中心，心内科和重症医学科创成市级重点专科，成立应小燕名医工作室和马明名医工作室，检验科、功能科、放射科3个医技科室申报南京市医学重点专科。9月18日，南京市中医院浦口分院升级为三级中医医院，成为江北地区首家三级中医医院、浦口区首家三级医院，标志着浦口区中医药医疗特色优势、技术水平、科研教学和人才培养等综合实力迈上新台阶。做好公务员体检和教师体检服务工作，完成全区公务员体检4257人次、教师体检4724人次。做好全国女子半程马拉松赛、全国山地自行车赛等重大活动医疗保障工作，无一例不良事件发生。优化急救点设置，在桥林街道乌江社区卫生服务中心新增120站点。结合医共体建设，协调相关部门和街道做好全区团体献血工作，全区团体无偿献血2007人，献血量50.54万毫升。 （刘颖奇）

【高品质家庭医生签约服务】 2020年，区卫健委强化基层基础设施建设，拓展家庭医生团队服务能力，创新服务方式，组建一支管理团队化、服务精细化、群众口碑好的家庭医生服务队伍。

注重基础，夯实家庭医生服务网底。全区7家社区卫生服务中心异地新建工程开工，江浦、石桥社区卫生服务中心完成异地搬迁，7家社区卫生服务中心规划新增床位579张。至年末，累计完成20个区级优质卫生服务站建设。以专家坐诊带教、联合病房、名医工作室和共享中药房为推手，助力社区优质服务能力建设，建成5个区级特色科室、8个市级特色科室、2个省级特色科室、1个省级社区医院。出台《关于加强卫生人才队伍建设的实施意见》《浦口区卫生人才、科研和专科建设奖励办法》，卫健系统计划招聘基层卫技人员114人，完成招聘78人，基层卫生骨干人才遴选数量增加至29人，实施5名卫生院骨干医师、15名乡村医生务实进修和实用技能培训。

区域联动，提升家庭医生服务能力。实施团队化管理，借助浦口区域紧密型医共体建设，医疗服务实现纵向延伸，由区内三级、二级医院专家、社区卫生服务中心医务人员、社区医生等共同组建家庭医生团队，上半年全区三级、二级医院下派专家122人次，服务时长927天。注重智慧化服务，建立并提供家庭医生签约服务平台，对接医院HIS系统，实现信息互联互通，为签约居民提供检验检查项目和诊疗费打折减免等信息，实时接入南京市家庭医生信息平台，通过"12320"或下载"健康南京"App在线开展签约申请、健康咨询、健康档案调阅、健康管理等服务，突出精细化服务，以专科专病建设为抓手，提升基层慢性病、康复、中医等基本医疗服务能力。乌江社区卫生服务中心与南京脑科医院建立重精专病联盟、桥林小针刀、江浦中医康复、永宁中医诊疗、星甸口腔科等特色科室贴近群众需求，为群众提供优质便捷的医疗服务。

创新实践，强化家庭医生服务意识。为慢性病患者提供个性化、"点单式"签约服务项目，全区高血压、2型糖尿病规范管理40126人，规范管理率分别为84.27%、81.27%，分别超全市平均10.73、7.67个百分点。优化家庭医生团队绩效考核，坚持签约医生收入与考核结果挂钩，从规范签约率、基层首诊比率、健康管理效果等重点指标规范家庭医生签约成果。提升家庭医生服务惠民力度，实施基层首诊式家庭医生签约，居民疾病诊疗、转诊预约等均由家庭医生负责，为群众提供多方面服务。在"5·19"世界家庭医生日开展"携手家医，同心抗疫"为主题的家庭医生签约服务宣传，在做好防疫工作的同时，主动引导居民签约，提供家庭医生服务。

（融媒体中心）

【医疗卫生对口帮扶】 落实对口支援制度，选派呼吸内科、神经内科、心血管内科等6名专家到陕西省镇安县中医院开展帮扶。分两批次接收镇安县卫健局选派的11名管理及卫技人员开展交流学习。派驻医务人员在受援医院开展临床查房、临床教学、会诊、疑难危重病症诊疗、适宜新技术和特色诊疗服务等，开展定期业务学习19次、教学查房14次、科室质控管理30余次、教学授课9次；诊疗患者2599人次，出院患者871人次，手术14台次，会诊和危急重症疑难病例讨论101人次，巡回诊疗和义诊294人次；培训受援医院医务人员441人次，完成带领培养骨干医师13人；新建临床专科1个，开展适宜新技术7项、新项目4项，帮助制定医疗管理制度11项，优化诊疗流程6个，开展远程医疗3次。投资30万元，建设江苏省人民医院浦口分院、镇安县医院之间的远程医疗系统，该系统投入运行。区卫健委赠予镇安县卫健局杏林人才基金和健康教育资金10万元，助力人才培养。

浦口区与南谯区深度合作，促进两地卫生健康一体化。1月，浦口区卫健委与南谯区卫健委签订《浦口—南谯卫生健康事业协同发展框架合作协议》。5月，召开浦口—南谯卫生健康事业协同发展推进会，共同商议拟定2020年两地卫生健康事业协调发展工作要点和《浦口—南谯医疗卫生健康事业协同发展工作实施方案》，建立合作领导小组。9月，签订跨界疼痛专病联盟协议并授牌，开展合作共建。以帮扶滁州市第五人民医院妇产科特色科室建设为抓手，开展多学科帮扶调研工作，促进双向转诊制度落实。江苏省人民医院浦口分院和滁州市第五人民医院联合举办"浦口—南谯，携手打造健康都市圈"大型义诊活动，心血管内科、神经内科、内分泌科、消化科、妇产科、皮肤科、骨伤科、普外科、疼痛科和睡眠障碍科10个科室专家参加诊疗,诊疗100余人次。南京市中医院浦口分院依托优势专科开展中医合作,与南谯区腰铺镇卫生院签订帮扶合作协议,选派骨科专家桑保全每周六到腰铺镇卫生院中医科坐诊,并对中医馆建设给予技术支持。11月,与滁州市第五人民医院签订合作协议,帮助建立骨伤科专科联盟,提升南谯区中医药服务能力。桥林街道社区卫生服务中心与南谯龙蟠社区卫生服务中心开展两地基层卫生健康工作交流合作,南谯龙蟠社区卫生服务中心18名医务人员在桥林计划免疫门诊、妇女保健门诊、儿童保健门诊、狂犬疫苗注射门诊开展交流学习,加强医疗合作,推动跨区域协调发展。 (刘颖奇)

【南京一德康复医院开诊】 5月18日,位于江浦街道珠泉西路17号-1的南京一德康复医院开诊。该医院是一家拥有先进康复医疗理念和实践经验,集康复、预防、医疗、教学、科研于一体的二级专科医院。医院建筑面积约1.2万平方米,有职工200余人,其中高级职称51人,核定床位100张,拟开放255张。拥有CT、DR、全套康复设备、无痛胃肠镜检查和治疗设备、彩色TCD、进口检验科设备等。该院借助分级诊疗制度,通过"互联网+医疗"模式,与上海新华医院、上海东方医院、上海华山医院、上海中山医院、上海第十人民医院合作,成为江苏省人民医院、江苏省肿瘤医院、江苏省中医院、南京市鼓楼医院、南医大二附院等医联体协作单位,是对浦口区基层医疗卫生事业的重要补充。 (向锦)

基层卫生

【社区特色科室、卫生服务站建设】 2019—2020年,区卫健委、医改办出台《关于印发〈浦口区社区卫生服务中心特色科室建设行动方案(2020—2022年)〉的通知》和《关于印发〈浦口区社区卫生服务站布局规划方案(2020—2022年)〉的通知》,推进区级特色科室、优质服务示范站建设。2020年,完成江浦、星甸妇女保健科,江浦、乌江、石桥针灸推拿科5个区级特色科室和江浦华光、乌江木山、汤泉新金、星甸石窑、石桥王村5个社区卫生服务站验收。全区有社区卫生服务中心7家,开设家庭医生工作室11个,基层首诊签约43613人,全人群签约率34.2%,重点人群签约率75.65%。建档立卡低收入人口7514人,签约7292人,体检并录入系统7121人。江浦街道社区卫生服务中心家庭医生签约服务纳入省级家庭医生服务模式创新建设单位。

【街道社区卫生服务中心建设】 6月下旬,星甸街道社区卫生服务中心项目通过主体结构验收,进入装饰阶段。该项目是浦口区2020年十大社会事业项目之一,位于经三路东侧、江星桥线以南,计划总投资9200万元,占地面积约10010平方米,总建筑面积1.22万平方米,建设内容包括医疗综合楼、传染楼及附属用房等,设计床位114张,于2019年5月开工建设。

10月上旬,汤泉街道社区卫生服务中心项目完成主体结构施工作业,进入室内外装饰装修阶段。该项目位于金丝南路北侧,计划总投资1.74亿元,占地面积约1.73万平方米,总建筑面积约2.17万平方米,建设内容为门急诊楼、住院楼及附属用房等,设计床位165张,于2019年10月开工建设。

11月下旬,永宁街道社区卫生服务中心项目通过主体结构验收,由土建施工转向装饰内外墙粉刷施工。该项目位于永宁街道勤业路和府西路交叉口,计划总投资约1.43亿元,占地面积约1.2万平方米,总建筑面积约1.8万平方米,建设内容为门诊楼、住院楼、养老楼及地下停车场等。项目按照二甲医院标准设计,设计床位209张,其中医疗床位100张、养老床位109张,是集医疗和养老功能于一体的综合型社区卫生院,建成后可为街道居民提供老年康养服务。项目自2019年12月开工建设。

【南京市名中医赵宝林乌江工作站揭牌】 4月15日在桥林街道乌江社区卫生服务中心揭牌。赵宝林团队为当地患者提供优质医疗服务,并结合社区卫生服务中心实际情况,推广特色诊疗技术,帮助社区卫生服务中心开展肛肠医疗服务。

● 链接:

南京市名中医赵宝林简介

赵宝林,男,南京市中医院浦口分院肛肠科主任,主任中医师,南京市名中医,对痔疮、肛瘘、肛裂、肛门皮肤病等肛肠科常见病、多发病的手术与非手术治疗具有丰富的临床经验,擅长炎症性肠炎、便秘、结直肠肿瘤的中医药治疗。每周二或周五到桥林街道乌江社区卫生服务中心坐诊,成功运用血栓性外痔摘除门诊手术等新技术,让患者在家门口享受到高质量医疗服务,受到群众交口称赞。 (刘颖奇)

【白马邻里中心公共卫生服务中心改造工程开工】 9月8日开工建设。该项目致力于完善"15分钟健康服务圈",打造人文医院、生态医院、数字医院。项目位于江浦街道白马路东侧、狮山路南侧,改造总面积约3740.6平方米,项目总投资1000万元,主要实施功能区域分隔砌筑、局部结构加固等工程,配套改造电气系统、给排水系统、消防系统并新建智能化系统及污水处理系统。项目建成后,南京市中医院浦口分院预防接种点将迁至白马邻里中心公共卫生服务中心,预防接种门诊面积将大幅增加,功能分区更加合理,流程更加科学,洁污流线清楚,内部交通便捷,有效避免交叉感染。卫生服务中心还承担儿童保健、孕产妇保健等公共卫生服务。 (融媒体中心)

【江苏省中医院护理基层培训基地揭牌】 9月16日,江苏省基层特色科室省级孵化中心"江苏省中医院护理基层培训基地"合作签约揭牌仪式在江浦街道社区卫生服务中心举行。江苏省中医院护理部、浦口区卫健委、江浦街道社区卫生服务中心相关负责人参加仪式。双方签订江苏省中医院护理基层培训基地合作协议,并为培训基地授牌,授予江浦街道社区卫生服务中心"孵化点"牌匾。浦口区将以"孵化单位"建设为契机,加强街道社区卫生服务中心与江苏省中医院等上级帮扶单位互通联动,发挥基层优势,推行错位发展,促进"互联网+中医护理与家庭医生签约服务"有机结合。江浦街道社区卫生服务中心将利用培训基地平台，发挥辐射带动作用，承担全区基层医疗机构中医护理适宜技术的培训和推广，实现信息共建、资源共享，创辖区护理特色、强基层中医服务。（刘颖奇）

妇幼保健

【妇女保健】 5月21日、5月22日、6月2日，区卫健委出台《关于印发〈南京市浦口区2020年城乡妇女“两癌”检查工作方案〉的通知》《关于印发〈南京市浦口区2020年免费孕前优生健康检查项目实施方案〉的通知》《关于印发〈2020年全区基层卫生、妇幼健康工作要点〉的通知》等文件，加强对妇女保健工作的领导。全区孕产妇系统管理率90.61%，孕产妇保健管理率99.91%，孕产妇住院分娩率100%，妇女常见病筛查率99.85%以上，婚前医学检查率81%，已婚育龄妇女避孕率95%以上，基层医疗卫生机构妇幼健康规范化门诊建成率100%，妇幼健康服务机构健全率100%。浦口区纳入市级“两癌”筛查新增HPV监测项目试点区，完成宫颈癌筛查10991人，其中异常需转诊360人，确诊宫颈癌2例；乳腺癌筛查11194人，其中异常需转诊635人，乳腺癌确诊8例，超额完成年初乳腺癌、宫颈癌各筛查1万人目标。孕产妇艾滋病、梅毒、乙肝检查率均达100%。未发生可避免性的孕产妇死亡事件。

【婴幼儿保健】 开通儿童计划免疫门诊疫苗预约接种通道，通过“健康浦口”公众号进行预约接种。开展新生儿疾病筛查、新生儿听力筛查、新生儿先心筛查等免费项目。儿童梅毒随访12例。全区儿童免疫规划疫苗接种9.16万针次，免疫规划疫苗接种率保持在98%以上，建卡儿童3049人，建卡率100%。活产2871人，访视2743人，访视率95.54%。7周岁以下儿童20624人，健康管理19542人，健康管理率94.75%。5周岁以下儿童死亡率2.79‰，婴儿死亡率2.44‰，新生儿死亡率1.74‰。乙肝表面抗原阳性孕产妇所生新生儿注射乙肝免疫球蛋白60支。加强出生医学证明管理，全区领取空白出生证明1000张，签发证明1680张，废证2张，废证率0.01%，换证12张，换证率0.07%，补发57张。（刘颖奇）

疾病预防与控制

【传染病防控】 2020年，全区甲乙类传染病累计报告发病425例，发病率112.68/10万，与上年同期相比下降8.29%。处理学校传染病暴发疫情69起，处理传染病预警系统预警信息138条。

【血吸虫病防控】 完成春季查螺2800万平方米，春季药物灭螺310万平方米，环境综合治理灭螺25.6万平方米。开展血吸虫病检查5589人，连续14年无急性血吸虫感染病人。

【结核病防治】 全区登记治疗病人81例，系统管理率和规则服药率均为100%，重点人群肺结核筛查率100%。处置结核病聚集性疫情1起、散发疫情5起，涉及3个学校10个病例，筛查密切接触者567人，全部实施规范管理。

【慢性病管理】 全区高血压患者规范管理率86.8%，2型糖尿病患者规范管理率89.28%。新建糖尿病患者自我管理小组6个、预防跌倒自我管理小组1个、糖尿病患者长效自我管理小组6个。加强严重精神障碍患者管理，全区登记在册患者1329人，报告患病率3.54‰，规范管理率96.46%。以奖代补累计签约1218人，签约率91.65%。

【区疾控中心获中国死因登记报告工作突出贡献先进集体奖】 3月31日，浦口区疾控中心获2004—2019年全国死因登记报告(区)县级突出贡献先进集体奖。浦口区自2006年开展死因监测工作以来，区疾控中心与浦口公安分局、区民政局、妇幼机构及街道建立工作协调机制，形成完整的死因监测网络，每月交换死因监测数据，定期开展死因漏报补报工作，保证死因监测数据的完整性。完成2006年全区人群死因回顾调查项目和2009年、2012年、2015年、2018年全国死因监测漏报调查项目，创成省级慢性病综合防控示范区，完成国家、省、市交付的各项死因监测工作任务。在死因监测数据利用方面，区疾控中心分别于2011年、2012年和2017年撰写科研论文3篇。（刘颖奇）

健康促进

【健康宣教】 区爱卫办通过“线上+线下”多渠道开展新冠肺炎疫情防控健康教育工作，提高自我防护意识，防止病毒传播和扩散，取得显著成效。利用“健康浦口”“浦口发布”等微信公众号推送科普文章50余篇，拍摄科普小视频10余条，向市民普及居家消毒、正确佩戴口罩、各类场所防护指南等防控科普知识。编制7类场所《新型冠状病毒肺炎疫情防控卫生学技术指南》《新型冠状病毒肺炎公众防护口袋书》3600本，编发《致浦口区居民一封信》100余万份。组织健康指导员队伍和健康科普讲师团深入企业、社区、工地、学校开展疫情防控宣讲325场次，累计受益1.2万人次，为复工复学、生产生活上好安全防范第一课。

【爱国卫生月】 4月1日，在江浦街道华光社区响堂桃源谷启动第32个爱国卫生月活动。活动主题为“防疫有我，爱卫同行”，由区爱卫办牵头组织发动，各街道、部门围绕主题宣传教育、环境卫生整治、加大除“四害”(苍蝇、蚊子、老鼠、蟑螂)力度、普及健康理念4个主题，依次推进、分周落实，形成区域联动、部门联动、上下联动、全社会参与、共建共享的氛围。将爱国卫生月活动和巩固疫情防控成果相结合，通过厕所革命、清洁家园、街巷整治、“四害”防治、健康教育宣传等行动，开展多轮爱国卫生及环境卫生专项整治活动，开创爱国卫生与疫情防控“双常态”，取得良好成效。

健康环境建设。根据《实施健康中国行动推进健康南京建设实施方案》，对照健康环境、健康服务、健康文化等方面的管理和建设要求，加强全区健康教育支持性环境建设工作，拓宽健康教育阵地，组织各街道申报国家级、省级卫生街道、省级健康街道、健康社区（村）、健康驿站、健康主题公园等“健康细胞”工程38个。至年底，星甸街道国家级、桥林街道省级卫生街道创建通过暗访，全区健康社区、健康企业（单位）、健康主题公园等32个市级“健康细胞”通过现场评估验收。邀请市级专家开展病媒生物防制和农贸市场疫情防控指南暨消杀专题培训，落实“四害”密度监测和灭效评估，开展“四害”滋生地治理，汤泉街道和星甸街道病媒生物防制全覆盖。

健康知识普及行动。发动居民参与“健康家庭、健康市民”评选活动，举办线上培训班，新增健康生活方式指导员165人，结合疫情防控工作要求，加强传染病防治知识宣传，开展健康知识讲座“五进”（进社区、进学校、进机关、进企业、进农村）活动，加强对市民健康生活方式的指导干预。组织第二届区级健康讲师演讲技能竞赛，评选出3名代表参加市级半决赛、总决赛，获得总决赛团体和个人三等奖。

卫生城市长效管理。贯彻《南京市国家卫生城市长效管理考核方法》，结合改善农村人居环境、建设美丽宜居乡村工作要求，拟定城市卫生管理长效机制，由区爱卫办牵头，区建设局、房产局、水务局、城管局、卫健委、市场监管局、生态环境局等部门组成浦口区国家卫生城市长效管理考核小组，每季度具体组织实施考核工作。坚持常态化管理、动态化管理与长效化宣传相结合，逐步实现由卫生街道向健康街道转变。建立“网格化”农村人居环境和基础设施长效管护责任体系，将农村户厕改造工作纳入农村人居环境村庄长效管护运行机制考核，每月形成考评通报，考核成绩计入浦口区城市治理考评、街道分类及和谐社区考核，杜绝农户旱厕回潮，巩固无害化卫生厕所建设成果。

完成健康项目监测调查。组建由区爱卫办、疾控中心、相关街道和社区工作人员组成的专项调查组，完成信息摸底、入户调查、质量校核、结果上报等工作。国家级成人烟草流行监测工作完成江浦街道、桥林街道、永宁街道6个社区720户问卷调查。完成市级健康素养入户调查项目，调查永宁街道2个社区110户，年龄15～69周岁，通过现场调查，了解居民健康素养66条基本知识掌握情况以及居民健康素养水平，为健康促进工作开展提供基础数据。

【卫生监督】 公共场所卫生监督　截至年底，全区有公共场所566家，公共场所日常监督检查810户次，完成量化分级390户次。利用微信平台，建立各类管理人工作群，及时传达文件精神和工作要求。对全区144家医疗机构开展日常监督512户次。完成新冠肺炎疫情、传染病、母婴保健、打击非法行医等15个专项检查共585户次。开展全区基层卫生服务站医院感染、医疗废物管理监督检查，完成传染病防治监督检查354户次。

餐饮具消毒产品卫生监督　全区有消毒产品企业5家，其中餐饮具集中消毒企业2家、消毒产品生产企业3家。全年完成餐饮具消毒、消毒产品等日常监督检查11户次。开展专项检查5户次。消毒餐具抽检样品149份，合格147份，合格率98.7%，对餐具清毒不合格企业依法进行行政处罚。

饮用水卫生监督　对1家集中式供水单位、42家二次供水单位和3家涉水产品生产企业开展日常监督检查86户次，更新动态档案。做好饮用水水质监测，监测水样87份，合格率100%。

学校卫生监督　完成学校卫生专项检查140户次。对学校直饮水监督抽检15户，监测水样15份，合格率100%。开展托幼机构照明采光专项监督检查。督促49家收到区疾控疫情意见书的学校落实整改。完成学校综合评价工作，做好中考、高考保障工作。

“互联网＋在线监测”监督　区卫生监督所作为2020年全省卫生监督在线监督监测试点单位，拓展智慧卫监平台建设领域，提高卫生监督执法的智能化水平。建成医疗机构辐射在线监测、餐饮具消毒在线监测、二次供水水质在线监测、医疗机构电子监控、公共场所室内环境在线监测平台，预留可扩展性模块接口，开启“互联网＋在线监测”监管新模式，提升执法效率。

【桥林街道乌江社区卫生服务中心获评江苏省健康促进医院】 7月2日，江苏省卫健委下发《关于确认江苏省健康促进医院评估结果的通知》，浦口区桥林街道乌江社区卫生服务中心获“江苏省健康促进医院”称号。中心按照江苏省创建健康促进医院工作要求和创建标准，改善就医环境和诊疗服务，提高医院职工、患者及家属、社区居民的健康素养水平，并在三方面形成健康促进特色工作。加强健康宣教，各科室每日开诊前进行集中交班，发布近期工作任务，考核医务人员健康素养、“三减三健”（减盐、减油、减糖，健康口腔、健康体重、健康骨骼）及疾病预防等方面理论知识，及时反馈近期居民常见健康问题并集中探讨，制定健康宣教方案。深化医共体模式下健康宣传，依托与江苏省人民医院浦口分院的医共体合作关系，开展广场健康宣传，举办健康教育讲座，建立疼痛专科联盟，引进“正清风痛宁”三联序贯疗法及冲击波治疗等先进技术。推广中医适宜技术，设立小儿推拿科，通过妈妈课堂及现场教学等方式宣传小儿推拿健康知识，做到未病先防，提高儿童身体免疫力，获得居民一致好评。（刘颖奇）

重点医疗机构

·江苏省人民医院浦口分院·

【概况】 2020年，江苏省人民医院浦口分院（南京市浦口区中心医院）有在职职工1147人，其中卫技人员1034人，高级职称184人，中级职称300人；博士11人（含在读博士），硕士及以上学历127人。拥有“江苏省名医”称号专家6人，“十二五”“十三五”南京市卫生青年人才培养工程人员10人，南京市中青年拔尖人才1人（史传兵），江苏省县级医院创新类“双创博士”1人（范姝琳），江苏省级专科护士16人。胫骨手术牵引支撑架、甲状腺穿刺用颈部枕、临床使用的管道固定装置等24项实用新型技术获得国家专利。创新实施“一院三区”（一院即省人民医院本部，三区即省人民医院＋省人民医院妇幼分院＋省人民医院浦口分院三个院区）院区化管理及区域医共体建设模式。在双方深度融合、同质化、一体化管理中，随着骨科、消化内科、普外科、胸外科、血液科等省人民医院强势专科的进驻，浦口分院人才、技术力量增强,综合服务能力显著提升,心内科电生理手术、消化内科 ESD(内镜黏膜下剥离术)手术、骨科高难度脊柱手术填补浦口空白,并在全国率先开展 5G+MR(虚拟混合现实)肺亚段切除术、5G+MR 乳腺癌手术。门急诊 63.83 万人次,同比下降 7.2%;住院 24677 人次,下降 12.7%;手术 10211 人次,上升 4.2%,其中三四级手术 6211 人次,上升 6.5%。居民医保住院服务人次占比由 2018 年的 19.07% 上升到 30.52%。医院先后获"全国改善医疗服务示范医院""全国伤害监测先进单位""江苏省文明单位""江苏省健康促进医院优秀单位""江苏省对口支援先进单位""南京市文明单位""南京市五一劳动奖状"等称号。

【基础设施建设】 医院占地面积 12 万平方米,建筑面积 11 万平方米。三期工程项目开工,总投资 31.6 亿元,占地面积 3.76 万平方米,总建筑面积约 24.5 万平方米,建成后将新增病区 24 个、床位 1080 张。有职能科室 20 个、临床科室 40 个,其中消化内科、心内科、内分泌科、肾脏内科、神经内科、肿瘤内科、呼吸内科、普外科、骨科、泌尿外科、产科、妇科、康复医学科、耳鼻喉科、麻醉科、检验科、超声诊断科、放射影像科、重症医学科、药剂科、血液科、病理科、神经外科 23 个专科为南京市医学重点专科。新增风湿免疫科、血液科、介入科、生殖医学科等临床科室,成立江苏省人民医院浦口慢淋中心、高血压诊疗中心、肿瘤诊疗中心等,向专科、专病诊疗方向发展。医院拥有 SPECT、128 层螺旋 CT、数字化平板血管造影机(DSA)、直线加速器(LA)、1.5T 磁共振(MRI)、全数字化乳腺机摄影系统、全自动生化分析仪、OTC(光学相干断层成像)、腔镜(电子胃肠镜、十二指肠镜、关节镜、经皮肾镜、腹腔镜、宫腔镜)等先进医疗设备。PCR(基因扩增)实验室投入使用。完善以电子病历为核心的医院信息系统(HIS)、实验室(检验科)信息系统(LIS)、医学影像信息系统(PACS)、电子病历系统及数据平台,拓展移动医疗、移动护理查房系统,开通人脸识别等智能支付系统,涵盖电子图书馆、办公自动化系统(OA)等。

【医学教学与科研】 申报江苏省自然科学基金、江苏省社会发展项目 10 余项,入围 3 项;申报江苏省中医药管理局项目 3 项,入围 1 项;申报南京市卫生科技发展项目 24 项,入围 5 项;申报南京医科大学课题 24 项,入围 24 项,获批 10 项,总经费 23.3 万元;申报江苏卫生健康职业学院课题 25 项,入围 10 项;申报浦口区科技发展项目 23 项,获批立项 11 项,总经费 29 万元。设立江苏省人民医院浦口分院科技发展基金,每年额度 100 万元。设重大项目 2 项,每项资助 10 万元,结题标准为 3 分以上 SCI(科学引文索引)论文,并以此研究结果作为基础申报国自然;设重点项目 5 项,每项资助 5 万~8 万元,结题标准为 1 分以上 SCI 论文或者 2 篇北大核心论文;设一般项目 15 项,每项资助 2 万~3 万元,结题标准为科技核心期刊。截至年底,收到申报书 34 项,其中重大项目 3 项、重点项目 9 项、一般项目 22 项。经过专家评审及院办公会审定,决定立项重大项目 2 项、重点项目 6 项、一般项目 15 项,合计经费 106.5 万元。依托江苏省人民医院本部开展药物临床试验,共开展三期及四期药物临床试验 4 项,为医院申请药物临床试验机构备案积累经验、储备人才。组织人员参加江苏省人民医院与哈弗大学布莱根妇女医院合作开展的临床研究骨干培训班及国际训练营项目,轮训 10 人,均成为科室科研骨干。全院发表学术论文 120 余篇,其中核心期刊 15 篇、SCI 论文 17 篇,实用新型专利 24 个。

教学方面,接收 10 名助理全科学员和 5 名住院医师规范化培训学员。19 级和 20 级在培学员数量达到助理全科学员 32 人、住院医师培训学员 8 人。与江苏卫生健康职业学院、宿迁卫校、盐城卫校、江苏经贸学院、镇江高等专科学校等医学院校签定实习协议,接收临床、护理、康复、药学、检验、影像技术等专业实习生 121 人。首次开设临床及护理驻点班,接收临床学生 32 人、护理学生 17 人。

【与省人民医院举行联合义诊】 7 月 18 日,在建党 99 周年暨院府合作两周年之际,省人民医院本部与浦口分院联合举办义诊活动。40 多位专家参加,接诊来自南京市区、浦口及周边患者 1500 余人次,其中测血糖 200 余人次、测血压 300 余人次。

【浦口—南谯疼痛专病联盟成立】 9 月 25 日在滁州市第五人民医院举行揭牌仪式。浦口—南谯疼痛专病联盟搭建疼痛专科交流平台,携手疼痛学科建设和发展,扩大优质医疗资源惠及面,方便南谯区域及周边患者就医,同时以点带面发挥更多优质医疗资源的辐射作用。

(刘颖奇)

·南京市中医院浦口分院·

【概况】 2020 年,南京市中医院浦口分院(南京市浦口区中医院)与南医大二附院、中大医院合作,成立妇产科专家应小燕名医工作室及康复科马明名医工作室。完成三级中医医院转设,获"江苏省健康单位""全国敬老文明号"称号。全年门急诊 58.33 万人次,同比下降 19.6%;住院 1.81 万人次,下降 28.1%;手术 7403 人次,上升 1.4%;业务收入 3.36 亿元,下降 10.5%。

【基础设施建设】 医院占地面积 3.67 万平方米,建筑面积 7.22 万平方米。改扩建工程二期儿童中心主体封顶。作为新冠疫苗接种点及女性产后康复中心的江浦街道白马邻里中心 4~7 层装修改造完成并投入使用。开设呼吸内科(肺病科)、消化内科(脾胃科)、心内科、脑病科、内分泌科、外科、妇产科、儿科、骨伤科、肛肠科、眼耳鼻喉科、急诊科等 26 个临床科室,放射科、检验科、心电图、彩超、内镜、病理等 8 个医技科室。医院拥有省重点专科 1 个(儿科)、市重点专科 11 个(肛肠科、脑血管病科、儿科、骨伤科、脾胃科、呼吸内科、内分泌科、急诊科、心内科、重症医学科、放射科)、南京市多专业一体化平台 2 个(肛肠科—便秘多专业一体化、脑病科—中风多专业一体化),配备 64 排 CT(电子计算机断层扫描仪器)、DSA(数字化平板血管造影机)、MRI(磁共振)、钼靶等先进医疗设备。采购日本富士超声内镜系统 1 套、血管内超声诊断仪 1 台、移动 DR(数字 X 线摄影)1 台、核酸检测等设备,总价值约600万元。具备新冠病毒核酸检测资格,PCR(基因扩增)实验室投入使用,日均检测1000人次。手麻系统、等保系统、供应室追溯系统、医废系统、数字认证系统、体检系统、病理系统上线使用。完成省招采平台与HIS系统(医院信息系统)对接,实现省平台线上采购互联互通。推动互联网医院建设,完成与省、市专网对接,以及服务器的采购、安装、调试及相关科室、医师信息采集工作。向市卫生信息中心申请互联网医院牌照。

【医学教学与科研】 与江苏卫生健康职业学院合作,开设针灸推拿专业驻点班,34名学员在院学习。申报省市区科研项目36个,开展科研新技术、新项目47个,发表统计源以上核心期刊论文22篇,其中含抗硬皮病抗体(SCI)论文4篇,省市区科研项目立项34个(省级18个、市级5个、区级11个),举办前列腺疾病中西医结合诊疗培训班。加强人才队伍建设,推进教研工作再提升。招聘备案制工作人员24人,其中中医药硕士10人,引进高级人才3人,选派28人外出进修,接收到院进修22人。

【马明名医工作室、应小燕名医工作室成立】 5月15日,东南大学附属中大医院康复医学科副主任马明工作室成立。7月28日,南京医科大学第二附属医院东院副院长、妇产科主任医师应小燕工作室成立。

马明名医工作室成立以来,南京市中医院浦口分院同时成为中大医院康复中心浦口中医院分中心、重大康复专科联盟成员。该工作室集物理因子、运动疗法、手作业疗法、言语认知训练、中医传统疗法于一体,配备康复科医师、治疗师、针灸推拿医师、康复护士等专技人员,合作开展运动康复门诊,为患者提供中西医结合的康复治疗。参与康复科每周三专家查房。至年底,接诊30余次,获得患者一致好评。

应小燕名医工作室成立以来,到南京市中医院浦口分院坐诊14次,累计接诊病患100余人。经阴道闭孔尿道中段无张力悬吊术、圆韧带悬吊术、孕中期腹腔镜下宫颈环扎术、宫腹腔镜联合疤痕妊娠切除术等新技术、新项目填补院内技术空白。

● 链接:

康复医学专家马明简介

马明,男,副主任治疗师,副教授,硕士生导师,东南大学附属中大医院康复医学科副主任。毕业于香港理工大学,主要从事骨骼肌肉疼痛、运动伤病防护及康复管理工作,善于以临床推论、整体治疗的理念为患者实施康复治疗,尤其擅长各类疑难骨关节疾病、运动损伤的康复评估及治疗。主持或参与科技部、教育部、国家体育局研究课题10余项,发表SCI论文及中文核心期刊30余篇,主编及参编、参译专著及教材10多部。

妇产科主任医师应小燕简介

应小燕,女,主任医师,教授,博士生导师,南京医科大学第二附属医院东院副院长,妇产科主任,“333”工程第三层次培养对象,江苏省兴卫工程重点人才,江苏省“六大人才高峰”高层次人才选拔培养对象,2004年完成美国耶鲁大学医学院四年博士后研究后回国。擅长腹腔镜下巨大子宫切除术,全腹腔镜下回肠代阴道手术,腹腔镜下宫颈环扎术,腹腔镜下盆腔、腹主动脉旁淋巴结清扫术等。

【南京市中医院浦口分院成为浦口区首家三级公立医院】 9月18日,南京市中医院浦口分院被江苏省中医药管理局确认为三级中医医院,这是江北地区首家三级中医医院、浦口区首家三级医院,标志着浦口区中医药医疗特色优势、技术水平、科研教学、人才培养等综合实力迈上新台阶。近年来,南京市中医院浦口分院与省中医院、中大医院、鼓楼医院、南京总医院等省市知名医疗机构合作,共建5个分中心(重症医学分中心、胸痛分中心、内分泌分中心、乳腺分中心、卒中分中心),5个名医工作室(刘玉玲名医工作室、赵宝林名医工作室、马明名医工作室、应小燕名医工作室、张骠名医工作室)。2019年底,挂牌南京市中医院浦口分院,市中医院肛肠、泌尿、皮肤、重症4个优势专科团队进驻。2020年,南京市中医院浦口分院有省重点专科1个(儿科),市重点专科11个(肛肠科、脑血管病科、儿科、骨伤科、脾胃科、呼吸内科、内分泌科、急诊科、心内科、重症医学科、放射科),市多专业一体化平台2个,床位500张。区委、区政府投入3.1亿元建设儿童中心,预计2021年10月竣工,届时增加床位200张。注重名医名师的引进和培育,有南京市名中医2人、中高级职称279人,柔性引进中大医院普外科陈卫东担任外科主任,中医师常晓娟入选中医药传承与创新“千百万”人才工程培养对象。实施春苗工程,挖掘中医研究生导师资源,选派11名青年中医师跟师名老中医抄方学习,并与江苏卫生健康职业学院合作,开设针灸推拿专业驻点班,为区内中医药人才培育贡献中坚力量。

【获“卫生健康综合宣传服务平台副理事长单位”称号】 12月10日,由健康报社主办、浦口区卫健委协办、南京市中医院浦口分院承办的第二届卫生健康行业党建工作总结交流与宣传大会在浦口区举办。健康报社党委、社长,国家卫健委医院管理研究所,省卫健委,省卫健委机关纪委,市卫健委党委,区委等主要领导出席,来自全国17个省(直辖市、自治区)70余家医疗卫生单位400多名代表参会。医疗界专家学者围绕“促交流,强党建,共发展”主题开展讨论,分享公立医院党建成效和基本经验,共同为提高公立医院党建工作水平,推动医院治理体系和治理能力现代化做贡献。南京市中医院浦口分院“支部建在科室上”获评2020年度卫生健康行业党建创新案例,医院获健康报“卫生健康综合宣传服务平台副理事长单位”称号。

(刘颖奇)

· 文稿编辑 周世泉 ·

新冠肺炎疫情防控

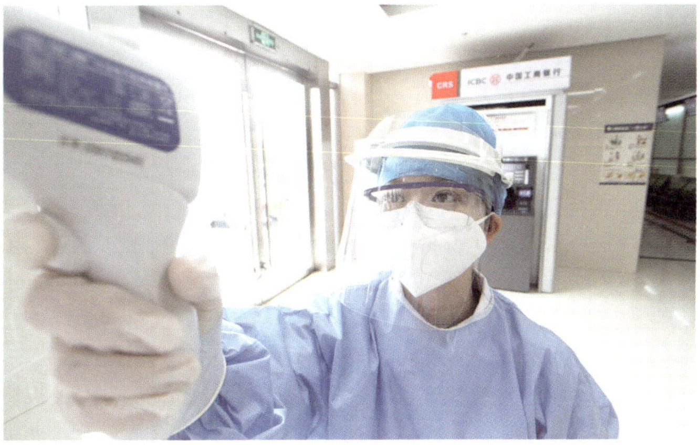

综 述

2020 年初，湖北武汉等多地发生新冠肺炎疫情，浦口区按照中央和省、市统一部署，迅速启动突发公共卫生事件一级响应预案，打响抗击新冠肺炎疫情总体战、阻击战。1 月下旬，区委成立应对疫情工作领导小组，区政府及相关部门、街道、企事业单位相继成立疫情防控指挥体系。区公共卫生机构按照国家、省、市防控工作要求和诊疗规范，完善预检分诊和发热门诊设置，严格按照“四早”（早发现、早报告、早诊断、早隔离）要求做好人员防治。加强病例采样、流调、排查、监测和管理，实施全链条追踪排查，精准查找传染源和密切接触者，做到程序严密、无缝衔接。购置移动方舱 CT、转运车、移动 DR，夯实医疗物资保障。科学规范设置各类集中隔离场所 17 个，落细落实重点人群健康管控，有效控制重点传染源。派出 4 批 38 名医务人员支援武汉抗疫，实现“患者零死亡，医护人员零感染”目标。统筹疫情防控和复工复产，规上企业和高新技术企业在全市最快实现 100% 复工。文旅行业有序复苏，学校复学，商超、农贸市场恢复营业，疫情防控自 5 月份进入常态化。12 月 21 日，以接种新冠疫苗为标志，冬季疫情防控顺利推进。全年发热门诊累计接诊 6240 人，留观 71 人，开展流调 159 人，规范转运、跟踪、管理出院病例 6 人、无症状感染者 3 人，处置聚集性疫情 1 起。全区新冠肺炎阳性病例 0 例，死亡病例 0 例。

联防联控机制启动

【概况】 1 月 22 日，制定《浦口区新型冠状病毒感染的肺炎疫情防控工作方案（试行）》，成立浦口区新冠肺炎疫情防控指挥部。根据疫情防控形势需要和防控重点变化，制定《南京市浦口区新型冠状病毒感染的肺炎疫情防控工作机制方案》，及时调整完善防控工作组织架构，建立完善“一办九组 + N 个专项组”的防控组织体系。区委、区政府主要领导亲自挂帅、靠前指挥，9 名区领导担任职能组组长，各街场、园区、平台以及企事业单位根据区委、区政府要求，相继建立防控组织指挥体系，形成“纵向到底，横向到边”的联防联控网络，全区“一盘棋”，有力、有序地组织领导广大党员干部和群众开展新冠肺炎疫情防控工作。

【浦口区新冠肺炎疫情防控第一次工作会议】 1 月 21 日，区委、区政府在政府会议室召开。区委、区政府主要领导，区政府办、卫健委、发改委、教育局、科技局、工信局、司法局、财政局、人社局、生态环境局、交运局、农业农村局、商务局、文旅局、应急管理局、市场监管局、气象局、红十字会主要负责人，宣传部、公安分局负责人和各街道行政主要负责人，以及卫健系统各医疗卫生单位负责人参加会议，标志着浦口区联防联控机制启动。区卫健委主要负责人传达省、市疫情防控会议精神，解读《浦口区新型冠状病毒感染的肺炎疫情防控工作方案（征求意见稿）》，并汇报医疗资源调

疫情防控党员突击队 （刘颖奇 提供）

配、定点医院物资储备、人员培训等前期工作。区委、区政府主要领导要求各级各单位要高度重视新冠肺炎疫情防控工作;要提高政治站位,认清此次防控工作的复杂性、危害性和特殊性,在当前病源不清、传播途径未明确等情况下做好防控工作,保障群众生命健康,维护浦口区经济发展和社会稳定;要全面启动全区突发公共卫生事件应急预案,各责任单位要应对可能出现的疾病疫情,完善全区新型冠状病毒感染的肺炎疫情防控工作方案和应急预案,建立健全防控机制,严格做好疫情监测处置工作,强化流动人群监测、发热门诊和人群集中场所管理,加强交通运输管控和城乡环境卫生整治,做好医疗救治各项准备工作;要强化疫情防控工作统筹力度,加强组织领导,成立新型冠状病毒感染的肺炎疫情防控领导小组,抽调人员集中办公,明确各责任单位主要职责,形成联防联动机制,加强健康教育和舆论引导,做好正面宣传,强化应急值守,严格执行24小时专人值班和领导干部在岗带班制度。 (疫情防控指挥部)

【浦口区新冠肺炎疫情防控工作指挥部成立】 1月22日,浦口区政府按照《浦口区突发公共卫生事件应急预案》要求,制定《浦口区新型冠状病毒感染的肺炎防控工作方案(试行)》。方案根据“统一领导、分级负责,明确职责、属地管理,依法规范、快速响应,依靠科技、加强协作,平战结合、资源共享”原则,成立浦口区新冠肺炎疫情防控工作指挥部,由区长担任指挥长,区委、区政府分管领导担任副指挥长,成员由各街场、园区、平台、机关各单位42名负责人担任,负责统一领导和指挥全区新冠肺炎疫情防控工作。指挥部办公室设在区卫健委,承担日常工作,办公室主任由区政府一名副区长兼任,区卫健委主要负责人兼任常务副主任。指挥部下设综合信息组、应急保障组、医疗救治(疫情防控)组、市场工作组、安全保卫组、交通工作组、社区工作组、宣传引导组8个专项组,按照属地管理原则,负责辖区新型冠状病毒感染的肺炎防控工作。 (政府办)

【区委常委挂钩督导疫情防控工作】 1月27日,区委办发出《关于区委常委挂钩督导新型冠状病毒感染的肺炎疫情防控工作的通知》。经区委研究决定,建立区委常委挂钩督导疫情防控工作制度,区委书记、区长负责全区面上情况指挥调度,另外7名区委常委分别挂钩联系江浦街道、桥林街道、星甸街道、汤泉街道、永宁街道、老山林场、汤泉农场7个板块。原则上每日对联系板块的疫情防控工作进行调度,全面掌握各板块疫情防控措施落实情况、重点人群监测排查情况,推动各板块压实属地责任,完善应急机制,及时准确报送疫情信息;深入基层社区、农贸市场、医疗服务机构等开展防控工作督导,重点检查组织领导、值班值守、联防联控等工作落实情况,及时发现和纠正任务不落实、措施不到位等问题;坚持问题导向,强化高位协调,在区防控工作指挥部的统一领导下,协调解决人员保障、物资供给、信息共享、安置场所等问题,向指挥部提出进一步的预防控制措施建议。

【浦口区新冠肺炎疫情防控“一办九组+N个专项工作组”组织架构】 2月2日,区委、区政府贯彻落实党中央、国务院以及省、市各项决策部署,按照“依法依规、属地管理,完善机制、合力应对,公开透明、回应关切,依靠科学、有效防治”原则,制定《南京市浦口区新型冠状病毒感染的肺炎疫情防控工作机制方案》。方案明确:区委应对新冠肺炎疫情工作领导小组在区委常委会领导下开展工作,区委书记任组长,区长和一名副区长任副组长。区政府新冠肺炎疫情防控指挥部在领导小组领导下开展工作,区长任指挥长。指挥部成员由各相关单位负责人担任,下设办公室(综合信息组)、疫情控制组、医疗救治组、物资保障与市场秩序组、社会和社区防控组、交通管控组、农业农村组、新闻宣传组、督查调度组9个工作组。各组由区相关领导担任组长,各组成员单位由1名部门主要负责人担任副组长、1名区管副职为牵头副组长。另根据工作需要,成立学校专项组、企业专项组、建筑工地专项组、军地联合专项组、机关专项组5个专项工作组。各工作组参加单位以及组成人员根据疫情防控形势可以及时动态调整,形成“一办九组+N个专项工作组”的组织架构。 (区委办)

【疫情防控网络构建】 1月22日,汤泉街道印发《汤泉街道新型冠状病毒感染的肺炎疫情防控工作方案(试行)》通知,成立汤泉街道新冠肺炎疫情防控工作领导小组,街道党工委书记、办事处主任担任组长(双组长),街道领导班子11名成员担任副组长,成员由相关科室、村(社区)35个主要负责人组成,负责统一领导和指挥全街疫情防控工作。领导小组办公室设在卫生和计划生育科,承担日常工作,负责信息扎口上报,办公室主任由卫生和计划生育科科长兼任。领导小组下设综合协调组、预防控制组、医疗救治组、舆情宣传组和督查组5个专项组。如发现疫情,领导小组转为应急指挥部,统筹开展人员救治和疫情防控工作。

1月22日,江苏省江浦高级中学制定《江苏省江浦高级中学新型冠状病毒感染肺炎防控应急预案》,成立防控疫情工作领导小组,组长由校长和党委书记担任(双组长),副组长由6个副校长担任。下设办公室,主任3人,分别是校长办公室主任、新疆班管理办主任、后勤处主任。成员由新疆班12个班班主任、3个新疆班管理办教师、1个新疆班厨师、1个新疆班食堂司务长共17人组成。制定《江苏省江浦高级中学秋冬季新冠肺炎防控工作方案》,成立学校新冠肺炎防控工作领导小组。组长由校长和党委书记担任(双组长)。成员由4个副校长、1个校长办公室主任、1个校医共6人组成。下设综合协调组、教育教学组、后勤保障组、应急安全组、宣传引导组5个职能组,组长分别由校长、副校长、校长办公室副主任担任。

1月23日,浦口区农业农村局制定《浦口区农业农村系统新型冠状病毒感染的肺炎疫情防控工作方案》,成立浦口区农业农村局新冠肺炎疫情防控工作领导小组。组长由局长(党委书记)担任,副组长由2名副局长担任,成员由区畜牧兽医站站长、动物卫生监督所所长、森林警察大队大队长、林业站站长、畜禽屠宰管理科负责人、畜牧水产科负责人、安全维稳办主任、办公室负责人8人组成。领导小组下设办公室,设在区畜牧兽医站,具体负责全区农业系统新冠肺炎日常防控工作的业务指导、组织管理与监督检查,负责日常疫情报告、信息沟通与组织协调工作。确定办公室联系人和联系电话。

1月23日,浦口区文旅局制定《浦口区文化旅游体育领域新型冠状病毒感染的肺炎疫情防控工作方案》,成立浦口区文旅体领域新冠肺炎疫情防控工作领导小组,局长担任组长,5名副局长和1名四级调研员担任副组长,成员由区文旅局办公室主任、旅游发展科科长、市场管理科科长、公共服务科主持工作副科长、体育发展科科长、区青少年业余体育学校校长、文化综合执法大队大队长、文化馆馆长、图书馆馆长、求雨山文化名人纪念馆馆长、旅游行业协会会长11人组成,负责统一领导和指挥全区文旅行业(包括旅行社、旅游星级酒店、旅游景区、图书馆、文化馆、求雨山文化名人纪念馆、体育场馆、网吧、KTV等重点领域)新冠肺炎疫情防控工作。领导小组办公室设在局办公室,承担日常工作。确定办公室联系人和联系电话。

2月5日,浦口开发区南京依维柯汽车有限公司制定《南京依维柯汽车有限公司疫情防控及后勤保障工作方案》,成立南京依维柯汽车有限公司疫情防控领导小组。组长由常务副总经理担任,副组长由党委书记和2名副总经理担任,负责统一指挥和协调南京依维柯公司的疫情防控阻击战。疫情防控领导小组下设总经理办公室、人力资源部、党群工作部和制造部4个疫情防控工作小组。(汤泉街道 江苏省江浦高级中学 农业农村局 文旅局 南京依维柯汽车有限公司)

应急性防控

【概况】 1月21日区委、区政府召开第一次疫情防控工作会议以后,全区进入疫情防控应急状态。全区设置新冠肺炎发热门诊2家,分别为江苏省人民医院浦口分院和南京市中医院浦口分院,截至12月31日,共接诊患者19970人次(江苏省人民医院浦口分院8765人次、南京市中医院浦口分院11205人次),其中发热患者11875人次(江苏省人民医院浦口分院5021人次、南京市中医院浦口分院6854人次)。2家医院按照相关要求加强对发热门诊、预检分诊、核酸采集点、医疗废物暂存点及电梯等重点场所空气、环境物表进行严格消杀,每日3次,物表用一次性消毒湿巾或含氯消毒剂擦拭,开窗通风并用循环风消毒机消毒空气,每日进行不同场所环境及物表病毒采样,累计环境采样835个点位(江苏省人民医院浦口分院185个、南京市中医院浦口分院650个)。外防输入,开展对外来人员特别是武汉、北京等中高风险地区到浦口人员隔离管控工作。至月底,共管控8652人,其中武汉787人、湖北除武汉地区2971人、北京612人、国内其他高风险地区4282人。2020年,全国中高风险地区到浦返浦人员134656人,全部按照相关要求,严格实行隔离管控。全区设立疫情防控集中隔离点17个,其中江浦街道8个、桥林街道2个、星甸街道2个、汤泉街道1个、永宁街道2个、浦口开发区1个、珍珠泉1个。

2月1日,首批445名区级机关干部下沉基层,图为区档案馆党员干部驻守供电局小区 (档案馆 提供)

1月22日开始,对区、街两级防疫人员开展疫情防控相关培训,全年培训14场次,培训800余人。

1月23日,江浦街道各社区所辖的居民小区实行封闭管理,至2月11日扩至全区264个成型小区,其中物业小区128个。各街场、社区、平台成立由街道干部、社区社工、社区民警、社区医生、小区物业管理人员、社区志愿者等组成的小区封闭管理队伍,对进出小区人员、车辆进行检查和管理。人员和车辆经物业或社区登记后领取通行证,原则上非必要不外出,每户每天可安排一人出行购置生活必需品,全区发放小区通行证近10万张。

1月24日起,全区各影院、所有旅游景区,包括乡村旅游区、美丽乡村点、旅游饭店、民宿等陆续关停。

1月25日至2月23日,交通管控组在三桥高旺出口、G347浦乌路乌江点、S127宁滁快速西葛点、G104国道苏皖省界点设交通检查点4个,全区设置省界检查点37个(含街道、村、社区),逢车必查,逢人必测,区交运局牵头,协同公安、卫健部门,累计投入8230人次,检查车辆188904辆次,测温317763人次。

【首批445名区级机关干部下沉基层助力抗疫】 2月1日,浦口区政府下发《关于选派区级机关党员干部支援街场一线疫情防控的工作方案》,445名机关党员干部主动"请战",分成7个工作组,支援7个街场疫情防控工作,为打赢疫情防控阻击战提供力量保障。首批选派人员到岗后,参与街道、社区疫情摸排、隔离阻断、清洁消毒、保障供给等防控工作,当好疫情防控的"宣传员""排查员""巡查员""示范员""督导员",让党旗在疫情防控一线高高飘扬。区城管局项长层到驻点小区明发新城中心后,和同心社区工作人员共同宣传疫情防控知识,引导居民科学理性应对疫情,督促居民做好日常防控,同时配合物业人员排查居民身体状况,登记外来车辆、人员信息。区纪委杨亚的丈夫是省疾控中心一名医护人员,自疫情防控工作以来便吃住在单位。杨亚在得知选派区级机关党员干部支援街场一线疫情防控工作通知后,主动请缨,加入西山社区桥林雅苑疫情防控检测服务点,登记车辆、测量体温、宣传劝导、摸排人员,与丈夫一同上"战场"抗疫。（宣传部）

【星甸街道完善防控机制】 根据疫情防控工作需要,星甸街道完善疫情防控工作机制。建立每日碰头机制。每天召集召开碰头会,及时传达区委、区防指工作部署要求,街道领导每日赴挂钩联系社区、小区、企业一线检查指导。建立24小时值班值守制度和领导在岗带班制度。聚焦卡口、住宅小区、学校等关键部位,设计制作《星甸街道新冠肺炎疫情防控工作清单及流程》,各职能组、专项组建立清单86份、流程图77幅。建立省际信息互通机制。根据街道地形特点,同安徽省马鞍山市和县乌江镇、石杨镇、香泉镇以及全椒县十字镇、乌衣镇建立疫情信息互通机制,及时掌握互通疫情防控重点人员基本情况和省际交通卡点人员流动情况。建立防控措施督查机制。对各单位人员摸排、居家隔离、舆论宣传、物资储备、小区管理等重点工作开展现场督查,督促整改落实。建立信息精准摸排机制。推行"大数据+网格化+铁脚板"做法,及时掌握外市返宁人员动态。对于大数据反馈的人员信息,逐一电话核查和上门核查,网格员每日常态巡查走访,做到入网入格入家庭。组织动员社区展开全面摸排3次,通过以房查人,逐户核实,走访摸排14462户45886人,排查出外市返宁人员3113人,其中居家隔离或集中隔离700人、居家观察2413人。（星甸街道）

【浦口公安分局抗疫先锋队一线支援】 2月2日,浦口公安分局组建一支机关疫情防控先锋队,成立一小时内就有103名民警主动报名请战。第一批18名机关先锋队队员率先授旗出征,并成立临时党支部,奔赴疫情防控一线支援。民警祖述受命带队维护省人民医院浦口分院发热门诊秩序,他明知在这里值守存在一定风险,但不顾家人劝阻,按照疫情防控的规定坚持连续14天值守在一线。民警刘宝玉驻守在苏皖两省交界处的星甸街道石村社区卡口,24小时连轴转,家里根本照顾不到,只能每天晚上抽空跟妻子和孩子视频。机关民警刘昱彤除夕开始,每天奋战在疫情防控一线,被任命为机关疫情防控先锋队临时党支部书记后,驻守与安徽省和县接壤、任务繁重的星甸街道石村社区防疫点。为尽量减少人员流动,他联系辖区派出所和社区干部,协调专车每天购置和运送生活物资,并由驻守在石村社区的队员上门配送。为了表示感谢,社区20多位留守老人向浦口公安分局机关疫情防控先锋队临时党支部赠送锦旗。

（宣传部）

【交运局"四轮驱动"内防扩散外防输入】 自疫情防控工作全面启动以来,区交运局以"四轮驱动"为抓手,"内防扩散、外防输入",坚决打赢疫情防控阻击战。

强化领导,提供组织驱动。区交运局发挥牵头抓总作用,成立交通管控工作组。制定并印发《浦口区新型冠状病毒感染的肺炎防控工作指挥部交通管控组工作方案》,层层压实责任,加大防控力度,确保防疫工作有序推进。加强统筹协调,建立健全工作例会、信息报送、联防联控等机制,保障疫情防控工作扎实开展。发挥党组织战斗堡垒和党员先锋模范作用,成立临时党支部5个,组建党员突击队、工人先锋队、青年突击队、巾帼示范岗各1个。

逆行冲锋,提供"战疫"驱动。1月25日至2月23日,按照"交通守大道、街道卡小路、社区卡入口"原则,全区37个交通检查点严格做到"逢车必查、逢人必测",累计检查车辆188904辆、体温检测317763人。设"宁归来""苏康码"登记服务点,严格6个登记服务点工作标准,引导重点区域、高风险地区人员及车辆做好"宁归来""苏康码"扫码登记、测温,保障防疫应急物资和人员运输车辆"三不一优先"(不停车、不检查、不收费,优先通行)。督促公交公司落实防控措施,所有营运公交车辆做到"每日一消毒,每班一清扫"。累计消毒公交车12865辆次。

精准发力,提供服务驱动。组建20辆公交车和100辆货运车辆的应急保障车队,累计出动20余车次,完成浦口区医护人员驰援武汉、境外人员到宁和各类物资紧急转运任务。向社会公布4家信用等级AAA级的道路货运企业名单,运力累计56辆,载重近1100吨。协调破解跨省界通行障碍,建立跨省界运输

三桥高旺卡点严查过往车辆 （滕宏飞 摄）

协调保障机制,确保运输车辆顺畅通行。成立防护物资保障组,累计筹集口罩3.1万只、防护服1700件、隔离2200件、防护眼镜1070个、防护面罩100个、一次性医用手套1.6万副、消毒液近4000千克、额温枪350个。累计支持公交企业额温枪288只、消毒液2000千克、口罩3000只。

隐患整治,提供安全驱动。健全多部门联合执法长效机制,监督货运场站、厂矿企业等货运集散单位,把好装载关、出门关,严禁超限超载车辆上路、上船,累计查处超限车辆61辆,卸驳载2184.9吨。依托6个重点干线公路交通防疫卡口,采取驻点值守和机动巡查相结合的方式,加大对重点区域、重点路段的巡查频次,强化营运车辆及从业人员资质检查,累计检查过境"两客一危"运输车辆298辆。加强工地安全管理标准化建设,检查施工便道便桥、高空作业平台、架桥设备设施等重点部位、关键环节,严格落实防坍塌、防坠落、反三违措施。对16个项目累计检查45次,查出安全问题63条,下发整改通知16份,均整改到位。 (交运局)

【构筑学校疫情防控"防火墙"】 1月27日起实行"一日一报、一报五表"机制,各学校、幼儿园、直属单位全面摸排师生寒假期间行动轨迹和健康情况,逐日上报,跟踪管理。2月7日起优化为"一日一报、一报两表"。教育系统师生1月18日以后从外市返宁的,均实行"三个报备"(向"宁归来"平台报备、向所在学校报备、向所在社区报备)。1月30日起,全区师生实行网格化管理,全部师生入网入格,每10名师生安排1名党员作为网格长,有1个区级总网格、73个校级网格、4800多个网格单元,4640名教师、43068名学生全部入网入格,网格长、网格员每天通过电话、网络对全体师生进行跟踪联系。各校对储备物资种类、数量、方式等做到清清楚楚一本账。全系统筹集储备一次性医用口罩48558只、测温枪484台、消毒液11426瓶,12所较大规模学校安装14台红外线体温自动测量仪。

有序做好中小学、幼儿园延期开学期间线上教育教学工作。发挥骨干教师的"头雁效应",摄录1000余个视频课程资源,2000余个文字、音频课程资源,遴选中小学网络云平台、"金陵微校"等4个国家、省、市平台优质课程资源,通过"浦口e起学"平台、浦口电视台、钉钉直播,指导全区4万多名中小学生"云相聚、在线学"。全区中小学学生线上学习率达95%,学生完成作业人数达90%以上。

严把居家、交通、消毒、入校、学习、活动、就餐、心育、德育、督查"十大环节",做好复学前、复学时、复学后各个时段疫情防控。以国家、省、市三级安全督导为契机,聚焦学校安全重点领域、重点场所、重点环节,进行拉网式安全隐患大排查,做好疫情防控期间的安全隐患排查整治,为开学做好准备。细化开学流程,优化开学工作方案,厘清疫情防控工作流程、信息上报流程、家校联系流程、应急处置流程。细化应急演练,在汤泉小学开展全程模拟演练,以演代训,提高实效。细化应急处置,规范进行物资储备,设置临时观察隔离点,与所在社区、社区卫生服务中心、疾控部门形成对接。 (疫情防控指挥部)

【1.3万名志愿者投身一线抗疫】 疫情防控以来,全区5个新时代文明实践所、76个新时代文明实践站、12个新时代文明实践基地和10个新时代文明实践点应急响应,近1.3万名志愿者迅速集结。广大医务人员不顾个人安危,冲在一线,在选派38名精干力量驰援湖北的同时,还抽调62名专业指导员组建专业志愿者团队,线上线下同步推进防疫业务指导。区级机关志愿者从各部门奔赴7个街场开展对口支援。星甸街道在28个省界防控点、19个居民小区防控点建起新时代文明实践岗。桥林街道自发组建一支100余人的"夜行者"志愿服务队,他们主动排班、轮流值守,社区居民称他们"桥林守夜人"。汤泉街道新时代文明实践志愿者,通过一台携带红外线热成像镜头的无人机,对小区居民进行远程不接触体温测量。浦口开发区志愿者组建防疫志愿小分队,发布、解答企业复工复业须知,为建筑工地、工业企业疫情防控和安全生产工作"列清单""划重点",提醒企业做好科学防疫。

(宣传部)

● 链接:

星甸街道党员志愿者杨良能、刘先柏事迹

疫情爆发后,山西村老党员杨良能主动找村书记报名,要求参加志愿宣传活动。疫情防控初期正值天气寒冷的时候,杨良能虽然已经80多岁高龄,仍然每天一大早就拿上小喇叭,骑着自行车挨家挨户宣传。在街道组织村里党员干部为武汉捐款时,他第一个捐出500元。有人劝他少捐一点,他说:"我是一名党员,党员就应该在国家需要的时候冲锋在第一线!"有人问他:"你都这么一大把年纪了,这么辛苦值得吗?"杨良能回答:"值得,只要祖国能好好的,大家都安居乐业,这点辛苦不算什么!"

星甸街道是南京的西大门,仅省际通道防控点就设置了山西村凡刘组等28个,往来人员众多,防控难度大。身为凡刘组组组长的党员刘先柏带领村民24小时值班,有人、车辆试图从山西村进入区境,他耐心劝返;还有人试图从驷马山上的小路入境,他带着年轻人到山上拦截。在疫情防控物资紧张时,他自费购买500个口罩捐给村里,他说:"现在是国家的艰难时期,乌鸦尚且知道反哺,身为一名党员、一个中国人,我们更应该为祖国贡献自己的力量。"

(星甸街道疫情防控指挥部)

【2000名社区网格员助力疫情防控和复工复产】 疫情防控阻击战打响以来,浦口区467个网格467名专职网格员、1773名兼职网格员做好防疫宣传、排查登记等工作,努力做到"不漏一户、不漏一人"。网格员利用微信群、电子屏、小喇叭、应急广播等全天滚动播放疫情科普动画,实播官方最新疫情进展,对不实言论进行辟谣。浦口区通过网格员发放致居民的一封信34万封。网格员负责辖区"四包一"(四:社区民警、社区医生、社区专干、网格员;一:疫情防控对象)工作,做好每日居家隔离人员体温检测,帮助购买生活必需品,保证居家隔离人员基本生活所需。网格员对接复工复产企业,上门服务、现场指导,严格"宁归来"登记报备,协调人员返宁、隔离处所、物资储备等工作环节,力求降低疫情影响,帮助企业尽快复工。

(宣传部)

【卫健委精准履职聚焦防控“点线面”】 新冠肺炎疫情发生以来，区卫健委主动担当，精准履责，科学施策，聚焦防控重点环节，抓紧抓细抓实全区社会面上防控指导，为有效防控疫情、夺取疫情防控阶段性胜利夯实基础、提供保障。

突出“重点”环节，高效精准履职履责。1月20日，在全市统一部署疫情防控工作后，区卫健委领导班子立即行动，召开全系统疫情防控工作部署会，专题研究疫情防控形势，部署疫情防控工作，成立卫健系统疫情防控工作领导小组，制定应急防控工作预案，成立预防控制、医疗救治等专项工作组。全系统干部职工取消休假，全员进入应急状态，齐心协力共抓疫情防控。根据防控形势和需要，成立临床专家组和公共卫生专家组，深入各级各类医疗卫生机构开展防控指导。配备卫生专业力量深入预检分诊、发热门诊、隔离病房、交通卡口、“四包一”、集中隔离点等岗位，发挥医疗卫生专业优势，加强对全区疫情防控工作的业务指导和健康管控。

突出“条线”管理，落细落实防控举措。疫情防控工作开始以来，共调配104名医务人员参与“四包一”居家管理，累计管理“四包一”人员2884人次；调配595名医务人员24小时驻守重要交通卡口，累计检测620301人次；抽调17名医务人员赴昆山、南京南站，做好境外返宁人员接洽转运，阻断传播途径；指导街道、社区规范设置集中隔离场所，加强重点地区、重点人员核酸检测和集中医学观察，累计集中观察管理各类人员4975人，开展核酸检测10085人，为有效控制重点传染源、防控疫情传播和蔓延夯实基础。指导医疗机构规范设置预检分诊、发热门诊和隔离观察病区，严格按照“四早”要求做好人员救治。加强病例采样、流调、排查、监测和管理，按规范要求开展流行病学调查，对病例发病前后接触人员、活动轨迹实施全链条追踪排查，精准查找传染源和密切接触者，对转运病例从采样、样本运送、转运到出院、复诊全部专车专人负责，做到程序严密、无缝衔接，杜绝过程感染。截至4月底，全区发热门诊累计收治6149人，留观67人，流调155人，规范转运、跟踪、管理出院病例6人和无症状感染者3人，有效处置聚集性疫情1起，各级各类医疗机构复诊率达97.9%，累计预防接种24426人次，日门急诊4735人次，住院83人次，诊疗秩序逐步稳定、有序恢复，全区整体防控形势良好。

1月27日23:00，疾控中心检验人员收集样品准备前往市疾控中心送检

（刘颖奇　提供）

突出“面上”指导，优化联防联控体系。开通24小时电话专线，帮助群众解决各类诉求和问题，根据各阶段防控工作重点，面向社会开展针对性防控宣传指导，做好社会面心理疏导和政策引导。截至4月底，调处咨询电话5899个、“12345”工单552个。印发《致浦口区居民一封信》《新型冠状病毒感染的肺炎防治知识读本》《新型冠状病毒肺炎预防知识要点》《新型冠状病毒肺炎公众防护口袋书》等宣传资料100万份，深入机关事业单位、图书馆、景点景区、酒店宾馆、农贸市场等公共场所开展健康指导，做到防疫、开放“两手抓、两不误”。创新开展居家健康观察“八步法”，用通俗易懂、便于操作的形式普及科学防控知识。严格落实国家和省、市关于复工复业的工作要求，按照“防疫优先、保障重点、分级负责、分类实施、稳步推进”原则，组建健康指导员、健康体察员和健康宣讲员“三员”队伍。针对性开展健康指导。派出卫生专业人员136人，累计指导各类企业1410家，开展医学观察7028人，做到应指导全指导，保障复工复业安全和秩序。按照“高校主责、市区结合、属地为主、卫健指导、多方参与”原则，联合多部门组成“五员”（源头防治“宣传员”、封闭管控“守门员”、生活保障“跑腿员”、不良情绪“疏导员”、同心战疫“联络员”）防疫专班，进驻区内高校现场办公、现场指导。根据各级各类学校错峰复课需求，联合多部门成立专项验收评估组逐校逐园验收评估，选派业务骨干驻点学校成立健康护学岗，及时帮助协调解决师生健康问题。对区内托幼机构开展专项检查，严格按照标准规范做好防控指导，对不符合标准的立即整改。选派50名业务骨干驻点全区各级各类学校开展健康指导，为有序复课复学夯实基础。

（卫健委）

【“四加强一整治”助力农村疫情防控】 自1月29日区农业农村组成立以来，全面加强农村地区疫情防控。加强涉农地区人员管理。建立“四包一”工作机制，对区内从湖北、温州、和县等重点区域归来或途经人员加强管控。截至3月22日，全区涉农社区累计排查54059人，“四包一”管理96人，确保“外防输入、内防扩散”。加强农村地区交通管控。紧抓“查人口、防村口、管门口”3个重点环节，建立涉农卡口367个（省级7个、县级34个、社区级153个、组级173个），安排管理人员2191人（机关下派445人，街道、社区1746人）。加强农村地区务工人员管控，确保农业企业用工安全。全区农村地区外出务工人员27635人，其中区内务工16529人、市内务工7749人、市外务工3357人。外地流入浦口31564人,其中红码483人、橙码2233人、绿码28848人。对外出务工回宁人员,由所在社区(村)对其务工地点、务工单位、务工工种等情况进行登记,加强管控。对外地到南京市务工人员使用“宁归来”分级管理。各街道对外来人员根据“宁归来”认证的三色健康码进行差异化管控。加强动物疫病防控。开展动物疫病应急监测,全面开展畜禽免疫,巡查指导养殖场,对养殖环节开展消毒。1月25日以来,共检测样品1680份,免疫家畜1.12万头、家禽54.2万羽,巡查指导养殖场(户)2257场次,发放宣传材料7.5万份,累计消毒面积432万平方米。区三桥动物卫生监督检查站加强运输车辆检查消毒,累计消毒检查运输动物和动物产品车辆4209车、家畜9.82万头、家禽39.31万羽、畜禽鸽产品3.93万吨。区林业站和区森林警察大队对9家野生动物养殖场、动物园开展不间断巡查。全区未发现动物疫情和非法贩运野生动物情况。开展村庄环境卫生集中整治。截至3月22日,各街道投入4.7万人次参与村庄清洁行动,清理垃圾1356吨,悬挂张贴宣传横幅标语2230条,投入环境卫生清洁行动资金714万元。 (疫情防控指挥部)

【军地联防联控】 2月2日,浦口区成立以区双拥工作领导小组组长为总指挥、区人武部部长和区政府副区长为组长,区退役军人事务局、区卫健委、区公安分局及驻区部队主要领导为成员的军地联防联控、依法管控疫情工作领导小组,研究制定《浦口区新型冠状病毒感染的肺炎疫情防控军地联合专项组工作方案》,建立军地协作、军地联防、军地值班机制,全面落实联防联控措施。浦口区军地联合专项组将部队急需的15台消毒背负式喷雾器、2000副口罩等防疫物资送到军营。发放《关于做好新型冠状病毒感染的肺炎防治工作致驻浦口区部队官兵的一封信》6000余份。配合部队做好军人家属、子女和军休所职工、家属以及地方人员、退役军人服务中心(服务站)等窗口单位非军人员的疫情防控。某非封闭式营区居住10户居民没有物业管理,军地联合专项组现场协调,由驻营区街道全面接管,派驻物管人员对该空置营区进行全封闭式管理。为加强部队营区周边安保和防控力量,军地联合专项组抽调200名公安民警、民兵骨干在部队营区附近路口设置卡口60余个,对215辆过往车辆和280名非军人员进行检查、登记、测温,建立24小时值班制度,保持区、部队、街道信息畅通。 (刘晨 杨贡斌)

【爱心捐赠 助力抗疫】 应急性防控以来,区红十字会、慈善总会累计接受捐款942.48万元,其中633.38万元交由区疫情防控指挥部用于购置疫情防控物资、人道救助支出、社区健康促进以及根据政府要求和疫情防控需要的其他方面支出。接收企业、社会团体和个人捐赠的价值282万元的防疫物资,部分发放到江苏省人民医院浦口分院、南京市中医院浦口分院、疾控中心、公安分局、城管局(环卫所)等单位,用于一线疫情防控,部分已入指挥部物资储备库,由物资保障和市场秩序组统一调配。

2020年1—3月浦口区接受单位(个人)捐赠抗疫款物(部分)情况一览表

表126

捐赠日期	捐赠单位(个人)	捐赠款物
1月26日	梯尔希(南京)药物研发有限公司	硅胶医用手套6000副、防冲击护目镜30副
1月28日	浦口女企业家协会	捐款6.51万元,其中4.2万元购买护目镜1400副、880元购买消毒液1桶、22220元捐助江苏省妇女儿童基金会
2月1日	南京存宝运输有限公司董事长王存保	棉大衣100件、方便面200箱,近10万元抗疫物资
2月2日	浦口高新区企业中创为量子公司	现金100万元
2月4日	老山EOD产业园企业焦点科技股份有限公司	口罩2.05万副
2月16日	南京老山药业股份有限公司	为赴鄂医护人员、家属以及战“疫”一线的工作者捐赠价值50万元的“爱心礼包”1108份;向战“疫”一线的医务、警务、新闻工作者等预计10万人分批捐赠以免疫调节为主要功能的蜂产品;为赴鄂医护家属捐赠物资500份;为抗“疫”一线的新华报业传媒集团编辑、记者送上“健康礼包”608份。共捐赠千万级货值产品
2月24日	中欧国际工商学院校友总会南京校友分会暨皋峰集团	向驰援湖北的38位队员打款,每人5000元
3月5日	金基集团	每年向浦口区慈善总会捐赠1亿元理财收益的700万元,具体使用范围:奖校、奖学扶智类项目150万元;奖医、助医扶医类项目150万元;特殊群体关爱扶志类项目100万元;新风文明扶俭类项目100万元;永宁街道及大桥社区定向类项目100万元;机动类项目100万元,助力慈善与抗疫

(疫情防控指挥部)

● 链接：

老山 EOD 产业园企业远跨重洋采购口罩

2 月 4 日，秦臻和同事带着 2.05 万副一次性医用口罩到南京老山景区管理办公室，将这批物资捐赠给浦口区。秦臻是老山 EOD 产业园企业焦点科技股份有限公司（库珀有氧大健康产业有限公司）跨境团队负责人。该公司成立于 1996 年，是国家规划布局内重点软件企业。在新冠肺炎疫情肆虐之时，医疗物资不断告急，南京老山景区管理办公室发动园区入驻企业搜集医疗物资。然而，国内口罩紧俏，他们只能通过各种渠道在美国、墨西哥、智利等国寻找资源。为了买回更多物资，负责海外采购的同事们争分夺秒，兵分几路，穿梭于多国各大超市、药店和批发厂家，搜寻口罩、护目镜、防护服等医疗物资，最终采购 5 万余副医用口罩。但医疗物资入境需要办理相应手续，为了把口罩尽快送到最需要的人手中，在国外负责采购的同事决定通过肩背人扛方式先带回部分口罩。首批 2.05 万副口罩远跨重洋，从美国运回浦口区，其余的已办理完各项手续，正在加紧运往国内。 （融媒体中心）

援鄂抗疫

【概况】 疫情就是命令，防控就是责任。浦口区接到省、市援鄂医疗任务后，卫健系统广大医务人员踊跃报名，一夜成军，白衣执甲。从 1 月 25 日大年初一开始，迅速集结 38 名优秀医务人员（含 1 名工程技术人员），分 4 批驰援武汉。到达武汉后，他们分别入驻江夏区第一人民医院、武汉市同济医院光谷院区、武汉大学附属中南医院。在当地新冠肺炎疫情防控指挥部的统一领导下开展工作，科学防控，精准施治。至 3 月 31 日，浦口区援鄂医疗队全部返浦。在同舟共济的 52 天里，浦口区援鄂医疗队所在的南京二队共收治重症患者 88 人，实现“患者零死亡，医务人员零感染”目标，向武汉人民交出一份合格答卷，受到武汉人民赞誉和感激，先后有 35 人次受到江苏省委、省政府在内的各级各类表彰与奖励。江苏省人民医院浦口分院心血管内科护理总带教、护师张方园于 2 月 7 日被第一批江苏援湖北医疗队临时党支部吸收为中共预备党员，在武汉火线入党。

2020 年浦口区援鄂医护人员名录

表 127

序号	姓名	性别	民族	年龄	单位	专业	职务/职称	政治面貌	驰援起始时间	返浦时间
1	张方园	女	汉	33	江苏省人民医院浦口分院	护理	护师	中共预备党员	1 月 25 日	3 月 17 日
2	侯红艳	女	汉	32	江苏省人民医院浦口分院	护理	护师		1 月 25 日	3 月 17 日
3	吴　燕	女	汉	40	南京市中医院浦口分院	护理	主管护师		1 月 27 日	3 月 17 日
4	唐顺广	男	汉	48	江苏省人民医院浦口分院	呼吸科	副主任医师，副高		2 月 9 日	3 月 31 日
5	许尤玲	女	汉	41	江苏省人民医院浦口分院	呼吸内科	主治医师	中共党员	2 月 9 日	3 月 31 日
6	李小龙	男	汉	33	江苏省人民医院浦口分院	重症监护室	住院医师		2 月 9 日	3 月 31 日
7	胡守震	男	汉	45	江苏省人民医院浦口分院	重症医学	副主任医师	中共党员	2 月 9 日	3 月 31 日
8	储怡鑫	男	汉	34	江苏省人民医院浦口分院	护理	普外科护士长，主管护师		2 月 9 日	3 月 31 日
9	顾祖佳	女	汉	31	江苏省人民医院浦口分院	护理	护师		2 月 9 日	3 月 31 日
10	马　苗	女	汉	37	江苏省人民医院浦口分院	护理	护师		2 月 9 日	3 月 31 日
11	李安琪	女	汉	27	江苏省人民医院浦口分院	护理	护师		2 月 9 日	3 月 31 日
12	滕　龙	男	汉	27	江苏省人民医院浦口分院	护理	护师	中共党员	2 月 9 日	3 月 31 日
13	刘晶晶	女	汉	32	江苏省人民医院浦口分院	护理	护师		2 月 9 日	3 月 31 日
14	万元静	女	汉	34	江苏省人民医院浦口分院	护理	主管护师	中共党员	2 月 9 日	3 月 31 日
15	侯有婷	女	汉	34	江苏省人民医院浦口分院	护理	护师		2 月 9 日	3 月 31 日
16	汪思敏	女	汉	23	江苏省人民医院浦口分院	护理	护士		2 月 9 日	3 月 31 日
17	赵华清	女	汉	29	江苏省人民医院浦口分院	护理	护师		2 月 9 日	3 月 31 日
18	陈安妮	女	汉	28	江苏省人民医院浦口分院	护理	护师		2 月 9 日	3 月 31 日
19	代玉平	女	汉	26	江苏省人民医院浦口分院	护理	护士		2 月 9 日	3 月 31 日
20	胡　飞	女	汉	34	江苏省人民医院浦口分院	护理	护师		2 月 9 日	3 月 31 日
21	陆　露	女	汉	26	江苏省人民医院浦口分院	护理	护士		2 月 9 日	3 月 31 日
22	蒋祎宁	女	汉	26	江苏省人民医院浦口分院	护理	护士		2 月 9 日	3 月 31 日

续表 127

序号	姓名	性别	民族	年龄	单位	专业	职务/职称	政治面貌	驰援起始时间	返浦时间
23	胡玉姣	女	汉	32	江苏省人民医院浦口分院	护理	主管护师	中共党员	2月9日	3月31日
24	郭　唯	女	汉	29	江苏省人民医院浦口分院	护理	护师		2月9日	3月31日
25	陈　倩	女	汉	25	江苏省人民医院浦口分院	护理	护士		2月9日	3月31日
26	徐　庆	女	汉	29	江苏省人民医院浦口分院	护理	护师		2月9日	3月31日
27	李金金	女	汉	29	江苏省人民医院浦口分院	护理	护士		2月9日	3月31日
28	蒋　文	女	汉	23	江苏省人民医院浦口分院	护理	护士		2月9日	3月31日
29	戴雨薇	女	汉	35	江苏省人民医院浦口分院	护理	主管护师	中共党员	2月9日	3月31日
30	刘见芸	女	汉	21	江苏省人民医院浦口分院	护理	护师		2月9日	3月31日
31	顾玉玉	女	汉	27	江苏省人民医院浦口分院	护理	护士		2月9日	3月31日
32	路　玉	女	汉	31	江苏省人民医院浦口分院	护理	护师	中共党员	2月9日	3月31日
33	薛　颖	女	汉	29	江苏省人民医院浦口分院	护理	护师		2月9日	3月31日
34	周婷婷	女	汉	31	江苏省人民医院浦口分院	护理	护师		2月9日	3月31日
35	李　丹	女	汉	29	江苏省人民医院浦口分院	护理	护师		2月9日	3月31日
36	马　青	女	汉	24	江苏省人民医院浦口分院	护理	护士		2月9日	3月31日
37	李伟豪	男	汉	23	江苏省人民医院浦口分院	护理	护士	中共党员	2月9日	3月31日
38	王洪兵	男	汉	48	江苏省人民医院浦口分院		基建科科长		2月13日	3月31日

注:领队唐顺广,联络员储怡鑫

【浦口派出4批医务人员驰援武汉】

1月25日农历大年初一,江苏省人民医院浦口分院2名护师张方园、侯红艳随首批江苏援湖北医疗队乘坐当晚7点22分专列开赴武汉,成为浦口区率先驰援武汉的抗疫先行者。

1月27日,南京市中医院浦口分院主管护师吴燕随第二批江苏援湖北医疗队奔赴武汉。

2月9日,浦口区34名医护人员随第三批江苏援助湖北医疗队启程出征,参与南京市组建的医疗队前往武汉。

2月13日,江苏省人民医院浦口分院基建科科长王洪兵参加江苏第五批医疗队驰援武汉,参与负责全省医疗队伍的物资管理和后勤保障。

● 链接:

(一)张方园抗"疫"日记——从报名到走进病房那一刻的心路历程

我有一个心愿:

2003年SARS疫情肆虐的时候,我还是一名中学生,尚未有一己之力为社会做出贡献,那时候的通讯设备还没有现在这么发达,信息还没有现在这么畅通,但是我们的前辈们争先恐后地勇敢奔赴前线,参与防控救治。当时我就立志,长大以后也要当一名医务工作者,这个愿望终于实现了。所以当疫情来临,我要不负初心,到最前线、最需要我的地方去!

我报名那一刻:

这场疫情来得太快,爆发得太突然

1月25日农历大年初一晚,张方园、侯红艳随首批江苏援湖北医疗队驰援武汉

2月9日,江苏省人民医院浦口分院34名医护人员出征前往武汉

(刘颖奇　提供)

了,之前每天看着微博、电视新闻、抖音等前方报道时,自己情不自禁地流下眼泪,心里也是焦虑万分。春节本该是我们中国人阖家团聚的日子,却被这冠状病毒给打破了,无法想象武汉人民心中的恐惧和全国人民的担忧。

当看到医院发出支援武汉的倡议时,我没有多想就立即报名了。回家跟老公及家人说了此事,好在家里人都尊重我、支持我的决定,给了我强有力的支撑!

踏上驰援武汉那一刻:

临行前,最牵挂的是我4岁的宝宝,当我跟他说妈妈要去穿防护服的地方保护病人时,孩子天真地问:"有没有宝宝穿的防护服?我要跟妈妈一起去……"孩子现在可能还不太懂,但他长大以后一定会支持妈妈现在的决定。

实战前的各项准备:

1月25日晚(出征武汉),大年初一,我们在领导及家人的送行中出发了,目的地——武汉,已做好了思想准备,也谨记临行前院长叮嘱的话,要保护自己,要听从指挥,要服务好病患……

1月26日晚(到武汉的第2天),我们来自江苏的医疗队集结完毕,开始集中培训,这是一个难忘的培训,三个小时里全体队员始终戴着口罩认认真真地聆听,最终于晚上20:00培训结束,工作餐后,队长们又紧锣密鼓地开始商讨工作安排。

1月27日(到武汉的第3天),我们做实战前的最后培训,这是一场非常严格的训练。我们认真学习新型冠状病毒院感防控和各类问题解答,此外还接受新型冠状病毒感染的肺炎诊疗方案、医用防护用品的使用规范等各类培训。晚上利用空余时间,我和同事侯红艳俩拿出笔记本,借鉴各家经验所长,反复练习穿脱防护服,以做好实战前的准备。

1月28日(到武汉的第4天),分配结果出来了,我们被分到了武汉江夏区第一人民医院,我在重症监护病房,侯红艳分在呼吸科病房。为了保护好自己,便于更好地投入工作,我们相互剪短了头发,修了指甲,对女孩来说虽然有些不舍,但却意义非凡!

1月29日(到武汉的第5天),我们全副武装,终于来到了新的工作岗位,正式开始我们江苏队的武汉支援工作。

走进病房那一刻:

坦诚地说:如果说一点不紧张那是不可能的。但是作为一名中国人,一位医务工作者,我们有责任也有义务来到前线。作为入党积极分子,在祖国和人民需要我的时候,更加义不容辞。我只是一名护士。可能没有军人那么伟大,但是希望尽自己的一份力量,为社会做出贡献。军人保卫国家领土,而我们医务工作者要保卫人民群众生命健康。

(二)侯红艳抗"疫"事迹简介

侯红艳,女,32岁,本科学历,江苏省人民医院浦口分院呼吸与重症医学科护理组长,护师。南京市"全市抗击新冠肺炎疫情先进个人""最美医护工作者"、浦口区"防疫先进青年"。

抗"疫"之战打响之初,在医院发出驰援武汉集结令那一刻,她豪不犹豫立即请战,作为江苏援武汉第一批医疗队队员,大年初一逆行出征武汉。到达武汉后,经过几天简短的培训,还未来得及熟悉病房和患者病情状况,她就开始了护理患者工作。在抗"疫"一线50多天里,侯红艳始终把守护病人生命健康放在第一位。因业务扎实、表现突出,从普通病房被挑选到重症病区,又从重症病区汇入总攻病区,全程参与这场抗"疫"之战,凭借良好的职业素养和精湛的技术获得患者的一致赞誉,经她护理的病患有100多人。在护理病患的过程中,她凭借敏锐的洞察力和丰富的临床经验,多次在第一时间发现病患的危急情况,并与团队成员投入紧急抢救,忘记了疲惫,忘记了传染的危险,下班后才发现汗水早已湿透全身。凭着女性的敏感和细腻,从患者的一个神态、一个动作中捕捉到他们的心理和情绪变化,面对伤心低落、暗淡绝望的患者,她总是第一时间给予宽慰和鼓励,使患者重拾战胜病魔的信心。面对隔离的患者,因处于隔离状态,生活物资紧缺,她总是尽量从自己的物资中省出来,满足患者的需求。抗"疫"期间,她向江苏援武汉第一医疗队临时党支部递交入党申请书,积极向党组织靠拢,因表现突出、综合素质过硬而获得支部会议全票通过,被党组织吸收为入党积极分子。

(三)吴燕抗"疫"事迹简介

吴燕,女,40岁,本科学历,南京市中医院浦口分院ICU(重症监护室)护师,危重症专科护理小组组长和科室带教组长,江苏省危重症专科护士。湖北省"最美逆行者"、南京市"三八红旗手""抗击新冠肺炎疫情先进个人"、浦口区"防疫先进青年"。

抗"疫"之战打响后,吴燕主动请缨,在递交院领导的请战书上摁下自己鲜红的手印,作为江苏援鄂医疗队南京重危症组的一员前往武汉。她在去隔离病房上班的前一天晚上,写下入党申请书,决心要以实际行动向党组织表达自己的责任担当和使命初心。首次她被分配到中南医院ICU二区,面对昏迷的重症患者,她细心、耐心地给每一位患者做好用药护理、管道护理、气道护理、安全护理,转移病区患者时她冷静面对,从容不迫,与同事默契配合,送患者、建系统、写单子、做治疗,有条不紊,最多一天她连续转移16个重症患者。3月5日,完成中南医院的救援任务后,她被转移到江夏区第一人民医院。治疗班、采咽拭子班、外围消杀班,她都干过,班班服务到位,严谨而又认真。3月15日,她所在的江夏区第一人民医院呼吸五病区"清零"。3月17日返浦,驰援武汉51天,胜利凯旋。

【实现"患者零死亡,医务人员零感染"目标】 3月17日,江苏省人民医院浦口分院护师张方园、侯红艳和南京市中医院浦口分院主管护师吴燕3名医护人员返回浦口。

3月31日,浦口区援鄂医疗队经过52天的奋力战斗,完成任务胜利返浦。其所在的南京二队共收治重症患者88人,实现"患者零死亡,医务人员零感染"目标。抵达隔离场所后,浦口区委、区政府举行欢迎仪式,区政府主要领导主持,区人大主要领导为援鄂医疗队捐赠慰问品,区委主要领导出席仪式并致辞。

【抗击新冠肺炎疫情先进个人和先进集体获表彰】 3月4日,江苏省人民医院浦口分院副主任医师唐顺广、护师张方园被市委宣传部、市卫健委授予南京

“最美医护工作者”称号。

3月6日，省人社厅联合省卫健委发布奖励决定，给予支援湖北一线医务人员“记功”奖励，江苏省人民医院浦口分院护师马苗、住院医师李小龙获新冠肺炎疫情防控“记功”奖励。

3月23日，工作在江苏省南京市援武汉第二医疗队的江苏省人民医院浦口分院副主任医师唐顺广和主管护师储怡鑫获省人社厅和省卫健委“记功”奖励，这是两部门对支援湖北医务人员的第二次联合奖励。

4月26日，区委组织部、区委宣传部、团区委、区青年联合会对新冠疫情期间浦口区各条战线上的“防疫先进青年集体和个人”进行联合表彰。卫健系统援鄂医疗队获“防疫先进青年集体”称号。南京市中医院浦口分院主管护师吴燕，江苏省人民医院浦口分院护师张方园、侯红艳和主治医师王宏俊获“防疫先进青年”称号。

11月25日，省委、省政府发文表彰全省抗击新冠肺炎疫情先进个人、先进集体。张方园、马大文受到表彰，浦口区卫健委获省委、省政府“抗疫先进集体”称号。

2021年1月8日，南京市委、市政府表彰全市抗击新冠肺炎疫情先进个人和先进集体，江苏省人民医院浦口分院呼吸与重症医学科护理组长、护师侯红艳，副主任医师胡守震，南京市中医院浦口分院主管护师吴燕等获评先进个人，江苏省人民医院浦口分院等单位获评先进集体。 （刘颖奇）

● 链接：

（一）唐顺广抗“疫”事迹简介

唐顺广，男，48岁，江苏省人民医院浦口分院呼吸科与重症医学科副主任医师，中华哮喘联盟成员，在呼吸内科工作20多年，亚专业方向是哮喘及呼吸危重症医学，擅长气管镜及内科胸腔镜的操作。抗“疫”期间，入围中央文明办主办、中国文明网承办的“中国好人榜”候选人，获省人社厅联合省卫健委发布的新冠肺炎疫情防控“记功”奖励、南京“最美医护工作者”“全市抗击新冠肺炎疫情先进个人”等称号，是一位仁心仁术、务实肯干、乐于助人、甘于奉献的医务工作者。作为一名中华红十字救援志愿者，他曾参加过2003年抗击非典、2008年汶川地震救援。在2020年新冠肺炎疫情来袭时，他作为江苏省人民医院浦口分院第二批驰援武汉的医疗队队长，于2月9日带领33名队友奔赴武汉。作为呼吸与重症医学科的专家，唐顺广带领医护人员培训呼吸机、监护仪等抢救设备的使用。工作中，遇到困难他第一时间迎难而上，作出表率，是队员们的榜样。生活中，他不拘细节，把自己的生活物资分发给同伴，关心爱护队友，关注他们的生活状况和心理压力，并及时给予解压和帮助，是队员们的暖心大哥。在武汉同舟共济的52天时间里，唐顺广带领队员艰苦奋斗、竭力救治，他所在的南京二队累计收治重症患者88人，其中危重症患者7人、重症患者81人，实现“患者零死亡，医务人员零感染”目标。他亲手救治的三位武汉重症患者曾在病房用手机拍下他的身影，并十分激动地告诉大家：“就是这位南京医生救了我们三个人的命！”3月31日，唐顺广带领33名驰援武汉医务人员完成任务凯旋。

浦口区援鄂医疗队 （刘颖奇 提供）

（二）马苗抗“疫”事迹简介

马苗，女，37岁，大学本科。对于参加驰援武汉医疗队这件事，作为江苏省人民医院浦口分院ICU护士，她没有考虑太多，义无反顾地报名支援武汉。到武汉后，她积极发挥身为ICU护士的优势，为同事们培训如何使用无创呼吸机等重症病人所需的医疗设备，对于同事们提出的疑问，她耐心解答，得到大家一致好评。隔离病区的护士长竖起大拇指连连称赞：“不愧是从ICU出来的，工作能力真强！”她不仅做好病人的日常护理工作，而且细心关注病人的心理状态，并给予及时调节和安慰。一位年轻的病人刚被转到马苗负责的病区时情绪十分紧张焦躁，扬言要去网上发帖求助。马苗耐心开导，说服她要相信医护人员。一次又一次不厌其烦地开导，终于使这位患者冷静下来，开始配合治疗，结果不长时间就康复出院，这位患者对马苗十分感激。马苗说：“对我们护理人来说，我们所期望的就是病人能够康复出院。”因此面对各种困难和挑战，她都泰然处之。在接收一位重症患者时，马苗所在的病区第一次需要使用无创呼吸机通气。由于厚重防护服的阻碍，第一次接机没有成功，但马苗镇定自若，娴熟地调试好仪器，终于为病人接机成功，使病人很快缓解了病情。马苗也想念家人，但只有在休息时间才有空。她说大女儿给她送行时一直在哭。虽然没有跟女儿透露太多，但她知道女儿什么都懂，只是未明言表达。马苗说：“我对家人们说，我会好好的，会平安回去的，对我要有信心！我的女儿们，在家好好听爸爸的话，我爱你们，想你们！”

（三）李小龙抗“疫”事迹简介

李小龙，男，33岁，硕士。作为心血管内科医生，由于工作的特殊性，经常会接诊一些心梗的患者,为了不耽误抢救病人,他几乎24小时不离开医院,与死神争分夺秒,同事们称他为"24小时住院医生"。由于疫情的变化,心系疫情的李小龙除夕之夜便从安徽老家年夜饭的饭桌上直接赶回医院待命。家人本想让他第二天再走,但他毫不犹豫地说:"不能等!"到医院后,他多次主动向院领导请缨,要求到武汉一线去抗击疫情。2月9日,李小龙终于如愿以偿,随江苏第三批援鄂医疗队到武汉。有一天,李小龙穿好防护服正准备进入隔离病房工作,碰上南京广电的记者采访。防护服上别致的"春暖花开"引起记者的注意。记者问他为何在防护服上写"春暖花开"?他说:"因为来到武汉以后,很多同事同学朋友问我什么时候能回去,我说春暖花开的时候,我们差不多就能回去了。我在防护服上写下'春暖花开'也想带给病人一种美好的期待,让他们增强对抗病魔的信心。"

(四)储怡鑫抗"疫"事迹简介

储怡鑫,男,34岁,江苏省人民医院浦口分院主管护师,普外科护士长,江苏省护理学会伤口、造口、失禁护理专业委员会委员,南京市护理学会外科学组委员,国际造口治疗师,江苏省省级专科护士。抗"疫"期间,储怡鑫所在的南京二队支援的是武汉同济医院光谷院区,接管的重症病区由三家医院组建,很多工作需要协调,储怡鑫作为浦口医疗队联络员,主要在办公区负责协调和后勤保障工作,是队员们的大管家。驰援武汉期间,储怡鑫全身心地投入紧张忙碌的战斗中,无微不至地照顾着队员们工作生活的方方面面,每天叮嘱大家做好防护工作。作为江苏省伤口造口省级专科护士、南京国际造口治疗师的储怡鑫,发挥专业特长,画了很多图纸,裁剪各式保护皮肤预防医疗器械性压伤的减压敷料,通过创新帮助队员们做好预防,获得省人社厅和省卫健委"记功"奖励。(宣传部 卫健委 融媒体中心)

统筹疫情防控和复工复产

【概况】 2月9日以后,浦口区各企事业单位按照省、市关于复工复产的时间安排相继复工复产。截至2月20日,浦口开发区复工企业782家,占企业总数的68.3%,其中规上企业、高新技术企业在全市最快实现100%复工。一季度全区规上工业总产值完成50.67亿元,同比增长13.89%,增速位居全市第一。2月20日,大润发超市一楼购物中心恢复正常营业。自2月20日起,文旅行业逐步放开11家开放式景区和景点的室外区域以及体育场。3月30日,区内首批16所学校(2所高中、13所初中、1所职业高中)复学,至9月1日,全区74所中小学、幼儿园(包括2所驻地高校)全部复学。7月24日起,全区各电影院陆续恢复营业。

在复工复产过程中,区政府、各相关单位和部门2—4月相继出台应对疫情促进企业发展的19个政策文件,帮助企业解决物资、用工、资金等难题,为企业减免社保费用5.28亿元、房租3771.7万元,发放稳岗返还资金7036万元。区卫健委、疾控中心组织专业团队和人员对企业、学校复工复学开展疫情防控卫生指导。区交运局、区商务局、区市场监管局、区公安分局等相关单位、部门主动服务全区疫情防控大局,在保障园区员工上下班、各类物资紧急运输、市场秩序稳定、社会环境安定等方面开辟"绿色通道",提供全方位支持,各企事业单位复工复学顺利开展。

【台积电(南京)有限公司成为浦口复工复产第一家】 2月11日,位于浦口开发区的台积电(南京)有限公司车间内,员工在流水线上熟练操作,整个生产流程井井有条。公司返宁员工达八成,上岗员工接近八成,成为全区企业复工复产第一家。公司疫情防控采用门框式红外测温仪检测,入口设立洗手消毒装置,广播定时宣传防控要求。员工就餐采用分时分区就餐,职工统一在12点前打包盒饭,到休息区就餐。分红、蓝两组,自带餐勺就餐,使用一次性可降解餐具。就餐时"梅花落座",不扎堆、不讲话、不久留,降低聚集性风险。

【农业龙头企业开工率100%】 2月16日,在南京国家现代农业产业科技创新示范园内,江苏波杜农牧股份有限公司复工。上午9时,员工依次到厂区入口,测量体温、全身消毒、佩戴口罩,进行入厂前的检查。自2月16日复工以来,公司到岗35人,除了住宿舍的员工,均自驾上班,复工复产有序进行。截至2月19日,全区37家区级以上农业龙头企业全部开工,开工率100%;1115家家庭农场、合作社开工1082家,开工率97.04%。

【浦口开发区加快复工复产】 截至2月20日,全区复工企业782家,占企业总数的68.3%,其中工业和信息化企业708家、新型研发机构10家、金融机构41家。全区规上工业企业135家,复工规上企业134家,复工率99.3%;高新技术企业128家,复工高新技术企业126家,复工率98.4%。

江苏鸿运汽车科技有限公司是浦口区首批复工企业之一,公司在册员工165人,已复工83人。复工后,公司对员工实行封闭式管理,不允许离开厂区,生活用品由专人负责采购。厂区疫情防控每日由专人早、中、晚3次消杀,包括生产车间、食堂、宿舍等人员较为密集的区域。饭点时,30余张餐桌在食堂依次排开,就餐人员领取盒饭后面朝一个方向坐下,一桌一人,彼此保持安全距离。

(宣传部)

【国资集团首批民生项目复工】 2月20日,区国资集团承建的南京国家现代农业产业科技创新示范园区、南医大第四附属医院首批民生项目复工。南京国家现代农业产业科技创新示范园区项目是省、市重大项目,计划总投资约60亿元,占地面积约13.43万平方米,总建筑面积约56.15万平方米,项目致力于打造创新驱动、开放共享的国家现代农业产业技术示范大基地,建设"立足江苏、服务华东、对接全国、面向世界"的现代农业"硅谷";南医大第四附属医院项目作为校府共建的重点民生项目,计划总投资约30亿元,总建筑面积约18.6万平方米,项目建成后,将进一步提升区域整体医疗服务水平,为周边居民带来更加便捷的医疗服务。

首批民生项目复工申请获批后,区国资集团部署各项目工地疫情防控工作,及时制定建筑工地疫情防控应急预案,有序开展项目人员出行及健康情况调查、防疫物资储备、项目隔离区设置、大型设备安全检查等各项复工准备工作，确保现场设施设备、物资和人员等充分满足复工要求。在做好防疫工作的同时，结合项目现场实际情况，优化现场施工方案，加强现场施工管理，确保各民生项目高效、高质推进。（国资集团）

【大润发超市一楼购物中心恢复营业】 2月20日，大润发超市一楼购物中心内多家店铺正常营业。早上7点，购物中心防疫员对停车场、卖场、店铺进行第一轮消毒，从停车场地面到电梯按键，每一处细节都不放过。为保障居民购物安全，购物中心每两小时进行一次全面消杀，营业时间缩短为每天上午10时至下午6时，仅向顾客开放2处出入口，顾客必须正确佩戴口罩并经过体温监测后方可进入。在入口显眼处，张贴疫情防控宣传海报，同时设置3处废弃口罩专用垃圾桶，便于顾客更换口罩。浦口区指导帮助80余家限上企业和大型商业综合体尽快复工开业，做好5家大型商超和13家农贸市场的生活必需品应急保供，推动理发店、水果店、日杂店等居民生活配套行业有序开业。全区23家限上批零住餐企业开业，开业率占限上企业的21%。

【文旅行业有序复苏】 自2月20日，逐步开放11家开放式景区和景点的室外区域以及体育场。区文旅局下发《关于我区旅游景区、室外文化体育设施恢复运行的工作方案》，所有开放景区景点坚持每日消毒，设有隔离观察点，完善应急处置预案，并加强工作督查和巡逻检查。发布《关于景区游览的友情提示》，提倡市民错峰出行，及时关注景区客流动态，入园做好个人防护。加强景区景点安全防范。成立文旅体行业安全生产专项整治工作组，改进工作方式，强化“监管+专家”模式。邀请第三方专家全程参与检查，加强行政执法，推动企业落实主体责任。出台文旅企业帮扶措施。在全市率先出台关于“设立全域旅游应急专项扶持资金”等9条措施，免费为复工企业员工提供核酸检测，全面支持文旅企业应对经营困难，提振发展信心。开展“云招商”，筹备文旅健康专场招商推介会。开展线上文旅培训。利用疫情期间的空档，按照不同旅游服务类别，免费组织开展全域旅游、活动策划、市场营销、旅游统计、讲解员培训等。支持文旅企业利用疫情空窗期提升服务品质。各景区景点向全国医护人员免费开放一年。浦口民宿行业策划“致敬白衣战士，民宿在行动”活动，向全国的“逆行者”们赠送客房疗愈。

4月24日，首届南京老山国际文化旅游节暨云音乐节在不老村开启。旅游节以“山水浦口 诗画田园”为主题，旨在打造贯穿四季的全城市、全人群、全场景的旅游节事，围绕山、水、书法、物产推出多项四季主题活动，以及山水生活节、浦口故事汇、浦口美食节、田野里的集市、书中国艺术季、温泉大会等创新玩法。活动期间，永宁河岸花海赏花节、楚韵花香越野赛等54个特色主题活动同步上演，推出春赏花海、夏游纳凉、秋收采摘、冬浴温泉等16条主题旅游线路、赏景、体验、观展等10余种旅游形式，满足游客不同时段、不同层次的需求。活动主办方向游客免费赠送1万张景区通票、1000张民宿体验券，让更多的游客感知浦口、了解浦口。至此，浦口区文旅行业基本由复苏到全部开放。

【浦口高新区“屏对屏”招商实现开门红】 2月21日，浦口高新区在南京市2020年重点招商项目“云签约”仪式上有4个项目，投资总额约93亿元，实现“屏对屏”招商工作开门红。此次浦口高新区“云签约”的项目有投资52.8亿元的南京海峡科创港项目、投资20亿元的比科奇通讯全球总部及5G芯片产业集群项目、投资10.2亿元的南京银行科教创新园二期项目、投资10亿元的南京星光未来城项目。自新冠肺炎疫情防控以来，浦口高新区坚持“两手抓，两不误”，抽调部分骨干下沉一线做好疫情防控、复工复产，探索运用新渠道新形式新手段，抓紧抓实疫情防控时期的招商引资工作，确保招商信息“不封闭”、招商工作“不休假”、招商项目“不隔离”、招商任务“不打折”。年初开始，梳理现有资源，扩展招商渠道；层层传导压力，压实工作责任；优化招商服务，形成招商软实力；做好项目研判，把好项目质量，并谋划“开门红”“双过半”“金秋季”“冲刺跑”4个关键节点工作任务，力保招商引资工作全面开展、有序推进。

（宣传部）

【首批16所学校复学】 3月28—29日，首批16所学校（2所高中、13所初中、1所职业高中）召开行政会，贯彻市、区开学会议精神，召开教师会进行“防疫+教学”培训，16名校长全部以“认识疫情、敬畏生命、做好防护”为主题开设“开学第一课”，严把校门关。严格校园封闭管理，落实“五个一律”（未经学校批准学生一律不准返校、校外无关人员一律不准进校门、师生进入校门一律核验身份监测体温、对发烧咳嗽者一律实行医学隔离观察、对不服从管理者一律严肃处理）。全区16所复学学校领导、相关教师全部到校，启动晨检工作流程，把好入校关。严把教学关，各校周密有序做好师生集中上课、课间安排，加强校园内行走路线设计，组织学生分散、就地适量开展体育锻炼和户外活动，确保不拥堵、无聚集。严把食堂关，做好食堂卫生、定时通风和消毒工作，做好食堂各类人员晨检、午检和个人防护工作，做好供水设备的清洁、消毒工作，加强对配餐公司管控，督促落实送餐到校人员的健康管理，实行分段错峰就餐。严把宿舍关，做好宿舍通风、消毒和卫生清洁工作，对住校生进行晚检，设立宿舍健康观察制度，实行24小时值班及疫情上报联系制度。严把交通关，司乘人员健康情况再摸排，对校车进行通风消毒，确保校车车况良好、调度及时，提醒学生乘坐公共交通工具时要全程佩戴医用口罩、做好防护。

浦口区疫情防控指挥部学校专项组按照省疫情防控工作领导小组学校防控组《关于印发江苏省中小学2020年春季学期开学工作指引的通知》和《江苏省中小学2020年春季学期错峰开学指导方案》要求，印发《浦口区教育局关于做好开学准备验收工作的通知》，组成由教育、卫健、疫控、公安、消防、城管等部门参加的专项验收评估组。经验收评估后，3月30日，浦口区首批16所学校复学。高三学生应到1488人，实到1482人，缺勤6人；教师应到145人，实到145人。初三学生应到2316人，实到2294人，缺勤22人；教师应到497人，实到497人。

9月1日,全区74所中小学、幼儿园(包括2所驻地高校)全部有序复学,应到学生43392人,实到43262人,缺勤130人;教师应到4960人,实到4916人,缺勤44人。江浦高级中学新疆班学生9月15日后根据安排入学,浦口中专校分两批错锋开学,行知基地8月5日起共计10批次6900多名师生开展国防教育轮训活动。(疫情防控指挥部)

常态化疫情防控

【概况】 4月2日至9月12日,浦口区先后召开区委常委会暨区委应对疫情工作领导小组会议7次,听取各有关专项组关于常态化疫情防控的汇报;研究并原则同意有关常态化疫情防控的实施意见,要求在抓好经济社会发展的同时,坚决克服麻痹思想与侥幸心理,慎终如始,落实落细常态化疫情防控各项举措,巩固好战疫成果。

8月26日,区市场监管局开展市场及物流专项组(冷链关口)疫情防控专项检查 (孙玥 摄)

【方舱CT投入使用】 5月25日,江苏省人民医院浦口分院方舱CT投入使用。方舱CT是一种可拆装式铅屏蔽房,既可移动又可快速拆装,室内外均可安装使用。墙体和屋顶采用防水隔热材料,自带空调、除湿机,配备负离子消毒机,保证天气变化条件下扫描间内温度、湿度恒定和空气质量安全。这种独立一体的设计,便于新冠病毒筛查,能将普通检查患者与疑似患者直接疏散开,减少风险隐患。方舱CT可实现无接触操作和远程阅片,降低医务人员被感染风险。方舱CT功能齐全,64排探测器硬件配置高端,适用于头部和全身以及心脏、血管等各类成像,平战结合、"极速"成像、"光速"诊断是方舱CT优于其他CT的特色亮点。至年底,检测9478人次。(刘颖奇)

【卫健委联合市场监管局开展进口冷冻冷藏食品新冠病毒应急监测】 6月17日、6月19日,区卫健委联合区市场监管局,为摸清浦口区农贸市场、大中型超市、加工存储企业、餐饮服务单位等场所新冠肺炎疫情风险,分两批对相关人员和产品开展应急监测工作。按照要求,分别在肉制品加工存储企业、大型超市、农贸市场、饭店等场所采集进口冷冻冷藏食品、重点环境和从业人员等标本,开展新冠病毒监测。区疾控中心联合区市场监管局,派出专业技术人员,分别在确定的监测场所开展应急监测。6月17日,专业技术人员对区农贸市场、大中型超市进行取样,采集农贸市场和超市的水产品和肉类摊位(专区)从业人员咽拭子样本、水产品样本、环境样本、公共场所样本等56份。6月19日,专业技术人员对加工存储企业、餐饮服务单位进行取样,采集进口肉类加工人员和进口水产品从业人员的咽拭子样本、进口水产品和冷冻肉样本、加工和存储场所环境样本、公共场所样本等94份。上述采集的各类样本分别按相关要求保存和运输,送至具备新冠病毒检测资质的第三方检测机构实验室检测,所有样本检测结果均为阴性。

【卫健委为2020年中高考保驾护航】 2020年高考(7月7—8日)、中考(7月17—19日),各项工作安全、平稳、有序实施。区卫健委成立中高考保障工作领导小组,明确疫情防控、医疗保障、卫生监督工作职责,协助区教育局和招办制定《浦口区新冠肺炎疫情常态化下高考防疫工作方案和应急预案》,优化防控工作流程和应急处置流程。成立2020年中高考期间浦口考点新冠肺炎疫情防控工作专班,下设技术指导组、应急分队、监督分队。区疾控中心安排防疫专家提前介入考点开展点对点卫生学技术指导,对相关人员开展健康监测,规范设置测温等候区、体温检测区、体温复测室、备用隔离考场、临时隔离室等区域,设置专用隔离通道,指导考点做好防疫物资储备,规范开展环境通风消毒、消杀等工作。明确区省人民医院浦口分院为中高考定点收治医院,制定医疗保障工作专项预案,开通救治绿色通道。安排一辆120救护车,考试期间驻点市中医院浦口分院120分站,保障医疗转运救治顺利执行。抽调医护人员参加保障,在各考点安排一医一护一防疫人员,做好医疗救治和疫情防控工作。结合疫情、气候等因素,修订应急保障药品、物资、器械目录。对考点异常考生,区疾控中心负责开展核酸应急检测相关工作。(卫健委)

【电影院场所常态化疫情防控】 7月24日起,全区各电影院陆续恢复营业。根据省、市、区关于做好疫情防控常态化条件下有序推进电影院恢复开放的部署和要求，全区各电影院严格实施常态化疫情防控管理要求，观影人员一律佩戴口罩，检测体温，查验苏康码。影院每天对公共区域开展消毒，大堂、影厅、卫生间、走廊、疏散通道区域每天喷雾消毒2次。售取票机、商品售货区、自动贩卖机、公共区域座椅、入口闸机等重点区域，每日擦拭消毒5次。影厅座椅扶手、3D眼镜等观影直接接触物品，每场消毒1次。防疫用品类垃圾定点投放，日产日清。采取网络实名预约、无接触方式售票，原则上每场上座率不超过75%。

（文旅局）

【PCR（基因扩增）实验室投入使用】 6月24日，浦口区疾控中心PCR（基因扩增）实验室经技术培训、审核指导和省市专家检查验收后投入使用。该实验室是南京市首家具有核酸检测资质的区级疾控单位核酸检测实验室，填补浦口区新冠肺炎病毒检测的空白，满足区内居民的新冠病毒核酸检测需求。

8月14日，市中医院浦口分院PCR实验室投入使用，8月19日通过江苏省临床检验中心技术验收。实验室占地面积200平方米，有工作人员7人，其中管理人员1人、技术人员6人，有生物安全柜2台、高压灭菌锅2台、安普利全自动核酸提取及荧光PCR分析仪1台、天隆核酸提取仪1台、天隆实时荧光定量仪1台，实验室按照各项要求合理设置分区，试剂准备区、标本制备区、产物扩增室及产物分析室，各区域分别设置缓冲间，各区相互独立，无空气直接相通，生物安全等级为BSL－2。第一次实验检测16份标本和阴阳对照，阴阳对照结果符合，标本结果准确。至年底，检测新型冠状病毒标本13818份。

9月7日，省人民医院浦口分院PCR实验室开展新冠核酸检测，至年底，共检测16392人次，其中CDC送检标本1336人次。其间，参加江苏省临床检验中心组织的新冠病毒核酸室间质评1次，结果合格。

9月28日，浦口区疾控中心、江苏省人民医院浦口分院、南京市中医院浦口分院均取得新冠病毒核酸检测资质，为推动全区常态化、精准化疫情防控提供技术保障。

● 链接：

PCR（基因扩增）实验室

PCR实验室又叫基因扩增实验室。PCR是聚合酶链式反应（Polymerase Chain Reaction）的简称，是一种分子生物学技术，用于放大特定的DNA片段，可看作生物体外的特殊DNA复制。通过DNA基因追踪系统，能迅速掌握患者体内的病毒含量，精确度高达纳米级别。

（刘颖奇　向锦）

【疾控中心建立流调、检测专班】 9月10—11日，区疾控中心对建邺区疾控中心、市教育局陆续反馈的5名密接人员、3名一般接触者连夜开展流行病学调查，组织检验人员24小时全时段做好来检人员采样工作，对4名密接人员进行集中管理（另外1名在建邺区隔离），对3名一般接触者进行核酸采样，结果均为阴性。经流行病学调查，浦口区共梳理次密切接触者174人，其中涉及师生133人（均要求居家医学观察）；非在校师生16人（密接人员家庭成员），已安排转运至轩华酒店集中管理；其余25人在外区外地并已通知当地做好相关处置工作。两日累计采样459人（含次级师生密切接触者家人278人核酸检测），已出结果均为阴性。浦口区4所学校4个班级停课，分别为金陵中学浦口分校一年级3班、新世纪幼儿园中1班、苏杰学校浦口校区二年级1班、书人阅景龙华幼儿园中3班。

（卫健委）

【《关于完善重大疫情防控体制机制健全公共卫生应急管理体系的实施意见》出台】 9月12日，区委常委会暨区委应对疫情工作领导小组召开第七次会议，研究并原则同意《关于完善重大疫情防控体制机制健全公共卫生应急管理体系的实施意见（讨论稿）》。9月30日，区委、区政府以浦委发〔2020〕25号文印发至各街场、各部委办局、各直属单位。

（刘颖奇）

【加强对重点场所大型冷链企业进口冷冻食品常态化疫情防控】 9月14日，浦口区疫情防控指挥部市场专项组办公室根据市疫情防控指挥部办公室《关于加强重点场所进口冷冻食品常态化疫情防控工作的通知》要求，出台《重点场所进口冷冻食品常态化疫情防控工作方案》。方案规定对重点场所大型冷链企业江苏雨润肉食品公司实施驻场监管，对重点品种（进口冷冻肉品、水产品）实行消毒及批批核酸检测制度。组建驻场专班，专班工作由区防指市场专项组负责，组长由区市场监管局副局长担任，副组长由区市场监管局副局长、卫健委副主任、浦口开发区副主任担任，组员由区市场监管局食品科、区市场监管局桥林分局、区卫健委疾控中心、浦口开发区经发局、雨润集团质管部、冷冻部、品管部9人组成。办公室设在雨润集团冷库B栋1楼，驻场防控专班工作时间为8∶00—17∶00。方案对驻场防控职责作详细规定，对人员和车辆进入雨润冷库要求查验苏康码、测量体温并登记入库事由，冷冻进口食品入库要消毒、审核、核酸检测。冷冻进口食品出库要消毒、审核。

（市场监管局）

【药品、疫苗“两法”专题培训】 9月22日，区市场监管局围绕《中华人民共和国疫苗管理法》和《中华人民共和国药品管理法》的立法背景、总体思路以及重点内容进行全面解读宣贯，并结合实际工作进行深入讲解，区市场监管局、区卫健委分管领导和相关科室负责人，区疾控中心、卫生监督所及各公办医疗机构从事疫苗、药品质量管理人员及部分零售药店质量负责人70余人参加。通过培训学习，提高了与会人员的法律意识，将促进浦口区疫苗和药品质量安全工作规范开展。

（宣传部）

【新冠肺炎疫情处置演练】 为做好秋冬季新冠肺炎疫情防控工作，10月16日，区卫健委组织开展2020年浦口区新冠肺炎疫情处置演练。通过11个场景和10个问题的解答，演练一起食品冷链加工厂接触外地输入性新冠肺炎无症状感染者引发的局部新冠肺炎暴发疫情的整体应急防控和处置过程。

（刘颖奇）

冬季疫情防控

【概况】 自11月进入冬季至12月，是疫情防控的关键期。浦口区从组建成立院感专班和专项督查专班入手,加强冬季疫情防控,同时开展新冠疫苗接种和疫情防控演练,为确保“外防输入,内防扩散”提供保障。

【区院感防控专班成立】 11月23日,区疫情防控指挥部医疗救治组根据南京市疫情防控指挥部医疗救治组《关于进一步强化医疗机构院感专班建设加强信息报送的通知》要求,成立浦口区院感防控专班,专班设在医疗救治组名下,区卫健委相关领导任专班组长,卫健委相关科室负责人、2家医院(省人民医院浦口分院、市中医院浦口分院)及区卫生监督所分管负责人任专班副组长,卫健委相关科室成员、2家医院相关科室负责人及成员为专班成员,指定1名成员为专班联络员,同时明确专班工作职责。专班成立3个督导组,分别为省人民医院浦口分院组、市中医院浦口分院组和监督所组,每个督导组由相应单位相关科室人员组成,明确1名联络员,负责上传下达专班任务及相应文件要求,汇总督查材料等。依照“医共体”建设明确不同督导组的职责分工,省人民医院浦口分院组负责该院、妇计中心和江浦、桥林、乌江、星甸、石桥5家社区卫生服务中心及服务站的院感防控工作督查及指导;市中医院浦口分院组负责该院和汤泉、永宁2家社区卫生服务中心及服务站的院感防控工作督查及指导;监督所组负责全区社会办医疗机构的院感防控工作督查及指导。各督导组定期开展督导,督导内容主要涉及医疗机构入口管理、健康码查验、预检分诊、病区管理、发热门诊运行、工作人员防护及健康监测、核酸检测等方面,对于督查发现的问题,专班予以发文通报,同时要求各督导组开展回头看,确保整改到位。

【疫情防控专项督查专班组建】 11月底,区疫情防控指挥部督查工作组根据区疫情防控指挥部《关于进一步健全新冠肺炎疫情联防联控机制及工作制度的通知》要求,结合浦口区防控工作重点,在原督查工作组基础上设立疫情防控专项督查专班。专项督查专班由纪委、政府办、组织部、卫健委四部门联合牵头,并抽调交运局、市场监管局、民政局、教育局等相关人员共14人组成,驻点办公,每周召开工作会议,全面开展督导检查。专项督查专班主要督查督办区委、区政府相关领导交办的疫情防控工作重点事项,督促落实指挥部领导有关专项防控工作指示;督导检查各街道、部门和各职能组履行防控职责情况、重点措施落实情况和上级要求执行情况,及时发现问题并推动整改;督促整改落实由上级督查反馈的、区级督查了解的、各职能组自查发现的问题。年内共督查点位31个47次。

【新冠疫苗接种】 12月21日,市中医院浦口分院开始接种新冠疫苗(北京科兴),第一个接种对象是在一线抗疫的公安干警。第一天共接种43人,全部是在一线抗疫的公安系统人员。江浦街道社区卫生服务中心、桥林街道社区卫生服务中心于12月底相继开展新冠疫苗接种工作,截至12月31日,全区接种1322人次,全部为北京科兴疫苗。

(疫情防控指挥部)

【冬季新冠肺炎疫情防控演练】 12月7日,浦口区新冠肺炎疫情防控指挥部为全面提升全区新冠肺炎疫情应急处置能力,最大程度降低新冠肺炎疫情输入及当地扩散风险,保障全区经济社会发展和人民群众身体健康,结合当前疫情传播风险特点和区防控工作实际,组织开展2020年浦口区新冠肺炎疫情应急处置演练。南京市卫健委、应急办、疾控处、疾控中心,浦口区人大、政府、政协主要领导以及有关单位负责人出席演练。演练采用桌面推演(问答)、VCR背景辅助和现场展示等方式,模拟9个疫情防控场景,以省人民医院浦口分院发热门诊接诊1名发热患者开始,到应急响应终止的全过程,围绕病例发现与报告、流行病学调查、病例转运及疫点消毒、应急响应、密切接触者管理、溯源调查分析、扩大核酸检测、精准防控、终止应急响应等方面展开,并设计多个问题,根据相关职责对有关单位及部门进行提问,参演单位对可能发生的疫情风险及处置方法进行解答。 (刘颖奇)

【吴女士两次在星甸轩华酒店集中隔离点接受健康管理】 吴女士,四川成都人,境外(意大利米兰)回国人员,无症状感染者,自市定点医院出院后,一直在星甸街道轩华酒店集中隔离点进行健康管理,出院2周进行第1次复诊,结果正常后予以解除隔离。恰逢成都有疫情,且其须第2次复诊,故吴女士考虑暂不回住地,停留南京,入住在江北新区桥北处。考虑到自己曾为阳性人员,害怕被赶出临时住所,且不利于第2次复诊安排,在区医疗救治组沟通下,迁回浦口区临时居住。后经协调市医疗救治组,考虑到无症状感染者可能的风险,再次安排吴女士至轩华酒店集中隔离点继续健康管理,直至出院4周后第2次复诊正常后解除隔离。整个隔离观察期间,吴女士情绪不稳定,对于自身无症状的表现感到恐慌,隔离点医务人员详细解释,安抚吴女士焦躁不安的心理。吴女士完成4周医学观察,平安离宁回到成都后,对于浦口在隔离观察期间给她的温暖一直萦怀于心。2020年冬,她从四川给浦口区疫情防控指挥部寄送一面锦旗,锦旗上写着“抗疫先锋 尽心为民”八个大字。 (疫情防控指挥部)

·文稿编辑 周世泉·

体　　育

综　　述

【概况】 2020年，浦口区群众体育活动丰富多彩，竞技体育成果丰硕，体育设施更加完备，公共体育服务质量不断提高，体育产业发展提速，体育协会作用充分发挥。1月，浦口区获江苏省体育局授予的“综合体育产业基地”称号，区体育局被江苏省体育局评为江苏省县级体育工作先进单位。10月，区体育局被南京市委、市政府授予“南京市群众体育先进单位”称号。2019南京浦口国际女子半程马拉松暨全国女子半程马拉松获中国田径协会授予的“2019中国金牌赛事”称号，这是浦口女马连续第二年获此荣誉。

2020年浦口区主办、承办国际、国内主要体育赛事一览表

表128

级别	赛事名称	时间	地点
国家级	“最美逆行者 跑步共助力”主题甜蜜跑线上赛	3月3—8日	线上
	2020“千寿钓具”快乐垂钓钓鱼公开赛(CCF)	8月22—23日	西埂莲乡休闲渔业区
	中国户外极限有氧三项赛	11月8日	南京老山国家森林公园
	全国山地自行车锦标赛	11月14—15日	水墨大埝景区
省级	南京银行杯·2020南京浦口女子半程马拉松线上赛	5月15—20日	线上
	2020健身走江苏大型公益系列活动	9月26日	象山湖公园
	2020亚洲户外运动节	10月3—4日	水墨大埝景区
	江苏省第八届全民健身运动会攀岩比赛	10月3—4日	水墨大埝景区
	奥野老山·2020凯乐石南京100越野赛	10月17—18日	楚韵花香
	2020南京浦口女子半程马拉松	10月25日	雨发生态旅游区
	2020中华垂钓大赛南京“宏大建设杯”钓鱼邀请赛	10月31日	西埂莲乡国际垂钓中心
	江苏省第八届全民健身运动会半程马拉松暨2020浦口永宁河岸花海半程马拉松赛	11月1日	侯冲河岸花海景区
	2020年首届亚太地区商学院老山东西并进赛	11月28日	象山湖公园
	2020“一带一路”青少年户外运动挑战赛	11月29日	水墨大埝景区
	2020年江苏省趣味田径幼儿亲子赛(浦口站)暨幼儿田径冬令营开幕式	11月29日	象山湖公园
市级	2020南京浦口永宁首届金陵风筝会	5月10日	侯冲河岸花海景区
	2020年南京市第十八届“世界步行日”启动仪式暨“我们的小康生活”金秋美丽乡村健步行活动	10月7日	水墨大埝景区
	南京市第二十二届运动会社会部负重接力赛	10月18日	浦口区体育场
	南京市第二十二届运动会社会部象棋赛	10月18日	浦口区体育场
	南京市第二十二届运动会青少年部攀岩比赛	10月31日	水墨大埝景区
	不止骑·2020第二届环南京自行车赛浦口区站	11月15日	象山湖公园
	第十九届“南钢杯”钓鱼大赛	11月28日	西埂莲乡国际垂钓中心

续表 128

级别	赛事名称	时间	地点
区级	2020 年“中国体育彩票杯”迎春健身长跑	1 月 1 日	象山湖公园
	越享老山 · 2020 南京 100 线上赛	5 月 20 日至 6 月 18 日	南京老山国家森林公园
	“老山无极限,云跑才够野”——2020 首届环老山云跑	5 月 31 日至 6 月 5 日	象山湖公园
	全民健身日浦口区广场舞大赛	8 月 6—8 日	浦口市民中心
	浦口区首届八段锦网络达标赛	8 月 10—15 日	线上
	奥野老山 · 南京 100 大中华城市精英对抗赛	8 月 22 日	南京老山国家森林公园
	2020 浦口区“抗疫情,健体魄”威克多杯青少年羽毛球邀请赛	8 月 29 日	浦口市民中心
	南京市浦口区区级机关第五届运动会	8—11 月	区内
	2020 南京老山 100 越野挑战赛	9 月 19—20 日	南京老山国家森林公园
	迎国庆“十建杯”乒乓球团体邀请赛	9 月 20 日	聆泉福音
	“廉洁同行”千人徒步走	9 月 25 日	西埂莲乡
	浦口区“中国体育彩票杯”篮球联赛	10—11 月	兰溪公园银雀湖风景区
	《国家体育锻炼标准》测试赛	11 月 1 日	浦口区体育场
	2020 年南京市浦口区“足协杯”足球联赛	11—12 月	浦口区体育场
	2020—2021 赛季南京市浦口区“区长杯”校园足球联赛	11—12 月	南京市金陵中学浦口分校
	2020 年南京市浦口区青少年阳光体育节	11—12 月	浦口市民中心
	南京市浦口区迎春登高比赛	12 月 25 日	南京老山国家森林公园

【体育设施】 2020 年,投资 450 多万元,建成社区健身广场 7 个、社会足球场地 15 片、健身步道 15.6 千米,新建改建健身路径 20 套。至年底,全区建成象山湖、水墨大埝、兰溪湖、聆泉福音等大型体育公园 5 个,健身路径 395 套,健身步道 195.6 千米,社区多功能运动场 59 个(含健身广场),76 个村(社区)均建成健身室或棋牌室及室外篮球场、乒乓球台等健身设施,人均体育场地面积 5.5 平方米。

【体育产业】 2020 年,全区有体育企业 1153 家,其中体育产业个体 753 家,目标体育企业数增速比 16%。争取省市体育产业发展专项资金,水墨大埝场地建设及运营项目、2019 浦口国际女子半程马拉松赛分别获得 90 万元、30 万元省级专项资金。聆泉福音原力国际营地建设项目、老山生态运动广场建设项目通过市级初审,水墨大埝场地建设及运营项目、2019 浦口国际女子半程马拉松赛通过省级初审。依托 52 个实体网点,以“责任彩票”为导向、“多人少买”为理念,实现销售 1.1 亿元,筹集彩票公益金近 1000 万元。9 月,体彩即开新票“7 彩宝石”“挖金矿”“中中中”上市。

(张闽)

群众体育

【概况】 2020 年,浦口区举办群众体育活动 32 类。举办徒步登山、广场舞、健步走、乒乓球、羽毛球、篮球、足球等全民健身活动 52 场,其中国家级 2 场、省市级 16 场、区级 13 场、街道级 15 场、线上赛 6 场。承办江苏省第八届全民健身运动会半程马拉松。承办南京市第二十二届运动会社会部负重接力及象棋赛,组队参加南京市第二十二届运动会社会部 10 个项目赛事,总分位列全市第二,获得社会部一等奖。全区经常参加体育锻炼比例 40% 以上。

【笃行老山越野欢乐跑】 7 月 18 日,笃行老山越野欢乐跑暨华东(南京)地区沙九拉练赛在象山湖公园举行。活动由南京老山景区管理办公室、南京工业大学联合会主办,南京大学、东南大学、清华大学、云南师范大学、西北工业大学、香港浸会大学等 13 所大学商学院以及江苏省 MBA 联合会共 120 名校友参加。活动以象山湖公园老山书院为起点,赛程 20 多千米,累计爬升 800 多米。清华大学施维以 2 小时 04 分获男子第一名,南京大学张琪以 2 小时 49 分获女子第一名。

【浦口区首届八段锦网络达标赛】 8 月 10—15 日举办。首届八段锦网络达标赛吸引 100 余名健身气功爱好者参加,选手根据活动方发布的专业八段锦视频,展示八段锦“松紧结合、动静相兼、意动行随、神形兼备”的精髓。

【“智跑江苏”定向越野联赛南京站“律动之秋”浦口体育休闲季】 9 月 26 日,由江苏省体育局、江苏省发展体育基金会和浦口区政府联合主办的 2020 健身走江苏大型公益系列活动暨库珀有氧“智跑江苏”定向越野联赛南京站“律动之秋”浦口体育休闲季启动仪式在象山湖公园举办。蹦床奥运冠军陆春龙、董栋应邀参加,并向健身爱好者发出“宣传体育公益新理念,倡导健康生活新方式”倡议。活动坚持“体育 + 公益”新理念,促进慈善和体育事业共同发展。活动集全民公益、全民健身、互动体验于一体,首次将健步走与定向相结合,参加者借助辅助地图,按照地图规定线路,依次找完图中点位进行打卡,在徒步过程中体验乐趣。

市民在凤凰山公园晨练 （滕宏飞 摄）

【2020亚洲户外运动节】 10月3—4日在水墨大埝景区举办。2020亚洲户外运动节由浦口区政府、江苏省户外和登山运动协会主办，浦口区体育局承办。亚洲户外运动节是省户外和登山运动协会发起并重点打造、拥有自主知识产权的创名牌项目。2020亚洲户外运动节涵盖街舞挑战赛、定向越野邀请赛、非遗民间传统体育展示等近20个户外项目，邀请花样跳绳世界冠军团队、象棋世界锦标赛冠军徐天红、驻宁国际友人和省内援鄂抗疫医务工作者及其子女参加。

【金秋美丽乡村健步行活动】 10月7日，2020年南京市第十八届“世界步行日”启动仪式暨“我们的小康生活”金秋美丽乡村健步行活动在浦口区水墨大埝景区举办。近500名运动员手执队旗，步行经过以“漫步美丽乡村 感触小康生活”“全民健身庆小康 喜庆佳节迎未来”“全民健身 全面小康”为主题的3处打卡点，在参与健身活动的同时，感受美丽乡村的小康之路。

【浦口区第十三届篮球联赛暨第三届“中国体育彩票杯”篮球赛】 10月31日在浦口高新区兰溪公园开赛。比赛吸引参赛队伍25支，参赛人员400人。机关工委、教育局、浦口三中分获机关企事业组前三名，谦中谦、兄弟盟、小柳获社会俱乐部组前三名。

【浦口区“足协杯”足球联赛】 11月15日至12月中旬举办。13支队伍近300名运动员参加44场比赛。教育虎足球队获冠军，汤泉御林军足球队获亚军，江浦红星队获季军。

【首届亚太地区商学院老山东西并进赛】 11月28日在象山湖公园开启。湖南大学、中国科技大学、南京大学等20余所高校商学院校友参赛。此次东西并进赛在老山国家森林公园设计乐享山野的东线和挑战自我的西线2条赛道，为MBA校友提供增强身体素质、提高团队意识的学习交流机会。南京MBA校友组成的珊瑚国际跑团获东西线团体冠军，珊瑚国际跑团丁一新、南京邮电大学居仓富分获东西线男子个人冠军，南京工业大学马勤妹和张颖东获女子冠军。

【“一带一路”青少年户外运动挑战赛】 11月29日在水墨大埝景区举办。挑战赛参赛人员为在江苏工作和学习的“一带一路”沿线国家和地区青少年代表，巴基斯坦、俄罗斯、印度、中国等21个国家和地区近100名选手参赛。作为2020“一带一路”青年体育交流周活动内容的一部分，此次赛事活动根据中外青少年特点安排活动内容和比赛项目，除参与冰壶户外游戏项目外，参赛者参观水墨大埝自行车体验馆和户外运动场地，在领略浦口文化和风土人情的同时，增进中外青少年之间的交流和友谊。

（张阅）

竞技体育

【概况】 8月，浦口区参加省青少年田径锦标赛暨县组田径比赛（第一赛区），获1金2银3铜，位列全省64个区县第12名，达历史最好成绩；参加省女子（县组）篮球赛，获第二名；市队区办女子足球队获省13～14周岁年龄组锦标赛第七名。9月，获“省长杯”小学女子甲组第三名。10—11月，完成南京市第二十二届运动会青少年部31个项目的参赛任务，获金牌38枚、银牌42枚、铜牌32枚，总分1291分。浦口区代表团获综合奖一等奖、输送贡献奖二等奖、优秀组织奖及体育道德风尚奖。举办2020—2021年度“区长杯”校园足球联赛，9支学校足球队代表浦口区参加“市长杯”足球联赛，行知小学获小学男子甲组第一名，行知中学获初中女子组第一名，浦口三中获初中男子组第五名，江浦高级中学获高中组第七名。为储备竞技体育人才，向省市运动队输送跆拳道、柔道、摔跤、赛艇、散手等项目运动员32人。

【2020年南京市少年儿童速度轮滑选拔赛暨浦口区少年儿童速度轮滑赛】 7月21日在青奥体育公园赛场举行。活动由浦口区体育局、浦口区教育局主办，分为学龄组和小学组2个组别，设速度轮滑200米、300米、500米、1000米计时赛4个项目，全区100多名运动员参加比赛。浦口区星甸小学、浦口区新世纪小学、浦口区实验学校获团体一等奖，江浦实验小学、浦口区汤泉小学、浦口区新浦实验小学、浦口区珠江小学、浦口区凤凰幼儿园、浦口区新世纪幼儿园获团体二等奖，浦口区小调皮轮滑俱乐部获优秀组织奖。比赛选拔20名选手组建浦口区速度轮滑队伍，提升浦口区速度轮滑竞技水平。

【2020“千寿钓具”快乐垂钓钓鱼公开赛（CCF）】 8月22—23日在西埂莲乡休闲渔业区举办。比赛为系列赛首站，采取团队总积分计算成绩，分鲫鱼池突围

赛、混养鱼池突围赛、混养鱼池淘汰赛、四强夺冠团队赛4个赛段,前32名运动员获得年度总决赛晋级资格。浙江湖州益村战队获团队赛冠军。

【奥野老山·南京100大中华城市精英对抗赛】 8月22日在老山森林公园举办。活动由浦口区体育局、老山林场、汤泉街道主办,扬奥体育承办,设置65千米团队赛和个人赛,全国近100名选手参赛。个人赛最佳成绩为8小时48分45秒,成都战队获团队赛冠军。

【2020南京老山100越野挑战赛】 9月19—20日在老山森林公园举办。比赛由浦口区体育局主办,江苏力燃体育发展有限公司运营,全国600余名选手参加。经过37个小时角逐,福州选手黄建平夺得100千米越野项目桂冠,用时12小时45分49秒。

【南京市第二十二届运动会社会部象棋赛、负重接力赛和青少年部攀岩赛】 10月18日,南京市第二十二届运动社会部象棋赛在浦口区体育场拉开帷幕。赛事由南京市体育局、南京市农业农村局主办,浦口区体育局承办。全市29个街道58名棋手参赛。秦淮区大光路街道、鼓楼区凤凰街道、江北新区泰山街道、秦淮区光华路街道、栖霞区燕子矶街道、六合区雄州街道6支代表队获团体一等奖,秦淮区大光路街道董建平获个人冠军。同日,社会部负重接力赛在浦口区体育场举办,全市18个街镇141名运动员参加比赛。栖霞区燕子矶街道、浦口区江浦街道、江宁区淳化街道、浦口区桥林街道4支代表队获男子组一等奖,浦口区江浦街道、栖霞区燕子矶街道、浦口区桥林街道、溧水区永阳街道4支代表队获女子组一等奖,浦口区江浦街道、栖霞区燕子矶街道2支代表队并列团体第一名。

10月31日,南京市第二十二届运动会青少年部攀岩赛在水墨大埝景区举行。比赛由南京市体育局、南京市教育局主办,浦口区体育局、浦口区教育局、浦口城乡建设集团有限公司承办,江苏省户外和登山运动协会、南京玄武高级中学协办。大赛设青年组(16~18周岁组)、少年A组(13~15周岁组)、少年B组(10~12周岁组)、少年C组(7~9周岁组)4个年龄组别,分男子、女子组进行全能赛对决。玄武区代表队戴震宇(男子组)、浦口区代表队叶灵秀(女子组)获青年组冠军;玄武区代表队金添(男子组)、建邺区代表队顾美金(女子组)获少年A组冠军;浦口区代表队金诚毅(男子组)、玄武区代表队沈恩宇(女子组)获少年B组冠军;江宁区代表队张亦阳(男子组)、江宁区代表队刘安琪(女子组)获少年C组冠军。

2020年浦口区青少年运动员参加省、市体育比赛前三名成绩一览表

表129

比赛名称	项目	组别	姓名	成绩	名次
江苏省青少年田径锦标赛暨县组田径比赛(第一赛区)	跳远全能	男子16~18周岁组	袁魏子超	7.22米	1
	三级跳远全能	男子16~18周岁组	袁魏子超	14.54米	3
	五项全能	女子16~18周岁组	吕承蕊	3048分	2
		女子16~19周岁组	付晢晗	2634分	3
江苏省"省长杯"青少年校园足球联赛	足球	小学女子甲组	团体		3
江苏省青少年县组篮球锦标赛总决赛(初中组)	篮球	初中女子组	团体		2
南京市"市长杯"校园足球联赛	足球	初中女子组	团体		1
		男子甲组	团体		1
南京市第二十二届运动会	100米	9~11周岁组女子	陈梦洁	14秒44	2
		12周岁组男子	沈　瓒	12秒63	1
		13~14周岁组女子	祖嫣然	13秒26	1
	200米	9~11周岁组女子	李月柔	29秒67	1
		12周岁组男子	沈　瓒	25秒62	2
	400米	9~11周岁组女子	李月柔	1分08秒48	1
		12周岁组男子	罗子钊	55秒12	1
		13~15周岁组男子	金悠仁	55秒34	3
	800米	12周岁组男子	罗子钊	2分11秒40	1
		12周岁组女子	张瑾懿	2分45秒88	3
		13~14周岁组男子	金悠仁	2分16秒03	1

续表 129

比赛名称	项目	组别	姓名	成绩	名次
南京市第二十二届运动会	跳高	9～11 周岁组男子	戚善泽	1.28 米	2
		9～11 周岁组女子	管婧涵	1.18 米	1
		12 周岁组男子	陈贝宁	1.43 米	1
		12 周岁组男子	张昊阳	1.40 米	2
		12 周岁组男子	赵启瑞	1.40 米	3
		12 周岁组女子	陈知鱼	1.35 米	3
		13～14 周岁组男子	俞景文	1.83 米	1
		13～14 周岁组女子	张煜萱	1.39 米	2
		13～14 周岁组女子	时以恒	1.33 米	3
	跳远	9～11 周岁组女子	管婧涵	3.88 米	1
		12 周岁组男子	陈贝宁	4.67 米	2
		12 周岁组女子	陈知鱼	4.09 米	1
		13～14 周岁组女子	祖嫣然	5.25 米	1
		13～15 周岁组男子	俞景文	6.27 米	1
		13～15 周岁组男子	徐艺洋	6.24 米	2
		13～15 周岁组男子	朱翔宇	6.20 米	3
	铅球	12 周岁组男子	袁清泉	10.92 米	1
		12 周岁组男子	杨子涵	10.45 米	3
		12 周岁组女子	沈清颜	13.30 米	1
		13～14 周岁组女子	蒋玉林	8.02 米	3
		13～15 周岁组男子	张鑫彤	13.60 米	1
		13～15 周岁组男子	蒋丘宸	13.07 米	2
	网球	10～11 周岁组男子双打	王泽轩 倪孟彬		2
		10～11 周岁组女子双打	马锦心 蒲杨果		2
		10～11 周岁组男子单打	王泽轩		3
		10～11 周岁组女子单打	蒲杨果		3
	羽毛球	10 周岁男子团体	季家熠 郑博阳 许峰郡 陈天乐		3
	游泳	11～12 周岁组女子 200 米蛙泳	丁子琳	3 分 44 秒 80	2
		13～14 周岁组女子 100 米蛙泳	沈欣楠	1 分 28 秒 44	2
		13～14 周岁组女子 200 米蛙泳	沈欣楠	3 分 17 秒 71	2
		13～14 周岁组男子 200 米自由泳	许文翰	2 分 56 秒 70	3
		13～14 周岁组男子 4＊100 混合泳	许文翰 程宇航 张逸轩 朱修远	5 分 18 秒 81	3
	轮滑	7～8 周岁男子组 300 米计时赛	王云飞	34 秒 13	1
		7～8 周岁男子组 500 米计时赛	王云飞	54 秒 13	1
		7～8 周岁男子组 1000 米计时赛	王云飞	1 分 52 秒 97	1
		9～10 周岁男子组 500 米计时赛	严子睿	53 秒 36	2
		9～10 周岁男子组 1000 米计时赛	严子睿	1 分 50 秒 02	2
		9～10 周岁女子组 1000 米计时赛	赵佳逸	1 分 55 秒 21	3
		9～10 周岁男子组 5000 米积分淘汰赛	严子睿	10 分 07 秒 77	2
		9～10 周岁女子组 5000 米积分淘汰赛	赵佳逸	10 分 23 秒 17	3
		11～12 周岁男子组 500 米计时赛	孔梓千	48 秒 32	1
		11～12 周岁男子组 500 米计时赛	邵逸涵	48 秒 78	3
		11～12 周岁女子组 500 米计时赛	朱 珠	49 秒 67	1
		11～12 周岁男子组 1000 米计时赛	孔梓千	1 分 39 秒	2
		11～12 周岁女子组 1000 米计时赛	朱 珠	1 分 45 秒 10	1
		11～12 周岁男子组 5000 米积分淘汰赛	邵逸涵	8 分 50 秒 96	1
		11～12 周岁女子组 5000 米积分淘汰赛	朱 珠	9 分 02 秒 11	1

续表 129

比赛名称	项目	组别	姓名	成绩	名次
南京市第二十二届运动会	攀岩	青年组男子全能排名	吴语涵		2
		青年组女子全能排名	叶灵秀		1
		少年A组男子全能排名	黄天珩		3
		少年A组女子全能排名	戴雅伦		2
		少年A组女子全能排名	伏欣雨		3
		少年B组男子全能排名	金诚毅		1
		少年B组男子全能排名	张宸鑫		3
		少年B组女子全能排名	章炜彤		2
		少年B组女子全能排名	糜思泽		3
	赛艇	14周岁以下男子陆上测功仪1000米	李志勇	3分18秒06	2
		14周岁以下男子陆上测功仪1000米	张　弛	3分19秒01	3
		14周岁以下女子陆上测功仪1000米	陈　寅	3分41秒02	2
		14周岁以下女子陆上测功仪1000米	陈　璇	3分42秒05	3
		15~16周岁女子陆上测功仪1000米	赵真颜	3分37秒	2
		15~16周岁男子陆上测功仪1000米男子轻量级	姜清山	3分19秒07	1
		15~16周岁女子陆上测功仪1000米女子轻量级	朱倩怡	3分43秒05	2
		15~16周岁女子陆上测功仪1000米女子轻量级	苏　雅	3分45秒07	3
		15~16周岁女子1000米1X	赵真颜	4分09秒03	3
		15~16周岁女子轻量级1000米1X	朱倩怡	4分12秒03	2
		14周岁以下男子1000米2X	蒋振濯　乐　禹	3分23秒05	1
		14周岁以下女子1000米2X	苏　雅　张雨晴	3分47秒08	1
		15~16周岁男子1000米2X	徐张乐　张　弛	3分42秒08	2
		15~16周岁女子轻量级1000米2X	雷雅欣　童星雨	3分59秒01	2
		14周岁以下男子MK1500米	蔡英豪	1分55秒05	1
		14周岁以下女子WK1500米	邓品琳	1分59秒05	2
		15~16周岁女子WK1500米	苏　雅	1分58秒09	3
		15~16周岁男子MC1500米	赵韩宇	1分57秒09	2
		15~16周岁女子WC1500米	朱倩怡	2分06秒07	2
		男子MK2500米	万宏浩　恒永涵	1分46秒01	2
		女子WK2500米	苏　雅　张雨晴	1分54秒01	2

续表 129

比赛名称	项目	组别	姓名	成绩	名次
南京市第二十二届运动会	帆船	iBoat 单人艇 10～12 周岁	赖吉翔	12 分	2
		iBoat 双人艇 9 周岁以下	张煜杰 王煜宁	13 分	2
		OP 女子组 8 周岁	谢佳辰	17 分	3
		OP 女子组 10 周岁	黄子璇	17 分	3
	射箭	14～15 周岁男子个人淘汰赛、决赛	薛 坤		1
		14～15 周岁女子个人淘汰赛、决赛	金诗允		1
		16～17 周岁女子个人淘汰赛、决赛	黄雨晨		1
		14～15 周岁男子团体淘汰赛、决赛	庆宇豪 薛 坤 金驰睿		2
		14～15 周岁女子团体淘汰赛、决赛	毕惟家 刘欣冉 邹雅琪		2
		16～17 周岁男子团体淘汰赛、决赛	朱禹铖 朱子涵 张礼豪		2
		16～17 周岁女子团体淘汰赛、决赛	黄欣瑞 黄雨晨 何锦圆		2
	击剑	男子重剑 13～14 周岁组	李知远		3
	啦啦操	儿童组花球	团体		2
	高尔夫球	儿女乙	孙晓娆	46 杆	2
		少男乙	米奕多	78 杆	1
		少男乙	汤 悦	81 杆	3

【2020 南京浦口女子半程马拉松】 10 月 25 日，由江苏省妇联、浦口区政府主办，浦口区体育局承办的 2020 南京浦口女子半程马拉松在雨发生态旅游区开跑。浦口奥运冠军许安琪亮相女马现场领跑。南京选手王佳莉获女子半程马拉松第一名，无锡选手陈梓佳获第二名，南京选手侯东获第三名。2020 南京浦口女子半程马拉松是国际女子路跑联盟赛事中国区年度首站赛事。

【2020 中国户外极限运动公开赛南京老山有氧三项精英赛】 11 月 8 日在老山森林公园举行。比赛设男子精英组、男子大众组、女子组、团体组等组别，赛事路线全程约 21 千米，包括 6 千米跑步路线、10 千米骑行路线和 5 千米登山路线，全国 700 余名选手参赛。贵州米久江、江苏李时荣和肖贤中获男子精英组前三名，江苏时王强、彭金标、卢光明获男子大众组前三名，江苏蒋冬梅、徐美玲、朱霞获女子组前三名。

【2020 年全国山地自行车锦标赛】 11 月 14—15 日，2020 年全国山地自行车锦标赛暨全国青年山地自行车锦标赛在水墨大埝景区举办。比赛由中国自行车运动协会、江苏省体育局主办，浦口区政府、南京市体育局承办，江苏省体育竞赛管理中心、江苏省体育局训练中心、江苏省自行车运动协会、南京市体育局竞

11 月 8 日，2020 中国户外极限运动公开赛南京老山有氧三项精英赛在老山森林公园举行 （张闽 提供）

赛管理中心、浦口区体育局、浦口区体育总会协办。赛事分精英男子组、青年男子组、精英女子组、青年女子组等7个组别。云南队选手袁金伟获精英男子组冠军,封宽杰、何学龙分获第二、第三名;云南选手李洋洋、陕西选手段顺繁、辽宁选手杨晟获青年男子组越野赛前三名;云南选手伍志帆、山东选手李洪凤、云南选手梁正兰获精英女子组前三名;江苏队薛子帆、沈雅馨、李楠获青年女子组前三名。 (张阅)

公共体育服务

【概况】 2020年,投入120万元,推动体育健身场馆、公办学校体育场地分时段、分人群免费或低收费开放,开展疫情期间"放心出门,安心消费"场馆免低收费及补贴活动,惠及1.5万人次。4月,区体育局联合迹动健身馆,免费为38名援鄂医护人员办理为期3年的健身卡。万人拥有晨晚练健身站(点)7个以上,万人拥有社会体育指导员56人。在市民中心建成省级国民体质监测站,免费开展国民体质检测3000人次,合格率96.2%。举办科学健身大讲堂2场、社会体育指导员培训10场(市级3场)、国家锻炼标准体质达标赛1场。全区经常参加体育锻炼比例达40%以上。

【江苏省发展体育基金会第五届理事会第七次会议在浦口召开】 7月6日在浦口水墨大埝召开。省十届政协、省发展体育基金会第五届理事会、省体育局、省体育产业集团、省财政厅、浦口区委宣传部、区文联等领导出席。南京常荣声学股份有限公司、南京飞乐体育产业发展有限公司、江苏杰威体育设施有限公司3家爱心企业加入,累计捐赠物资251万元。省发展体育基金会与区文旅局(体育局)签订战略合作协议,推动全民健身,助力"健康江苏"建设。

【社会体育指导员、羽毛球、篮球、田径等教练员培训班】 9月7—9日,南京市二级社会体育指导员(空竹项目)培训班在浦口区雨发生态园举办。培训班由南京市体育局主办,浦口区体育局、浦口区空竹运动协会承办。全市60余名三级社会体育指导员参加,培训结束后对全体学员进行考核,颁发二级社会体育指导员合格证书。9月26日,"全面奔小康 幸福舞起来"广场舞公益培训进社区、进乡村暨浦口区三级社会体育指导员(广场舞项目)培训在区体育场举办,全区200多名广场舞爱好者参加培训。10月17日,浦口区体育局举办羽毛球教练员培训班,对全区机关、学校及协会30名羽毛球爱好者进行培训。10月28—29日,2020年浦口区幼儿园幼儿竞技体适能暨快乐体操培训班在浦口区青少年业余体育学校举行,全区幼儿园选派青年教师参加培训。11月7—8日,浦口区体育局举办浦口区篮球教练员培训班。11月9—11日,南京市二级社会体育指导员(健步走项目)培训班在雨发生态园举办。培训由南京市体育局主办,浦口区体育局承办,全市60余名三级社会体育指导员参加。11月14—15日,浦口区体育局举办田径教练员培训班,全区25名中小学教师参加,培训内容主要是田径运动基本规律和田径教练员基本素质介绍。

【南京市全民科学健身大讲堂活动走进浦口】 11月9日,由南京市体育局主办、浦口区体育局承办的2020南京市全民科学健身大讲堂活动在浦口区雨发生态园举行,100余人参加讲堂活动。讲堂特邀南京市体育学院教授孙飙授课,他以《科学健身走》为主题,针对健康新概念、影响健康因素、科学健身走及体医结合等方面进行科普讲座和实操演练,并解答健身和健康方面的疑问。 (张阅)

体 育 协 会

【概况】 2020年,成立浦口区掼蛋运动协会、浦口区台球运动协会、浦口区户外运动协会、浦口区魔方运动协会4个体育协会,全区有区级单项体育运动协会23个(AAA等级10个)、体育俱乐部30个。街道级体育协会、社会体育指导员协会、老年人体育协会和2个以上单项体育协会实现全覆盖。相关体育协会举办中国户外极限运动赛南京老山有氧三项精英赛、2020中华垂钓大赛南京"宏大建设杯"钓鱼邀请赛等赛事。8月1—2日,区广场舞运动协会主办的广场舞进社区公益活动在浦口市民中心举行。8月11日,浦口区老年人体育协会开展"决胜小康、快乐健康、全民健身"为主题的健身操活动。8月28日,召开浦口区体育总会工作会议,全区23家体育协会参加,会上表彰部分体育协会。老年人体育协会、广场舞运动协会、篮球运动协会、棋类运动协会等8个协会获一等奖,登山运动协会、网球运动协会、社会体育指导员协会等12个协会获二等奖,轮滑运动协会、风筝运动协会获三等奖。

2020年浦口区体育单项运动协会一览表

表130

序号	社会组织名称	成立时间	法定代表人	备注
1	南京市浦口区信鸽运动协会	2005年8月9日	樊奇农	
2	南京市浦口区老年人体育协会	2005年9月21日	李传邦	AAA
3	南京市浦口区钓鱼运动协会	2005年9月21日	李仿平	AAA
4	南京市浦口区棋类协会	2005年10月24日	董恒军	AAA

续表 130

序号	社会组织名称	成立时间	法定代表人	备注
5	南京市浦口区体育总会	2007 年 2 月 8 日	李先义	AAA
6	南京市浦口区幼儿体操体育运动协会	2007 年 8 月 12 日	金 超	
7	南京市浦口区空竹运动协会	2007 年 10 月 18 日	殷宝柱	
8	南京市浦口区足球运动协会	2007 年 10 月 22 日	刘有金	AAA
9	南京市浦口区球迷协会	2007 年 11 月 5 日	李树彪	
10	南京市浦口区篮球运动协会	2007 年 11 月 15 日	陈福其	AAA
11	南京市浦口区登山运动协会	2008 年 4 月 20 日	黄时全	AAA
12	南京市浦口区乒乓球协会	2008 年 10 月 23 日	李远浒	AAA
13	南京市浦口区网球运动协会	2010 年 4 月 16 日	吴政强	
14	南京市浦口区风筝运动协会	2010 年 7 月 10 日	沈华飞	
15	南京市浦口区跆拳道运动协会	2010 年 7 月 28 日	蔡长江	
16	南京市浦口区社会体育指导员协会	2010 年 7 月 30 日	丁家洪	AAA
17	南京市浦口区武术运动协会	2015 年 10 月 24 日	张永武	AAA
18	南京市浦口区轮滑运动协会	2016 年 8 月 1 日	张成功	
19	南京市浦口区广场舞运动协会	2016 年 8 月 15 日	沈 萍	
20	南京市浦口区瑜伽运动协会	2017 年 4 月 21 日	章素珍	
21	南京市浦口区柔力球运动协会	2017 年 11 月 3 日	常红梅	
22	南京市浦口区游泳运动协会	2018 年 3 月 29 日	尹 斌	
23	南京市浦口区羽毛球运动协会	2018 年 12 月 19 日	赵 仁	

【首届金陵风筝会】 5 月 10 日在永宁河岸花海举办。首届金陵风筝会由市体育总会指导,市风筝运动协会、区体育局、区体育总会主办。邀请世界最长龙风筝记录创造者周学义老人坐镇,现场有板类风筝、软翅类风筝、龙串风筝等 10 个项目的比赛和放飞表演。活动将风筝文化、河岸花海观光旅游和体育赛事结合,推动体育与文化、旅游产业融合发展。

【浦口区第八届空竹比赛】 11 月 11 日在永宁街道文化体育广场举行。浦口区第八届空竹比赛由浦口区体育总会、浦口区老年人体育协会主办,吸引参赛选手和观众 300 余人。参赛队员展示群龙飞舞、空竹呼啦圈、天旋地转、五彩缤纷、环旋空竹套路等表演,永宁街道、江浦街道获团体赛优胜奖。

【"美丽浦口·第十九届南钢杯"钓鱼大赛】 11 月 28 日在西埂莲乡举办。第十九届南钢杯钓鱼大赛是市钓鱼协会重点打造的群众性钓鱼品牌赛事,由市体育总会主办,市钓鱼协会、区体育总会协办,吸引参赛选手 180 人,分为 3.6 米手竿钓、4.5 米手竿钓两组比拼。南通钓手顾清、南京钓手李永纪、扬州钓手宋建生分获冠、亚、季军。 (张闽)

·文稿编辑 周世泉·

生态环境

环境质量

【概况】 2020 年,全区 $PM_{2.5}$ 均值 26.2 微克/立方米,同比下降 22.7%,继续保持全市最优;优良天数 310 天,同比增加 52 天,优良率 84.7%,同比增加 14 个百分点,全市排名第五。建成区消除黑臭水体,地表水达到或好于Ⅲ类水体比例 100%,2020 年地表水环境质量位列全省第一。全区 6 个考核断面 1—12 月平均水质皆在Ⅲ类以上水平,优良比例 100%,3 条入江支流水质全部达到Ⅲ类水平。声环境质量总体处于较好水平,建成区声环境质量总体控制在国家标准以内。

【大气环境质量】 2020 年,浦口区 $PM_{2.5}$、PM_{10} 年均浓度较上年分别下降 22.7%、20.8%;二氧化硫浓度下降 17%,二氧化氮浓度下降 24%,臭氧浓度下降 7.1%(臭氧超标 42 天,减少 33 天),降尘浓度下降 6.8%,一氧化碳浓度上升 14.3%。

【声环境质量】 2020 年,浦口区声环境质量总体处于较好水平,城市区域环境噪声、交通噪声和功能区噪声平均等效声级均达国家标准。城市区域环境噪声和功能区噪声呈现稳中有降趋势,区域环境噪声 51.2 分贝,比 2019 年下降 2.2 分贝;功能区居民居住区和交通区噪声昼间分别为 52 分贝、55.7 分贝,较上年分别下降 1.1 分贝、3.5 分贝,夜间分别为 45.5 分贝、47.1 分贝,较上年分别下降 2.2 分贝、5.1 分贝;道路交通噪声 68 分贝,较上年上升 0.7 分贝。 (杨蓓蓓)

【水环境质量】 浦口区地表水分属长江、滁河 2 条水系,老山以南为长江水系,老山以北为滁河水系。2020 年,长江、滁河(浦口段)水质均有好转,浦口区地表水环境质量在全省纳入高质量发展监测评价考核的 63 个县(市、区)中排名第一。省考城南河龙王庙断面水质为Ⅲ类,城镇内河城南河钱塘望景断面水质为Ⅱ类。市考断面 5 个,分别为驷马山河乌江大桥、石碛河天桥、高旺河解放函、城南河浦滨路桥、滁河余湾闸断面,水质均达Ⅲ类,均达到考核目标。12 个水功能区达标率 100%。 (卓芳芳)

【2020 年地表水环境质量全省排名第一】 浦口区聚焦水环境质量提升,围绕全域稳定消除黑臭河道、基本消除劣Ⅴ类水体目标,推进入江支流综合整治,完成 12 个河道水环境提升工程,5 条入江支流水质明显好转。根据市生态环境局反馈数据,1—12 月,浦口区 5 条入江支流水质均值全部达Ⅲ类及以上标准,达标率 100%。治理小微水体,完成 112 个劣Ⅴ类水体销号,实现全域基本消除劣Ⅴ类水体。完成建成区 310 千米排水管网清疏,开展污水系统提质增效,基本实现建成区污水管网全覆盖、污水全收集,基本完成街道镇区雨污水分流全覆盖。珠江污水处理厂中水厂二期工程建成使用,完成街道污水处理厂提标改造并实现一体化运维,城镇污水处理提质增效精准攻坚"333"行动完成阶段目标。完成 532 个村庄生活污水设施及运维中心建设,并纳入常态化运维,实现应治理村庄生活污水处理设施全覆盖。根据省生态环境厅 2020 年度地表水环境质量排名,1—12 月,浦口区地表水环境质量在全省纳入高质量发展监测评价考核的 63 个县(市、区)中排名第一。 (李元金)

资源保护

【水资源保护】 2020 年,围绕水资源管理"三条红线"(用水总量控制、用水效率控制、水功能区限制纳污),从水源地到水龙头实行全过程精细化管理。全区万元 GDP 用水量 39.86 立方米,万元工业增加值用水量 8.75 立方米,达到高质量发展目标要求。严格用水管理,全年用水总量 1.54 亿立方米,地下水用水总量 23.5 万立方米,均控制在考核目标红线内。强化取水许可管理,推进取水口管理专项整治行动,开展全区取水工程核查整改提升工作。落实生态流量(水位)管控,确定城南河、三岔水库等重点河湖控制断面生态水位标准,制定水位保障实施方案,保障重要河道生态流量(水位)需求。完成三岔水库、石碛河河湖生态状况评估。 (李元金)

【耕地资源保护】 2020 年,签订耕地保护责任书,层层传导保护责任。划定永久基本农田储备区 240.47 公顷,落实重大建设项目占用补划 77.26 公顷。做好省级耕地保护激励乡镇申报工作,星甸街道获奖励资金 200 万元。完成年度增减挂钩和占补平衡项目 121 个,新增增减挂钩指标 190 公顷、占补平衡指标 50.67 公顷。制定 2020 年耕地保护补贴发放方案,发放补贴资金 1.03 亿元,惠及农户 4.88 万户。核算 2019 年度征地留用地补偿资金1443万元，用于发展壮大村集体经济组织。

【矿产资源保护】 组织开展全区矿产资源调查，查明全区矿产资源种类14个、各类矿床（点）32处、禁止压覆区1处、上表矿区5个。推进汤泉地区地热资源调查和开发利用规划编制。在全市率先完成露采矿山扬尘在线监测系统建设，接入市建设工程工地智慧监管平台运行。 （林晓露）

【森林资源保护】 2020年，全区完成成片造林155.6公顷，其中新增造林面积99.33公顷，完成计划任务的298%，农村道路绿化提升86.07千米，完成计划任务的114.76%。贯彻执行省政府生态红线保护规划，加强森林资源保护和管理，严格做好林地占用征收和林木采伐审核审批，落实使用林地占一补一规定，完成五个街道、老山林场、定山林场公益林管护合同签订，确保林地面积有增无减。按照森林督查总体要求开展督查，实现涉及浦口区的78个疑似变化图斑现场查验全覆盖，排查梳理出涉嫌违法违规占用林地和林木采伐的问题图斑26个，判定的违法违规项目16件，移交森林警察大队立案查处。接报处理各类警情75件，其中"12345"政府热线2件、群众举报19件、"110"指令9件、林权林木纠纷24件、野保类21件，均得到及时妥善处理。立案查处非法占用林地案件8件，占地1.61万平方米，罚款28.96万元。"12345"政府热线回访满意率100%。 （吴飞飞）

【湿地资源保护】 在长江、滁河湿地入口处安装宣传警示牌近20块，宣传保护湿地野生动物资源。在2月2日世界湿地日宣传活动中，通过悬挂宣传横幅、电子显示屏播放等方式，宣传湿地资源保护知识。落实省、市湿地修复任务，区林业站与桥林街道农业发展服务中心选址确认湿地修复地块，编制湿地修复方案。至年末，长江岸边53.67公顷湿地修复方案通过专家认定。完成长江绿水湾省级湿地公园水面清理退养，正在向江北新区移交管理使用权。

【动植物资源保护】 加强野生动物执法保护，开展禁止猎捕、运输、驯养、经营野生动物行动，严厉打击破坏野生动物资源违法犯罪活动。全年出警34批次112人次，巡查野生动物集中分布点12个，未发现有非法猎捕等违法行为。强化林政巡防，处理警情75起，其中"12345"政府热线2起、群众举报19起、"110"指令9起、林权林木纠纷24起、野生动物保护类21起。立案查处非法占用林地案件8起，罚款28.96万元。森林防火实现零火灾。在林区、湿地和农路入口安装野生动物保护交通警示牌12块、宣传警示牌55块。9月25日前完成陆生野生动物养殖单位的转型工作，全区清理处置蓝孔雀4568只，无害化处理3709只，涉及9家养殖户，经省林业站同意用于观赏蓝孔雀859只，近134万元的区级补偿资金得到有效落实。参与浦口区人民检察院公益诉讼活动，加大珍稀濒危野生动植物资源保护力度。区林业站投资近60万元，开展中华虎凤蝶和秤锤树保护小区建设和科普宣传活动。针对秤锤树种子发芽周期长、发芽率极低的难题，区林业站通过科学处理，2020年试验播种的发芽率达60%。在疫情防控工作中，区林业站联合区森林警察大队成立3个检查组，对野生动物驯养繁殖单位及长江、滁河沿岸湿地管理单位、老山林场、星甸杜仲林场、大桥林场进行防控宣传和检查，张贴《野生动物疫源疫病防控告知书》30余份，悬挂疫情防控宣传横幅20条，检查出车75台次，参加检查216人次，检查单位240家次，消毒防疫面积约66万平方米。 （郑爱春）

湿地精灵 （史安标 摄）

【林长制实施】 11月30日，出台《浦口区全面推进林长制工作实施方案》，构建"山有人管、林有人护、事有人做、责有人担"的格局。全区行政区域范围内森林资源、湿地资源和绿化区域推行林长制，设立区、街场、村（社区）三级林长。设立区级总林长1人、区级副总林长1人、区级林长7人、街场级林长70人、村级林长146人、技术员53人、护林员205人。实行区级林长联系街场、街场林长包村（社区）、村（社区）级林长抓落实的工作格局，林长各负其责、各司其职，一级对一级负责。建立林长制会议、信息通报、督查督办等制度，实现三级林长纵向联通、各职能部门横向联动。在交通要道、重点林区、森林公园、美丽乡村等醒目位置安装林长制公示牌75个，向社会公布林长名单、联系电话、工作职责、监督电话等，实现森林资源保护管理体系全覆盖。通过全面推行林长制，统筹实施山水林田湖草系统治理，推进林业生态修复、加强林业生态保护、提升森林经营质量、科学防控森林灾害、提高科技支撑水平、加强林政资源管理、严格执法监督管理7项重点任务落实。 （钟倩）

【河（湖）长制】 健全区、街道、社区三级河（湖）长组织体系，全区250条河（水库）及36座重点塘坝、3109个小微水体全部实现河（湖）长制管理。区委、区政府专题研究部署河（湖）长制工作，区级河（湖）长巡查调研每季度不少于1次，全年区级河（湖）长完成巡查104次。充实区河（湖）长办公室人员，落实专项工作经费,健全工作制度,完善工作流程。出台河(湖)长制管理、公示牌管理、考核细则等制度,明确工作方案、操作细则及管理要求,推进河(湖)长制有名有实。建立边界河湖联合河(湖)长制,与安徽省滁州市南谯区建立滁河联防共管联席会议机制,开展河湖治理与保护专项行动。（李元金）

【老山景区生物多样性调查与研究项目合作签约】 5月18日,南京老山景区生物多样性调查与研究项目合作签约暨启动仪式在老山管办举行。生物多样性调查由老山管办、老山林场联合南京林业大学合作开展。计划利用两年时间,对景区动植物资源,特别是区域内珍稀濒危物种、保护物种的类别、分布、数量等现状进行调查,采集电子标本,建立相关物种名录和编目数据库,评估主要濒危物种和生态系统受威胁状况,科学制定基于物种保护的景区利用规划。南京老山景区总面积约112平方千米,素有"南京绿肺、江北明珠"美誉,森林覆盖率超过80%,空气中负氧离子含量高出市区500倍。老山景区动植物资源丰富,动物资源中最大的群体为鸟类,还有中华虎凤蝶和国家二级保护野生动物穿山甲、灰鹤等。植物资源有国家一级保护植物秃杉、苏铁、水杉等,二级保护植物钻天杨、榉树、野大豆、鹅掌楸等。（老山管办）

河(湖)长制管理（滕宏飞 摄）

长江大保护

【概况】 落实长江大保护战略,开展长江岸线生态环保专项执法行动,推进长江生态突出问题整改,配合生态环境部专家组开展长江入河排污口三级排查,完成基本情况核查。完成桥林街道2家船厂、1处板房2项长江岸线非法侵占整治任务,完成绿水湾湿地非法水产养殖、高旺河劣V类水质问题整改销号。涉及浦口区的南京长江经济带生态环境问题整改完成。开展长江岸线生态环保专项执法行动,加强桥林饮用水水源地巡查和执法,巩固保护违法违规设施整治成效。开展水源地隐患排查整治,全区集中式饮用水源地水质逐月全部达标。开展生态红线问题清理整治任务"回头看"和农村黑臭水体排查整治试点,严格落实畜禽养殖污染治理,治理率97%以上。

长江岸线（杨旻 提供）

【长江岸线整治】 拆除13家违规企业,复绿面积100万平方米,打造滨江江豚公园、造船业遗址公园等滨江特色景观。完成绿水湾湿地非法水产养殖、高旺河劣V类水质等问题整改销号。完成长江浦口段排污口调查,确认点位281个。开展"查、测、溯、治"四步工作,完成水样分析46个,封堵或移除点位32个。常态化开展考核断面水质跟踪监测,关注关键指标变化情况,及时消除水质降低隐患。重点围绕城南河水系环境整治,加强区域联动,携手江北新区齐抓共管,确保省级考核断面水质稳定达标。治水项目实效彰显长江大保护工作力度,水利部副部长在2020年两会特别节目"央广会客厅"中,把浦口区长江岸线整治作为推进长江大保护工作的两个成功案例之一,向全国观众分享长江岸线整治"浦口经验"。（杨蓓蓓 李元金）

【长江禁渔】 浦口公安分局成立非法捕捞专项整治工作领导小组，制定《浦口分局保护长江生态资源、打击非法捕捞的工作方案》，加强线索排查梳理，织密人力情报网络，紧盯非法捕捞工具，开展联合巡查、联合管理、联合宣传。抓获涉嫌非法捕捞违法犯罪嫌疑人7人，查获长江水产品13千克、非法捕捞地笼12个、电鱼工具1套。

江浦街道对农贸市场、生鲜超市、餐饮店开展专项检查，向商家宣传长江禁捕退捕工作精神，要求及时下架江鲜类食品，清除相关菜单和广告内容。发放《致市民的一封信》3.5万份，悬挂横幅380余条，在长江流域重点部位设置告示牌14个，利用街道、社区电子大屏滚动播放长江禁捕宣传标语，实现街道8家农贸市场、12家生鲜超市、188家餐饮店宣传全覆盖。全年出动1565人次，劝离钓鱼爱好者851人。

汤泉街道开展长江流域滁河水域禁捕专项行动。在农贸市场、超市水产品交易区、水产品特色餐饮单位等重点区域、重点场所张贴和悬挂关于禁止江鲜水产品交易、食用的标语、海报、横幅，沿滁河水域发放一封信6720份，餐饮店张贴禁食禁捕海报65张。网格员24小时巡查辖区滁河沿线及支流等水域，禁止非法捕捞行为。巡查餐饮单位480家次、农贸市场及水产品店32家次，开展滁河流域专项巡查48次，第一时间整改劝止违法经营捕捞现象。

（陆军　江浦街道　汤泉街道）

【长江两岸废弃露天矿山生态修复】 2020年，根据《自然资源部办公厅关于开展长江经济带废弃露天矿山生态修复工作的通知》《浦口区矿山地质环境恢复和综合治理规划(2017—2025)》《浦口区废弃矿山环境综合治理工作方案》要求，全区完成10处长江两岸废弃露天矿山生态修复，总投资3483万元。采取危岩清理、回填压脚、场地平整覆土绿化、隔离围栏等措施，完成修复面积74.5万平方米，其中山林采石矿6.3万平方米、山林二矿5.2万平方米、里口采石矿2.2万平方米、龙爪洼采石矿3.2万平方米、大埝采石矿2.4万平方米、天舵砂矿18万平方米、白马采石矿7万平方米、龙南徐王组砂矿23万平方米、中窑堆料场4万平方米、响堂水库西侧宕口3.2万平方米。（甄诚）

滁河永宁段　（滕宏飞　摄）

【沿江非法码头整治复绿长效管理】 2018年完成5家沿江非法码头整治，复绿7.2万平方米。2020年，按照“依法治理、政府主导、部门联动”方针开展沿江非法码头整治长效管理。制定长效管理机制并定期开展巡查，督促各责任单位落实长效管理。设置非法码头整治项目公示牌和监督举报牌，向社会宣传整治成果，接受社会监督。明确桥林街道、浦口开发区为责任主体，对各自负责片区定期巡查，发现沿江非法作业行为及时制止。加强与长江水域相关执法部门沟通协作，区交运局、浦口生态环境局、区水务局等部门定期开展联合执法行动3次，始终保持对非法码头作业行为的高压态势。至年末，开展沿江非法码头整治现场“回头看”巡查10次，未发现“死灰复燃”现象，复绿效果保持良好。

【港口码头水污染防治行动及长效管理】 5月，按照“一个企业一本验收台账”“一个区一本销号台账”要求，在全市率先完成港口码头水污染防治任务清单销号。至年末，根据港口码头水污染防治长效管理机制要求，对南京港江北港务有限公司和南京长江七坝港投资发展有限公司码头水污染防治现场开展长效巡查12次，相关企业按要求完成水污染防治设施建设，散货码头中水回收利用率100%。（姚莉）

【七坝港区环境综合整治一期工程开工】 6月开工。总投资8000万元，拓宽改造金盘河、紫鸾河，提升改造河道两侧景观绿化。金盘河起点为龙港路，终点至新星大道，规划河道长约1.5千米；紫鸾河起点为龙港路，终点至中联泵站，规划河道长2.2千米；实施疏港路(饶河路—延陵路)污水管预埋。工程计划2022年6月完工。

【滁河浦口段获评江苏省2020年度生态河道建设示范样板】 12月28日，在省水利厅2020年度生态河道建设示范样板评定活动中，滁河浦口段获评江苏省2020年度生态河道建设示范样板，成为南京市唯一上榜的河道。滁河流域位于江淮之间，跨苏皖两省，系长江下游左岸一级支流。浦口区境内滁河干流长约36.7千米，主滁堤49.5千米。2011—2020年，浦口区累计投资8.1亿元，实施滁河近期防洪治理工程、滁河风光带工程、滁河近期防洪治理完善工程等，完善滁河干流防洪体系，提高流域防洪能力。打造沿河景观，建设融防洪、景观、休闲、运动于一体的多功能风光带，滁河水利风景区于2016年创成省级水利风景区。（李元金）

节能减排

【概况】 2020年，浦口区规模以上企业综合能源消费总量44.05万吨标准煤，同比下降3.3%；煤炭消费总量17.9万吨。其中,万元工业增加值能耗0.49吨标准煤/万元,同比下降11.7%;万元工业产值能耗0.16吨标准煤/万元,同比下降19.1%。全区化学需氧量、氨氮、总氮、总磷、二氧化硫、氮氧化物、挥发性有机物存量削减任务分别为90吨、10吨、15吨、2吨、5吨、40吨、20吨,全部超额完成。实际完成化学需氧量8832吨,完成率9813.33%;氨氮313吨,完成率3130%;总氮138吨,完成率920%;总磷14吨,完成率700%;二氧化硫25吨,完成率500%;氮氧化物41吨,完成率102.5%;挥发性有机物119吨,完成率595%。 (徐义华 杨蓓蓓)

【工业节能减排降耗】 2020年,将江苏信宁、台积电等10家年综合能源消费2000吨以上标准煤的企业列入重点用能企业监测库。江苏信宁、南京锦湖轮胎接入重点用能单位能耗在线监测系统,实时监测能源消耗。对大吉铁塔进行免费节能诊断并提出节能建议。利用项目申报、企业走访、专题培训等形式开展节能宣传、先进技术推广,全面推进工业企业节能减排降耗。 (徐义华)

【工程源头减排】 完成VOCs(臭氧前体物)治理重点工程4个、三次油气回收加油站改造4家。抽检柴油货车排气1871辆,检测非道路移动机械排气及油品质量1502台。重点管控区域内100平方米以上餐饮店油烟92家,全部安装油烟浓度在线监控实时传输装置。依托"蓝天卫士"影像监控平台,落实夏季秸秆禁烧,持续保持"零火点"。企业源、移动源、生活源VOCs污染排放削减。 (杨蓓蓓)

【节水型社会建设】 深化节水型社会载体建设,区政府大院、市民中心等4家机关单位集中办公区(含33家机关事业单位)创成省级节水型机关单位。创建南京书人实验学校省级节水型学校1个、侯家坝灌区市级节水型灌区1个、桥林中学等节水型学校4个、区教育局等节水型单位10家。国家级县域节水型社会达标建设通过省水利厅评估验收,成功打造省级象山湖节水教育基地。全区万元GDP用水量约43立方米。 (俞芳琴)

【污水减排】 珠江污水处理厂中水回用二期工程完成设施安装工作。汤泉、星甸、石桥、永宁、乌江5个污水处理厂设计日处理能力1.45万吨,采用A2/O处理工艺,处理居民生活污水。浦口开发区污水处理厂处理水量306.44万吨,平均每天8400吨左右,化学需氧量、氨氮、总氮、总磷的进水平均浓度值分别为93.41毫克/升、6.25毫克/升、13.12毫克/升、1.08毫克/升,实际减排量分别为235.11吨、18.85吨、18.63吨、2.65吨。 (卓芳芳)

【国家级县域节水型社会达标建设通过省级评估验收】 11月6日通过省级评估验收。近年来,浦口区成立节约用水办公室,全面推进"体系完整、制度完善、设施完备、高效利用、节水自律、监管有效"的节水型社会建设。2015年被省水利厅、省发改委命名为江苏省节水型社会示范区。"十三五"期间,浦口区以最严格水资源管理制度考核为激励机制,全区初步构建全域全覆盖的节水体系、现代水务为核心的水资源管理体系和自觉节水的公众行为规范体系。坚持节水优先和绿色发展理念,结合水资源条件和区域水环境容量,坚持以水定城、以水定地、以水定人、以水定产,构建增长能力显著增强、产业竞争优势凸现、绿色发展特征明显、功能区域分明的现代产业体系。坚持制度引领和市场改革结合,全面提升水资源管理能力。全面实行最严格水资源管理制度,科学规范做好用水计划核定工作,实行总量控制定额管理、节奖超罚制度。坚持分类施策和行业节水结合,实施全领域节水减排工程。推进农业高效节水,加快现代化农业转型。引导工业布局和产业结构调整,重点建设高用水行业企业的节水减排改造项目,推进工业企业用水审计及水平衡测试,挖掘节水潜力。至2020年末,节水型机构单位建成率100%。坚持空间管控和生态保护结合,加强河湖水资源保护。强化桥林长江水源保护区和三岔水库水源地保护,实施封闭式管理,建立水源地长效管护机制,集中式饮用水水源地水质达标率100%。

【"浦小清"节水教育馆开馆】 11月24日开馆。"浦小清"节水教育馆位于象山湖环湖栈道边,内设"因水而生、惜水在心、治水而兴、节水在行"4个板块,以"爱水、惜水、护水、节水"为主题,由室外小课堂和室内4个相互关联的展区组成,浓缩水情状况、节水知识、浦口当地水治理工程成果,引入家庭节水常识、工农业节水方式和浦口区节水工作情况等,融科普性、创新性、趣味性于一体。通过节水实践、游戏和互动,传授节水知识,引导节水行动。

【象山湖节水教育基地通过省级节水教育基地考评】 11月27日通过省级节水教育基地考评。象山湖节水教育基地位于江浦街道象山湖省级水利风景区内,占地面积3.27平方千米,东接佛手湖郊野公园和珍珠泉景区,南靠浦口主城区,西接森林大道,北沿珍七路。基地内实践活动的教育设施、设备齐全,有独立的科普教室,采用先进的影音设备,可容纳40~50人次听课。基地由室外及室内两部分组成,室内是"浦小清"节水教育馆,室外以象山水库节水文化长廊、节水示范工程、节水宣传小品为点,结合园区公共空间的道路系统、水利系统、绿化系统、环保系统、景观系统,构成节水宣传阵地。该基地是区水务局新时代文明实践点、南京工业大学志愿服务实践基地、浦口区实验学校实践基地,对游客免费开放,全年接待约2万人次。

(李元全)

环境治理

【概况】 2020年,浦口区修订突发环境事件应急预案,经区政府批准实施。推进环境安全隐患排查整治,督促环境应急预案有效期满三年的企业修编备案。浦口生态环境局、区水务局会同各街道、园区,打好"碧水保卫战"。1—12月,全区6个考核断面平均水质皆在Ⅲ类以上水平,优良率100%,其中入江支流水质均达Ⅲ类水平。制定《浦口区2020年臭氧污染防治方案》,浦口生态环境局、区工信局、区城管局、区交运局等部门相互配合全方位治理。开展危废安全专项整治,立案查处企业52家。加强主要源建设工程监管，实现降尘、控尘目标。规范重点企业土壤污染防治，区政府与3家企业签订《重点行业企业土壤污染防治目标责任书》并公布。强化土壤污染源头管控，严格涉重金属项目环境准入。

（卓芳芳）

【大气污染防控】 根据浦口区实际和大气环境监测数据历史超标因子，重点围绕VOCs（臭氧前体物）治理，制定《浦口区2020年臭氧污染防治方案》，组织工信、城管、建设、交运等部门，形成全方位治理格局。全区布设小微站点5个、微型站点56个，初步形成无人机航拍、走航车跟踪、热点网格布控、敏感气象预报为支撑的区域环境空气质量预警监控系统，基本实现污染目标的可研判，治理更具针对性。

【扬尘管理】 浦口区从加强主要源建设工程监管出发，在全区各类工地全面实施"八达标、两承诺、一公示"（施工围挡、路面硬化、防尘覆盖、车辆冲洗、清扫保洁、工程机械排放、械油品、渣土运输车辆达标，签订《油品使用承诺书》和《扬尘管控承诺书》，扬尘污染防治公示牌）举措。创建"智慧工地"107个、南京市"差别化工地"23个，白天渣土运输开放项目43个。采用"三不开工法"（工地不符合扬尘管控和文明施工标准的不开工、管理人员不到岗的不开工、现场从业人员未接受文明施工教育的不开工），实现降尘、控尘高效目标。

（杨蓓蓓）

【污水治理】 2020年，推进城镇污水处理提质增效，完成全区7个城镇污水处理厂"一厂一策"方案编制并组织实施，污水处理厂平均进水浓度较上年提升5%以上。开展污水处理提质增效达标区建设，完成雨山西路达标区示范建设，建成区基本消除污水直排口及污水管网空白区。完善污水收集系统，完成桥林工业园A标段3千米污水管网建设，完成40千米雨污水管网排查。实施浦口区七坝港区环境综合整治工程及七坝港区七坝路、春藤路污水管预埋工程，铺设管网3千米，实现港口码头所在区域市政污水管网全覆盖。推进城镇污水处理厂尾水资源化利用，珠江污水处理厂再生水利用量6万吨/日，再生水利用率41.1%。加强排水许可"应办尽办"，累计办理排水许可895件，落实排水许可批后监管，排水户年度检测抽查率100%。

（高威）

【交通运输行业治理】 2020年，淘汰国三及以下标准营运柴油货车249辆，其中老旧柴油车报废89辆、自愿退出运输市场160辆。完成机动车维修行业挥发性有机物整治任务，配合环保部门督促维修企业落实危险废物污染防治主体责任，出动执法人员112人次，检查维修企业56家次，检查危险货物运输车辆675辆，查处未经许可擅自从事危险货物运输案件11起。督促6家一、二类汽车维修企业和5家三类维修业户纳入环保危废动态监管系统。加强机动车排气污染综合治理，推进机动车尾气治理，确保I/M制度实施。

（姚莉）

【危废固废治理】 2020年，浦口区列入危废管理企业102家，其中市控以上企业46家。危废类别主要包含废酸、废碱、污泥、废油等。年初，出台《浦口区危废固废安全专项整治行动实施方案》《浦口生态环境局、浦口区应急管理局"五联动"工作制》，通过内明职责、外建互助的方式，建立健全危废管理工作责任制。在自查危废底数的基础上，邀请环保专家对危废经营单位、重点产废单位、学校实验室、危化品企业开展"过堂式"检查。在台积电、卓越环保等重点企业推行日产日报机制，掌握全区危废贮存总量，实行动态管理。配合区卫建委，规范设立新冠肺炎医疗废物临时贮存点，安全处置医疗废物。加强跟踪检查，督促辖区危废企业高标准完成危废标示设置和信息公开。通过行政代处置，解决小微企业不足一批次运输量的危险废物贮存、转移和处置难题。开展专项行动，打击非法违法行为，全年出动执法人员3982人次，检查企业6183家次，立案查处企业52家，处罚金额131.57万元，发现重大隐患1个并整改完成。按照"整改闭环、不留隐患"要求，督促问题整改，发现环境问题190个，整改率99%。全区未发生危废固废环境污染事故。

【土壤污染防治】 加快推进重点行业企业用地初步采样调查，全区纳入国家考核并完成方案评审和进场采样地块22个，初步采样报告通过市级复核。规范重点企业土壤污染防治，在2家重点监管企业（大吉铁塔、环境再生能源）的基础上，新增卓越环保1家，区政府与3家企业签订《重点行业企业土壤污染防治目标责任书》并公布。实施建设用地土壤污染状况调查报告评审制度，评审地块48个，开展关停企业疑似污染地块现场核查，强化污染地块环境监管。管控土壤污染源头，严格涉重金属项目环境准入，凡不符合《市制造业新增项目禁止和限制目录（2018年版）》的项目，一律不予环保审批。

（杨蓓蓓）

【地质灾害隐患防治】 编制全区地质灾害防治规划，制定《浦口区2020年度地质灾害防治方案》，完善应急预案和处置机制，建立全区30处隐患点的三级群测群防体系。汛期，联合气象部门发布灾害预警信息11条。组织开展珍珠泉蜂巢酒店以东、规划2号路以北填土区隐患点专业监测。完成江浦街道白马社区新民组100－51号、91号、珍珠泉公交总站办公用房后侧、珍珠泉度假区内高尔夫闸站旁应急处置突发险情隐患点4个。完成2个地质灾害治理工程，投入治理资金约1200万元。其中，X302浦合线（犀牛望月段）地质灾害隐患点通过锚杆、格构、截排水沟、挡墙、植生袋、普通喷播等工程措施，完成治理总面积23292平方米；永宁街道大桥林场路口地质灾害隐患点通过削坡减载、清坡、场地回填、排水沟、脚墙、金属网、喷播绿化、播撒草种等工程措施，消除地质灾害隐患，改善治理区及周边生态环境。推进桥林街道林蒲社区南云组林驷路西北侧隐患点搬迁避险，搬迁居民2户。实现地质灾害零伤亡和平安度汛。

（甄诚）

【农业面源污染治理】 2020年，全区农药、化肥使用量零增长，打造长江岸线（浦口段）5千米化肥、农药"两减"示范带。沿江5千米化肥使用量较2015年削减42%、化学农药削减20%。推广测土配方施肥、有机肥替代化肥等高效施肥技术和模式，推进农机农艺融合、有机无机肥结合、基肥追肥统筹。建立限制使用农药定点经营制度,推广环境友好型科学轮作模式,开展耕地轮作休耕。农药使用量较2015年削减15%,高效低毒低残留农药使用量占比85%,农药利用率40%。化肥使用量较2015年削减18%以上,化肥利用率提高40%以上,测土配方施肥技术推广覆盖率90%以上。全区实施商品有机肥使用2487.5吨、配方肥使用450吨、轮作休耕面积100公顷、水稻侧深施肥面积13.33公顷、绿色防控产品使用面积366.67公顷。提高畜禽养殖粪污资源化利用水平,引导规模养殖、种植主体积造和施用有机肥,鼓励沼渣、沼液和经无害化处理的畜禽养殖粪污以肥料化、就近化、无害化方式还田利用,构建资源化循环利用体系。在全市率先组建第三方服务组织,配套粪污运输车,购买装运服务,在规模种植基地田间地块配套建设田间储粪池、污水管网、田间施肥车,在手机App上在线监控实时操控,通过一体化泵站将污水泵送至各田间地块,解决粪污利用难问题。全区粪污产生总量6.58万吨,其中规模畜禽粪污产生总量6.27万吨、规模以下养殖场户畜禽粪污产生总量0.31万吨,粪污综合利用率99.95%,畜禽养殖污染治理率100%,设施装备配套率100%。 (卢一丰)

【秸秆综合利用】 制定《浦口区2020年农作物秸秆机械化还田工作实施方案》,全年水稻、小麦秸秆还田率稳定在56%以上,完成小麦秸秆机械化还田作业面积1017.52公顷,秸秆机械化还田率93.86%,超额完成省市下达的目标任务。秋季稻谷秸秆还田面积2005.28公顷,秋熟作物秸秆机械化还田率达98.27%以上。全区水稻生产耕整地、植保、收获3个环节机械化水平和产地机械化烘干能力均达100%。 (徐硬)

【全区域消除劣Ⅴ类水体】 12月22日,浦口区通过全区域消除劣Ⅴ类水体考核验收,全区基本消除劣Ⅴ类水体。根据国家、省、市"水十条"与《南京市消除劣Ⅴ类水体验收工作管理试行办法》,2019年以来,浦口区推动河道水质、滨水空间品质提升,逐步完成河道消劣水质提升工程53个,做好全区112个水体(区级河道17条、街道级23条、小微水体72个)治理、保护。

2020年,浦口区消除劣Ⅴ类水体,图为城南河
(滕宏飞 摄)

【农村生活污水治理项目完成】 至年末,全区农村生活污水治理项目建成投运。该项目是浦口区农村人居环境整治提升重点工程之一,涵盖江浦、星甸、桥林、汤泉、永宁5个街道,农村生活污水治理自然村532个。项目2019年6月启动,2019年7月取得项目建议书批复,批复总投资12.67亿元(含运维),2019年10月经公开招投标确定EPCO(设计、施工、运维一体化模式)联合体中标单位,由区水务局、各相关街道、联合体中标单位签定三方协议,明确责任分工,由区水务局会同各街道共同推进项目建设。主要建设农户出户管(排出管)、接户井、化粪池、沉渣格栅井、连接用水设施的排水管道、村内污水管网、提升泵站、集中式污水处理站及配套景观、分散式污水处理设施、村内硬化及道路恢复、资源化利用设施、运营维护中心、智慧运营平台等。项目实现全区应治理村庄生活污水处理设施全覆盖,农村生活污水处理设施运行率100%。

(李元金)

环境宣传

【概况】 2020年,利用报刊、电视、微信等媒体,宣传环境保护工作和攻坚工作进展及成效,在《南京日报》《南京晨报》、"南京生态环境"微信公众号、交汇点等刊发环保工作要闻、动态50多条,在政务信息平台发表宣传报道和工作动态75篇。开展"3·22"世界水日、"4·22"世界地球日、"6·5"环境宣传周、全国城市节水宣传周等主题宣传。

(卓芳芳)

【"世界水日""中国水周"宣传】 3月22—28日,区水务局以"坚持节水优先,建设幸福河湖"为主题,开展第28届"世界水日"、第33届"中国水周"宣传活动。制定宣传活动方案,创新内容设计和宣传手段,采用传统媒体和新媒体、线上和线下、宣传手段和受众群体有机结合形式宣传。在市民广场、客运站等重要交通道口大屏幕滚动播放,在机关单位集中办公场所、各街道市民广场、办公区域张贴节水宣传海报,利用微信公众号、抖音号等新媒体平台发布宣传作品,宣传"节约用水靠习惯、美丽河湖靠呵护"理念。"浦小清"志愿服务队举办线上水法律法规知识及水资源知识竞赛,开展线下巡河护河活动,向机关干部、社会公众普及水法律知识。

(李元金)

【"世界地球日"主题宣传】 4月22—28日,规划资源分局围绕"珍爱地球,人与自然和谐共生"主题,组织开展第51个"世界地球日"系列宣传活动。在汤泉街道拉横幅、发手册、摆展板，开展“世界地球日”户外宣传活动。活动现场设置宣讲台，向群众宣传讲解规划资源政策、地质灾害防治、耕地资源保护、不动产登记、安全生产等知识，科普地球保护小常识，营造保护资源、珍爱地球的氛围。开展“我为大自然代言”倡议微视频录制活动，鼓励身边群众发表环保宣言，号召更多市民加入环保行动。在直属单位悬挂横幅标语，发放宣传彩页，普及科学环保知识；利用户外大屏幕，滚动播出“世界地球日”宣传主题海报；利用新媒体平台宣传活动动态。

（林晓露）

【全国城市节水宣传周】 5月10—16日，区水务局以“养成节水好习惯，树立绿色新风尚”为主题，开展第29个全国城市节约用水宣传周活动。结合国家、省、市节水行动方案，制定2020年城市节约用水宣传周工作方案。整合线上线下宣传资源，在城市主干道龙华路和珠江路交叉路口电子显示大屏投放公益广告，发布节水宣传主题；在学校、社区、市民广场广告（公示）栏发布节水政策法规和节水知识。5月14日，在大润发广场开展节水法规政策与节水知识宣传，线上开展节水知识有奖问答活动，提高公众参与率。（李元金）

【节能宣传】 6月12日，以“绿水青山·节能增效”和“绿色低碳 全面小康”为主题，在浦口市民中心广场举办全国节能宣传周暨“低碳日”广场宣传咨询活动。区文明办、区发改委等26个政府机关部门，台积电、江苏信宁等重点用能单位，江苏省人民医院浦口分院、江浦高级中学等社会机构，面向全社会发出《节能倡议书》，宣传节能知识，提供节能咨询，提升全民节能意识。

（徐义华）

环境监管

【环境执法】 围绕打好污染防治攻坚战，加大执法力度。全年出动执法人员4000余人次，检查企业619家次、第三产业332家次、工地569家次、污水处理厂13家次，停产整改企业9家，责令整改企业203家，查封扣押企业1家，立案查处76家，处罚金额183.36万元。

【环境信访】 全年受理环境信访投诉工单2268件，其中“12345”平台1077件、“12369”平台1086件、环保微信举报平台40件、浦口区大联勤平台21件、上级交办件14件、自接投诉30件。环境信访件均按照办理要求及时处理，按时办结上报。“12345”满意率88.38%，“12369”满意率97.33%。

【环保项目审批】 按照《南京市建设项目环境准入暂行规定》《南京市制造业新增项目禁止和限制目录（2018年版）》《市场准入负面清单》及“三线一单”（生态保护红线、环境质量底线、资源利用上线和生态环境准入清单）要求，管控建设项目环评审批，对不符合准入的项目一律不予审批。通过推广告知承诺制环评审批、召开项目咨询会提前介入服务、探索部门联动等方式，创新服务模式和宣传手段，发掘潜在创新可行性，深化“放管服”改革，企业和群众获得感明显提升。实现正常报批程序下环境影响评价报告书（报告表）审批时间压缩至1个工作日，告知承诺制程序下环评报告书审批时间压缩至0.5个工作日、报告表审批时间压缩至小于0.5个工作日。全年环评审批42件，其中报告书4件、报告表38件。

【环境监测】 设立浦口环境空气自动监测站，大气监测二氧化硫、二氧化氮、可吸入颗粒物、细颗粒物、臭氧、一氧化碳项目。降尘监测设响堂社区、浦口区环境监测站、浦口开发区、江浦高级中学、求雨山文化广场5个点位，监测频次每月一次。浦口区环境监测站设立大气降水自动采样点，监测项目为pH、电导率、降水量和硫酸根、硝酸根、氟、氯、铵、钙、镁、钠、钾9种阴阳离子浓度。监测频次是pH、电导率项目逢雨（雪）必测，9个阴阳离子每月一次。浦口区设水环境例行监测点位（断面）16个，其中长江水源地水质监测2个断面，江浦—浦口水源地每月监测，桥林备用水源地监测频次2次/年。地表水监测断面13个，城南河龙王庙、钱塘望景、驷马山河乌江大桥、高旺河解放涵、石碛河桥林天桥、滁河陈浅和清流河每月监测，城南河浦滨路桥、驷马山河前进桥、朱家山河张堡上游3.3千米、滁河蒿子圩、滁河余湾闸监测频次6次/年，三岔水库监测频次1次/季，3月、8月监测珍珠泉源头地下水监测点位。浦口区声环境监测点位18个。其中，区域环境噪声点位7个，交通噪声点位9个，5月中旬监测；功能区噪声点位2个，24小时连续监测，每季度第二个月监测。（杨蓓蓓）

社会生活

人口·家庭

【概况】 2020年，浦口区婚检率82.05%。分娩产妇3073人，住院分娩率100%。出生人口2954人，比2019年增加155人，其中二孩1214人，减少451人。7岁以下儿童20624人，7岁以下儿童健康管理19542人，7岁以下儿童健康管理率94.75%。指导江浦、桥林、星甸、汤泉等街道完成1个街道级0～3岁早期发展指导服务站和5个社区亲子室建设。依托计生协会组织网络和活动阵地，开展“健康讲堂、助孕福堂、青春学堂、亲子礼堂”等系列讲座15场。组织各街道开展“健康大讲堂——青春健康进校园”活动、“关爱女性 服务家庭”活动、“爱我你就陪陪我”亲子活动、“呵护生命、健康同行”等活动20余场。江浦街道、桥林街道、星甸街道、汤泉街道4个项目被评为市级项目点。落实计生保险政策提标，计生家庭特殊保险增至500元/人/年。 (刘颖奇)

【婚姻登记】 2020年，婚姻登记处办理婚姻登记6914件，其中结婚登记3469件、离婚登记2303件、补办结婚登记859件、补办离婚登记283件。5月20日，办理婚姻登记248件，其中结婚登记237件、离婚登记8件、补发结婚证2件、补发离婚证1件。婚姻家庭辅导室为168对离婚当事人提供心理辅导和调解，成功率60.7%。 (杨锋槐)

【生育服务】 推进全面二孩政策实施，成立区、街、社区政策宣讲团，在主题活动、人口普查等环节强化政策宣传。利用妇幼健康服务机构、健康浦口平台、0～3岁婴幼儿服务机构等载体，引导群众优生优育优教。印制宣传品，加大政策传播深度和广度，为政策执行营造良好环境。做好信息统计，开展全面二孩数据分析，为研判人口计生发展形势提供科学决策依据。

【婴幼儿早期发展工作】 推进0～3岁婴幼儿早期发展工作，举办托育机构安全管理暨从业人员业务培训，在落实季度安全检查督导的同时，结合疫情防控需要开展督导。完成星甸街道0～3岁婴幼儿早期发展指导服务站建设，完成江浦街道巩固社区、桥林街道乌江社区、汤泉街道新金社区、星甸街道双山社区和王村社区5个社区亲子室建设。全区有28家母婴室投入使用。支持社会力量开展普惠托育服务，新增浦口抚育安保育服务公司、金沛保育服务公司2家社会兴办托育机构备案。各街道常态化开展入户指导和免费早教体验活动，知识普及率95%以上。

【计生奖励政策实施】 奖扶对象2204人次，发放奖扶金214.35万元；独生子女父母奖励4355人，发放奖励金26.13万元；公交游园补贴323户，发放补助金20万元；计划生育公益金补助对象113人，发放公益金23.5万元；登记企业持独生子女父母光荣证退休职工和城镇非从业居民一次性奖励对象1976人，结算资金711.36万元。

【计生特殊家庭帮扶】 落实国家卫健委《关于开展落实计划生育特殊家庭联系人制度等“三个全覆盖”专项行动的通知》精神，通过“1+1+N”〔1名街道领导干部、1名社区(村)干部和拓展的联系人团队组成帮扶网络，团队成员由社会服务组织、签约家庭医生或家庭医生服务团队、心理援助组织、志愿者等组成〕联系人服务团队模式，开展以“组织关心、健康关怀、精神关爱、生活关照”为目标的精准帮扶。推进“连心家园”项目建设，落实特殊家庭双岗联系人和家庭医生优先签约制度，推进心理健康服务项目建设，确保健康帮扶落到实处。全年关爱特扶对象453人次，发放特扶金326.73万元。

【计生协会作用发挥】 区计生协会举办健康讲堂、助孕福堂、青春学堂、亲子礼堂等系列讲座15场，组织各街道开展“健康大讲堂—青春健康进校园”活动、“关爱女性 服务家庭”活动、“爱我你就陪陪我”亲子活动、“呵护生命、健康同行”等活动20余场。抓好市级协会项目创建工作，江浦街道烈士塔社区居民自治项目、汤泉街道新金社区家庭健康促进项目、桥林街道林蒲社区生育关怀基地项目、星甸街道优生优育指导中心4个项目被评为市级项目点。落实计生保险政策提标，计生家庭特殊保险由400元/人/年增至500元/人/年。结合“两癌”(乳腺癌、宫颈癌)工作，开展女性安康保险宣传。 (刘颖奇)

就业创业

【概况】 2020年，浦口区举办线上线下招聘会120场(线上66场，线下54场)，提供各类岗位3.6万个。完成105家事业单位423人岗位聘用工作，配合区教育局、区卫健委组织公开招聘7场，联合区民政局完成106名社工招聘。推进百日免费线上技能培训行动、职业技能提升行动，开展城乡劳动力职业培训17128人次、新生代农民工技能培训1187人次、创业培训2259人次。促进高校毕业生就业创业，审核发放高校毕业生租房补贴5652人959万元、面试补贴523人52.3万元。

新增城镇就业18412人，城镇失业人员再就业5129人，援助困难人员就业668人，新增大学生就业9307人。培育自主创业者794人，扶持大学生创业162人，带动就业3692人，扶持农村劳动力自主创业405人。新增高技能人才578人，政府补贴培训17128人，企业以工代训3.94万人，研究生见习4170人，新增留学回国人员80人。

举办招聘会目标数60场，完成120场，完成率200%；推出高校毕业生就业岗位目标数8000个，提供8118个，完成率101%；集体合同审查目标数210份，完成240份，完成率114.29%；劳动保障书面审查单位目标数880户，完成2767户，完成率314%；劳动人事争议仲裁结案率目标90%，完成100%，完成率111%；社会保障卡新卡发卡目标数1万张，完成11499张，完成率115%。

落实《战疫情促就业 十万研究生宁聚行动方案》，开发就业见习岗位5534个，报名就业见习4170人。首次举办“浦聚力量，智引英才”百企进百校宁聚系列活动——2020年西安兰州高校就业见习推介会和校园招聘会，举办校园招聘会3场、高校推介会2场，台积电、依维柯汽车、中铁十四局大盾构有限公司等19家区内重点企业参加，区政府和西安电子科技大学、长安大学等7所大学签署高校人才就业见习合作协议。

【和谐劳动关系创建】 推荐南京珍珠泉旅游经营有限公司、南京中铁桥机工程有限公司、南京宁新普迪混凝土有限公司、江苏力众人力资源服务有限公司4家企业为市和谐劳动关系示范企业，申报国家级模范和谐劳动关系企业1家（南京乾鑫电器设备有限公司）。完成全区55家劳务派遣企业年度核验和薪酬调查工作。推进“互联网+调解仲裁”，化解劳动人事争议，全年受理案件707件，结案率100%。宣传《保障农民工工资支付条例》，悬挂横幅近1000条，张贴海报1000余张，举办条例解读会10余场。8月，由区人社局牵头的四个地块（NO.2016G08地块房地产开发项目、雅居乐龙华路项目、轨道交通制动系统研发基地项目、NO.2018G11地块项目）接受国务院核查组现场核查，浦口区保障农民工工资支付工作受到肯定，被市建委书面通报表扬。召开区根治欠薪冬季专项行动动员部署会，强化失信联合惩戒措施，保持根治欠薪高压态势，协调处理农民工欠薪案件85件，涉及农民工1252人，追讨欠薪3927万元。

4月21日，浦口区老兵人力资源超市试运行 （吴伟伟 提供）

【企业营商环境优化】 聚焦“企业服务年”，落实优化营商环境、支持民营经济健康发展等惠企政策，超额完成“六稳六保”（稳就业、稳金融、稳外贸、稳外资、稳投资、稳预期，保居民就业、保基本民生、保市场主体、保粮食能源安全、保产业链供应链稳定、保基层运转）任务。全年发放稳岗返还补贴7510家7036万元，社保、岗位补贴、小微企业补贴等23.77万元，一次性奖励1.6万元。指导1100余家企业开展以工代训，培训3.9万人，补贴标准由300元/人调整为500元/人，全年发放以工代训补贴1600万元。为5300余家参保企业减免社会保险费5.28亿元。落实稳岗补贴、以工代训补贴、减免社会保险费3项保市场主体政策，为参保企业直接降低用工成本6.14亿元。 （姚亮）

【江苏省首家老兵人力资源超市建成】 4月21日开业试运行。老兵人力资源超市面积50平方米，设置求职登记、岗位发布、求职洽谈、就业指导4个功能区，采取“线上+线下”多种方式采集老兵求职信息，录入在库，集中管理，将工作岗位与求职老兵相匹配，帮助退役军人更快、更精准地投入就业岗位。开业当天举办浦口区退役军人专场招聘会，3家线下、20家线上企业提供交通、安保、营销、消防、管理等招聘岗位200余个，现场达成就业意向6人。 （吴伟伟）

【浦口·南谯公共创业就业联盟成立】 4月28日，浦口区人社局和南谯区人社局秉持“搭建平台、优势互补、合作共赢”原则，签订《浦口·南谯公共创业就业联盟合作协议书》，标志着浦口·南谯公共就业创业联盟成立。建立多层次交流机制，双方定期开展互访，组织参观浦口区人力资源市场、街道人社服务中心、同心众创等大学生创业载体以及滁州市高教科创城、南谯区政务服务大厅人社窗口等，围绕就业创业、劳动关系、人事人才领域开展座谈交流。推进创业就业深度融合，浦口区每年赴南谯区开展2场以上招聘会，每年提供不少于

1000个就业岗位,南谯区可根据企业人才需求,参加浦口区在南京·浦口高校毕业生就业市场举办的招聘会。双方定期开展创业工作座谈会,组织创业载体和创业成功人士交流分享经验和创业资源。支持双方用人单位、职业技能培训机构采取订单培训、定向培训等形式,开展职业技能培训,提升人力资源匹配精准度。深化全方位务实合作,从两地群众的便利、关切入手,将合作向人事人才、仲裁监察领域延伸,组织两地博士后科研工作站交流引才经验,创新路径多渠道招才引智。建立仲裁文书送达协作制度和劳动保障监察案件互联互通机制,共同应对劳动关系领域出现的新情况新问题,推动两地合作向更高层次、更广领域、更高水平迈进。 (人社局)

【"浦创杯"两岸青年大学生创业大赛】 9月28日,2020第三届"浦创杯"两岸青年大学生创业大赛启动。大赛由南京市人社局指导,浦口区人社局、区台办、共青团浦口区委主办,南京同心大学生创业园、伊诺光点两岸大学生创业园、浦口高校就业创业社团联盟承办。70余所大学、172个大学生团队参赛,6个获奖团队被推荐直接进入"赢在南京"创业大赛复赛。经过初赛、复赛和决赛,评选一等奖1名、二等奖2名、三等奖3名。 (姚亮)

收入消费

【居民收支】 2020年,浦口区全体居民人均可支配收入51099元,增长5.7%,增幅在全市排名第四,比全市平均水平高0.5个百分点。其中,城镇居民人均可支配收入62498.1元,增长4.5%,增幅在全市各区中排名第十,比全市平均水平低0.4个百分点;农村居民人均可支配收入30060.6元,增长7.1%,增幅在全市排名第四。全体居民家庭总支出52232.2元,其中消费支出30917.6元。

【城乡居民主要耐用消费品拥有情况】 2020年,浦口区综合抽样调查队对城乡各100户居民户家庭家用汽车、洗衣机、空调器、淋浴热水器、彩色电视机、健身器材等11类主要耐用消费品进行抽样调查。 (王孜孜)

【农贸市场主副食品价格】 加大物价检查力度,重点检查监测农贸市场粮、油、肉、禽、蛋、蔬菜等居民生活必需品的市场价格。落实价格宣传服务,利用《浦口新闻》播出后的时间段,公布5家农贸市场18个品种的主副食品价格。 (卢震川)

2020年浦口区城镇非私营单位从业人员及工资总额情况一览表

表131

指标名称	年末人数(人)	年平均人数(人)		工资总额(万元)		从业人员年平均工资(元)
	总数	总数	在岗职工	总数	在岗职工	
总　计	51455	50450	35618	602184.8	480052.1	119362
1.农、林、牧、渔业	478	476	230	4262.7	3218.1	89612
2.制造业	12957	12405	11004	133473.7	119194.7	107594
3.电力、热力、燃气及水生产和供应业	447	444	406	5615.6	5337.5	126477
4.建筑业	6561	6273	4272	50403.4	36758.3	80351
5.批发和零售业	2085	2157	1285	12706.1	9083.6	58906
6.交通运输、仓储和邮政业	1811	1820	1687	14326.3	13654.5	78724
7.住宿和餐饮业	608	603	485	3501.4	2458.5	58059
8.信息传输、软件和信息技术服务业	3754	3739	734	50220.6	14077.5	134316
9.房地产业	2975	3019	1303	24598.4	18712.5	81468
10.租赁和商务服务业	1060	1029	740	11146.3	8773.0	108282
11.科学研究和技术服务业	990	1030	968	10919.2	10127.7	106060
12.水利、环境和公共设施管理业	1785	1834	1714	15023.5	14255.1	81897
13.居民服务、修理和其他服务业	251	244	221	1724.9	1630.6	70558
14.教育	8436	8177	6689	124842.0	116244.0	152671
15.卫生和社会工作	2129	2056	1427	39283.0	31023.9	191061
16.文化、体育和娱乐业	403	427	319	5336.9	4390.1	125060
17.公共管理、社会保障和社会组织	4723	4717	2134	94800.6	71112.7	200998

2020年浦口区城乡居民调查基本情况一览表

表132

指标名称	单位	全体居民户	城镇居民户	农村居民户
调查点数	个	20	10	10
调查户数	户	200	100	100
调查户常住人口	人	587	293	294
户均常住人口	人	2.94	2.93	2.94
调查户整、半劳动力	人	—	—	244
户均整、半劳动力	人	—	—	2.44
平均每个劳动力负担人口	人	—	—	1.2
人均住房建筑面积	平方米	57.2	47.8	66.4
人均住房价值	万元	—	—	11

2020年浦口区全体居民收支情况一览表

表133 单位：元

	指标名称	人均		指标名称	人均
收入情况	可支配收入	51099.0	支出情况	3.居住	5565.7
	（一）工资性收入	30804.8		4.生活用品及服务	3299.1
	1.工资	29293.3		5.交通通信	4440.1
	2.实物福利	95.3		6.教育文化娱乐	4695.9
	3.其他	1416.2		7.医疗保健	1358.5
	（二）经营净收入	10959.5		8.其他用品和服务	840.4
	（三）财产净收入	1876.2		（二）生产经营费用支出	4253.6
	（四）转移净收入	7458.5		（三）财产性支出	359.6
支出情况	家庭总支出	52232.2		（四）转移性支出	3630.3
	（一）消费支出	30917.6		（五）部分商业保险支出	148.1
	1.食品	8386.7		（六）购置资产及非经常性转移支出	11221.8
	2.衣着	2331.2		（七）借贷性支出	1701.1

2020年浦口区城镇调查户收支情况一览表

表134 单位:元

指标名称		人均	指标名称		人均
收入情况	可支配收入	62498.1	支出情况	3.居住	6576.0
	(一)工资性收入	38425.1		4.生活用品及服务	4165.0
	1.工资	36664.1		5.交通通信	5299.0
	2.实物福利	147.0		6.教育文化娱乐	5747.0
	3.其他	1614.0		7.医疗保健	1602.0
	(二)经营净收入	12044.0		8.其他用品和服务	1060.0
	(三)财产净收入	1860.0		(二)生产经营费用支出	3481.9
	(四)转移净收入	10169.0		(三)财产性支出	593.5
支出情况	家庭总支出	65888.4		(四)转移性支出	4479.7
	(一)消费支出	36606.0		(五)部分商业保险支出	165.3
	1.食品	9590.0		(六)购置资产及非经常性转移支出	17403.4
	2.衣着	2567.0		(七)借贷性支出	3158.6

2020年浦口区农村调查户收支情况一览表

表135 单位:元

指标名称		人均	指标名称		人均
收入情况	可支配收入	30060.6	支出情况	3.居住	3701.0
	(一)工资性收入	16740.6		4.生活用品及服务	1701.0
	(二)经营净收入	8958.0		5.交通通信	2855.0
	1.第一产业收入	3054.0		6.教育文化娱乐	2756.0
	2.第二产业收入	300.0		7.医疗保健	909.0
	3.第三产业收入	5604.0		8.其他用品和服务	435.0
	(三)财产净收入	1906.0		(二)生产经营费用支出	5022.0
	(四)转移净收入	2456.0		(三)财产性支出	126.7
支出情况	家庭总支出	33799.7		(四)转移性支出	2784.6
	(一)消费支出	20419.0		(五)部分商业保险支出	131.0
	1.食品	6166.0		(六)购置资产及非经常性转移支出	5066.4
	2.衣着	1896.0		(七)借贷性支出	249.9

2020年浦口区全体居民、城镇调查户、农村调查户主要耐用消费品百户拥有情况一览表

表136

指标名称	单位	全体居民	城镇调查户	农村调查户
家用汽车	辆	65	77	53
洗衣机	台	98	104	92
空调器	台	239	277	201
淋浴热水器	台	115	116	113
固定电话	部	10	15	4
移动电话	部	254	254	254
彩色电视机	台	169	182	156
家用电脑	台	69	83	55
微波炉	台	88	94	81
照相机	架	12	17	6
健身器材	套	10	11	9

注:此数据仅代表城镇、农村各100个调查点 （统计局）

2020年8月20日浦口区三家农贸市场主副食品价格情况一览表

表137

品　名	规　格	单　位	凡星	浦东路	桥林
晚籼米	标一	元/500克	2.2	2.35	2.2
粳米	标一	元/500克	2.5	2.85	2.3
特一粉	—	元/500克	2.3	2.5	2.2
特二粉	—	元/500克	2.2	2.3	2.0
菜籽油	散装	元/500克	6.0	7.5	6.0
豆油	散装	元/500克	6.0	—	5.0
小磨麻油	散装	元/500克	25.0	20.0	20.0
猪肉	去骨腿肉	元/500克	28.0	27.0	28.0
猪肉	精瘦肉	元/500克	29.0	30.0	—
猪肉	小排	元/500克	40.0	37.0	45.0
猪肉	大排	元/500克	29.0	31.0	30.0
猪肉	肋条肉	元/500克	28.0	28.0	27.0
鸡蛋	新鲜完整	元/500克	5.0	4.0	4.5
花鲢	鲜活	元/500克	8.0	7.5	8.0
白鲢	鲜活	元/500克	6.0	5.0	4.0
草鱼	鲜活750克以上	元/500克	8.5	7.5	8.0
鳊鱼	鲜活500克左右	元/500克	9.0	9.0	8.0
鲫鱼	鲜活250克/条以上	元/500克	15.0	15.0	9.0

续表 137

品　名	规　格	单　位	凡星	浦东路	桥林
青椒	新鲜	元/500 克	5.0	5.0	5.0
黄瓜	新鲜	元/500 克	5.0	5.0	4.5
西红柿	新鲜	元/500 克	4.0	4.0	3.0
青菜	新鲜	元/500 克	5.0	6.0	6.0
茄子	新鲜	元/500 克	4.5	4.0	3.0
大白菜	新鲜	元/500 克	2.5	2.0	1.5
芹菜	新鲜	元/500 克	6.5	5.0	6.0
土豆	新鲜	元/500 克	3.5	2.5	2.5
萝卜	新鲜	元/500 克	3.0	3.0	3.0
包菜	新鲜	元/500 克	3.0	3.0	2.5
四季豆	新鲜	元/500 克	7.0	7.5	7.0
韭菜	新鲜	元/500 克	5.0	5.0	4.0
冬瓜	新鲜	元/500 克	2.0	2.0	2.0
毛豆	新鲜	元/500 克	4.0	8.0	3.0

（卢震川）

社会保险

【概况】 2020 年，浦口区城镇职工养老、医疗、失业、工伤、生育五险及城乡居民基本养老保险、城乡居民基本医疗保险参保 67 万人次。各项社保基金收入 3.85 亿元，支出 3.41 亿元，年度结余 4439 万元。

【全民参保扩面】 全年完成 5 项社会保险费征收总额 12.69 亿元，净增缴费 8635 人，中断缴费续保 4926 人，新增参保单位 1817 户。城乡居民基本养老保险缴费 29607 人，城乡居民基本医疗保险缴费 16 万人。联合人社、卫健等部门开展高风险工伤企业参保检查，优化交通水利工程参保流程，确保参保率 100%。276 家机关事业单位养老保险参保 12298 人（在职 7233 人、退休 5065 人），参保率 100%。开展城乡居民养老、医疗保险政策宣传，创新“暖保宝”微宣讲和“浦小保”动画短视频宣传，通过户外大屏、走村入户和广场活动开展宣传，实现政策宣传全覆盖。

2020 年浦口区社保基金收支情况一览表

表 138　　　　单位：万元

类别	险种名称	2019 年结余	2020 年收入	其中		2020 年支出	2020 年结余	期末滚存结余
				保险费收入	财政补贴收入			
养老保险	1. 机关事业养老保险	2689.07	164.06	162.79	—	853.07	-689.01	2000.06
	2. 老农保保险	10465.35	167.11	—	—	914.20	-747.09	9718.26
	3. 基本生活保障	75200.10	30067.13	30063.99	—	28035.08	2032.05	77232.15
	4. 老年困难补助	186.71	1484.57	—	1484.37	1602.42	-117.85	68.86
	小　计	88541.23	31882.87	30226.78	1484.37	31404.77	478.10	89019.33
医疗保险	1. 特殊人员医疗保险	589.37	1261.60	851.55	400.00	1299.83	-38.23	551.14
	2. 农民工大病医疗保险	13430.64	5400.52	5047.77	—	1401.21	3999.31	17429.95
	小　计	14020.01	6662.12	5899.32	400.00	2701.04	3961.08	17981.09
各项基金合计		102561.24	38544.99	36126.10	1884.37	34105.81	4439.18	107000.42

（许文韬）

【社保惠企惠民政策落实】 调整浦口区2020年城乡居民基本养老保险基础养老金计发标准，由每人每月440元调整为470元，同市级增幅调整全区被征地人员社会保障待遇。完成以往协议征转用地进保14381人，化解协议征转用地人员权益保障历史遗留问题。实施“同舟计划”，推进建筑业、交通运输业等工程建设项目工伤保险参保率。创新开展工伤认定质证制度，完成工伤认定750件（绿色快速通道认定2件）、劳动能力鉴定537件，办理退休审批2446人。

通过“免填表、免申请”和“不见面”途径为企业、群众提供社保服务，确保疫情期间社保待遇正常享受。6216家企业享受社会保险费减免政策，其中中小微企业5450家、大型企业21家、社会团体151家、个体工商户594家，减免5.78亿元。聚焦“两不愁、三保障”（不愁吃、不愁穿，义务教育有保障、基本医疗有保障、住房安全有保障）扶贫工作目标，通过部门数据共享，精准比对城乡居民养老、医疗免费参保人员信息，做好9类困难人群和三、四级残疾人群动态监测和帮扶，完成全区困难人员城乡居民基本医疗保险免费参保9844人，三、四级残疾人免费参保2844人，城乡居民基本养老保险免费参保2139人。实施“居民医保+大病保险+民政救助+慈善助医+自费补充保险”一站式结算，补偿建档立卡低收入人群2081人次，计171.5万元。 （姚亮 许文韬）

10月21日，15分钟社保经办服务圈打造成功，图为记者采访桥林街道滨江社区社保经办窗口 （社保中心 提供）

【社保待遇落实】 完成2020年企业退休人员待遇调整，为全区25599名企业退休人员补发退休金2417万元。落实城乡居民基本养老金、被征地农民基本生活保障调整，社会化发放率100%。完成2014年10月至2018年12月304名机关单位退休“中人”待遇核定，完成全区事业单位786名退休“中人”养老保险待遇核定计算并补发到位。在全市率先完成机关事业单位退休人员职业年金财政贴息资金省归集和职业年金发放工作。提高城乡居民医保高血压、糖尿病门诊报销标准，为参保居民落实“两病”待遇1.1万人次。克服疫情影响，方便企业退休人员就近就便享受体检服务，新增社区卫生服务中心7个，作为企业退休人员健康体检定点医院，全年完成企业退休人员免费健康体检10672人。

【经办服务优化】 实现失业保险金“畅通领、安全办”，下放失业金申领权限至街道，落实失业补助金政策，畅通线上线下申领渠道，缓解就业压力，全年失业金和失业补助金惠及17661人，合计1.4亿元。创新开展企业退休人员社会化管理服务，与江苏开放大学签署“社保情·艺学堂”公益项目合作协议，在全市开启社会化服务政校合作先河，利用江苏开放大学师资力量开设兴趣爱好培训班，全年开班5次。推进新生儿、准新生儿参保宣传进医院，让准妈妈及时掌握“准新生儿关联母亲姓名可提前参保”的政策，减少报销环节，方便特定人群享受待遇。搭建区、街道（园区）、社区三级“13576”社保经办平台，按照“应放尽放”原则，下放与企业、群众紧密相关的社保业务经办权限，实现全区社保服务全覆盖，企业、群众15分钟即可享受优质社保服务。建立经办人员考核、业务工作督导机制，结合常态化培训，促进各级经办平台统一经办服务标准。完善社保业务“一窗办”模式，缩短零星报销时间，将企业职工医疗保险、城乡居民医疗保险、生育保险报销时限由20个工作日缩短到7个工作日，企业职工工伤保险由每月结算1次变为2次。浦口区政务服务大厅社保业务办理平均提速近50%，社保窗口现场评价满意率保持99.99%。

【社保基金安全保障】 落实社会保险内控管理制度，开展2019年度城乡居民养老保险央补资金结算申报工作，引入第三方专业机构开展城乡居民基本养老保险审计，定期开展全区社保经办风险排查，完成2019年度农民工大病保险基金三方对账工作，开展失业保险内控管理专项检查，及时纠正业务流程中存在的不合规等问题。完成医保“两定”（定点医疗机构、定点药店）机构续签工作，全区医保“两定”机构185家，续签179家，因迁址等原因暂停续签6家，达成100%续签目标。实现医保零星报销OCR智能审核、医保“两定”医药机构现场稽核全覆盖，杜绝欺诈骗保行为，维护社保基金安全。

【失地农民权益保障】 12月，牵头完成省委巡视关于失地农民权益保障不到位问题的整改。联合开展街道调研，牵头组织专题协调会、座谈会10余次，实施源头治理，推进规范进保，加强宣传引导，提高综合参保率。为254个取得批文的征地项目4964人办理进保，全区综合参保率90%以上。形成失地农民土地租金每三年上涨10%的长期、动态保障机制,全区筹集并发放保障资金5659万元。

【企业职工退休“一窗式”办理】 为破解企业退休人员办理退休“多处跑”的问题,区社保中心对接区人社局,精简优化流程,在区社保中心设置专窗,实现退休办理“事项名称、办理材料、办理时限、办理环节、服务标准”五统一,每周四集中办理,30分钟内办结退休事项。自11月5日推行“一窗式”办理以来,享受该服务企业退休人员72人。

【社会保险待遇领取人员资格认证信息比对机制建立】 6月,区人民检察院《检察建议书》反馈存在养老待遇违规发放的问题,区社保中心迅速全额追缴,并牵头组织公安分局、区人民法院、区民政局等9个部门,建立浦口区享受社会保险待遇人员资格认证信息比对机制。8月14日,印发《关于印发浦口区享受社会保险待遇人员资格认证信息比对办法的通知》,明确由区社保中心按月开展信息比对工作,建立长效工作机制,避免违规领取养老保险待遇情况再次发生。 (许文韬)

社会救助

【概况】 坚持兜底救助、联动衔接、综合施策,保障脱贫攻坚建档立卡户应保尽保,受疫情、汛情、长江禁捕退捕等影响的特殊群体应救尽救,遭遇突发事件的困难群众应助尽助。做好农村最低生活保障制度与扶贫开发政策有效衔接,巩固脱贫攻坚成果。完成农村低保三年专项整治任务,建立完善精准救助“三项机制”(规范管理、动态管理、会商议事),提升精准救助水平。全区低保对象1639户2279人,其中建档立卡低收入户1436人,全年发放低保金2281万元。加强临时救助应急保障,全面下放小额临时救助审批事项至街场,为建档立卡贫困户提供应急性、过渡性救助。实施临时救助1591人次,救助金额106.57万元。汤泉街道与本级拆迁、劳动保障部门建立信息共享机制,提高困难残疾人救助实效。全区领取困难残疾人生活补贴和护理补贴6692人,发放两项补贴3515.31万元。困难群众物价补贴129.48万元,惠及10550人(户)次。全区在册特困人口788人,其中集中供养184人、分散供养604人,发放分散供养生活费900万元。困境儿童136人,发放保障金115万元。江浦街道建立困境儿童主动发现机制,强化困境儿童精准救助、分类保障。 (高玉龙)

【慈善募捐和红十字救助】 2020年,区慈善中心紧扣市区下达的主要目标任务,落实各项民生实事指标,履行各项职责,狠抓慈善“六助”(助老、助困、助残、助医、助学、助孤)和红十字“三救三献”(救援、救助、救护、造血干细胞捐献、遗体捐献、器官捐献)核心业务。款物募集总额6319.22万元(不含街场),其中疫情捐赠3786.44万元,募集总额位居全市第二,慈善救助支出2058.57万元。“慈善一日捐”募集资金184.6万元,用于统筹春节期间困难群体慰问。引导建立社区型基金,搭建社区资源与需求之间对接平台,永宁街道大桥社区、星甸街道双山社区和江浦街道烈士塔社区、白马社区等建立社区型基金16家,募集资金105.77万元。服务企业开展定向募捐,定向捐赠资金786.41万元。实现捐献造血干细胞志愿者入库121人,全年无偿献血公益平台入库1120人。动员3名初配成功的造血干细胞捐献志愿者进行高分辨检测,其中志愿者唐倩倩成功实现造血干细胞采集与捐献。新登记志愿捐献30人,实现捐献遗体3人。资助志友协会经费8400元、志愿者服装100套及各类宣传品。举办应急救护知识培训班144期,群众性急救知识普及8621人次。开展持证救护员培训17期826人。完成自动体外除颤器设置84台。开展红十字养老照护培训1124人次,上门照护失能老人、高龄独居老人85人次。举办无偿捐献宣传活动16场,发放宣传资料1500余份。区慈善总会获2020年度“南京市慈善先进单位”称号,获南京市慈善总会“99公益日”最佳发动奖。区红十字会在江苏卫生健康职业学院创建全区首个省级应急救护培训基地,在珍珠泉度假区游客中心建设全区首个红十字救护站。参加中国红十字总会举办的抗击新冠肺炎疫情暨红十字应急救护知识竞赛,获组织奖一等奖,获省红十字会“抗击新冠肺炎疫情先进集体”称号,获全市应急救护技能大赛团体特等奖。 (高雅)

【残疾人保障和救助】 做好困难残疾人家庭临时救助工作,全年救助265人,救助金额34.16万元。春节期间,为3080名贫困残疾人发放慰问金261.8万元。走访慰问贫困残疾人3280人,发放慰问金、临时救助补贴293万元。开展小家电公益助残项目,为贫困残疾人家庭发放生活小家电,为265名贫困残疾人家庭发放32寸液晶电视80台、太阳能热水器5台、全自动洗衣机40台、微波炉60台、电风扇80台。为59名残疾人机动轮椅车车主发放燃油补贴1.51万元。投入经费329万元,为全区2616名三、四级残疾人办理居民合作医疗保险,为987名三、四级残疾人办理养老保险,为515名灵活就业残疾人发放医疗、养老保险补贴,为10441名残疾人购买人身意外伤害保险,实现残疾人社会保险全覆盖。对区内1653户建档立卡低收入残疾人家庭开展“三进三查”(走进建档立卡低收入残疾人家庭、走进重度残疾人家庭、走进残疾学生家庭,核查“两项补贴”“单人保”和基本医疗保险、基本养老保险等政策落实,核查残疾学生受教育和康复、基本住房安全和无障碍改造等情况,核查现有各项保障政策落地落实情况)工作,梳理问题69条,涉及社会保障、无障碍改造、托养服务等民生需求,全力整改,巩固拓展残疾人脱贫成果,确保“全面建成小康社会,残疾人一个也不能少”。 (王振兴)

【困境未成年人救助】 为保障困境未成年人权益,帮助其健康成长,区民政局立足托底保障,通过落实基本生活保障、实施公益未保项目、加强社会关爱服务,强化困境未成年人救助服务。落实基本生活保障。建立完善自主申请和主动发现机制,加强困境儿童保障政策宣传,提高政策知晓率;完善村(居)儿童主任队伍,建立专业社会组织定期探视巡访制度,保障早发现、早介入、早救助。实施公益未保项目。将未保服务纳入区、街两级公益创投项目,保障专业未保服务长效实施,重点加强困境儿童和留守儿童的公益服务供给。市、区两级实施未保公益项目8个,服务特殊困难未成年人3000余人次。加强社会关爱服务。对接区未保服务相关部门,加强资源整合和关爱联动,开展"六一"困境儿童走访慰问、暑期未成年人安全教育等关爱服务;链接高校、律所和社会服务机构等资源,为有需要的困境儿童及其照顾者提供心理疏导、法律援助等个性化服务。

(民政局)

【"情暖浦口"慈善项目】 制定《2020年浦口区慈善公益项目》,"情暖浦口"慈善六助项目区级支出1097.65万元。"情暖浦口"助学项目覆盖8类困难群体、1万户困难家庭,实现大中专生助学全覆盖,将全区3000余户享受残疾生活补贴家庭子女纳入救助,救助学生700余人,救助总额300万元。"情暖浦口"助医项目标准在2019年基础上增加一倍,个人自付费比例由10%提高到20%,最高救助金额由1万元提高到2万元,由各街场以现金或转账方式直接发放到困难群众手中,救助因病返贫人员200人,发放救助款65万元。"情暖浦口"助孤项目联合区关工委、团区委、区妇联等部门,开展六一"温暖童心 童享阳光"系列活动,对全区35名困境儿童家庭进行入户走访,发放节日慰问金3.5万元。"情暖浦口"助困项目开展"济困送温暖"春节慰问,下拨各街场棉被、米油等物资折合金额350万元,下拨街道资金105万元,慰问计生困难家庭135户,全区重病困难家庭、低保家庭等620户。"情暖浦口"助老项目资助区内养老服务机构资金42万元,用于硬件设施、服务提升等。为服务质量高的养老助餐点提供扶持资金30万元。开展"志愿助老,情暖夕阳"养老志愿服务,资助金额10万元。开展"爱在重阳"慈善助老活动,现场举行文艺会演,慰问70周岁以上五保老人。"情暖浦口"助残项目重点推进助残公益载体百万提升工程,区慈善总会与区扶贫协会2019—2023年,每年资助资金不少于100万元,用于残疾人服务机构硬件投入、创新项目、管理提升等方面的补助与奖励。为浦口特殊学校"免费午餐"项目、残疾儿童康复项目提供资金75.62万元。资助40万元建成桥林街道菜鸟驿站、星甸街道残疾人辅助性就业基地、金富达服饰公司残疾人之家、"出彩人生"——残疾人文艺表演队等项目。

【疫情专项募捐】 面对突如其来的新冠肺炎疫情,区红十字会、区慈善总会按照区委、区政府部署要求,迅速开通捐赠热线和"浦口慈善"网络募捐通道,制定《浦口区防控新冠肺炎疫情受捐物资管理办法》,坚持"依法依规、统筹调控、快进快出、公开透明"原则,高效规范使用防控款物。累计接受2356家爱心企业和个人捐赠的款物3786.44万元,全部用于区内外疫情防控工作。

【金基集团慈善关爱基金成立】 3月5日,金基集团慈善关爱基金成立暨共抗疫情爱心捐赠仪式在浦口区举行。金基集团每年向浦口区慈善总会捐赠1亿元理财收益的700万元,具体使用范围包括:奖教、奖学扶智类项目金额150万元,奖医、助医扶医类项目金额150万元,特殊群体关爱扶志类项目金额100万元,新风文明扶德类项目金额100万元,街道及社区项目金额100万元,机动类项目金额100万元。2020年疫情防控期间,该企业定向捐赠200万元,其中100万元定向用于公安一线民警慰问,100万元定向用于街道一线防疫工作。

(高雅)

【城乡低保等社会救助提标】 根据《关于提高城乡低保等社会救助标准的通知》精神,区民政局落实城乡低保等社会救助提标工作。自7月1日起,调整城乡低保等社会救助标准:城乡低保标准由900元/月提高至945元/月;城市特困供养标准由1800元/月提高至1890元/月,农村特困供养标准由1170元/月提高至1229元/月;困难残疾人补贴标准按低保标准的相应比例提高;孤儿养育标准及困境未成年人生活保障金参照低保提标幅度相应调整。此轮调标惠及全区困难群众约6000人,全年增发社会救助资金约800万元。

(民政局)

社会福利

·残疾人福利·

【残疾人两项补贴发放】 落实各项惠残政策,巩固残疾人脱贫攻坚成果,做好残疾人两项补贴(生活补贴、护理补贴)审核和按标发放工作,惠及残疾人6692人,其中享受生活补贴3322人、享受护理补贴3370人。全年发放两项补贴3515.31万元,其中生活补贴2991.8万元、护理补贴523.51万元。

【残疾人康复服务】 区残疾人康复中心建成南京市唯一一家全类别残疾人康复机构,完善残疾人精准康复服务模式,建立浦口康复智慧云平台,实现残疾人、社区、康复机构三级网络管理服务体系。投入资金287万元,将133名0~14岁残疾儿童全面纳入康复救助系统,其中0~6岁114人(多重残疾62人、听力言语残疾15人、肢体残疾1人、智力残疾2人、孤独症25人、视力残疾9人),7~14岁19人(肢体残疾4人、孤独症13人、智力残疾2人)。投入资金3.5万元,为26名残疾儿童购置矫形器、站立器、助听器等儿童辅具。投入资金20多万元,为274名贫困残疾人配发轮椅100辆、拐杖75副、盲杖3根、假肢20副、助听器24只、助视器52个等辅具设备。制定"一户一策"残疾人无障碍改造方案,投入资金25万元,为320户贫困残疾人家庭开展无障碍环境改造。依托卫健部门完成7000多名残疾人的家庭医生签约工作,为残疾人提供基本医疗服务。依托区残疾人康复中心,为100名有需求残疾人定制个性化康复服务包,开展康复训练评估、家庭康复指导、肢体、言语、认知、行为矫正、注意力训练及生活自理能力训练等27项康复训练。通过康复示范点建设带动全区康复工作再上新台阶,整合区康复中心、残疾人之家和社区卫生服务中心康复服务资源,组建专业康复服务团队,打造江浦街道团结社区、永宁街道张圩社区残疾人康复服务示范点,开展六大类康复服务,服务各类别残疾人2000人次。

【残疾人教育和就业培训】 落实残疾学生助学政策,设立浦口区特殊教育关爱基金,用于帮助在校残疾学生。对30名高中及以上学历残疾学生实施补助奖励,发放助学补助金5万元。发挥"互联网+教育"作用,鼓励适龄残疾人通过远程教育、电大函授、自考等方式进行再教育,提升学历,8名残疾学生在普通高校接受教育。坚持残疾人就业与残疾人志趣相结合,开设摄影、茶艺、电商、盲人按摩等培训班10期,培训残疾人185人次。通过开展就业援助月、举办就业招聘会、帮助企业开发残疾人用工岗位、宣传残疾人就业政策,实现残疾人按比例就业52人。选送张庆凤和张玉杰2名残疾人选手,参加南京市残疾人职业技能竞赛的机械加工数控编程和美容2个项目竞技,获得南京市残联就业管理中心组织的选拔赛第三名和第二名。做好按比例安排残疾人就业年审暨残疾人就业保障金征缴工作,年审用人企业111家,审核残疾人用工623人,协助税务部门征缴残保金1003.29万元,联合区人社局、就业执法大队开展残疾人就业执法专项检查。投入资金4.04万元,对达比例、超比例安置残疾人就业企业给予补贴、奖励。

【助残公益载体百万提升工程】 2019—2023年,每年投入100万元,用于残疾人服务机构硬件投入、创新项目建设、管理提升等方面补助与奖励。实施浦口特殊教育学校"免费午餐"项目,为115名残疾在校学生和38名教师提供每天20元标准的免费午餐,全年支出资金50.62万元。资助区残疾人康复中心25万元用于残疾儿童康复。鼓励太阳花残疾人之家等社会公益组织在浦口开展创新项目建设,投入资金20万元,建成桥林街道菜鸟驿站、星甸街道残疾人辅助性就业基地,资助金富达服饰公司10万元建成残疾人之家。资助汤泉街道残疾人之家10万元,组建"出彩人生"——残疾人文艺表演队项目。区残联、扶贫开发协会、慈善总会出资24万元,设立浦口区文化助残慈善基金,推动残疾人文艺创作,搭建残疾人交流平台。

【自主创业残疾人创业扶持资金发放】 为进一步鼓励、激发浦口区残疾人自谋职业、自主创业和个体就业,区残联、慈善总会、扶贫开发协会联合制发《浦口区残疾人自主创业帮扶方案》。成立浦口区残疾人自主创业帮扶基金,每年安排资金5万元,一次性帮扶每人4000~5000元。3月19日,区慈善总会、扶贫开发协会为2019年度10名自主创业残疾人发放创业扶持资金5万元。(王振兴)

·老年福利·

【机构养老】 2020年底,浦口区有养老机构10家,其中区级福利院1家、街道敬老院4家、民办养老机构5家。新增床位373张,累计有床位2227张,每1000名老人拥有养老床位45张。养老机构内设医疗机构8家,其中内设医务室5家、护理院3家,护理床位1936张。全区公办养老机构实现区、街两级全覆盖,重点为特困供养人员提供兜底保障服务。银城集团、尽孝道集团进驻,实现民办养老机构"从无到有并从有到优"发展。建立养老服务机构安全分类管理机制,常态清单管理对账销号,在全市首家完成所有农村敬老院消防达标审验,5月15日,在全市养老机构消防审验工作推进会上做经验交流。

【居家养老】 全区有AAA级以上社区居家养老服务中心32家,其中AAAA级7家。科学安排助餐点布局,引导助餐服务"向小区嵌入",新增老年人助餐点5个,累计有40个,为老年人提供助餐服务12万人次。接受上门服务的居家老人数占比31.4%,困难救助精准率100%。为140名失能、半失能老人提供家庭适老化改造。有社区居家养老综合护理中心7家。引进专业养老社会组织或企业,为居家老人提供助餐、助医、助乐等"走进来服务"和助浴、助购、助急等"送上门服务",全年提供居家上门服务39万人次,专业居家服务覆盖率不断提升。

2020年浦口区养老机构一览表

表139　　单位:张

序号	养老机构名称	床位	性质	等级
1	江苏省苏康老年护理中心(区福利院)	715	公建民营	无等级
2	浦口区桥林街道养老服务中心	265	公建公营	无等级
3	浦口区星甸街道养老服务中心	103	公建公营	无等级
4	浦口区汤泉农村五保供养服务中心	232	公建公营	无等级
5	浦口区永宁街道养老服务中心	—	公建公营	无等级
6	南京浦口不老村老年公寓	208	民建民营	一级
7	南京浦口区尽孝道老年公寓	201	民建民营	三级
8	南京颐畅养老服务有限公司白马分公司	59	民建民营	一级
9	南京沣盛养老服务有限公司	53	民建民营	无等级
10	南京康颐养老服务有限公司	391	民建民营	无等级

2020年浦口区社区居家养老服务中心一览表

表140

序号	名　　称	等级	地　　址
1	南京市浦口区林山悦心居家养老服务中心	AAAA	浦口区桥林街道林山雅苑16栋1楼
2	浦口区星甸街道邻里居家养老服务中心	AAAA	浦口区星甸街道娄子小区秋枫苑16号门面房
3	南京市浦口区汤泉民福泉西居家养老服务中心	AAAA	浦口区汤泉街道泉西社区杨庄组82号
4	南京市浦口区汤泉街道民福养老服务综合中心	AAAA	浦口区汤泉街道龙山老街卫生院内
5	南京浦口不老村老年公寓(居家养老服务中心)	AAAA	浦口区永宁街道玉兰路19号
6	南京市浦口区永宁张云居家养老服务中心	AAAA	浦口区永宁街道张云小区前门面房1~3号
7	浦口区永宁街道青山社区居家养老服务中心	AAAA	浦口区永宁街道青山社区(原老村部)
8	南京枫盛养老服务有限公司老虎桥分公司	AAA	浦口区江浦街道杨柳新村小区10栋
9	南京枫盛养老服务有限公司华光分公司	AAA	浦口区江浦街道华光社区北江豪庭小区
10	南京颐畅养老服务有限公司白马分公司	AAA	浦口区江浦街道白马社区白马澜山25栋5楼
11	南京枫盛养老服务有限公司巩固分公司	AAA	浦口区江浦街道西水湾二期社区卫生服务中心2楼
12	浦口区江浦街道团结社区居家养老服务中心	AAA	浦口区江浦街道团结社区滨江和园2栋2单元2楼
13	南京枫盛养老服务有限公司高旺分公司	AAA	浦口区江浦街道高旺新寓综合楼
14	南京市浦口区仁安居家养老服务中心	AAA	浦口区江浦街道海都路8号阳光青城12栋101室
15	南京市天颐养老服务有限公司明因寺分公司	AAA	浦口区桥林街道明因寺社区
16	江苏悦心养老产业有限公司南京浦口养老服务分公司	AAA	浦口区桥林街道乌江路乌江综合文化中心1楼
17	南京市浦口区悦心居家养老服务中心	AAA	浦口区桥林街道茶棚社区办公大楼2楼
18	南京市浦口区桥林悦心居家养老服务中心	AAA	浦口区桥林街道周营社区居委会
19	南京市天颐养老服务有限公司	AAA	浦口区桥林街道福音社区福音家园北门
20	南京市浦口区石窑邻里居家养老服务中心	AAA	浦口区星甸街道篓子小区海棠苑5号
21	浦口区星甸街道双山社区居家养老服务中心	AAA	浦口区星甸街道双山小区内
22	浦口区星甸街道十里社区居家养老服务中心	AAA	浦口区星甸街道十里社区元庄组
23	浦口区星甸街道石桥居家养老服务中心	AAA	浦口区星甸街道石桥社区新石路
24	南京市云栖居家养老服务有限公司	AAA	浦口区星甸街道石村村驷马组
25	浦口汤泉街道居家养老服务中心	AAA	浦口区汤泉街道汤泉老街
26	南京市浦口区汤泉民福三泉居家养老服务中心	AAA	浦口区汤泉三泉社区泰来小区后门
27	浦口汤泉民福高华居家养老服务中心	AAA	浦口区汤泉街道高华社区居委会旁
28	南京民福新金居家养老服务有限公司	AAA	浦口区汤泉街道新金社区朱庄小区66号
29	南京华颐养老服务有限公司	AAA	浦口区永宁街道大桥社区余建路
30	浦口区安详居家养老服务中心	AAA	浦口区永宁街道侯冲社区十六组
31	南京华颐养老服务有限公司联合社区分公司	AAA	浦口区永宁街道联合村互联组
32	南京华颐养老服务有限公司友联社区分公司	AAA	浦口区永宁街道友联小区2栋108室

【居家适老化改造】 为改善老年人居家生活照护条件,增强居家生活设施安全性、便利性和舒适性,提升居家养老服务质量,区民政局按照保基本、兜底线的原则开展居家适老化改造工作。将特困、低保等困难人群中的高龄、失能老年人家庭作为居家适老化改造重点对象,坚持基础保底和自愿选择原则,结合老年人居住环境、身体状况及改造需求实施改造。根据不同类别老年人需求,提供空巢独居老人套餐、失能半失能老人套餐、特困老人套餐3种改造方案,涵盖内容小到放大镜指甲剪、防滑垫、如厕扶手,大到智能安全保护设备网络接入、淋浴椅等,贴近老年人家庭需求,提高老年人家庭生活便捷度。全年为140户老年人提供家庭适老化改造,累计改造1803户。 (郑荣祥)

【城乡居民基本养老保险调资】 根据市人社局、市财政局《关于2020年调整城乡居民基本养老保险基础养老金计发标准的通知》要求,区社保中心完成2020年浦口区城乡居民基本养老保险基础养老金调整工作。调标工作涉及对象为全区年满60周岁及以上领取城乡居民基本养老保险基础养老金的人员,惠及浦口区城乡居民基本养老保险待遇领取人员33625人。调整后的城乡居民基本养老保险基础养老金计发标准由每人每月440元调整为470元。调标自2020年1月执行,11月全部发放到位。 (社保中心)

· 儿童福利 ·

【概况】 2020年,浦口区有儿童5.2万人,5个街道、2个场和76个社区(村)均配齐儿童督导员和儿童主任。困境儿童及农村留守儿童876人,享受基本生活保障孤儿、事实无人抚养及重病重残儿童136人,新增115人,增长548%。全年发放基本生活保障金115万元。

【省级农村留守儿童和困境儿童"关爱之家"项目落地】 3月15日,全区首个省级农村留守儿童和困境儿童"关爱之家"项目在星甸街道王村村落地实施。"关爱之家"以星甸街道王村村党群服务中心为依托,总面积800平方米,设图书阅览室、亲情视频室、心理咨询室、音乐舞蹈美术劳技多功能活动室等,室外配建篮球场,满足不同年龄阶段留守儿童、困境儿童的活动需求。引入专业社会组织开展服务,制定个性化服务方案,重点依托"四点半课堂"为农村留守儿童和困境儿童提供教育帮扶,全年组织开展家庭教育指导、文化体育活动、健康安全指导、法制教育服务等300余场,服务儿童3000余人次。 (郑荣祥)

住房保障

· 综　述 ·

【概况】 2020年,区房产局推进各级目标任务完成。省目标:完成棚户区改造新开工231套(目标200套),发放租赁补贴64户(目标10户)。市目标:完成保障房新开工50.4万平方米(目标50万平方米),完成棚户区改造面积9.7万平方米(目标不低于9万平方米),完成人才安居建设开工14万平方米(目标14万平方米)。区目标:新开工保障房73.27万平方米(目标50万平方米),竣工84.9万平方米(目标50万平方米)。将城市中低收入住房困难家庭收入认定标准由家庭月人均可支配收入低于3333元调整为3953元。

【租赁补贴】 完成64户租赁补贴保障家庭年审工作,11户家庭退出保障,货币补贴实际在保户数63户,发放补贴38.95万元。累计保障1109户,累计发放补贴1949.49万元。新增租赁补贴25户。

【保障性住房】 完善安置房建设和管理工作机制,成立浦口区安置房建设工作领导小组,设置综合计划、项目审批、资源保障、资金协调4个职能组,专项研究、协调、推进全区安置房建设有关事项。区房产局牵头研究制定全区《安置房处置实施指导意见》,指导各街道安置房处置工作,明确全区安置房处置目标保底1.16万套、力争1.95万套的目标。结合安置房开工、竣工及交付时间,编制建设项目55个,建设总套数66704套,预计2020年底计划分配3853套,2021年底计划分配22566套,2022年底计划分配11297套,2023年底计划分配20908套,2024年及以后计划分配8080套,彻底解决安置过渡问题。全年完成经济适用房上市57户,收缴上市收益金1525万元;公租房实物配租17户,实际在保161户,累计保障362户;租赁补贴在保63户,发放补贴38.95万元;分配共有产权保障房16户;受理复核168人住房补贴材料,涉及补贴资金802万元。

【房改情况】 接收行政机关、事业单位报送材料168人,涉及审核资金802万元。浦口区历年累计审批房改补贴资金约4.5亿元,涉及机关企事业单位170多家,保障覆盖约1万人。

【人才安居保障】 人才安居租赁补贴实际在保459户,发放补贴295万元;人才安居购房补贴在保22户,发放补贴442万元;建成人才公寓3534套,分配2975套,在建7728套。3月16日,出台《浦口区人才购买商品住房实施细则》,放宽浦口区人才准入条件,淡化学历条件,根据浦口区集成电路企业、高端交通装备企业、文旅健康企业、特色农业企业等特色地标产业中存在大量大专学历的技术型蓝领人才现状,摸排梳理重点企业和人才结构,将自主创业大专人才纳入供应保障对象。

【房租减免政策落实】 为贯彻落实市委、市政府《关于促进中小微企业稳定发展的若干措施》精神,发挥国有企业承担社会责任的带头示范作用,帮助困难中小微企业渡过难关,区房产局测绘部门做好政策对接,摸底排查符合减免条件的中小企业,对名下营业性用房承租人,在疫情防控期间服从全区疫情安排,停业或未正常经营的,免收2020年2月租金,减半收取2020年3月、4月租金,共计减免租金10.92万元。 (魏星)

· 浦口区康居集团 ·

【概况】 2020年,区康居集团开工项目8个,建筑面积67.71万平方米;竣工项目11个,建筑面积167.94万平方米;续建项目13个,建筑面积214.08万平方米。

2020年康居集团开工项目一览表

表141

序号	项目名称	建筑面积(万平方米)	计划总投资(亿元)	开工时间	计划竣工时间
1	大唐置安智能科技大厦	6.50	6.80	2020年1月	2021年12月
2	康居高层住宅小区消防设施改造项目	—	0.60	2020年6月	2020年12月
3	桥林产业人才共有产权房幼儿园	0.43	0.43	2020年6月	2021年12月
4	谢营一号地幼儿园	0.34	0.34	2020年6月	2021年12月

续表 141

序号	项目名称	建筑面积（万平方米）	计划总投资（亿元）	开工时间	计划竣工时间
5	兰桥六期 A 组团二期保障房	12.73	9.50	2020 年 6 月	2022 年 12 月
6	高新 1 号地保障房	24.05	14.00	2020 年 7 月	2022 年 12 月
7	中心城区 3 号地保障房	20.30	12.20	2020 年 9 月	2023 年 12 月
8	杨山雅苑二期	3.36	2.00	2020 年 9 月	2023 年 7 月
合计		67.71	45.87		

2020 年康居集团竣工项目一览表

表 142

序号	项目名称	建筑面积（万平方米）	计划总投资（亿元）	开工时间	竣工时间
1	顶山南门二期	10.82	6.00	2014 年 12 月	2020 年 12 月
2	茶棚二期	6.29	2.00	2015 年 3 月	2020 年 12 月
3	巩固 5 号地保障房	37.20	23.00	2015 年 12 月	2020 年 12 月
4	巩固 6 号地保障房	18.64	12.26	2015 年 12 月	2020 年 12 月
5	侯郢三期	9.82	4.78	2016 年 6 月	2020 年 12 月
6	大新 5 号地	17.30	10.56	2016 年 9 月	2020 年 12 月
7	夏桥二期	6.85	2.70	2016 年 9 月	2020 年 12 月
8	兰桥三期	32.54	16.17	2016 年 10 月	2020 年 12 月
9	黄姚五组	17.16	11.00	2016 年 12 月	2020 年 12 月
10	顶山南门棚改二期	6.32	4.37	2017 年 4 月	2020 年 12 月
11	海都嘉园三期	5.00	6.00	2018 年 3 月	2020 年 12 月
合计		167.94	98.84		

2020 年康居集团续建项目一览表

表 143

序号	项目名称	建筑面积（万平方米）	计划总投资（亿元）	开工时间	计划竣工时间
1	桥林中心城北区	36.20	17.00	2016 年 12 月	2021 年 12 月
2	巩固 9 号地保障房	24.26	13.36	2017 年 9 月	2022 年 7 月
3	兰桥六期 A 组团一期保障房	24.89	10.44	2017 年 9 月	2022 年 7 月
4	兰桥十期保障房(含幼儿园)	17.07	8.75	2017 年 9 月	2022 年 7 月
5	兰桥十一期保障房	8.00	3.95	2017 年 9 月	2022 年 10 月
6	浦欣家园四期(含幼儿园)	22.04	11.00	2018 年 9 月	2021 年 12 月
7	星甸冯马保障房	7.96	4.20	2018 年 9 月	2022 年 10 月
8	巩固 12 号地保障房	17.99	10.00	2018 年 12 月	2022 年 12 月
9	谢营 1 号地租赁住房	11.89	11.00	2019 年 3 月	2021 年 12 月
10	高华五期	17.68	13.00	2019 年 12 月	2022 年 12 月
11	棉场四期	15.43	10.00	2019 年 12 月	2022 年 12 月
12	高华四期	8.23	7.00	2019 年 12 月	2022 年 12 月
13	桥林卫生服务中心	2.44	2.04	2019 年 12 月	2021 年 12 月
合计		214.08	121.74		

【公共租赁住房建设管理】 区康居集团运用平台优势,整合优质资源,对自持青年人才公寓、大学生客栈、公租房进行集中统一管理,为租户提供功能齐全、生活便利的居住环境。配建人才公寓,集团自持位于盛景华庭南苑的1646套青年人才公寓,总面积11.7万平方米,可满足2525人次居住,公寓内配备生活必备家具,周边医院、超市、餐饮等配套一应俱全,同时引入创客空间理念,配建洗衣房、超市、健身房、餐厅等设施,解决青年人才的居住需求。配建大学生客栈24套,分为50平方米和70平方米两种户型,满足"精装交付,拎包入住"要求,每套可入住4~6人,与青年人才公寓错开档次,解决刚毕业大学生暂时性过渡问题。配建公共租赁房,在盛景华庭南苑和西水湾家园配建公共租赁房223套,面积1.19万平方米,配租给中低收入家庭、新就业人员、外来务工人员和经政府认定的其他住房困难人员,帮助解决实际住房困境,共享惠民成果。

浦口人才公寓 (康居集团 提供)

【高新1号地保障房项目开工】 7月18日,区康居集团下属谒民公司承建的高新1号地经济适用房(拆迁安置房)项目桩基、支护工程开工建设。该项目位于浦口高新区园特路和雨合路交汇处,主要建设住宅、商业用房、居家养老用房、物业用房、地下车库及相关配套用房,计划投资14亿元,总建筑面积24.05万平方米,单体18栋,可提供安置房1752套。工程采用集成装配式建造、BIM+智慧工地、海绵城市设计等技术手段,保证保障房项目品质。

【巩固5、6号地项目交付使用】 年内交付使用。项目总投资35.26亿元,建设住房3542套。其中,面积90~120平方米保障房3146套,毛坯式房屋交付;人才房396套,由2栋19层大学生客栈及人才公寓组成,精装修式房屋交付。建有地下停车场,配有篮球场、儿童活动区等娱乐设施,商业配套设施齐全。

(康居集团)

巩固5号地保障房项目竣工 (康居集团 提供)

·住房公积金管理·

【概况】 2020年,浦口区归集住房公积金10.5亿元,完成年度目标任务的110.52%。发放住房公积金贷款12.88亿元,完成年度目标任务的143.11%。为2312名职工发放公积金贷款,贷款逾期率0.09‰,低于国家规定标准。

【疫情期间惠民惠企】 疫情期间,鼓励职工利用网上营业厅、手机App等线上形式办理业务。出台阶段性支持政策,支持受疫情影响的企业阶段性缓缴公积金或降低比例缴存,帮助受疫情影响职工提高租房提取额度,延长购房提取期限,延后贷款还款时间。全年为20家企业办理缓缴年月日修改手续,缓缴资金158.2万元,涉及职工1223人;为26名贷款职工办理疫情缓缴手续;为9202名职工办理提取公积金支付房租,计9001万元。

【公积金扩面新机制落实】 落实"两比对、四督促"(社保比对、工商比对,发函督促、协商督促、检查督促、执法督促)扩面机制。确定49家单位为年度重点扩面对象,开展催建催缴。全年新增缴存单位723家,其中5人以上缴存单位189家,完成年度任务的315%。新增缴存职工7701人,完成年度任务的192.52%。实现公积金缴存"多证合一"。工商登记互联,帮助企业注册登记时一并完成公积金缴存登记。全年通过"多证合一"模式完成预开户的公积金缴存企业4212家,完成开户184家。

【公积金保障功能提升】 增加资金供给,提高审批效率,推进"公转商"业务,满足全区缴存职工贷款需求,全年发放"公转商"贷款2172万元。审批公积金提取9.2万人次,公积金贷款2535笔,执行"贷款审批一天办结"时限要求,审批时限达标率100%。服务"宁聚计划",对高层次人才给予最高200万元公积金贷款额度。

【公积金服务效能提升】 优化业务流程,全面推广"一窗受理、一站办结、全市通办"服务模式,实现公积金在线异地转移,优化逐月归还公积金贷款模式,与省级机关公积金分中心开展联网还贷,实行商品房贷款无纸化审批,与浦口区相关单位联合出台《浦口区共有产权保障房购房贷款操作办法》等,提升管理服务效能。"智慧公积金"再升级,完成企业注册登记信息、全国婚姻信息、个人征信信息共享利用。 (管桦阳)

扶贫工作

【概况】 2020年,全区脱贫攻坚工作把巩固脱贫成果与防止返贫摆在重要位置,以"两不愁三保障"为突破口,聚焦重点难点,健全监测预警和动态帮扶机制,推进脱贫攻坚各项措施落地落实,巩固脱贫工作成效。完成2020年度扶贫对象动态管理工作,建档立卡低收入农户3822户8480人,"两不愁三保障"得到有效落实,无一起返贫现象发生,家庭年人均可支配收入超市定1万元巩固提升标准。19个经济薄弱村(欠发达村)村集体稳定性收入平均值255万元,稳定性收入均超市定150万元巩固提升标准。 (农业农村局)

【精准脱贫】 2020年,紧盯"高水平全面建成小康社会"目标,以"两不愁三保障"为突破口,巩固脱贫工作成效。全区低收入人口巩固脱贫率100%,经济薄弱村(欠发达村)巩固脱贫率100%,无一起返贫现象发生,并超过市定巩固提升标准。按照《关于扎实做好2020年全区扶贫对象动态管理工作的通知》,组织推进扶持对象入户核查与动态管理,全区确定建档立卡低收入农户3822户8480人,经济薄弱村(欠发达村)19个,依托"阳光惠民"监管系统,开展低收入农户动态监测,更新扶贫资金使用情况。建立健全脱贫攻坚长效机制,出台《关于建立防止返贫长效机制的实施方案》《关于低收入农户防止返贫挂钩帮扶实施方案》等通知,健全低收入农户监测预警和动态帮扶机制,增强村级发展后劲。组织开展"万名党员干部帮万户"活动,全区67个区级机关单位、34家驻区企事业单位4500余名党员干部参与结对帮扶,帮扶资金350万元。针对失劳失能低收入农户,强化政策兜底。做到低保"应进必进",新进低保、特困、低保边缘低收入人口46人。对持有三级、四级残疾人证且家庭生活困难的低收入残疾人给予一次性1500~2000元临时救助,全年救助165户,拨付资金29.11万元。加大因学致贫低收入农户教育救助,减免补助基础教育阶段低收入农户学生709人次118.29万元,救助高等教育阶段学生128人102.3万元。完善因病致贫低收入农户多重医疗保障制度,为全区低收入农户购买自费补充保险,实行大病住院再次报销,"一站式"报销结算1213名低收入人口,赔付202.06万元。加强急重病灾救助,救助869人,补助资金527.13万元。星甸光伏发电项目发电105.5万千瓦时,产生发电收益52.25万元,项目将持续25年产生稳定收益。 (姜万梅)

【东西部扶贫项目协作】 区慈善总会联合爱心企业金基集团、区扶贫协会开展对口扶贫协作。其中,资助陕西省镇安县留守儿童关爱基金10万元、镇安县偏远地区优秀教师奖励项目资金10万元、木王镇月坪村魔芋产业发展援助项目资金10万元、残疾人帮扶基金10万元。各街道、爱心企业资助镇安县资金195.59万元,支持镇安县红十字会资金5万元,定向用于应急救护培训、"博爱送万家"等活动。支援淮安市淮安区资金20万元,定向用于省定低收入残疾人家庭。

区扶贫三会和区慈善总会各出资20万元,设立陕西省商洛市镇安县贫困儿童救助资金,解决全县特殊困难家庭儿童上学、治病和生活等方面困难。为淮安市(县级)5个乡镇600多名残疾人购置轮椅、盲杖、拐杖、助听器、假肢等辅具,帮助改善生活条件,提高生活质量。

苏陕协作项目——陕西省镇安县达仁镇双河村光伏发电项目 (滕宏飞 摄)

5月12日,江苏省宁伊消费扶贫协作签约仪式在求雨山文化艺术长廊举行。双方扶贫协作通过将绿色、优质、健康且极具新疆特色的农牧产品引入南京、引入浦口,增加伊宁农牧民收入,带动当地产业振兴,满足南京市民需求。签约仪式上,七彩伊宁农牧产品专卖店揭牌,专卖店售卖伊宁当地生产的各种乳制品、肉制品以及蜂蜜、干果等商品。

(高雅　陈荣震　融媒体中心)

民政事务

【概况】 2020年,区民政局创新实施全生命周期文明殡葬服务,代表南京市接受民政部安葬(放)设施建设专项评估并获满分。在全市首家完成农村敬老院消防达标审验。开展居民小区公益服务空间试点,建立完善精准救助"三项机制",推动社会救助工作规范化、精准化和温情化落实。

【社区治理】 落实社会和社区疫情防控牵头部门职责,做细做实重点人员、重点单位、重点场所摸排管控,强化严格测温验码、限制聚集、隔离观察等管控措施,织密织牢常态化疫情防控条件下社会面和居民小区防控网络。至年底,累计排查苏康码71518人。其中,红码8796人,落实集中医学观察;黄码2912人,落实居家和集中医学观察;绿码59810人,加强常态管理。社区群防群控作用彰显,自治能力显著提升。试点建设5家小区公益服务空间,开展社会组织公益创投,打造社区公益服务品牌,实现各街道试点建设全覆盖。通过公益服务载体打造、公益服务资源整合和公益服务项目供给,补齐社区公益服务短板,助力打通社区服务最后一米。永宁街道在社区治理创新工作中起到先行先试作用,打造小区公益服务空间样板。江浦街道擦亮楼栋自治品牌,以"积分兑换"促居民自治实效提升。做好社区换届选举准备,确保依法依规推进换届选举。城乡和谐社区建设合格率分别达98%、96%。

【社会组织建设】 实现每万人拥有社会组织16.8个,每万人拥有持证社工12.4人。开展社会组织公益创投,丰富专业社会工作服务供给。

【殡葬改革】 实施"礼仪惠民殡""绿色生态葬""多元文明祭"殡葬领域服务改革,浦口区"住宅式"墓地整改工作变短板为样板,得到民政部、省民政厅认可和推介,接待天津、内蒙古等省内外民政系统参观12批次。12月6日,浦口区代表南京市接受民政部安葬设施建设专项评估并获满分。其中,星甸街道引入第三方实施纪念堂规范化、精细化管理,实现新增死亡人员骨灰入堂率80%以上。

【地名管理】 2020年,完成26个道路和建筑物命名审批。

2020年浦口区主要道路、建筑物命名情况一览表

表144

序号	名称	所属街道	位　置	地名类别
1	锦度花苑	江浦街道	东至浦云路,南至园特路,西至规划道路,北至虎桥路	住宅
2	滨江绿湾花园	江浦街道	东至华晨路,南至园特路,西至华慧路,北至虎桥路	
3	润棠府	江浦街道	东北至康华路,西北至浦云路,西南至康安路,东南至规划路	
4	望江悦府	江浦街道	东北至现状,西北临浦云路,西南至康健路,东南至规划道路	
5	嘉品美寓	江浦街道	东至康健路,南至规划路,西至康盛路,北临浦云路	
6	滨江荟景苑	江浦街道	东至钟奇路,南至江森路,西至农场河路,北至谢营路	
7	其家苑	江浦街道	东至宁合高速,南至城厢路,西至现状,北至现状	
8	时光泊月园	桥林街道	东至规划路,南至规划路,西至现状,北至浦乌中路	
9	石碛雅苑	桥林街道	东至西街,南至现状,西至石碛河,北至百合路	
10	科成苑	桥林街道	东至金穗路,南至双峰路,西临浦乌中路,北至青柳路	
11	高庙小区	星甸街道	南至江星桥线,北至现状,西至现状,东至高雅路	
12	山西小区	星甸街道	北至驷湾路,南至张油坊组,东至现状,西至现状	
13	双山小区	星甸街道	北至俞洼路,南至驷马河,东至高金路,西至俞家洼组	
14	王村小区	星甸街道	北至杨玉路,南至雍松组,东至雍汪路,西至现状	

续表 144

序号	名称	所属街道	位　置	地名类别
15	珠苗路	江浦街道	南起建设路，北至卓溪路	道路
16	珠泉东路	江浦街道	东北起龙华路，经康华路，西南至珠泉路	
17	康华南路	江浦街道	南起珠江路，北至康华路	
18	城厢路	江浦街道	南起宁合高速，北至珠泉西路	
19	高雅路	星甸街道	南起双山小区右北角，北至小邵组	
20	俞洼路	星甸街道	南起双山小区西北角，北至江桥线	
21	雍汪路	星甸街道	南起雍庄组，北至杨玉路	
22	驷湾路	星甸街道	南起驷马河，北至山西小区	
23	滁湾路	永宁街道	西起余高公路交叉口，延伸至东偏北方向，经建华村止于104国道	
24	琥珀路	永宁街道	东起宁业路，经侯冲路向西延伸至宁滁快速通道	
25	康华桥	江浦街道	东起康华路，西至珠江路	桥梁
26	浦云路大桥	江浦街道	南起城南河路，北至康盛路	

【星甸街道贤德堂自治新路径入选省级社区工作法名单】 年内入选。星甸街道双山村地处浦口区西陲，东靠石桥工业园区，西南紧邻驷马山河，北与安徽省和县接壤。2006年，双山村由原石桥镇双山村、深井村、石桥村合并而成，村域面积7.8平方千米，确权耕地面积759公顷，下辖23个村民小组、1个安置小区，共1029户3595人，为现代农业主导型村居。双山村贤德堂突出党建引领，以乡贤治理为切入点，重点围绕"协商议事、乡贤参与、乡风文明、矛盾调处、村务监督"等内容提升社区服务效能，在促进乡村振兴，提升乡风文明方面形成相对完善的工作方法。通过贤德党支部引领治理，开设贤德"五榜"（乡贤榜、义举榜、孝悌榜、求学榜、诚信榜），发挥乡贤示范带动作用，建立贤德议事机制，设立村民诚信档案，打造贤德堂综合公益服务阵地，在实践中培养村民自治意识，提升自治能力。 （郑荣祥）

退役军人事务

【概况】 2020年，浦口区退役军人事务局贯彻落实中央和省、市退役军人工作决策部署，按照"争创省市乃至全国一流，展现浦口特色"工作要求，秉承"温度、质感、情怀地服务退役军人"工作理念，践行"抓提升、出特色、创品牌"工作总基调，围绕退役军人事务领域治理体系和治理能力现代化和高质量发展工作，坚持目标导向，完成年度10项特色工作，退役军人服务体系建设及重点工作任务取得显著成效。

【退役军人服务保障体系建立】 建成区、街道、社区三级退役军人服务中心（站）80个，其中区级1个、街道5个、社区74个，形成纵向到底、横向到边的全区退役军人服务保障工作体系。其中，区级服务中心占地面积1288平方米，建成"6+1"特色服务阵地，6个功能区包括老兵接待大厅、老兵第一课堂、老兵会客室（含老兵党支部、老兵调解室）、老兵之家（含老兵书吧、健康吧）、老兵人力资源超市、老兵活动中心，实现政治教育、权益维护、矛盾化解、就业帮扶、文化活动等教育性、事务性、服务性、延伸性等"一站式"综合服务，发挥区级服务中心"大退役军人之家"作用，受到部、省、市肯定。浦口区退役军人服务中心作为全国示范型区级服务中心创建单位上报。各街道退役军人服务保障站按照"一街一特色"目标，创建全国示范型服务站。74个社区服务站实现有专人、有场地、有经费、有标识、有服务，完善覆盖全员、实体运行、服务规范的工作体系，服务保障能力得到提升。

【退役军人安置】 紧盯省市对区高质量考核"退役军人服务保障水平"任务指标，既重安置数量和达标率，更重质量和满意度。抓岗位筹措质量，争取配套岗位，为退役士官选岗提供保障。抓转业安置机制，对接高质量考核安置要求新规则，联合区委组织部等部门科学制订计划和方案，注重政策刚性，研究个人特点与接收单位需求，实现供需双方人才有效配置，完成军转干部安置。抓岗前培训效果，发挥"老兵第一课堂"等创新阵地作用，帮助退役军人加快思想转变和心态调整，主动融入地方工作环境，发挥自身才能作用。

【退役军人稳定就业保障】 探索退役军人就业新模式，启动退役军人人力资源转化、开发与保护专项课题，在大量调查研究、反复推敲论证过程中，老兵人力资源超市的全新就业帮扶模式逐渐成型。超市运作突出便捷和精准两大特色，围绕老兵人力资源的供与求，依托人力资源公司专业化管理，形成"一人一档"的就业跟踪服务，打通老兵人力资源和用工企业之间的渠道，促进老兵就业创业。自4月21日启动运营至12月底，举办退役军人专场招聘会20场，参与招聘企业207家，提供岗位5600个。在线上为退役军人推荐就业岗位2.5万个。向退役军人宣传就业创业优惠政策，发放宣传册800余份，解疑答惑600余次。老兵人力资源超市受到退役老兵肯定，获2020年度浦口区十佳创新项目。

【双拥社会氛围培育】 突出"聚力共荣、聚心共建、聚焦共赢"工作理念，为新一轮双拥创建打好基础。加强军地联系互动,组织“八一”慰问活动,区委、区政府主要领导、分管领导带队走访慰问部队官兵、优抚对象和双拥典型。组织召开2020年驻区部队双拥工作座谈会,交流工作、增进感情、分析形势。加强双拥载体建设,实现有驻地部队的社区全部打造成双拥社区,形成拥军支前、双拥共建特色。利用全民国防教育日、“八一”建军节和国庆节等时机开展宣传活动,丰富双拥互动形式。发挥牵头协调作用,解决现役军人家属随调、子女入学等问题。组织军地联合开展疫情防控工作,为部队购置消杀紧缺设备。协调桥林街道周营、林蒲社区驻训部队,协助当地开展防汛抢险工作。

【优抚褒扬】 以增强广大退役军人和其他优抚对象的获得感、幸福感为目标,做好优抚褒扬工作,从解困型优抚向褒扬激励型转变。保障优抚政策全落实,完成部分退役士兵社会保险接续工作,保障全区各类优抚对象抚恤、补助金和义务兵优待、奖励、慰问金发放率100%,各项优待政策落实率100%。健全走访慰问新机制,做到立功受奖人员必访、重点优抚对象必访、参加重大任务人员必访。开展关爱特困官兵家庭活动,建立特困优抚对象、部队官兵特困家属救助机制。树立褒扬工作新风尚,开展走访慰问烈士家属活动,推进烈士纪念设施规划建设管理维护制度化、规范化、专业化,开展“9·30”烈士纪念日祭奠英烈等活动,发挥烈士纪念设施红色教育主阵地作用。

9月30日,区退役军人事务局组织开展“9·30”烈士纪念日活动

(吴伟伟 提供)

【“9·30”烈士纪念日纪念活动】 9月30日,浦口区退役军人事务局在求雨山烈士纪念碑前纪念广场组织开展“9·30”革命烈士纪念日活动,区退役军人事务局、退役军人服务中心、军休所全体干部职工,街道退役军人服务站工作人员,2020年转业士官及各街道退役军人代表参加。全体人员祭奠英雄、追思英烈,增强知恩感恩意识,唤起内心深处的家国情怀,培养爱国主义、集体主义精神和社会主义道德风尚,倍加珍惜来之不易的和平幸福生活。

【浦口区首届最美退役军人颁奖晚会】 11月30日,“党铸军魂 浦韵初心”浦口区首届最美退役军人颁奖晚会在浦口文化中心举行。评选活动旨在挖掘“最美退役军人”所承载的时代价值,讲好退役军人故事,树立时代精神标杆,激发广大退役军人争先进位、干事创业的热情,立足岗位建功立业,展示退役军人“退伍不褪色、建功新时代”的最美风采,在全社会营造尊崇军人、崇尚先进的良好风尚。经过评选,10人获得浦口区首届“最美退役军人”称号,20人获得提名奖。

2020年浦口区首届“最美退役军人”一览表

表145

姓 名	性别	年龄	工作单位及职务
吴虎刚	男	44	江浦街道兰渟盲人医疗按摩所负责人
王洪兵	男	47	江苏省人民医院浦口分院基建办主任
张学春	男	46	浦口区建设局二级主任科员
彭国文	男	50	浦口区殡仪馆馆长
杨 震	男	41	永宁街道东葛社区党总支书记
闫 冰	男	34	南京市公安局浦口分局巡特警大队三级警长
邹万超	男	55	南京宝扬新材料有限公司厂长
周宽银	男	58	星甸街道双山村保洁员
甘致康	男	44	浦口区融媒体中心记者
何仁海	男	60	浦口区交运局公路管理站永宁工区主任

(吴伟伟)

·文稿编辑 王孜孜·

应急管理

防灾减灾

·气象灾害防御·

【主要灾害性天气】 2020年,全区降水偏多,总降水量1477.9毫米,较常年偏多近3成,其中梅汛期降水量异常偏多,持续性强降水天气频发,且多发短时强降水天气。受上游来水、当地持续强降雨和长江高水位顶托叠加影响,长江下关站水位最高涨至10.39米(7月21日),超历史最高记录0.17米;滁河晓桥站水位最高涨至12米(7月20日),列历史第五位。全区发生地质灾害4起,受灾农作物560公顷,转移安置253户619人。

【公共气象服务】 在电视台发布预警信号2次,制作播出电视天气预报300余期。联合区农业农村局、浦口生态环境局等部门做好农业气象、森林防火、重污染天气等专业气象服务,联合人保浦口分公司推出苗木气象指数保险。为全区698户种植养殖大户和城乡社区生产经营类高敏感群体提供直通式气象服务,为受灾户免费开具气象灾害理赔证明45份,联合规划和自然资源分局发布地质灾害预警信息4条,联合区商务局发布宣传短信30余条。

【气象社会管理】 完成防雷安全重点监管单位行政检查41家。4月底,完成整改复查防雷装置检测报告漏检企业1家。向防雷装置未检测的3家主要旅游景区送达《防雷行政检查责令整改意见书》,8月底完成整改复查。面向防雷安全重点监管企业举办防雷安全培训4期,利用现场宣传和短信、新媒体宣传方式,宣传贯彻“春风行动”,发放宣传册500份,推送宣传短信4条,接收2万人次。编制企业防雷安全主体责任清单,开展防雷安全主体责任清单的落实和宣传,协助重点防雷监管单位完善制度措施,制作相关模板。建立防雷安全管理工作微信群。加强在浦口开展防雷检测中介企业管理,落实南京市气象局对检测单位管理的相关要求。梳理防雷重点单位,对南京江浦星中化工厂、江浦经济贸易有限公司(滨江油库)等4家关停企业实地检查、复核。

【气象防灾减灾】 更新防灾服务对象库。收集、整理和更新区领导、部门责任人和联络员、防汛责任人、街道分管领导和气象协理员、社区气象信息员、种植养殖大户等服务对象名单,新增662名网格员气象服务群体。完成基层防灾减灾工作“六个一”(一本账、一张图、一张网、一把尺、一队伍、一平台)建设,实现基层防灾减灾工作科学化、标准化和规范化。发挥省级突发事件预警信息发布平台作用,与区水务局、规划和自然资源分局、浦口生态环境局、区应急管理局等11家单位签订信息发布合作协议,全年发布预警信号63条。

【HY-WP1A型天气现象智能观测仪投入应用】 6月1日,江苏省气象局和南京市气象局投资建设的HY-WP1A型天气现象智能观测仪建成并投入业务应用。天气现象智能观测仪是一部通过图像识别技术,自动判别天气现象的气象仪器,一天24小时不间断自动观测,能够精确捕捉识别冬季期间观测场的积雪深度、路面积冰、霜冻等天气现象,降低人工观测误差,提高气象观测准确率,满足气象观测自动化需求。HY-WP1A型天气现象智能观测仪的安装与应用,为浦口区气象局开展全区预防低温霜冻、扫雪防冻、为农服务、安全生产提供较为精准的气象观测数据。

【毫米波云雷达建成】 11月25日,南京市气象局和浦口区气象局投资建设的浦口区首部毫米波云雷达建成投入使用。毫米波云雷达作为一种新型气象遥感探测设备,具有时空分辨率高、探测灵敏度高、探测盲区小等特征。建成后与X波段雷达、双偏振雷达等雷达设备配合,在强对流天气来临前,通过仪器终端平台,获取对流初期云滴的发生增长情况,更好地监测强对流天气的发生发展趋势,提高短临预报服务的针对性和准确度。毫米波云雷达的建成弥补现阶段浦口区天气雷达观测系统不足,提高灾害性天气监测力度,实现“监测精密、预报精准、服务精细”目标。

【浦口首部X波段雷达投入应用】 9月上旬,江苏省气象局和南京市气象局投资建设的浦口区首部X波段雷达投入使用。X波段雷达具有探测精度高、扫描模式灵活、发射功率小、可远程控制等特点,可实现24小时全天候观测。相比于S波段雷达,具有更高的空间分辨率和更强的对气象目标物的灵敏探测能力。X波段雷达能够准确捕捉到各类局地中小尺度天气系统的发生发展变

9 月,X 波段雷达建成应用 (气象局 提供)

化,对暴雨、大风、冰雹、龙卷风等灾害性天气开展精细化三维监测,有效揭示其内部结构,提升短临预报准确率。X 波段雷达的建成应用,填补浦口区雷达观测盲区,提升防灾减灾能力,为开展灾害性、转折性天气短时临近预报预警服务提供科技支撑。 (李雨峤)

·防汛防旱·

【概况】 对全区水利工程进行防汛大检查,按照分类处置原则,将查出的问题分门别类制定解决方案,由区政府批转《浦口区 2020 年汛前检查报告》,要求各街场、各有关单位针对闸门老化漏水、障碍淤积、排水口堵塞等问题迅速落实责任单位、责任人。汛前,安排消险工程 15 个,包括堤防、塘坝除险加固,涵闸翻建等。组建区级防汛抢险队伍 28 支 1143 人,街场落实抢险队伍 42 支 1527 人。面对汛期长江超历史、滁河超警戒大洪水及多轮强降雨袭击,浦口区应急指挥中心发挥"看得见、连得通、叫得应"中枢调度作用,协调区发改委、区农业农村局、区水务局、区气象局等部门联合防汛,强化重点时段、重点部位应急值守,充实防汛物资储备。汛前储备防汛"三袋"67 万条、土工布 6.9 万平方米、块石及沙子 5 万吨、木材 494 立方米,配备发电机 26 台、移动泵车 9 辆、运输车辆 205 辆。实际投入应急防汛运输车辆台班 222 台次、机械台班 81 台次,巡查、抢险人员 310 人次。

(李元金 陈秀娟)

【滁河近期防洪治理完善工程完工】 12 月完工。项目位于永宁街道,加固堤防 7.22 千米,防渗漏处理 6.7 千米,新建护坡 6.63 千米,新建堤顶道路 6.42 千米,改造朱家斗门涵接长、五四涵,拆除重建余家湾泵站。工程 2019 年 3 月开工,总投资 36676 万元。

【高新区片区积淹水改造(湾梗河整治)工程完工】 12 月完工。项目起于西江路,止于解放泵站,建设长 1.2 千米、宽 10~30 米的湾梗河,实施河道整治、景观绿化等工程。项目 2017 年 10 月开工,总投资 9821 万元。 (李元金)

·防震减灾·

【地震监测预报】 开展前兆观测和震情监视工作,2020 年数字测震台网运行率 99.58%,超过省、市地震局规定的 99% 的优秀标准,地震监测预报效能考核排在全市前列。做好季度、年度台网中心和螃蟹眼泉的仪器设备维护、通讯线路检查、雨量桶标定、防雷接地电阻测量等工作,及时上报省、市地震局。配合省地震局监测中心做好省强震台网——强震仪项目和市测震台网——烈度仪项目的运行维护检查工作。水化数字观测仪器自 2019 年 10 月试运行以来总体运行平稳,经市地震局多次远程调取数据和巡检实地查看,观测数据较可靠,具备正式运行条件,试运行工作通过省、市地震局验收。

夏季强降雨期间,城管局开展城市防汛工作,图为 8 月 8 日城管局园林部门对倒伏树木进行抢险作业 (许龙春 摄)

【震害应急防御】 3月3日，南京市鼓楼区发生3.0级地震；7月28日，溧水区发生2.4级地震；12月25日，江宁区发生2.7级地震。区地震办第一时间做出应急处置，快速启动灾情速报员系统，收集灾情信息，形成地震专报上报区应急管理局和市地震局。修订完善《浦口区地震应急预案》，完成2处应急避难场所应急疏散安置预案编制和备案。定期更新灾情速报员名单和联系方式，组织参加全市地震灾情信息员培训、演练和溧水大金山国防园应急实训，通过“12322”灾情速报平台对区有关部门和街场、园区25名市级地震灾情预报员开展地震模拟演练6次。完成浦口区破坏性地震灾害重点危险源数据库更新和3家城市应急疏散场所标识标牌自查。配合市地震局和市建委抗震办举办浦口区农村建筑管理和施工人员农房抗震业务培训，全区涉农街道、社区（村）建筑管理人员和农村建筑施工人员70余人参加培训。

【防震减灾依法行政】 2020年，江苏省投资项目在线审批监管平台和浦口区重大项目审批管理系统中实行“不见面审批”项目470项，项目涉及参数均符合《中国地震动参数区划图》（GB18306－2015）要求。完成《江苏省地震行政执法事项实施部门（机构）情况调查表》《江苏省地震公共服务事项实施部门（机构）情况调查表》，修改完善区级行政权力中涉及地震方面不规范事项。

【防震减灾科普宣传】 江浦街道同心社区、老虎桥社区创成全国综合减灾示范社区、江苏省防震减灾科普教育基地。选送防震减灾类小品《蒲公英》参加江苏省安全应急科普环省行防灾减灾文艺会演。完成永宁街道大桥社区、江浦实验小学滨江分校市级防震减灾示范点申报审批。组织开展浦口区第六届社区地震科普宣传员演讲比赛，选派星甸街道后圩社区禹程参加南京市第六届社区地震科普宣传员比赛，获全市第五名。联合行知教育集团，组织开展小学生防震减灾手抄报评比活动，选送5幅作品参加南京市第六届小学生防震减灾手抄报大赛，获二等奖1个、三等奖1个、优秀奖2个。利用“5·12”防灾减灾日、安全生产月、“7·28”唐山地震纪念日、“10·13”国际减灾日等节点，采用广场集中宣传、科普知识讲座、“六进”（进机关、进学校、进企业、进社区、进农村、进家庭）宣传活动、电视及广场大屏播出动漫片、指导地震应急演练等方式，开展防震减灾宣传教育。（杨勇）

安全生产

【概况】 2020年，浦口区把安全生产作为不可逾越的“红线”“底线”“高压线”，纳入全区高质量发展目标考核体系。坚持把安全生产工作的着力点放到事前预防和源头治理上，按照分区域、分级别、网格化原则，形成空、天、地一体化全覆盖的安全生产事故监测感知网络。制定《浦口区2020年安全生产重点工作清单》，修订完善《浦口区各级各有关部门和单位安全生产工作职责清单》，将企业主体责任重点事项清单5个方面20条内容细化成86个项目，厘清职责清单，推动照单履职。推进28个重点行业领域安全生产专项整治“一年小灶”行动，全方位排查风险隐患，完成问题隐患整改9706个。通过国务院、省、市三级督导巡查。安全生产事故件数和死亡人数均比上年下降71.4%，全区安全生产形势呈现稳中向好态势。

【风险隐患排查】 按照“发现一个、整治一批、解决一类”要求，开展风险隐患排查。全年出动人员25061人次，邀请专家894人次，检查单位19543家（处），排查发现问题隐患9865个，采集核实社会面16103家、企业面625家，标注风险源14024处，实现风险分布“一张图”、管控措施“一张网”。

【隐患整改】 制定“1＋1＋28＋1”（浦口区深入开展安全生产专项整治行动工作方案＋浦口区安全生产专项整治行动综合整治工作方案＋28个行业领域安全生产专项整治行动方案＋浦口区安全生产专项整治任务项目化清单化分解管理办法）专项整治方案，落实“一企一档”“一患一册”要求，确保真改、实改、改到位。至年末，国务院、省、市督导（巡查）组交办的问题清单全部整改完成，对森林防火监控尚未做到全覆盖、保障房小区居民安全意识普遍不强等需长期坚持的7项清单制定管控措施。全区排查问题隐患9865个，完成整改9706个，整改率98%。专项整治责令停产整顿企业100家，暂扣吊销证照企业1家，联合信用惩戒企业43家，行政处罚1754.19万元。

【安全生产治理】 加强安全生产治理体系和治理能力建设，用监管“他律”推动企业“自律”，以“人人讲安全”保障“事事皆安全”。坚持党政同责、一岗双责，区四套班子联动，齐抓共管。区人大组织安全生产专题询问，区政协开展“百名委员走基层”安全生产专题活动，全区初步形成安全生产专项整治大联动、大会战格局。严格落实安全生产责任追究和行政问责，建立跟踪督办、警示通报、约谈等制度，区安委办、区纪委监委、区安全生产巡查组等常态化开展安全生产专项督查，对落实安全生产不到位、执行不及时、隐患整治不力的追究相关责任人责任，区纪委监委问责12人。统筹运用媒体曝光、列入“黑名单”“安全信用脸谱”、失信联合惩戒等手段，在“信用中国”曝光违法行为企业25家。引导企业落实责任，筑牢安全生产“责任屏障”。

【基层基础建设】 注重配备基层一线安全生产监管力量，做到有机构、有编制、有人员，优先增配基层应急干部18人，街道人员、装备等均达到规范化建设要求。投资1.2亿元，完成固化水带安装高层建筑256栋。投资150万元，建成融合多部门信息系统的智慧应急指挥中心，构建“一网整合数据、一屏能观全局、一体应急联动”的现代化应急管理模式。加强预案编制和实战演练，举办全省文旅行业安全应急演练。加强重点难点攻关，结合专项整治，围绕危化品、消防、建设、水利等领域积压的重点难点问题，开展消险除患专项行动，解决滨江油库拆除、烟花爆竹全域禁放、高层建筑固化水带安装、自来水液氯改换、滁河水利建设攻坚、学生就学通行安全等一批安全重点难点问题。

【安全管理】 创建“五长三员”（工地长、路长、网格长、街巷长、楼栋长、灾害信息员、安全员、网格员)工作机制,将条、块安全生产工作有机整合,填补治理盲区,消除管理壁垒。实行群租房隐患“三色”(红色重点户、黄色一般户、绿色放心户)分类管理,促进规范运行。建立建筑施工领域“工地长”和“双承诺”(建设和施工单位双向承诺)工作机制,自主开发大型施工场地配网防外破视频监控预警系统,开展行为安全之星评选、体验式培训等活动,提高安全工作的群众参与度和效果。创新道路交通事故“黑点分析法”(针对交通事故多发高发地,采用数据标注,实现对重点路段、重点时段的精准筛查、精准防控),全区道路交通事故发生率和死亡率持续下降。设立街场(园区)安全角,打造集宣传、教育、排查、整治于一体的安全管理“微阵地”。深化安全生产监管综合行政执法改革,引入纪委监委监督机制和数字监督模式,探索街道委托执法新模式,实现安全监管制度化、规范化。探索“大数据+网格化+铁脚板”治理机制,全面推广移动执法,依托“181”信息化平台,探索“安全链”(将条、块安全生产工作有机整合,填补治理盲区,消除管理壁垒,实现安全风险全员参与、全过程管控、全链条管控)监管模式,实现“互联网+数据”监管。

【安全生产预案体系完善】 健全统一领导、分级负责、统筹协调、上下联动的应急管理工作体制,启动《南京市浦口区突发事件总体应急预案》,修订《南京市浦口区突发公共事件总体预案》及《南京市浦口区危险化学品生产安全事故应急预案》《南京市浦口区非煤矿山生产安全事故应急预案》《南京市浦口区突发地质灾害应急预案》《南京市浦口区生产安全事故应急预案》《南京市浦口区地震应急预案》《南京市浦口区自然灾害救助应急预案》6个区级预案,书面征求45家部门、单位及街场、园区意见,经专家评审、修正后,提交区政府审核。12月30日,区政府印发《南京市浦口区突发公共事件总体预案》。 (陈秀娟)

【水务行业安全生产专项整治】 1月5日,由区水务局牵头,在全区水务行业开展安全生产专项整治行动。围绕省安全生产巡查组发现问题清单,坚持工作重点、问题导向、条块结合、齐抓共管和注重实效原则,以全覆盖拉网式的安全生产大检查、大排查、大整治为主要手段,明确工作组织、任务分工、阶段任务和保障措施,制定《浦口区水利水务行业安全生产专项整治工作实施方案》,专项巡查供水、排水、污水处理及局属企事业单位,强化工程建设、工程运行管理、危化品等专项整治。采用“安全监管+信息化”的监管服务模式,全年专项检查634次,排查一般隐患176处,召开工作例会11次,举办安全生产培训16次,开展安全知识竞赛、宣讲、现场作业人员安全教育34次,未发生一起安全生产责任事故。 (李元全)

【照明线路安全整治】 3月,区路灯管理部门落实“安全第一,预防为主,综合治理”方针,狠抓照明设施地下管网安全整治。实行“包干管理”,管养路段责任到人,路段检查、问题核实、跟踪解决“一管到底”。专业技术人员利用电缆测试仪器进行地下管网埋设深度和安全间距测量、记录和数据填报。采取“闭环管理”,问题处理情况列入职工绩效考核,井盖破损类问题24小时内整改到位,线路问题以最快速度找到故障点并维修,每次整改结果记录在案并存档。开挖路段在施工前做好技术交底,将施工企业名称、项目经理联系方式以及施工作业区域记录在案。开挖期间路段管养责任人现场监督管理,对可能损伤电缆绝缘、破坏安全性能的开挖行为一律整改,指导施工单位按照技术规范要求敷设。完成黄山岭路等6条主要道路电缆安全排查,排查长度31.22千米,处理路灯井盖损坏2处、电缆损坏事故1处,消除安全隐患。 (方陈)

【安全生产督导巡查】 4月8日至11月30日,根据《南京市安全生产巡查工作方案》《区安委办关于开展安全生产督导(巡查)工作“回头看”的通知》文件要求,区安全生产督导(巡查)工作领导小组办公室抽调区安委会成员单位骨干力量20人,组成督导(巡查)组3个,采取听取汇报、查阅资料、个别谈话和“四不两直”(不发通知、不打招呼、不听汇报、不用陪同接待、直奔基层、直插现场)方式,对全区35家单位开展2轮巡查工作。与巡查单位领导班子成员和科室负责人等个别谈话312人,召开调研座谈会78次,邀请专家101人次,抽查生产经营单位、施工现场287家,查出问题隐患1221条,其中涉及企业主体责任问题隐患931条,全部整改完成。 (陈秀娟)

3月24日,路灯养护人员在狮山路开展照明设施安全隐患排查,第一时间修复故障路灯 (城管局 提供)

【燃气安全生产检查】 6月2—5日，区建设局开展燃气安全生产检查，重点检查区教育局、区商务局、区文旅局、区民政局等单位相关行业，规范燃气使用标准，确保用气安全。6月20日，联合桥林街道、桥林派出所、市场监管局桥林分局，在桥林街道茶棚、滨江、百合等社区开展燃气安全检查，取缔藏匿在居民家中的“黑气站”4个，暂扣大小钢瓶132个。9月，委托第三方服务机构对辖区1座液化气储罐场、24个瓶装液化气供应站点、3座汽车加气站和地下管网进行“拉网式”安全检查，排除安全隐患，杜绝事故发生。 （陈佳美）

消防管理

【概况】 2020年，接警431件，出动消防车816辆次、消防人员4644人次，抢救被困人员51人，疏散人员522人，抢救财产价值963.5万元。其中，开展火灾扑救69次，抢险救援及社会救助310件，执勤保卫52次。接警数、出动消防人员数较上年分别下降10.1%、8.4%。全区发生火灾69起，其中社会单位火灾11起、住宅火灾36起、交通工具火灾18起、其他火灾4起，直接财产损失240.4万元。开展高层建筑、消防车通道、冬春火灾防控等专项治理，排查社会单位2542家次，发现隐患5338处，督促整改火灾隐患或违法行为5309处，临时查封14起，责令“三停”（停产停业、停止施工、停止使用）5家，拘留1人。全区未发生有影响的火灾事故，火灾形势总体保持稳定。举办培训班278场次，培训“九小场所”、一般单位6686家次，入户宣传11368家次，张贴海报1.2万份，悬挂宣传横幅500余条，发放宣传资料3.16万份。

【公共消防设施建设】 针对农村地区消防设施覆盖率低、消防队（站）建站明显不足的现状，在原规划基础上新建星甸消防站并投入执勤，汤泉消防站异地重建项目、永宁小型消防站建设完成，乌江小型消防站、山林路消防站稳步推进。建成乌江、星甸片区2处消防取水码头。开展市政消火栓专项检查，排查市政消火栓400余只，对58只不能正常使用的消火栓整改恢复，联合浦口自来水公司建立定期排查、故障反馈、及时维修市政消火栓维护管理机制。

仓储企业火灾事故应急救援演练 （崔荣蓉 摄）

【消防基层基础建设】 2020年，完成8个公安派出所智能微型消防站建设任务，建立消防安全重点单位和社区微型消防站207个。强化联勤联训和实战演练，实体化运行，提升应急救援联合处置能力，加快构建五分钟消防应急救援体系。推动落实街道消防安全委员会组织架构及工作职责，组织重点单位及社区微型消防站队员业务技能培训，受训人员300余人次，开展微型消防站比武竞赛12次。在社会单位推广安装水系统无线远程压力采集终端装置100台、电气火灾监控系统60台、简易喷淋装置96套，为独居老人安装独立式感烟火灾探测报警器230户。

【重大火灾隐患整改】 2020年，市政府挂牌督办存在重大火灾隐患的潘享诚百货超市店、绿莱园农贸市场管理服务有限公司、求雨山文化名人纪念馆3家单位。区消防大队监督员主动上门、跟踪服务，多次约谈3家隐患单位负责人、管理人，提出针对性隐患整改建议和意见，邀请市消防局实地察看现场，指导完善整改方案。10月底，3家重大火灾隐患单位完成隐患整改并销案。

【高层建筑集中整治】 全区排查高层建筑657栋，排查存在消防管道无水等突出问题高层建筑261栋，其中91栋高层建筑被纳入全市1114栋消防安全严重隐患整治清单，12月底前完成高层住宅建筑消火栓管网无水问题整改。全年全区高层建筑累计安装固化水带292栋。所有高层公共建筑明确消防安全管理人，高层住宅建筑明确楼长，并设置消防安全警示标牌。

【“生命通道”专项行动】 印发《浦口区打通“生命通道”集中攻坚行动实施方案》，召开行动部署会，成立领导小组，抽调区房产局、区交运局、区城管局、公安分局成立行动专班，负责专项行动期间的工作协调、信息报送和信息联络工作。召开打通“生命通道”专项整治行动现场会，形成专项整治行动专报，跟踪推进整治工作进程。5月，所有小区和涉及单位全部完成消防车通道划线管理，分批次开展“生命通道”实地测试，推动解决占用、堵塞消防车通道“老大难”问题。全年完成152个成型小区消防车道划线、立标工作。

【民生实事项目】 5月初，浦口区率先完成纳入市政府2020年十大民生实事项目的81栋高层建筑住宅消防设施增配或改造工作。另外43个高层、多层等小区消防隐患整改项目纳入浦口区

2020年重点民生实事项目，区消防大队联合各街道、相关职能部门会同第三方消防专业公司现场勘察，采取“一区一策、一楼一策”，完善整改方案。至年末，所有项目完成固化水带安装。

【冬春火灾防控】 召开冬防工作部署会，区消防安全委员会印发《浦口区冬春火灾防控工作实施方案》，邀请南京市消防局对辖区大型商业综合体、医疗建筑、人员密集场所开展专项检查9次，检查单位46家次，3家大型商业综合体、2家医疗建筑全部落实“十个一”措施(签订一份消防安全责任书，对消防安全管理制度进行一次清理，开展一次消防安全自查，对消防设施进行一次系统检测和维护保养，对电气线路、燃气管道及油烟管道进行一次检测保养和安全检查，对消防安全标识进行一次规范更新，组织一次消防安全培训，组织一次初起火灾扑救和应急疏散演练，对消防安全档案进行一次梳理完善，作出一次消防安全承诺)，增强单位防御火灾能力。

【社会单位消防管理】 推广应用“消管通”智能管理系统和安装无线远程压力采集终端装置，提升社会单位精细化管理水平和风险监测预知预警能力。全区安装使用“消管通”智能管理系统的二、三级消防安全重点单位176家。全区设有自动消防设施的单位接入消防远程联网监测系统，实时监测消防设施运行状态。推进智慧消防平台建设，建设内容为监控中心和管理系统。监控中心包括大屏显示系统、音视频配置、硬件服务器，管理系统包括智慧消防水系统监测系统(无线水压传感器、无线液位传感器、分体式水系统监测)、消防视频与通道监测系统(消防视频监控、消防通道监控部署)及智能巡检系统(值班签到二维码、设备巡检二维码)，推动实现火灾风险预测精准化、火灾防控智能化，提升消防工作现代化水平。开展大型商业综合体、高层公共建筑、人员密集场所监督检查。深化“祛火源、降荷载、强设施、畅通道、重管理”火灾防控理念，督促单位开展“三自主两公开一承诺”(自主评估风险、自主检查安全、自主整改隐患，向社会公开消防安全责任人、管理人，承诺场所不存在突出风险或者已落实防范措施)活动，落实“1234 + N”(“一完善”，完善消防安全制度和操作规程；“二确定”，确定消防安全责任人和管理人、确定消防安全重点部位；“三规范”，规范灭火和应急救援预案、消防档案、消防安全标识；“四落实”，落实防火巡查、检查，落实消防设施、器材定期检验、维修，落实消防演练，落实员工教育培训；“N推进”，推进落实火灾公众责任保险投保、消防队站建设等其他消防安全职责)消防安全管理机制。加强“三合一”(住宿与生产、仓储、经营一种或一种以上使用功能违章混合设置在同一空间内的建筑)、群租房、养老机构、学生宿舍、医院病房楼等重点领域管控。指导督促110家二级消防安全重点单位人员密集场所开展消防安全风险评估，形成专门评估报告，提升单位自主管理水平。

【综合应急处置】 制定高层、地下、大跨度厂房等单位灾害事故处置应急救援预案，针对性开展实战化演练。11月6日，组织开展辉瑞控股有限公司仓储企业火灾事故应急救援演练，对大型仓储物流企业可能发生的安全事故进行全流程、规范、高效的应急处置，集中锻炼多部门组织、协同、处置和保障能力。“11·9”消防宣传日开展全区消防安全重点单位微型消防站比武竞赛，提升微型消防站实战能力。下辖中队开展熟悉演练140余次，不定期对高层建筑、大型商业综合体进行无预案拉动演练，全面检验重点单位熟悉演练开展情况。完成省、市“两会”、全国山地自行车锦标赛、南京森林音乐节等重大活动消防安保任务。 (崔荣蓉)

【星甸消防站项目完工】 5月，由浦口城建集团负责承建的星甸消防站建设工程完工。项目位于星甸工业园区，毗邻县道江星桥线，设计为二级消防站，辖区范围4平方千米，接警后5分钟内消防队可到达辖区边缘。站区占地面积4691平方米，总建筑面积1775平方米，建设内容包括执勤楼、训练塔、门卫房、篮球场、塑胶跑道和升旗台，同时设计有景观及封闭式围墙等附属工程。

(城建集团)

【跨区域森林扑火应急演练】 12月25日，由南京市浦口区和安徽省滁州市南谯区护林应急指挥部主办，浦口区农业农村局、南京市老山林场承办的2020年南京市浦口区—滁州市南谯区跨区域森林扑火应急演练在南京老山森林公园举行。演练设置预警预报、前期处置、请求支援、启动预案、应急调度、交通管控、气象预报、现场扑救、现场施救、火场清理及舆情处置演练科目11个。区人武部、浦口公安分局、区卫健委、区气象局、区消防救援大队、浦口区民安联合(南京)救援服务有限公司200余人参加演练。 (陈秀娟)

· 文稿编辑 杨 友 ·

街场概览

江浦街道

【概况】 2020年,江浦街道辖区总面积98.4平方千米,辖居委会15个,居民小组259个。总户数44806户,总人口12.88万人,其中男性63191人、女性65618人,男女性别比96.3。江浦街道获“2019年度全省基层党员冬训工作示范街道”“2019年度南京市实施乡村振兴战略郊区街镇高质量发展评价综合奖”“2020年江苏省‘扫黄打非’先进基层示范点”“2020年度南京市机关作风建设标兵街道”“2020年度南京市群众体育先进单位”“2020年度南京市公共文化服务先进集体”等荣誉。

2020年浦口区江浦街道社区(村)基本情况一览表

表146

社区(村)	范　围	面积(平方千米)	户数(户)	人口(人)
人民桥社区	东至东门桥,西至西门桥,南至宁合高速,北至文德路	0.60	2206	6038
烈士塔社区	东至河滨路,西至中圣北街,南至文德路,北至公园北路	0.62	2785	8206
求雨山社区	东至中圣街,西至文德西路,南至文德路,北至雨山西路	0.52	1826	4829
新河社区	东至珠江路,西至河滨路,南至312国道,北至公园北路	0.82	3149	8782
团结社区	东至团结路,西至城南河,南至文德西路,北至芝麻河	1.50	3888	9732
同心社区	东至总部大道,西至城南河,南至浦滨路,北至龙华路	3.12	4575	11978
珠江社区	东至象山路至江中桥西倾为界,西至工程塑料厂,南至烈士塔社区、求雨山社区,北至五里墩、南京审计大学、江浦街道奶牛场	3.37	4454	12099
高旺社区	东至老虎桥社区,西至桥林街道,南至西江口社区,北至汤泉街道	11.50	2182	6842
白马社区	东至南京工业大学,西至森林大道,南至龙华圆盘至象山路口一线,北至老山森林防火道	5.90	7294	19612
华光社区	东与珠江社区相邻,西与老虎桥社区相邻,南临浦乌公路,北与老山森林公园接壤	13.32	2984	12062
巩固社区	东至团结河,西至五桥连接线,南至芝麻河,北至台北路	3.20	2735	7657
八里社区	东至象山路与白马社区接壤,西至光明桥与华光社区为邻,南至公安分局与珠江社区毗邻,北至老山森林公园大门	5.63	2366	6760
新合社区	从滨江大道至污水处理厂,东至五桥,西至南农大新校址红线,南至绿水湾湿地公园	22.40	602	1768
老虎桥社区	东至长江五桥,西至宁淮高速,南至宁乌公路,北至老山南麓	7.80	1480	4683
西江口社区	东至虎桥河与老虎桥社区、新合社区接壤,西至高旺通江河与桥林街道接壤,南至长江,北至高旺小学与高旺社区接壤	18.10	2280	7761
合　计		98.40	44806	128809

【经济发展】 2020年,实现地区生产总值183.19亿元,较上年增长4.6%。其中,第一产业增加值1.64亿元,下降35.2%;第二产业增加值32.06亿元,与上年持平;第三产业增加值149.49亿元,增长6.4%;三次产业比重为1:18:81。财政一般公共预算收入14.7亿元,增长16.1%。全社会固定资产投资145.58亿元。全体居民人均可支配收入52921元,增长6%。

实现农林牧渔业总产值34414万元,下降31.61%。其中,种植业18224万元,下降23.88%;林业4778万元,下降37.85%;牧业293万元,下降75.21%;渔业8426万元,下降41.11%;农林牧渔服务业2693万元,下降15.87%。实施西江口片区耕地质量提升工程,建成高标准农田320公顷,粮食作物种植面积211公顷,总产量1158吨。油料作物首次退出种植。蔬菜面积327公顷。实有林地面积600公顷,其中果园6公顷,水果产量808吨;茶园20公顷,茶叶产量45吨;苗木花卉面积1266.7公顷,销售收入7200万元。畜牧业(牛猪羊)退出养殖业,家禽存栏5501羽,出栏2.32万羽。渔业养殖面积300公顷,出水成鱼675吨。

全街工业企业169家,较上年减少16家。实现工业总产值19.01亿元。列入统计限额以上规模企业7家,实现工业总产值6.97亿元,下降16.8%;销售收入9.15亿元。新增建筑企业29家,总数683家,从业人员14.89万人,实现产值103.04亿元。

招商引资新增江苏伊好供应链管理有限公司、南京浦金商贸市场管理有限公司(存量企业新项目)、江苏谊品弘苏科技有限公司、江苏顺信房地产开发有限公司4家落地企业,合同利用外资17448.68万美元,实际使用外资1.39亿美元,增长1124.7%。外贸进出口总额5000万元。

推进现代服务业发展,新增限额以上贸易企业6家,限额以上贸易企业总数42家,大型商场超市14家,农贸市场6家,服务业重点企业17家,房地产在建企业27家,限额以上住宿餐饮单位6家。全街实现服务业增加值149.49亿元,增长6.4%。社会消费品零售总额79.29亿元,其中限额以上批发业零售额1.51亿元、限额以上零售业零售额23.07亿元、限额以上餐饮业零售额1.07亿元。不老村建成并运营民宿12家,接待床位136张,配套商业空间10家、农家乐5家,带动村民就业300人,年接待游客50万人次,实现旅游收入3500万元。

辖区农村道路22条,其中乡道9条、村道13条,道路总里程51.54千米,"四好"农路总里程8.38千米,三级以上农村公路里程7.84千米,水泥、沥青路面宽4.5~6米。域内邮政、电信网点全覆盖。

【村镇建设】 落实村镇振兴战略,实施华光社区石门路、高旺社区观大路农村道路绿化提升3000米。新增居民住房建筑面积157.46万平方米,居民住房总面积1523.74万平方米。完成共有产权保障房申请22户,年审51户;公共租赁住房申请39户,年审141户。投资8100万元,完成高旺河景观水位保障工程(二期)、金色半山沟、大林泄洪沟、差田泄洪沟、横河、不老村污水提升等水环境整治提升工程,高旺河、西江中心河、张村中心河、西江五组河消除劣V类水体并通过市、区年度考核。投资16874万元,提升3个社区、34个自然组农村人居环境。完成绿水湾生态湿地600公顷水产养殖退出及环境整治,拆除养殖看管用房11407平方米、附着物127处。街道18个专项整治牵头部门累计出动人员2237人、专家209人,检查企业(单位)5413家,排查隐患1149条,整改隐患1142条,整改率99.39%。"小化工"专项整治出动2977人次,排查单位7337家次、废弃闲置厂房11处、自建房屋1932处。关停蓝云生态科技有限公司、南京顺银建设有限公司、南京市浦口区新华威实验器材经营部违法违规"小化工"企业3家。整治拆除违法建筑424处,面积18533.2平方米;清除苗木530棵;办结存量违建119处,面积23887.24平方米。整治街巷7条,改建公厕4座。启动31个小区53个一类垃圾分类收集点的建设,配备督导员269人,坚持桶边辅导,提升源头分类质量。疫情期间,规范设置便民早餐车130个、便民修旧点30个、临时西瓜疏导点26个,维护摊点周边市容环境。

江浦街道 (滕宏飞 摄)

【社区建设】 开展老旧小区整治、智能安防小区建设,投资1.6亿元,整治社区8个、小区19个、零散楼栋42处。选取同心、白马2个社区17个成型小区先行试点,植入"人脸识别""无感抓拍""访客系统"等元素,建成智能安防小区。住宅区、场所、道路、消防"生命通道"划线和标牌安装155处。对11个低压无水高层小区安装固化水带285套,对缔景名苑、海都嘉园2个小区进行隐患整改。老虎桥社区创成省级防震减灾科普教育馆。新增八里社区AAA级居家养老服务中心1家,总数7家。新增八里社区居家养老服务中心、烈士塔社区居家养老服务中心2家社区老人助餐点,总数8家。建有南京沣盛养老服务有限公司、南京康居银城颐养中心2家养老机构，提供床位633张，其中护理型床位373张，实现每千名老人拥有床位73张。“12345”热线受理量20789件，增长92.71%，首次结果满意率82.26%，较上年增长3个百分点。联勤办围绕“一张网”（社会治理一张网）、“五统一”（网络统一规划、资源统一整合、人员统一配备、信息统一采集、服务统一标准）要求，落实“日走访、周分析、月汇总”管理制度和网格员“五必访”（必访困难群众、必访帮扶对象、必访重点对象、必访流动人口、必访单位工地）、“五掌握”（掌握网格内居民家庭基本信息、掌握网格社情民意、掌握重点人头、掌握安全隐患、掌握矛盾纠纷）、“五帮助”（帮助网格内低保对象、帮助孤寡老人、帮助残疾人、帮助特困家庭、帮助军烈属家庭）工作要求，实现街道及15家社区网格化服务管理实体化+实战化运转，配齐专职网格员188人（党员占比41%），吸纳兼职网格员（楼栋长）697人（党员、乡贤占比64%），依托15家社区党群服务中心，完成200个小区2165个楼栋97587户20万人数据排查，用制度倒逼网格巡查效能。大联勤主动发现问题35144件，办结34980件，办结率99.53%，数量同比上升11.2%。

【社会事业】 开展新冠肺炎疫情防控、青少年防身、气象、垃圾分类等科普宣传15场。新增高新技术企业3家（南京串串信息科技有限公司、南京驱智系统集成有限公司、南京社区集科技有限公司），总数7家。全街有幼儿园25所，其中公办园6所、民办园17所，优质资源率72%。有小学11所、初中7所、特殊学校1所。江浦实验小学被评为江苏省教师发展示范基地校，创建江苏省智慧校园示范校；浦口实验学校《乐耕阅享，阳光儿童新劳动教育实践》获评省级品格提升工程；新浦实验小学被认定为南京市教师发展示范基地校；行知小学、新世纪小学、新浦实验小学、浦口区凤凰幼儿园挂牌全国“家校（园）共育”数字化试点校（园）；行知小学获江苏省健康促进学校金奖；浦口二中创成南京市新优质初中，浦口三中创成江苏省科普基地（2020—2024）；行知中学在2020世界机器人大赛华东赛——青少年机器人设计竞赛中获初中组二等奖，初中女子足球队获2020年“市长杯”足球联赛冠军，获江苏省第二届青少年英式橄榄球邀请赛冠军；行知小学创建江苏省体育特色学校，珠江小学创建全国第六批足球特色学校、南京市传统武术特色学校；浦口实验学校惠童国学团获“南京市民乐艺术团”称号；江浦实验小学书画艺术团获“南京市书画艺术社团”称号；江浦实验小学滨江分校把脸谱艺术引入课堂，建成粉墨神韵艺术馆，学校合唱团挂牌南京市小学生合唱团（区内唯一）；特殊教育学校挂牌成立“爱的呼唤·师德教育实践基地”。15个社区创建综合文化服务中心，打造贤爱堂、博爱家园等特色文化品牌。团结社区、老虎桥社区新建综合文化服务中心，新增面积4000平方米。新建团结社区悦享、同心众创2家24小时自助图书馆。新增公共文化设施面积1650平方米，1个街道图书室、15个社区书屋藏书6万余册。新增室外全民健身路径6处，安装户外步道牌5000米。开展送文艺演出、送春联、送电影及游花船等惠民文化活动110余场，惠及民众2万人次。开展乡土文化品牌活动，在不老村引进非遗项目民间铜雕馆，常年开展民间扎染、插花、书画等传统文化传播活动；在桃源谷建成社区服务村史馆，弘扬爱国爱家精神。《创新乡村旅游重点村建设与街镇文化站融合发展》课题开展线上、线下活动100余场，惠及群众15万人次。街道社区卫生服务中心及11个社区卫生服务站有医务用房8150平方米，专职医生72人。完成辖区居民一类、二类疫苗接种38168人次，孕产妇建卡、产检、产后访视、产后42天复查等妇女保健服务1902人次，儿童健康检查3587人次，家庭医生签约12957人，血吸虫查病1334人。

【社会保障】 新增城镇就业5092人，新增高技能人才53人，大学生就业2284人，企业职工基本养老保险扩面征缴2247人。推进新政安置进保用地项目39个，安置997人；协议转保安置进保用地项目10个，安置进保586人；2012年遗留失地人员进保273人。城乡居民医疗保险37230人，覆盖率和参保率99.4%。疫情期间发放爱心超市券428张，资金4.28万元。发放尊老金3079人269.4万元。帮扶困难群体61人次，投入资金21.4万元。确定计划生育家庭奖励扶助194人，特扶203人，发放奖励金122.65万元、特扶家庭节日慰问金10.75万元；发放0～14周岁独生子女父母奖励金4342人26.05万元；审核登记企业退休职工计生一次性奖励776人；“5·29”计生协会纪念日慰问失独家庭、计生贫困家庭和农村“三留守人员”家庭212户10.6万元；“应保尽保”办理“同享大爱”计生扶助保险126人22680元、计生特殊家庭保险189人9.45万元、计生家庭健康综合保险17人1700元。关爱女性、男性特定疾病保险2073人20.73万元；“安康关爱”行动老年人意外伤害保险18552人74.21万元；0～3周岁婴幼儿康健保险4136人49.63万元。7月，在杨柳小区成立首家社区残疾人之家——老虎桥社区残疾人之家，为周边残疾人提供就近就便常态化服务。落实城乡居民最低生活保障制度及残疾人“两项补贴”制度，发放低保金、困难残疾人生活补贴及重度残疾人护理补贴871.7万元。2019年度退役军人实现稳定就业，落实优抚对象抚恤补助标准自然增长机制，发放优抚补助金926.7万元、慰问品308份，到位率100%。发放困难退役军人及困难优抚对象慰问金3.68万元，组织281名优抚对象免费体检。

【求雨山社区打造互联共享红色“智”家】 求雨山社区以金珠花苑为试点，实施老旧小区智能化改造，探索“党建+智慧社区”模式，培育党群和谐、政务高效、服务便捷、管理智能的生活新业态。成立金珠花苑党支部，建立议事协调机制，定期召开联席会议，实现党的领导与居民自治有机融合，增强政治“牵引力”。建成以“邻里党建”为主题的300平方米党群服务驿站，内置养老服务站点和教育基地，引入社会组织，组织党员开展“为老为小”特色活动30余场，惠及3000余人次。发挥党员模范作用，解决物业管理难题60余件。打造公共服务信息智慧感知平台，开发移动应用App，联通人口、卫计、社保等资源，带动物业管理转型升级。设置云对讲、云家居、信息推送等功能,缩短服务响应时间至半小时以内,提升服务效能。为独居老人发放智能化一键手环,第一时间通过报警信息求助,给老年群体增添安全保障。发动小区内党员参与疫情防控、文明宣传等志愿服务,架构起链接多元共治力量的坚固桥梁。开辟党群议事厅,引导党员群众共商小区事务,针对重点难点问题召开现场议事会。构建教育、养老、科技、健康等配套服务在内的智慧生活圈,形成区域联动治理格局,推动基层治理取得明显成效。小区累计安装路灯80盏、监控设施249个、楼道人脸识别系统34个,增加18个非机动车停车棚及充电桩、1个健身广场,居民日常生活更加便捷安全。"12345"工单率同比下降15%,物业费收缴率92%,入驻物业获评南京市物业管理示范项目,求雨山社区获"浦口区2020年度居民小区文明城市创建工作先进社区"称号。金珠花苑相关创新举措被《新华日报》《文汇报》《南京日报》等媒体报道。

【"五长五员"描绘基层治理新画卷】 江浦街道聚焦城市管理、安全生产、生态环境等重点工作,创新社会治理方法,构建"五长五员"管理体系,以河长、工地长、网格长、楼栋长、街巷长为"五长",发挥信息员、宣传员、督导员、安全员、调解员"五员"职责作用,打通基层社会治理"最后一千米"。通过"五长五员"将零散的条、块有机整合,填补治理盲区、消除管理壁垒,将服务点夯实、巡查线畅通、治理面铺满,形成全街总体一盘棋、全面统筹一手抓的局面,构建基层治理新格局。至12月,发现问题45121个,涉及城市管理、民生服务、公共安全、环保巡查、平安法治、群众工作、基层党建等,处置办结45120个,处置率99.99%。

【餐饮食品安全示范片区创建】 5月13日,江浦街道开展餐饮食品安全示范区创建活动,筑牢食品安全社会共治体系,保障人民群众舌尖上的安全,确定中圣南街、象山花园2条街区先行。召开创建食品安全示范片区专题会,成立工作领导小组,由办事处主任担任组长,分管领导担任副组长,各社区及相关部门负责人为成员,构建主要领导亲自抓、分管领导具体抓、部门与社区齐抓共管的创建工作体系。建立健全餐饮单位食品安全考核机制,由街道相关部门组成联合督查组,负责日常监督抽检,指导示范区商户建立食品原材料索证索票、从业人员健康证、餐具消毒、食品留样等食品安全档案,督促经营者严格执行餐饮服务操作要求,做到各环节、全过程、痕迹化监管。发现问题限期整改,劝退整改不达标企业。做好示范引领,提高群众满意度。油烟检测餐饮店22家,超标排放的餐饮店整改后全部达标排放;更换及清洗中圣南街、象山花园2条餐饮示范街80家餐饮店油烟净化设备,安装重点管控区域24家餐饮店油烟在线监控系统,实现油烟在线监控全覆盖。发挥食品安全示范片区的引领辐射作用,以创建促规范,以规范保安全,提高食品安全主体责任意识和执行力,引导食品经营者合法经营、诚信经营,提升群众对食品安全的知晓率和满意度,确保人民群众饮食安全。 (吴诗诗)

桥林街道

【概况】 2020年,桥林街道区域总面积181.61平方千米,辖社区居委会11个、村委会9个,村民小组277个。总户数23420户,总人口73728人,其中男性36218人、女性37510人。

2020年浦口区桥林街道社区(村)基本情况一览表

表147

社区(村)	范围	面积(平方千米)	户数(户)	人口(人)
乌江社区	东与林蒲社区接壤,西与安徽省和县乌江镇隔驷马河相望	11.09	2193	7163
林蒲社区	东临长江,西至浦乌路,北与周营村、茶棚村接壤	10.78	1149	4254
明因寺社区	东临街道工业园区,东南与石碛社区为邻,西北与星甸街道地域相连	10.10	1927	5603
石碛社区	西邻明因寺社区,西南连西山社区,东南和南驿村为邻	8.50	1884	5345
福音社区	东与西山社区相接,西与星甸街道相邻	8.60	1185	3433
双垅社区	东临长江,隔江与江宁区三山营相望;南傍石碛河,与林东社区为邻	5.90	1325	3643
西山社区	石碛社区西南面,西与福音社区相连	10.50	1287	4106
滨江社区	东以长江为界,隔江和雨花台区板桥街道相望;北以高旺河为界,与江浦街道西江口社区相邻	5.80	1371	4064
兰花塘社区	西北与街道工业园区相接,东南和滨江、双垅两社区相连,东北隔高旺河和江浦街道西江口社区相望	17.10	2007	6386
百合社区	东与江浦街道高旺社区一河之隔,西部和北部与星甸街道山水相连	15.60	1319	4381

续表147

社区(村)	范围	面积(平方千米)	户数(户)	人口(人)
林东社区	南至林山社区,北隔石碛河与石碛社区相望	12.68	1001	3149
七联村	北与福音社区相连	6.80	938	3003
勤丰村	南与西山社区接壤,东南隔石碛河与石碛社区相望	9.90	921	2706
双庙村	西与刘公村相邻,南与福音社区接壤	7.40	633	1994
周营村	东临长江,西北与茶棚村接壤,南至林蒲社区,北与南驿村相邻	6.69	858	2982
南驿村	西北与西山社区接壤,东北与林山村相邻	6.03	591	1964
林山村	东临长江,西南与南驿村相邻,北与林东社区接壤	7.31	911	3053
茶棚村	东与南驿村相接,西至七联村,东南与周营村相连	7.33	721	2566
高汤村	西与星甸街道接壤,西南与刘公村相邻	6.30	577	1931
刘公村	位于桥林街道西部,与星甸街道地域相连	7.20	622	2002
合计		181.61	23420	73728

【经济发展】 实现地区生产总值34.86亿元,较上年增长1.2%。其中,第一产业增加值6.53亿元,增长5.3%;第二产业增加值11.95亿元,增长2.1%;第三产业增加值16.38亿元,下降1%;三次产业比重为15∶28∶57。实现财政一般公共预算收入21386万元,增长0.9%。全社会固定资产投资3.06亿元。全体居民人均可支配收入49166元,增长5.5%。

实现农林牧渔业总产值11.54亿元,增长6.17%。其中,种植业4.31亿元,增长6.1%;林业19669万元,增长15.6%;牧业7749万元,下降6.99%;渔业35085万元,增长5.6%;农林牧渔服务业9767万元,与上年同期持平。粮食种植面积1463公顷,总产量9780吨。油料面积144公顷,总产量370吨。蔬菜面积1074公顷。有林地面积4655公顷,其中果园40公顷,水果产量4798吨;茶园175公顷,茶叶产量48吨;苗木花卉面积2047公顷,销售收入16448.9万元。水牛存栏20头;生猪存栏55头,出栏81头;羊存栏613只,出栏895只;家禽存栏10.18万羽,出栏22.61万羽。渔业养殖面积1079公顷,总产量2402吨。实施林蒲社区高标准农田建设,新建水泥路9.03千米,渠道清淤4.14千米,生态护坡7.36千米,扁沟泵站、新合泵站、燕洼泵站、桥涵、过路涵等配套建设完成率100%。采取绿色防控和统防统治、轮作休耕和稻田综合种养、绿色优质农产品基地建设等形式,优化农业绿色空间布局,在2个合作社建成按标生产、全程把控、产品优质的绿色优质农产品生产基地。发放耕地保护补贴3821.43万元,惠及20个村(社区)409个组15456户,补贴面积8492.06公顷;发放农业支持保护补贴1448.83万元,惠及20个村(社区)384个组15605户,补贴面积8049.06公顷;发放稻谷规模种植生产者补贴98.68万元,惠及9个村(社区)32户,补贴面积657.88公顷。常规农业保险(稻麦油)投保缴费47.4万元,高效设施农业投保缴费68.1万元。

街道工业企业65家(不含托管园区)。限额以上规模企业4家,实现工业总产值15.05亿元、销售收入16.09亿元、利税11596万元。新增南京地脉皇家建材厂高新技术企业1家,总数2家,实现产值0.98亿元、销售收入1.65亿元。新增江苏群航建设有限公司、南京吉如建设工程有限公司、江苏佰庆建设工程有限公司建筑企业3家,总数18家,从业人员2177人,实现产值8.77亿元。

招商引资新增江苏中建商品混凝土有限公司桥林分公司落地企业1家。实际利用外资243万元,增长100%。外贸进出口总额4.5亿元,增长32.35%。

第三产业增加值16.38亿元,下降1%。社会消费品零售总额19.17亿元。新增商贸企业335家,总数1020家。个体商户1674户,服务业从业人员8980人。

交通基础设施更加完善,县、乡、村农村公路总里程193.87千米,三级以上农村公路里程31.41千米,乡村道路双车道四级路146.21千米。设置公交站点218个。邮电网点覆盖全域,固定电话用户6260户(含手机用户),网络宽带入户1.58万户,5G网络建设加快推进。

【村镇建设】 围绕都市村镇建设目标,提档升级“四好农路”6条,全长9.14千米,总投资4150万元。审批农村居民建房申请25户276人,新建住房面积2120平方米。投资1700万元,新建改建桥林、乌江2个街区雨污水管网13千米,提高雨污水收集能力,减少环境污染。提档升级农村公厕6座以及菜场城镇公厕,投资总额260万元。垃圾分类常态化管理,实现农村垃圾分类全覆盖,垃圾集中处理率94.01%,回收利用率44.8%。开展美丽庭院创建,高汤村、刘公村等6个社区(村)创建美丽庭院300座,其中市级50座、区级56座、街道级97座、社区级97座;引进“巾帼花开庭院共治”项目,丰富美丽庭院内涵,挖掘家风家训好故事。投资2800万元,建成林蒲社区林园、沈云2个市级美丽乡村示范村。铺设供水管道22千米,清淤河塘18面,清淤土方23.5万立方米,建立护河保洁队伍,确保河塘疏清一条、管好一条、保洁一条,实现“水清、岸绿、河畅、宜居”目标。新增住房面积24.9万平方米,累计住房面积259.06万平方米,人均住房面积42平方米。用电2.97万户,年供电量7325.61万千瓦时,居民生活用电4815.3万千瓦时。居民生活用水3.5万户,用水量584万立方米,自来水普及率100%。液化气、天然气用户3.5万户,用气量110万立方米,覆盖率100%。铺设天然气管网32千米,开通用气户5600户,占街道总户数的16.4%。

【社区建设】 推进特色品牌社区建设,西山社区小庄(小钱)组水美乡村通过市级验收。打造特色养老服务,将五保供养服务中心改建成集办公室、餐厅、食堂、医疗室、康复室、活动室、微型消防站、临终关怀室、连廊、景观池等为一体的养老中心,采用以互助养老、文化养老、医疗养老为内涵的居家养老服务模式,全年集中供养老人43人。改造升级便民服务中心,推进办事大厅标准化建设,合理分设导办、咨询、受理、办理、自助等区域,设立窗口18个,实行“一窗受理、集成服务”。建立社区网格化管理体系,初步形成“一个中心处置、一个平台联动、一个阵地服务”的街、村(社区)网格三级共建共治共享社会治理体系,中心下辖20个村(社区)综治中心,组织66名专职网格员参加培训,培训人数200余人。“五统一”(网格统一划分、资源统一整合、人员统一配备、信息统一采集、服务统一标准)网格创建达标率100%。发挥社区调解委员会、“桥大叔”工作室、20个社区乡贤会及行政司法服务站作用,调解矛盾纠纷308件,调解成功率96%。录入老年人信息2771条、空巢老人巡查209条、吸毒人员巡查1694条等,结案率100%。福音社区获“2020中国最美村镇”称号,林蒲社区获评江苏省华侨文化交流基地、江苏省卫生村、江苏省传统村落,勤丰村获评江苏省第二批省级苗木特色村建设试点。

【社会事业】 2020年,街道设有中心幼儿园1所、办学点5所,教育用房面积6159平方米,在园幼儿1239人,教职工211人,专任幼师97人,适龄儿童入学率100%。推进“一园一品”内涵发展,桥林、陡岗、乌江3家幼儿园获“南京市依法治园达标园”称号。有小学4所、中学2所,中小学教育用房39942平方米,设班级92个,在校学生3466人,教职工340人,专任教师327人,九年义务教育普及率、入学率、毕业率均为100%。完成百合社区综合文化服务中心建设,探索基层综合文化服务中心社会化管理模式。以“我们的节日”“风雅桥林”“知书达理桥林人”为主题,开展群众文化活动,提升群众文明道德素养。利用文体广场、村(社区)综合文化服务中心等阵地资源,开展群众文体活动174场次。举办声乐、书法等文化培训班5期,举办气排球、广场舞等体育技能培训班6期,完成600人体质测试任务。组织街道文体爱好者参加各类比赛、展演活动,代表浦口区参加市第二十二届运动会社会部比赛,获一等奖。建有街道社区卫生服务中心2个,下辖社区卫生服务站13个。医务用房总面积9361平方米,设床位44张,配备医务人员183人,专职医生88人,门诊量16.8万人次。完成育龄妇女“两癌”筛查3276人。家庭医生签约87人,完成率96%。实现省级计划生育特殊家庭联系人制度、家庭医生签约服务、优先便利医疗服务“三个全覆盖”。完成双庙、西山、石碛3个市级健康社区、乌江社区市级健康步道创建任务,5个家庭创成市级健康家庭。乌江社区0~3周岁早教室、林蒲社区生育关怀基地“墨香园”通过市级验收。省级卫生街道创建获年度绩效考核特别贡献奖,获“卫生健康工作先进单位”称号,乌江社区卫生服务中心针灸推拿科获评2020年浦口区社区医疗服务特色科室。

【社会保障】 开展“就业服务不打烊、网上招聘不停歇”线上春风行动,培训劳动力1180人,举办线下招聘会6场,为4171人提供就业服务。新增城镇就业3640人,大学生就业710人,援助困难人员就业167人,农村劳动力转移就业130人,培育自主创业157人,其中大学生自主创业31人,新增高技能人员70人。发放创业担保贷款11笔315万元。城镇企业职工基本养老保险扩面1861人,城镇居民养老保险续保7254人,完成桥林街道历史形成协议征转用地涉及人员转保8227人。城乡居民医疗保险42149人,参保率99%。街道辖区内享受独生子女父母奖励扶助560人,发放奖扶金55.64万元;特别扶持98人,发放特扶金53.09万元;发放独生子女死亡特扶对象游园公交补贴35960元;发放0~14周岁独生子女父母奖励金42.36万元;发放计生家庭市公益金补助5.7万元;为计生特扶家庭购买“同享大爱”保险23750元;办理再生育审批9人、独生子女证72人;发放计生困难家庭慰问2.5万元。办理企业退休一次性奖励550人,发放资金198万元。对照《全国乡镇(街道)示范型退役军人服务站创建标准》75条,完成九大类21小项制作,发放优抚金845.9万元。

【新时代文明实践活动】 2020年,桥林街道新时代文明实践所改“所站合一”模式为“所队合一”模式,设立“巧言桥语”理论宣讲平台、“育桥才苑”教育服务平台、“文桥雅社”文化服务平台、“创桥智汇”科技与科普平台、“康桥e站”健康促进与体育服务平台,建立“1+20+N+N”(1支新时代文明实践桥林街道志愿服务支队+20支新时代文明实践站的志愿服务大队+多个社会组织+多个服务项目)志愿服务体系,推动全街新时代文明实践活动。打造初心益“家”服务阵地,固化建设“初心益+”志愿服务项目,实现益联动、益共享、益家亲。活动融合新思想传播,打造“巧言桥语、理论宣讲志愿服务品牌。“巧言桥语”理论宣讲服务队集结辖区五老队伍、街道草根名嘴等,每月开展理论宣讲,以三句半、快书、讲故事、一问一答等方式,传播习近平新时代中国特色社会主义思想和中共十九大精神以及惠民政策。鼓励各类道德模范、身边好人、最美人物、先进楷模加入百姓宣讲队,用现身说法讲述向上向善、孝老爱亲、奋斗圆梦、忠于党、爱祖国的故事。融合学生教育实践,深推童心向党、育桥才苑志愿服务品牌。将文明实践融入青少年学习，利用寒暑假开展亲子国学、好家风传承、星星火炬心向党等系列活动，强化社会主义核心价值体系学习教育。融合长江保护，打造水清河晏、生态桥林志愿服务品牌。探索“党建＋志愿网格＋生态桥林建设”模式，以党建为引领，创新构建党网融合助力绿色发展的长江保护模式。创建“绿带”志愿者服务队，把长江岸线细分为一个个网格，由党员干部带头认领网格，分网格形成志愿服务分队，实现辖区党建资源共享和志愿服务，共驻共建助推长江岸线整治。形成6支约80人的志愿服务队，参与环保宣传、文明劝导、垃圾清理等工作。

【“云卖菜”平台搭建】 桥林街道统筹疫情防控和复工复产，强化农产品供销保障，拓展销售渠道。2月17日，对接各村（社区）、机关食堂、复工企业单位食堂，打开蔬菜销售市场，1750千克青菜、750千克红椒一天全部卖完。与农贸市场对接，提供专门柜台销售相关农产品和宰杀好的禽类，解决市场供应问题。搭建蔬菜种植基地和居民直供直销“云卖菜”平台，扩大“社区蔬菜团购群”等线上平台辐射范围，鼓励以小区单元为单位，批量统一订购。通过线上平台销售青菜4260千克、红椒1773千克。“云卖菜”平台的搭建，有效解决农产品滞销问题，便利居民疫情期间的生活，实现防疫、复产双赢目标。

【林蒲社区江坂组入选江苏省传统村落名单】 10月12日，江苏省认定并公布新一批省级传统村落名单，浦口区桥林街道林蒲社区江坂组上榜。江坂组位于乌江新市镇西南角，毗邻安徽省和县，村庄用地面积6.05公顷，人口91户，有当代草圣林散之故居1处，位于该村庄所在故居路绛山，江上草堂、林散之故居纪念馆、林散之故居为市级文物保护单位。2017年起，浦口区挖掘该村文化旅游资源，打造美丽乡村“草圣书乡”示范点，实施村庄建设规划及美丽乡村景观规划，建设多个以书法文化为题材的展示中心、公园和游客中心，实施村庄民居改造，打造以书法文化为载体的核心景观，完善公共配套设施，村民居住环境得到较大提升。

11月25日，桥林街道福音社区获2020中国最美村镇生态宜居成就奖

（梁姗姗　提供）

【万企联万村行动】 11月19日，桥林街道组织开展“万企联万村、共走振兴路”行动，落细落实规划、用地、金融等保障政策，健全完善问题交办机制，提高项目落地精准服务水平，推进“万企联万村行动”项目落地生根。深入街道涉农社区（村）调查摸底，组织村企联建项目“回头看”，推动企业转型需求与乡村发展需求有机结合，将企业的资本、技术、人才、管理等现代生产要素注入村（社区），将村（社区）资产、资源、生态、文化等要素融入企业，村企共同建设、共同发展、共同受益，建立村企联业联责联心的长效发展机制，走出一条乡村振兴路。至年底，村企联建签约项目12个，其中民企10个、市属国企2个，签约项目总投资1.99亿元，联建项目涵盖农旅融合、产销合作，到位资金2810万元。11月底，全部项目开工建设。

【福音社区获评2020中国最美村镇】 11月25日，福音社区获2020中国最美村镇生态宜居成就奖。福音社区地处桥林街道西大门，交通便捷、资源丰富、景色优美、产业兴旺。社区依托福娃广场，拥有当地特色文娱队伍，在节日期间开展花船、舞龙等特色民俗活动，文化气息浓厚。借助美丽乡村聆泉福音建设项目，带动福音社区周边餐饮、旅游等产业发展，促进农民增收致富，打造一个集美丽乡村、休闲度假、美食娱乐和民俗文化于一体的风情小镇。通过一系列人居环境整治工作，村容村貌更加整洁、生态环境更加优良、乡村特色更加鲜明。

（梁姗姗）

星甸街道

【概况】 2020年，星甸街道区域总面积141.92平方千米，辖社区居委会5个、村委会9个，居（村）民小组327个。总户数15386户，总人口48497人，其中男性24254人、女性24243人，男女性别比100.05。1月7日，后圩村获“全国乡村治理示范村”称号。3月20日，星甸街道在2019年度全市实施乡村振兴战略郊区街镇高质量发展评价中获南京市现代服务业主导型街镇发展奖。12月14日，星甸街道通过国家级卫生街道考核评估。

2020 年浦口区星甸街道社区(村)基本情况一览表

表 148

社区(村)	范　围	户数(户)	人口(人)
石桥社区	东至新石路,西至高金路,南至团结路,北至金桥北路(市民广场)	1132	3425
星兴社区	东至翠云大道,与万隆社区三明组交界;西至夏乔新苑围墙外;南至星甸街道社区卫生服务中心,与石窑社区苗秦组交界;北至万隆社区马冲组	2033	6021
万隆社区	东至江星桥线,西与石窑社区新庄组、杜仲林场接壤,南与星兴社区坟马组、石窑社区新庄组接壤,北至万寿河	694	2121
解放桥社区	东至汤泉街道新金社区,西至十里村,南至桥林街道勤丰村,北至星甸工业园	1030	3193
石窑社区	东至万隆大河,西至与安徽省交界处,南至与十里村交界处,北至与林场交界处	1236	3962
后圩村	东至万隆社区,西至安徽省马鞍山市石杨镇先锋村,南至老山林场西山分场,北至滁河	761	2574
十里村	东至解放桥社区茆庄组、柯吴组,西至安徽省和县中山村小陈组、独胡组,南至汤集村小郑组、小戴组,北至石窑社区六房组、山根组	1095	3466
汤集村	东至桥林街道,西至安徽省石杨镇,南至高庙村,北至十里村	870	2840
双山村	东至石桥工业园、与高庙村接壤;西与安徽省和县石杨镇幸福村接壤;南至驷马山河,与山西村隔河相望;北与安徽省和县石杨镇绰庙社区接壤	1063	3607
山西村	东至赭洛山,南至安徽省和县香泉镇,北至驷马河	728	2354
九华村	东至王村村胡庄组接壤,西与山西村黄庄组、邵庄组接壤,南与安徽省接壤,北至赭洛山	843	2700
王村村	东与桥林街道接壤,西与驷马河毗邻,南接苏皖重镇乌江,北与高庙村交界	1209	3814
石村村	东与山西村小周组接壤,西与安徽省和县翟庄组接壤,南与安徽省和县大曲组接壤,北与安徽省和县香泉绰庙接壤	1338	4260
高庙村	东至桥林街道刘公村,西至双山村,南至王村村,北至汤集村	1354	4160
合　计		15386	48497

【经济发展】 实现地区生产总值 47.64 亿元,较上年增长 0.7%。其中,第一产业增加值 13.8 亿元,增长 8.3%;第二产业增加值 15.75 亿元,下降 0.3%;第三产业增加值 18.08 亿元,下降 3.7%;三次产业比重为 29∶33∶38。财政一般公共预算收入 2.76 亿元,下降 12.82%。全社会固定资产投资 5.32 亿元。全体居民人均可支配收入 48205 元,增长 6.1%。农民人均纯收入 29890 元,增长 6.5%。

实现农林牧渔业总产值 22.31 亿元,增长 6.28%。其中,农业 11.99 亿元,增长 0.66%;林业 2931 万元,增长 43.19%;牧业 1.77 亿元,增长 42.09%;渔业 6.19 亿元,增长 9.13%;农林牧渔服务业 2.05 亿元,增长 5.63%。落实耕地保护补贴政策,补贴面积 6013.41 公顷,发放补贴金额 2706.03 万元。粮食作物总面积 667 公顷,总产量 4466 吨。新增解放桥标准化菜地 25.3 公顷,蔬菜总面积 1934 公顷,增长 11.5%。实有林地 5515 公顷。苗木花卉面积 3400 公顷,销售收入 4.5 亿元。茶叶总面积 466 公顷,产量 32 吨。新殿庙绿茶有 30 多年种植历史,被省农业农村厅定为江苏省绿色优质农产品基地,种植面积近 700 公顷,根据茶叶等级不同,产量约 10~20 斤/亩。新殿庙绿茶茶叶锋苗挺秀、色泽嫩绿,加之采摘精细、用料考究,茶汤清香高雅、滋味清鲜回甘,深受市场欢迎。水果总产量 2448 吨。畜禽养殖稳定生猪产能,保证市场供应,投资 1 亿元建成万头育肥猪生态养殖园,饲养生猪 3 万头。水牛存栏 113 头;生猪存栏 15048 头,出栏 25231 头;羊存栏 349 头,出栏 852 头;家禽存栏 40.69 万羽,出栏 82.57 万羽。水产养殖总面积 851.2 公顷,产量 2849 吨,其中后圩精品渔业区面积 477.2 公顷,产量 1145 吨。培育新型农业经营主体,发展农民专业合作社 91 家,新增家庭农场 11 家,总数 329 家,其中新增省级示范家庭农场 6 家、市级示范家庭农场 5 家;扶持农业龙头企业发展,新增农业龙头企业 3 家,总数 12 家。总投资 800 万元建设农业物联网基地项目,新增农产品安全追溯企业 24 家。提升双山片区、石村片区耕地质量 571.47 公顷,总投资 4684.44 万元,建成高标准农田 488.87 公顷、高效节水灌溉面积 61.33 公顷,新增耕地面积 7.92 公顷。新增南京市浦口区星甸街道金龙甸农业公司、南京市浦口区星甸街道滕之武家庭农场、南京市浦口区星甸街道森雨禾农业公司、南京市浦口区杨延海家庭农场、南京市浦口区星甸街道南京金鼎禾农业发展科技有限公司、南京市浦口区加山家庭农场高效设施园艺基地 6 个,绿色防控试验与推广基地 5 个,南京市浦口区万成生态园、浦口区星甸街道石全家庭农场特色蔬菜园艺 2 个。

工业企业 42 家(不含托管园区),新增南京格瑞恩斯新材料科技有限公司、南京鳄鱼节能科技有限公司、南京特尔驰电子科技有限公司 3 家规模企业,限额以上规模企业 11 家。实现规模工业总产值13.43亿元、销售收入17.16亿元、利税5.57亿元。托管园区工业企业118家，其中新增南京苏信交通设备有限公司、南京中润泊车设备科技股份有限公司、南京莱米纳迪装饰材料有限公司3家规模企业。列入统计限额以上规模企业16家。实现工业总产值7.07亿元、销售收入7.25亿元、利税0.65万元。

招商引资新增南京史纪生物科技有限公司、南京华飞户外运动有限公司、南京康尼环网开关设备有限公司3家落地企业。使用外资46万美元。外贸进出口总额1.5亿元。

第三产业增加值18.08亿元，下降3.7%。社会消费品零售总额11.3亿元。全街列入统计各类商贸经营主体331家，从业人员720人。其中，小餐饮127家174人，药店8家27人，快递点11家19人，浴室7家10人，农贸市场3家253人，超市7家61人，废品收购站14家16人，理发店18家18人，水果店20家20人，卤菜店15家15人，宠物店1家1人，小旅馆14家14人，母婴店9家12人，各类小型商场超市77家80人。在新冠肺炎疫情冲击下发挥53家电子商务企业作用，电商销售额36847万元。坚持农旅融合发展，嶂里人家游客接待量10.8万人次，旅游收入360万元；九华茶坊游客接待量4.44万人次，旅游收入96万元。

交通基础设施更加完善，辖区内10余条公交线路正常运行，乡村道路双车道四级路（路面宽5.5米以上）123千米，设置公交站点60个，实现镇村公交全覆盖、“村村通”。固话用户2023户，宽带入户7430户，手机用户10559户，宽带覆盖街道99%区域，4G手机全覆盖。

【村镇建设】 实施九华茶坊景观大道、北环路、石宋线、星龙南路等“四好农路”及乡村旅游公路提档升级工程，道路总长5千米，宽6米，原水泥路面、碎石路面改成沥青路面，总投资4000万元，四级道路率100%。实施13个宜居村和37个整治提升村建设，总投资15750万元。改造水电路、星龙路、娄子小区、星甸中学等地12千米污水支管网，总投资4000万元。危房改造5户，省、市、区、街道共补助25.1万元。顾坝新苑C区交付安置房690套，安置拆迁户650户。组织560名机关干部、志愿者，下沉90个村民小组、15个居民小区、2个农贸市场、5个公共广场，自查乱堆乱放等环境卫生问题和乱贴小广告、乱停乱放等不文明行为为60次，发现问题420处，迎接省、市、区督查30次，反馈问题96处，全部整改到位。

居民生活环境、生活质量大幅提升。住房总面积1218.34万平方米，人均住房面积35平方米。供电量7804.64万千瓦时，售电量7618.89万千瓦时，增长4.59%。服务辖区低压用电户3.42万户，其中居民生活用电户28229户、新能源光伏发电户142户，用电量4630.92万千瓦时。居民生活用水30524户，用水量149万立方米。天然气覆盖14个小区，用气户24557户，用气量414.58万立方米，实现天燃气用户全覆盖。设有星甸南街中心、石桥中心等7个液化气站（点），每月换气约3000瓶，每瓶（15升）气价90～135元。

【社区建设】 投资1500万元，整治新翠云小区和王村小区，整修小区屋面渗漏7068平方米，增补机动车停车位115个，疏通下水管道3500米，安装监控摄像头40个，铺设沥青路面9829平方米。投资430万元，改造娄子小区、汤集小区，建设非机动车停车棚87个，安装智能门禁系统。新增王村南京福路居家养老服务有限公司、石村南京云栖居家养老服务有限公司AAA级居家养老服务中心2家，总数7家。新建王村、石村老人助餐点2家，总数10家。接受上门服务居家老人20%。联合安监、市场监管部门，加强对居家养老服务中心、助餐点的监管，规范运营服务。社区管理、服务、治理网格化，办结网格员巡查发现并上报问题工单25893起，解决群众诉求4326起，排除安全隐患1350处，调解矛盾纠纷315起，群众满意率96.6%，实现矛盾化解在社区目标。后圩村胡嶂组、汪楼组被评为省级特色田园乡村，后圩村胡嶂组、九华村山滕组、王村村王村组3个村庄入选江苏省传统村落保护名录。

【社会事业】 申报高新技术企业20家，通过认定9家。获有效发明专利44件，专利授权170件，发明专利申请53件。举办科普宣传活动31场，送科技下乡9场，科普日、科普周主题活动5场，科普进校园3场，科普一日游3场，文明城市治理宣传9场，防疫科普宣传5场，发放宣传资料1万份，受教育6000余人。有幼儿园2所，适龄幼儿入园率100%。有小学2所、初中2所。中小学九年义务教育普及率、入学率、毕业率均为100%。星甸小学获“江苏省特色轮滑学校”称号，石桥小学获“2020年度南京市智慧校园”“南京市融合教育示范校”称号，石桥中学获“2020年度南京市智慧校园”称号，星甸中学获“南京市内部安全保卫工作先进集体”“南京市智慧校园合格学校”“南京市节水型学校”称号，石桥中学陈易凡被评为南京市最美中学生。建有街道文体活动中心1个、24小时自助图书馆1个、羽毛球馆1个、社区（村）文化服务中心14个，组建文体团队14个。线上线下举办培训及表演等活动408场次。星甸街道获2020年基层阅读推广组织奖。申报“王村挂面”“石村舞龙”2个区级非物质文化遗产项目。推进街道卫生服务中心异地建设，建筑总面积1.23万平方米，总投资9200万元。开展预防、保健、健康教育、计划生育技术指导和康复“六位一体”的服务。星甸街道社区卫生服务中心口腔科创成市级特色科室，并通过南京市妇幼健康规范化门诊验收。星甸、石桥2个卫生服务中心（医院）建立分级诊疗制度。在区“医共体”建设基础上，探索上下级专科联盟创新合作，与江苏省人民医院浦口分院疼痛科合作，组建疼痛专科联盟，开设联合门诊、联合病房，每月邀请上级专家坐诊。提升家庭医生签约服务质量，为空巢老人开展家庭医生式养老服务，实现“小病在基层、大病到医院、康复回基层”目标。年门诊量13.03万人次，门诊收入144.73万元，住院收治156人次，住院收入25.75万元，药品收入461.04万元。2个中心下辖解放桥、万隆、后圩、十里、石窑、王村、九华、汤集、石村、山西10个社区卫生服务站，完成石窑、王村、后圩、山西4个社区卫生服务站提升工程。免费为全街2302名已婚妇女筛查“两癌”，确诊乳腺癌1例、宫颈癌1例。开展已婚育龄妇女生殖道感染综合防治项目检查447人,检查妇科疾病85例。免费为2001名0~6周岁婴幼儿参保康健保险。

【社会保障】 举办春风行动暨就业援助月招聘会6场,组织10家用人单位参与线上招聘。通过“智慧浦口手机台”App、“浦口发布”微信公众号、浦口区人民政府网站发布招聘公告,提供工种26个、就业岗位109个。帮助辖区下岗失业人员、大中专毕业生和就业困难人员创业就业。创业培训5个班120人,技能培训4个班160人,职业指导培训4个班200人。新增城镇就业1613人,培育自主创业者121人,其中青年大学生创业者28人,农村劳动力转移就业200人,新增大学生就业1000人,援助困难人员就业90人,扶持农村劳动力创业82人。城乡居民养老保险参保8060人,投保950.45万元,其中困难人员街道筹资保费29.05万元,投保率、覆盖率均为98%以上。居民以自由职业者参加职工养老保险762人,其中经过困难人员认证253人,领取社保补贴146.07万元。城乡居民医疗保险参保30063人,筹集资金1468.6万元,投保率、覆盖率均达98%以上。为40名困难老人家庭实施适老化改造,安装智能报警系统、安全扶手、洗澡椅、感应起夜灯等适老化设备。落实计划生育政策,享受农村部分计划生育家庭奖励扶助对象334人,发放奖扶金33.74万元;享受计划生育特别扶助对象42人,发放特扶金27.94万元;享受公交、游园补贴对象28人,发放资金17360元;14周岁以下独生子女父母4160人,发放奖励金24.96万元;享受计划生育公益金补助家庭5户,发放一次性公益金1万元;办理独生子女父母光荣证8份,再生育审批4人,南京市计划生育一次性奖励55人,签订企业一次性奖励发放情况确认书18家;落实计划生育特殊家庭联系人制度,计划生育特扶家庭签约率100%,计划生育家庭奖励扶助政策落实率100%;免费为计生特殊家庭(失独、伤残)38人参保“同享大爱”计生扶助保险。

【九峰山田园综合体建设】 九峰山田园综合体项目规划面积11.44平方千米,总投资6.35亿元。2018—2019年完成投资3.12亿元,综合考评连续两年位列全市第一。2020年,排定建设项目30个,总投资3.24亿元,当年完成投资2.73亿元,占总投资的84.19%。

2020年九峰山田园综合体建设项目一览表

表149 单位:万元

类别	项目名称	建设内容与规模	开工时间	计划投资	完成投资	形象进度
田园社区建设	后圩传统村落	林场古井、不老泉周边环境整治,胡岘老街历史建筑修缮	2020年3月	500	500	完工
	后圩北环路	新建“四好农路”,起于滁河大堤,止于广场路,总长1.54千米	2020年5月	1200	750	在建
	社区卫生服务中心	后圩村卫生室维修改造、环境提升	2020年5月	50	50	完工
	后圩村污水管网	污水管网改造、污水收集处理	2020年6月	450	450	完工
	社区服务中心	改建后圩村社区服务中心,新建标准篮球场及设施、垃圾分类兑换点、快递收发点、农资服务站	2020年6月	420	350	完工
	居家养老中心	新建居家养老服务中心300平方米	2020年6月	200	150	完工
	后圩大道	起于滁河大堤,止于后圩游客服务中心,全长850米	2020年7月	4966	3550	在建
	环境设施提升改造	改造杨岘组房屋外立面,维修道路,建设小广场,整治村庄环境	2020年7月	450	350	完工
	汪楼组环境整治	出新农户房屋外立面,维修道路,整治村庄环境	2020年7月	150	0	在建
农业产业发展	农业物联网小镇	重点建成1个农业物联网综合运营总平台、3大领域专项应用、7个应用示范基地、3级运营服务体系	2020年6月	800	800	完工
	第三届金秋水产丰收节(分会场)	活动策划执行、氛围营造、农展馆临展布置和功能提升	2020年7月	200	200	完工
	九峰山田园综合体公司化运营	建设运营平台,依托网络和电商,实施综合体内乡村旅游区、农业园区公司化运营	2020年9月	100	100	完工
特色风光塑造	后圩紫藤游步道	依托北环路新建1.5千米紫藤景观大道,串联亲子草坪、滁河景观和农展馆核心区,提升圩田景观	2020年6月	650	350	在建
	九峰山植物科普馆步道	提升九峰寺至贯岘3千米森林防火通道,配套植物科普标识,建设研学步道	2020年7月	400	250	在建

续表149 单位:万元

类别	项目名称	建设内容与规模	开工时间	计划投资	完成投资	形象进度
旅游产业开发	峵蟹科普馆	建设1500平方米展馆及内部布展	2018年1月	837	837	完工
	虾蟹驿站布展	智能化设备采购、安装	2018年9月	451	451	完工
	九峰居民宿酒店	改造提升九峰居,建设集餐饮、住宿、会务于一体的民宿酒店	2019年3月	176	176	完工
	峵里精品线路	起于环保产业园至后圩村,上滁河堤,至万寿河,总长21千米	2020年1月	2500	4700	—
	后圩省级旅游重点村创建	维护景区硬件设施,按标准拾遗补缺和局部提升	2020年3月	200	400	—
	胡峵老街民宿示范点	回收老屋,改造成600平方米民宿,提升接待能力,做好示范带动	2020年5月	600	310	在建
	后圩天文研学基地	建设天文台、观星草坪、天文教室	2020年5月	250	250	完工
	后圩茶文化体验工坊	改造提升后圩茶社,建设集茶文化体验、茶餐厅于一体的休闲空间	2020年5月	200	151	在建
	峵湖湿地文旅休闲区	—	2020年6月	5000	2600	在建
	西山闲庭精品乡宿	整体提升西山闲庭7500平方米建筑群,装修客房90间,配套餐饮、会务功能,打造集文化展示、科技体验、品质餐饮、管家服务于一体的"乡宿舍"	2020年6月	3900	1400	在建
	亲子草坪	建设足球场、亲子草坪8公顷及亲水步道等节点	2020年6月	500	300	在建
	峵里人家景区标识系统	完善峵里人家乡村旅游区标识系统	2020年7月	100	85	完工
	九峰山旅游公路	起于X351小李峵,经万寿河临时路,止于高绰线与高江线交叉口,长7.7千米	2020年9月	3000	3600	在建
	第一届九峰山星空大会	举办天文论坛、天文摄影比赛、器材展览、天文课堂等活动	2020年9月	100	100	完工
	长三角区域新时代文明实践论坛	—	2020年10月	50	50	完工
其他	九峰山田园综合体续建	2018年、2019年部分续建工程扫尾	2018年、2019年	4000	4000	完工
总计				32400	27260	

【第三届金秋水产丰收节】 9月25—27日在浦口区现代农业展览馆(星甸街道后圩村)举办。丰收节以"同庆丰收、共迎小康"为主题,在全面建成小康社会和"十三五"规划收官之年,以共办节庆活动的方式贯彻落实长三角区域一体化发展战略。该届丰收节注重游客体验、产业融合和区域联动,扩大活动品牌影响力,将浦口的水产品品牌打好、打亮、打响,助力水产节平台打造产业样板区,促进交流合作,带动农民增收。挖掘星甸街道特色,因地制宜发展"一村一品"乡村旅游,打造浦口特色文化符号。活动秉承"农民的节日、市民的盛会"理念,落实促进"新消费"部署,举办开幕式活动、六镇街演艺专场、现代农业展馆展览、六镇特色峵里集市、蟹王蟹后争霸

9月25—27日,星甸街道第三届金秋水产丰收节举办 (星甸街道 提供)

赛、螃蟹技能评比、峘里天文展、峘里直播、峘里 KTV、国风巡游、亲子游乐项目、捕蟹摸虾体验、景区游览等 10 余项活动。借助“万企联万村、共走振兴路”活动契机,引入浦口餐饮协会、品牌电商平台及物流企业,拓展峘蟹等特色农副产品销售渠道。

【后圩村获“全国乡村治理示范村”称号】 1月7日,中央农村工作领导小组办公室、农业农村部、中央宣传部、民政部、司法部发出通知,共同认定 99 个乡镇为全国乡村治理示范乡镇,998 个村为全国乡村治理示范村,浦口区星甸街道后圩村位列其中。后圩村地处星甸街道西北,南枕九峰山,北眺滁河。该村以发展水产养殖业(峘蟹)为主,水产养殖基地创成江苏省精品渔业基地,养殖面积由 267 公顷发展到 667 公顷。2019 年,后圩村被列入第三批省级特色田园乡村试点名单,项目规划面积 295.69 公顷,总投资 4000 万元,建设六大类 13 个项目。美丽乡村提档升级完成投资 4000 万元。后圩村胡峘组、汪楼组被评为省级特色田园乡村,后圩村胡峘组入选江苏省传统村落保护名录。 (潘永梅)

汤泉街道

【概况】 2020 年,汤泉街道辖区总面积 111.28 平方千米,辖社区居委会 9 个、村委会 5 个,村(居)民小组 223 个。总户数 15862 户,总人口 44475 人。汤泉街道创成省级健康街道、全省基层党员冬训工作示范街道,南京汤泉旅游度假区创成省级旅游度假区。瓦殿村获“省级特色田园乡村”称号。

【经济发展】 实现地区生产总值 35.3 亿元,较上年增长 4.1%。其中,第一产业增加值 7.8 亿元,增长 5%;第二产业增加值 7.8 亿元;第三产业增加值 19.7 亿元,增长 3.2%;三次产业比重 22:22:56。实现财政一般公共预算收入 34265 万元,增长 10.22%。全社会固定资产投资 7.04 亿元。全体居民人均可支配收入 50845 元,增长 5.6%。

实现农林牧渔业总产值 12.35 亿元,增长 5.63%。其中,种植业 6.7 亿元,增长 3.9%;林业 1.94 亿元,增长 19.35%;牧业 0.35 亿元,下降 34.27%;渔业 2.46 亿元,增长 6.29%;农林牧渔服务业 0.89 亿元,增长 17.05%。粮食种植面积 268.6 公顷,总产量 1888 吨。其中,小麦 6.4 公顷,产量 31 吨;水稻 96.1 公顷,产量 844 吨;玉米 73.1 公顷,产量 441 吨。油料面积 5 公顷,总产量 13 吨。蔬菜面积 1000.07 公顷。实有林地面积 5815 公顷,其中果园 16.4 公顷,水果产量 399 吨;茶园 90 公顷,茶叶产量 13 吨;苗木花卉面积 2687 公顷,销售收入 32060 万元。南京麦浦苗木产业

2020 浦口区汤泉街道社区(村)基本情况一览表

表 150

社区(村)	范围	面积(平方千米)	户数(户)	人口(人)
金泉社区	东至九龙社区,西至三泉社区,南至泉西社区,北至高华社区	0.50	916	1920
九龙社区	东至天泉路,西至木星北路,南至老山,北至滁河	8.24	1377	3824
高华社区	东至九龙社区,西至三泉社区,南至金泉社区,北至滁河	8.45	1185	3445
三泉社区	东至汤泉老街(西街后),西至汤泉农场,南至泉西社区,北至高华社区	4.75	1475	3980
泉西社区	东至三泉社区,西至团结河,南至老山,北至三泉社区	4.78	1308	3540
龙华社区	东至绕城路以西,西至新金小赵湖,南至高绰线以北,北至 312 国道以南	16.01	1590	4741
龙山社区	东至大黄村,西至星甸街道解放桥社区,南至桥林街道明因寺社区,北至龙华社区	15.40	1736	5076
龙井社区	东至江浦街道高旺社区,西至龙华社区茶园大道,南至大黄社区和龙华社区交界,北至老山林场	13.70	1198	3716
新金社区	东至老山,西至星甸街道,南至龙华社区,北至瓦殿社区	8.40	696	2119
泉东村	东至滴水珠村,西至九龙社区,南至老山,北至汤盘线	6.59	1040	2788
陈庄村	东至大吉度假村与泉西社区相接,西至瓦殿村,南至江星桥线与老山林场相接,北与滁河、汤泉农场、泉西社区相接	5.10	718	1981
瓦殿村	东至老山,西至万寿河,南至毛竹山,北至陈庄村	6.76	719	1981
滴水珠村	东至永宁街道大埝社区,西至泉东村,南至老山林场,北至永宁街道侯冲社区	6.00	785	1886
大黄村	东至江浦街道高旺社区,西至龙华社区,南至浦口开发区,北至龙井社区	6.60	1119	3478
合计		111.28	15862	44475

化联合体被南京市农业农村局定为市级农业产业化联合体。水牛存栏2头，出栏4头；生猪存栏200头，出栏141头；羊存栏65只，出栏71只；家禽存栏12.23万羽，出栏13.66万羽。渔业养殖面积85.15公顷，产量513吨。

街道工业企业37家（不含托管园区）。限额以上规模企业5家，实现规模工业总产值6.98亿元、销售收入6.83亿元、利税2275万元。有高新技术企业6家，实现产值6800万元、销售收入6500万元、利税920万元。全街道有规模以上建筑企业14家，从业人员3165人，实现产值502万元。

招商引资新增落地企业4家，合同利用资金106.3亿元。其中，2月18日，签订新路文化艺术创意产业园合作协议，计划投资1.8亿元。5月26日，签订极乐汤主题温泉馆合作协议，计划投资3亿元。6月1日，签订中信汤泉国际度假康养小镇合作协议，计划投资100亿元。9月21日，签订高端品牌商业街区合作协议，计划投资1.5亿元。使用外资79万美元。

第三产业增加值19.7亿元，增长3.2%。社会消费品零售总额11.93亿元。大中型超市10个，农贸市场1个，个体工商户632个，从业人员903人。休闲农业景点平坦驿站、九龙湖环湖景观改造工程、惠济寺景区周边道路及绿化景观工程竣工。开展省级旅游度假区专题宣传，举办奥野老山·2020年凯乐石南京100越野赛。大吉温泉度度假村承办“融文旅 绘金陵 南京文旅自媒体沙龙及南京文旅直播团成立仪式”，直播当天参与观看22万人次。旅游接待量160万人次，旅游总收入3.06亿元。

推进交通、邮电事业发展，新建汤泉示范段苗园线精品线路5.2千米。投资2000万元，完成惠济寺公园周边景观提升及绿道建设，新增10千米慢行道系统，新建“四好”农路5.5千米，总里程20.7千米。公交线路5条，设公交站点53个，公交车村村通。固定电话用户4800户，手机用户12460户，网络宽带入户7208户，实现宽带及5G网络全覆盖。

汤泉街道开展农村人居环境整治工作，图为整治后的瓦殿村 （蒋南阳 提供）

【村镇建设】 新建改建公厕4座，增加主街区停车位150个，完成三泉家园、高华幸福家园、泰来家园3个省级达标小区创建。垃圾分类覆盖率90%以上，主街区餐厨废弃物处理率90%，集中处理率93%，回收利用率45%。加快推进村镇建设，总投资2.3亿元。新建住房8户，面积400平方米。

城乡居民宜居条件、生活质量逐步提升。居民住房总面积152万平方米，人均住房面积45平方米。用电总户数21485户，用电总量5307万千瓦时，其中居民生活用电18529户，用电量2658万千瓦时。农村自来水用水户15993户，用水量216.12万吨，其中居民生活用水15301户，用水量105.34万吨，自来水普及率100%。居民生活用气由液化气向天然气转变，液化气餐饮用户158户，居民生活用气10701户，用气量300吨，天燃气用气量3.5万立方米。

【社区建设】 新增新金、陈庄社区居家养老服务中心2家，总数7家，其中AAAA级居家养老服务中心2家（龙山社区、泉西社区），AAA级居家养老服务中心5家（金泉社区、三泉社区、高华社区、新金社区、陈庄村）。AAA级护理站3家（高华社区、龙山社区、泉西社区）。政府购买上门服务，服务失能半失能独居等困难老人88人，为20位困难老人家庭提供家庭养老床位服务，全年提供上门服务1900余人次。建有三星级残疾人之家1家，新增残疾人之家社区分站点2家。街道社区卫生服务中心联合南京市中医院浦口分院，开展“关注百姓健康——中医中药社区行”义诊活动2场。落实《南京市创新网格化社会治理机制的实施意见（试行）》通知精神，以社会治理大联勤为统揽，试行“一张网（党建一张网）、“五统一”（网格统一规划、资源统一整合、人员统一配备、信息统一采集、服务统一标准）管理，将全街划分为56个综合网格，以党建为引领，借助科技手段，通过资源整合、队伍整顿、入户走访、联勤联动，促进各类问题早发现、早干预、早处置。全年累计上报问题29366条，处置29354条，处置率99.96%，开展跨部门联勤联动10余起，处置办结率100%。全街刑事案件发案132件，下降13.16%；治安类盗窃79件，下降24.76%。街道群众安全感98.06%。

【社会事业】 在汤泉小学、汤泉中心幼儿园开展送科普进校园活动，普及科学防疫知识。街道有幼儿园2所、小学1所、中学1所，适龄儿童入学率100%，中小学九年义务教育普及率、入学率、毕业率均为100%。汤泉小学被认定为南京市第四批融合教育示范学校。教师董英杰获南京市初中体育青年教师教学基本功比赛一等奖。实施社区（村）综合文化服务中心提升工程，重新打造新金社区、龙井社区综合文化服务中心，提升改造龙山社区、大黄村村庄环境，新建集村民议事和图书阅览于一体的小型公益场所，建筑面积 50 平方米。全街每万人拥有公共文化设施面积 2618 平方米。开展线上线下文艺活动 180 余场，承办市文化惠民百千万工程文艺专场演出 1 场、区级惠民演出 4 场、传统节庆活动 70 余场。汤泉街道社区卫生服务中心异地新建，计划总投资 17364 万元，建筑面积 21705 平方米，规划床位 200 张，工程进入室内装饰和信息化建设，预计 2021 年建成使用。街道社区卫生服务中心辖社区（村）卫生服务站 13 个，接收门急诊病人 13.1 万人次，收治住院病人 450 人次。组织慢性病病人、家庭医生签约人员以及 60 周岁以上老年人免费健康体检，完成健康体检 6900 余人，宫颈癌检查 1534 人，乳腺癌检查 1564 人。建立居民电子健康档案 39987 份，建档率 89.95%。高血压患者健康管理 4658 人，任务完成率 116.45%；规范管理 3490 人，规范管理率 74.92%。2 型糖尿病患者健康管理 1355 人，任务完成率 116.45%；规范管理 1033 人，规范管理率 76.24%。

【社会保障】 街道以“稳就业，促高质量发展”为主题，组织开展招聘会 10 场，提供岗位 3100 余个，达成就业意向 46 人。援助困难人员就业 122 人，新增就业 1799 人。培育自主创业者 152 人，其中大学生自主创业 15 人，为 10 名创业者办理小额担保贷款 280 万元。城乡居民养老保险参保 5246 人，参保率 98.2%；协议征转用地进保 2791 人，其中养老年龄段 620 人养老待遇兑现到位。符合条件的灵活就业困难人员申领社保补贴 1593 人次，发放补贴 600 万元。城乡居民基本医疗保险 26026 人，参保率 100%。低保户 344 户 462 人，其中城市低保 61 户 83 人、农村低保 283 户 379 人，全年发放低保金 470.62 万元；低保边缘户 21 户 50 人。困难群体 604 户，疫情期间发放爱心消费券 604 张；急难型、支出型等困难群体 34 人，发放临时救助金 5.61 万元。重大病患者 31 人，发放慈善助医金 11.3 万元；困难家庭在校生 19 人，发放慈善助学金 7 万元。特困供养老人 128 人，其中散居供养 78 人、集中供养 50 人，发放保障金 200.54 万元；60 周岁以上老人 9000 余人，其中 80 周岁以上老人 1339 人，发放尊老金 115 万元。有持证残疾人 1690 人，残疾人两项补贴足额发放；无固定收入困难残疾人 7156 人，发放生活补贴 502.83 万元；重度残疾人 6388 人次，发放护理补贴 83.04 万元；办理残疾人意外伤害保险 1690 人。 （林兆雪）

【新路文化艺术创意产业园落地】 2 月 18 日，南京雨发农业科技开发有限公司与上海纽路德教育科技有限公司签约新路文化艺术创意产业园项目。计划投资 1.8 亿元，从发展智能农业入手，新增 2 万平方米智能高效玻璃温室，分为 8 个区，其中 4 个区每个区面积 1920 平方米，另 4 个区每个区面积 2560 平方米，配备通风系统、降温系统、自动控制及施肥灌溉系统、内遮阳系统、外遮阳系统、保温系统、配电系统、供热系统、种植系统。

【滴水珠村入选江苏省“美丽家园”省级示范点名单】 6 月 26 日，省妇联、省妇女“双学双比”竞赛活动领导小组办公室公布江苏省“美丽家园”省级示范点名单，汤泉街道滴水珠村入选。2019 年，滴水珠村成立农村人居环境整治提升小组，组建村民议事小组，引导村民主动参与“美丽家园”建设。以清洁庭院、清澈水源、清理环境卫生等为抓手，出动 3000 余人次，车辆 270 余辆 1300 余次，清理垃圾 1000 余吨，改造户厕 164 座。成立巾帼志愿者队伍，在庭院集中整治基础上，根据各家各户布局进行设计，做到一院一景。2020 年，滴水珠村将第七、第九村民小组整村推进工作与浦乡苗源周边环境融合，打造有特色、宜居住、能记得住乡愁的自然组。滴水珠村妇女议事会制订美丽庭院长效管理考核办法，以流动红旗的形式进行表彰奖励和“美丽庭院”挂牌，激发村民积极性。

【汤泉街道获“国家级卫生乡镇”称号】 8 月 17 日，全国爱卫会印发《关于命名 2017—2019 周期国家卫生乡镇（县城）的决定》，命名全国 2299 个乡镇（县城）为国家卫生乡镇（县城），浦口区汤泉街道榜上有名。汤泉街道位于浦口区西北部，南依老山，北临滁河，拥有山、水、泉、林、寺等特色资源，是第一批中国温泉之乡、国家级环境优美镇、长三角最具魅力旅游度假康养目的地，汤泉旅游度假区被省政府批复为省级旅游度假区。近几年，汤泉街道围绕创建省级旅游度假区、全域旅游示范街道、国家级卫生街道，以建设“特色彰显、精致精美、宜居宜业、充满活力”的幸福汤泉为出发点，完善“条块结合、齐抓共管、多方参与”的综合管理机制，推进国家级卫生街道创建。按照“指标目标化、目标节点化、节点任务化”要求，编制下发《汤泉街道迎接国家卫生城市复审工作方案》。以旅游度假区建设为平台，以人居环境整治提升为契机，坚持建管并重、强化监督考核。街道先后创建省级卫生街道、市级健康街道，创成滴水珠、高华等省级卫生村（社区）8 个，泉东、泉西、九龙市级健康社区 3 个，汤泉幼儿园、街道办事处市级健康单位 2 个。校园健康教育开课率 100%，学生健康知识知晓率 93%，汤泉中学、汤泉小学创成健康促进学校。发挥社区服务中心与江苏省人民医院浦口分院、南京市中医院浦口分院区域医联体作用，建立分级诊疗服务体系。实施“从产地到市场”“从田园到餐桌”全过程、全方位监管，建立病媒生物防治体系，鼠、蚊、蝇、蟑螂等病媒生物密度均控制在国家标准之内。 （汤泉街道）

永宁街道

【概况】 2020 年，永宁街道辖区总面积 109.35 平方千米，辖社区居委会 8 个、村委会 3 个，村民小组 194 个。总户数 12978 户，总人口 40448 人，其中男性 18418 人、女性 22030 人，男女性别比 83.6∶100。街道获“长三角最佳文旅融合旅游小镇”“江苏省节能示范单位”“江苏省五四红旗团委”“江苏省省级青年学习社”等称号，大桥社区、联合村获“南京市‘一村一品一店’示范村”称号，大埝社区入选江苏省乡村旅游重点村名录，青山村入选江苏省“美丽家园”省级示范点名单。

2020年浦口区永宁街道社区(村)基本情况一览表

表151

社区(村)	范　　围	面积(平方千米)	户数(户)	人口(人)
西葛社区	东至东葛社区,北至安徽省滁州市	4.41	583	1200
大埝社区	东至琥珀泉、珍珠泉风景区,西至汤泉街道滴水珠村,南至老山林场东部林管区,北至永宁社区	6.96	890	1865
张圩社区	地处南京西北部,东至津浦铁路桥,西至安徽省蒿子圩,南至滁河,北至东葛社区、西葛社区	5.78	490	2397
侯冲社区	东至永宁工业园区,西至汤泉街道九龙社区施桥组,南至G40高速,北至滁河	16.38	1552	5500
东葛社区	位于滁河北岸,东至滁河,西至鹿源农庄,南至千禧森林,北至老津浦铁路线	7.48	1247	3435
高丽社区	东至珍珠泉风景区,西至水墨大埝风景区,南至老山森林公园,北至西埂莲乡	10.72	1408	4273
大桥社区	东至朱家山河,西至联合村,南至部队农场,北至滁河	13.08	1942	5922
永宁社区	东至琥珀泉、珍珠泉风景区,西至侯冲社区,西北至滁河	8.79	1445	5600
友联村	东至青山村,西至安徽省来安县新华村,南至京沪铁路,北至清流河	11.90	1115	4007
青山村	位于街道东北部、滁河以北,西至安徽省滁州市,北至安徽省来安县	10.77	1015	1521
联合村	东至大桥社区,西至侯冲社区,南至永宁社区、高丽社区,北至青山村	13.08	1291	4728
合　　计		109.35	12978	40448

【经济发展】 实现地区生产总值38.08亿元,较上年增长9.9%。其中,第一产业增加值15.14亿元,增长7.9%;第二产业增加值6.54亿元,增长4.1%;第三产业增加值16.4亿元,增长14.3%;三次产业比重40:17:43。财政一般公共预算收入2.04亿元,增长10.1%。全社会固定资产投资6.05亿元,增长102.6%。全体居民人均可支配收入45966元,增长5.9%。

实现农林牧渔业总产值24.54亿元,增长6.9%。其中,种植业13.2亿元,增长4%;林业0.78亿元,增长4.32%;牧业1.47亿元,增长34.63%;渔业7.35亿元,增长8%;农林牧渔服务业1.74亿元,增长5.25%。粮食作物种植面积1463公顷,总产量10109吨。其中,小麦面积255.47公顷,产量1283吨;水稻面积780.8公顷,产量6809吨;玉米面积166.53公顷,产量1171吨。油料作物面积418公顷,总产量1103吨,其中油菜面积312.87公顷,总产量855吨。实有林地面积4206公顷,种植苗木1153公顷,销售额9103万元。果园44公顷,水果产量880吨。生猪存栏21670头,出栏36174头;羊出栏78只;家禽存栏82257羽,出栏104376羽。水产养殖场面积1380公顷,成鱼产量15143吨。草场圩耕地质量提升420公顷。完成青虾特色产业园(一、二期)建设,永宁现代农业展示中心提档升级。新增区级家庭农场3个、市级家庭农场3个、省级家庭农场1个。新增市级农业龙头企业1家、区级农业龙头企业2家。培育“晓桥”“名文”大米、“中德隆”果蔬、“绿一”青虾、“简诺”小龙虾等优质名牌农产品,永宁青虾成为浦口区首个国家级农产品区域公用品牌。

工业企业124家,其中园区企业72家由浦口高新区托管。限额以上规模企业10家,实现规模工业总产值14.76亿元、销售收入14.97亿元、利税总额7890万元,增长16.8%。新增久安源环保科技有限公司、南京汇丰消防器材有限公司2家高新技术企业,总数12家。销售收入14.7亿元、利税6493万元。新增南京菡铭消防工程有限公司、南京鹏瑞建设有限公司、南京沐飞建设工程有限公司,限额以上建筑企业3家,总数9家,从业人员4107人,实现产值14.52亿元。

开展以商招商,推介招商信息20条,签约云田农业大数据产业园、联东U谷·永宁智能制造产业园2个亿元以上项目,签约总投资7亿元。新增南京云创通置业发展有限公司、南京拾分味道食品有限公司(租赁厂房)2家落地企业,培育规模以上工业企业2家、专精特新企业1家、高新技术企业2家,新增市场主体501个。实际利用外资135万美元。服务贸易进出口总额200万美元,外贸进出口总额6000万元。

第三产业增加值16.4亿元,增长14.3%。实现社会消费品零售总额11.96亿元。农贸市场5家(1家持证、4家自发路边菜场)、旅馆9家、餐饮单位119家、专业市场4家(发启陶瓷、心聚缘建材城、花旗营汽配城、华东石材城),个体商户2215户,从业6700余人。做优做强南京简诺生态农业科技发展有限公司、南京云田网络科技股份有限公司、南京乐禾创程供应链管理有限公司等农村电商平台,设立特色馆、体验店、网红直播间,推动农副产品线上销售,农产品电子商务销售额2.9亿元。

域内4个电商平台销售额562.16亿元，其中云田商城网上销售额5.86亿元、乐禾创程销售额556亿元、简诺销售额2670万元、“一宅一花”销售额348万元。侯冲风景区创建国家AAA级旅游景区，举办河岸花海赏花节、“滁之春·金花节”赏花节等，接待游客25万人次。围绕“新消费”行动，推出夜宿·梦里翩跹项目，57间客房满负荷运营。旅游接待量90万人次，旅游收入8503万元。

交通邮电快速发展，“十三五”期间，村、乡、县道改建成沥青混凝土路面或水泥混凝土路面78条，总长219千米。村镇道路57千米，其中沥青混凝土路面20千米、水泥混凝土路面37千米；乡村道路23条140千米，其中沥青混凝土路面41千米、水泥混凝土路面99千米；县道3条22千米，均为沥青混凝土路面。三级以上农村公路总里程22.5千米，乡村道路双车道四级路(路面5.5米以上)197千米。设公交站点130个，8条公交线路正常运作。新增固话用户87户、宽带用户856户、手机用户1644户。

【村镇建设】 新建琥珀西路，总长1000米，宽32米，双向四车道，沥青路面。建成乡村绿道7条，全长19.16千米。改造出新琥珀公园、琥珀西路、玉兰路，整治亮化浦合线沿线环境，农村道路绿色化改造提升19.2千米。新批新建、改建居民住房135户，建筑面积1.1万平方米。新建保障房16.02万平方米，竣工3.09万平方米。加大环境整治力度，完成138个自然村城乡生活污水、玉兰河(上游、中游)水环境提升整治。完成镇区三、四级污水管网、119个农村污水处理设施建设。“百村千塘”整治河塘21个、清理河塘沟渠、排水沟1176处，清淤87.85万立方米，清理垃圾7193.5吨，基本消除劣V类水体，大堰水库水环境提升工程、滁河余湾闸断面水质稳定工程市考达标。整治提升村庄39个，建成市级美丽乡村示范村1个、市级宜居村13个，创建市级“美丽庭院”示范户65户、区级120户、街道级145户，青山村获评省级“美丽家园”示范点。居民住房总面积27.48万平方米，人均住房面积50平方米。居民生活用电户24936户，用电总量68021万千瓦时。自来水用户18897户，居民生活用水量815万吨。液化气用户6000户，用气量1200吨。天然气用户2643户，用气量49.79万立方米。

【社区建设】 西葛安置小区农产品交易中心投入运营，占地1.67公顷，规划总建筑面积1.3万平方米。其中，一期新建2栋三层农贸市场，占地约1.1公顷，建筑面积9839.05平方米。11个村(社区)居家养老服务中心实现全覆盖，建成AAA级以上居家养老服务中心7个、AA级居家养老服务中心5个、养老机构2家。完成社区(村)便民服务站标准化建设，下放便民业务60项，办理服务事项33562件，代办247件，办结率100%，综合满意度99.17%。受理“12345”工单2407件，工单办结提速率93.99%，首次结果满意率96.39%。建设垃圾分拣中心13座、大件拆解中心1座、餐厨处理站1座、一类及二类收集点19个，分发农户两分桶13138个。推广“零垃圾”社区创建，10个社区(村)、32个自然村组、3120户参与“零垃圾”行动，农村生活垃圾日产日清。垃圾分类覆盖率100%，垃圾分类集中处理率94.78%，生活垃圾回收利用率45.92%。率先在全省推出“1+3+N”网格化社会治理工作，警网融合率100%，为群众提供组团式、订单式、精准化服务。创新试点“云平台”建设，打造东葛社区、友联村智慧云平台，实现“小区出入管理精细化、网格巡防可视化、重点服务对象关怀精准化”目标。大联勤网格治理上报工单5579条，办结率100%，网格达标率100%。

【社会事业】 开展科普宣传周、全国科普日、科协会员日活动各1场，新增科普志愿者80人、科普中国信息员80人，举办科普报告进校园活动3场、南京科普游活动1场。申报永宁、侯冲、高丽、友联社区科普大学4家。有学校7所，其中中学2所、小学4所、幼儿园1所。永宁中心幼儿园通过江苏省优质园复审。永宁小学获“江苏省体育特色学校”称号，获南京市体育特色学校优秀奖。车站小学、大桥小学获“江苏省智慧校园合格校”称号。永宁中学获国家级论文入围奖、江苏省论文三等奖。大桥中学创成江苏省智慧校园。九年义务教育普及率、入学率、毕业率均为100%。新建东葛社区综合文化服务中心，建筑面积1900平方米，实现11个社区(村)综合文化服务中心全覆盖。创建东葛、西葛社区四星级农家书屋2家，组织全民阅读活动8场。举办、参与大中型文化活动9场、小型活动150场。举办、协办江苏省第八届全民健身运动会半程马拉松暨2020南京浦口永宁半程马拉松比赛、第四届“凝心聚力 心手相牵”迎新年拔河比赛等体育赛事20余场。评选文明家庭300户，张圩社区村规民约被遴选为江苏省优秀案例。发挥新时代文明实践所(站)作用，开展理论宣讲112场，覆盖4.5万人次。开展主题文明实践活动50余场，参与群众1500人次。推进永宁街道社区卫生服务中心异地建设工程，新建门诊楼、住院楼及附属用房，用地面积11995平方米，总建筑面积18666平方米，设医疗床位109张、养老床位100张。

【社会保障】 召开线上线下招聘会8场，提供就业岗位410个，230人达成就业意向。开发见习岗位147个，报名160人。组织培训11场689人次，举办辖区重点企业政策培训2场。新增城镇就业1212人，农村劳动力转移就业67人，援助困难人员就业103人，培育自主创业者140人，其中大学生创业3人，新增大学生就业524人。城乡居民医疗保险参保22664人，参保率98%；老年居民筹资标准1650元，其中个人缴费400元、财政补助1250元；其他居民筹资标准1650元，其中个人缴费480元、财政补助1170元；学生儿童筹资标准1360元，其中个人缴费220元、财政补助1140元。城乡居民养老保险参保5768人。落实奖励扶助政策，发放独生子女父母奖励金19.04万元、奖励扶助金55.81万元、特别扶助金24.84万元，兑现率100%；登记录入143人，发放一次性救助金额51.48万元；走访慰问特扶人员、失独家庭及计生困难家庭，发放慰问金和慰问品3万元，为37名计划生育特殊家庭人员免费签约家庭医生。

【退役军人服务大厅建成】 2020年，永宁街道建成面积360平方米的退役军人服务大厅，总投资18万元，分设国防教育室、军旅生涯展览室、调解室与心理咨询室、老兵党支部和老兵之家等服务场所，着力打造功能齐全、军味浓厚的基层退役军人服务站。至年末，侯冲社区、东葛社区、大桥社区和联合村退役军人服务站创建基本完成。全年发放退役士兵一次性资金及家庭慰问金、各类优抚补助资金411万元。开展常态化走访慰问活动，每季度走访全街服务对象1221人，实现全覆盖，结合八一、春节等重要节点开展重点优抚关爱行动，为困难退役军人家庭送去温暖关怀。

【永宁街道获评2020年度江苏省特粮特经特色产业小镇】 1月13日，永宁街道观赏油菜特色产业小镇获评2020年度江苏省特粮特经特色产业小镇。位于宁滁快速通道滁河大桥下，种植油菜面积120公顷。街道围绕大都市近郊美丽乡村定位，以农业产业为基础，深挖农旅融合发展，通过规模化种植，打造集农业大地景观、滁河自然景观、传统人文景观、科技展览景观于一体的乡村旅游度假区——观赏油菜特色产业小镇，让油菜小小金花变为永宁人民增收致富的"幸福之花"。

【在全省率先推出网格化社会治理】 3月，街道"1+3+N"网格化社会治理在全省率先推出。"1"为网格党支部书记，"3"为"两代表一委员"、政法网格员（"三官一律"）、专职网格员，"N"为群团组织、社会组织、志愿服务团队、乡贤等服务力量，下沉网格为群众提供组团式、订单式、精准化服务，实现农村社区治理领域"一核多元共治"目标。街道33个网格党支部建立在47个网格上，实现"组织嵌入格中"。探索由党员网格员担任网格党支部书记，将统一活动日与网格服务日紧密结合，社区（村）机关党员下沉网格，建立由党员引领网格员、网格员服务引导群众、群众监督党员的闭环机制，形成党建引领、相互补位的工作格局。以"小事不出网格、大事不出社区"为原则，引入47名政法网格员（警官33人、法官4人、检察官3人、律师4人、政法干警3人），构建网格服务工作群，第一时间发现矛盾、沟通调处、化解纠纷。帮助化解绿蜀联厂房屋补偿金纠纷、东葛社区土地承包纠纷等积年信访案件5件，将侯冲工业园区欠薪纠纷等3件纠纷解决在萌芽阶段。前移"1+3+N"网格化社会治理工作体系服务端口，开展普法讲座23场、网格法庭6场、网格群众议事会15场，扩大基层法律覆盖面，提升党员和群众运用法治思维、法治方式解决问题的能力。开展"涉疫普法微讲堂""青狮学堂"、网格义诊等系列特色服务，通过政府购买、定向签约、公益创投等形式，发挥基层群众自治组织、社会组织和志愿服务团队作用，挖掘社会共治潜能。建设网格化智慧云平台项目，将东葛社区1222户、3429人、293个重点服务对象、4个企业进行电子编码、入网入格，实现"小区出入管理精细化、网格巡防可视化、重点对象服务关怀精准化"等管理应用于模块功能。全年发生治安案件456件，结案率78%；排查矛盾纠纷1302件，调解618件；整改安全隐患526件；受理"12345"工单2407件，工单办结提速率93.99%，首次结果满意率96.39%。（朱婷婷）

永宁街道张圩社区油菜花海 （滕宏飞 摄）

【青山村入选江苏省"美丽家园"省级示范点名单】 6月26日，省妇联、省妇女"双学双比"竞赛活动领导小组办公室公布江苏省"美丽家园"省级示范点名单，永宁街道青山村入选。该村以"乡村振兴六大巾帼行动"为统领，以"乡村美·宁姐行"为主题，以改善农村人居环境、提升农村妇女素质和家庭生活品质为目标，推进美丽庭院创建工作。全村600余户家庭，村委会成立美丽庭院创建工作领导小组，分片包户到具体责任人。发放美丽庭院创建公开信，悬挂美丽庭院宣传横幅40条，创建美丽庭院挂牌80个，制作美丽庭院墙绘200平方米。组织巾帼志愿者81人，动员家庭成员参与美化庭院环境活动，定期帮助特困群体创建户清洁院落，发挥退休老干部、老教师、共产党员家庭的表率作用。青山村联合爱心缘社会组织，共同开展"美丽家园 你我共建"专业类服务项目。选出1个连片示范点，结合该村盛产大米和水产鱼类特色打造以青山渔景为主题的村景，让开窗看绿、推门闻香、一村一景成为"美丽乡村"大舞台上的一道亮丽风景。（妇联）

老山林场

【概况】 老山林场位于浦口区中北部，东连南京高新技术开发区，西接安徽省和县。总面积62平方千米，林木蓄积量51.09万立方米。辖东部林业管理区、西部林业管理区、中部林业管理区和岔路口社区4个基层单位。总户数432户，总人口982人。

【经济发展】 实现地区生产总值4866万元，较上年增长5.5%。其中，第一产业增加值4578万元，增长5.8%；第三产业增加值288万元，与上年持平。完成固定资产投资1322万元，增长13.37%。职工人均收入15.77万元，增长15.78%。

林场农业产业主要包括种植业、林业。实现农业总产值8580万元，其中种植业7904万元、林业676万元。粮食作物种植面积20公顷，总产量115吨。林业用地面积6113.3公顷，实有林地5400公顷，林木蓄积量51.09万立方米，森林覆盖率95%。举办庆祝国际护士节暨“山河无恙·英雄归来”老山抗疫凯旋林植树活动，邀请援鄂一线医务人员代表、党员代表160余人栽植白玉兰2020棵。科学实施营林管护，林相改造与森防隔离带建设402.6公顷，林相清理340公顷，栽植苗木1.63万株，种植彩叶植物花卉1万余株，突出抓好匪集场林相改造和伏龙山、大椅子山、俯江台、黑石山4个节点打造工作，栽植狮子岭南天竹6000平方米、黄花石蒜森防隔离带1万平方米，打造老山特色林相。围绕都市圈最美花园目标，会同南京林业大学专家团队，开展四季林相调查，按照“特色是生命、乡土是基础、强化是关键、自然是核心”原则，推进老山林场林相改造规划编制，分年实施，对沿路沿线等可视范围内的重点区域、重点道路，打造具有深度感、层次感的复层森林景观。开展2020年松材线虫病死树清理和普查，实施疫木采伐除治，清理病死木594.28吨，释放肿腿蜂5000管。常态做好美国白蛾监测、加拿大一枝黄花、黄脊竹蝗等检测防治工作。茶叶种植面积53.33公顷，绿茶产量6.6吨。南京老山生态农业开发有限公司生产的“狮岭佛馨”牌茶叶获南京地方名特优茶叶质量评比银奖。

商业服务业经营户2户，从业人员53人。服务业增加值288万元。休闲旅游总收入1363.2万元，旅游接待量27.46万人次。

交通基础设施更加完善，场内道路19条，总里程50.14千米。其中，乡道3条，19.34千米，路面宽5米，均为水泥混凝土路面；村道16条，30.8千米，路面宽4米，公园路、瞭望路、岔路口路为沥青路面，其余均为水泥混凝土路面，四级道路全覆盖。居民固定电话用户40户，移动电话（手机）用户644户、约1100部，网络入户600余户。

老山林场林相改造 （陶盼盼 提供）

【村镇建设】 推进岔路口二期环境综合整治，完成居民搬迁签约698户，涉及建筑面积5.61万平方米，工企单位签约9家，实现工企清零。配合做好老山旅游环线（东线、西线）项目，完成用地范围内2户搬迁遗留户拆除工作，配合实施狮子岭景观提档升级工程。实施黄山岭停车场及七佛寺停车场智能化升级改造工程，提升出行效率。推进老山森林公园主干道、瞭望路、珍七路及防火通道两侧等重点区域的保洁、隔离带清理等环境卫生治理工作，做好老鹰山瞭望塔及防火指挥中心平台修缮出新工程，提升景区环境。居民住房总面积12.41万平方米，人均住房面积60平方米。用电户690户，用电量13万千瓦时。自来水用户680户，总用水量1.5万立方米，其中居民用水户644户，用水量1万立方米，自来水普及率100%。液化气用户644户，用气量约4200瓶。

【社区建设】 完成岔路口社区老山危旧房改造搬迁713户，落实二期安置房源及通水通电事宜，摸号选房280户。实施老山绿之苑一期污水处理项目，解决绿之苑一期居民雨污水集中临时处理问题。推进城市精细化管理，落实省委巡视组反馈意见整改，完成老山药业滴水珠宿舍区违法建筑拆除工作。结合责任化模块管理、大联勤网格巡查等方式，加大控违拆违与环境整治力度，落实新增违建“零容忍”与城市管理标准化、精细化要求，拆除违建4360平方米，区数字城管下派工单107件。加强环境保护，落实生态红线管控、固体废物非法倾倒、扬尘管控、秸秆禁烧、垃圾分类处置等管理要求，开展爱国卫生月活动暨环境整治提升月行动，累计出动人员1200余人次、车辆123车次，清理垃圾杂物近百吨，实施绿化管护近万平方米。完善老山林场网格化社会治理大联勤工作方案及考核办法，加强治安防控体系建设，发挥专职网格长作用，强化联勤事项处置上报，立案联勤事务414起，办结率100%。接待群众来访33批350人次，回复人民来信3封，网上信访代理3件。

【社会事业】 发挥老山国家森林公园科普教育基地载体作用，开展科普教育活动。更新百鸟园鸟类科普知识介绍牌和科普长廊老山科普宣传牌，普及老山动植物科普知识，与行知教育基地合作开展中小学生科普讲堂20余场次，与南审附小合作开展“绿色老山，健康你我”科普日活动，与汤泉小学开展“南京科普游——浦口区专场”科普周活动。获“南京市科普教育基地”“江苏省科普教育基地”称号。丰富文化活动，每周免费开放社区文化活动室30小时，开展“迎春纳福”、助老志愿便民服务、亲子手工、健康讲座、趣味运动会、健康义诊、免费理发等志愿服务活动以及应急救护知识培训16次。常态开展文物网络巡查，做好地上文物保护工作。

【社会保障】 落实民生服务保障政策，帮扶各类困难群体。春节慰问离退休老干部、生活困难人员、残疾人员等群体85.14万元。发放各种补助补贴23.65万元，其中低保金4.35万元、“三无”（无家可归、无业可就、无亲可投）人员补助金88560元、尊老金10.45万元。落实卫生计划生育政策，核准城镇无业人员独生子女23人，发放独生子女费1380元。开展“时间银行”志愿者服务、夏季送清凉活动，走访慰问一线职工。

（陶盼盼）

【都市最美花园打造】 浦口区坚持生态优先、绿色发展理念，推进老山公益林林相改造及森防隔离带建设402.6公顷。依托浦口独特的“城中山”地理结构，以休闲便民、健康自然为原则，科学合理规划选址，提升改造黄山岭路及珍七路沿线等景观道路，选取位于老山地区的伏龙山、大椅子山、俯江台和黑石山等山林作为林相改造重点，营造复层植物景观。立足生态保护与建设，根据森林多样性、层次性以及林木色彩设计景观，有序进行林相清理、空地补植，在葛藤危害地块及林中空地补植朴树、榉树、乌桕等乡土树种，丰富植被栽植，营造出通透的森林景观，提升林分质量，增强森林生态系统的稳定性及防御能力。根据季节性特点，打造四季分明的山、林、花、草、景，形成林上色彩分明、林中生态和谐、林下花卉馥郁的城市花园，以彩叶植物及花卉为主，科学种植迎春、映山红、蔷薇、三角枫、黄花石蒜、梅花等。全年完成珍七路沿线、黄山岭路沿线、黑大洼林相清理132公顷；清理葛藤地块和林窗空地，栽植苗木7530株；栽植迎春、映山红等花卉近1万株，完成进度40%。

（老山林场）

【森林防火】 推行林长制，建立健全以党政领导负责制为核心的责任体系，完善场、林管区和责任区三级林长制，构建责任明确、协调有序、监管严格、保障有力的保护管理新机制。在林区重点区域、显著位置竖立林长公示牌6块，标明林长责任区、责任区护林网格示意图、保护目标、林长职责、监督电话等内容，接受社会监督，真正实现山有人看、林有人管、责任到人。完成2019—2020年度森防工作，实现无森林火灾和人员伤亡事故目标。落实安全生产责任制，强化林区火源管控、宣传教育、巡防督查。强化实战综合练兵，常态化开展全员岗位大练兵、防火责任区演练、全场森林防火大比武，参与南京市森林防火技能竞赛，老山森林消防专业队获二等奖。作为主要单位参与“南京市浦口区—滁州市南谯区跨区域森林扑火应急演练”，提升应急处置水平。加大森林防火隐患治理，推进老山林区散坟专项整治，涉及散坟1432座，其中有信息坟740座，完成协议签订393座，迁坟225座。

【第109个国际护士节暨南京老山抗疫凯旋林植树活动】 5月12日在老山森林公园举办。活动由南京市绿化委员会、南京市卫健委、南京市绿化园林局、老山森林公园共同举办，鼓楼医院、市第一医院、脑科医院、市儿童医院、市中医院、市中西医结合医院等医院部分援鄂及一线医务人员代表参加。90多名医护人员和60多名党员代表、工作人员共同种植2020棵白玉兰，新增一片2020平方米的抗疫凯旋林，纪念支援湖北的白衣勇士凯旋。（陶盼盼）

汤泉农场

【概况】 汤泉农场地处浦口区西北郊，北依滁河，与安徽省滁州市隔河相望，南临老山国家森林公园，紧傍汤泉街道。区域总面积10平方千米，国有土地984公顷。辖汤农社区居委会1个。总户数1230户，总人口2863人。

【经济发展】 2020年，实现地区生产总值3535万元，增长4.9%。其中，第一产业增加值2495万元，增长7.2%；第二产业增加值740万元，与上年持平；第三产业增加值300万元，下降0.7%。固定资产投资840万元。

实现农业总产值4801万元，增长7.6%。其中，种植业3793万元，渔业943万元，农林牧渔服务业65万元。粮食种植面积441公顷，总产量3249吨。其中，小麦面积173公顷，产量927吨；水稻面积245公顷，产量2262吨。西瓜产量352吨。种植特色草莓、蔬菜面积3.3公顷，总产量分别58吨、125吨。有林地面积286.7公顷。水产养殖面积100公顷，上市鲜鱼449吨。成立现代农业科技发展有限公司，制定完善农业资源回收方案，回收283公顷稻麦田资源，调整汤泉农场农业结构，走农业产业化之路。实施水稻生态补偿项目建设，完成中心沟2.2千米渠道维修及绿化，总投资44万元。

农场交通便捷，管养农路总长28.33千米，平均路宽4米，其中乡道4条12.37千米、村道18条15.96千米。路面、路基、桥涵、绿化、沿线设施配套，综合好路率80%～85%，基本实现场内

汤泉农场之秋 （滕宏飞 摄）

道路循环联通。有桥梁19座、涵洞5座。有607公交路1条,设置公交站点2个。移动电话人均拥有量1~2部。

【村镇建设】 市财政拨款200万元,新建农村无害化公厕1座,出新公厕2座。实施美丽乡村精品路线提升工程,美化2.6千米水杉大道环境。"四好农村路"养护43.71千米,其中村道27条,总长29.55千米;乡道5条,总长14.16千米;农桥15座。提升全场管养主次干道农路、农桥水平,做好农桥农路隐患排查和维修养护工作。推进农场毛新线提档升级,全长4千米。改造富民桥、黄吕坝桥2座危桥。架设农场段南京秋藤—山江220伏电力线路1条,全长2.6千米。实施汤泉农场居民区环境综合整治,签订拆迁补偿协议179户,拆除房屋面积3.67万平方米。与区康居集团对接,申购安置房面积1.05万平方米,支付补偿资金1.9亿元。用电户446户,总用电量68.48万千瓦时,其中农业用电量10.74万千瓦时、居民生活用电57.74万千瓦时。居民生活用水、液化气由汤泉街道自来水公司和液化气站供给,普及率100%。

【社区建设】 引入银杏物业公司,于6月1日进驻邻舍小区。综合维修改造邻舍小区,新建充电桩5座,安装2栋楼前电动车充电桩挡雨板,解决"飞线充电"问题。整治小区内路牙、车位基础路面、草坪绿化、单元门楼梯口,更换地下车库照明灯200盏。修补破旧围墙30米、开裂滴水坡740米。压实垃圾分类责任,强化宣传教育引导,普及垃圾分类知识,引导居民按垃圾桶标识分类,垃圾分类走上常态化轨道。开展"党建+"网格便民利民服务,建立社区治理、手机在线一体化平台,录入居民家庭信息,一网管全域,涵盖党建、民生保障与服务、法治平安创建、信访工作、综合治理、安全生产、食品安全等。

【社会事业】 举办科普健康类讲座4场,参加居民300余人次,发放口罩、宣传资料300余份。开展室外电影和全民阅读等文化活动。2019年12月31日,撤销汤农邻舍社区卫生所,农场居民医疗保险整体转入汤泉街道社区卫生服务中心,居民转诊就医更加及时方便。

【社会保障】 就业创业证办理、换证、年审89人,就业困难人员认定16人,残疾人就业年审77人。坚持"应保尽保、动态管理"原则,开展低保申请和审核,核定低保家庭8户10人,发放低保金84户次7.89万元。2020年度城乡居民养老保险51人。为南京、江浦灵活就业人员87人申报社保补贴,其中南京32人、江浦55人。参加浦口区城乡居民医疗保险370人。发放三、四级残疾人3人医疗保险补助1500元。发放80~89周岁老人尊老金1285人次7.71万元、90周岁以上老人尊老金240人次3.7万元。向8名困难残疾人捐赠轮椅5辆、液晶电视1台、电风扇1台、微波炉1台。完成残疾人基本状况和需求信息数据动态更新入户调查,录入45人。申请上报困难残疾人家庭5户,发放临时救助款8300元。退休人员免费体检900余人。开展"慈善一日捐"工作,筹集善款3700万元,落实经济困难家庭助医1人,发放慈善助医款3000元。春节走访慰问困难党员、职工群众309户,发放慰问金24.03万元。

【大米产业化项目建设】 3月,成立现代农业科技发展有限公司。制定农业资源回收方案,将汤泉农场外租的283公顷稻麦田全部回收,运用现代农业科技,调整汤泉农场农业结构,发展优质、高产、高效农业,走农业产业化之路,种植"不落地大米"。完成水稻生态补偿建设,维修绿化中心沟渠道2.2千米,总投资44万元。完成大米产业化项目工程建设任务,10月1日,将原农机库改建成库容1500吨的原粮仓库,新建加工能力100吨粮食的电力驱动烘干车间、40吨大米加工车间及相应设备,总投资650万元。 (黄文)

·文稿编辑 杨万友·

人物·荣誉

新任区领导

张 政

8月31日，经中共南京市委批准，在中共浦口区委五届一次全会上当选为浦口区委副书记。

男，汉族，1975年12月出生，江苏扬中人，硕士研究生学历，1995年12月加入中国共产党，1998年8月参加工作。历任玄武区丹凤街街道科员，团工委书记；丹凤街街道将军巷社区党支部书记；玄武区委办科员，副主任科员，秘书科科长；玄武区委办主任助理，助理调研员，区委办副主任；南京市委组织部干部三处工作人员（借调）；市委组织部干部教育处副处长，调研员、副处长；市委组织部人才三处（市人才办人才服务处）调研员、副处长（主持工作），处长；市委组织部办公室主任，研究室（政策法规处）主任（处长）；市委组织部部务委员；高淳区委常委、区政府常务副区长；浦口区委副书记、党校校长。

（汤亮）

彭媛媛

12月18日，经中共南京市委批准，任中共浦口区委委员、常委、宣传部部长。

女，汉族，1980年12月生，江苏南京人，全日制本科、在职研究生学历，公共管理硕士，2002年1月入党，2003年8月参加工作。历任南京市白下区五老村街道办事处科员；白下区团委书记助理，副书记，书记；白下区瑞金路街道工委副书记、办事处主任，正处职干部（其间在鼓楼区信访局挂岗锻炼）；南京市青奥（亚青）组委新闻宣传部（媒体运行部）部长助理，秦淮区瑞金路街道办事处正处职干部；南京市妇女联合会副主席、党组成员；浦口区委委员、常委、统战部部长；浦口区委委员、常委、宣传部部长。

（董亮）

王 慧

12月18日，经中共南京市委批准，任中共南京市浦口区委委员、常委、统战部部长。

女，汉族，1981年2月出生，江苏盐城人，全日制本科学历、工学学士学位，在职研究生学历、管理学硕士学位，2001年12月入党，2003年8月参加工作。历任南京市白下区大光路街道办事处见习，科员；白下区委组织部科员，副科级组织员；白下区团委副书记，书记（其间在南京大学公共管理专业学习，获得公共管理硕士学位，在市信访局挂岗锻炼）；南京市青奥（亚青）组委综合保障部部长助理，白下区团委正处职干部；南京市青奥（亚青）组委综合保障部部长助理，秦淮区团委正处职干部；南京市团委副书记、党组成员；浦口区委委员、常委、统战部部长。 （黄旭）

刘玉冬

2月7日，经中共南京市委批准，提名为南京市浦口区副区长人选。3月5日，经浦口区人大常委会决定，任浦口区人民政府副区长。

男，汉族，1969年9月生，江苏南京人，研究生学历，1990年8月参加工作，1996年6月加入中国共产党。历任江浦县建设中学教师，教务处主任；江浦县委办秘书，督查科科长；江浦县委政策研究室副主任；浦口区委办副主任，机要局（保密局）局长；浦口区盘城镇党委副书记（正处级）、镇长；浦口区盘城街道党工委副书记、办事处主任，党工委书记，政协工委主任；浦口区委办主任，机要（保密）局局长；浦口区委政研室主任；浦口区委办主任，机要（保密）局局长，督考办主任；浦口区发改局局长、党委副书记；浦口区区管正职，陕西省镇安县委常委、副县长（挂职）；浦口区发改委主任、党委副书记，大数据管理局局长，陕西省镇安县委常委、副县长（挂职）；浦口区区管正职，陕西省镇安县委常委、副县长（挂职）；浦口区政府副区长、党组成员，陕西省镇安县委常委、副县长（挂职）。

刘小平

6月5日，经中共南京市委批准，提名为南京市浦口区副区长人选。6月29日，经浦口区人大常委会决定，任浦口区人民政府副区长。

男，汉族，1978年1月生，江苏南京人，研究生学历，1999年3月加入中国共产党，2000年8月参加工作。历任江宁县湖熟镇政府科员，镇党委组织办组织干事；南京市人民检察院反贪局侦查三处科员，副主任科员；南京市委组织部组织二处主任科员；市委组织部人才三处（市人才办人才服务处）副处长；南京市对口支援新疆伊宁市前方指挥办公室主任,伊宁市委组织部副部长;南京市委组织部干部教育处副处长;市党员干部现代远程教育中心副主任,主任;市委组织部宣传信息处处长,组织一处处长;浦口区政府副区长、党组成员。

赵业亮

8月5日,经中共南京市委批准,提名为南京市浦口区副区长人选。8月20日,经浦口区人大常委会决定,任浦口区人民政府副区长。

男,汉族,1970年9月生,江苏南京人,大学学历,1990年8月参加工作,1995年6月加入中国共产党。历任南京市浦口区汤泉镇镇长助理;浦口区纪委案件审理室副主任;永宁镇党委委员、副镇长,党委副书记;石桥镇党委副书记、镇长,政协工委主任;石桥镇党委书记;浦口区老山旅游度假区管委会常务副主任、党工委书记,老山旅游度假区管委会办公室主任;浦口区环保局局长;星甸街道党工委书记;江浦街道党工委书记;浦口区政府副区长、党组成员。

(赵坤)

王 俊

1月6日,经浦口区第四届人民代表大会第四次会议选举为浦口区人民检察院检察长。

男,汉族,1966年8月出生,江苏南京人,研究生学历,博士学位,1989年参加工作,1994年加入中国共产党。历任南京市人民检察院书记员,助理检察员,检察员(其间1999年9月至2001年3月,挂职大厂区人民检察院检察长助理);大厂区人民检察院党组成员、副检察长,反贪局局长(其间1998年10月至2001年6月在读南京大学法律硕士专业学位);六合区人民检察院党组副书记、副检察长(2004年9月明确为正处级);南京市人民检察院法律政策研究室主任,检察委员会委员,检察员;江宁区人民检察院党组书记、检察长(其间2005年9月至2009年12月在读武汉大学宪法学与行政法学博士学位研究生);下关区人民检察院党组书记、检察长;南京市人民检察院党组成员(其间2018年1月任二级高级检察官);浦口区人民检察院党组书记、代理检察长,党组书记、检察长。

(胡晓光)

先进人物

抗击新冠肺炎疫情先进人物

2020年初,新冠肺炎疫情爆发后,浦口区委、区政府组织带领全区各级组织、广大干部群众投入疫情防控人民战争,众志成城,顽强奋斗,守望相助,涌现出一大批先进模范人物。全区有3人被省委、省政府授予“江苏省抗击新冠肺炎疫情先进个人”称号,4人被省人社厅、省卫健委联合记功一次,22人被市委、市政府授予“南京市抗击新冠肺炎疫情先进个人”称号。江苏省人民医院浦口分院护士薛颖受到省人社厅、省卫健委联合嘉奖,获“南京市三八红旗手”称号和青年五四奖章。33名女性医务工作者被市妇联授予“南京市三八红旗手”称号;江苏省人民医院浦口分院护师张方园、副高级副主任医师唐顺广被市委宣传部、市卫健委联合授予“南京市最美医务人员”称号。

2020年浦口区受到省市表彰的抗击新冠肺炎疫情先进个人一览表

表152

荣誉称号	姓 名	性别	工作单位及职务	获奖时间	授奖机关
江苏省抗击新冠肺炎疫情先进个人	张方园	女	江苏省人民医院浦口分院心血管内科护师	11月25日	中共江苏省委、江苏省人民政府
	马大文	男	江苏省人民医院浦口分院呼吸与危重症医学科副主任医师、行政副主任		
	齐向毅	男	浦口公安分局桥林派出所四级警长		
记功	马 苗	女	江苏省人民医院浦口分院护师	3月6日	江苏省人社厅、江苏省卫健委
	李小龙	男	江苏省人民医院浦口分院重症监护室住院医师		
	唐顺广	男	江苏省人民医院浦口分院副高级副主任医师	3月23日	
	储怡鑫	男	江苏省人民医院浦口分院主管护师、普外科护士长		
南京市抗击新冠肺炎疫情先进个人	侯红艳	女	江苏省人民医院浦口分院呼吸与重症医学科护理组长	2021年1月8日	中共南京市委、南京市人民政府
	胡守震	男	江苏省人民医院浦口分院副主任医师		
	吴 燕	女	南京市中医院浦口分院主管护师		
	史友欢	男	浦口区疾控中心医师		
	田小琳	女	浦口区疾控中心高级工程师		
	李长明	男	江浦街道社区卫生服务中心主任、主治医师		
	张玉清	女	永宁街道社区卫生服务中心医务科科长、主治医师		

续表 152

荣誉称号	姓　名	性别	工作单位及职务	获奖时间	授奖机关
南京市抗击新冠肺炎疫情先进个人	陈培霆	男	星甸街道石桥社区卫生服务中心主任、助理研究员	2021 年 1 月 8 日	中共南京市委、南京市人民政府
	毛正锋	男	星甸街道社区卫生服务中心乡镇执业助理医师		
	韩朝永	男	汤泉街道社区卫生服务中心副主任、主任医师		
	娄敬奎	男	桥林街道社区卫生服务中心全科医学科主任、主治医师		
	李成彬	男	浦口区行知中学医师		
	陈绍翊	男	浦口区卫健委党委副书记、副主任		
	韦思阳	女	浦口区民政局基层政权和社会治理科科员		
	郑　光	男	浦口区市场监管局食品安全监管科科长		
	高金明	男	浦口区政府办公室副主任		
	姚俊翠	女	浦口区运输运政稽查管理所办公室主任		
	吴　霜	女	永宁街道党工委组织委员		
	徐　丽	女	汤泉街道计生办主任		
	叶连保	男	江浦街道同心社区党总支部书记		
	马连龙	男	星甸街道九华村党总支部书记		
	刘向国	男	浦口区工信局新兴产业推进科科长		

（卫健委）

马连龙

浦口区星甸街道九华村党总支部书记，2020 年 6 月被市委授予"南京市优秀共产党员"称号，2021 年 1 月 8 日被市委、市政府授予 2020 年"南京市抗击新冠肺炎疫情先进个人"称号。

男，汉族，1972 年 7 月出生，江苏南京人，大专学历，中共党员，1999 年 3 月参加工作。历任江浦县石桥镇农经办职员，浦口区石桥镇统计站副站长、站长，浦口区星甸街道统计科科长；现任星甸街道九华村党总支部书记。新冠肺炎疫情发生后，紧邻安徽和县乌江镇域的九华村防控难度明显大于其他地区，马连龙组织带领全村干部群众全力抗疫。他日夜坚守在疫情防控卡点上，亲手测量体温、登记车辆信息，还主动与和县乌江镇毗邻村沟通联系，共同扎紧省际疫情防控网络。他每天巡查全村各防控点位，发现难点问题亲自解决。村内九华轩华假日酒店是浦口区疫情医学观察集中隔离点，他主动配合区、街相关部门，做好生活物资保供、环境整治、警戒布防等工作，严格落实属地管理责任。

（潘永梅）

祁凤英

浦口区关心下一代工作委员会常务副主任，2020 年 10 月 20 日被中央文明办、国家关工委联合授予 2020 年度"全国关心下一代工作先进工作者"称号。

女，汉族，1956 年 2 月出生，江苏南京人，中共党员，浦口区政协原主席。2016 年 2 月退休后，接受组织安排，担任区关工委常务副主任。她以"对党负责、为民谋利"的政治责任感和工作责任心，把关心下一代工作作为新的责任担当，以身作则，亲力亲为，默默奉献，团结带领一班人勤勉工作，开拓创新，把全区关心下一代工作推上一个新台阶。通过推进组织机构建设，关工委工作网络在全区各街道（社区）、各系统普遍建立和完善起来，近 60 家民企成立关心下一代工作组织。完善工作制度，做到开展工作有章可循、有规可依。她向区委提出的把关工委工作纳入全区年度一体化考核目标建议被区委采纳，由此保证各级关工委工作有位子、办事有经费、办公有场所、活动有阵地、绩效有考核。她十分注重自身素质提升和思想作风建设，坚持学习领会党的方针政策及业务知识，深入基层调查研究，协助有关方面妥善解决助学助困、失学辍学、网吧监督等问题。她注重培育与推广工作品牌，倡导创办顶山街道大新社区关工委校外教育辅导站，指导星甸街道石村村关工委关爱留守儿童工作，扶持农业合作社发展"互联网＋农业"电子商务，带动基层关工委工作开展。她向区委、区政府提出进一步加强青少年思想道德建设建议，把对青少年爱党爱国爱家乡教育、传承红色基因、做时代新人融入关心下一代工作全过程，鼓励支持青少年参加省市关工委主办的"幸福南京·新春网络寄语"征集活动、校外教育辅导站电子阅览室电子报竞赛、《智慧南京·我的科技梦》——社区科技"四个一"作品竞赛等活动。她关爱帮扶对象，每年都要筹集 60 余万元，帮困助学近千名学子。她协调政法、文化、街道等单位系统开展经营性网吧义务监管工作，净化青少年学生的成长环境，在中小学开展"法制进校园""家庭辅导教育"等活动，宣传《中华人民共和国未成年人保护法》《中华人民共和国预防未成年人犯罪法》《中华人民共和国禁毒法》等，收到良好效果。

（吴光洲）

朱远富

江苏省江浦高级中学副校长、党委副书记，2020年10月被省政府授予“全省民族团结进步模范个人”称号。

男，汉族，1969年5月出生，江苏南京人，中共党员，中学高级(五级)教师，1989年8月参加工作。朱远富忠诚党的教育事业，勤奋工作在学校新疆班教育教学一线，为实现民族团结进步默默奉献。2006年被评为南京市优秀教育工作者，2011年被评为南京市高中教学绩效先进个人，2013年被评为新疆自治区优秀教育工作者，2015年被评为南京市文明职工、南京市民族团结先进个人，同年被南京市公安局授予“内保卫士”称号并立三等功，2016年被江苏省教育厅党委授予“江苏省优秀共产党员”称号，2017年获南京市五一劳动奖章，2018年被市委、市政府授予“南京市劳动模范”称号，2019年被市委授予“南京市优秀基层党务工作者”称号。他所分管的新疆班先后获“江苏省工人先锋号”“江苏省民族团结先进集体”“南京市师德先进集体”等称号。2020年10月，江浦高级中学被国务院授予“全国民族团结进步模范集体”称号；在全市同类学校考评中获得南京市教育管理综合奖、教学质量优秀奖、教学质量突出贡献奖、民族教育特别奖、校长管理奖5个奖项，是全市高中获奖最多的学校。该校开办新疆班历史全国最久、规模最大(班级12个，在籍学生长期保持在620余人，90%来自南疆)，教育教学管理平稳有序，多年保持高考升学率100%和零动荡、零事故记录，多次受到从中央到地方各级表扬。2014年6月，朱远富在北京受到全国政协领导人接见。他不负繁荣民族教育事业使命，在学生中开展爱国主义和民族团结教育，强化学生国家意识、民族团结平等意识，努力把新疆班办成促进民族文化交流、增强民族团结、维护祖国统一的坚强阵地，赢得在校新疆籍学生及家长尊敬和爱戴。(教育局)

张方园

江苏省人民医院浦口分院心血管内科护师，2020年11月25日被省委、省政府授予“江苏省抗击新冠肺炎疫情先进个人”称号。同年，获得“南京市最美医护工作者”“南京市三八红旗手”等称号。

2020年1月，疫情防控阻击战打响之初，张方园第一时间向医院党组织请缨，要求“到抗疫最前线去，到最需要医务人员的地方去!”大年初一晚，张方园作为江苏第一批援鄂医疗队成员，告别家人和同事，逆行武汉抗疫前线。被分配到武汉市江夏区第一人民医院后，她迅速适应严峻的工作环境，勇敢担当起救死扶伤的职责，昼夜奋战，仁心守护，得到当地医疗机构负责人、同事和患者赞扬。因其技术过硬，勇于担当，又被调入该院重症监护病房工作，承担起重症患者的护理工作，为当地群众生命安全“保驾护航”，用实际行动接受党和人民的考验。张方园在抗疫“火线”表现突出，2月7日，被江苏省第一批援鄂医疗队临时党支部提前发展为中共预备党员。

马大文

江苏省人民医院浦口分院呼吸与危重症医学科副主任医师、行政副主任，2020年11月25日被省委、省政府授予“江苏省抗击新冠肺炎疫情先进个人”称号。

2020年初进入新冠肺炎疫情防控应急状态以来，马大文作为浦口区新型冠状病毒感染的肺炎诊疗专家组组长及院内专家组成员、江苏省人民医院浦口分院危重呼吸科学科带头人，凭借扎实的呼吸内科专业知识和丰富的临床工作经验，奋战在抗疫斗争最前沿，夜以继日开展区内会诊、院内会诊、隔离病区病人诊治、院内培训等工作。1月20日起，他持续驻守在医院，坚守在浦口疫情防控第一线。马大文坚持推进新项目探索，运用新技术服务患者，并带领科室团队开展“支气管镜下肿瘤切除术”“支气管镜下球囊扩张术”2项新技术项目研究和运用，填补浦口地区在支气管镜下介入治疗方面的空白。(刘颖奇)

齐向毅

浦口公安分局桥林派出所四级警长，2020年11月25日被省委、省政府授予“江苏省抗击新冠肺炎疫情先进个人”称号。

2020年初全区启动新冠疫情防控工作后，齐向毅连续35天吃住在单位，排查外地到宁人员1.5万余人次，接处涉疫警情230余起，劝导居家隔离人员15人次。根据防控工作需要，齐向毅创新研发出具有自动核对身份信息、热成像功能的快检系统，在辖区居民小区、各大商超、农贸市场等人员相对密集处安装应用，受到当地组织和干部群众欢迎。为帮助辖区企业尽快复工复产，他制作企业员工疫情防控六类应知应会知识培训视频，受众面2万余人。为帮助外地员工早日返回工作岗位，他起早贪黑做好服务，先后帮助台积电等企业400余家次，协调解决用工人员轨迹核查等问题2000多件次。领衔侦破以销售口罩名义实施诈骗案件1件，帮助群众挽回经济损失6万余元。在支援湖北抗疫紧要关头，他创新运用“云交付”模式，与辖区交警中队开辟绿色快速通道，引导200多辆援鄂负压救护车顺利通过区境。(陆军)

胡新苗

浦口区林业站副站长，2020年12月被国家林业和草原局森林和草原病虫害防治总站授予“国家级林业有害生物中心测报点优秀测报员”称号。

女，汉族，1977年1月出生，江苏南京人，大学本科学历，区政协委员。1998年11月参加工作，主要从事森林植物检疫和病虫害防治工作。胡新苗坚持学习习近平新时代中国特色社会主义思想，履行区政协委员职责，参加各种社会公益活动，帮扶城乡低收入家庭脱贫致富。在本职工作中，她坚持服务农村、农民，将林业新技术、新品种、新模式推广运用到田间地头，指导基层干部群众推进苗木花卉特色产业转型发展，守职尽责保护区域林业资源，开展湿地修复和森林植物检疫工作，加强野生动植物保护；坚持深入测报、防治一线，加强全区重大林业有害生物调查、监测、防治和督察指导，及时做好相关信息编写和数据上报，为改进和提升浦口区国家级中心测报点工作探索和积累成功经验，得到国家林业和草原局肯定。2019 年以来，胡新苗先后获评浦口区最美家庭、优秀区政协委员、“七五”普法中期先进个人、苏浙皖松材线虫病联防联治委员会第三联防区先进个人、江苏省林业有害生物检疫防治“最美森林医生”、南京市“巾帼岗位明星”，记功一次。（钟倩）

吕华吾

中共南京市浦口区委常委、浦口区人武部部长，2020 年 12 月被中央军委国防动员部授予“练兵备战先进个人”称号。

男，汉族，1973 年 10 月出生，山东栖霞人，大学本科学历，中共党员，1991 年 12 月入伍，2014 年 4 月担任浦口区人武部部长。吕华吾坚持学习领会习近平总书记强军思想，维护和贯彻军委主席负责制，把练兵备战作为主责和工作重心，带头投身军事训练，革新战术战法，曾获得战法创新一等奖。他贯彻执行上级命令，抓好国防动员准备工作。2020 年 1 月，组织民兵防火分队、驻区部队、地方消防救援大队联合开展防火演练，以提高森林防火应急指挥、三级联动、军地联合扑救森林火灾实战能力。12 月，组织民兵开展实案化训练，加强应急应战专攻精练，以提高民兵分队遂行联合作战任务能力。连续 6 年承担南京市抗洪抢险民兵分队骨干实战化、基地化训练，组织水上课目观摩演练。在广泛开展群众性练兵比武、参加全省民兵应急连比武考核中，吕华吾坚持党委统训、科学组训、从严治训、全程管训，曾连续 40 多天奋战在训练场，与民兵同吃、同住、同训练，取得全省综合第二、单项第一的成绩。坚持推进练兵备战领域改革创新，在全市、全省、全国率先推行地方大联勤系统、网络舆情信息平台、政府信息中心平台与民兵情报信息系统整合，形成“点站结合、纵横交织、军地共用、快速反应”的联勤机制。2015 年 6 月立三等功一次，2018 年 12 月被南京警备区授予“安全管理工作先进个人”称号，2019 年 12 月获南京警备区嘉奖。

（杨贡斌）

左　芳

南京市浦口区妇女联合会党组书记、主席，2021 年 3 月被中华全国妇女联合会授予 2020 年度“全国巾帼建功标兵”称号。

女，汉族，江苏南京人，1970 年 10 月出生，中共党员，研究生学历，1990 年 8 月参加工作。历任桥林中学教师，城东学校教师、团总支副书记，中央党校函授学院经济管理本科学员，城东学校政教处副主任，江浦县纪委纪检员，浦口区桥林镇镇长助理，区纪委信访室副主任，桥林镇党委委员、纪委副书记，省委党校、江苏行政学院经济管理研究生，区纪委宣传教育室主任，区纪委常委、宣教室主任，区农业局党委书记，区妇联党组书记、主席。左芳从事妇联工作后，牢记党赋予妇联组织的政治任务和政治定位，组织带领浦口妇联开拓进取，动员广大妇女在改革发展稳定第一线建功立业，区妇联在全市妇联系统排名持续领先。坚持把学习贯彻习近平新时代中国特色社会主义思想、中共十九大和十九届四中、五中全会精神作为重大政治任务，履行省、市妇联执委职责，围绕党政中心大局，发挥区妇联党组领导核心作用，勇于担当，率先垂范，团结带领全区各级妇联干部、“明珠炫彩”巾帼志愿者等投身抗击新冠肺炎疫情斗争，支持女企业家复工复产，为夺取疫情防控和经济社会发展“双胜利”贡献力量。坚持深化改革不动摇，在持续运用区妇联“彩虹”“1+5”品牌基础上，创新打造具有浦口特色的“凤凰彩虹”“逐梦前行”“织梦为庭”“家和庭美”“紫色寄翼”新品牌矩阵，整合资源、精准服务并持续形成特色工作，纵深推进改革破难。坚持深入基层一线、学习调研，高标准推进美丽庭院工作，助力全区人居环境整治。组织带领区妇联融入“都市圈最美花园”建设，协调承办“乡村振兴‘她’力量·长三角民宿女主人赋能行动”，建立“一联盟、一基地、一学院、一智库、一产业、一区域”平台，将浦口巾帼民宿影响力辐射至长三角地区。贯彻落实习近平总书记“保障妇女权益必须上升为国家意志”指示精神，深化对男女平等基本国策、妇女权益保障等重点领域研究，发挥家庭、家教、家风在社会治理中的重要作用，为基层社会治理提供实践经验，为“江北明珠”建设做奉献。2020 年 11 月，被江苏省妇联授予“2019 年度江苏省三八红旗手”称号；2021 年 1 月，被省委宣传部、省教育厅等 18 个部门联合表彰为 2020 年全省文化科技卫生“三下乡”先进个人。

郜青轩

南京千泉酒店管理有限公司董事长、南京泽坤文化发展有限公司董事长、南京市浦口区妇女联合会兼职副主席，2021 年 3 月被中华全国妇女联合会授予 2020 年度“全国巾帼建功标兵”称号。

女，汉族，江苏镇江人，1982 年 2 月出生，大学本科学历，民建成员。郜青轩拥护中国共产党领导，贯彻执行党的路线方针政策，坚持走中国特色社会主义道路，大胆创业，勇于进取，遵纪守法，规范经营。2016 年，发起成立浦口区中华虎凤蝶保护协会，创办南京中华虎凤蝶自然博物馆和蝶梦山丘飞行民宿，为浦口区发展多样性物种、加强生态环境保护做贡献。同年受北京知名培训机构邀请，担任第一届住宿业态联合会副主席。2017 年 10 月，当选永宁街道妇联副主席（兼职），在当地小学生中开展评选中华虎凤蝶自然博物馆“小小讲解员”活动，在蝶梦山丘飞行民宿挂牌成立“妇女微家”，与街道妇联联合举办数期妇女创业技能培训班，帮助当地妇女提升参与乡村振兴的能力，被市妇联聘为南京市女大学生民宿设计大赛评委。2018 年，郜青轩获评浦口区妇女双学双比能手，在区妇代会上当选为区妇联兼职副主席，挂职担任南京市妇联发展部副部长。同年，入选市妇联百名女企业家领航计划，当选为浦口区女企业家协会常务副会长，获“南京市三八红旗手”称号。2019 年，当选为区政协委员。2020 年 9 月 4 日，江苏省妇联举办“2020 年乡村振兴‘她’力量·长三角民宿女主人赋能行动”，成立江苏省民宿女主人联盟示范和孵化基地，建立长三角民宿女主人专家智库及南京国家农创园民宿双创学院。郜青轩当选为江苏省民宿女主人联盟理事长、长三角民宿女主人专家智库成员，为长三角巾帼民宿发展发挥积极推动作用。（郭伟）

新闻人物

许 烨

2月20日，"感动南京"2019年度人物揭晓，浦口开发区管委会副主任许烨载入年度人物榜。

2015年，许烨在清华大学博士毕业后留校工作，同为清华博士毕业的妻子也拿到北京多家知名企业的录用通知，但不甘留在熟悉环境中稳步发展的许烨，毅然放弃在清华大学的工作，决心扎根基层一线，说服妻子举家回到江苏，到浦口开发区从事招商引资和投资促进工作。4年来，许烨带领他的招商团队，足迹踏遍全国各地，行程近10万千米，招引一批高端企业和重磅项目落户浦口。许烨说："万物互联的基础在于芯片，只要抓住了芯片，就能牵住集成电路产业的牛鼻子，如此现代产业在浦口落地生根，就会给浦口社会和经济发展插上腾飞的翅膀。"他给人的第一印象就是说话语速非常快，在与客商洽谈接触中，时常客商刚提出一些具体问题，许烨就即刻结合当下市场环境，拿出解决问题的应对办法。敏锐快捷的思维、精准把握市场的能力，让客商心悦诚服，更加坚定在浦口投资兴业的信心。在他的艰苦努力下，浦口区芯片研发生产企业由不到10家发展到100余家，集成电路产业成为浦口区地标性支柱产业。

韩 云　乔明华

韩云，浦口区城管局浦诚环卫公司环卫工；乔明华，浦口城建集团恒清环境工程有限公司环卫工。7月6日，二人同时被江苏省见义勇为基金会授予"第四届'绿叶奖'江苏最美见义勇为环卫工"称号。

2019年10月15日下午，韩云和往常一样在责任区例行清扫保洁，当他清扫到城南河路段时，忽然听到有人在呼喊"快来救人"。他循声跑到河边，看到一名男子跌落河中拼命挣扎，身体在水中慢慢下沉。韩云没有丝毫迟疑，纵身从近两米高的河岸跳入河中，奋力把落水者拉向河边。但河岸高陡，筋疲力尽的韩云一人无法把落水者托举上岸。正在韩云和落水者危难之际，在河道里清洁水面的乔明华从远处快速撑船赶到，二人合力把落水者救上岸。接警民警到达现场后，韩云和乔明华已经默默离场，回到各自的工作岗位继续工作，没有留下任何信息。后经辖区派出所调查，并与两家环卫公司查证，最终确定两位见义勇为的清洁工姓名，韩云和乔明华"平凡英雄"的救人事迹在社会上被广泛传扬。（融媒体中心）

韩岫岚

浦口区南京岫岚农副特产品有限公司总经理，8月25日获评江苏省首批乡土人才——高级乡村振兴技艺师职称。

韩岫岚，女，汉族，江苏南京人，1963年10月出生，大专学历，中共党员。她原为一名幼儿教师，2000年9月幼儿园改制，由于教师超额，她面临随时可能下岗的境地，形势迫使她做出自谋职业的决定。在社会上考察一段时间后，她从南京人爱吃的"活珠子"中发现商机，于是离开幼儿园，拿出家中仅有的4000元积蓄，建起一个小型炕坊孵化"活珠子"。经过不断学习探索，小炕坊逐渐走上正轨，"活珠子"生意开始红火。2003年突发"非典"疫情，活珠子滞销，一批又一批小鸡崽破壳而出，送人无人要，韩岫岚只好带着小鸡崽上山放养。当年秋后，出栏的"跑山鸡"品质上乘，市场供不应求，她成为享誉一方的养鸡能人。2004年，市劳动局、市妇联、市总工会等单位与德国某技术合作公司联合举办全市下岗妇女失业创业技能比赛，韩岫岚凭借自己的技能和奋斗精神夺得第一名；同年获"全国优秀创业女性""全国'双学双比'能手"称号。2005年起，韩岫岚成立南京岫岚农副特产品有限公司，办起家禽养殖合作社，带动附近农户共同致富。2013年，南京岫岚农副特产品有限公司被市政府认定为南京市农业产业重点龙头企业。2020年，注册商标"力健跑山鸡"获评江苏省名牌产品，韩岫岚获评全省首批乡土人才高级专业技术职称。（妇联）

刘 飞

12月，浦口开发区江苏可成科技有限公司总经理刘飞入选江苏省科技服务业2020年度"科技服务英才奖"获奖名单。

江苏可成科技有限公司成立于2011年，在刘飞精心管理下，发展成浦口区先进企业集团公司之一，先后获"江苏省众创空间""省级小型微型企业创业创新示范基地""省级科技企业孵化器""江苏省质量诚信AAA级企业"等荣誉和资质。作为浦口开发区唯一一家集省级科技企业孵化器和省级众创空间资质于一体的江苏可成科技有限公司，近两年众创空间及孵化器在市、区绩效评价中连续获得良好以上成绩，2020年被推荐申报国家级科技企业孵化器。（融媒体中心）

立功军人光荣榜

2020年，浦口区籍现役军人投身国防建设，赤诚报效祖国，有6人在军事训练和执行任务中成绩突出，荣立个人三等功。

2020年浦口籍荣立三等功现役军人名录

表153

序号	姓名	入伍所在街道	序号	姓名	入伍所在街道
1	汪　军	江浦街道	4	檀心国	桥林街道
2	吴　尧	江浦街道	5	季晓峰	星甸街道
3	梅一尘	江浦街道	6	邱元良	汤泉街道

（吴伟伟）

先进集体名录

2020年浦口区获国家级表彰的先进集体一览表

表154

序号	获奖单位	称号	授予单位	授予时间
1	南京珍珠泉旅游度假区	2019中国特色研学旅游目的地	中国城市第一媒体旅游联盟	8月5日
2	草圣书乡文化园	中国标准草书学社研究基地	中国标准草书学社	8月6日
3	汤泉街道	2017—2019周期国家卫生乡镇(县城)	全国爱卫会	8月
4	南京珍珠泉旅游度假区	长三角最佳文旅融合旅游度假区	长三角旅游联盟	9月
5	江苏省江浦高级中学	全国民族团结进步模范集体	国务院	10月
6	浦口区	国家级数字乡村试点地区	中央网信办、农业农村部、国家发改委、工信部、科技部、市场监管总局、国务院扶贫办	10月
7	汤泉街道瓦殿村	第六批全国文明村镇	中央文明委	11月
8	草圣书乡文化园	中国华侨国际文化交流基地	全国侨联	11月
9	浦口区粮储局军粮供应站	全国放心粮油示范工程第九批示范企业——示范销售店	中国粮食行业协会	12月25日
10	浦口区	2020年度中国乡村旅游发展名区	文旅部	12月

2020年浦口区获省级表彰的先进集体一览表

表155

序号	获奖单位	称号	授予单位	授予时间
1	浦口区	2019年江苏省县级体育工作先进单位	省体育局	1月13日
2	江苏省江浦高级中学	2016—2018年度江苏省文明校园	省文明委	1月
3	浦口区实验学校	2016—2018年度江苏省文明校园	省文明委	1月
4	浦口区	2019年江苏省推进高质量发展先进县(区)	省委、省政府	4月27日
5	浦口区	2019年深化法治江苏建设工作先进县	省委依法治省办	5月
6	南京汤泉旅游度假区	省级旅游度假区	省政府	6月18日
7	浦口区	省级(第二批)全域旅游示范区	省文旅厅	6月18日
8	汤泉街道滴水珠村	江苏省"美丽家园"示范点	省妇联、省妇女"双学双比"竞赛领导小组	6月
9	永宁街道青山村	江苏省"美丽家园"示范点	省妇联、省妇女"双学双比"竞赛领导小组	6月
10	浦口区	江苏省"四好农村路"示范县	省政府	8月9日
11	草圣书乡文化园	江苏省华侨国际文化交流基地	省侨联	8月
12	永宁街道大埝社区	江苏省乡村旅游重点村	省文旅厅、省发改委	9月11日
13	桥林街道林蒲社区江坂村民组	江苏省传统村落	省住建厅	10月
14	星甸街道九华村山滕村民组	江苏省传统村落	省住建厅	10月
15	南京高新区(浦口园)	2020年江苏省创业投资综合服务基地	省发改委	11月12日
16	西埂莲乡荷文化创意园	2020年江苏省主题创意农园	省农业农村厅	11月18日

续表 155

序号	获奖单位	称　　号	授予单位	授予时间
17	浦口区卫健委	江苏省抗击新冠肺炎疫情先进集体	省委、省政府	11 月 25 日
18	象山湖节水教育基地	省级节水教育基地	省水利厅	11 月 27 日
19	星甸街道后圩村胡岘村民组	江苏省第三批传统村落	省住建厅	11 月
20	星甸街道王村村王村村民组	江苏省第三批传统村落	省住建厅	11 月
21	汤泉街道瓦殿村周庄和关口章村民组	江苏省第三批传统村落	省住建厅	11 月
22	江浦街道老虎桥社区	2020 年江苏省防震减灾科普教育基地	省地震局、省科协	12 月 15 日
23	南京老山国家森林公园	2020 年度江苏省科普教育基地	省科技厅、省教育厅、省科协	12 月 23 日
24	浦口区社科联	2020 年度全省社科联系统先进集体	省社科联	12 月
25	浦口区城市管理行政综合执法大队	江苏省 2020 年城管执法队伍"强基础、转作风、树形象"专项行动表现突出单位	省住建厅	2021 年 2 月 3 日

2020 年浦口区获市委、市政府表彰的先进集体一览表

表 156

序号	获奖单位	称　　号	授予单位	授予时间
1	江浦街道	2019 年度实施乡村振兴战略郊区街镇现代服务业主导型街镇高质量发展奖	市委、市政府	3 月 18 日
2	星甸街道	2019 年度实施乡村振兴战略郊区街镇现代服务业主导型街镇高质量发展奖	市委、市政府	3 月 18 日
3	南京市公安局浦口分局	南京市 2020 年抗击新冠肺炎疫情先进集体	市委、市政府	2021 年 1 月
4	浦口区疾病预防控制中心	南京市 2020 年抗击新冠肺炎疫情先进集体	市委、市政府	2021 年 1 月
5	江苏省人民医院浦口分院	南京市 2020 年抗击新冠肺炎疫情先进集体	市委、市政府	2021 年 1 月
6	浦口区发改委	南京市 2020 年抗击新冠肺炎疫情先进集体	市委、市政府	2021 年 1 月
7	江浦街道	南京市 2020 年抗击新冠肺炎疫情先进集体	市委、市政府	2021 年 1 月
8	桥林街道	南京市 2020 年抗击新冠肺炎疫情先进集体	市委、市政府	2021 年 1 月

逝世人物

庞文冠(1929.12—2020.1)　男,江苏宿迁人,1929 年 12 月出生,1949 年 1 月参加革命工作。先后在济南白马山华东军政大学、原浦口区公安分局和上山下乡办公室、201 办公室、干校、蔬菜站、工商行政管理分局工作。1990 年 5 月离休,享受副处级待遇。

崔太朴(1932.10—2020.1)　男,江苏南京人,1932 年 10 月出生,1949 年 9 月参加革命工作,1956 年 9 月加入中国共产党。历任上海警备二团一营文书,上海铁路局公安处上海直属所办事员,上海铁路局公安处上海站公安所文教政治助干,上海铁路局公安处政治宣传干事,南京浦镇两浦铁中辅导员、教导员、团总支、团委委员,南京铁路分局教育科助勤,南京浦口铁小教导主任、代理党支部书记、革委会副主任、副校长、校长兼党支部书记,南京铁路分局教育办事处助勤兼任教办基建副主任。1993 年 5 月离休,享受副处级待遇。

秦永飞(1956.11—2020.2)　男,江苏南京人,1956 年 11 月出生,1975 年 10 月参加工作,1976 年 4 月加入中国共产党。历任江浦县委农工部科长,江浦县城东乡副乡长、党委副书记,江浦县建设乡乡长、党委副书记、书记,江浦县人民政府副县长,浦口区人民政府副区长,浦口区人大常委会党组书记、副主任、巡视员,浦口区慈善总会常务副会长。2016 年 12 月退休,享受正区级待遇。

俞启发(1921.2—2020.4)　男,江西万年人,1921 年 2 月出生,1938 年 5 月参加革命工作,1942 年 3 月加入中国共产党。历任新四军第三支队五团二营战士、通讯员,新四军第七师五十七团团部通信员,新四军第七师含和支队警卫员、警卫连班长、一团机枪连副排长,华东野

战军第十七师师部警卫员、第十七师四十九团一营排长、连长(1947 年 5 月在孟良崮战役中负伤),华东野战军第八兵团警卫团三营连长,南京公安总队二大队连长,南京市公安局第五分局股长,南京公安交警五中队中队长,龙潭采石公司(劳改单位)指导员,第四机床厂石佛农场(劳改单位)科长,原浦口区新炭场小学、小河南小学、顶山中学党支部书记,区教师进修学校总务主任、副校长。1981 年 1 月离休,享受正处级待遇。

崔观福(1934.3—2020.7) 男,安徽黄山人,1934 年 3 月出生,1949 年 8 月参加工作,1955 年 5 月加入中国共产党。历任某师通信连报务员、台长、副排长、干事,空军某基地政治部青年科干事,空军某团政治处宣传干事、股长,空军某师政治部宣传科科长、某团政委,南京军区空军政治部政教队副政委,原浦口区委宣传部副部长,原浦口区委常委、宣传部部长,原浦口区人大常委会副主任、主任。1994 年 4 月离休,享受地市级待遇。

陶广亮(1926.3—2020.8) 男,安徽濉溪人,1926 年 3 月出生,1949 年 2 月参加革命工作。历任江浦县桥林小学教师、江浦县文教科科员、江浦县大桥高级社驻社干部、江浦县体委会工作,曾在江浦县兰花乡双垅大队劳动,在江浦县电管站、林山公社南一大队、汤泉中学工作。1983 年 9 月离休,享受正科级待遇。

李安德(1928.12—2020.10) 男,浙江东阳人,1928 年 12 月出生,大学文化程度,1949 年 2 月参加革命工作,进入浙东人民游击队燎原干校学习。历任浙江东阳县岭山区政府民运队长、东阳县城关区白云乡政府干部、东阳县岭山区政府干部、东阳县岭山区政府乡长、东阳县东白乡政府乡长兼农协主任、东阳县金鸡乡政府干部、东阳县人武部干部、东阳县练潜中心小学教导主任、东阳县李宅工农速成学校校长、东阳县沈良小学校长、东阳县杜浦区教师、新疆军区生产建设兵团师范学校生化组政治辅导员、新疆军区生产建设兵团第四师学校生化组教师、江浦县高旺小学教师、江浦县总工会干部、江浦县制药厂干部。1988 年 12 月离休,享受正处级待遇。(蒋伯涛)

高级职称人员

2020 年,浦口区新增高级技术职称 142 人。其中,正高级教师 1 人,正高级经济师 1 人,高级教师 38 人,高级讲师 1 人,主任医师 11 人,主任中医师 3 人,主任技师 1 人,主任护师 1 人,社区主任医师 2 人,社区主任中医师 1 人,副主任医师 13 人,副主任中医师 2 人,副主任药师 2 人,副主任技师 5 人,副主任护师 10 人,副研究员 3 人,社区副主任医师 7 人,社区副主任中医师 1 人,社区副主任药师 1 人,社区副主任技师 2 人,社区副主任护师 10 人,高级经济师 1 人,高级工程师 21 人,副研究馆员 2 人,二级美术师 1 人,高级乡村技艺师 1 人。

2020 年浦口区新增高级技术职称人员一览表

表 157

序号	姓 名	性别	出生年月	毕业时间	毕业院校	学历	工作单位	获得技术职称名称
1	杜育林	男	1966 年 4 月	1990 年 7 月	江苏农学院	本科	浦口区实验学校	正高级教师
2	党建兵	男	1969 年 4 月	2013 年 12 月	南京大学	博士	江苏久吾高科技股份有限公司	正高级经济师
3	赵有明	男	1977 年 7 月	2000 年 6 月	南京师范大学	本科	江苏省江浦高级中学	高级教师
4	刘　雷	男	1982 年 8 月	2006 年 6 月	南通大学	本科		
5	李　丹	男	1982 年 2 月	2003 年 6 月	南京师范大学	本科	浦口区第二中学	
6	江菲菲	女	1982 年 9 月	2009 年 1 月	陕西师范大学	本科		
7	邵则强	男	1962 年 7 月	2012 年 1 月	陕西师范大学	本科	浦口区第三中学	
8	徐　薇	女	1981 年 12 月	2003 年 6 月	江苏技术师范学院	本科	浦口区第四中学	
9	周　云	男	1976 年 10 月	2003 年 6 月	扬州大学	本科	浦口区桥林中学	
10	李　捷	男	1981 年 5 月	2003 年 7 月	南京师范大学	本科		
11	马德霞	女	1971 年 2 月	2011 年 1 月	南京晓庄学院	本科	浦口区乌江学校	
12	陈相兰	女	1971 年 3 月	2001 年 12 月	江苏教育学院	本科	浦口区星甸中学	
13	刘官宝	男	1972 年 12 月	2007 年 12 月	陕西师范大学	本科		
14	郭　祥	男	1979 年 10 月	2012 年 7 月	陕西师范大学	本科		
15	燕红林	男	1983 年 2 月	2018 年 12 月	陕西师范大学	本科		
16	滕茂富	男	1970 年 2 月	2008 年 7 月	陕西师范大学	本科	浦口区石桥中学	
17	顾大军	男	1977 年 9 月	2008 年 6 月		本科		

续表 157

序号	姓名	性别	出生年月	毕业时间	毕业院校	学历	工作单位	获得技术职称名称
18	戴大祥	男	1973 年 8 月	2007 年 7 月	陕西师范大学	本科	浦口区汤泉中学	高级教师
19	屠生华	女	1973 年 3 月	1999 年 12 月	江苏教育学院	本科	浦口区龙山学校	
20	俞　桓	男	1978 年 8 月	2008 年 1 月	南京大学	本科		
21	高　菊	女	1969 年 12 月	2005 年 6 月	江苏教育学院	本科	浦口区永宁中学	
22	应莫林	男	1972 年 11 月	2002 年 7 月	南京师范大学	大专		
23	杨建英	女	1974 年 8 月	2001 年 7 月	南京师范大学	本科		
24	余荣辉	男	1975 年 5 月	2001 年 6 月	江苏教育学院	本科		
25	王新珍	女	1981 年 12 月	2005 年 6 月	江苏师范大学	本科		
26	韩玉琴	女	1978 年 3 月	2005 年 6 月	南京师范大学	本科	浦口区江浦实验小学	
27	施玉鑫	女	1979 年 11 月	1999 年 8 月	盐城师范学院	大专	浦口区江浦实验小学滨江分校	
28	王　飞	男	1971 年 10 月	2007 年 12 月	陕西师范大学	本科	浦口区新世纪小学	
29	何　云	男	1980 年 4 月	2007 年 6 月	南京师范大学	本科		
30	杨香玉	男	1981 年 4 月	2008 年 7 月	陕西师范大学	本科	浦口区星甸小学	
31	裴为堂	男	1981 年 12 月	2004 年 7 月	南京晓庄学院	本科	浦口区石桥小学	
32	马为显	男	1971 年 11 月	2007 年 7 月	陕西师范大学	本科	浦口区汤泉小学	
33	戴守兰	女	1975 年 4 月	2000 年 7 月	扬州大学	本科	浦口区大桥小学	
34	王　芳	女	1980 年 10 月	2010 年 1 月	南京晓庄学院	本科		
35	鲍婷婷	女	1982 年 6 月	2006 年 6 月	扬州大学	本科		
36	张　凌	女	1977 年 1 月	2005 年 7 月	江苏教育教学院	本科	浦口区凤凰幼儿园	
37	邢利勇	男	1982 年 7 月	2005 年 6 月	盐城师范学院	大专	南京书人实验学校	
38	司法占	男	1983 年 11 月	2006 年 6 月	南京体育学院	本科		
39	孙晓云	女	1972 年 11 月	2015 年 7 月	青海师范大学	硕士研究生	南京汉开书院	
40	唐　叶	男	1979 年 10 月	2007 年 1 月	盐城师范学院	本科		
41	赵　慧	女	1984 年 12 月	2011 年 6 月	南京大学	研究生	浦口区委党校	高级讲师
42	李小冬	男	1970 年 12 月	2007 年 1 月	东南大学	本科	江苏省人民医院浦口分院	主任医师
43	高铁梅	女	1970 年 12 月	2007 年 1 月	东南大学	本科		
44	张建宇	男	1971 年 12 月	1994 年 7 月	徐州医学院	本科		
45	王　为	男	1973 年 8 月	2007 年 1 月	东南大学	本科		
46	袁　莉	女	1973 年 10 月	2007 年 1 月	东南大学	本科		
47	唐顺广	男	1973 年 12 月	2007 年 1 月	南京医科大学	硕士研究生		
48	白淑芬	女	1972 年 6 月	2007 年 6 月	吉林大学	硕士研究生	南京市中医院浦口分院	
49	朱　俊	男	1973 年 12 月	2009 年 1 月	南京医科大学	本科		
50	喻长友	男	1967 年 11 月	2005 年 7 月	北京大学	本科	浦口区疾病预防控制中心	
51	高昌琴	女	1970 年 8 月	2008 年 1 月	东南大学	本科	浦口区妇幼保健计生服务中心	
52	魏金霞	女	1972 年 6 月	2009 年 1 月	扬州大学	本科		

续表157

序号	姓名	性别	出生年月	毕业时间	毕业院校	学历	工作单位	获得技术职称名称
53	余玉清	女	1971年3月	2017年6月	扬州大学	博士研究生	南京市中医院浦口分院	主任中医师
54	朱正萍	女	1973年3月	2005年6月	南京中医药大学	本科		
55	刘剑	男	1973年11月	2002年7月	南京中医药大学	本科		
56	姜海峰	男	1977年7月	2003年7月	江苏大学	本科	江苏省人民医院浦口分院	主任技师
57	王红梅	女	1970年10月	2005年7月	北京大学	本科	南京市中医院浦口分院	主任护师
58	王斌	男	1963年8月	2009年1月	扬州大学	本科	浦口区桥林街道社区卫生服务中心	社区主任医师
59	赵如美	女	1972年3月	2011年3月	扬州大学	本科		
60	郑枫	男	1973年11月	2004年7月	南京中医药大学	本科	浦口区桥林街道社区卫生服务中心	社区主任中医师
61	柳彦昕	女	1977年8月	2009年1月	南京医科大学	本科	江苏省人民医院浦口分院	副主任医师
62	许尤玲	女	1980年8月	2002年6月	苏州大学	本科		
63	曹丽华	女	1980年12月	2018年6月	南京医科大学	博士研究生		
64	霍寅萍	女	1981年6月	2000年7月	安徽医科大学	本科		
65	陈娟	女	1981年9月	2005年6月	东南大学	本科		
66	杨杨	女	1981年11月	2008年7月	南京医科大学	硕士研究生		
67	夏延贞	女	1982年6月	2010年6月	南通大学	硕士研究生		
68	袁侠	女	1983年2月	2007年6月	扬州大学	本科		
69	陆龙	男	1984年7月	2007年7月	蚌埠医学院	本科		
70	王燕	女	1979年1月	2010年1月	南京医科大学	本科	南京市中医院浦口分院	
71	顾伟	男	1983年1月	2005年7月	武汉科技大学医学院	本科		
72	邓莉	女	1982年5月	2006年6月	东南大学	本科	浦口区妇幼保健计生服务中心	
73	陆春明	男	1970年7月	1995年7月	新疆医科大学	本科	南京一德康复医院	
74	张国栋	男	1979年12月	2004年7月	天津中医学院	本科	南京市中医院浦口分院	副主任中医师
75	童永忠	男	1984年6月	2011年7月	南京中医药大学	硕士研究生		
76	杜鹏	男	1980年10月	2020年1月	中国药科大学	本科	江苏省人民医院浦口分院	副主任药师
77	杨金敏	女	1983年11月	2012年6月	安徽中医学院	硕士研究生		
78	张发	男	1982年9月	2006年8月	安徽理工大学	本科	江苏省人民医院浦口分院	副主任技师
79	胡怀楼	男	1984年1月	2007年7月	南京医科大学	本科		
80	刘飞	男	1984年12月	2011年1月	东南大学	本科		
81	杲虹	女	1969年4月	2013年7月	上海交通大学	本科	浦口区疾病预防控制中心	
82	李成	男	1970年9月	2016年6月	上海交通大学	本科		

续表 157

序号	姓 名	性别	出生年月	毕业时间	毕业院校	学历	工作单位	获得技术职称名称
83	王 娟	女	1971 年 1 月	2013 年 7 月	南京中医药大学	本科	江苏省人民医院浦口分院	副主任护师
84	王保霞	女	1976 年 7 月	2012 年 6 月	南京医科大学	本科		
85	马红明	女	1980 年 2 月	2009 年 7 月	东南大学	本科		
86	卜颜萍	女	1981 年 7 月	2011 年 3 月	扬州大学	本科		
87	姜玉红	女	1981 年 11 月	2011 年 3 月	扬州大学	本科		
88	田 婧	女	1982 年 2 月	2008 年 12 月	南京医科大学	本科		
89	王 芳	女	1982 年 8 月	2006 年 7 月	安徽中医学院	本科		
90	李 丹	女	1982 年 10 月	2011 年 1 月	赣南医学院	本科		
91	张文静	女	1975 年 4 月	2011 年 7 月	北京中医药大学	本科	南京市中医院浦口分院	
92	江燕华	女	1982 年 10 月	2010 年 6 月	南京医科大学	本科		
93	吴锐东	男	1981 年 12 月	2006 年 6 月	南通大学	本科	江苏省人民医院浦口分院	副研究员
94	郑忠华	男	1982 年 8 月	2006 年 7 月	南京医科大学	本科		
95	施 展	男	1985 年 6 月	2007 年 7 月	南京医科大学	本科	浦口区疾病预防控制中心	
96	罗 萍	女	1978 年 12 月	2009 年 1 月	南京医科大学	本科	浦口区桥林街道社区卫生服务中心	社区副主任医师
97	梅金芳	女	1979 年 7 月	2011 年 3 月	扬州大学	本科		
98	何成炜	男	1970 年 8 月	2016 年 7 月	江苏建康职业学院	专科	浦口区汤泉街道社区卫生服务中心	
99	刘 萍	女	1979 年 5 月	2011 年 3 月	扬州大学	本科		
100	余荣丽	女	1976 年 11 月	2013 年 7 月	南京医科大学	本科	浦口区永宁街道社区卫生服务中心	
101	郐广清	男	1975 年 8 月	2014 年 1 月	安徽医科大学	本科	浦口区星甸街道石桥卫生服务中心	
102	马 婷	女	1976 年 4 月	2011 年 3 月	扬州大学	本科	江苏省江浦高级中学	
103	张乐祥	男	1971 年 8 月	2015 年 7 月	南京中医药大学	本科	浦口区永宁街道社区卫生服务中心	社区副主任中医师
104	谭学亮	男	1980 年 4 月	2014 年 1 月	中国药科大学	本科	浦口区汤泉街道社区卫生服务中心	社区副主任药师
105	雷茂桃	女	1977 年 5 月	2013 年 7 月	南京医科大学	本科	浦口区星甸街道社区卫生服务中心	社区副主任技师
106	吕德树	男	1976 年 8 月	2008 年 1 月	江苏职工医科大学	专科	浦口区桥林街道社区卫生服务中心	
107	杨丹丹	女	1980 年 12 月	2012 年 7 月	南京医科大学	本科	浦口区江浦街道社区卫生服务中心	社区副主任护师
108	王 琴	女	1969 年 4 月	2006 年 6 月	南京医科大学	专科	浦口区桥林街道社区卫生服务中心	
109	沈 萍	女	1970 年 5 月	2013 年 1 月	东南大学	本科		
110	杨进梅	女	1970 年 8 月	2008 年 1 月	江苏职工医科大学	专科		
111	郑恒茹	女	1976 年 5 月	2017 年 1 月	东南大学	本科		
112	刘良娟	女	1980 年 3 月	2012 年 6 月	南京医科大学	本科		
113	杜格云	女	1981 年 1 月	2017 年 1 月	东南大学	本科		
114	欧万芸	女	1971 年 4 月	2001 年 7 月	东南大学	专科	浦口区星甸街道社区卫生服务中心	
115	陶 菲	女	1981 年 1 月	2015 年 7 月	扬州大学	本科	浦口区汤泉街道社区卫生服务中心	
116	杨娟娟	女	1981 年 6 月	2013 年 7 月	南京医科大学	本科	浦口区永宁街道社区卫生服务中心	
117	龚岚兰	女	1982 年 7 月	2006 年 7 月	中国药科大学	本科	浦口经济开发有限公司	高级经济师

续表 157

序号	姓 名	性别	出生年月	毕业时间	毕业院校	学历	工作单位	获得技术职称名称
118	吕婷婷	女	1983 年 9 月	2007 年 7 月	南京林业大学	本科	浦口区土地储备中心	高级工程师
119	鲁邦勇	男	1985 年 9 月	2007 年 6 月	南京工业大学	本科	浦口区城市地下管线管理中心	
120	朱恒桓	男	1977 年 8 月	2015 年 7 月	大连理工大学	本科	浦口区城市建设管理服务中心	
121	陈 静	女	1984 年 6 月	2007 年 6 月	南京林业大学	本科		
122	焦 阳	男	1985 年 3 月	2008 年 7 月	南京工业大学	本科		
123	王 羽	男	1984 年 12 月	2006 年 6 月	东南大学	本科	浦口区建筑工务中心	
124	陈 新	男	1981 年 9 月	2005 年 7 月	东南大学	本科	浦口区建筑安装工程质量监督站	
125	陈 浩	男	1984 年 7 月	2007 年 7 月	南京工业大学	本科		
126	苏卫邦	男	1987 年 8 月	2008 年 6 月	淮阴工学院	本科	浦口区建筑安装工程安全生产监督站	
127	李植文	男	1976 年 10 月	2017 年 1 月	吉林大学	本科	公共资源交易中心浦口分中心	
128	卞大庆	男	1984 年 9 月	2007 年 6 月	淮阴工学院	本科	南京江北新城投资发展有限公司	
129	陈 炜	男	1985 年 7 月	2015 年 7 月	河海大学	本科		
130	万 峰	女	1980 年 9 月	2015 年 2 月	郑州大学	本科	雨发建设集团有限公司	
131	张 顺	男	1984 年 1 月	2013 年 1 月	中国石油大学	本科		
132	孙 威	男	1973 年 9 月	2018 年 1 月	东北农业大学	本科	南京珍珠泉园林建设有限公司	
133	马 灿	男	1985 年 11 月	2018 年 6 月	河海大学	硕士研究生	浦口区汤泉街道水务管理服务站	
134	吕万清	男	1984 年 1 月	2006 年 6 月	南京工业大学	本科	浦口交通建设集团有限公司	
135	魏雨琪	女	1985 年 8 月	2009 年 6 月	重庆交通大学	本科		
136	樊 杨	男	1981 年 12 月	2009 年 7 月	北京大学	硕士研究生	南京慧感电子科技有限公司	
137	霍利杰	男	1983 年 7 月	2007 年 7 月	华北电力大学	本科	南京智睿能源互联网研究院有限公司	
138	刘 峰	男	1977 年 10 月	2010 年 2 月	布鲁塞尔自由大学	博士研究生	南京睿晖数据技术有限公司	
139	杨晓燕	女	1970 年 11 月	2004 年 6 月	南京市委党校	本科	浦口区图书馆	副研究馆员
140	毛开颜	女	1974 年 12 月	2003 年 6 月	江苏省委党校	本科		
141	陈建华	男	1978 年 10 月	2010 年 6 月	南京艺术学院	硕士研究生	南京金石雕塑艺术有限公司	二级美术师
142	韩岫岚	女	1963 年 10 月	2000 年	中央党校	大专	南京岫岚农副土特产品有限公司	高级乡村技艺师

（人社局）

·文稿编辑 刘尚和·

附　录

重要文件题录

2020年中共南京市浦口区委重要文件目录

表158

文　号	文件标题	发文日期
浦委发〔2020〕1号	关于印发《南京市浦口区新型冠状病毒感染的肺炎疫情工作机制方案》的通知	2月2日
浦委发〔2020〕2号	中共南京市浦口区委关于切实加强党的领导坚决打赢疫情防控阻击战的通知	2月2日
浦委发〔2020〕3号	关于印发《关于应对疫情促进中小微企业稳定发展的若干措施》的通知	2月12日
浦委发〔2020〕4号	关于印发《中共南京市浦口区委常委会2020年工作要点》的通知	2月28日
浦委发〔2020〕5号	中共南京市浦口区委关于贯彻落实党的十九届四中全会精神推进区域治理体系和治理能力现代化的实施意见	3月5日
浦委发〔2020〕6号	中共南京市浦口区委关于印发《关于新时代加强和改进人民政协工作的实施意见》的通知	3月8日
浦委发〔2020〕7号	关于浦口区2019年度综合考核结果情况通报	3月9日
浦委发〔2020〕8号	关于表彰2019年度“建设浦口”先进单位和先进个人的决定	3月9日
浦委发〔2020〕9号	关于印发《浦口区2020年招商引资工作意见》的通知	3月12日
浦委发〔2020〕11号	中共南京市浦口区委员会南京市浦口区人民政府关于印发《浦口高新区管理体制机制改革方案》的通知	4月2日
浦委发〔2020〕12号	关于印发《浦口区优化营商环境18条》的通知	4月3日
浦委发〔2020〕14号	关于印发应对新冠肺炎疫情影响新基建新消费新产业新都市“四新”行动实施方案的通知	4月26日
浦委发〔2020〕15号	关于印发《浦口经济开发区管理体制机制改革方案》的通知	5月8日
浦委发〔2020〕16号	中共南京市浦口区委员会南京市浦口区人民政府印发《关于深化改革加强食品安全工作的实施意见》的通知	5月20日

续表 158

文　　号	文 件 标 题	发文日期
浦委发〔2020〕17 号	中共南京市浦口区委员会南京市浦口区人民政府印发《关于优化开发园区管理运行机制的实施方案》的通知	5 月 25 日
浦委发〔2020〕19 号	中共南京市浦口区委员会南京市浦口区人民政府印发《关于抓好“三农”重点工作高水平全面建成小康的实施意见》的通知	5 月 30 日
浦委发〔2020〕20 号	关于印发《关于加强新时代人大工作和建设的意见》的通知	6 月 28 日
浦委发〔2020〕21 号	中共南京市浦口区委关于表彰全区优秀共产党员的决定	7 月 1 日
浦委发〔2020〕22 号	关于表彰全区 2019 年度优秀公务员的通知	7 月 24 日
浦委发〔2020〕23 号	中国共产党南京市浦口区第四届委员会第九次全体会议决议	8 月 1 日
浦委发〔2020〕25 号	关于印发《关于完善重大疫情防控体制机制健全公共卫生应急管理体系的实施意见》的通知	9 月 30 日
浦委发〔2020〕26 号	关于印发《关于深化教育体制机制改革的实施意见》的通知	9 月 30 日
浦委发〔2020〕27 号	关于印发《关于全面深化新时代教师队伍建设改革的实施意见》的通知	9 月 30 日
浦委发〔2020〕28 号	关于印发《南京国家现代农业产业科技创新中心管理办公室管理体制机制改革实施方案》的通知	10 月 28 日
浦委发〔2020〕29 号	关于印发《浦口区 2014 年以来整组搬迁过渡农户安置工作方案》的通知	11 月 3 日
浦委发〔2020〕30 号	关于印发《新时代浦口产业工人队伍建设改革实施方案》的通知	12 月 5 日
浦委发〔2020〕31 号	关于印发《浦口区党政领导干部食品安全工作责任清单》的通知	12 月 21 日
浦委发〔2020〕32 号	中国共产党南京市浦口区第四届委员会第十次全体会议决议	12 月 28 日
浦委发〔2020〕33 号	中共南京市浦口区委关于深入学习贯彻习近平总书记视察江苏重要讲话指示精神坚决扛起“争当表率、争做示范、走在前列”重大使命的决定	12 月 31 日
浦委发〔2020〕34 号	中共南京市浦口区委关于制定浦口区国民经济和社会发展第十四个五年规划和二〇三五年远景目标的建议	12 月 28 日

2020 年中共南京市浦口区委办公室重要文件目录

表 159

文　　号	文 件 标 题	发文日期
浦委办发〔2020〕2 号	关于印发《浦口区新型冠状病毒感染的肺炎疫情防控工作方案(试行)》的通知	1 月 22 日
浦委办发〔2020〕3 号	关于印发《南京市浦口区落实省第四安全生产巡查组反馈意见整改方案》的通知	1 月 22 日
浦委办发〔2020〕4 号	关于区委常委挂钩督导新型冠状病毒感染的肺炎疫情防控工作的通知	1 月 27 日
浦委办发〔2020〕5 号	中共南京市浦口区委办公室南京市浦口区人民政府办公室印发《浦口区关于促进全区鲜活农产品销售的实施意见(试行)》的通知	2 月 14 日
浦委办发〔2020〕7 号	关于对我区在新型冠状病毒肺炎疫情防控工作中展现突出的先进典型开展及时性表彰的通知	2 月 24 日

续表 159

文　号	文 件 标 题	发文日期
浦委办发〔2020〕8 号	关于印发《区委常委会 2020 年重点工作任务责任分工》的通知	2 月 28 日
浦委办发〔2020〕9 号	关于印发《政协南京市浦口区委员会 2020 年度重点协商议题和调研视察安排》的通知	3 月 4 日
浦委办发〔2020〕10 号	关于印发《浦口区招商引资“双管”工作机制方案》的通知	3 月 12 日
浦委办发〔2020〕11 号	关于印发《浦口区“企业服务年”八项行动工作方案》的通知	3 月 12 日
浦委办发〔2020〕12 号	关于印发《2020 年浦口区征收工作实施方案》的通知	3 月 23 日
浦委办发〔2020〕13 号	关于建立领导干部包村制度的通知	4 月 1 日
浦委办发〔2020〕15 号	关于印发《浦口区第 32 个爱国卫生月活动方案》的通知	4 月 3 日
浦委办发〔2020〕17 号	关于做好区建议提案区领导重点督办件的通知	4 月 9 日
浦委办发〔2020〕19 号	关于印发《2020 年浦口区打好污染防治攻坚战目标任务》《浦口区 2020 年臭氧污染防治方案》的通知	4 月 11 日
浦委办发〔2020〕20 号	印发《关于组织开展“一治理两整治”行动争创信访工作“三无”区的工作方案》的通知	4 月 14 日
浦委办发〔2020〕22 号	关于印发《中共南京市浦口区委党的建设工作领导小组 2020 年工作要点》的通知	4 月 14 日
浦委办发〔2020〕23 号	关于印发《浦口区机关事业单位雇员制用工管理办法(试行)》的通知	4 月 21 日
浦委办发〔2020〕24 号	关于印发《浦口区 2019 年清理规范后保留的区级专项考核、“一票否决”和签订责任状事项清单》的通知	4 月 14 日
浦委办发〔2020〕25 号	印发《关于深化“大联勤”网格化社会治理工作机制推进基层整合审批服务执法力量的实施方案》的通知	4 月 27 日
浦委办发〔2020〕26 号	关于印发《浦口区创建国家安全发展示范城市总体方案》的通知	4 月 30 日
浦委办发〔2020〕27 号	关于印发《2020 年度落实全面从严治党党委主体责任、纪委监督责任清单》的通知	5 月 22 日
浦委办发〔2020〕33 号	关于印发《浦口区 2020 年度农村人居环境整治提升实施方案》的通知	6 月 4 日
浦委办发〔2020〕36 号	关于印发《关于做好全区新冠肺炎疫情防控档案工作实施方案》的通知	6 月 4 日
浦委办发〔2020〕37 号	关于印发《关于建立防止返贫长效机制的实施方案》的通知	6 月 18 日
浦委办发〔2020〕38 号	关于印发《南京市浦口区党政领导干部防范和惩治统计造假、弄虚作假责任制实施办法》的通知	7 月 6 日
浦委办发〔2020〕39 号	关于印发《浦口区贯彻落实国家统计督查反馈意见整改方案》的通知	7 月 8 日
浦委办发〔2020〕41 号	关于印发《浦口区安全生产专项整治三年行动工作方案》的通知	7 月 21 日
浦委办发〔2020〕43 号	关于印发《浦口区战役情促就业研究生见习行动方案》的通知	8 月 13 日

续表 159

文　　号	文　件　标　题	发文日期
浦委办发〔2020〕44 号	关于加强浦口区“网格＋警格”深度融合工作的实施意见	9 月 7 日
浦委办发〔2020〕45 号	关于印发《浦口区贯彻落实国务院江苏安全生产专项整治督导组“四个清单”细化分解方案》的通知	8 月 30 日
浦委办发〔2020〕46 号	关于印发《区委四届九次全会重点工作任务清单》的通知	9 月 7 日
浦委办发〔2020〕47 号	印发《浦口区关于中青年拔尖人才选拔培养的实施办法(修订)》的通知	9 月 18 日
浦委办发〔2020〕48 号	中共浦口区委办公室浦口区人民政府办公室印发《关于优化升级“创业浦口”人才计划的实施细则》的通知	9 月 18 日
浦委办发〔2020〕50 号	关于印发《浦口区推进国有企业退休人员社会化管理工作方案》的通知	9 月 28 日
浦委办发〔2020〕52 号	中共浦口区委办公室浦口区人民政府办公室印发《关于实施产业链“链长制”的工作方案》的通知	10 月 20 日
浦委办发〔2020〕53 号	关于印发《浦口区落实市创建全国市域社会治理现代化试点合格城市三年行动实施方案(2020—2022 年)》的通知	11 月 11 日
浦委办发〔2020〕54 号	关于印发《2020 中国农业农村科技发展高峰论坛暨中国现代农业发展论坛保障方案任务分工》的通知	11 月 18 日
浦委办发〔2020〕55 号	中共浦口区委办公室浦口区人民政府办公室关于印发《浦口区工程建设“拿地即开工”实施方案(试行)》的通知	11 月 20 日
浦委办发〔2020〕58 号	中共南京市浦口区委办公室印发《关于加强全区青少年关爱工作的意见》的通知	12 月 5 日
浦委办发〔2020〕62 号	中共南京市浦口区委办公室南京市浦口区人民政府办公室关于做好 2021 年元旦春节期间有关工作的通知	12 月 30 日
浦委办发〔2020〕63 号	中共浦口区委办公室浦口区人民政府办公室印发《浦口区关于全面加强危险化学品安全生产工作的实施意见》的通知	12 月 30 日
浦委办发〔2020〕68 号	关于农创园载体建设推进情况的报告	12 月 24 日

（雷雨）

2020 年南京市浦口区人民政府重要文件目录

表 160

文　　号	文　件　标　题	发文日期
浦政发〔2020〕1 号	关于下达二〇二〇年国民经济和社会发展奋斗目标的通知	1 月 29 日
浦政发〔2020〕4 号	关于公布浦口区区级行政执法主体(第一批)的通知	1 月 22 日
浦政发〔2020〕9 号	浦口区关于促进生猪产业发展保障市场供应的实施意见	2 月 13 日
浦政发〔2020〕10 号	关于印发《关于加强浦口区物业管理工作的实施意见》等文件的通知	2 月 13 日
浦政发〔2020〕11 号	关于批转区城乡建设局《2020 年浦口区城乡建设工作意见》的通知	2 月 15 日
浦政发〔2020〕14 号	关于印发 2020 年区政府主要工作目标任务分解落实方案的通知	2 月 28 日
浦政发〔2020〕15 号	关于印发《南京市浦口区饮用水水源地突发环境事件应急预案》《南京市浦口区畜禽养殖禁养区优化调整方案》的通知	3 月 1 日
浦政发〔2020〕17 号	关于批转区城管局《2020 年浦口区城市管理工作实施意见》的通知	3 月 3 日
浦政发〔2020〕19 号	关于做好浦口区第七次全国人口普查工作的通知	3 月 13 日
浦政发〔2020〕20 号	关于区长、副区长等工作分工的通知	3 月 16 日
浦政发〔2020〕36 号	关于印发《南京市浦口区城乡规划委员会工作规则》《浦口区教育系统优秀人才(骨干教师)专项奖励方案(试行)》的通知	4 月 21 日
浦政发〔2020〕37 号	关于印发《浦口区政府关于促进建筑业高质量发展的实施意见》《浦口区农村人居环境村庄长效管护运行机制实施方案》的通知	4 月 27 日

续表 160

文号	文件标题	发文日期
浦政发〔2020〕43号	关于加快推进汤泉旅游度假区建设发展的实施意见	5月19日
浦政发〔2020〕45号	关于进一步规范政府投资项目管理的意见	6月9日
浦政发〔2020〕60号	关于印发《浦口区产业发展信贷风险补偿专项资金管理办法(试行)》的通知	7月7日
浦政发〔2020〕61号	关于印发《浦口区利用资本市场促进股权投资实施办法(试行)》的通知	7月7日
浦政发〔2020〕62号	关于印发《全面推进浦口区长江流域禁捕退捕工作实施方案》的通知	7月21日
浦政发〔2020〕63号	关于印发《关于加强浦口区卫生人才队伍建设的实施意见》《浦口区卫生人才引进、科研和专科建设奖励办法》的通知	7月22日
浦政发〔2020〕65号	关于印发浦口区加快培育独角兽瞪羚企业实施办法的通知	7月29日
浦政发〔2020〕67号	关于印发浦口区房地一体农村不动产登记发证工作实施方案的通知	7月29日
浦政发〔2020〕69号	关于建立浦口区国土资源执法监管长效机制的通知	8月11日
浦政发〔2020〕70号	关于印发浦口区政府投资项目概算调整及工种变更管理暂行办法的通知	8月13日
浦政发〔2020〕77号	关于印发浦口区加快推进农业机械化和农机装备产业转型升级的实施细则的通知	9月1日
浦政发〔2020〕79号	关于加强全区智能安防小区建设的实施意见	9月9日
浦政发〔2020〕94号	关于印发《南京市浦口区政府合同管理办法》的通知	11月3日
浦政发〔2020〕96号	关于印发南京市浦口区促进集成电路产业高质量发展若干政策的通知	11月5日
浦政发〔2020〕104号	关于印发《浦口—和县跨界协同发展合作实施方案》的通知	11月19日
浦政发〔2020〕105号	关于印发浦口区科技创新平台引进培育支持办法(试行)的通知	11月18日
浦政发〔2020〕108号	关于公布浦口区征地区片综合地价执行标准的通知	12月3日
浦政发〔2020〕109号	关于在市场监管领域全面推行部门联合"双随机、一公开"监管的实施意见	12月3日
浦政发〔2020〕110号	关于印发浦口区全面推进林长制工作实施方案的通知	11月30日
浦政发〔2020〕139号	关于印发南京市浦口区突发事件总体应急预案的通知	12月29日
浦政发〔2020〕140号	关于公布浦口区第四批非物质文化遗产代表性项目保护名录的通知	12月29日
浦政发〔2020〕141号	关于公布浦口区区级文物保护单位保护范围和建设控制地带的通知	12月31日

2020年南京市浦口区人民政府办公室重要文件目录

表 161

文号	文件标题	发文日期
浦政办发〔2020〕2号	关于印发《浦口区征收项目房屋拆除后闲置土地管理的指导意见》《浦口区围墙围挡规范设置实施方案》的通知	1月15日
浦政办发〔2020〕3号	关于印发浦口区危险化学品安全综合治理方案的通知	1月10日
浦政办发〔2020〕6号	关于印发《浦口区地方政府债券资金管理暂行办法》的通知	3月9日
浦政办发〔2020〕8号	关于贯彻落实市政府办公厅"先解决问题再说"工作机制的实施意见	4月1日
浦政办发〔2020〕10号	关于印发《浦口区全域旅游发展专项资金管理办法(试行)》的通知	4月13日
浦政办发〔2020〕13号	关于印发《浦口区政务信息化项目建设管理办法(试行)》的通知	5月18日

续表 161

文　　号	文　件　标　题	发文日期
浦政办发〔2020〕14 号	关于印发《浦口区地区生产总值统一核算改革工作方案》的通知	5 月 18 日
浦政办发〔2020〕15 号	关于印发《浦口区建设国家级节水型社会达标区工作方案》的通知	5 月 18 日
浦政办发〔2020〕17 号	关于进一步落实粮食安全责任制确保粮食稳产增效的通知	5 月 25 日
浦政办发〔2020〕18 号	关于印发《浦口区行政事业单位办公用房租用及物业服务管理暂行办法》的通知	5 月 29 日
浦政办发〔2020〕19 号	关于印发《浦口区安全生产委员会工作规划》的通知	6 月 8 日
浦政办发〔2020〕20 号	关于印发《浦口区 2020 年度地质灾害防治方案》的通知	6 月 10
浦政办发〔2020〕21 号	关于印发《浦口区党政机关生活垃圾强制分类实施方案》的通知	6 月 15 日
浦政办发〔2020〕22 号	关于印发浦口区防汛应急预案等六个预案方案的通知	6 月 17 日
浦政办发〔2020〕24 号	关于印发浦口区消费促进扶持办法（试行）的通知	7 月 1 日
浦政办发〔2020〕25 号	关于印发《浦口主城区停车秩序整治试行方案》的通知	7 月 8 日
浦政办发〔2020〕27 号	关于印发食品安全突发事件应急预案等 4 个应急预案的通知	7 月 24 日
浦政办发〔2020〕28 号	关于印发《浦口区城建城管类“12345”政务服务热线群众反映突出问题整治工作方案》的通知	7 月 29 日
浦政办发〔2020〕29 号	关于印发浦口区集成电路产业链工作推进机制和浦口区推进集成电路产业链高质量发展实施方案的通知	8 月 7 日
浦政办发〔2020〕30 号	关于印发《浦口区安全生产委托执法工作方案》的通知	8 月 11 日
浦政办发〔2020〕31 号	关于印发浦口区享受社会保险待遇人员资格认证信息比对办法的通知	8 月 13 日
浦政办发〔2020〕33 号	关于进一步完善浦口区产业项目用地管理的通知	8 月 26 日
浦政办发〔2020〕37 号	关于印发浦口区基层政务公开标准化规范化工作实施方案的通知	8 月 31 日
浦政办发〔2020〕38 号	关于印发浦口区住宅小区物业管理星级评比和奖励实施细则（试行）的通知	10 月 2 日
浦政办发〔2020〕39 号	关于印发浦口区协同推进金融支持稳企业保就业十项行动实施方案的通知	10 月 9 日
浦政办发〔2020〕41 号	关于印发气象灾害应急预案等 3 个预案的通知	10 月 15 日
浦政办发〔2020〕45 号	关于印发浦口区安置房处置指导意见的通知	12 月 1 日
浦政办发〔2020〕46 号	关于印发浦口区食品安全事权清单的通知	12 月 1 日
浦政办发〔2020〕49 号	关于转发区建设局南京市浦口区居住区公共配套设施移交工作实施方案的通知	12 月 9 日
浦政办发〔2020〕50 号	关于印发 2020—2021 年度浦口区雨雪冰冻天气扫雪防冻应急预案的通知	12 月 12 日
浦政办发〔2020〕51 号	关于印发浦口区高端交通装备产业链专班推进工作机制和高质量发展实施方案的通知	12 月 12 日
浦政办发〔2020〕53 号	关于印发浦口区海绵城市建设管理规定的通知	12 月 17 日
浦政办发〔2020〕55 号	关于印发南京市浦口区超标粮食处置预案的通知	12 月 21 日
浦政办发〔2020〕58 号	关于印发生产安全事故应急预案等 8 个应急预案的通知	12 月 30 日
浦政办发〔2020〕59 号	关于印发浦口区区属国有企业投资监督管理办法的通知	12 月 30 日
浦政办发〔2020〕60 号	关于印发浦口区区属国有企业违规经营投资责任追究试行办法的通知	12 月 31 日
浦政办发〔2020〕61 号	关于印发浦口区区属国有企业投资项目负清单的通知	12 月 31 日
浦政办发〔2020〕62 号	关于印发城市燃气突发事件应急预案等 4 个应急预案的通知	12 月 31 日
浦政办发〔2020〕63 号	关于印发浦口区文旅健康产业链“链长制”工作方案的通知	12 月 31 日

（赵坤）

2020年浦口区人大常委会重要文件目录

表162

文　号	文件标题	发文日期
浦人常〔2020〕3号	关于印发《浦口区人大常委会2020年工作要点》《浦口区人大常委会2020年常委会会议、主任会议议题、执法检查计划》和《2020年各街道人大工委工作计划》的通知	3月5日
浦人常〔2020〕4号	关于接受吴俊同志辞去南京市浦口区人民政府副区长职务的请求的决定	3月5日
浦人常〔2020〕7号	关于印发《浦口区重点民生实事票决项目监督办法(试行)》的通知	3月30日
浦人常〔2020〕17号	关于批准2019年浦口区财政决算的决定	8月5日
浦人常〔2020〕20号	关于吴俊等同志职务任命的通知	8月20日
浦人常〔2020〕21号	关于批准浦口区2020年财政预算调整方案的决议	12月3日
浦人常〔2020〕44号	关于接受李好平等同志辞去南京市第十六届人民大会代表职务的请求的决定	12月31日
浦人常〔2020〕46号	关于接受刘玉冬同志辞去南京市浦口区第四届人民代表大会代表职务的请求的决定	12月31日
浦人常〔2020〕47号	关于杨雯懿等同志代表资格终止的公告	12月31日
浦人常〔2020〕49号	关于表彰2020年度优秀代表建议和先进承办单位的决定	12月31日

2020年浦口区人大常委会审议意见书目录

表163

文　号	文件标题	发文日期
浦人常审〔2020〕1号	关于区政府贯彻落实省、市人大常委会《关于依法防控新冠肺炎疫情+切实保障人民群众生命健康安全的决定》,打赢疫情防控阻击战工作情况的审议意见书	6月1日
浦人常审〔2020〕2号	关于全区农村人居环境整治情况的审议意见书	6月1日
浦人常审〔2020〕3号	关于《中华人民共和国安全生产法》《江苏省安全生产条例》《南京市安全生产条例》贯彻实施情况的审议意见书	6月1日
浦人常审〔2020〕4号	关于2019年全区环境状况和环保目标完成情况的审议意见书	6月1日
浦人常审〔2020〕5号	关于区政府2020年上半年工作情况、重点民生实事项目推进情况、国民经济和社会发展计划及财政预算执行情况的审议意见书	8月5日
浦人常审〔2020〕6号	关于浦口区国有资产管理情况的审议意见书	8月5日
浦人常审〔2020〕7号	关于全区"七五"普法实施情况的审议意见书	9月27日
浦人常审〔2020〕8号	关于区人民法院非诉讼纠纷解决机制建设工作的审议意见书	9月27日
浦人常审〔2020〕9号	关于区人民检察院服务保障优化营商环境工作的审议意见书	9月27日
浦人常审〔2020〕10号	关于市下达我区重点发展指标完成情况和重大项目推进情况的审议意见书	12月3日
浦人常审〔2020〕11号	关于全区保障房建设情况的审议意见书	12月3日

(尤星煜)

统计资料

2020年浦口区主要经济指标在全市各区位置情况一览表(一)

表164

区　名	地区生产总值				一般公共预算收入			
	累计(亿元)	绝对值名次	增长(%)	增幅名次	累计(亿元)	绝对值名次	增长(%)	增幅名次
南京市	14817.95	—	4.6	—	1637.7	—	3.7	—
江北新区	2103.98	—	9.7	—	188.2	—	0.8	—
玄武区	1108.66	6	5.2	7	97.4	6	4.6	5
秦淮区	1286.60	4	6.2	1	100.1	5	0.1	9
建邺区	1121.53	5	4.2	9	138.0	4	2.3	7
鼓楼区	1772.60	2	6.2	1	166.4	2	2.3	7
浦口区	443.57	11	3.6	10	70.1	9	13.1	1
栖霞区	1569.15	3	2.1	11	138.7	3	-6.4	11
雨花台区	947.14	7	6.1	3	83.9	7	4.5	6
江宁区	2509.32	1	5.3	6	264.4	1	-1.0	10
六合区	514.39	9	6.1	3	46.4	10	12.6	2
溧水区	911.51	8	6.1	3	79.0	8	12.1	3
高淳区	513.13	10	5.0	8	38.0	11	10.2	4

2020年浦口区主要经济指标在全市各区位置情况一览表(二)

表165

区　名	规模以上工业总产值		全社会固定资产投资		实际利用外资			
	增长(%)	增幅名次	增长(%)	增幅名次	累计(亿美元)	绝对值名次	增长(%)	增幅名次
南京市	4.6	—	6.6	—	45.15	—	10.1	
江北新区	5.5		12.0	—	8.32	—	3.9	—
玄武区	-5.9	11	7.0	9	2.39	10	7.5	8
秦淮区	43.1	1	9.0	4	3.25	4	8.1	7
建邺区	13.2	3	7.5	8	3.28	3	11.8	5
鼓楼区	4.6	8	9.0	4	2.98	8	12.4	4
浦口区	19.5	2	5.8	10	3.20	7	-18.6	11
栖霞区	1.5	9	9.4	2	9.16	2	4.7	9
雨花台区	-0.6	10	9.4	2	2.45	9	8.9	6
江宁区	12.4	4	9.6	1	12.01	1	30.7	2
六合区	11.4	6	8.8	6	3.23	5	104.1	1
溧水区	12.4	4	8.6	7	3.20	6	27.5	3
高淳区	8.4	7	5.6	11	2.39	10	-0.7	10

注:市统计局未对外发布规模以上工业总产值、全社会固定资产投资绝对值相关数据

2020年浦口区主要经济指标在全市各区位置情况一览表(三)

表166

区　名	社会消费品零售总额				全体居民人均可支配收入			
	累计(亿元)	绝对值名次	增长(%)	增幅名次	累计(元)	绝对值名次	增长(%)	增幅名次
南京市	7203.03	—	0.9	—	60606.0	—	5.2	—
江北新区	678.23	—	1.0	—	—	—	—	—
玄武区	1036.30	2	1.3	6	74882.2	1	4.9	10
秦淮区	1157.18	1	0.5	10	68563.3	3	4.9	10
建邺区	394.63	7	1.4	5	65856.6	5	5.0	8
鼓楼区	1025.89	3	2.0	1	74000.5	2	5.1	7
浦口区	137.64	11	0.2	11	51099.0	8	5.7	4
栖霞区	438.04	6	1.3	6	65867.0	4	5.0	8
雨花台区	555.24	5	1.0	9	65704.5	6	5.3	5
江宁区	962.83	4	1.8	3	55489.6	7	5.3	5
六合区	262.31	9	1.9	2	46721.0	10	6.3	2
溧水区	349.84	8	1.6	4	46655.1	11	6.4	1
高淳区	235.84	10	1.1	8	47186.2	9	5.9	3

2020年浦口区主要经济指标在全市各区位置情况一览表(四)

表167

区　名	城镇居民人均可支配收入				农村居民人均可支配收入			
	累计(元)	绝对值名次	增长(%)	增幅名次	累计(元)	绝对值名次	增长(%)	增幅名次
南京市	67553.5	—	4.9	—	29621.0	—	7.2	—
江北新区	65150.1	—	5.3	—	—	—	—	—
玄武区	74882.2	1	4.9	6	—	—	—	—
秦淮区	68563.3	3	4.9	6	—	—	—	—
建邺区	65856.6	5	5.0	4	—	—	—	—
鼓楼区	74000.5	2	5.1	2	—	—	—	—
浦口区	62498.1	8	4.5	10	30060.6	2	7.1	4
栖霞区	65867.0	4	5.0	4	—	—	—	—
雨花台区	65685.8	6	5.3	1	—	—	—	—

续表167

区 名	城镇居民人均可支配收入				农村居民人均可支配收入			
	累计（元）	绝对值名次	增长（%）	增幅名次	累计（元）	绝对值名次	增长（%）	增幅名次
江宁区	65409.8	7	4.7	9	30355.1	1	7.0	5
六合区	60784.7	9	4.8	8	28908.0	5	7.3	2
溧水区	59739.8	11	5.1	2	29078.0	4	7.4	1
高淳区	60295.0	10	4.5	10	29573.6	3	7.2	3

2018～2020年浦口区主要经济指标在全省区（市）县位置情况一览表

表168

年份	指标名称	地区生产总值	公共财政预算收入	固定资产投资	社会消费品零售总额
2018	绝对量（亿元）	360.09	53.33	—	89.10
	位次	85	46	—	90
	增长（%）	8.0	22.0	9.4	8.1
	位次	17	4	29	50
2019	绝对量（亿元）	420.09	62.02	—	97.49
	位次	82	36	—	90
	增长（%）	8.2	20.3	10.0	6.0
	位次	5	2	15	50
2020	绝对量（亿元）	443.57	70.12	—	137.64
	位次	81	32	—	84
	增长（%）	3.6	13.1	5.8	0.2
	位次	52	3	43	29
2020年比2018年	平均增长（%）	5.9	16.6	7.9	3.1
	位次	18	3	32	35

（统计局）

·文稿编辑 王孜孜·

索　　引

说　　明

一、索引采用主题分析方法,按首字汉语拼音字母顺序排列,同音字按声调次序排列。

二、类目、分目用黑体字,主题词用宋体字表明。数字表示内容所在页码,数字后的字母 a、b、c 表示该页自左至右的栏别。表格、图片注有“表”“图”字样。

三、“附见”内容悬挂缩进,附于相关款目之下。

四、单位名称无歧义者,略去省、市、区名。

D

E

F

G

H

K

L

M

N

P

Q

R

S

T

W

Z

·文稿编辑 徐 源·